黄金圈住地

——广州的美国商人群体与美国对华政策的形成，1784~1844

THE GOLDEN GHETTO

The American Commercial Community at Canton and the Shaping of American China Policy, 1784–1844

[美] 雅克·当斯 / 著

周 湘 江滢河 / 译

SPM
南方出版传媒
广东人民出版社
·广州·

Associated University Presses
440 Forsgate Drive
Cranbury, NJ 08512

Associated University Presses
25 Sicilian Avenue
London WC1A 2QH, England

Associated University Presses
P.O. Box 338, Port Credit
Mississauga, Ontario
Canada L5G 4L8

The paper used in this publication meets the requirements of the American National Standard for Permanence of Paper for Printed Library Materials Z39.48-1984.

Library of Congress Cataloging-in-Publication Data

Downs, Jacques M., 1926–
The golden ghetto : the American commercial community at Canton and the shaping of American China policy, 1784–1844 / Jacques M. Downs.
p. cm.
Includes bibliographical references and index.
ISBN 0-934223-35-1
1. Canton (China)—Commerce—History. 2. Americans—China—Canton—History. 3. Merchants—China—Canton—History. 4. United States—Foreign economic relations—China. 5. China—Foreign economic relations—United States. I. Title.
HF3840.C36D69 1997
337.51'275—dc20 96-4167
CIP

PRINTED IN THE UNITED STATES OF AMERICA

总　序

纂修清史是我国新世纪标志性的文化工程，它包括3000余万字的清史主体工程及文献、档案整理和编译工作。广大史学工作者正以高度的民族责任感和历史使命感，努力做好清史编纂工作，科学总结历史经验，继承和弘扬民族优秀文化，为建设中国特色社会主义服务。

世界各国从分散发展到趋于一体，大抵从15世纪、16世纪开始，直至19世纪末20世纪初，形成了资本主义的世界市场和世界体系。清朝从1644年到1911年共延续了268年，这是世界历史发生深刻变化的重要的转折时期。在这个特定的历史条件下，清王朝却依然以“天朝大国”自居，闭关自守，使封建社会的中国越来越落后于西方资本主义国家，在洋枪洋炮面前不堪一击；西方列强用大炮打开了中国的大门，使之沦为半封建半殖民地国家。在18世纪世界历史的大变局中，康乾盛世不过是中国封建社会“落日的辉煌”，而到19世纪中叶鸦片战争后，清朝日益衰颓，已奏起了“落日的挽歌”。因此，研究清史，确定它的基本内容，以及确定研究它的基本理论、原则和方法时，不能脱离清王朝社会发展过程中世界正在发生深刻变化的广阔的社会历史背景。

在编纂清史时要有世界眼光，这已是广大史学工作者的共识。不仅要把清史放到世界历史的范畴中去分析、研究和评价，既要着眼中国历史的发展，又要联系世界历史的发展进程，而且还要放眼世界，博采众长，搜集和积累世界各国人士关于清代中国的大量记载，汲取外国清史研究的有益成果，为我所用。正是从这一基本认识出发，国家清史编纂委员会决定编辑出版

“国家清史编纂委员会·编译丛刊”（以下简称“编译丛刊”）。

清朝建立之初，与世界各国曾保持着一定程度上的接触。后来中国的大门一度被关闭而后又被强行打开，这期间，外国的传教士、商人、外交官、军队、探险家、科学考察队蜂拥进入中国，东方古国的一切都使他们感到惊奇。基于种种不同的目的，他们记录下在华的所见所闻。这些记录数量浩瀚，积存在世界各国的图书馆、档案馆、博物馆或私人手中，成为了解清代近三个世纪历史的珍贵资料。由于西方人士观察、思考和写作习惯与中国人不同，他们的记载比较具体、比较广泛、比较注重社会的各个阶层和各个方面，因而补充了中国史料记载的不足。“编译丛刊”将从中选取若干重要资料译介给国内的读者；对早年问世的具有开拓性、奠基性价值，但不为中国学术界所熟知的作品，我们也将同样给予关注；此外，对反映当代国外清史研究新的学术思潮、前沿问题、热点问题和重要成果的学术专著，“编译丛刊”也将及时地介绍给中国学术界。

从中国史学的历史与现实出发，有选择地介绍国外新史学的一些理论与方法是必要的。如西方历史学家提出，第二次世界大战后，“历史学的界限变得越来越模糊了”，主要是强调扩大历史学家的视野，拓宽历史研究的选题；又如提倡“自下而上看的历史学”，努力将社会精英的历史变成社会大众的历史，将千百年来隐藏在历史幕后的社会大众推上历史的前台。此外，在第二次世界大战后历史研究整体化趋势的推动下，出现了一系列历史学分支学科，如社会史、人口史、民俗史、新经济史、新政治史、心理史、社会生态史、环境史、妇女史、城市史、家庭史等等，对于纂修清史有一定的借鉴作用，这些都将在“编译丛刊”的作品中有所体现。

人类的文明史就是一部不同文明间不断交流和融合的历史。任何国家的文化都是通过与异质文化的对话和交流获得营养，从而不断发展壮大。纂修清史必须排除闭关自守的文化排外主义的干扰，破除中西对立的僵化思维方式，以开放的胸襟、兼容的态度和科学的精神对待国外清史研究的一切成果，因为它们既是“中国的”，也是“世界的”。愿“编译丛刊”在新世纪中外文化交流的广阔背景下，作为一座科学的桥梁、友谊的桥梁，为纂修清史做出更多的贡献。

于 沛

2004 年 5 月

中译本序言

《黄金圈住地——广州的美国商人群体与美国对华政策的形成，1784～1844》一书于1997年以英文出版，是已故的雅克·当斯教授以毕生精力进行的开创性研究的成果，他是关于中美贸易史研究的顶尖学者。这部重要的、精美的、复杂的历史著作的中文版面世，令人欣然。将之翻译为中文无疑会再次遭遇诸多的挑战。我们感激所有勤勉工作使得这部有价值的著作能以中文出版的人，并表示祝贺。值得一提的是本书的责任编辑柏峰女士、周惊涛先生，两位译者江滢河及周湘，还有清史项目的相关人员，不过，这一重要成果的荣誉应为每个参与者所共享。

当斯教授逝世于2006年9月，距其授权将这本著作翻译为中文之时不足一年。他说，他“愉快地许可”授权。他乐于接触中文的读者。这样的情感让我们可了解其人。雅克·当斯是一个勤奋的学者，他的著述有深度、复杂且具价值。他为人谦恭，愉快且慷慨地与任何学生共同讨论，热情洋溢地帮助人们了解早期中美贸易这一迷人主题。《黄金圈住地》中译本的出版，恰好与香港大学出版社再版该书的英文版同时进行，达成了当斯教授的主要目标——帮助任何想更好地认识这段重要历史的人士。当斯教授，我的故友及良师，会允许我向各位读者致以敬意。希望他的著作——这一本书——于各位有用。

小弗雷德里克·D. 格兰特（Frederic D. Grant，Jr.）[①]

---

① 中译者注：格兰特先生是雅克·当斯的学生、挚友，也是雅克·当斯遗稿的整理人，他也负责本书版权事宜的联系工作。

序　言

这是一部值得关注的著作。这不是一部耗尽（作者）毕生精力的著作，雅克·当斯（Jacques Downs）仍然健在（作者已于2006年去世——中译者注），我们会再次见到他（的研究）。但这本书最大可能地表现出一种巨大而持久的、永不衰竭的奉献——那是热爱和兴趣——一种对在华美国人群体的热爱和兴趣，这个群体出现在18世纪80年代，到1840－1842年的鸦片战争结束时，与其他外国人一样，美国人已经能够离开澳门和广州，前往沿海各地以及中国内地其他地方。当斯对这个群体进行了前所未有的研究。由于还没有人对在华英国人群体做过类似的研究——他们的人数比美国人群体略多；也由于其他外国人群体的人数屈指可数；还由于德尔米尼（Louis Dermigny）的三大卷研究尽管范围非常广泛，但其研究下限止于1833年，因此本书不仅引人瞩目，而且在一定程度上是独一无二的。

当斯事无巨细地关注每一件事情。他告诉我们在此书写作过程中，他说到做到，撰写了200位1844年前曾经在广州待过的美国商人的短篇传记。当你走进他与妻子爱娃（Evi）在肯尼本港（Kennebunkport）那所漂亮的老房子（她称之为南街旅社——因为这间房子不仅仅为他们遮风挡雨，而且欢迎少量的、品味精致的客人），请注意，穿过楼下的各个房间时，你会发现墙壁上挂满漂亮的中国外销物品。你不妨往上走两层楼，在雅克的书房，随便打开众多文件抽屉中的一个，那里面存放着他积累的卡片，你就会明白200个短篇传记其实只是沧海一粟，当斯“接触”过每一位被他存档的曾在澳门南湾海滩漫步过的美国人——正如他的房子一样，就沉浸于彼时彼地。仅就当中的一种资料而言：假如他没有详尽地爬梳并且尽可能地进行编目，从布伦斯维奇（Brunswick）到萨瓦纳（Savannah）的商人档案就不会成为主要的收藏，其他次要的收藏就更不用说了。

但当斯不仅仅是一位古物收集者，这本书也不只是一本由汗牛充栋的史料支撑的编年史，它是一部蕴含丰富资讯的史书（正如他很遗憾地告诉我们，他删减了很多内容），同时，也是一篇有关中美两国人民关系的论文。这种关系肇始于1784到1844年间，而且曾经深受着这个开端的特性的影响。当斯告诉我们：“长期以来一直非常明确的是，美国并没有通盘考虑其对华政策，而是几乎全部得之于在广州居住的美国侨民。”那些美国人是怎样想的，是怎样做的，是什么把他们带到中国沿海，他们又是带着什么样的心思回到美国——这些问题不只是简单地占据着当斯的头脑，而是困扰着他。这些问题使他焦虑不安，因而也会困扰读者，使他们焦虑不安。必须明确的是，这本书有明确的道德尺度。因此，阅读此书体会的不仅是趣味，而且也会时常明显地让人感到不安。

我并不是说我乐见于此。难道我必须被我阅读的历史著作弄得不安吗？当斯的方法毫无疑问地加强和扩大了此书渐增的影响，而我更倾向于少一些指责性的论调。比如，为什么鸦片贸易不能像我们通常对待远方的奇特行为——诸如非洲人的猎头或者爱斯基摩人捕杀海豹——那样，用简单的而且不加批判的情绪去加以对待呢？但当斯不会这样做。书名本身就清楚地表达了要旨，这个要旨的基调是深沉的。

彼得·沃德·费伊（Peter Ward Fay）
加州理工学院

导 论

一个人从事某种材料充实但主题相对非常隐晦的研究，并不是冷静、审慎或聪明的。他钻研进去，爱上这个主题，不断发掘新史料，直到彻底沉溺其中。一旦被目前这个主题缠绕，我很清楚地意识到如果没有足够的指引，很多事情现代的读者可能理解不了，我这样安慰自己。厘清相关的问题正是本书的主要优点。

这个研究开始于一篇篇幅为学期论文的文章，后来发展成学位论文的规模，变成了几篇单篇文章，最后，也许变成了让人痴迷的论题。有十多年的时间，支持我的朋友总是催促我出版这本书，不要再拖延。遗憾的是，一个小机构的教授很难有时间不间断地从事这样大的研究项目。因此，事情就这样搁置下来了。

很久以前，某个批评者指责我，说我太野心勃勃。他有点恼怒地问："一个人能够写出一本关于在广州的美国人群体的历史的包罗万象的有意义的学术著作吗?"很明显，我是这样认为的。他建议把这本书分割成几个部分出版——一是关于广州美国人群体生活的研究；二是广州美国人商行的历史；三是美国定居者的生活风格和他们以后的生活；四是关于鸦片贸易；五是关于1844年的《顾盛条约》(即《望厦条约》)。毫无疑问，这样做会简单很多，而且出版委员会的人也倾向于几卷出版物，而不是沉闷冗长的一卷本。我对这个批评做出了些许让步，把此书分成了三个部分。

我不认为这样会得到批评者的认同。但我认为如果我分成几卷出版的话，会得不偿失。比如，我不相信如果不了解美国商人在中国的生存环境，就能够理解他们的想法。如果对广州群体及其贸易背景没有非常细致的了解，那么广州商行的架构、运作模式、商业，尤其是鸦片贸易等方面的内容就会模糊不清。还有，如何解释这些商人们后来的活动——尤其是他们游说华盛顿政府或者他们在美国经济和社会发展中的活动——不了解他们在广州的状况是办不到的。最后，如果不深入了解广州商人及其群体，以及他们的贸易，如何解释《顾盛条约》的性质和内容？毕竟，如同美国在那段时间出台的外交政策一样，这个条约首要考虑的是商业。

此项研究的资料丰富而分散，有时难以利用。幸运的是，很多美国居留者的档案都被新英格兰人和费城人保存了下来——这些人从来都不抛弃任何东西，包括文件、衣服、破烂家具和已经衰败的建筑。很长一段时间，我在美国很多图书馆、博物馆，一些地方和州立历史协会里梳理了无法计数的手稿，甚至还包括一些人家的阁楼和地下室，以及一个古董商手里的东西。本书末尾的“关于材料的说明”详细记录了数量巨大而复杂的资料来源。

在这个有时令人兴奋，但通常非常烦闷的史学金矿的开采过程中（工作时之肮脏恰与开矿之比喻切合），我收集的资料已经远远超过了任何负责任的出版商能够承受的程度。本书 487 页（英文原著页码，下同——中译者注）内容是经过了大量删减后留下的。这看起来不可思议，比如，第一章讲商馆的生活、相关问题和人物只剩 46 页内容。旧广州贸易体系、美国人贸易和行为规范是第二章的主要内容，远远比詹姆斯·B. 赫吉斯（James B. Hedges）教授在 20 世纪 60 年代阅读过的臃肿草稿要精简得多，他说这是他见过的“最有意思和特别的”贸易体系。

书中分量最大且最具争议性的部分是有关美国鸦片贸易发展的内容，这些内容只是大量原文的一小部分而已。有关鸦片贸易的主要内容最早发表在1968年的《商业史评论》（*Business Historical Review*）上，很感激该杂志的编辑允许我使用已经发表过的论文。

第二部分论述了在广州的几个美国商行的历史。在尝试着理解一些商人的信件和日记的过程中，我觉得有必要重建这些历史。这是一项非常艰难的任务，因为这些商业记录的价值没有得到应有的重视，毁坏非常严重。比如勤俭持家的新英格兰家庭有时会把一些旧账本给小孩做剪贴簿和压花的本子，导致阅读这些文件非常具有挑战性。另一个例子，撒冷（Salem）迪美博物馆（Peabody Museum）前馆长查尔斯·科普兰（Charles Copeland）告诉我有人拿着一封有约瑟夫·巴勒尔（Joseph Barrell）签名的信问他是否有价值。这是他在一个垃圾箱里找到的，发现上面有1790年的日期。当科普兰兴奋得要摘帽庆祝时，这个人笑道："哦，这是上星期发现的，剩下的全部被烧掉了"。滑摩档案（Wetmore Papers）是在纽波特（Newport）拍卖之后将要遭同样厄运时被抢救出来的。

通信中很多信息非常隐晦，使我觉得有必要把手头每个商人的资料撰写成传记。在完成这项研究的过程中，我写了大约200位1844年前曾在广州待过的美国商人的短篇传记。这些传记材料成为了第一、二部分以及附录中出现的人物和总结的原始材料。如果讨论的焦点从群体转向公司和商人，再转向《顾盛条约》，导致了令人吃惊的风格变化，我对此深表歉意，但我引用已故的路易·沙利文（Louis Sullivan）的话说明："形式紧跟着功能。"

第一个中美条约提出了另一种问题。在研究方法和所关注的问题上，外交史研究与前两部分社会经济史研究非常不同。这一部分集中考察了《顾盛条约》的不同影响。开拓性的《望厦条约》，是由顾盛这位美国早期非常有经验的外交家进行谈判的，成为早期美国与非西方地区交往的一种典范。事实证明最有力的影响来自于那一时期曾访问过这个地区或者与之有过贸易往来的传教士和商人。美国绝大部分人都并不关心或者不知道其间所牵涉的问题。最特殊的是，最终的条约是个别美国公民古老而非正式策略的官方版本。这种随意决策的结果影响了未来的关系。我怀疑它在其他地方也有同样巨大的作用，尤其是在一些非西方地区。不管怎样，对这个开创先河的条约进行研究看起来是值得一试的。

结论部分讨论了美国侨民群体对中、美两国的影响，以及对这两个非常不同的国家之间关系的影响。我删减了有关传教士的两章内容，因为其他学者对此主题已经有了很多研究。

在拼写和专有名词上有一些公认的标准需要在此予以说明。我使用了罗马化汉语旧的 Wade-Giles 系统，尽管我知道拼音系统已经标准化。我这样做是因为 Wade-Giles 广泛使用在我使用的资料中；然后，我提供了两个系统之间的转换拼写表，这大部分是纽约金斯角（Kings Point）的美国海商学院（U. S. Merchant Marine Academy）的罗伯特·贾德拉（Robert Gardella）和波士顿的小格兰特（Frederic D. Grant, Jr.）的工作。我把浩官的名字拼写为 Howqua，因为现在这样拼写很常见。但由于他自己在信中的签名是 Houqua，而且当时大多数美国商人也倾向于后者，因此我这样做也非常不情愿。Canton 是指广州这个城市，而 Kwangtung 指广东省。我使用了两个名称来称呼省府要员：现在 governor general 这个称呼更普通，但当时使用的是 viceroy。类似的例子是，尽管“满大人”（mandarin）这个词在现在的作品中很少见到（除一些标题外），但在 18、19 世纪却被广泛使用，我也喜欢这个词。这个词的奇特发音使得中国清朝官员与西方官僚制度下的官员之间的区别非常明显。

最后要向读者说明的是：这本书既不是连贯而概述性的历史，也不是全面展开的群体研究，它包括几个独立却互为补充的部分，每一部分论述的是关于鸦片战争前广州的美国定居者历史的不同方面。也许这项研究会两头不到岸，但其他方法不能提供令人满意的载体来充分承载这些资料。附录中系谱式的概述和一些商行的列表对读者的理解会有所帮助。一些重复是不可避免的。这些内容对一些专家来说也许是不需要的，但它们会帮助那些对这些主题并不熟悉的读者。

如果没有众多朋友无私的帮助，这本书是不可能完成的——提供帮助的人太多了，已经超过了我的记忆，不能一一致谢。在这些乐善好施者中，包括已故的福克尔森（J. Carroll Fulkerson）教授及其夫人，他们最早向我介绍了当时还没有人利用过的卡灵顿（Carrington）档案；马纳宏（Clifford Monahon）夫妇在寻找其他罗德岛资料方面提供了重要帮助；西佐治亚学院的戈德斯坦（Jonathan Goldstein）教授在寻找费城资料方面提供了帮助，并提供了中国史研究领域的最新进展和参考书目。里德（Alan Reid）夫妇和潘普林（Margaret Pamplin）非常热情地向我展示了剑桥大学收藏的浩大的怡和洋行（Jardine Matheson）档案。福士（H. A. Crosby Forbes）对旧中国贸易的毕生的奉献，在很多方面给我提供了帮助，他对这个主题的特殊贡献导致了我所知道的世界上最精美的博物馆以及最好的档案收藏地之一的建成——即马萨诸塞州撒冷的迪美博物馆（Peabody Essex Museum）。

其他在我需要的时候给我提供过帮助的人，包括阿尔特丽（Wayne Altree），对琼记洋行档案的了解无出其右者；本涅特（Sylvia Bennett）女士，她——在最近的报告中——编写出了奥立芬（Olyphant）家族史。其他很多活跃的业余学者所起到的作用也许他们自己都想象不到。永不疲倦地发掘广州艺术家的历史、寻找肖像画以及出版有关广州外销艺术品的精美书籍的卡尔·克罗斯曼（Carl Crossman）能够启发人的灵感。小格兰特（Frederic D. Grant, Jr.）给我提供了若干篇很难懂的论文，也特别提供了他自己关于行商与欠债的美国人之间追逃债务的诉讼的开创性研究。洛威（Robert Lovett）和毕舍普（Eleanor C. Bishop）永远耐心地帮助我查阅迷宫似的贝克图书馆所收藏的极佳手稿。斯各蒂（N. David Scotti）是一位兴趣非常广泛的业余学者，他有着比大多数有资历的历史学家要好得多的寻找档案的能力，他为我在罗德岛寻找资料提供了无价的帮助，并依靠他非凡的记忆力帮助我把一些迥然不同的资料联系起来。

其他帮助过我的学者包括卡朋特（Frank Carpenter）、白威淑珍（Suzanne Barnett）、兰德尔·爱德华兹（Randle Edwards），特别是彼得·费伊（Peter W. Fay），他通读了我冗长粗糙的初稿，并提出了很多重要的删改意见。费正清鼓励我研究多种不为人知的商业档案，并对顾盛谈判提出了非常尖锐的批评。瑞德利奇（Fritz Redlich）通常给我提出非常有价值的建议，对我的研究产生了重要的影响。实际上，根据他相当恼火的建议，我删减了好几章，对其余的部分也做了较大改动。我安慰我自己，希望时机成熟时，那些被删减的部分会成为其他出版物的一部分。然而我相信费伊教授和瑞德利奇博士的修改意见使得呈现在读者面前的这本书更加容易懂。约翰逊（Arthur M. Johnson）教授、已故的海德（Ralph Hidy）和赫吉斯（James Hedges）等都提供了相当多的帮助。

还有一些机构对我提供了帮助。美国哲学学会提供了两个夏季奖学金让我整理卡灵顿档案。米尔斯历史图书馆（The Eleutherian Mills Historical Library）给我提供了奖学金，使我能够考察该图书馆的收藏以及费城—威明顿地区的资料。1978年，美国国家人文基金会（The National Endowment for the Humanities）给我提供了一个夏季的津贴，使我能够前往剑桥大学使用怡和洋行档案。埃莉诺·罗斯福基金会（The Eleanor Roosevelt Foundation）资助了我在海德帕克（Hyde Park）的进一步访问，以研究德兰诺（Delano）档案。此外，伦敦的孖地臣家族，撒冷的迪美博物馆，罗德岛历史学会，罗伯特·本涅特·福士故居博物馆，马萨诸塞州历史学会，美国国家肖像艺术馆，美国国会图书馆，老纽波特历史学会，耶鲁大学不列颠艺术中心，卫斯理（Wesleyan）大学，康涅狄格州米德尔顿的罗素图书馆，纽波特古迹保护协会，老达特茅斯（Dartmouth）历史学会，伦敦的马登·格里高利画廊，香港上海汇丰银行以及很多个人都允许我使用甚至复制他们所藏的图片、地图和其他文件。

最后要感谢的是我的母亲伊丽莎白·当斯（Elizabeth W. Downs），她在本书的研究和撰写过程中是我巨大而不变的依靠。她发现了书稿中很多逻辑、拼写以及排印方面的错误，在减少行文中过分华丽的辞藻以及修改不合文法的段落等方面提供了帮助，大大地提高了最后出版物的质量。不过，我得赶紧加上一句，书中出现的任何错误和纰漏完全由我自己来承担。

目　录

第一篇　黄金圈住地

第二篇 美国侨民和他们的商号

第三篇 《望厦条约》

第一篇

黄金圈住地

1　老广州及其贸易

抵达和离开

从海上第一次遥望澳门，人们都会被这个城市如画的风景吸引。澳门坐落在一个伸入南中国海的半岛上。18 世纪晚期，对于那些来自大西洋和美洲西北海岸的人来说，在忍受了海上的长途漂泊后，澳门的确是一个十分可爱而安稳的地方。在过去的两个世纪里，这个小小的葡萄牙人居留地给中国航海的门户带来了一些地中海的甚至摩尔人的风情。这片小小的土地，是葡萄牙这个曾经伟大、此时仍然有着影响力的帝国在天朝上国境内实施欧洲人管治的唯一据点。对于那些疲倦不堪的水手来说，澳门有着丰富新鲜的蔬菜，美丽的南湾向东成拱形，成群小船在船舶锚地竞赛，以便抢先停泊在商船近旁，这一定会把他们从数月单调乏味的航海生活中解脱出来。

船只在水道上停泊下来，船上的官员在与中国买办或者到处招揽生意的中国水手商议好提供船舶的补给品之后，就乘坐一艘小船去澳门。他们在澳门拜会老朋友，在关税口报

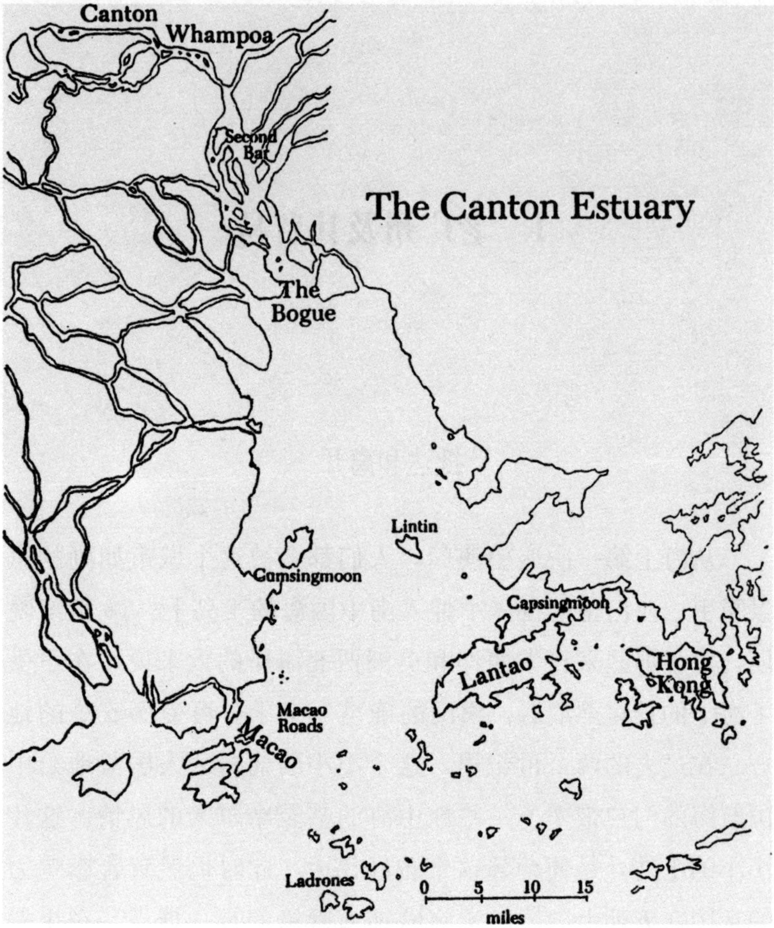

珠江三角洲地图

告船只的到达，[①] 在这里找到一位引水员把他们的船只引进珠

① 比如参看 Amasa Delano, *A Narrative of Voyages and Travels in the Northern and Southern Hemispheres* (Boston, 1817), 408。关于商人在到达广州后应该如何做，参看撒冷船只“密涅瓦号”（*Minerva*）的经验。船长 Thomas W. Ward 于 1809 年秋季访问过广州：“Remarks on the Canton Trade and the Manner of Transacting Business”, *EIHC* 73 no. 4 (October 1937)：303-310。

澳门南湾风光，油画，佚名中国画家
美国迪美博物馆藏，M9751.1

江入海口虎门。美国人对这些外洋引水员的评价非常一致——认为他们没有任何用处，[①] 在 1812 年战争期间，清政府默认了这个有道理的评价，允许美国船只绕过澳门，直接航行到虎门炮台。[②]

在到达虎门之后，船长或者乘坐一艘小船前往某个中国炮台，或者停泊下来等着中国当地官员及其随从前来。这第二次与中国官员接触对早期到达这个地区的美国人来说非常意外，因为他们还不知道到了虎门就进入了另一个中国行政区域，得接受另一些中国官员的管理。双方介绍完之后，照例有茶、甜品或者酒水招待官员，之后船只就可以在引水员

① Amasa Delano，*A Narrative of Voyages and Travels in the Northern and Southern Hemispheres*，408-409，以及 1814 年 6 月 25 日 BCW 致 James Monroe，CCL-I。

② Hosea B. Morse，*The Guilds of China*（London：Longmans Green & Co.，1909），72.

带领下溯江而上，船上还有两位海关人员随行。珠江上的引水员与外洋的引水员不同，他们是经验丰富而且获得执照的专业引水员，他们上船后就要对船只负责。[①]

毫无疑问，溯江而上的行程是船只整个航行过程中最美好的部分，很多冷酷的船长或者谨慎的大班，都在他们的航行日志中用诗一样的语言描绘了珠江两岸生长着稻谷的翠绿田野、神奇的宝塔，以及蓝天下远处隐约起伏的山峦。

虎门，油画，佚名中国画家。留意河口两侧的中国炮台
美国迪美博物馆藏，M17299

① “他们一到甲板上就确定了船只的收费，发布了一些命令等等，——因此我们的官员常常紧跟着他们解释他们的命令的意思，尤其是对一些‘新来广州的人’（比如第一次到广州的水手），对他们来说这样的语言最初显得非常莫名其妙……［比如］Ready About! —Make leddy for bout ship. Ship the helm! —Ship lubber—” Bryan Parrott Tilden, “Father's Journals”, I: 200（第二次航行，1816 年 9 月 22 日）。这是马萨诸塞州撒冷迪美博物馆收藏的成卷的手稿。

在过去的36个小时里面，我沿途所见的风光，正如已故的律劳卑爵士说的那样："是值得从英国前来一游的。"珠江两岸都是覆盖着翠绿禾苗的稻田，散落点缀着竹篷的村庄，数个花岗石做成的炮台。稻田衬着远方姿态各异起伏的山峦，前面矗立着宝塔——这是精巧的纪念性建筑和数代不知名的人艰辛的成果。[①]

船只一到黄埔锚地，[②] 船长的工作暂时告一段落，大班的工作就开始了。每一艘到中国的船只都必须要有一个行商作保商，[③] 行商是从清政府获得对外贸易垄断权的商人组织——"公行"的成员。行商获得处理对外贸易垄断权的代价是，[④] 他们必须在关税上对中国政府负责，还必须规范外国船只上所有人的行为。他必须支付港口税，通常收购大部分进口货物，并提供外国船回程的大量出口商品。此外，行商还是很多其他事情的重要顾问，比如怎样雇用商馆买办、市场状况如何以及清政府制度的准确内容等等，都可以向他们咨询。行商们也会向大班介绍"通事"（他们当中大多数人说的是广东葡语或者广州英语）。

---

① Peter Parker's Journal，1835年9月6日，ABCFM，I：187，16-17。

② 至少19世纪40年代以前，美国船习惯停泊在黄埔锚地的上半部分，而英国船通常都停泊在锚地的下半部分。参看JH，"1891年日记"，28，HP。

③ 有关行商的研究，参看 Ch'en Kuo-tung，*The Insolvency of the Chinese Hong Merchants*，*1760-1843*（台北："中研院"经济所，1990年）。早一些的著作有 Sung An-yun，"A Study of the Thirteen Hongs of Kwangtung，a Translation of Parts of the *Kwangtung Shih-San-Hang-Kao* of Liang Chia-pin"（硕士论文，芝加哥大学，1958年），以及 Ann B. White，"The Hong Merchants of Canton"（博士论文，宾夕法尼亚大学，1967年）。更早一些但仍然有用的著作是 Morse 的 *The Guilds of China*，以及 Henri Cordier，"Les marchands hanistes de Canton"，*T'oung Pao* 3（1902）：282-315。

④ 正如詹姆斯·孖地臣1839年给代表怡和洋行的詹姆斯·瑞恩（James Ryan）的指示所说："这是出于礼节的考虑，给船作保商的行商应该被允许至少可以购买一定比例的船货。这不需要考虑周全，但是比例越大他会越高兴。"（1839年6月30日，JM私人书信集，JMA）

广州的七层塔照片
美国迪美博物馆藏

19 世纪 40 年代的黄埔锚地，油画，煜呱（Youqua）
美国迪美博物馆藏

通事是由政府发牌的人，他们负责处理外国人和海关之间的事务；每个通事手下都有一批伙计为其办事。[①] 由于每个通事都要为其顾客提供一些不确定的服务，包括撒谎、保守商业秘密、向海关官员行贿等，他们并不经常被看成是可靠的信息来源。[②] 不过，通事的年度报告是鸦片战争前最具商业意义的统计数据的来源，直到19世纪40年代以后广州才有专门的领事报告。[③]

成为某船保商的行商首先要做的是向官府报告船只的抵达，粤海关监督会主持抽取港口税的正式仪式。粤海关监督是非常重要的官员。他受两广总督统辖，与其他省级行政官员一样，由皇帝亲自任命。1685年设立的这个官职，任期一年，1725年之后任期延长到三年，很明显这个任期足够使一个有权但没有多少财产的满洲人腰缠万贯。在美国人首次到达之前很久，粤海关监督就以受贿而闻名。Hoppo这个广州英语的称呼来历不清楚，据说是“户部”的音译，但是Hoppo并不对这个机构负责，因而问题只能存疑。不管怎样，粤海关监督既要管理帝国的税收，又要负责外国人在广州的官方管理。

如果粤海关监督心情尚可，他会亲自去船上走一趟以抽

① 最新的消息是J. L. Cranmer-Byng正在从事一项有关通事的研究。同样参看WCH，*The "Fan Kwae" at Canton*（London，1882），50-53，以及John K. Fairbank，*Trade and Diplomacy on the China Coast*，*1842-1854*（Cambridge, Mass.：Harvard University Press，1964），353-354。

② 罗伯特·福士说：“人们应该把‘通事’的话当成谎言之父的意见来听取。”尽管福士有些夸张，但是他的观点并非独树一帜。RBF，*Remarks on China and the China Trade*（Boston，1844），17. 同样参看1833年3月15日JRL给J. J. Borie & Son的信，LLB。

③ 英国东印度公司使用通事作为它贸易年度报告的信息来源。它的后来者广州总商会和美国领事也是这样。参看*Anglo-Chinese Kalendar for ...1838*（Canton，1838），xi-xix，以及1828年5月5日领事John H. Grosvenor自纽约给Henry Clay的信，CCL-I。

取"例规和船钞"。[①] 粤海关监督乘坐的船上飘着很多丝制三角旗，顶上悬挂着龙旗，装饰华丽，船只会驶近外国商船，粤海关监督及其随从登上商船。为了迎接这个仪式，外国商船的甲板已经擦洗干净，船上的设备也被擦拭得干净明亮，船员们穿上了在行李箱里放了好几个月的隆重服装。粤海关监督的随从会用一根丝带丈量船只的长和宽，这两个数字相乘再除以 10 所得的数字就是船钞的基本数据。再加上其他一些数据，就是这艘船只必须要交纳的港口税。[②] 当然，船只还得要交纳一些其他的需索费用，比如引水进出港口的费用、通事的费用，以及为数不少的从粤海关监督本人到最底层的海关检查员人人有份而各种不同的例规等。进出广州口岸要

---

① 尤其是在贸易季节的早期，通常会等到有几艘船时，他才出现在黄埔，一次性上船访问。尽管大多数美国船比那些高大的东印度船要小得多，他们仍然要支付特别的金额。粤海关监督的例规一般都是 1950 两，很少有变化，但是船钞的变化就相当大。下面是 1812 年战争前 William Bell 做大班的一系列船只所上缴的费用：

"美国号"，船长 Sorby，1788—1789，1431 两；

"华盛顿号"，船长 Hodgkinson，1790—1791，1259 两；

"伊丽莎号"(*Eliza*)，船长 Cowman，1805—1806，869 两；

"伊丽莎号"(*Eliza*)，船长 Murphy，1806—1807，881 两；

"广州号"，船长 Murphy，1809—1810，1950 两。

William Bell 档案，纽约公共图书馆珍本和手稿部，Astor、Lenox 和 Tilden 基金会。另外的例子参看 John Boit，"Remarks on the Ship Columbia's Voyage from Canton" (ms at the MHS)，又见马萨诸塞州历史学会 *Historical Collections* 79 (1941)，已经重印在由 Frederic W. Howay 编辑出版的 *Voyages of the "Columbia"* (New York：Da Capo Press，1969)，421。"哥伦比亚号"的花费是 7000 美元，尽管后来的航行开销有所降低，但是条约体系前一艘船要开到内河的费用仍然十分可观。费城的刘易斯 (Lewis) 家族在 18 世纪 30 和 40 年代先后派出一些船只。一封日期是 1843 年 4 月 20 日的 Edwin M. Lewis 给 Daniel Webster 的信上说他家族的船只每艘船支付的例规从 1600 到 2223 美元不等，而船钞从 1500 到 2000 美元不等。参看美国国务院的 Miscellaneous Letters，1789-1906，RG-59，缩微胶卷 179，第 101 卷，NA。

② Chang Chung-li，*The Income of the Chinese Gentry* (Seattle，Wash.：University of Washington Press，1962)，164 和 190，转引夏燮，《中西纪事》(1881 年)，卷三。很明显从 18 世纪中叶以来这个程序就很少变化。参看 F. Hirth，"The Hoppo-Book of 1753"，*Journal of the North China Branch of the Royal Asiatic Society* (new series) 17 (1882)，228-229。

支付的港口税每艘船大概 3000 到 7000 美元不等——可能是当时世界上最高的港口税。

在经历了几个大洋的风暴和天朝上国的诸多例行公事后，船上的商人们自然渴望能够立刻去"省城"。因此，船只一到黄埔，船长和大班就会尽可能快地乘坐小艇溯江而上，去 12 英里以外的广州，船员水手们则留在黄埔油漆船只、填充裂缝和修补帆具。

除了偶尔有机会或者有时候自作主张制造麻烦之外，根据清代夷务管理条例和船主安排，这些水手只能远离广州。成群的苦力搬运船上的货物，分担了水手们的工作，实际上船上的其他杂务也由黄埔买办处理了。其他服务和商品由珠江水上居民提供，无数的船只麇集在外国船周围，兜售各种东西，包括吃喝用品，以及洗衣、剃头等服务。

刚开始水手们还非常享受难得的悠闲时光，但他们很快发现有些事情比工作还糟。也许他们在黄埔锚地最大的敌人就是无聊，有时甚至引起骚乱。水手舱里的条件向来不好，但是对一般水手来说，黄埔更是尤其沉闷的地方。此外，水上居民兜售各种烈性酒精饮料，引起很多船上的、岸上的和互相之间的骚乱。这样的争吵甚至暴乱层出不穷。也许是因为 1843 年美国"星座号"（*Constellation*）船停留的两个月期间克尼（Lawrence Kearny）准将曾经被调来镇压几起骚乱，之后才有了这种经常性骚乱的记录。①

此外，1830 年以前，水手们还没有正常的宗教活动；只是到 1836 年以后，才有了一些常规而持续的医疗服务，之前只能依靠偶尔随船的医生进行治疗。很少有船只能够逃脱痢疾、疟疾和其他致命的热带病所带来的病亡，广州在这方面

---

① *CR* vol. 11（June 1842）：331. 同样参看 RBF，*PRs*（Boston，1882），42-43，以及在纽约公共图书馆 William Low 收藏中的领事 Wilcocks 的书面陈述。

尤其严重。因此，水手们也许像他们当初渴望到达黄埔一样，也非常希望启程回航。

离港的程序比起抵达的程序只是稍微简单了一点点。当舢板船（*chow chow chop*）最后装载着零碎物品离开广州前往黄埔时，船长和大班会去跟行商告别。行商会用茶水招待他们，并互相交换礼物，① 然后船长会得到一张船牌（Grand Chop），也就是离港的许可证。这是一大张用两种颜色印制的文件，上面印制着龙的图案，并盖有粤海关的大印。②

当他们离开行商装饰得非常优雅精美的行号时，③ 船长和大班会看到洗得很干净的帆布邮袋已经装在船上，在牡驴尖（Jackass Point）等着他们，一群小孩在周围喧闹着索取财物。④

船只离开黄埔之前最后一个仪式是船只买办最后的拜访，他把礼物放在船上向大家告别。当船只起锚时，中国人会放成串炮仗"以唤醒神明保佑船只离开，让它顺风顺水"。⑤

---

① 有一些礼物非常漂亮。比如马萨诸塞州撒冷迪美博物馆收藏的"大土耳其号"大碗。1819 年，行商潘启官为梯尔顿支付了出口税，作为送给他的离别礼物，这笔费用大约 500 美元，Tilden，"Father's Journals"，I：363（第二次航行，1818 年 9 月 10 日）。

② "阿斯特里亚号"（*Astreae*，1789 年）的领票尺寸是 21.5×29 英寸，PP。

③ 参看 WCH，*Bits of Old China*（London，1885），217-218，以及 1840 年 12 月 17 日 ED 给兄弟的信，DP。

④ Tilden，"Father's Journals"，II：182（第四次航行，1832 年 1 月 12 日），和 II：33（第五次航行，1833 年 8 月 1 日），上面有一段对这些无处不在的成群的流浪儿坚持不懈地索要东西的描述。

⑤ Robert Peabody，*The Log of the Great Turks*（Boston：Houghton Mifflin，1926），94. 这本书包括一份非常出色的关于丈量仪式的描述，由于迪美博物馆德比收藏里的相关档案丢失了，这本书是德比船只最早几次航行的少数几个资料来源之一。

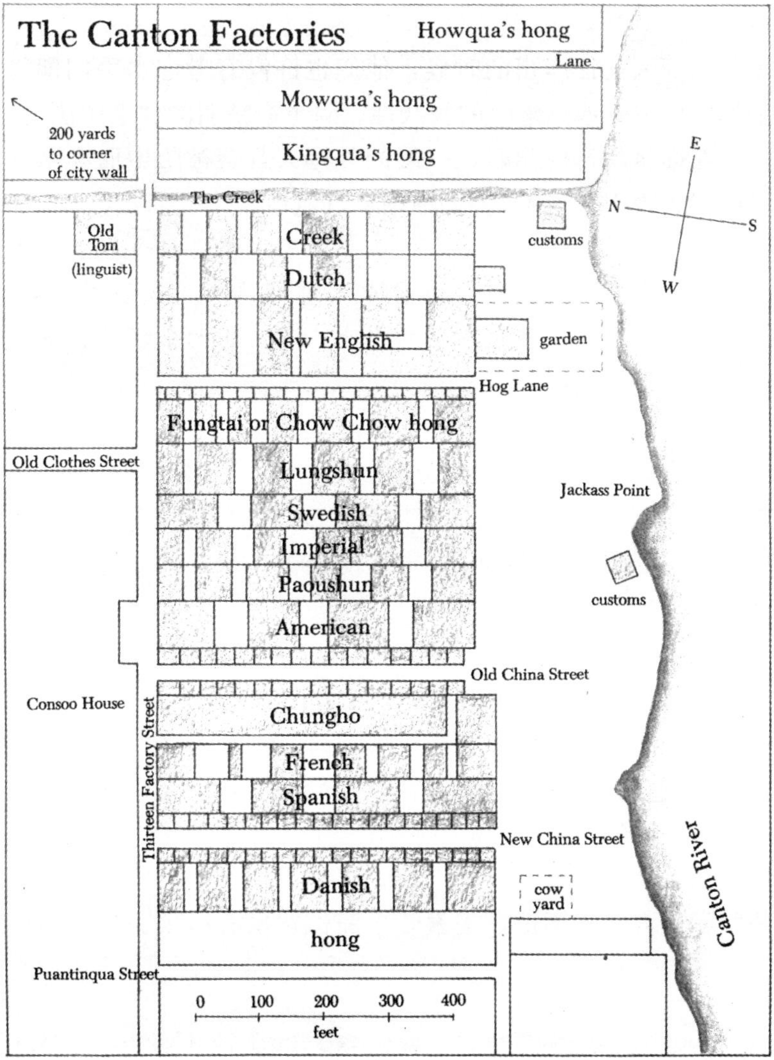
The Canton Factories
Howqua's hong
Lane
Mowqua's hong
Kingqua's hong
200 yards
to corner
of city wall
The Creek
Old
Tom
(linguist)
customs
E
N
S
W
Creek
Dutch
New English
garden
Hog Lane
Fungtai or Chow Chow hong
Old Clothes Street
Lungshun
Jackass Point
Swedish
Imperial
Paoushun
customs
American
Old China Street
Consoo House
Thirteen Factory Street
Chungho
French
Spanish
New China Street
Danish
cow
yard
Canton River
hong
Puantinqua Street
0
100
200
300
400
feet

广州商馆示意图

商 馆

当商人前往广州的时候，他们也许没有考虑水手们即将受到的煎熬，或离港时的复杂性。除了最精明的“老中国通”外，在即将到达广州时，一般的外国人都会被陌生而丰富多彩的情景吸引。① 随着他们渐渐靠近城市，

> 一种低沉的“隆隆”声出现了，很快就变成了巨大的“嗡嗡”声，这个声音永远都不停息。这些“嗡嗡”声是由珠江上来来往往的水上人家传出的敲锣声、爆竹声等等组成的。②

穿过无数的中国船只，西洋船就抵达了牡驴尖，这是船只在广州的停靠地，外国人在这里第一次看到外国商馆。“商馆”（factory）一词来自印度，在印度意味着代理人住地或者办公室，广州英语“hong”则指的是做生意的地方，但是这两个词在广州通常是混着用的。

商馆坐落在广州城外西郊离珠江北岸 300 英尺的地方，是一排狭长的建筑物。整个地区大概占地 12 英亩。每一个商馆都由几座两三层高的房子组成，通过拱廊或拱门过道与其他商馆相连。商馆正对着珠江，前面是被称为“广场”的一块大致平整的空地。

商馆是外国人在广州的家，是他们做生意、娱乐、储藏货物的地方，甚至也充当教堂。商馆首层有厨房、金库和仆

---

① 即使是今天，在非常陌生的环境下，观察敏锐的 Alberto Moravia 捕捉到了广州与众不同的地方精神（*Ortsgeist*）：“广州是个有着拱廊街道的城市，如同浸润着潮气的波伦亚大红肠（Bologna）一样，充斥着热带的闷热且混乱得让人头昏脑涨。”参看 Ronald Strom 翻译的 *The Red Book and the Great Wall*（New York：Farrar，Slrans and Giroux，1968），30。

② Tilden，“Father's Journals”，II：32（第五次航行，1833 年 8 月 1 日）。

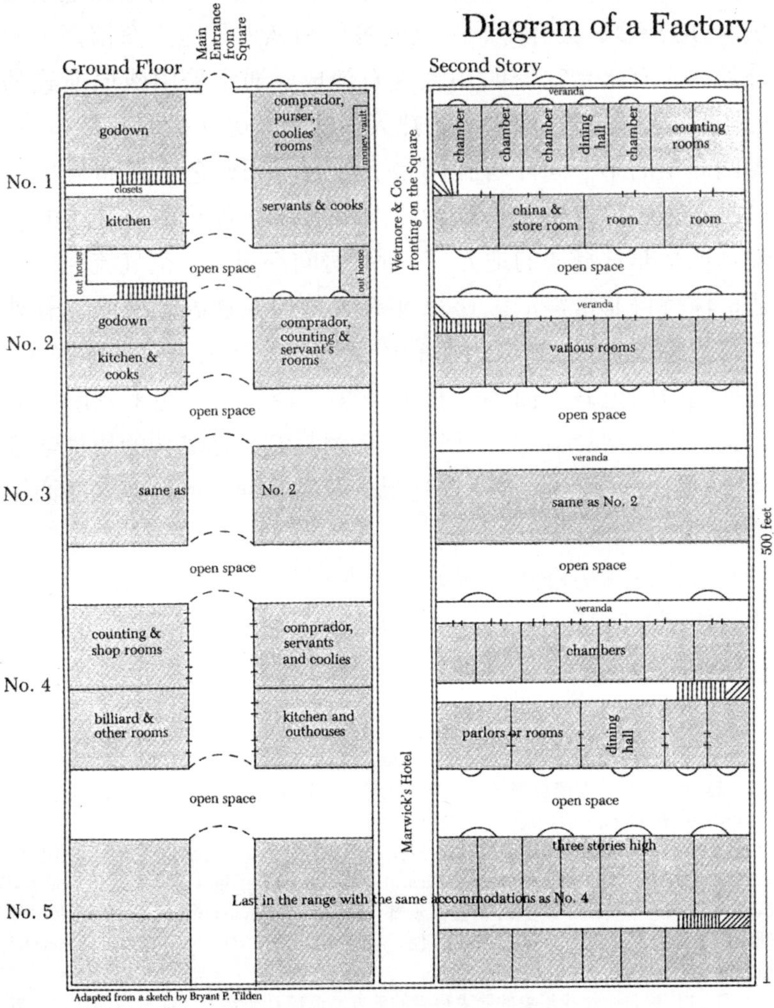
Diagram of a Factory
Ground Floor
Main Entrance from Square
Second Story
No. 1
No. 2
No. 3
No. 4
No. 5
godown
comprador, purser, coolies' rooms
money vault
closets
kitchen
servants & cooks
out house
open space
godown
kitchen & cooks
comprador, counting & servant's rooms
same as No. 2
counting & shop rooms
billiard & other rooms
comprador, servants and coolies
kitchen and outhouses
Last in the range with the same accommodations as No. 4
Wetmore & Co. fronting on the Square
Marwick's Hotel
veranda
chamber
dining hall
counting rooms
china & store room
room
various rooms
chambers
parlors or rooms
three stories high
500 feet
Adapted from a sketch by Bryant P. Tilden

商馆内部结构示意图

人的房间，地下室则是巨大而通风的库房，在一些离地面约一英尺的货架上摆放着货物。货架通常用樟脑木做支架，周围放着柏油、谷糠或者生石灰防止白蚁蛀蚀。① 商馆楼上是账房（办公室）、会客室、一大间餐厅和私人卧房。商馆楼上向外处通常有阳台，有时用大理石铺成，通常采用威尼斯式的内阳台，这是对付南中国炎热天气的有效办法。鸦片战争时，美国商馆的第一间洋行在阳台上扯起了用蓝色南京布做成的遮阴篷。屋顶上通常有露台，潮湿的茶叶贸易季节开始的夜晚，这是非常舒适的地方。② 所有房间都很大，空气流通而舒适；保持得非常整洁。1839年春天外国人被囚禁期间，有外国人抱怨说他的商馆已经有10天没有打扫了。③ 总体来说，依据当时的记载，而不是根据一些年轻人的抱怨来判断，商馆里一定非常舒适。④ 对研究旧广州具有开创之功的历史学家马士（Hosea Ballou Morse）很少夸大其词，他形容这些商馆“富丽堂皇”。⑤

这些建筑物修建得很好，用花岗岩或者砖头盖成，由于建材烧制时间长短不一，呈现出从铅蓝色到红色等不同颜色。这些建筑物也许应另置佳处。商馆都建筑在桩子上，所占的

---

① 顺便提及，这些昆虫毁掉了广州领事无法数清的记录。参看 Enclosure 3 to State Despatch 51，美国总领事，广州，主题：“Shipment of Canton's Archives and Records to Washington”，3。

② 1839年林则徐下令移走了这些露台。1839年7月7日福士致妻子，RBFP。

③ WCH，“Journal of Occurrences at Canton during the Cessation of Trade at Canton，1839”，收藏于波士顿文艺俱乐部（Boston Athenaeum）。另一居留者抱怨偶尔由于苦力清洗窗户而带来的不方便，参看1830年3月30日JRL给Mary R. Latimer的信，LP。

④ “广州是个比我想象的要大得多的地方。商馆是非常宏大而宽敞的建筑，餐厅和工作室在二楼，也非常宽敞，摆设着漂亮的家具，用美丽的图画装饰着。”1839年10月5日WHL II致Josiah O. Low，LMFP。

⑤ Hosea Ballou Morse，*International Relations of the Chinese Empire*，vol. 1，*The Period of Conflict*，*1834-1860*（London：Longmans Green & Co.，1910），71-72.

土地是填江而来的，江水随着潮汐会涌进贯通每一个商馆的下水道。有的商馆外墙上抹了石膏，房顶上没有露台的地方则盖上了红瓦。这组外国商馆呈现出非常整齐而引人注目的风貌，经常出现在绘画上。第一个到广州的美国商人山茂召（Samuel Shaw）用18世纪最好的赞美词“优雅”来描绘商馆的面貌。①

商馆门前高杆上悬挂着不同的国旗代表着不同的有领事驻节的国家。1784年山茂召看到了丹麦、奥地利（神圣罗马帝国）、瑞典、英国和荷兰在这里有着“常规驻地”，但到鸦片战争时，商馆前面飘着的国旗就不超过四种了，也就是美国、英国、荷兰和法国，而且只有前两者实质上出现在这个社区里。不同时期，英国和美国商馆前有着各自的花园，其他商馆前面则是盆栽的树和花卉。

1822年大火焚毁商馆之前，② 广场用围栏封闭着，一头连着商馆，一头到珠江。大火之后，就没有这些围栏来阻止那些小贩、乞丐、算命先生，以及好奇观光客来这里看一看这些“番鬼”。这些外来的“入侵者”早在1800年就已经出现在广场了。早期美国对华贸易商人沙利文·多尔（Sullivan Dorr）曾经描绘了吞剑者、往身上刺针者、杂耍者、驯鸟人，还有一个人表演毒蛇咬舌，之后立刻晕厥，但只要“在他舌头上涂上某些东西”，他就苏醒过来，很

---

① Josiah Quincy ed., *The Journals of Major Samuel Shaw* (Boston, 1847), 72. 有很多描绘这些商馆的绘画作品，包括帆布油画、纸本绘画、木版画，甚至描绘在瓷器上面。也许美国关于这些画最好的收藏是在撒冷的迪美博物馆，但是很多图书馆、历史学会和私人手中都有收藏，不过还没有编目。

② 现在仍有描绘这次灾难的绘画作品保存下来。尤其以迪美博物馆的收藏十分突出。

明显他就在出售这种东西。[①] 只要这些外来者的行动变得无法忍受，不时有某个恼怒的外国人到公行投诉，很快就会出现挥舞着鞭子的官差来驱赶这里的人群，地上只剩一些破瓷、碎布等，以及那些逃窜者来不及收拾的东西。

商馆前面被两条街道和一条小巷分开，每一条街道上都是店铺。外国人称之为新中国街、老中国街和猪巷（Hog Lane）。他们连接着广场和商馆后面的十三行街。与这个地区其他街道一样，这几条街都人群密集，非常狭窄。最早来华的美国传教士之一雅裨理（David Abeel）说："两排房子之间的街道宽度是15英尺到3英尺不等；城市中等规模的地方也许不超过8英尺。即使是穿过商业区，我经常伸手可以触到街道两边的房子。"他还记载了每条街道转角为了防止小偷逃跑或捕捉乌合之众所设立的小门。晚上这些小门都关上，并且有人看守。[②] 街道上铺着表面并不光滑的花岗岩石板，以在潮湿时防滑，不过时间长了街道也变得光滑起来。白天，街道上人头攒动——从黄昏到天黑尤其混乱。广州官差从未想过要疏导交通，因为这里没有车子，也很少出现马。拥塞的（以及污秽的）完全是人。

> 不停有清道夫来搬走垃圾，他们收走大量的垃圾，但尽管有他们在辛勤劳动，街道上仍然经常污秽不堪，且经常弥漫着令人生厌的气味，尤其是在商馆后面的街道上，以及屠户和卖家禽的店铺附近。[③]

---

① 1800年2月15日多尔致John and James Dorr，Dorr Letterbook I。1831年Tilden也描绘了很多同样的情景。Tilden，"Father's Journals"，II：162-163（第四次航行，1831年11月25日）。

② David Abeel，*Journal of a Residence in China*（London，1836），76-77. 费城商人John D. Sword描述这些街道有5至8英尺宽。1836年1月17日John D. Sword给Mary Parry的信，Sword Papers，HSP。比较1839年10月26日WHL给Seth Low的信，LMFP。

③ William W. Wood，*Sketches of China*（Philadelphia，1830），95.

19 世纪 60 年代广州街道照片

美国迪美博物馆藏

这些不一致的论调尤其有趣，而那些后来的观察者，在他们有了更多的经历后，说广州是“中国所有城市中最富有、建筑得最好，而且最干净的城市”，称如果有人到过厦门、上海及其他一些城市，会对广州“相当的整洁”、“坚固的建筑以及没有过分令人恶心的情景和气味”[①] 而感到惊奇。

在商馆附近每条街道的两旁有大量的小店铺，一家挨着一家，出售各种各样的商品：丝绸、玉器、瓷器、漆器、食物以及其他很多无法确定的东西。美国人经常在书信里评价中国食品市场上的一些奇异东西，尤其是一些小猫、小狗、剥了皮的老鼠和大量他们并不习惯吃的蔬菜水果。埃德蒙德·罗伯茨（Edmund Roberts）说他从美国商馆的阳台上看到一家位于商馆南部的（原文如此）旧中国街上的铺子里，

---

① William F. Mayers, N. B. Dennys, and Charles King, *The Treaty Ports of China and Japan* (London, 1867), 144 and 151.

出售猫肉和狗肉。[①] 这里的生意大多是小本买卖，他们是购物者喜欢的地方。"不朽的丹尼尔"的儿子、首个美国使团的秘书维伯斯特（Fletcher Webster）曾在1844年说："广州当然是一个典范，这些店铺有着不可抗拒的吸引力。"[②]

除了这些坐贾之外，还有很多沿街叫卖的小贩每天都出没在附近街道上——卖伞的、剃头匠、江湖游医、占卜者——还有到处可见的最嘈杂和令人讨厌的乞丐，叫嚷着、敲着锣，或者就喋喋不休地喧哗着。

尽管面对这些异域的新奇之物，开小差的美国水手也不愿意用一些奇怪的方式来花钱。然而，普通水手偶尔到广州游玩，经常会出现在猪巷上一些臭名昭著的店铺中。他们在这里买一些被称为"官家杜松子酒"（Mandarin gin）、"三苏"（samshu）和一些被（错误地）宣传为"上等朗姆酒"的可疑饮料。猪巷据说得名于最初名字 Hong Lane 自然而贴切的变体。两个人并肩几乎都不能通过这里。小巷一边是英国东印度公司商馆，另一边则是丰泰行，也被称为"炒炒行"（Chow Chow Hong），表示这里一般都住着巴斯人、亚美尼亚人、阿拉伯人和犹太人等等。[③]

这些小商贩在美国人中名声很差。据说"这些小商贩一刻都无法让人相信，或者一分钱的买卖也不能信任，因为他们在金钱方面没有任何诚信可言"。[④]"这些小商贩通常都是无赖，必须时刻提防。"[⑤] 颇有文采的美国人威廉·亨特描绘他们

---

① Edmund Roberts, *Embassy to the Eastern Courts of Cochin-China, Siam and Muscat* (New York, 1837), 156-157.

② 1844年3月30日维伯斯特从广州致在澳门的顾盛，Cushing Papers，L/C。

③ William W. Wood, *Sketches of China*, 94，以及1839年10月26日 WHL II 致 Seth Low，LMFP。

④ William W. Wood, *Sketches of China*, 215.

⑤ Shaw, *Journals*, 183.

剃头匠，钢笔画，George West 绘制，1844 年顾盛使团随团画家
美国国会图书馆藏

水果小贩，钢笔画，George West 绘制，1844 年顾盛使团随团画家
美国国会图书馆藏

街头流动小食档，钢笔画，George West 绘制，1844 年顾盛使团随团画家
美国国会图书馆藏

是“能够想象的最伟大的无赖”。①

评价如此之低，与这些店铺的行号大多都不太相称。亨特记载了外国商馆附近一些店铺的名号“和安”（peace and quiet）、“集义”（collective justice）、“太和”（perfect concord）和一些更加神秘的名号，“三合”（The Three Unities）等。他还提到一些非常华丽的广告，“在每一个水桶上你会看到‘太平桶’（the bucket of superlative peace）”，在箱子上写着“泰宁箱”（the box of great tranquility）。② 户外广告看起来跟现在一样常见。

> 街道两边的店铺都通常用金漆在长方形的朱红色匾牌上写着行号，以致房屋的墙壁都看不见，每一座房子就是一间店铺，里面装满各种各样的商品。③

---

① WCH，*Bits of Old China*（London，1885），4.

② WCH，*The Fan Kwae at Canton*，108-109.

③ Edmund Roberts 的航海日记，Roberts 收藏，L/C。

卖鸟小贩，水粉画，浦呱（Puqua）
美国迪美博物馆藏，E83895.96

西洋杂货铺，水彩画，佚名中国画家
美国迪美博物馆藏，E80607.10

街头店铺图（原文是 China Street，无法判断是同文街还是靖远街），水彩画，佚名中国画家　美国迪美博物馆藏，E80607.23

> 每一个空白的墙上和木板上都覆盖着招贴……尽管经常受到官府禁止，但在广州你还是可以看到比欧洲城市多得多的一些不知羞耻的广告。①

如果美国人连这些小商小贩都不相信的话，大多数中国人就会被认为是流氓，“傲慢、无礼、欺诈和冷淡”，② “是世界上最大的无赖”，③ 美国人对这些汉人的普遍印象是“爱报复的、淫荡的和无赖的”④ 等等。

商馆的生活

对于外国侨商来说，广州的生活是最舒适的。他在这里

---

① Mayers, Dennys, and King, *The Treaty Ports of China and Japan*, 158.

② William W. Wood, *Sketches of China*, 141.

③ Howay, *Voyages of the Columbia*, 423.

④ 1800 年 1 月 21 日沙利文·多尔致 Joseph and John Dorr, Dorr LB I。

也许能享受到比旅途中其他地方多得多的奢侈品。每个商馆都有足够的仆役，各司其职。除了厨子、门房、饲养家禽者，以及普通苦力外，每个外国人都有一个跟班，他会在早晨叫你起床、给你打扫浴室、为你铺床、服侍你用餐，并一直跟随着你，对主人最细小的愿望他们都尽心尽力。

每个商馆都会雇一位买办，他负责除了仆役之外的所有事务，负责商馆日常供应以及维持，买卖的时候讨价还价。买办的诚信一般都是无可置疑的，他手上拿着商馆每个房间的钥匙，包括账房的钥匙。所有的补给都以赊账的形式购入，然后由买办或者仆役来付账。外国人很少自己处理金钱上的事务。很自然地，这种行为造成了一种非扬基式的奢侈。[①]

也许这种高生活水平是由几个不同国家的东印度公司确立起来的——丰厚的专营权使他们很少考虑商馆运作的费用。"约翰公司"，即英国东印度公司当然是在中国的最浪费的公司。1830年，英国国会调查委员会发现公司商馆每年的费用约90000英镑（约450000美元）![②] 来自撒冷、机智过人的梯尔顿（Bryant P. Tilden）船长，1815－1837年间先后七次航行广州，对荷兰在澳门的华丽商馆印象非常深刻。他提到在那里看到荷兰和弗兰德斯伟大画家的绘画作品，昂贵的中国瓷器，大量的青铜合金雕塑，以及关着来自好望角以东很多地区的猴子和鸟类的笼子，大量乐器（包括一架自用的钢琴），修整得非常漂亮的花园，花园里的小路是用荷兰瓷砖铺成的。[③] 即使他的描述带有年轻人的夸张，荷兰在澳门的代理

---

① 1830年3月30日JRL致Mary Latimer，LP；以及1844年12月15日NK致妻子，KP。

② 确切的数字是91343英镑。Parliamentary Papers，H/C，1830，Report on the East India Company's Affairs，V.，Appendix IV，590-591.

③ Tilden，"Father's Journals"，I：279-281（第三次航行，1818年9月24日）。

人生活得非常豪华是很清楚的。尽管美国私商无法负担与邻居一样奢侈的生活，他们的商馆也不会缺少舒适的东西。餐饮非常丰富，啤酒、红酒和烈性酒消耗量经常受到公司更勤俭的合伙人的抱怨。年轻的约翰·赫德（John Heard）1844年写给他弟弟奥古斯丁（Augustine）的信中提到："我们的桌上经常都摆着酒，有好几种——总被人劝酒。"[①] 哪怕最节俭的扬基佬也会很快习惯这种奢侈的生活，以致他们回国后仍然要求过这样的生活。守旧的约翰·拉惕默（John Latimer）指责这些中国富豪奢侈的花钱方式，他们"管理着属于别人的巨额资金，这种做法会摧毁我们对于金钱价值的正确观念"。[②] 所有食物、饮料、家具及其他消费品，都必须由买办购买，这些买办的酬金明码标价；或者从黄埔的船上购买，这样就必须支付从马尼拉、孟买或者其他港口前来的运费。买办的工作是人们梦寐以求的。约翰·赫德曾经这样描绘琼记洋行的买办：

> 他1840年到我们商号上班的时候一文不名，但是1846年他去世的时候留下了70000美元的遗产。所有事情他都处理得天衣无缝，我并不认为商馆的任何人都意识到丢失了一分钱。我非常怀疑我们是否真的丢失了任何东西。所有报酬都由行商支付，我们只支付食物的费用，但比重非常小，因此很难（把他的收益）分摊到我们的生意上。[③]

---

① 1844年7月30日，HP。

② 1831年1月26日JRL致Henry Latimer，LLB。同样参看1844年12月15日NK给妻子的信，KP。

③ John Heard III，"1891年日记"，33-34。同样参看John K. Fairbank，*Trade and Diplomacy on the China Coast，1842-1854*（Cambridge，Mass.：Harvard University Press，1964），466；以及WCH，*The Fan Kwae at Canton*，53-54。有关买办最好的研究是Hao Yen-p'ing，*The Comprador in Nineteenth Century China*（Cambridge，Mass.：Harvard University Press，1970）。

行商花园，钢笔画，George West 绘制，1844 年顾盛使团随团画家
美国国会图书馆藏

这些买办非常有用，他们的工作也非常有利可图，因此最近在一些有爱国心的中国人心中他们的名声变得很坏，尤其是那些共产主义者，他们认为买办只是帝国主义的走狗。

另外，对在广州的侨商的生活方式产生影响的，还包括与之有生意往来的中国商人。尽管行商有时非常富有，但商人在儒家传统社会中地位相对还是很低。一些行商是暴发户，如同西方文化中新富起来的人一样，他们总是很奢侈而招摇地花钱，但即使那些捐了官的行商也生活得非常好。他们的别墅、书房、花园、私人苑囿及其他奢侈生活的表现都被很多美国人描绘过。在潘启官[①]的花园里面有鸟棚、盆景、人工

① 参看 WCH，*Bits of Old China*（London，1885；台北：成文出版社，1976 年重印），217-218，ED 的日记，1842 年 4 月 2 日；以及 Tilden，"Father's Journals"，II：329-331（第三次航行，1818 年 12 月 1 日）。与浩官一样，潘启官来自一个商人家庭，并不是暴发户，尽管这个家庭的财富经历了兴衰。亨特曾经记载说他的财富有 2000 万美元。梯尔顿说他的不动产有 1000 万美元（第四次航行，1831 年 10 月 28 日）。同样参看 White，"Hong Merchants"，47-79，多处，以及 Arthur W. Hummel，*Eminent Chinese of the Ch'ing Period*（1943；台北：成文出版社，1970 年重印），605-606。

溪流、洞穴、瀑布和喷泉等，都给他们留下了深刻的印象。[①]外国朋友从世界各地给潘启官带来花木种子、鸟类和各种动物，放在他的乡间苑囿里。梯尔顿送给了他十二只斑点龟，这在广州是十分罕见的。[②]

尽管侨商过着奢华的生活，但他们并不是游手好闲的酒色之徒。他们必须长时间夜以继日地工作——繁忙季节每天工作 12 到 15 个小时是很平常的事情。他们大部分时间都是在账房度过，旅行者们通常都会描绘这些在广州的侨商脸色苍白。但是至少有位年轻人在抵达广州时非常愉快地发现：

> 第一［原文如此］这里进行着商业贸易的系统化行为，书记员都得到非常良好的待遇，饮食非常好——还有他们在一些琐事上给像我一样的后生非常好的建议——也就是——这里没有花钱的机会。[③]

茶叶贸易季节里，侨商必须很早起床，他们只有在春夏生意清淡时才能睡懒觉。炎热潮湿的天气使早晨的空气黏黏的，对扬基佬来说尤其不舒服，他们习惯新英格兰亚寒带气候。他们很快养成习惯，要求仆役至少每天为他们准备一次洗澡水，有时候一天要洗两到三次。这种奢华方式需要有一个非常大的陶制浴盆，外层装饰着龙、狮子（fu-dogs）或者其他奇特的图案，而且要从较远的地方弄新鲜干净的水来。潮湿也使得这里夏天蚊虫很多，床上都挂着蚊帐。跟浴盆和商馆里其他的家具一样，他们的床通常也用很多制作精美的雕刻装饰着，抛光得很好，有时这成为他们奢侈生活的某种标志。

---

① Tilden，"Father's Journals"，II：199-207（第三次航行，1818 年 12 月 1 日）。

② 关于中国士绅奢侈生活的进一步的资料，参看 Ho Ping-ti，*The Ladder of Success in Imperial China*（New York：Columbia University Press，1962），154-161。

③ 1839 年 10 月 5 日，WHL II 致 Josiah O. Low，LMFP。

在广州的美国年轻人很快就习惯了这种生活，这种方式很大程度上甚至改善了那些最有苦行倾向的传教士的生活。因为他们有着为之献身的事业和经受苦难的愿望，但他们在中国无法不像其他外国人一样生活，也就意味着他们实际上过得非常好。

早晨洗澡后，有时还外出闲逛一阵，之后商人们再享用早餐——早餐一般很简单，主要包括一些米饭、茶、米糕、吐司和咖喱饭、鸡蛋或者鱼等。[①] 此后，办公时间的第一次休息是中午时分，在餐厅用一份简单的午餐。一天重要的社交活动是晚餐，有时是下午三点，有时是六点半钟。这时，商馆所有人都在一起用餐，包括一些在广州期间住在商馆的客人、寄宿者和船长。通常这顿饭会吃很长的时间，是非常放松的休闲时光。晚餐有很多道菜，还提供好几种葡萄酒、啤酒和印度啤酒，最后喝白兰地，抽马尼拉雪茄。但是，在一年最繁忙的季节，晚餐也会吃得很匆忙，甚至草草应付了事。

生意不那么繁忙的时候，傍晚时分，社区里的年轻人会在珠江上赛艇，玩背跳游戏或者跳房子、掷铁环，或者在广场上快速散步。精力不济的商人也会打个盹、闲逛一下[②]或者在牡驴尖与疍家女调调情。在19世纪40年代早期，据说奥古斯丁·赫德在商馆里养了一只小马驹，他每天在广场上骑马，引起很多中国人的围观。[③]

天黑以后，所有工作都暂时停顿下来，商人们开始互相走动，他们在各个商馆里聚会喝酒、唱歌或者谈生意、闲聊或者谈论家乡。不过，特别是在茶叶贸易季节初期，商人们

---

① 1838年1月21日卫三畏致他父亲，转引自 Frederick W. Williams, *Life and Letters of Samuel Wells Williams* (New York, 1889), 107-108。必须指出的是，这是传教士的早餐。比较 Rebecca Kinsman Monroe, "Life in Macao in the 1840's", *EIHC* 86 no. 1 (January 1950): 17。

② Osmond Tiffany, *The Canton Chinese* (Boston, 1849), 229-230. 同样参看1844年3月5日JH给父母的信，HP。

③ Gideon Nye, *The Morning of My Life in China* (Canton, 1873), 33.

会在账房里待到很晚。1833 年一个炎热的晚上，威廉·亨利·洛（William Henry Low）给他美国的高级合作者写信说："你忘记了在 7 月的夜晚，坐在一个大大的灯盏旁边，用软笔和柔软的纸写信的乐趣了吗？我现在正在好好地享受这样的乐趣，汗水浸湿了衣服，希望收到一封包含着米德尔顿清新空气的信。"①

人　物

塞缪尔·斯诺（Samuel Snow）油画肖像，佚名中国画家
私人收藏

① 1833 年 7 月 11 日 WHL 致 SR，RP。

最繁忙的季节，暂住人数瞬间就超过了常住的人口。1820年之前，这种不平衡性一定会受到特别关注，因为常住的美国人很少超过12位。之后，美国群体人数随着贸易的发展而增多，如同其他群体一样，这个外国人群体奇特的地方也有所增加，各具特点的人物增多了。最早是美国独立战争的英雄山茂召（Samuel Shaw）少校，他是第一位美国大班和第一位美国驻华领事，他那非常典型的18世纪个人和国家荣誉感，使他的游记和书信在现代读者看来显得相当拘谨。[①]

另一位参加过独立战争的军官塞缪尔·斯诺（Samuel Snow），他是第二任领事和美国商馆的建立者，他明显是个更加温和的人，但是19世纪初他就因运气不好而破产，之后再也没有翻身。[②] 他的儿子彼得·斯诺（Peter Wanton Snow）运气也很不好。他一生都在广州进进出出，从来没有赚到足够的钱来逃避其他商人的怜悯。1835年他出任领事，尽管在广州时很多人都很快地发家致富，但他却总是生病，未老先衰，看起来只能够财富散尽。1843年他像乞丐一样死去。[③] 爱德华·卡灵顿（Edward Carrington）精明而吝啬，其不择手段臭名昭著。他向彼得·斯诺收18%的利息，后者是他的生意伙伴和赞助人塞缪尔·斯诺的儿子，这在当时是很高的利息。他在广州待了八年后终于获得了巨利，主要原因是在等待机会，等海豹皮的市场陷入绝境。他回到美国，成为当时美国对华贸易商的领军人物，但是却受到胃溃疡的折磨。[④]

---

① 在纽约 Pierpont Morgan 图书馆 Knox Papers 中发现了大量山茂召的书信。

② 参看拙文“A Study in Failure: Hon. Samuel Snow”, *Rhode Island History* 25 no. 1 (January 1966), 1-8。

③ 参看拙文“Bad Luck in the China Trade”, *Rhode Island History* 25 no. 3 (July 1966), 73-80。

④ 参看拙文“The Edward Carrington Collection”, *Rhode Island History* 21 no. 3 (January 1963), 16-21；以及我在 *Year Book of the American Philosophical Society* 上的报告，1961年，359-360，和1963年，390-391，298-300。

一位美国新移民间或也会出现在广州。范罢览（Andreas Everardus Van Braam-Houckgeest）在 18 世纪先后两次在广州积累财富，都是为荷兰东印度公司服务。范罢览第一次广州之行返回荷兰后，他移民到了美国南卡罗莱那州的查尔斯顿（Charleston），他在这里种植稻谷，但非常失败，失去了财富和家庭。他只好再次来到广州，成为荷兰东印度公司的大班，显然重新获得了荷兰国籍。1794 年和 1795 年，他作为荷兰著名的德胜（Titsing）使团的成员出使北京。几年之后他再次退休，此后他移民到费城，在那里体面地生活了三年，然后回到了欧洲。①

另一位美国新移民是“陆军团长”彼得·多贝尔（Peter Dobell），他出生在科克县（County Cork），但在费城长大。多贝尔也是一位独立战争的退伍军人。在广州待了几年，期间他差点由于走私人参而被抓，之后他转向鸦片贸易。1812 年战争前夕，他买了一艘船开到美国西北海岸，希望能够在毛皮贸易中获利。一两年间他在堪察加（Kamchatka）的彼特罗帕夫罗夫斯克（Petropavlovsk）开了一间店铺，出售货物。之后，多贝尔穿过西伯利亚到达圣彼得堡，直到 1819 年初再次露面，带着妻子和一个女儿，出任驻马尼拉的俄国公使。次年，在他离开马尼拉前往广州时，西班牙当局发动了一场对外国人的大屠杀，在这场灾难中多贝尔损失惨重。②

鸦片贸易的先行者本杰明·威尔考克斯（Benjamin Chew Wilcocks）来自费城非常著名而有着重要影响的家族。他个子很高，中国人给他绰号“高鬼”（the high devil）。广州炎

---

① Van Braam, *An Authentic Account of the Embassy of the Dutch East India Company*（2 vols.，London，1798），参看导论。

② Peter Dobell，*Travels in Kamchatka and Siberia with a Narrative of a Residence in China*（2 vols.，London，1830），多处；以及“Peter Dobell on the Massacre of Foreigners in Manila，1820”，*NYPL Bulletin* 7（June 1903），198-200。

本杰明·威尔考克斯（Benjamin Chew Wilcocks）油画肖像，钱纳利绘于19世纪20年代 ©汇丰银行（汇丰银行亚太档案）2010年版权所有

热的夏天里，他都穿着高领紧扣并打着白色领结的衣服，他在担任美国领事期间一定给人留下了非常深刻的印象。他是个美食家和业余艺术爱好者（也是个好色之徒），很健谈，在餐桌上谈笑风生，威尔考克斯是著名画家钱纳利（George Chinnery）的好朋友，他们品味相似。[①] 钱纳利逃离印度，或

① 钱纳利是个神奇的人，直到最近他作为一个艺术家都没有得到足够的认识。他非常高产，他的画作在美国、英国、印度和中国的各大博物馆和私人收藏中被发现。

者如他自己所说是逃离他妻子（尽管逃离债务看起来是更重要的动机），到达澳门后不久他们就成为了好朋友。

威尔考克斯在中国的最后日子里，当行商浩官令人惊奇地慷慨表示免除他一大笔债务时，他表现得相当不负责任。[①]此后，他冒失的行为至少在短时期内引起了约翰·拉惕默的指责。威尔考克斯发了疯。拉惕默应该已经知道，但他做出这样的指责使他当时有些尴尬，毕竟威尔考克斯把所有生意都留给了他，而现在却来指责他渎职。另一个使威尔考克斯愤怒的事情应该是拉惕默的正义行为，他把威尔考克斯与一位澳门妇女所生的混血女儿芳尼·亨利（Fanny Henry）送到费城去看望她热爱的父亲。她的到来肯定会造成一些尴尬，因为年岁渐高的威尔考克斯正在费城寻觅结婚对象。[②]

最后，当时广州有一小群热情而勇于献身的传教士，他们于1830年后陆续到达，希望能够教化中国——这是备受误解的事业。这些最初传道者既不是黑衣悲观论者，又不是圣徒，他们是好心、聪明以及神学上的加尔文主义者。他们实事求是、工作勤奋而专注地传播福音，这些传教士性格迥然不同。一位作家这样记载：

> 雅裨理（David Abeel）是一个神秘主义者，[③]罗孝全（I. J. Roberts）明显有点梦想者的味道，[④]但是卫三畏则受过科学训练［伦森拉尔（Rensselaer）理工学院］，

---

① 1832年9月30日JRL致James Latimer，LLB；以及1828年5月8日BCW致JRL，LP。

② 1833年11月30日JRL致James Latimer；以及同一日期JRL致Warnack夫人，LP。

③ Abeel鼓舞了很多其他的传教士。参看Williams，*Life of Williams*，61 n；以及Edward T. Corwin，*Manual of the Reformed Church in America*（3rd ed.，New York，1879），161-163。

④ 罗孝全是一个最特别的人。赖特烈描绘他“粗俗得让人吃惊”，以及“明显十分古怪”。*DAB* VIII（第二部分）：8。

学习了使用印刷术，而怜为仁（William Dean）看起来见多识广。裨治文（Elijah C. Bridgman）是一个真正的人物，他可能成为任何一个团体的杰出成员。①

彼得·伯驾（Peter Parker）非常冷静，是个非常虔诚的人，也是个精明能干的管理者。动身来中国前他就进行阅读以做准备，也走访和咨询一些有可能给他提供信息的人，这也许对他会碰到的事情有帮助。他既有神学方面的训练，又有医学方面的训练。他很有效率地经营在广州的医院，② 甚至发明了一种竹片系统来挂号，防止人们忘记自己的序号。他记录了所有病人的名字、疾病和治疗情况。后来，他在中国以多种不同的身份代表美国。他很清楚公众的重要性，他也许是中国传教会最好的筹款人，当然也是最有本事的说客。③

卜尔满（William Pohlman）是一位新教教士，以坚定不移著称。④ 另一方面，卜尔满的秘书罗啻（Elihu Doty）则"非常可靠"、"最热心、坚定虔诚"和"勤劳"。他不是一个"聪明或者学识渊博的人"，但是他"坚定、直率、判断没有偏见"，使他非常适合从事"文字工作"。⑤

---

① George H. Danton, *The Culture-Contacts of the United States and China: The Earliest Sino-American Culture Contacts 1784-1844* (1931; reprint, New York: Octagon Press, 1974), 83.

② 他的高效率在任何地方都十分明显。在 Wetmore 档案里，有一个给 W. S. Wetmore 的日期是 1841 年 7 月 12 日的邀请。当时 Wetmore 在伦敦访问，伯驾抓住这个机会邀请他会见医学传教会的各位朋友。在邀请上他加上了他个人的话要求 Wetmore 参加。伯驾处于非常成功的组织常规的中国医疗传教资助系统运动的中心位置。这样的个人联系是伯驾的第二特点，他很少错过任何机会来促进自己所献身的事业。

③ Corwin, *Reformed Church*, 403-404. 比较 William Dean, *The China Mission* (New York, 1859), 357。

④ Corwin, *Reformed Church*, 245. 比较 Frederick T. Persons 在 *DAB* III 中的论文：389-390。

⑤ Yung Wing, *My Life in China and America* (New York: Henry Holt & Co., 1909), 16-17.

勃朗（Samuel Robbins Brown）［一个教师］……明显地显示出他是自力更生的人。他头脑很冷静，能利用多方面才能达到目的，温和亲切，为人乐观。他能够非常耐心地对待他的学生……他能够简单而直接地向学生清楚地表述。[①]

勃朗同时还是个音乐家，他会弹钢琴、管风琴和拉小提琴。他歌声优美，还“谱写了不少曲子”。他“亲切热心”，“具有与生俱来的亲和力，能够吸引朋友”，以及“常常喜欢找乐子和开玩笑。从小到老，欢笑使得很多艰难的工作都变轻松了”。[②]

怜为仁形容司梯文（Edwin Stevens）给陌生人留下的印象是有着“严肃的脸孔”，以及“严谨而不擅交际”，尽管他否认这是他的真实性格，他说自己“非常友好谦恭”。[③] 相似的是，如果我们相信他儿子和传记作家的话，拘谨的卫三畏也被人误认为“相当羞涩”，使得他的“行为有些呆待板”。[④] 另一方面，他的朋友白汉理（Henry Blodget）牧师在赞词中称他是“充满快乐和友好、富有机智……在感觉和习惯上非常社会化”。[⑤] 诺亚·波特（Noah Porter）说得更好，赞扬“只要他在场，快乐的氛围就能使别人觉得阳光灿烂”。通常仅仅依靠只言片语很难判断150年前人物的性格。不同的见证人会给出不同的评价。不过我们仍然能够很有理由地相信

---

① William Elliot Griffis，*A Maker of the New Orient*（New York：Fleming H. Revell，1902），16-17.

② William Dean，*The China Mission*（New York，1859），375. 夏绿蒂·洛小姐（Harriet Low）称他“有一点野蛮”。参看 Elma Loines ed.，*The China Trade Post-Bag of the Seth Low Family*（Manchester，Me.：Falmouth Publishing House，1953），190；以及 Williams，*Life of Williams*，92。

③ Williams，*Life of Williams*，19-20；以及 K. S. Latourette 在 *DAB* X（第二部分）上的论文：290。

④ 转引自 Williams，*Life of Williams*，474-475。

⑤ 转引自 Williams，*Life of Williams*，475。

传教士与商人一样，是有着完全不同性格特点的一群人。

其他在广州的外国人

美国人首次到达广州时，他们发现这里有一个英国东印度公司统治下的世界性社区。在早期不同年份里，瑞典人、丹麦人、奥地利人、普鲁士人、西班牙人、葡萄牙人、法国人和各类意大利人在这里跟中国人做生意。有的国家设立了领事作为代表。[①] 在法国大革命开始后，大多数欧洲人从广州消失了，中立的美国逐渐把前往欧洲大陆的生意抢了过来。

一些不是来自欧洲的外国人也集中在广州。阿拉伯人、印度人、亚美尼亚人和近东的犹太人，为这个东方大都会的万花筒增添了不少色彩。他们的服装新奇而引人注目。摩尔人（阿拉伯人）是：

> 穿着红、白和蓝等颜色的丝制和棉制衣服，头戴着很大的白色穆斯林头巾，上面结着红色的花彩和金银色的绳带。他们都精心修剪过胡子，但须发茂密，蓄着略呈灰白和黑色的络腮胡，穿着宽松的裤子，膝盖下捆着绑腿，用绳子和腰带系住腰部以防衣服松落。膝盖以下小腿裸露着，他们通常都穿用金线装饰的摩洛哥拖鞋。[②]

东印度水手穿着也不同：

> 他们大多数人头和肩上都戴着脏脏的棉制头巾，再戴着很有趣的碗形帽子，穿着窄窄的“法兰绒长袍”，或

---

① 有一些领事是真正的英国人，他们接受任命是为了防止英国东印度公司垄断权的限制。参看 Michael Greenberg，*British Trade and the Opening of China，1800-1842* (Cambridge：Cambridge University Press，1951)，25-28。关于英国在中国贸易方面对其他欧洲国家取得控制的研究，参看 Earl H. Pritchard，“The Struggle for the Control of the China Trade in the Eighteenth Century”，*PHR* vol. 3 (September 1934)，280-285。

② Tilden，“Father's Journals”，II：56-57（第五次航行，1833年8月28日）。

细棉衬衣，棉制短裤——还系着棉制腰带。[①]

一个孟买的穆斯林更是容光焕发：

> 他衣服非常宽松，毫无束缚，个子很高，穿着洁白的衣服，腰上围着一条羊绒的围巾。另一个小个子围着穆斯林头巾……［有］全白的络腮胡，几乎长及腰间。[②]

同一个记载也提到了巴斯人：

> 他们服装非常特别，夏天穿着白色长袍，背部和手臂上都紧紧系住，穿着颜色相同的裤子，有时也穿红或蓝色的裤子。天冷的时候他们穿深颜色衣服，样式相同，镶着红边。他们的头发部分地修剪过，鬓角自由生长，所有人都留着浓密的胡子，有时从背后都可以看到他们前面的胡子。[③]

以及：

> 当然最多的是中国人，他们脚穿着翘底的软鞋，裤子膝盖以上很宽大，膝盖以下则紧紧绑着，上衣是南京布做的蓝色衣服，人不高，后半部头发长到几乎可以碰到地上，前半部则刮得像脸一样干净。大多数人都不戴帽，手里常拿着一把扇子。[④]

英国人和美国人大多穿着制服，尤其夏天大多穿着白色衣服。通常是很轻的亚麻衣服，有一些穿着讲究的办事员会穿上丝制宽长裤。[⑤] 脚底是白色帆布鞋，头上戴着白色棉布软

---

① Tilden, "Father's Journals," II: 58.

② Osmond Tiffany, *The Canton Chinese*, 244.

③ Osmond Tiffany, *The Canton Chinese*, 246.

④ 转引自彼得·伯驾的日记，见 George B. Stevens and W. Fisher Markwick, *The Life, Letters and Journals of the Rev. and Hon. Peter Parker, M. D.* (Boston, 1896), 107。

⑤ Osmond Tiffany, *The Canton Chinese*, 20-22；JH，"1891 年日记"，28。美国人在广州的很多花销中，衣服是最不重要的。泰凡尼说裤子和夹克只需要"一美元多一点一件"。

帽，非常轻巧，有时会非常正式地打着领带。在广州衣着相对来说非常不正式，在澳门则要讲究很多，也许因为“那里有女士”。[①]

在广州，人数最多的外国人是英国人。在贸易早期，英国东印度公司大班委员会（在广州）基本上在中国就代表着英国，但英格兰私商以及更重要的苏格兰私商也逐渐来广州贸易。整体来说大班委员会能够通过他们的授权系统在特许权下管理整个群体，由于没有法律可以援用，这个系统显得更加必要。两个垄断机构——英国东印度公司和公行——共同处理着中国对外贸易中出现的众多问题。然而，19 世纪 20 年代末 30 年代初，当英国东印度公司的特权在英国国会遭到私商与内陆新工业主联盟的强烈攻击时，大班委员会越来越无法控制日益增多而又难以驾驭的英国私商了。

最后的若干年里，由于垄断权渐失，英国东印度公司引起私商的极大反感。脾气非常暴躁的苏格兰人詹姆斯·因纳斯（James Innes）曾努力想得到公正对待，但大班委员会和公行都无法满足其愿望，他一怒之下一把火烧了广场上的海关办事处，以泄私愤。这种突发性的举动后来从总商浩官处获得了补偿，浩官经常要面对这种暴力的威胁。[②]

不管是在公司纪律的管制下，还是在继特选委员会之后的公司高层的管理之下，英国人总是美国人最难对付的外国人。有着相同的文化背景和语言、宗教、习俗，英国人和美国人很容易达成一致，也容易闹矛盾。当意见不一致时，如同 1815 年前和鸦片战争期间，他们之间从没因为语言不通而出现不能理解的引起误会的小问题，双方都非常清楚彼此的

---

① 1841 年 8 月 7 日 JH 致父母，HP。

② Hosea Ballou Morse，*The Chronicles of the East India Company Trading to China*，*1635-1834*，vol. 5（Cambridge，Mass.：Harvard University Press，1926-1929），352-353.

意图，有时却故意唱反调。[①]

另一方面，商馆之间的友情和与英国人交流的方便，造就了很多跨国界的朋友。山茂召在广州期间与法国人关系友好，其他商人或与荷兰人，或与澳门葡萄牙人关系密切，但是大多数美国人以及后来的传教士最了解英国人。

1812年战争以后发展起来的高度个性化的外国人社区，大多数都是说英文的英国人和美国人。其他国家的人也参与了澳门和广州丰富多彩的社会生活，但是英国人和美国人是主体，占人口的绝大多数。

随着时间的推移，美国人与英国人越来越接近。出现了一些跨国婚姻，尽管有时利益不同，对美国人来说为他们的英国朋友找个借口也是很容易的。同孚洋行（Olyphant & Co.）合伙人查尔斯·金（Charles King）对英国债主向行商兴泰行（Hingtai，又称为Hengtai、Hingtae等等——严启昌）施加压力，使其对1836年破产表示非常遗憾：

> 一些行商决定不支付欠费。但义律船长说，尽管英国人忍受了侮辱，他们也不会忍受从自己口袋里偷东西。因此行商会加重他们的负担，否则就要动武。看起来要美国商人和茶叶消费者付钱给英国人很艰难——但是我们都在一条船上，我想我们不应该抱怨。[②]

这样，尽管美国人时常与英国政策不一致，但与中国人斗争的时候他们就会把彼此的分歧暂时搁置。

娱乐消遣和社交生活

工作之外的活动随着社区的发展逐渐丰富多彩。商人总

① 比如参看Kenneth Wiggins Porter，*John Jacob Astor，Business Man*，vol. 1（Cambridge，Mass.：Harvard University Press，1931），140-141。

② 1837年4月24日CWK致CNT，TP。

抱怨说已经厌倦了这里，但是抱怨也许更多地展示出抱怨者自身的问题，而不是抱怨在天朝上国的这个角落娱乐的机会。这里有抽彩、宴会、乐队和室内演奏会。① 山茂召很早就提到过音乐会："每星期天晚上英国商馆都有音乐会，由来自不同国家的人士演奏，只要乐意都可以参加。"到1816年，英国东印度公司的乐队每星期四晚上在公司商馆的阳台上演出。会演奏单簧管的梯尔顿曾被邀请参加演出。

阅读可能是个人消遣的最重要形式。商馆区至少有两个公共图书馆。最大最有名的是1806年成立的英国东印度公司图书馆。1832年出版了书目，这里收藏了1600册书。在公司失去贸易垄断权后，图书收藏也星散了②，但是传教组织"马礼逊教育协会"很快建立了另外一间图书馆，里面收藏的书一部分来自原来英国东印度公司图书馆。

广州的侨商与他们19世纪末的同行比起来显得更加好学，在广州商馆和澳门还有一些颇有规模的私人图书馆。传教士经常会随身携带一些书。早在1830年，据说裨治文有201册书，其中三四十册是马礼逊博士给他的，马礼逊博士自己也收藏了很多图书。③

除图书馆之外，还有图书和阅读协会。美国国会图书馆收藏的拉惕默档案里有一份来自"广州阅读和台球协会"的收据。年轻的约翰·福士是这个组织的成员，尽管他的信中

---

① Samuel Shaw，*Journals*，179-180；以及 Tilden，"Father's Journals"，I：244-245（第二次航行，1816年11月12日）。

② "Literary Notices，" *CR* vol. 4（June 1835），96-97. 同样参看 *CReg*，1835年5月26日。

③ 1830年4月16日E. C. Bridgman致J. Evarts；ABCFM，SCM I。同样参看厦门传教会的目录，ABCFM；以及 A. Raymond Irwin and Ronald Staveley，*The Libraries of London*，2d rev. ed.（London：Library Association，1961），174。

有时重点提到的是在这里玩台球和打牌。① 书、报纸、杂志，甚至家信都会被大家传阅，至少有两个有组织的协会在成员阅读完所有书籍后会拍卖这些书。这样，捐献者建立图书馆，也许能够读到比他们已经读过的更多的书。②

热衷于各种竞赛运动也是这个社区非常突出的特点。早在 1812 年战争的时候，米吉少校小旅馆（Major Megee's inn）里的惠斯特牌和他的食物一样有名。西洋双陆棋和西洋跳棋（国际跳棋）也是大家普遍玩的客厅游戏。1841 年旗昌洋行已在其广州商馆里修建了一条保龄球道。这里甚至还有一些团队运动。有时英国人会邀美国人一起打板球，不过这种机会不多。通常美国人更喜欢一些他们认为看起来是“球”的运动，与棒球非常相似，尽管是德宝地（Abner Doubleday）之前一代人的事情了。③

最盛行、精心筹备且昂贵的竞赛活动是赛艇。很明显这项运动最开始是由东印度公司在黄埔的那些无所事事的水手组织和发起的，④ 1812 年战争后不久这项运动传到了广州侨商当中，并在 19 世纪 20 年代逐渐流行起来。1831 年梯尔顿称这项运动越来越吸引人，他还描绘了外国人和中国人是如何被这项运动激起热情。他也装模作样地评价说这样的竞赛通常是扬基捕鲸艇获胜。⑤ 1834 年，成立了“联合俱乐部”，即赛艇协会，有着完整的成员组成、规则、处罚条款，每周

① 1834 年 11 月 16 日 JMF 致 SR；以及 1836 年 4 月 30 日 RP 和 JMF 致福士夫人，FP。

② Rebecca Chase Kinsman，1843 年 12 月 3 日，转引自“Life in Macao in the 1840's”，*EIHC* 86 no. 1（January 1950），34。

③ 参看 1836 年 3 月 25 日和 1836 年 4 月 30 日 JMF 给福士夫人的信，FP。同样参看 JMF，*Letters and Recollections*，vol. 1，Sarah H. Forbes ed. （Boston，1889），86。

④ 英国东印度公司的船只在美国人参与之前很久就已经在黄埔组织了赛艇。*Canton Register* 从一开始就非常忠实地报道了有关的比赛。

⑤ Tilden，“Father's Journals”，II：147-148（第四次航行，1831 年 11 月 15 日）。

聚餐会、规定了奖品和统一了比赛队伍的着装。[1]

目前还不清楚帆船比赛到底是何时开始的，但1837年广州赛艇俱乐部成立时这项运动已经盛行很多年了。[2] 实际上1825年外国船只在珠江上航行的情况已经非常多了，以致两广总督还颁布了一条禁令，但这无异于一纸空文。[3] 1831年已经在澳门站稳脚跟的船舶匠修建“巴尔的摩式”纵帆船在珠江上使用，[4] 随着鸦片贸易的发展，那些热衷于速度的商人在船只设计上表现出越来越浓厚的兴趣。这个外国人群体随着时间的推移越来越沉溺于游艇的发展和增加。1839年鸦片危机时赛艇俱乐部突然中断活动，但1844年12月再次成立。尽管会费每人要5美元，但基本上每个侨民都登记加入了俱乐部。他们举行了会议，选举了理事，制定了相关的制度。[5] 英国人占领香港后，这项活动很快传到那里。香港赛艇会的成员包括当时外国人群体中的大部分人，就像老广州赛艇会出现在一个新地方，香港的赛艇成为重要的社会活动，后来开埠的条约口岸很快就竞相效仿。

一些娱乐活动得到了中国官府的同意。在每月的固定时间里，外国人可以去珠江上游距离商馆两英里的花地游览。

> 侨民们偶尔会有非常愉快的野餐，他们乘坐大船离开广州，携带所有聚会用的东西，在花地找一些亭台楼阁，能够很好地举行一次乡间宴会。[6]

---

① Tilden，“Father's Journals”，II：86-87（第六次航行，1835年9月3日）。

② WCH，*The Fan Kwae at Canton*，47. 同样参看 Basil Lubbock，*The Opium Clippers*（Boston：Charles E. Lauriat，1933），147-148。

③ Hosea Ballou Morse，*The Chronicles of the East India Company Trading to China，1635-1834*，vol. 4，174.

④ Tilden，“Father's Journals”，II：128-129（第四次航行，1831年9月11日）。

⑤ 1844年12月18日JH致父母，以及同一天致AH，HP。

⑥ W. W. Wood，*The Sketches of China*，80.

其他时候，“远夷”会得到允许到珠江对岸的河南游览佛寺（海幢寺——中译者注），很多书信、日记和出版物中都反复地描绘了这座佛寺。[①]

尽管各种形式的娱乐活动塑造了良好的友谊和各种交往，但是外国人群体却有着一种诡异的拘谨感。梯尔顿认为是由于缺乏女性才造成这样呆板的行为方式，他对此表示悲叹：

> 我们是绅士和水手们组成的群体，在广州我们都是单身汉，相当的礼节还是必需的，以便让我们不成为中国人所称的“半番”。[②]

约翰·拉愓默曾指出商人和秘书们已经非常习惯互相称呼“先生”，或者只称呼姓氏。他也很满意地评论道：

> 我们在两个月之内已经让很多不懂规矩的大班变得文明起来——教给他们更多的礼貌行为，比他们一辈子在家里学的还要多。原因非常明显，老派的规矩在广州保存下来，到达这里后，大多数人进入的这个社交圈比他们在家时习惯的要更好。

也许更重要的是，“中国人之间那种极度礼貌的形式使得我们自己的方式复活了”。[③] 13年以后，早期观察者笔下的刻板社交行为已经明显地增加了，比如在滑摩商行（Wetmore & Co.）晚餐时着正装成为一种习惯，[④] 这在19世纪30年代早期美国人中并不普遍。

---

① 参看WCH，*Bits of Old China*，176-177；以及W. W. Wood，*The Sketches of China*，85-92。

② Tilden，“Father's Journals”，II：47（第五次航行，1833年8月1日）。

③ 1831年3月31日JRL致玛丽·拉愓默，LP。在这封信中，拉愓默提到一件事，足以生动再现当时情景，尽管对牵涉其间的这位年轻而经验缺乏的费城大班来说有些侮辱性的意味。

④ Nathaniel Kinsman在给他妻子的信中提到了这件事。W. S. Wetmore（不是公司的创建者）说这种习惯一直到19世纪60年代仍然保持着。房子主人坐在桌子一端，与客人一起用餐是非常传统的事情。参看1840年1月5日JC给AH的信，HP。

这种奇怪的仪式戏剧性地发生了变化，变得不再正式。据可靠资料显示，在为广州最大洋行的高级合伙人威廉·查顿（William Jardine）举行的宴会上，尊敬的查顿医生曾经试图与威廉·S. 滑摩先生一起在一首黑人民间音乐中跳华尔兹。[①] 另一位英国医生有一个非常令人厌恶的习惯就是击打熟人肋骨以下的地方"来看我们的肝脏是否健康"。在跳背游戏中跨过别人的背部的同时想保持庄重的仪态，肯定非常困难。[②]

在与清朝签订条约之前，英、美两国商人在中国的社交生活在澳门这个城市达到最完美的程度，两个国家的商人在澳门阶段性地得到休息。上流社会腐蚀了这个葡萄牙人的居留地，使它成为了爱斯科（Ascot）赛马会、成为了蒙特卡洛（Monte Carlo）、成为了里维埃拉（Riviera），甚至成为了商人在茶叶贸易季节中忙完了生意后的家园。在澳门，有他们的妻子和家庭，也有情妇和应召女郎，她们能够给在广州繁忙艰辛季节之间的日子里带来轻松和快乐。

尽管美国商人都坚持某些新教美德的原则，但独身生活绝不普遍。从一些私人信件看来，尤其是一些在澳门的年轻人，显示违反第七条戒律的机会很多。那些非婚生小孩的数量本身就证实了侨商意志的脆弱。[③] 当然，澳门并没有实行禁止外国妇女居留的禁令，很多商人都有情妇。前文曾提及威尔考克斯的情妇，而威廉·亨特则与一疍家女有染，与她保持了很长一段时间的关系，他非常负责任。1844 年约翰·赫

---

① Nye, *The Morning of My Life in China*, 57-58.

② Nye, *The Morning of My Life in China*, 33.

③ 1845 年 4 月 4 日 JH 致查理·布朗（Charley Brown），HP。夏绿蒂·洛说 Charles Beale 是个私生子；*Diary*，第四卷：9（1832 年 3 月 27 日）。帕金斯洋行的约翰·赫德、亨特、本杰明·威尔考克斯都有与澳门土生妇女或者中国妇女生的小孩。1828 年 Hart 的遗嘱，RP；1843 年 5 月 4 日和 29 日 ED 的日记；以及 1833 年 11 月 30 日 JRL 致 James Latimer，LLB。

德给他的知己查理·布朗（Charley Brown）写信，当时他正处在一个很难以自持的时期：

> 我寄给你的这位澳门女孩的肖像是这里一位英国绅士情妇的真实肖像。她有一个妹妹，也被这位绅士包养，与她一样漂亮。这里还有一位名叫“ayow”的小姑娘，大约15岁，她居住在我们房子附近的船上，比前两位都漂亮。她仍然非常贞节，拒绝了500美元的金钱，但我怀疑不久以后就会变得好说话。这种事情在这里被看成是甜蜜的弱点，澳门有很多混血儿。[①]

除了没完没了的台球、扑克、社交午餐和晚餐外，澳门还提供了各种广州所没有的充满男子气概的娱乐，比如游泳、骑马和猎鸟等。在东印度公司时期，澳门的豪华商馆每年有一半时间是英国人的活动中心。这里经常有业余戏剧表演[②]、正式的宴会和舞会。后来澳门出现了一个更加专业的剧院，这个剧院很自豪地拥有捐助者、管理委员会和足够的财产，这使得在房东表示要在剧院所在地建筑房屋的时候，处理这些资产成了难题。[③] 1841年时存在一个葡萄牙的业余戏剧公

---

① 1844年9月26日；HP。同样参看ED的日记，1843年5月4日和29日。W. W. Wood，*The Sketches of China*，80；以及*CReg*，1830年2月3日。最后参看William Hickey，*Memoirs of William Hickey*，vol. 1，Alfred Spencer ed.（New York：Alfred A. Knopf，1923），198。Hickey是一位英国律师的儿子，一个不可救药的恶棍，1769年在广州。他说当时在黄埔附近的Lob-Lob小溪，有成群的水上卖淫女，她们的服务能够使得那些在码头停泊装卸货物时劳累的水手安静下来；其他很少有关于这方面的信息。美国人写的唯一的关于中国妓女的资料是Dobell的*Travels in Kamtchatka and Siberia*，vol. 2，140-141。同样参看伯驾1835年9月7日的日记，ABCFM：SCM，187，17（2）。有很多原因可以质疑伯驾的权威性，但是Dobell是另一个问题。我认为在鸦片战争前中国人和美国人之间的性关系是很少的。关于之后妓女的增多，参看Peter Ward Fay，*The Opium War，1840-1842*（Chapel Hill，N. C.：University of North Carolina Press，1975），265 and 322。

② 这些都会刊登在报纸上。夏绿蒂·洛很少会错过任何演出，她记载了每一件事情。

③ *CP*，1841年6月5日。这就是所谓的Luso Brittanic Theatre。葡萄牙人也有业余的戏剧。参看*CReg*，1836年3月1日；以及*CP*，1841年5月29日。

司“爱乐协会”，偶尔还会有专业演奏团体或艺术家来澳门访问演出。[①] 一个值得纪念的场合是某意大利剧团在这里进行系列演出，这在当地外国人群体中引起了轰动。[②]

演奏家和音乐家都深受欢迎，但是侨民群体更热衷于赛马。在关闸附近澳门边界的地方有一块空地，被用作赛马场。从一些一本正经的美国妇女的传闻中得知，一些英国书记员，甚至一些英国东印度公司职员的妻子，居然去赛马场赌马。[③] 随着群体的发展，商人们开始进口纯种赛马，使赛马变得更加正规。[④]

1830 年 11 月，旗昌洋行的新成员威廉·H. 洛抵达澳门，带着他妻子和 22 岁的侄女夏绿蒂。这位撒冷姑娘夏绿蒂，美丽动人、精力充沛，接下来的三年为她在美国的姐姐留下了非常详细的日记。这项充满爱心和活力的工作为这段时期澳门社会生活史留下了最详尽的资料。[⑤] 当这份日记每一卷完成后，就被分别寄回家中；因此日记呈现出断断续续的书信般的特点。日记是漫谈式、闲话式的，说着姑娘之间的私房话，正如年龄相当的姐妹通信时会做的那样。因为夏绿蒂颇有魅力、单身又是美国人，她很受那些孤独的广州侨商欢迎，她在日记里非常直率和愉快地描绘了这些人。她也同样兴致盎然地讲述了一些社交活动——舞会、戏剧、歌剧、博物馆、野餐、布道、充满罪恶感的赛马，还有没完没了的善意的调情。后来其他美国妇女，一些商人和船长的妻子、

---

① *CPress*，1841 年 5 月 29 日和 1842 年 10 月 22 日。

② 1833 年 4 月 29 日和 5 月 27 日 WHL 致 SR，RP。

③ *CPress*，1829 年 5 月 18 日和 1830 年 5 月 15 日；以及 PSF，“Journal”，1843 年 7 月 26 日，FP。夏绿蒂·洛也提到了很多次赛马。

④ “这里有很多来自阿拉伯的好马，每天下午你会看到十几位英国人骑在他们这些受过良好训练的马上——每匹耗资 500 到 1000 美元——”；PSF，“Journal”，1843 年 7 月 26 日。

⑤ LMFP，手稿部，LC。

女儿也在澳门暂时安家。鸦片战争使更多传教士的妻子和一些教会的女志愿者来这里，更加充实了这个居留地。侨民的社交生活也相应地发展了。

澳门的外国人过着比在广州更舒适豪华的生活。他们的房子非常大，都带着有围墙的宽阔花园，如果是靠近南湾，房子前面还有海滩。有一些家宅非常有名。英国人托马斯·比尔（Thomas Beale）的家就以其花园和鸟舍闻名[①]，成为澳门最主要的旅游胜地，可与贾美士洞[②]相媲美。纳撒尼尔·金斯曼（Nathaniel Kinsman）船长的妻子瑞贝卡（Rebecca Kinsman）这样描绘了她的房子：

> 房子坐落在南湾，前面有非常漂亮的花园，房子两边和后面是一块平地，生长着漂亮的树木，房子和花园都用围墙围起来——围墙上很多地方蔓延着茂盛的藤。告诉你房子的大小，前墙宽120英尺，外加一个由巨大的圆柱支撑的18英尺宽的走廊，圆柱一直穿过走廊——除去走廊的宽度还向后伸展70英尺。起居室宽和高都有36英尺。[③]

一年多以后，金斯曼夫人又评论了另一位旗昌洋行合伙人更加华丽的别墅：

> 昨天，伊卡（Ecca）在德兰诺夫人（Mrs. Delano）

---

① 很多作者都提到了Beale的鸟舍。参看夏绿蒂·洛的日记，vol. 1：72-73（1829年10月25日）和vol. 2：20（1830年3月19日）。Beale的鸟舍、花园和鱼池都出现在J. Stanley Henshaw的*Around the World*，vol. 2（New York，1840），198-199。卫三畏在*The Middle Kingdom*，vol. 1（New York，1883）中作出了另外一番描绘，264-265。卫三畏说在Beale去世之后，鸟或死或散。在别处他说“鸟受到传染病的袭击……大多数死掉了”。参看“Recollections of China Prior to 1840”，*Journal of the North China Branch of the Royal Asiatic Society*，new series，8（1874）：8。

② 在*Casa de Horta*的范围里。

③ “Journal of Rebecca Chase Kinsman on Her Voyage to China in 1843”（BL的打印稿），38-39。同样参看*EIHC* 90 no. 3（July 1954），289-308。

那里待了一天。我跟她一起坐轿子去的，非常愉快地拜访了他们，在空地上散步，空地非常大，可以看到鹅（是跟北方的鹅大小相仿，同样高贵的动物）、火鸡、雉、小牛和一头非常美丽的梅花鹿，还有几匹马和一尊非常精美的神像，完全是他们国内的陈设。我还差点忘了伊卡非常喜欢的一只猴子。[①]

在澳门的生活方式、非常好的服务和温和的气候使一些美国人待的时间很长，大大延迟了他们计划回家的时间。威廉·亨特早在1843年就已经告别澳门坐船回国了，但几个月后他带着在亚丁买的几匹阿拉伯良种马再折回澳门。他在这里又待了一年最后才离开中国。[②] 1809年到达这里的詹姆斯·P. 斯特基斯（James P. Sturgis）在广州工作了25年之后退休到澳门。直到他1851年去世前不久，一直都住在西望洋山上的带走廊的平房（bungalow）里（这是非常大而舒适的住所，但其皮钦语名称却显得寒酸）。

宴会、节日和一般的享乐

上述这些场合只有澳门才有，广州侨商享受着更简单的吃喝玩乐。尤其是早些时候，广州这个纯男性的群体庆祝某个事件的惯用方式是举行一次精美的晚宴。享受各种各样丰富的食物和饮料，又没有任何帝国禁令的限制，使得这样的

---

① 这是Edward Delano在他的日记里称为华丽的“箭头”的东西。转引自“The Daily Life of Mrs. Nathaniel Kinsman at Macao, China”, *EIHC* 86 no. 4 (October 1950), 328。关于这种形式的美国在澳门的住所的其他例子，参看Williams, *Life of Williams*, 83。夏绿蒂·洛描绘了包括*Casa da Horta*在内的很多澳门的房子，*Casa da Horta*据说是贾梅士创作《葡国魂》（*Lusiads*）时居住的地方。

② PSF, “Journal”, 1843年7月26日, FP；1843年7月12日AH致SR, RP；以及1843年5月4日和7月24日、25日ED的日记，DP。

娱乐非常普通。一个好的厨子会有很高的声望。旅店老板米吉的厨师非常有名，1820年米吉去世后，本杰明·威尔考克斯立刻聘请了他。1827年威尔考克斯离开的时候，旗昌洋行也马上聘请了这位有名的厨师。①

这里存在几个国家的不同传统，因此这个群体有必要选择性地保留节日。遗憾的是，美国人的传统节日感恩节正好在茶叶贸易季节繁忙的时候，7月份大部分人都搬到澳门避暑了。② 英国人也许并不满意在这里庆祝美国国庆（Glorious Fourth）的活动。因此，最典型的美国节日都相当冷清。

一些庆典是国际性的。在圣诞节和新年除夕，英国东印度公司通常会举行盛大豪华的宴会。美国商人也会举行同样的盛会，但是他们的财力难以做到像英国东印度公司那样的排场。这些晚餐，像大多数情况一样，都是说一些没完没了的祝酒词——为国王、为美利坚合众国的繁荣、为女士等等。每句祝酒词都会得到回敬，如此觥筹交错直至凌晨。

有时，侨商群体的成员会以他们业余的爱好来娱乐大家：

> 我们晚上7点举行宴会来庆祝圣诞，一直狂欢到凌晨两点——一个德国人吹的法国号非常好。波士顿的格林先生、瓦特曼（Waterman）船长和本杰明演唱了动听的歌曲，一位船长喝潘趣酒到1点钟就喝醉了，这使他脾气变得非常好，傻乎乎地跟我们开了一个小时的玩笑。③

中国春节当然是更有意义的节日。春节会持续好些天，

---

① WCH, *Bits of Old China*，267-268.

② 我发现除了夏绿蒂·洛的记载（1831年7月4日，vol. 3：40）“大多数美国人今天都与领事一起进餐”之外，唯一的关于7月4日的记载是P. S. Forbes的评论，他说这个节日在广州从来不庆祝。PSF，“Journal”，1843年7月4日，FP。也许重要的是，夏绿蒂·洛提及这件事情的1831年，广州只有一个代理领事。

③ 1843年12月27日PSF致妻子，FP。比较*CReg*，1841年1月3日。

这段时间贸易停止，大家都互送礼物互相拜年，进行各种形式的喧哗和狂欢。旅行者通常都会兴致勃勃地记录这些日子：

> 街道上摆放着很多桌子，上面摆着各种各样的零食，商店里商品都摆到门口，来吸引顾客。长长的成卷丝绸，像做梦一样包裹了几个月后突然散开，闪耀的颜色使得旁观者眼花缭乱。服装店把最好的衣服都拿出来了，上面的刺绣闪闪发光，好像世界上已经没有穷人了，所有的人都是官员。
>
> 瓷器店都摆放着那些易碎的华丽瓷器，最大的花瓶都是用丝帕擦拭，上面的图案好像是刚刚画上去的。
>
> 乞丐们停止了敲锣乞讨，他们不用做这些令人讨厌的事情就可以得到很多钱……
>
> 所有的房屋、街道、公共场所和船舶都彻底打扫干净了，人们在度过12个月进入新年的时候也把身体擦洗干净了。在除夕的最后一刻，可以看到人们来来去去匆忙地购买年货，也购买印着祝福话语的长长红纸（春联——中译者注）。他们把春联贴在门上，或挂在房间里，贴春联的时候，大家举行宴会、敲钟，鞭炮齐鸣。
>
> 春节欢宴会持续三天①——到处都是喧闹声，然后中国又像往常一样回复到原来平静的生活，开始另一轮12个月的贸易。②

美国人喜欢中国春节有几个原因：不同年龄、境况和兴趣的商人都会从春节的不同方面得到满足。滑摩商行的纳撒尼尔·金斯曼对从富裕的中国商人那里获得非常精美的茶叶

---

① 约翰·赫德说这样的庆祝会持续10天。1845年2月25日赫德致Fred，HP。

② Osmond Tiffany，*The Canton Chinese*，203-206. 关于这个节日更广泛和准确的记载，参看Wolfram Eberhard，*Chinese Festivals*（台北：东方文化书局，1972年），1-59。

礼物印象尤其深刻。[①] 保罗·S. 福士游记中讨论了他穿过拥挤的人群从一家商行到另一家商行拜访朋友的经过。[②] 约翰·赫德三世对这些风俗稍做修改和美化，在家里招待了他的好友：

> 在新年的第七天，尝试了禁果之后，整个中国都充满了淫欲。在这个献给维纳斯的日子里没有放纵自己肉欲的中国人会被认为是虚度了光阴，空耗了精力。[③]

美国商人对中国人在春节前还清所有债务的好习惯更感兴趣。正因为如此，节前物价会下降，银钱价格会直线上升，很多年来白银是美国进口贸易的主要支付手段。如果一个商人的生意能够拖延，那么到这个时候再购买货物是聪明和幸运的。

另一些中国节日也跟春节一样丰富多彩，但对美国人的影响相对要小很多，也许是因为这些节日并没有阻碍生意。很多书信和日记都描绘了端午节，节日大多在水上进行，没有外国人参与。[④] 中秋节既不为外国人所理解，也不被他们认同和喜欢；美国人只注意到各种颜色和形状的灯笼在城市里巡游，并注意到了欢庆的气氛。他们还记载了街道上新落成的竹制戏台，但节日没影响他们的生意，中国戏剧也与他们的口味和知识相差太远，因此很少受到关注。[⑤]

---

① 1844年2月12日NK致Kinsman夫人，KP。

② 1844年2月18日PSF致福士夫人，FP。

③ 1845年2月26日赫德致Fred，HP。同样的描述可比较 *The Englishman in China*（London，1860），102。

④ PSF，“Journal”，1843年6月2日，FP。参看Eberhard，*Chinese Festivals*，77-104。

⑤ PSF，“Journal”，1843年7月28日，FP。*CR*，vol. 12（December 1841）：662-663，以及vol. 13（March 1844）：140。也许这个庆祝是春节的一个部分。参看Eberhard，*Chinese Festivals*，54-59。其他的节日也不时地出现在一些记录中，比如*CR*，vol. 14（September 1845）：448；以及Abeel，*Journal of a Residence in China*，103-107。

缺乏和谐的群体

尽管广州外国侨民群体很小，而且被严格局限在很小的地方，还有贸易这条金线作为联系的纽带，但它的社会组织并不是铁板一块。很多争端搅动着这个外国人群体的平静和繁荣，有些争端甚至已经持续了很多年。人们在这里比邻而居，彼此不仅非常了解对方的优点，也十分了解对方的缺点，以及一些并不受人欢迎的个人习惯。这种接触所引起的紧张气氛，随着娱乐活动、节假日和不同商行在广州招募贸易代理人和学徒等事情的进行，在某种程度上得到缓和。商行成员轮流在澳门和美国居住。由于商行生意或者交通不畅导致某人在商馆的时间超过了预期，人际关系会紧张起来。运转最好的商行采取了非常明晰的员工分类和劳动分工，但是，尽管有这些措施来防止矛盾发生，还是会经常出现一些紧张状况。此外，防止商行之间僵局的办法很少，即使是传教士们有时也会产生并不常见的躁动。

妇女的到来也许促使澳门成为活跃的谣言市场，但说三道四也是广州这个纯男性群体的共同爱好。贸易竞争、私人恩怨和缺乏谈资，使得关于某人的流言很快流传开来。纳撒尼尔·金斯曼、约翰·莫瑞·福士、约翰·赫德三世、约瑟夫·柯立芝（Joseph Coolidge）、威廉·亨利·洛和华伦（Warren）与爱德华·德兰诺兄弟都在可读性很强的信里记载了很多小道消息。另一方面，工作认真而有条理的约翰·记连（John Green）则纯粹排除了个人的评价，偶尔甚至责备别人没有同样的克制。他自己的书信千篇一律，非常短，十分沉闷乏味。

互相竞争的商人诉说着彼此的故事，他们的通信充满了各种秘密交易、风月情事等记载，通常包括他们的竞争者堕落的本性。对于那些已经不再联络的前任或者生意伙伴的评价尤其不好。

旗昌洋行先后两次赶走了那些其他主管不喜欢的人。1831年菲利普·阿米顿（Philip Ammidon）、1839年约瑟夫·柯立芝就被其他合伙人赶出了洋行。两次事件中，他们过去的贸易伙伴私底下传递每一件不利的信息时都没有保持沉默。[①] 本杰明·威尔考克斯和约翰·拉惕默的决裂同样令人痛心。威尔考克斯将其中国的生意都交给了拉惕默，但没有给予任何指令。拉惕默没有把在威尔考克斯离开后发展起来的新生意的大部分利润交给威尔考克斯，威尔考克斯非常生气。由于时代久远，现在并不清楚为什么拉惕默会答应给威尔考克斯一份利润，因为这看起来是他自己的生意，但是大部分证据都来自于拉惕默本人。

有些人特别喜欢发牢骚。约翰·C. 记连、约瑟夫·柯立芝和威廉·亨利·洛都曾经是旗昌洋行的合伙人，他们看起来引起了一些同事的不满。洛给塞缪尔·罗素（Samuel Russell）的书信资料非常丰富，主要因为他留下了非常多对其他商人的个人评价。尽管很明显他是一位很好的商人，但他神经紧张、易怒且粗暴。他的同伴对他表示厌烦，在他们的否定评价中，他心怀恶意，破坏相关人员的利益（公平地看，这是确定无疑的），1831年罗素离开之后，洛给罗素写了很多非常焦虑的信。他经常非常明显地提到他忌妒罗素温和的脾气。

洛家族和詹姆斯·P. 斯特基斯（James P. Sturgis）家族之间的关系变得非常紧张，以至斯德基斯并不否认他是一首

---

① 参看本书第231-234页、第269-272页及第272-276页。

关于洛夫人家族的下流歌曲的作者。[1] 这首歌词被发现贴在澳门东印度公司的门上，大量的印刷件后来被放在同一座房子的走廊里。[2]

约翰·记连行为粗鲁，曾在广州经营一间洋行。连其合伙人都承认记连"顽固而脾气暴躁"，但没有人质疑他的商业才能。在他执掌洋行的第一年末，记连与奥古斯丁·赫德就开始了持续很多年的争吵，逐渐形成互相竞争的格局。

约瑟夫·柯立芝是一个更具争议的人物。事实上，所有跟他打过交道的人都说他非常健谈、文雅但"摇摆不定"。[3] 在被旗昌洋行的合伙人驱逐后，约瑟夫·柯立芝使用赫德的名号几年内开展了琼记洋行的新业务，然而，来华的新洋行合伙人对他的评价与旗昌洋行合伙人的评价是一致的。

尽管同样刻薄，但美国人之间的敌对程度，还远远没有广州的英国人群体中互相敌对的程度那么深。两个最大的英国商行怡和洋行和宝顺洋行之间旷日持久的争夺非常激烈，已经蔓延到其他商行——包括英国人的、巴斯人的和美国人的商行——他们经常被迫表明态度。

很明显，个人或商业竞争逐渐发展成为政治分歧。大多数英国私商站在威廉·查顿一边，他主张对中国采取"进取政策"。一些作者认为查顿是首任对华商务总监律劳卑爵士身后出色的支持者。律劳卑的错误政策对他自己造成了致命打

---

① 赫德和拉惕默都似乎已经证实斯特基斯是作者。参看赫德日记，1833 年 10 月 1 日，HP；1834 年 2 月 28 日 AH 给 SR 的信，RP；以及 1833 年 10 月 18 日 Latimer 给 Sturgis 的信，LP。Sturgis 的回答同样有着很多信息：1833 年 10 月 27 日，LP。

② 这个小曲是个真正恶意的作品。它影射洛夫人的两个兄弟与撒冷一起特别恐怖的谋杀有关联。可以在 Latimer 的档案中找到这份歌词与说明文字。赫德 1833 年 10 月 1 日的日记中还部分地摘录了歌词，HP。

③ 1833 年 4 月 5 日，WHL 致 SR，RP；1834 年 12 月 26 日 JMF 致 AH，1843 年 2 月 4 日 AH 致 John J. Dixwell，以及 1844 年 9 月 3 日 George B. Dixwell 致 AH，HP。

击。同样这些作者也相信查顿是促使英国政府在1839年鸦片危机后最后决定派遣军队来中国的推动力量。[①]

偶尔，争执也会引起暴力或者荣誉准则（Code of Honor）的问题。来自费城的伍德（William Wood）和脾气暴躁的爱尔兰人亚瑟·桑德斯·吉廷（Arthur Saunders Keating）之间发生过引人注目的争端，[②] 伍德是发行很短的报纸《中国信使报》（*Chinese Courier*）的主编，而后者则编辑《广州纪事报》（*Canton Register*）几年之久。两个年轻人之间的矛盾发展到了决斗的程度，由于伍德的副手奥古斯丁·赫德——伊普斯维奇（Ipswich）传奇式的商人和航海者——的敏锐感觉，避免了惨剧的发生。

吉廷聘请苏格兰人詹姆斯·因纳斯做他的副手，[③] 后者是广州唯一因伤害罪而名声比吉廷本人更坏的人，因纳斯被社区里的人多少带些尊敬地称为“地主”（Laird）。因纳斯很不老练地通过赫德要求伍德深刻道歉，赫德当时已经被伍德很明智地选为副手。

> 赫德先生以他从容的方式避免了所有争端，只是简单地说：“伍德是挑战的一方，我安排明天早晨5点，大家都带着手枪，在澳门航道岸上的一个方便的地方会面”

---

① Maurice Collis, *Foreign Mud* (London: Faber & Faber, Ltd., 1946; reprint, New York: W. W. Norton, 1968), 250-274. 同样参看 Chang Hsin-pao, *Commissioner Lin and the Opium War* (Cambridge, Mass.: Harvard University Press, 1964), 57 and 193-194; Edward V. Gulick, *Peter Parker and the Opening of China* (Cambridge, Mass.: Harvard University Press, 1973), 110; 以及 Brian Inglis, *The Opium War* (London: Hodder & Staughton, 1976), 124-126。

② Keating 爆炸性的脾气引起了很多人的抱怨。他的仆人们看起来尤其受到了伤害。他经常殴打他们，一次甚至拒绝支付他们工资。Frank H. H. King and Prescott Clarke, *A Research Guide to China-Coast Newspapers, 1822-1911* (Cambridge, Mass.: Harvard University Press, 1965), 131 and 160.

③ *CReg*, 1843年2月26日和9月8日，刊登了Innes和James N. Daniels之间的一系列通信，后者是英国东印度公司广州商馆的前任成员。

[从商馆可以划船到达那里]。

赫德是中国老手，非常清楚杀人在中国是犯罪，清政府为此专门设置了针对外国人的预防性规定。清政府肯定会介入其间，发现案情，并判处死刑。

> “但是，亲爱的先生”，地主庄严地说，“让这些年轻人冒生命的危险，而且还违反中国不准杀人的法律，我和你怎么来对上帝负责呢?”“哦，”赫德说，“需要这样一个借口是你的事，生命并不是非常重要的东西，如果你坚持的话，我的朋友已经做好了冒生命危险的准备，你和我每天都在违反中国的法律。[他们两人都是鸦片贩子。] 我们没有其他的答复，只有明天早晨5点见了。”①

在紧张的气氛中几个小时缓慢地过去了，吉廷和因纳斯反复权衡了行动的意义后，

> 地主写来一封高傲的信宣称他不会冒险违反中国法律，他和他的朋友会登上一艘船……在大约60英里以外的伶仃岛等待他们的对手……
>
> 赫德回复说他们尽可以去马尼拉……如果他们选择这样做的话，但是他不会丢开他的生意去跟随他们，事情就这样结束了。②

在下文中会更详细地讨论在旧广州形成的最有趣，也最重要的敌对关系是——同孚洋行及其他商业组织，特别是旗昌洋行之间的仇视。他们双方都以立场坚定以及对鸦片贸易的激烈争论而闻名，使得同孚洋行的人员成为最主要的仇视目标。他们稍有差错，就会被鸦片贩子们拿出来兴高采烈地公开宣传。

---

① RBF，*PRs*，387. 同样参看 WCH，*The Fan Kwae at Canton*，112。夏绿蒂·洛也表达了强烈的意见（她看起来已经喜欢上伍德了），日记，vol. 4，20-21（1832年4月30日），LMFP。

② RBF，*PRs*，387.

信仰和慈善

尽管在鸦片商人和那些认为鸦片贸易不道德的人之间并不和谐，但旧广州存在一个正常运转的社区。大多数情况下，外国人，特别是美国人，把他们自己看成是一个小团体。商人和传教士之间最明显的界线，差不多是团结和分歧的原因。除四五名犹太人和几个罗马天主教徒外，所有美国商人都认为自己是新教徒，都非常慷慨地支持在中国的传教事业。

商人往往首先考虑生意，传教士普遍都抱怨商人们不遵守安息日。每当生意需要与宗教需要发生冲突时，传教士们就发现他们的猜疑没有错。① 早在1820年罗伯特·本涅特·福士就悲叹圣诞节他都必须工作，尽管看起来他的不满与其说是宗教的原因，还不如说是其他不那么神圣的原因。② 1837年，广州的洋行给员工星期天放假的事非常值得注意，因为这使彼得·伯驾兴高采烈地在家信中提及此事。③ 约翰·莫瑞·福士的态度更加典型，他在1834年11月16日给塞缪尔·罗素的信中辛辣地评论道：

> 我们已经放弃了星期天工作这种亵渎神明的事情（除非有紧急事情要处理），记连去教堂，我创建了台球俱乐部，我很愉快地参加俱乐部的活动，这对健康非常

---

① 传教士们悲叹在广州的商人们忽视了宗教。参看 Abeel，*Journal of a Residence in China*，116-117，或者 1835 年 3 月 26 日 E. C. Bridgman 给 R. Anderson 的信，ABCFM，vol. 1，112。W. M. Lowrie 先生罗列了商人和英国当权者不守安息日的一长串例子。参看 Walter Lowrie，*Memoirs of the Rev. Walter M. Lowrie，Missionary to China*（New York，1849），268。一些商人很坦率地承认他们没有兴趣。参看 1846 年 4 月 30 日 JMF 给福士夫人的信，FP；以及 1843 年 3 月 10 日 JH 给父母的信，HP。比较 E. C. Bridgman，“Journal”，1830 年 3 月 1 日，ABCFM，vol. 1，26。

② 1820 年 12 月 25 日 RBF 致 James G. Forbes，FP。

③ 1837 年 3 月 7 日伯驾致 R. Anderson（半年报告），ABCFM，vol. 12，6。

有好处——我常想这里需要一个虔诚的合伙人——也的确希望自己能掌握这个部门——但是记连已这样做了，我就不想介入了。[1]

1830年之前，当第一个美国传教士到达时，只有英国东印度公司提供常规的新教宗教服务。如果商行成员在广州，逢星期日牧师在公司的礼拜堂传道，马礼逊博士传道两次，一次在美国商馆为外国人，另一次在家里用中文传道。[2]

在美国传教士的努力下，宗教活动得到显著发展。事实上美国人很快控制了这个领域。他们每星期在美国商馆（同孚洋行商馆）做礼拜，在黄埔的船上向水手传道。1837年彼得·伯驾自豪地宣称当时“圣会约有80名成员”，传教士逢星期五晚上举行宗教聚会，每星期都举行两次祈祷，“每月一次音乐会”，在澳门还有圣经学习班。[3] 这是非常大的进展。而仅仅四年前，卫三畏曾经抱怨：

事实上很少人参加安息日礼拜。一两个星期前郭实腊[4]传道时，我们有43个人，这是我到这里后人数最多的一次。传道地点就是我们每天吃饭的地方；我们重新摆放了一些椅子，在大桌子上放了一张书桌——这就是全部。难道你不会说这样的日子太微不足道吗？[5]

但是传教士来中国的首要目的并不是在这个有名无实的基督教广州贸易群体里拯救灵魂。尽管他们与他们的同胞一起工

---

① 1834年11月16日JMF致SR，RP。这封信的语气摩登而世俗，非常值得注意。

② E. C. Bridgman，“Journal”，1830年3月1日，ABCFM，vol. 1，26。

③ 1837年3月7日，彼得·伯驾致R. Anderson，ABCFM，vol. 12，6。

④ 郭实腊是有着出众语言天赋的普鲁士传教士。与其他传教团的成员不一样，他偶尔会独自深入到内地，比其他传教士要早很多年。其他传教士都认为他有一些吹牛，这有一定道理。

⑤ 来自一封日期是1834年12月的信，转引自Williams，*Life of Williams*，66。

作，但他们传道会的目的是使那些不信上帝的人皈依。商业侨民在这个使命中的作用值得讨论。事实上同孚洋行的主要成员在早期的困难时期资助了整个传教活动。同孚洋行的船只免费提供给传教士乘坐，并为他们支付在广州的生活费，传教士居住在同孚洋行商馆的2号楼里。此外，奥立芬承诺支付《中国丛报》的费用，收取并运输这些出版物，借船舶给传教士使其能航行到中国北方沿海、日本和东印度等地。同孚洋行的这些举措以及其他给予传教士的服务都是完全免费的。

同孚洋行的合伙人是最慷慨的，但是其他商人也在时间和金钱上慷慨地支持刚起步的事业，来维持由传教士主持的医院、学校、其他慈善机构和宗教组织。广州最有名的传教士机构是彼得·伯驾的眼科医院，1835年11月开业。这个机构是早期传教士接触中国民众最有效的工具。医院很快就挤满了病人，彼得·伯驾不得不开始请求援助。侨商们非常真诚地支持他，提供管理、资金甚至医疗上的帮助，而在旧广州贸易结束时，美国和英国来的资金和新医生使医院得到了极大的扩充。

实际上，不管传教士们做什么，居住在此的商人们都非常慷慨地支持他们。即使那些鸦片贩子，尽管他们的生意是传教士们痛心的事情，他们也来参加宗教服务，出席传教士会议，捐钱捐物，或以其他方式帮助这些宗教先锋。在广州的鸦片商头子威廉·查顿是受过训练的医生，他经常在伯驾的医院工作，还有旗昌洋行的约翰·记连，他是美国鸦片商中最重要的人，也常常参加宗教服务，是非常严格的守安息日者，为传教团提供很多方面服务。尽管传教士的目的与商业组织完全不一样，在鸦片战争前10年中，他们已经成为广州群体的有机组成部分，商人们也经常支持他们的活动。

并不是所有慈善活动都由传教士开始。行商破产、通事违反法律、运气不好的同事的遗孀孤儿都是受侨商捐助的对象。[1] 一些诸如旱灾、火灾或者洪水等天灾之后，广州的报纸通常会发表社论或者信函，呼吁外国侨民捐款帮助那些灾民。[2] 行商们巨额的乐善好施带有传奇的色彩，富裕的巴斯商人也显得非常慷慨大方。重要的巴斯鸦片商人罗心治[Jeejeebhoy（Heerjeebhoy）Rustomjee] 1841 年为在广州修建的海员医院捐款 12000 美元。[3] 1842 和 1843 年半数商馆被毁，外国人特别是美国人募捐来的资金重建了广场和防止乌合之众前来趁火打劫的两边围墙。纳撒尼尔·金斯曼很清楚地指出了美国人在此事中的主导地位：

> 这个［重新美化的］广场或者花园——得到了极大的改善，这个伟大的荣誉归功于那些设计此地的人，也归功于［来自普罗维登斯的爱德华·卡灵顿的外甥］布尔（Issac M. Bull）先生，他花时间来监视和完成这块地的平整和装饰等工作。这个广场被文雅地称为扬基广场，因为我相信英国人几乎没有做任何事情，他们很少做有利于这块用来散步之处的事情。[4]

最后，还有几项中国慈善义务外国人无法避免。《中国丛报》上称至少有三个官方机构是当地政府从贸易中抽税维持的。每一艘外国船要为老人院、“流浪者”和恤孤院的维持支

---

① *CReg*，1841 年 7 月 15 日；以及 *CPress*，1841 年 7 月 17 日。

② 作为美国人群体的代表，Latimer 把 900 美元交给了 1821 年在中国被判死刑的美国水手 Francis Terranova 的遗孀和孤儿。这是在广州的美国商人捐赠的数目。参看本书第 162-165 页。1823 年 9 月 26 日 JRL 致美国驻意大利墨西那领事 John Broadbent，LP。

③ 比如参看 1829 年夏天的 *CReg*。这种形式的慈善活动似乎被清朝官员按照惯常的做法制止了。

④ 商馆在撤退和英国人进攻之前遭到了抢劫。后来被战争中随之而来的大火和进攻摧毁了。关于重建广场，参看 1843 年 11 月 28 日 NK 给 Kinsman 夫人的信，KP。关于 Bull 进一步的材料，参看“Necrology” in *Proceedings of the Rhode Island Historical Society* for 1885-1886，75-80。

付 900 美元。[①] 在清政府统治期间，广州这样的中心城市都设有穷人庇护所和育婴堂等。这些慈善机构的财政都依靠地方政府和士绅来维持。因而，在当地对这些事业都有相当大的支持。[②]

阴暗面

人们也许想知道更多有关这些慈善团体的事情，当然中国穷人的生活不会受他们太大影响。外国人基本上与中国社会隔离，他们一般都不知道中国社会最底层生活的恶劣环境。只有偶尔注意或接近城市中最可怜的人，这些侨民才有机会看到从前闻所未闻的丑恶情景。

侨民的生活间或会受到自然灾害的影响。雨季洪水很常见。商馆区基本上是处于水平面的位置，有时候广场处于水平面以下几英尺。这时，内陆的眼镜蛇偶尔会被冲到商馆门口。[③] 有时一年中干旱和洪水相继发生，不时把数以千计饥饿的农民驱赶到城里来，有几百人会挤到广场上来，他们甚至跑到商馆里来，直到被衙役赶走。

火灾可以说是最可怕的事情。附近贫民区用竹子茅草搭

---

① *CR*，vol. 2（August 1833）：165. Mayers 等在 *The Treaty Ports in China and Japan* 中称 1867 年存在公众支持的盲人、老人和孤儿之家（第 180-181 页）。比较 Hirth，*Hoppo Book*，第 233 页上称每艘船必须为穷人交纳 132 两税银。Wakeman 称税率是 3%；*Cambridge History of China*，vol. 10，part 1 "Late Ch'ing"（Cambridge：Cambridge University Press，1978），164-166。比较费正清关于《南京条约》之后海关管理的讨论，Trade and Diplomacy on the China Coast，1842-1854，附录 B，58。这个档案提到，公行每年从贸易的税收中拿出 40000～50000 两来支持各种慈善事务。

② 参看 Ch'u T'ung-tsu，*Local Government*，161。

③ WCH，*Bits of Old China*，17. 这发生在 1833 年。在同一年夏末，一场大雨引发了洪水。第二年的 6 月，一场更大的洪水袭击了广州。参看 *CR*，vol. 2（September 1833）：238-239；以及 *CReg*，1834 年 6 月 24 日。

建的房子经常着火，火借风势会烧到更坚固的房子。广州人灭火方式相当原始。1800 年沙利文·多尔描绘了一次火灾，为了灭火，中国人费很大力气把一个重重的神像搬到了火场。① 据记载最严重的火灾发生在 1822 年 11 月 1 日。傍晚时分，商馆区以北 1.5 英里突然起火。24 小时后所有商馆都被大火烧毁。② 此后，周期性的火灾威胁着商馆，广州的期刊不断鼓吹火灾保险。③ 1835 年春天，苦力已经接受了西方救火方法的训练使用进口设备，火灾得到很大遏制。但是，尽管如此，火灾在 1840 年前后仍然比 60 年前显得危险。鸦片战争后，由于外国人与广州人的关系恶化，清政府也已经被削弱，纵火的事情很常见。1844 年哗地玛洋行的纳撒尼尔·金斯曼警告他太太必须留在澳门，因为“我们几乎每晚都有火警”。④

疾病是广州最具死亡性的威胁。生病是很常见的现象，因此跟现在的商业书信相比，在当时的商业书信中，写信者的健康状况是更加重要的话题。——即使在私人通信中也一样。另一方面，人们认为在广州肯定会染上一些疾病，初来者身抱微恙被认为是理所当然的，等他“适应了”就好。经常发生的胃病、肝病、痢疾和一些类似的疾病表明商馆厨房和水源供应不够清洁。⑤ 比如旗昌洋行的华伦·德兰诺周期性地患上肝炎、痢疾、腹部绞痛和其他腹部不适，不过，他的商行同僚们在广州染上的疾病，要多得多。其他疾病，特别

① 1800 年 2 月 15 日多尔致 J. and J. Dorr，Dorr LB I。

② Hosea Ballou Morse，*The Chronicles of the East India Company Trading to China*，*1635-1834*，vol. 4：64-66. 同样参看 *CR*，vol. 4（May 1835），34-37；1822 年 11 月 23 日 Samuel Russell & Co. 给 Daniel Crommelin & Co. 的信，Samuel Russell & Co. LB，RP。

③ *CR*，vol. 4（May 1835）：30-37；以及 *CReg*，1835 年 6 月 9 日。

④ 1844 年 12 月 1 日 NK 致 Kinsman 夫人，KP。

⑤ 比如参看 Anon.，*The Englishman in China*，32-34。

是如霍乱、肺结核和天花，[①] 夺去了好些人的生命，由此出现了几个不同的外国墓地。墓地至少有 4 个：两个在黄埔附近的岛屿上（法国人岛和丹麦人岛）；两个在澳门，一个是天主教的，一个是新教的。

当然，美国人在中国遇到的最令人沮丧的现象是贫困。当船只首次驶进河道，旅行者就会被一群乞讨的船只包围，船上的人都叫嚷着要"米（中国人读成 lice）"。[②] 从这时开始直到他离开中国时把最后几文钱分发给了牡驴尖那些衣不蔽体的小乞丐，外国人都一直强烈感受到诸如此类的需索非常令人惊骇。[③] 商馆区附近是一个广场，乞丐被获准晚上在此过夜；每天早晨衙役会来收走一些死尸。1839 年 4 月到达这里的海军将军里德（Read）舰队的牧师对此深切关注，描绘了这个可怕的地方最令人心寒的一幕：

> 我在这里看到了以前从未看过的景象。我不希望再见到这样的景象……在这个只有两百平方英尺的小地方，到处俯卧着各种值得同情的、瘦瘦的、贫困的、形容枯槁的人……一个人瘫倒在硬硬的石头上，头枕着消瘦的

---

① 美国第一任驻香港领事 Thomas W. Waldron 上任不到 12 个月就死于霍乱。"The Daily Life of Mrs. N. Kinsman at Macao，China"，*EIHC* 86 no. 3（July 1950）：280.

② Tilden，"Father's Journals"，I：48（第一次航行，1815 年 9 月 1 日）。

③ Rhoads Murphey 在一篇非常好的论文中雄辩地争论说这一时期的中国是繁荣的、多产的和管理得很好的。然而，外国人揭示出来的可怜的贫困看起来与 Murphey 的解释不一样。最少按照美国的标准广州地区的情况是这样的。参看"The Treaty-Ports and China's Modernization"，in Mark Elvin and G. William Skinner eds.，*The Chinese City Between Two Worlds*（Stanford，Calif.：Stanford University Press，1974），17-71。实际上，这样的观点面对着大量的反证。比较 Ho Ping-ti，*The Ladder of Success in Imperial China*，220-221；以及 Wolfram Eberhard，*Social Mobility in Traditional China*（Leiden：E. J. Brill，1962），228 and 276。同样参看 Howay，*Voyages of the Columbia*，422；WCH，*Bits of Old China*，15；*CR*，vol. 2（September 1833），238-239；以及 *CReg*，1834 年 6 月 24 日。

> 手。他不能讲话，但当我们走近时，好像出于本能，他抓住篮子伸出骨瘦如柴的手乞讨一点钱。我们走过另一个人，他已经奄奄一息，头靠在墙上，墙下通向一个水槽，好像他想临死之前转过头去喝最后一滴水，其实没有人给他……这里有一些腐臭的水，他的头已经部分沉到水里了。一张粗糙的席子盖着他的头，等到看更过来时，他已经变成了一具尸体，没人来听他的遗言……我们走近另一个人，这个人的脸露在外面，眼睛看着我们，但已神志不清——他脸颊凹陷——嘴巴微微地张开——衣不蔽体——身旁放着他的空盆，没有人靠近他。上帝啊！我想，人怎会沦落到这样的田地——无家可归、身无分文、衣不蔽体、忍受饥饿、奄奄一息，而身旁，成群衣着光鲜的人微笑着来往于附近的街道上，没有人关注或伸手帮一把，以减轻他们的痛苦，同情这些可怜的人！我彻夜难眠！①

美国人对其认为是官方的野蛮行为更加惊恐。不管顾维钧（Wellington Koo）是否正确，他曾断言被西方势力强加给中国的治外法权没有什么正当性可言，② 不可否认在中国的美国人认为中国人的审判是野蛮的。把“不同的腐烂程度”的死刑犯的头③公开示众，以及戴枷锁④的罪犯示众等常见的景象，并不能使人树立起对中国司法的信心。枷锁是一块木

---

① Fitch W. Taylor, *The Flag Ship*, vol. 2 (New York, 1840), 175-176. 同样参看 1799 年 1 月 8 日 E. Townsend 给兄弟们的信，转引自“The Diary of Mr. Ebenezer Townsend, Jr.”, *New Haven Colony Society Papers* 4 (1888): 97。

② V. K. Wellington Koo, *The Status of Aliens in China* (New York: Columbia University, 1912).

③ 1844 年 4 月 7 日 Fletcher Webster 致顾盛，Cushing Papers。

④ 参看 1843 年 11 月 24 日 PSF 给福士夫人的信，FP；1843 年 11 月 24 日和 27 日 NK 给 Kinsman 夫人的信，KP；1844 年 1 月 E. C. Bridgman 等人给 Rufus Anderson 的信（半年报告），ABCFM, vol. 1a；以及其他很多论述。

制的宽领口，能够把脖子围着锁起来，使犯人的手无法接触到头部任何地方。宣判期间罪犯一直被关押，有时会持续好几天，他可能会这样被饿死或渴死。由于刑场离商馆不到一英里，所有外国人都目睹了中国官方最丑恶的一面。当然，近在咫尺的便利吸引了一些来访的美国人，他们经常会描绘更加毛骨悚然的处死罪犯的方式，比如斩首、凌迟和勒杀等。①

中国对罪犯的惩罚看起来非常严厉，但并不常常像大多数西方人所认为的那样。比如，在中国水域的船只直到在黄埔停泊以后才会安全。在19世纪的最初10年，珠江口估计有7万海盗，他们操纵600到800艘船。② 实际上，一旦海盗们编成舰队，他们会非常强大，能够打败帝国水师。清政府通过安抚最强大的海盗头子，授予他某种水师头衔，并支付一年18000两白银的俸禄，最终解决了这个问题。这个首领，像亨利·摩根（Henry Morgan）一样，倒戈对付他的同党，暂时维持着这个地区的和平，③ 但直到条约时代前海盗仍然是令人头疼的问题。之后，随着清政府日益式微，这个问题也越来越严重。

---

① Eliza G. Bridgman，*Life and Labors of Elijah C. Bridgman*（New York，1864），48-49.

② *CR*，vol. 3（June 1834）：68-83；以及 Hosea Ballou Morse，*The Chronicles of the East India Company Trading to China，1635-1834*，vol. 3：7-8。

③ Hosea Ballou Morse，*The Chronicles of the East India Company Trading to China，1635-1834*，vol. 3：116-123，144-146.

舢板船和中国战船，墨水画，George West 绘制，
1844 年顾盛使团随团画家　美国国会图书馆藏

水上生活

中国让美国商人们眼花缭乱。同样地，常常鄙视中国人，尤其是鄙视底层老百姓的扬基佬，也会被居住的狭小郊区以及珠江上所呈现出的丰富、难以置信而种类繁多的不同之处所吸引。

花艇（细部），油画，佚名中国画家 美国迪美博物馆藏

在最陌生的事物当中，映入美国人眼帘的最奇异的广州景象是水上活动。港口上挤满了人和各种船只。从停泊在河南岛（商馆对面下游）的大而笨拙的船，到很多剃头匠、水果贩、算命和运粮的小舢板，[1] 河面上船只呈现出罕见的景象，美国人在世界其他地方都难得一见。来自厦门的帆船船首是翡翠绿色的（广州的船首一般都是红色的）；来自内地的驳船装载着

① WCH, *Bits of Old China*, 17-18.

木头、竹子、茶叶和大米；官船油漆得非常漂亮，悬挂白色三角形的旗帜，上面写着红色的字，船上装载着大炮，炮口围着深红色的帘子；无数的小渡船；高大而装饰华丽的海船上画着龙，船首两边画着眼睛——所有这一切组成了广州丰富戏剧性的口岸生活。大量水上居民生活在成千上万的小船上，成排地固定停泊在岸边，形成了一条水上街道和浮动的郊区。[1]

河面最令人兴奋的是花艇——很大的房船，装饰得非常漂亮，船的上层大多雕梁画栋，有一些还镀了金或绘制得非常精美。船上挂着丝绸彩带等非常吸引人的装饰物。这些船是用来消遣娱乐的，上面提供非常精美的食物，有一群演奏音乐的女人，船上还提供赌博工具。这些船尤其满足那些毫不掩饰的堕落——它们是成千烟花女子的工作场所，这些女人有 6 英寸长经过修饰的指甲，随时准备好回应外国人的问候。可惜清政府禁止外国人享受这些亲切的消遣娱乐。[2]

广州也许是美国商人在航行中见过的白天最繁忙的城市。到了晚上，随着各种业务逐渐完成，呈现出新的景象、声音和气味，夜晚的活动开始了。薄暮中有很多敲锣的声音，以及无数烧纸钱的火光，扔到水中，还有香烛的怡人气味。灯笼挂出来了，晚饭也开始了。

白天的嘈杂声、船夫的呼喊声、狗吠声、花船传来的音乐声，以及水面上平常的声音一直会持续到深夜。“在到达中国很久以后，一个外国人的眼睛才学会不再兴致盎然地观察水面上那些快乐而活跃的情景。”1830 年一位思乡的商人如是说。[3]

---

① “我们划船穿街过巷，有至少 1 英里到 1 英里半——两边多居住着大量广州的水上居民，河中央来往的船要比阿斯特（Astor）大宅前面的百老汇上的马车和街车多 20 倍甚至更多，却不那么混乱。”PSF，“Journal”，1843 年 5 月 15 日，FP。

② 参看 J. Stanley Henshaw，*Around the World*，vol. 2（New York，1840），250 对花艇的详细描绘。

③ W. W. Wood，*The Sketches of China*，56.

哗地玛洋行（位于帝国行一号）验茶师办公室内部，水彩画，Warner Varnham绘制　美国迪美博物馆藏，M20597

澳门望厦普济禅院，钢笔画，George West绘制，1844年顾盛使团随团画家　美国国会图书馆藏

位于海边庄园（Château-sur-Mer）的舞会厅　纽波特古迹保护协会供图

2 旧体制下的美国贸易

茶叶和丝绸

直到相对晚近的时候，对于西方来说，东方仍然意味着富裕、新奇和奢华。中世纪欧洲只是偶尔与东亚取得联系，而且时间短暂，这更增添了东方的神秘色彩。东西方之间已经存在着诸如香料、瓷器和丝绸等奢侈品的贸易。马可·波罗、葡萄牙开拓者以及近代初期的荷兰商人在他们的传奇和所从事的贸易中，进一步强化了这样的神话。日益增长的中国海上贸易是一种与很多精美物品相联系的事业，包括诸如漆器、玉器、铜器、雕刻、扇子、熏香、瓷器等诸多新奇之物。尽管诸如此类的物品使贸易产生了无法抗拒的吸引力，但实际上它们在经济上的比重并不大。茶叶的消费促使西方人来到中国，可以说在这个意义上创造了中西关系。17 世纪末喝茶在欧洲成为时尚，茶叶贸易在其后将近两百年的时间里超过了所有其他的东亚贸易。1783 年美国人准备首次远航中国的时候，茶叶贸易量已经从作为礼物赠送的少数几箱，发展到了超过 3100 万磅。

原在大陆军中服役的山茂召少校，成为了由私掠船改装而成的“中国皇后号”的大班，船长是约翰·格林（John Green）。这条船是为美国独立战争的赞助人罗伯特·莫里斯（Robert Morris）领导的一群商人效力的，1783 年“中国皇后号”从纽约出发前往中国。这艘船第二年回到出发地，是次

茶箱。下面的茶箱上的 PCBS 代表的是 Perkins & Co. Bryant & Sturgis。*Alert*、*Houqua*、*Dorothea* 都是船只的名称 美国迪美博物馆藏。*Alert* 的茶箱，E75253. AB；*Dorothea* 的茶箱，E75254. AB；*Houqua* 的茶箱，E75256

航行创造的利润尚可。此后，每年都有一些美国船出发前往中国，贸易量也逐渐缓慢地增长，但并不十分显著。直到拿破仑在欧洲的军事征服，才使得美国商人获得了独占欧洲与世界其他地方间贸易的机会。

一本研究这个主题的权威著作上这样说："美国的扩展显现了欧洲的收缩——英国除外。"[①] 英国海军保护着那些野心勃勃的美国人免于竞争的威胁，英国法庭也在很长的时间内承认这种中立贸易的合法性，使得这个新生国家的贸易在将近 20 年的时间里得到空前繁荣。当法国军队横扫整个西欧

① Louis Dermigny，*La Chine et l'occident*：*le commerce a Canton au XVIIIe siecle*，*1719-1833* (Paris：S. E. V. P. E. N.，1964)，III：1161.

时，那些具有必要的航海和贸易手段的中立国家，没有一个能够安全地脱离战争区域，故而美国的茶叶贸易很快超过其他国家，发展到仅次于英国的程度。到18世纪90年代末，从广州出发的美国船每年会带走300到500万磅茶叶。《亚眠和约》(Peace of Amiens) 签订后出现了短暂的平静，但随着战争重新开始，贸易比以前更加活跃。1805－1806贸易年度茶叶贸易量达到几近1200万磅，但在杰斐逊禁运期间下降到只有100万磅。这些茶叶很大部分被再次出口。1803年，从美国转口的茶叶超过了美国国内的消费。

1812年战争之前几年贸易的中断再一次切断了美国的茶叶贸易，战争也中断了整个对外贸易，只有少量的茶叶通过走私而来。在《根特条约》和1819年恐慌之间的几年，持续的需求带来了快速的复苏。紧接而来的萧条延缓了贸易的发展，一直到19世纪20年代后期才有所恢复，1833年的贸易量才再次恢复到1805年的水平。此后到1839年鸦片危机时，茶叶贸易量一直维持在每年1400万到将近1700万磅。1840年是一个最好的年份，美国人把将近2000万磅茶叶运到了美国，但鸦片战争的爆发和超负荷的美国市场使得下一个贸易年度的贸易量下降到了1100万磅。在本项研究所关注的60年的大部分时间里，美国从中国进口的商品数量仅次于从英国（包括英国属地）和古巴进口的商品数量；茶叶在贸易中几乎总是占最大和最有价值的份额。[①]

---

① 参看附录中相关的统计数据和资料来源。Robert Gardella，“The Antebellum Canton Tea Trade：Recent Perspectives”，*The American Neptune* 48 no. 4（Fall 1988)：261-270，提供了有关茶叶贸易的最新的研究。同样参看陈国栋论文“Transaction Practices in China's Export Tea Trade，1760-1833”（台北“中央研究院”1989年1月5日到7日举办的“第二届近代中国经济史学术研讨会”会议论文）。毋庸置疑，Gardella教授关于茶叶贸易历史的著作 *Harvesting Mountains：Fujian and the China Tea Trade，1757-1937*（Berkeley：University of California Press，1994）是未来一段时间内这一主题的权威著作。

美国人大量饮茶。随着国内人口成倍地增长，国内市场也得到扩展，连新移民也喝茶。据说他们喝的茶比英国人和欧洲人喝的质量要稍逊一些。一个美国商人 1837 年在给他叔叔的信中这样说：

> 不要因操心英国人的生意而忽视了美国人。我们应该紧紧地守住后者。除了致命的毒药之外，他们会购买任何东西。这是麻烦最少、销售迅速的货物，而且会转变成最好的生意。与英国人的贸易就不是这样——为了确保得到质量好的茶叶，除了担忧之外，我们被迫招致常常借贷货款，更别说茶叶贸易带来的劳累、失望和失败。实际上它把我们完全置于对华贸易者的操纵之下。[①]

美国人的贸易遍布全世界，他们在广州购买各种各样的茶叶，种类太多以至让那些没有接触过茶叶的人眼花缭乱。为了我们的需要，中国茶叶被大致分为两大类[②]：红茶——包括包种（pouchong）、白毫（pekoe）、小种（souchong）、功夫（congo，congou）和武夷（bohea），还有绿茶，包括各种熙春（hysons，熙春 hyson，雨前 young hyson，皮茶 hyson skin 和珠茶 gunpowder）、松萝茶（singlo）、贡茶（imperial）和屯溪茶（twankay）。

尽管在 19 世纪 20 年代初，尤其在有着很多重要对华贸易商人居住的波士顿区逐渐流行喝有烟熏味的小种茶，但美国人通常喝绿茶，尤其是熙春茶。这些波士顿商人在与纽约商人之间的竞争中逐渐处于劣势。随着 1825 年伊利运河的修通，纽约无与伦比的位置得到了极大改善，而且也随着拍卖制度的引进使得进口货物的集散非常迅速。此后，其他城市

---

① 1837 年 8 月 20 日 Samuel Wetmore Jr. 致 William Shepard Wetmore，WP。同样参看 1830 年 3 月 2 日科芬（Abel Coffin）船长的陈述，Parliamentary Papers，First Report on the East India Company's Affairs，V：127，问题 1827 和 1828。

② 根据质量从高到低排列。

的商人不得不在纽约设置办事处，否则他们就只能满足于本地市场很小的销售量了。

美国和其他国家商人从广州运走的茶叶主要来自福建和邻近省份如浙江、江西、江苏和安徽等地，尽管也有一些远自湖南、湖北甚至四川。广州绝不是从事这项贸易最方便的港口。一个同时代的作者议论道，如果政府允许外国人使用最接近茶叶产区的港口，茶叶仅需要运输 65 至 375 英里路程。此外，没有人会选择在陆地上运输茶叶。但清政府的规定使所有茶商别无选择。

“茶”这个词可以做语源学的研究。最开始被带到欧洲的时候，这种植物被称为 *cha*，但是英国人称之为 *tay* 或者 *tee*，也许源自荷兰人的 *thee*。荷兰人的称呼很像来源于马来亚地区的 *te* 或者 *teh*。古代中国的称呼是 *kia*，普通话称为 *ch'a*，俄文称为 *chai*（这些是经由北中国沙漠地带的骆驼商队运来的茶叶）。[①]

茶树是一种灌木，属于茶科植物（植物学的名称是 *Camellia sinensis*），灌木上有光泽的叶子和散发香气的白色花朵与那些高大华丽的植物上的叶子和花相同。大部分红茶来自福建北部的武夷山区；绿茶主要是安徽、浙江和江西交界处的松萝山区附近出产。如同西方对各种酒做出分类一样，茶叶品鉴家对茶叶也做出种类的区分。有些地区所产的茶叶比其他地方的好，茶商希望知道每一批茶叶的确切产地。茶叶采摘时间对质量来说也非常重要。“头春”采摘量最小而质量最好。一般是在 4 月头两个星期采摘，温暖的年份 3 月底就会开始采摘。每年有两次，有时三次采摘。“二春”采摘一般从 4 月底开始直到 6 月 1 日，这个时期出产最大量的茶叶。

① *Oxford English Dictionary*, vol. 11 (Oxford: Clarendon Press, 1933), 123.

中国茶叶贸易，约 1800 年，油画，佚名中国画家　美国迪美博物馆藏，M25974

被误称为“三春”的采摘从 7 月 1 日开始，出产的茶叶被称为普通茶。第四次采摘的茶称为“秋露”，出产有着浓厚味道的粗糙茶叶。有鉴于此，并不经常进行这一次采摘。

精确的时间对“头春”采摘是至关重要的。如果采摘时间太早，茶叶会很快枯萎，叶片也非常小；如果采摘得太晚，茶叶就会太硬而无法进行揉制，味道也会更加苦涩。因此，在确定的采摘日，茶农们会在茶树间来回走动，非常迅速地采摘那些很小的叶子和嫩芽，放进浅浅的匾里。之后，茶叶被精选出来，搬运到加工房，在那里另一些工人开始工作。红茶会被平铺在加工房的竹匾上，竹匾放置在架子上，随着空气的流通，茶叶会稍微枯萎一点。然后，工人们用手非常小心地翻动和揉搓茶叶，并进行火焙。火焙是指把一小部分茶叶放在一个热的平底锅上烘，每一片茶叶里的水分会迅速散出，发出“砰砰”的声音。之后，茶叶被放在一个烘干篮里，再放在低温的炭火上面。工人们定期翻动这些篮子以进一步干燥茶叶。当茶叶彻底变干后就会被装箱，储藏起来等着装船。被运到广州之前，茶叶被装进以铅皮衬里的箱子里，这些箱子然后用纸包裹起来，上面印上有识别的标志。上等茶叶，如白毫和包种，每次只能烘烤少量，烘干得更加仔细，用很小的纸包包裹住，上面写着茶叶名和生产日期。这些包裹被放进铅罐里面。上等茶叶价格非常昂贵，以小份出售。

绿茶制作有些不同。茶叶商人购买采摘下来的茶叶，自己制作加工。茶叶经过筛选后，被运到一个有着风力磨坊的作坊，在焙炒之前，一些废的茶叶、茶叶枝条和老叶子都被清选出来。一次同时进行焙炒的绿茶数量远远超过红茶，炉温根据茶叶的老嫩程度来调节。茶叶被焙炒半个小时（中国通过燃烧两炷香来掌握时间）。绿茶焙干后，余下的制作方法与红茶相同。

尽管产茶区距离广州有 400 到 700 英里，但茶叶必须经过更长途的跋涉才能来到广州，因为运茶路线大部分是水路。这样保持茶叶干燥就是非常重要的事情。茶叶被运输之前，每个箱子都会用草席包裹起来。这些茶叶首先通过小河道向西进入鄱阳湖，在这里第一次被抽税。沿途一共有 7 个税口，每个税口都要抽税，如此抬高了广州茶叶的价格。运送绿茶的路程更远。从松萝山区开始，茶叶首先被运到在此地东北的苏州，然后再到杭州，再溯江而上到常山县（Changshan Hsien）。茶叶必须在这里翻过山脉才能进入江西，然后再乘船进入鄱阳湖。两种茶叶贸易在这里汇合，平底船装载着茶叶溯赣江而上，靠纤夫把船拖过水浅的地方，一直到达梅岭山脚下。再由苦力肩挑茶叶箱，翻山越岭，到达北江。茶叶在北江被再次装上船舶，每艘船上装载 500 到 800 箱茶叶运到广州。在仓库里，这些潮湿的茶叶箱被打开，用特制的炉子把茶叶烘干，再重新包装。掺假的事情往往就发生在这个阶段，这被当地称为“制作”茶叶。[①]

欺诈方式一般有几种。用柳树叶、谷壳、泡过的茶叶、石头和其他垃圾来以次充好。一旦这些欺诈被揭穿，出售茶叶的行商就得承担损失，而赔偿金额通常会是售价的两倍。不过公行成员一般很少做这种奸诈的事情，通常是一些无关紧要的人才玩这样的伎俩。如果偶尔出现行商欺骗顾客的事情，手段无疑会更加高明。行商和美国商人都知道把不同级别的茶叶混合在一起（有的事情现在仍然在做，并在广告里进行掩饰），以次充好，转换茶箱上的商标，或者贵卖贱货。我们可以在商人的通信中看到不时有交易过程中出现的各种欺诈行为的记录。[②]

茶商比茶叶先期到达广州，他们在初秋时节就商讨销售事项，经常会说不好消息，比如产量少、路上遇到强盗、洪水、旱灾、乡村叛乱等，这些都会导致茶叶供应量减少。有时他们甚至会努力联合起来人为地抬高茶叶价格。[③] 这些茶商会一直待在广州，直到茶叶出售、收齐债款，再购买一些洋

① 当时的论述“Description of the Tea Plant”（*CR*，vol. 8，July 1839，132-164）中包含了大部分的信息。有关广州茶叶贸易的近期的描述，参阅 Robert Gardella 的论文“The Antebellum Canton Tea Trade: Recent Perspectives”，*The American Neptune* 48 no. 4（Fall 1988）：261-270。同样参见本书第 74 页注释①中提到的 Gardella 教授的著作。

② Bryan P. Tilden，“Father's Journals”，I：337-338（第二次航行，1818 年 12 月 1 日）和 II：37-38（第五次航行，1833 年 8 月 1 日）。同样参看马萨诸塞州撒冷迪美博物馆藏雪弗档案中收录的 1817 年 11 月 20 日 Benjamin Shreve 给 J. Peabody and G. Tucker 的信。同样参看 1801 年 12 月 20 日 Sullivan Dorr 给 John and Joseph Dorr 的信，Dorr LB II；1826 年 4 月 18 日 JRL 给 Smith and Nicoll 的信，1833 年 12 月 10 日给 Edward H. Nicoll 的信，以及 1832 年 3 月 24 日 JRL 给 JL 的信，LLB。最后参看 1819 年 4 月 26 日 Edward Carrington & Co. 给 Ephraim Talbot 的信，CP。

③ Michael Greenberg，*British Trade and the Opening of China，1800-1842*（Cambridge: Cambridge University Press，1951），189-190，以及 *CR*，vol. 4，no. 288（September 1836）刊登了两件有关红茶贸易者的阴谋诡计的事情。同样的内容参看 1821 年 11 月 27 日 Samuel Russell & Co. 给 A. L. Forestier & Co. 的信，Samuel Russell & Co. LB，RP。

货运回各自省份销售。

茶叶每年最早10月开始运抵广州，直到年底陆续运达。对西方人来说，当某位行商的仆人到商馆区宣布第一批样品已经准备好，等待验货了的时候，茶叶贸易季节也就开始了。茶叶贸易季节一直持续到冬季结束季风改变方向的时候。秋天这几个月特别繁忙，黄埔周围水面上经常停留着数十艘船。神经紧张的大班和船长们渴望尽早启程回航，他们尽力催促达成交易，因为在贸易季节第一艘返回销售市场的船会占很大优势。但在广州居留的美国商人很不赞成这种行为，因为这样做会使中国商品价格上涨，而进口货物价格下降。精明的商人会要求他们的委托人做出判断，再等一些时候，要乘中国商人对自己未出售的货物日益忧心的时候，再伺机出手购买货物。最佳购买货物的时间可能是中国春节前夕，中国商人到此时一般都非常希望能够偿还所有债务，这促使银钱价格上涨，市场银根紧缺。这时如果买家用现银购买的话，所有商品就可能以相对低的价格出售。

另一种大宗出口商品是丝织物。跟茶叶一样，丝绸的购买、包装、装船和出售也需要行家判断。另一个与茶叶相似的地方是，丝绸也很脆弱。潮湿以及其他一些因素，比如糖、香料和各种化学物品，就像会使茶叶染上气味一样，也会破坏丝绸的颜色。丝绸是高档货，因此，尽管在某种程度上更容易采购丝绸，而且丝绸价格也没有茶叶价格那么容易波动，但是有些商人由于上述理由完全不购买丝绸。邓恩商行（Nathan Dunn & Co.）① 是进行大宗丝绸贸易的公司，这项业务使他们形成了一种简单的在美国避免高额进口商品从价税的办法，也产生了避免所牵涉的在广州把货物转成白银，

---

① 另一家在购买丝绸方面有着良好声望的商行是同孚洋行，但是几乎没有这方面的资料保存下来。

再把白银转成丝绸的双重转换的困难的办法。1832年，一位忌妒的竞争者抱怨说：

> 你经常让我想起其他人以很低的价格装载回来的货物，而没有反映出他们拥有的优势——在亚彻（Archer）的贸易中［Joseph Archer是邓恩商行驻广州的合伙人］有一种物物交换的体制——商品通过估价给其他人……通过这种做法，丝绸的通关价格比现金购买的价格和你们的沉重关税还要低……（成本）因而大量减少。[1]

被称为“货车运输”的物物交换也许很危险，但也证明它是复杂的白银和汇票交易之外的另一种选择。[2] 有人尽力避免这样做，或者至少在来往书信中谴责这种方式。

最早的新丝绸大约5月份到达广州，但丝绸生产和出口全年都在进行。美国人购买的丝绸大部分是在广州地区生产的，这里的丝织业已经发展到相当高的程度。大的丝绸工场雇佣了附近大量领取工资的工人。这些工人也许甚至已经具有了阶级意识，有关因这些丝织工人罢工而使贸易停顿的事情时有耳闻。[3]

另一种大宗出口织物，在贸易初期和拿破仑战争期间尤其重要的，是中国棉制品——著名的“南京布”或者南京棉布。在《维也纳条约》（Treaty of Vienna）以后，丝绸变得重要得多。在战争结束后的第一个有交易记载的贸易年度，即1816－1817贸易年度，美国船只装运出口的丝绸价值比南

① 1832年4月17日JRL致James Latimer的信，LLB。

② 参看本书第138-142页。

③ 1832年12月17日和4月17日R & Co. 致JMF，FP；Tilden，“Father's Journals”，II：146-147（第四次航行，1831年11月15日）；以及1831年11月21日JRL致JPC，LLB。

京布的价值高出将近 25 万美元，[①] 三年后，两者之间的差距已增长到将近 170 万美元。[②] 在 1822－1823 和 1830－1831 两个贸易年度，美国的丝绸出口在价值上甚至超过了茶叶，但是在 19 世纪 30 年代后期丝绸贸易额回落了。南京布贸易从来没有真正地复苏过，因为随着工业革命改变了相对的经济优势，南京布正面临着来自西方机器生产的棉织品的竞争。长期作为棉花出口者的中国，在欧洲战争把英国人排除出欧洲大陆的这一段时间里，扩展了在欧洲的市场。此后，即使在人口稀少的美国在销售价格上都要比广州地区的中国生产者低廉。这是 19 世纪后期发展起来的大宗粗棉布贸易的基础。

清政府限制丝绸出口的规定，为野心勃勃的商人开辟了另一个收入来源。这个规定是每一艘外国船离开中国时装载的丝绸不得超过 80 担。有一些船并不装载丝绸，船主们就会得到许可把他们的丝绸贸易份额转给那些愿意购买更多丝绸的人，形成了活跃的丝绸贸易权的买卖。其间一个小障碍，是中国人对每一担转到另一艘船上的丝绸要征收特别的税收，但对装载货物的船来说，丝绸贸易权只是另一种可以出售的商品而已。

尽管棉花和丝绸是最重要的商品，但其他外销工业也存在于条约前的广州或附近地区。美国商人经常性地从“行外商人”处订购瓷器、家具和其他一些零碎物品，这些是行外

① *Hunt's*, XIII（September 1843），298；Hosea Ballou Morse，*The Chronicles of the East India Company Trading to China，1635-1834*（Cambridge，Mass.：Harvard University Press，1926-1929），III：329 and IV：385.

② Hosea Ballou Morse，*The Chronicles of the East India Company Trading to China，1635-1834*，III：367 and IV：385.

商人专营的贸易。[1]

旧广州体制

这些泛海而来的蛮夷到达中国以前，清政府已经制定出了一种尽管非常传统，却别出心裁的体制来管理贸易。同时，他们“指定了……各种原则……来处理随着欧洲人在广州和澳门生活和贸易所带来的对稳定与和谐的独特威胁”。[2] 尽管广州被普遍认为是世界上最方便的能够提供贸易条件的港口，[3] 它也因西方人在此居住期间必须遵守的各项规定而恶名远扬。很多因素导致把一些特殊规定强加给广州的外国人群体。出口的特点，中国人的历史和独特面貌，广州与西方世界之间的距离，天气以及各种人文状态，所有一切结合在一起，限制了居住者的自由。

在旧中国贸易时期，清政府从来没有试图与美国人或其他任何外国人直接接触。即便是官僚机构中最低等的官员都避免面对面地与外国人打交道，除非发生了非常严重的状况。清政府官方政策的中心目的是防患于未然。通常，清政府对外国人和商人都态度轻蔑，这源于儒家的人生观，在中国历

---

① 尽管在殖民时代已经有一些瓷器被运到了美国，但是绝大部分美国人熟悉的瓷器是在美国的旧中国贸易开展之后到达美国的（也就是 1793 年之后）。大多数外销瓷是按照可以确认的青花瓷的式样成批量生产的，但是广州的商人们能够按照预定的式样、颜色来定制更好的瓷器，然后再在广州把一些字母组合、船舶图案、风景或者人物肖像等绘制到这些瓷器上，并上釉。

② Randle Edwards, “Ch'ing Legal Jurisdiction over Foreigners”, in Jerome Cohen ed., *Essays on China's Legal Tradition* (Princeton: Princeton University Press, 1980), 222-223. Edwards 在其他地方也指出中华人民共和国处理对外贸易的方式与“旧中国贸易时期的原则和做法”有着惊人的相似之处。参看“The Old Canton System of Foreign Trade”, in Victor H. Li ed., *Law and Politics in China's Foreign Trade* (Seattle: University of Washington Press, 1977), 362 and 377。

③ 比如 1831 年 12 月 12 日 RBF 给 THP 的信，RBF's LB，RBFP。

史的发展过程中不断强化。在某种程度上，这是对西方人自我成就的评估，因为通过孤立和容忍这些外国人，清政府创造了一个繁荣的圈住地。外国侨居者也逐渐形成这样的封闭心理，一些错误的传闻逐渐成为了外国人对中国普遍看法的一部分。外国人抵达广州后就马上知道了清政府基本没有与西方人打交道的愿望。存在的方式、贸易运作的手段以及仅仅满足少数人的措施、限制外国人生活的规定，还有整个平稳运作的商业系统都坐实了这种态度。

广州的地理位置便于推行帝国的政策。广州是离北京最远的中国主要港口。它不在产茶区，且远在千里之外不易于控制，但是让外国人和他们的贸易远离京城，广州是一个理想的地点。

在“中国皇后号”1784 年首次于澳门下锚停泊前很多年，所有洋船贸易就已经集中到广州了。外国商人被迫生活在郊区一个单一而狭小的不超过 12 英亩的地方。番鬼们在这里做生意、吃饭、睡觉、按许可的方式进行娱乐活动。只要他们在中国，就必须遵守许多令人难堪的规定，这些规定进一步强调了政府的不信任政策。著名的《防夷新规八条》，由政府定期发布，直到 1842 年《南京条约》之前一直有效。尽管中国人持论不同，但这些规定看起来既不是永恒的，在数目上也并不是有限制的。下面就是一份 1831 年上呈给皇帝待批的《防夷新规八条》的副件上的规定：

1. 外国人不准全年都居住在广州。
2. 中国商人不准向外国人借钱。
3. 外国人不准雇佣中国仆役。
4. 在中国期间，外国人受行商管制。
5. 外国人不准乘轿，不准携夷妇来广。
6. 外国人不准携带兵器。
7. 澳门和黄埔之间的外国船只往返必须严格控制。

8. 政府与外国人之间的所有联系必须通过行商进行。[1]

其他一些生效的禁令：

9. 外国兵船不准进入珠江内河航道。

10. 外国船只的引水员和买办必须申领执照。

11. 外国人不准在江面上划船取乐。

12. 外国船不准在珠江口外逗留，他们的抵达和溯江前往黄埔时必须立刻报告。[2]

许多细则都详细阐述或者修正了此规定的每项具体内容。此外，一些对中国人的规定进一步限制了外国人的自由。其中最著名的一条禁令是不准中国人学习外国语言，也不准帮助外国人学习中国话。最早到达中国的美国传教士之一卫三畏后来回忆说：

> 我找到了一位有相当文化修养的老师，他非常谨慎小心，为免被人告发，他经常带一双外国女鞋来放在桌子上，一旦他害怕的人或者不认识的人进来，他就假装自己是一位番鞋匠。

教外国人说中国话“被认为会给一位中国人带来最严重和最危险的惩罚”。[3] 然而，即便有会说西方语言的中国读书人，人数也很少。在中西贸易的几个世纪里，这种交流的困难逐渐发展出一种混合英语（pidgin 英语），一种专为贸易而用的

---

① Hosea Ballou Morse, *The Chronicles of the East India Company Trading to China, 1635-1834*, IV: 300. Edward Farmer 把《防夷新规八条》的来源追溯到英国商人洪任辉擅自的访问。参看 Farmer 的论文“James Flint versus the Canton Interest”, *Papers on China*（East Asian Research Center, Harvard University）17 (1963)。

② *CR* 3: 580-584 (April 1835); WCH, *The Fan Kwae at Canton*（1882; 台北：成文出版社，1970 年重印），28-30; 以及 Hosea Ballou Morse, *International Relations of the Chinese Empire*, vol. 1, *The Period of Conflict, 1834-1860* (London: Longmans Green & Co., 1910), 69-71。

③ S. Wells Williams, “Recollections of China Prior to 1840,” *Journal of the North China Branch of the Royal Asiatic Society* (new series), 8 (1874), 1-21.

商业用语。Pidgin 一词是中国人试图表述的英语单词 business。后来这种行话传播到了太平洋水域大部分地区，甚至传播到了南亚和非洲，并带上了各地不同的特点。暂且不提这种重要媒介的方便程度，它所带来的问题也是非常明显的。它不是任何人的母语，它也不会把任何文化介绍给外国人；它只是简单地局限在商业沟通上。因此，中国人和西方人都认为对方是“难以了解的”，这一点都不奇怪。

有一些规定得到非常严厉地执行，比如对妇女、武器和兵船的限制，这些也许都被认为是非常危险的。这些规定虽然一次次被违反，但总的来说都是得到遵守的。英国人在战争期间偶尔会把一艘带有武器装备的船开进河道，但中国人会以中断贸易相威胁，英国人便毫无办法，只有撤走兵船。18 世纪末来华的威廉·希奇（William Hickey）提到过很早（1789 年）就有人偷渡一名女孩去广州英国东印度公司商馆，没有成功，违规者被罚款 500 美元。[①] 英国东印度公司驻广州大班委员会首席大班的妻子和家人以及其他女士，包括美国人洛（William H. Low）的夫人及其侄女夏绿蒂两位，事实上 1830 年在商馆里逗留了一段时间，很明显是误解的结果。[②] 每一次事件都是以违规者被驱逐，有人遭到惩罚而告终。

其他规定，比如不准向外国人借贷，是无法执行的。禁止使用中国仆役也是从来不包括家庭服务等方面，尽管危机期间中国仆役有时会被撤走。每到这时，外国人发现自己几

---

① William Hickey, *The Memoirs of William Hickey*, vol. 1, Alfred Spencer ed.（New York：Alfred A. Knopf，1923），218.

② 参看 1830 年 3 月 2 日英国东印度公司特选委员会给国王的信，Parliamentary Papers，Report on the East India Company's Affairs，H/C，1830，V：问题 657 和 658；Hosea Ballou Morse，*The Chronicles of the East India Company Trading to China*，*1635-1834*，IV：234-241。

乎陷入绝境，他们是如此地依赖这些商馆仆役。

19世纪20年代末，广州日益增多的外国人实际上已经打破了一些规定。禁止在江面上划船的禁令几乎成了一纸空文，禁止全年都居留在广州也成了一个古老的笑话。实际上，一些商人似乎成了商馆的隐居者。据说怡和洋行的成员亨利·莱特（Henry Wright）有7年没有离开广州商馆。[①] 美国洋行的领导人物纳森·邓恩（Nathan Dunn）和顾盛（John P. Cushing）两人也是如此。

广州体制对美国人来说是陌生的，因此《防夷新规八条》也是非常奇怪的，其他方面应该看起来更加独特。执行这些规定并不是清政府的工作，尽管清政府有着非常严格的高度集中化的官僚体制，但真正执行这些规定的是处于中国官僚体制最底层的人。省一级最高官员是广东巡抚和两广总督。清政府在省一级官职上同时任命满人和汉人，也就是如果总督是满人，巡抚就是汉人，大概这样能更好地控制他们。这些重要官员不仅来自不同的民族，他们的职责也互相交叉，这使得他们要么紧密合作，要么造成行政灾难。帝国每一位总督监督三个常规专员（布政使、按察使、学政）和其他一些特派官员，广州的特派官员就是粤海关监督。这个官职通常由内务府直接任命的满人担任，任期三年，不得连任。他的职责就是收税。因此这是个非常有利可图的职位；粤海关监督离开广州时通常腰缠万贯。这些官员之下还有两级地方官员，[②] 最底层的是县治或者州治。这些地方官负责处理政府大部分的管理工作，他们上级的工作主要是监督他们。权力分立不为人所知，按照规定地方官必须为其辖区内所有事情负责。

---

① Gideon Nye, *The Morning of My Life in China* (Canton, 1873), 28.

② 关于地方管理研究最有价值的著作是瞿同祖的 *Local Government in China Under the Ch'ing* (Cambridge, Mass.: Harvard University Press, 1962)。

与外国人联系最多也最友善的是行商。① 尽管行商的名号上加有荣誉性的“官”（qua）字，但很明显行商地位低于所有国家官员，甚至低于地方官。他们影响力主要来自其财富、他们一些成员的文人背景，以及他们的处境。北京天高皇帝远，行商们最了解外国人，高级官员尽可能地不接触外国人。尽管行商人数非常少（被认为有 13 人，但人数经常要少于这个数），他们负责操作和处理中国所有的对外贸易，执行对外国人的禁令，并征收关税。

行商既是私商，又是领取执照的半官方人员，他们经常会碰到被后人称为利益冲突的事情。他们与其他任何地方的商人一样受到类似的商业动机和野心的驱使，但他们又受到儒家“抑商”的价值观念的制约。② 此外，在中国，财富和专长不会给人带来多少个人力量或财产安全，他们非常容易受到攻击。只有功名和（或者）政府官员才能够使人有实质性

---

① 参看上文，尤其是本书第 79 页注释②。这方面权威的中文著作是梁嘉彬的《广东十三行考》（台中：私立东海大学，1960 年）。英文著作参看 Ann B. White, “The Hong Merchants of Canton”（博士论文，宾夕法尼亚大学，1967 年）。最新的著作是陈国栋的 *The Insolvency of the Chinese Hong Merchants, 1760-1843*（台北：“中研院”经济所，1990 年），经济研究所专著系列第 45 种。

② 儒家秩序很明显非常蔑视贸易，故而，文人们都禁止成为商贩。尽管至少有一些公行成员有着文人的背景。他们看起来通过习惯上作为文人和行商时使用不同的名称，来避免他们行为的结果。比如著名的浩官，就是伍秉鉴，1796 年之后美国人熟悉的两位潘启官，是潘有度和潘正炜。一些学者已经质疑这样的观点，即清官僚体制并不同情商业。比如参看 Thomas Metzger,“Ch'ing Commercial Policy”, *Ch'ing-shih wen-ti* 1 no. 3（February 1966），4-10；以及 Ann B. White,“The Hong Merchants of Canton”。关于这个问题最简洁的比较矛盾的中文论述，参看 Wellington K. K. Chan, *Merchants, Mandarins and Modern Enterprise in Late Ch'ing China*（Cambridge, Mass.: Harvard University Press, 1977），15-27；以及 Frederic Wakeman, Jr., *The Fall of Imperial China*（New York: Free Press, 1975），39-40。

的影响力或者安全感。[①] 因此，行商会尽其所能使其家族进入士绅阶层，这样在传统中国就能享有最高的社会地位。公行也对粤海关、广东巡抚和两广总督负责。在大多数方面，官员和行商是共同工作的，旧广州体制使他们双方都获利。然而很明显的是他们的利益所在有着重要的差异。

跨过十三行街，正对着美国商馆后面，有一座非常雄伟的用石头和抛光柚木建筑的房子，房子里面有几个带花园的庭院。这就是公所房，[②] 行商处理事务的地方。行用就存放在这里。由于行商作为群体必须为某一位成员的破产负责，而且还要承担某种特殊的税收，他们建立这个基金是为了保证自己免于灾难。公所（*kan-su* 或者 *kung-so*——有“公共办公室”或者“行会大厅”等不同的翻译——意思是公行）是用对外贸易的税收来维持的。[③] 由于体制本身的腐败，也由于中国人并不能明确行用的目的，因此美国商人有时非常憎恨这种强加的费用。实际上它是带来巨大稳定的资源，因为能够

---

① 瞿同祖，*Local Government*，185：“只有当财富与政治权力相结合……才能使人和他的家族获得保护。”同样参看 Frederic Wakeman, Jr.，*Strangers at the Gate: Social Disorder in South China, 1839-1861*（Berkeley：University of California Press，1966），45。然而也有一些学者相信士绅和商人之间有很大的重叠——这种重叠很多以致形成了一个“绅商阶层”，至少他们中的一些人形成了一种城市的、资产阶级的文化。参看 Wolfram Eberhard，*Social Mobility in Traditional China*（Leiden：E. J. Brill，1962），216-217，245-247，263，265。

② 亨特详细地描绘了这所房子，称它是“郊区的景点之一”。WCH，*Bits of Old China*（1885；台北：成文出版社，1976 年重印），172-173。“由于其他公共建筑的作用更大，因此这个建筑物更以其宏伟著称。”比较 J. G. Keer，“Description of the Great Examination Hall at Canton”，*Journal of the North China Branch of the Royal Asiatic Society*（new series）3（December 1886），63-71。

③ 参看 Frederic Wakeman, Jr. 在 *Cambridge History of China*，vol. X，part I，“Late Ch'ing”（Cambridge：Cambridge University Press，1978）中的文章，164-166。Wakeman 说所有进口货物的百分之三的关税（称为行用）用来支持公所基金。当然，还有很多各种商品的税收。英国东印度公司商馆的 Charles Marjoribanks 曾经编辑了一个有 46 种不同的应该交纳关税的货物的清单。参看他 1830 年 2 月 23 日的陈述，Parliamentary Papers，H/C，1830，V：问题 655。同样参看 Michael Greenberg，*The British Trade and the Opening of China, 1800-1842*，52，注释 3。

保障外国人免于无法偿还的债务之苦，而且它最终有政府的支持。[①] 它也给公行提供了一种面对政府勒索的办法。很多费用本来应该政府承担，但政府为了这些事务进行征税——比如修理黄河堤防、镇压起义和进贡宫廷等等。另一方面，也很难抗拒政府或某个别官员来征用行用。正是这种勒索使得美国人抱怨；正因为有行用才招致了敲诈。公行是国库收入非常有力的来源。清官员深明此道，时常迫使行商接受一些毫不仁慈的"压榨"。

这种敲诈使浩官在1842年支付了白银一百万元作为广州赎城费。浩官的巨额财富和异常充裕的流动资金使他有能力承担这样的损失，但对一些境况差的人来说应该是非常艰难的。有一些研究已经不再相信美国商人曾经非常确定的说法，也就是行商之所以大量破产应归因于这些巨额的款项。[②] 当然这牵涉几个因素，但很难理解这些无法预料的巨额现金勒索为何不是不稳定的根源。

尽管公行的起源仍然不甚明了，1645年（原文如此——中译者注）清朝廷任命了首任粤海关监督，商人组织的形成看起来可以回溯到明末。当然商人组织整个18世纪都存在。在此期间，行商至少曾经两次努力建立更严格的对外贸易的垄断，但由于种种原因，他们的努力都失败了。美国人到达时，广州贸易制度已是千疮百孔。在这个制度下，一些小行商允许"行外商人"在他们的名号下从事贸易，条件是上缴某种费用。这些被称为"铺商"的"行外商人"，他们不是公行商人，但广泛参与对外贸易。他们之所以存在是由于行商并不能充分地满足外贸的需求。因为他们只有在行商的执照

---

① Edwards, "Old Canton System," 375.

② 参看 Ann White, "Hong Merchants", 161-168；以及 Michael Greenberg, *The British Trade and the Opening of China, 1800-1842*, 67-69。

之下经营才是合法的，公行对他们略加控制，但这种权力从来没有真正产生效果。公行几次自行其是的企图，遭遇到了美国人、大部分英国散商和中国行外商人的抵制。[①] 大部分行商并没有足够的财力抵抗行外商人和外国人的联合压力。行商贫困化是一个长期的问题。在很长时间内，只有潘启官和伍浩官能够避免资金短缺和生意风险的双重陷阱，这些陷阱导致很多行商破产。

在其他公共职责当中，公行要监视整个商馆区，对通事等人的诚信负责，管理整个贸易体制的运作，并且协调中国官员和外国商人之间的关系。清当局向行商们传达有关命令，要求他们使外国人恭顺。除非情况特殊，出于这样或那样的原因，官员们才会直接介入夷务。否则，港口事务主要由行商来处理。官方置身事外使行商有相当的空间来形成一些类似对外政策的措施。

在行商履行职责时，也会得到一些半官方的获得执照的人协助，这些人为外国人或官府从事某些特别的事务。买办将管理和担保中国仆役、购买食物和其他生活必需品、维护银库、支付所有账单、向外国雇主报告市场相关情况等各种任务一揽子承担下来，简而言之，他是协助生意和维持商馆运作的人。[②] 通事只是个称呼，其实他们并没有掌握外语。尽管他们由外国人雇请，但仍然是官方的人，负责进行海关记录、监察舢板船（chop boat）的雇佣，并向官府汇报相关的货物和资金。通常有 6 名左右为首的通事，他们每人手下都有一群簿记、文书、苦力和其他仆役，这些人负责搬运货物，

---

① Michael Greenberg, *British Trade and the Opening of China, 1800-1842*, 52-58；以及前文提及的 Charles Marjoribanks 的陈述，尤其是问题 681-685。

② 郝延平，*The Comprador in Nineteenth Century China*（Cambridge, Mass.: Harvard University Press, 1970）。

也要时刻了解货物的动态。[①] 通事为买办做担保，他们自己则由行商做担保。这样，从最下层的苦力往上，形成一个层层担保的系统，在这个完整的体系里，每一个人的诚信都由比他高一级的人做担保，形成一个等级性的责任制。在这个本地的半官方的官僚体系的顶部，是公行。

这个体系所要保证的不仅仅是诚信和经济责任，而且还提供了一个附属的信息系统。这些获得执照的人都有义务向上级汇报每一个工作步骤。这样，买办从他手下的苦力、厨子、门房和兑银员处收集资料，汇报给通事，通事再把这些消息汇报给官员。通过这种方法，地方政府就可以不通过公行而获得报告。1792 年以后，三位主要官员——两广总督、广东巡抚和粤海关监督——都为中央收集了有关贸易的常规报告。这样一个互相监督的系统，加上非常严格的个人责任制，大概应该已经能够保证诚信、偿还能力和正常运作。

然而，整个贸易事务被制度化的“陋规”弄得很复杂。清官员的薪酬不足以补偿他们在工作上的付出。他们只要可能就开征各种费用以弥补俸禄的不足。清政府的政治现实是官员想要升迁必须得进贡，这更促使勒索成为必要。这些费用的征收毫无例外由地方海关和统治者决定。传统社会大都比现代社会更依赖于关税，儒家传统使中国传统社会比其他近代化的社会更加依赖这些非正式的方法。[②] 这种依赖导致了不必要的贿赂和敲诈，“然而，在一些情况下，在收税和腐败之间并没有太明显的界限”。[③] 美国人认为，无论如何那些没

---

① 郝延平，*The Comprador in Nineteenth Century China*，22-23。

② 参看 Derk Bodde，“Basic Concepts of Chinese Law：The Genesis and Evolution of Legal Thought in Traditional China”，*Proceedings of the American Philosophical Society* 107 no. 5（October 1963），375-398。

③ 瞿同祖，*Local Government*，26。

有记录在案的送给官员的礼物就是贪污，因此他们认为中国的制度不公正。这种看法也无可厚非。

在中国人看来，这个系统在实际操作上也许运作得还过得去，然而，包括两广总督在内的所有官员，其收入主要不是来自政府俸禄，而有其他来源。这种固有的利益冲突给广州体制带来了一定的摩擦和障碍，而且显得根深蒂固；鸦片贸易的增长更使得这些弊端成了致命因素。不过，有着行用的公行，也许提供了一个与中国经验和满族专制所能够提供的一样有效和多产的关税系统。它提供清政府所需要的规矩、限制和资金。

在外国人看来，行用为精明的外国人创造了很多机会去压榨行商中财力单薄的成员。查尔斯·W. 金（Charles W. King）报告了一种方法：

> 比如，一位大胆的美国商人，不顾清政府的警告，冒险把钱以 12%或者 15%的利息借贷给一个贫穷的行商，五六年后来索取双倍的还款，如果时间超过了两倍，就像据说的那些事例一样，索要四倍的还款。行商自然永远无法承受这样的利率，于是破产了。美国商人要求按九期分期支付或者在 4 年半内还清。普通贸易的税收支付了这笔欠款，这位资本家发现了他最初贷出的钱，最坏的情况下 15 或 16 年间会翻两倍。如果是贸易货物而不是借贷金钱，结果也一样。这样大胆的借贷者获得了较高的价格、利息和公行的抵押物，这种交易比那些谨慎买卖所获得较少利益的交易要有利可图。[1]

格林堡提到过一个不那么复杂的动机。他说一个破产的商人非常盼望有生意可做，因为“他希望继续生意，否则他破产

---

[1] *CR* VII：57（July 1838）.

的迹象就会十分明显”。[①] 因为清政府把破产看成是犯罪，美国商人就可以跟他达成更有利的交易。

大多数美国船主都会因显而易见的原因，指令代理人找最值得尊敬的行商做船只保商，但是约翰·拉惕默认为这种做法并不经常是正确的。行用至少确保了外国人最主要的交易。因此，他指出：

> 往往由最贫穷的行商作保商会有很大的好处。你不会受很多条件的限制，而且能够与你喜欢的人打交道，富有的行商常常强加一些条件给你，这些条件往往会影响出口货物的销售。[②]

当然，这个系统运作仍然非常正常，尽管面对各种勒索，一些行商仍然相当富有。浩官无疑是他那个时代最富有的人。1834 年其财富已达到了 2600 万美元。[③]

由于被迫在没有同情心而又贪得无厌的清朝官员，与逐年强大而更有自信心的自私自利的外国人群体之间充当缓冲器，公行表现出了令人惊奇的活力。他们经历了一系列官府与外国人之间的冲突，也经历了法国革命和几次经济衰退。广州的生意也许比世界上任何其他港口的生意都进行得更便利。可以供应的商品样品摆放在行商的货仓里，或者摆放在商馆附近“行外商人”的店铺里。购买者只需要根据数量和商标或者生产者的标记来订购。中国商人就会把货物搬运到码头，这里船长会科学地安排装船。有时候，船舱和已经非常拥挤的前甲板下面

---

① Michael Greenberg，*British Trade and the Opening of China，1800-1842*（引自 1830 年 W. S. Davison 在上院特选委员会前的讲话），71。

② 1825 年 9 月 27 日 JRL 致 Smith 和 Nicoll，LLB。

③ WCH，*The Fan Kwae at Canton*，48. 也被估计成价值 5200 万美元（参见 Frederic Wakeman，Jr.，*Strangers at the Gate*，Berkeley：University of California Press，1966，44）。

的水手舱，甚至舱底都会被用来作为额外的货舱。[1]

保证广州体制能够特别顺利运作的最明显因素之一，是不同国籍商人间的友谊和信任。美国商人常常对他们的贸易伙伴——行商非常尊敬、同情，甚至友爱。1784 年山茂召写到：

> 行商与在世界其他地方的值得尊敬的人一样……他们非常睿智，账目明晰，严守商约，尽管所受的待遇不好，他们仍公平待人以自重。所有欧洲人当时的评论都证明了这一点。[2]

半个世纪以后，罗伯特·本涅特·福士重复了这些话，且更添上了一些评价，“我们应该清楚，与这些人打交道是我们的好运气，很明显他们具备上述特点”。[3] 在旧体制被取缔很多年后，曾长期在广州居住的威廉·亨特很怀念地这样回忆行商“在所有交易中都是可敬和可靠的，忠于合同，心胸开阔”。[4]

直到 19 世纪 20 年代中期，美国商人和保商之间的关系总是比较密切的。美国人被邀请到中国商人家里或者商馆里参加豪华宴会、听歌和看戏。中国人的食物、娱乐和妻妾，中国房屋的精巧装饰，中国花园的美景成为了美国对华贸易商人们留下的书信和日记中最迷人的主题。[5]

---

① 参看 1805 年在由纽约到广州的 *Eliza* 号船的账本。威廉·贝尔档案，Constable/Pierrepont 收藏，纽约公共图书馆珍本和手稿部，Astor，Lenox 和 Tilden 基金会。

② Samuel Shaw，*The Journals of Major Samuel Shaw*，Josiah Quincy ed.（1847；台北：成文出版社，1968 年重印），183。

③ RBF，*Remarks on China and the China Trade*（Boston，1844），19. 同样参看 1844 年 12 月 18 日 JH 给父母的信，HP。

④ WCH，*The Fan Kwae at Canton*，40.

⑤ 实际上最富有的行商生活得非常好。参看 Ann White，“Hong Merchants”，157-158。Tilden 的游记里有这方面最好的描述。“Father's Journals”，尤其参看 I：61-63（第一次航行，1815 年 10 月 1 日），描述了在昆水官（潘长耀）住地的一次宴会；193-207（第三次航行，1818 年 12 月 1 日），讲述了在浩官住地的一次晚会。梯尔顿关于受潘启官邀请参加宴会的完整描述以“An Old Mandarin Home”为题重印，由 Laurence Waters Jenkins 编辑，*EIHC* 71 no. 2（April 1935），102-119。

同样地，行商偶尔也会参加在外国商馆里举行的晚会。有些晚会是非正式的。喜欢音乐的威廉·米吉少校拥有广州唯一的一间旅店，他经常组织音乐演奏会。1818年12月1日，梯尔顿记录了一次在米吉旅店阳台上举行的演奏会，当时潘启官的一位仆人送来信息，说潘启官在隔壁商馆里听到了音乐声，要求他和几位中国朋友也过来听音乐，潘启官从1788年起就是米吉的朋友了。在得到米吉少校邀请后，

> 这些中国绅士在一长队提着灯笼的苦力护送下来了，否则，有地位的中国人天黑以后是不会上街的。我们请阿米顿先生及其他一些朋友来帮助我们举行音乐会，我们尊敬的少校在他宏大的饭厅里举行了盛大晚宴。我们演奏的乐器包括低音提琴、长笛、小提琴和我的单簧管。

当中国人要求观看舞蹈时，表演变得越来越轻松了。美国人表演了高替洋舞（cotillion），米吉少校随着梯尔顿的单簧管还跳起了笛角舞。

> 当我们跳起印第安人访问我们的城市时所跳的战争舞蹈时，客人们都非常喜欢——仆役、厨子、苦力们群集在楼上观看，他们跟我们一样兴高采烈。实际上，由于没有女舞伴，我们的绅士们跳得有点像野蛮人。①

中美两国的商人会交换由中国画家或钱纳利绘制的肖像

① Tilden, "Father's Journals", II：212-213（第二次航行，1818年12月1日）。

画作为礼物。[①] 有一些例子可以表明美国人和行商在鸦片贸易的灾祸和中英日益增多的冲突影响下仍保持着亲密的社会关系。[②] 19 世纪 30 年代，表现这种友情的场合很少，但是到了 19 世纪 40 年代，美国人再一次愉快地被邀请到行商家作客。当华伦·德兰诺在广州居住了 10 年准备回家时，浩官为他举行了一次中式宴会，德兰诺的弟弟郑重其事地记下了这次宴会：

> 宴会有大约 15 道菜——燕窝羹、鱼翅、鸽子蛋、鹌鹑、鲟鱼唇等等。整个宴会花了 13 个小时。浩官已经很多年没有在家里举行这样的宴会了，也许以前也从来没有像今天这样为一位朋友摆过饯行酒。[③]

在某种程度上这种亲密关系是必然的，因为行商们在交易中要依靠这些外国人。[④] 罗伯特·本涅特·福士认为，浩官之所以偏爱美国人，部分原因是“对英国东印度公司专横和好斗的一种制衡”，但这种说法比较片面，无法说明 1834 年

---

① 1829 年 3 月 18 日 BCW 致 JRL，LP；以及 Nye，*Morning of My Life in China*，32。最有名的中国画家也许是林呱，据说他为杜莎夫人蜡像馆制作了一尊林则徐的蜡像。参看 Arthur Waley，*The Opium War through Chinese Eyes*（New York：1958；reprint，Stanford，Calif.：Stanford University Press，1968），11。最新的研究钱纳利的著作是 Robin Hutcheon，*Chinnery：The Man and the Legend*（香港：南华早报出版公司，1975 年），最出色而全面的著作是 Carl L. Crossman，*The Decorative Arts of the China Trade*（Woodbridge，Suffolk：Antique Collectors' Club，1991），第三章，“林呱——熟练的肖像画家”，72-105。

② Tilden，“Father's Journals”，II：880（第五次航行，1833 年 12 月 8 日）。

③ 1842 年 1 月 20 日 ED 的日记。同样参看 PSF，“Diary”，1843 年 5 月 14 日，FP。金斯曼夫人给她姐妹的信中说浩官的儿子为外国朋友举行了一次有 30 道菜的豪华宴会，参看“The Daily Life of Mrs. Nathaniel Kinsman in China，1846”，*EIHC* 88 no. 1（January 1952），73-74。

④ 这样亲密的关系同样出现在美国人和行外商人之间。互相交换商业信息，在向本国拖欠债务的人追回债务方面提供帮助，其他表达友谊的证明非常普通，就是一些礼物。William R. Talbot 1836 年写给他在纽约的兄弟的信中要求他购买一对吊灯，价格在 350 到 500 美元之间。他详细说明“这两盏灯必须尽可能地华丽，上面要有大量的雕花镀金的装饰，带有长长的玻璃悬挂物，形成三角形的形状等等——是给 Moushing 的礼物”。1836 年 3 月 16 日 WRT 致 CNT，TP。

以后的情况。[①] 浩官和其他行商常常聘请美国人替他们写外文书信，[②] 处理海外生意。在大约40年的时间里，帕金斯—斯特基斯—福士联盟的不同成员时常为浩官商馆工作。他的友谊从来没有变淡过。1843年浩官去世时，保罗·S. 福士（Paul S. Forbes）写到这位垂老的行商“从来没有对哪个跟他没有任何国家、语言和宗教联系的人像对美国人一样信任，他一次可以委托美国人处理200到300万元的生意”。[③] 现在看来，浩官的巨大成功至少部分地归功于他与波士顿利益团体的友谊，但波士顿人同样得益于浩官。不仅是因为浩官帮助每一个到中国来的波士顿家族代表，而且在他们回美国后还一直帮助他们。约翰·莫瑞·福士（John Murray Forbes）获得了很好的回报。1837年他回波士顿后，马上成为浩官在美国的代理人，船货数量非常巨大，即：

1837	175070（美元）
1838	392260（美元）
1839	303114（美元）
1840	213260（美元）（5月4日之前）
1841	931150（美元）
1842	285240（美元）[④]

1843年约翰·莫瑞·福士建议浩官来美国或者去加勒比地区，以避开不明朗的中英关系和清政府无止境的勒索。[⑤] 同

① RBF, *Personal Reminiscences*（Boston, 1882），370.

② 参看梯尔顿非常有意思地记载一位行商请一位外国人为他写信，另一位念这些信给他听。“Father's Journals”, I：374-375（第三次航行，“Boston, 1820”）。卡灵顿至少到1811年已与行商昆水官（潘长耀）保持着密切的关系。

③ PSF，“Diary”，1843年9月9日，FP。

④ 1850年3月13日RBF致JMF，RBF缩微胶卷，第14卷，第393片，转引自Duncan Yaggy，“John Forbes，Entrepreneur”（博士论文，布兰迪斯大学，1974年6月），188，注释84。

⑤ 1843年8月5日JMF致浩官，FP。

年晚些时候浩官去世时，据说为了后代的利益，他把大部分财产交给了旗昌洋行打理。实际上，他已经委托波士顿家族在美国投资多年。[①] 同一个材料显示，从 1828 年顾盛退休到 1881 年，旗昌洋行每年支付浩官家族 30000 美元，从 1881 到 1890 年旗昌洋行破产，每年支付 45000 美元。[②] 如果材料真实的话，这 62 年的记录至少是早期国际友谊牢固和不平凡的证据。

然而这种对外国人的依赖仍然不足以解释行商们一些非常慷慨的行为。据说浩官销毁了前领事本杰明·C. 威尔考克斯一张价值大约 10 万美元的票据，还帮助其他几个处境艰难的美国人，让他们带着财富离开中国。[③]

尽管很多美国人都欢迎 1842 年取缔公行制度，但很多美国人仍希望原来的行商继续他们的生意。中国商人是美国商人的朋友，而且更重要的是，行商是负责任的商人，值得信赖，他们会诚实经商，支付货款。随着旧制度的消失，就有必要出现一些新的做法。没有负责任的公行做债务支付的担保，严厉的合约和不受欢迎的西方索债方式就更加普遍了。在以后一些年里，商人们经常对旧广州体制那种舒适的确定性充满着怀念之情。[④]

为了让人免于对这些友谊太过伤感，我们应该认识到，

---

① James 和 Thomas H. Perkins 的账本和其他记录，PP；1835 年 7 月 11 日 JMF 致 Mrs. Forbes，FP；1835 年 2 月 25 日 AH 致 B&S，AH's LB，1835 年 2 月 5 日到 8 月 3 日，HP；以及 JMF，*Letters and Recollections*，vol. 1，Sarah Forbes Hughes ed.（Boston，1889），101。鸦片战争期间，浩官把相当数量的资金留给了他的美国朋友，直到“解决了这个英国人的事情”。1840 年 6 月 28 日浩官致 JMF，浩官的书信集，1840-1843（打印稿），BL。

② Carl Crow 做的有关旗昌洋行的注释，在 FP 的索引里，BL。

③ 1832 年 9 月 30 日 JRL 致 James Latimer，Jr.，LLB。同样参看 WCH，*The Fan Kwae at Canton*，42-50；以及 1840 年 6 月 1 日浩官给 JPC 的信，浩官的书信集，1840-1843。

④ 比如，1844 年 12 月 2 日 JH 致 Mr. Thayer，HP。

其实在价格确定下来之前，商人们并没有忘记所有交易本质上是对抗的。[①] 尽管广州存在着伟大的诚信，但行商与外国人仍然是对手，每到这个时候，他们会使用各种不同的手段迫使对方接受条件。卡灵顿（Carrington）在他给年轻的代理人塞缪尔·罗素（Samuel Russell）的指示中提到一个相当温和的办法，当时罗素正准备出发前往中国：

> 如果你在我们的账目下装载了半船货物，你应该同意甚至迫使给你作保商的行商在他的账下运送另一半，然后让他支付我们可观的运费，此外，因为你替他照料生意而为自己赚一些额外的佣金。[②]

中国商人会在适当的时候通过类似的方式以牙还牙。由于法律没有规定外商必需与其保商做买卖，相关的买卖往往是一开始就协定好的。英国东印度公司大班委员会的一个成员评论说公行是这样一个群体：

> 拒绝给美国船只做担保，除非这些船只的代理人同意与他们做生意（单独地）。我认为这给行商提供了把一些间接的税收强加给美国船的机会。[③]

有时，美国人也会使用勒索的手段。沙利文·多尔在写给他父亲的信中提到一个行商，

> 我抓到了一个行商的把柄，他默许了走私 30 斤人参……如果让海关知道的话，就会吊销他的执照，恐吓他一下也许他就会接受我们的条件。[④]

也许广州口岸顺畅的商业联系的最好解释就是贸易所带

---

① 参看 Karl Polanyi，"The Economy as Instituted Process"，in Karl Polanyi，Conrad Arensberg，and Harry W. Pearson，*Trade and Market in the Early Empires* (Glencoe，Ill.：Free Press，1957)，255。

② 1819 年 6 月 7 日 Edward Carrington & Co. 和 Cyrus Butler 致 SR，RP。

③ 参看本书第 89 页注释③Charles Marjoribanks 的陈述。当然，很多行商的破产也减低了他们维持的能力。

④ 1799 年 11 月 21 日给 Ebenezer Dorr 的信，Dorr LB。

来的高额利润。马士说：

> 关于贸易情形的最好说明，可以从中外商人这些友好对手之间存在的私人关系上看出来。他们双方都有着商业道德和诚实无欺的声誉，世界任何地方和历史上任何时候都不曾有过超过他们的人；贸易运作全凭口头约定，从来不用书面契约，彼此之间互相帮助和同情。可是彼此关系的安闲适宜，都取偿于外贸。这种制度允许外国人不仅仅可以谋生，而且还可以积累一份薄产……这说明了买卖上有可观的盈利空间。[①]

“中国皇后号”给船主带来将近14000美元，也就是占最初投资25%的利润，但是后来的船只有时纯利非常可观。1800—1801年出航的“约翰·杰伊号”（*John Jay*）船在14个月的航行中获纯利104863.70美元，换一种说法为普罗维登斯（Providence）的布朗家族带来超过200%的利润。[②] 在1812年战争期间，史蒂芬·杰拉德（Stephen Girard）发现把他的中国船只“孟德斯鸠号”（*Montesquieu*）从在费城海域的英国海军手中以93000美元的价格赎回来是非常值得的。有资料称“除了赎回船只的价格，据推测，根据船上货物的价值，

① Hosea Ballou Morse, *International Relations of the Chinese Empire*, vol. 1 (London and New York: Longmans Green & Co., 1910), 85. 这里马士的热情超过了他的精确性。商业记录掩饰了他对书写合同的评论。他的意思也许是大一些的公司通常不用担心合同。进一步的信息，参看本书第122页注释①。比较 Robert Gardella, *Harvesting Mountains* (Berkeley, California: University of California Press, 1994), 36-37。

② William B. Weeden, *Early Oriental Commerce in Providence* (Cambridge, Mass.: Harvard University Press, 1908), 20. 根据 MHS, *Proceedings*, 3d series, I, (December 1907): 235-287 影印。

这艘船可以为他的财富增加 50 万美元”。[①] “我们来到了一个非常有利可图的市场。”梯尔顿 1816 年评论说：

> 我们的船［“广州号”，船长是艾萨克·辛克莱（Issac Hinckley）］和所有的货物，根据报纸的报道价值 150 万美元。据悉它应给政府上缴 60 万美元左右的税收——所有这些都是真的。[②]

这些并不是个别现象。由于审慎明断而且运气好，尤其在 19 世纪的头 10 年，利润非常高且持续增长。1800—1811 年间曾从费城运货到中国的理查德·米尔内（Richard Milne），证实他每年的利润是 15%到 20%。[③]

巨额回报非同寻常，但中国贸易的确创造了非常多的财富。如果一个人年轻、健康而有很好的关系网，只是钱不多，人们也许会建议他到中国去，而不是想方设法待在国内，与那些拥有更多资源的成功商人竞争。一旦商人们来到广州，他们都会力图尽快地发财致富，如果他们最终获得成功，就早点退休，相当一部分在广州这样恶劣气候下生存下来的商人都做得非常好。在有据可查的人当中，至少有 57 人在 1844 年以前在广州获得了“足以令他们过舒适生活的收入”，鉴于收集有关个人财富资料非常困难，这些数据也许远远低于实

---

① “Stephen Girard”，*Hunt's* 4 no. 4（April 1841）：364-365。梯尔顿用一种并不常见的方式证实了这个故事。在他第一次航行广州的时候（1816 年），他的船只被英国海军截停了下来，“孟德斯鸠”号就是从这些英国海军手中赎回的。后者非常得意地回忆这个事情，与 *Hunt's* 上记载的非常接近。同样参看 Henry Arey，“Girard College and Its Founder”，*North American Review* 100 no. 85（January 1865）：70-101。Girard 和其他人给国务院的信中要求允许以 180000 美元的价格赎回提到的船只。参看 1813 年 4 月 1 日 Girard 给 James Monroe 的信；1813 年 4 月 1 日 C. J. Ingersoll 给 Monroe 的信；以及 1813 年 4 月 14 日 Joseph Bloomfield 将军给 Monroe 的信，给国务院的各种信件，RG-59，M-179，NA。

② Tilden，“Father's Journals”，I：174（第一次航行，1816 年 4 月 14 日）。

③ 1830 年 2 月 25 日，First Report on the East India Company's Affairs，Parliamentary Papers，H/C，1830，V：84，问题 1046。

际情况。1812年战争后，对一个有着良好家庭关系的年轻人来说，在广州获得财富似乎更容易了。如果他非常幸运地进入了一家有建树的公司，尤其是旗昌洋行、哗地玛洋行或者它们的前身，他几乎就可以盘算着几年以后带着足够使他自己一生都经济独立的财富回家。① 更显而易见的是，如果那些碰巧在一些异常的机会比如1839—1840年鸦片危机时在中国的人，这种情况就更真实，那时，美国人几乎垄断了所有贸易，英国人和中国人把所有生意都交给了他们。

独立商人往往做得同样出色，要么通过一次航行、几次投机、囤积某种货物来获得成功，要么只需勤奋工作，在美国国内或者广州为亲戚们服务。在中国有很多方法可以致富。一些美国人在不到5年的时间里就积聚了财富（旗昌洋行的合伙人致富的平均时间是4.94年）。其余最少35人分别用了5到12年的时间赚取足够的钱回家，那些有名而富有的退休人员在广州待的时候更长，他们一直待到认为自己已经赚够了为止。平均时间在7到12年之间，退休时这些商人通常都只有30来岁。②

有几个因素影响了这些数据：一些人在退休以后仍然留在中国；其他如约翰·顾盛，继续在这里停留了一些年后，带回了数额相当巨大的财富。此外，整个侨民群体还包括那些为某些人当学徒或者雇员而在此待过一段时间的人，但对其他人来说，上述的时间仅仅指做代理或者合伙人的那些年份。那些有背景或者关系可以确保在到达广州时或者在到达之前就能够获得职位的人，致富速度尤其迅速。尽管每个人要求并不一样，在他们的通信中提到的普遍作为目标的数目

---

① 至少有两位，Rodney Fisher（为 Macvicker & Co. 工作）和 Charles Blight（为宝顺洋行工作），两位都是费城人，他们都在广州的英国公司工作，获得了他们的财富。

② 参看本书第二篇第6章之《“衣食无忧”的用处：广州侨民的后期生活》。

是 1 lac 或者 10 万美元，这在当时是非常巨大的数目。有一些人获得的财富超过了这个数目，有一些人后来再次回到广州去掘第二桶金。①

这些数据虽然相当粗糙，但结果则令人惊叹。在不到 10 年的时间里能够获得 10 万美元已经做得相当好了，尤其是在 19 世纪早期资金非常缺乏的美国。这样数额的财富就意味着财政独立，甚至意味着拥有社会领导地位。迟到 1846 年，拥有 10 万美元的财产可以使某人名列各色各样的"时尚名人录"，② 这是到 19 世纪 30 年代中期才开始在美国东部沿岸城市出现的人物排行榜，一直持续了很多年。因此，在旧中国贸易的最后 25 年里，拥有驻广州某公司合伙人的身份，是在美国社会通向财富、成功和拥有社会地位的通行证。很明显在这一段时间内，"时尚名人录"比这一世纪此后更加臭名昭著的几十年中，更迅速地根据财富而变化。③

也许在广州积累最多财富的人是约翰·顾盛，他 1831 年回国，携带的资金超过 70 万美元。但顾盛是位杰出人物。他的表兄弟约翰·莫瑞·福士病了，希望能够回到他已经分别两年的新婚妻子身边（他结婚一个月就离开了家），写信给他："我想我在美国会一无所有，但是数以百万计的财富也无法吸引我留在这里。"④ 他的弟弟罗伯特·本涅特·福士则哪怕拥有不到这个数目的一半就已经十分满足了。他于 1830—

① RBF 曾三次到广州工作。这些第二次和第三次的远行者只计算了他们第一次远行所赚取的财富。

② 转引自 Anon.，*Our First Men*（Boston，1846）的副标题，这本书包含了有关波士顿的绅士们的各种事实、闲话和一些完全不真实的传言。遗憾的是，它与一些这方面的概述并没有特别明显的不同。

③ 财富是唯一的标准。根据 *Our First Men* 的不具名的作者，唯一的标准是有至少 10 万美元的财富。在其他一些出版物中数目最少是 5 万美元。

④ 1836 年 8 月 22 日 JMF 致 AH，HP。"lac" 这个词是广州英语，很明显是从印度英语的 "lakh" 而来。

1832年期间在鸦片趸船“伶仃号”上做了18个月的船长，便获得了这样多的财富。[①] 当阿伯特·阿比尔·洛（Abbott Abiel Low）1840启程回国时，据说带走了15万美元财产。[②] 纳森·邓恩在广州待的时间更长一些，也携带了更多的财富回国。他的朋友拉愓默估计纳森·邓恩的财产有20万美元。[③] 纳森·邓恩之后的哔地玛洋行的塞缪尔·滑摩（Samuel Wetmore）1842年底启程回国，“料想应该携带了价值超过10万美元的财富，”[④] 查尔斯·布莱特（Charles Blight）1828年回到费城，带回25万美元。[⑤] 保罗·S. 福士估计1843年亨特的财产有20万美元，爱德华·德兰诺也这样认为。[⑥] 迪克斯威尔（J. J. Dixwell）在1844年说，“我不清楚奥古斯都·赫德先生财富的具体数目，但是不可能少于20万美元……乔治·B. 迪克斯威尔（George B. Dixwell）先生的财产也有整整6万美元。”[⑦]

外 快

贸易有时的确有利可图，但它具有季节性，也要承担风险。这些扬基多面手，只要有时间就尽力赚取每一分钱，他们在广州开展了很多额外的辅助业务。当时不同生意之间的界限非常不明确，因此一些商人从事其他行业并不奇怪，尤

---

① 1832年1月8日WHL致SR，RP。在他第二次中国之行之后，Forbes承认已拥有了11万或11.5万美元的财富。参看1843年11月10日RBF给PSF的信，FP。

② 1844年5月14日JH致父母，HP。

③ 1831年8月2日JRL致James Latimer，LLB。

④ 1842年12月23日JH致父母，HP。

⑤ 1828年11月28日W. A. Smith致JRL，LP。

⑥ “Journal”，1843年7月26日，FP；以及ED的日记，1843年5月4日。

⑦ 1844年7月15日Dixwell致Baring Brothers，HP。这是暗示的，但也许并不奇怪，因为此时Dixwell到中国只有三年。

中国贸易中使用的西班牙银元

美国迪美博物馆藏，E82306

其是在如此遥远的广州。[1] 实际上，尤其是一些小商人，多样经营几乎不可避免。

广州还不存在西式银行，中国钱庄尽管在其他地方已经

---

① 广州的居留者几乎没有例外。Norman S. B. Gras 在描绘这一段时期商人们的几种业务时，无意中列举了一些在广州发展起来的副业。他详细列举了九种这样的业务，即进口—出口、批发、零售、运输、仓储、信息交流、金融、抵押经纪人和保险。*Business and Capitalism* （New York：F. S. Crofts，1939），75-80.

出现了，[1] 但在条约前时代也并没有出现在广州。由于白银经常短缺，就有必要出现某种形式的借贷。任何数量的白银短缺都会搞砸生意。政府征收的巨额税收能够而且也的确影响了茶叶的价格。1841 年义律船长拿走的 600 万美元广州赎城费严重扰乱了整个贸易的运作。商人们不得不接受“西班牙银元（不断贬值和根据重量来确定价值的硬币）”，或者甚至以物物交换的方式进行交易。间或有某位有魄力但不实际的商人会建议创建一间银行，或者把印度或马尼拉的银行业务扩展到这里来，但这个建议往往都因中国人不理解（和不接受）而无法实现。比如任何新形式的兑换，都应该要求同时得到国内商家和更具经济头脑的居住在广州地区的商家的接受。要教会广州铺商已经相当不容易了，更不用说教会福建和安徽的茶商了。这样，广州的借贷和货币制度非常原始（即使有时是有创造力的），这使经济上的困难都更加明显。在这种环境下，旧广州体制仍然运转得十分好是非常了不起的。原因之一是商人们找到了一些并不合法的借贷方式。

最简单的借贷方式之一是“预付款”。当一位中国商人或者一个中介商行没有足够的资金为外商装载货物时，领事就会为他们的债务协议进行公证。这种债务协议时间通常从 12 个月到两年不等，没有利息，之后再支付一定的费用。另一方面，有时美国商人在广州会有一些闲钱。为了不使自己的钱闲置起来，这些商人通常会主动接触某位行商或此地的洋行。市场能够经常吸纳现金，而广州也许是世界上利率最高的地方。给处境不好的行商的借款是按高利贷利率借出的。

---

① Susan Mann Jones, “Finance in Ningpo: The ‘Ch'ien Chuang,’ 1750-1880,” in *Economic Organization in Chinese Society*, W. E. Willmott ed. (Stanford, Calif.: Stanford University Press, 1972), 47-77.

迟至1839年，法定的年利率是30%，[①] 但是亨特提到曾看到一个穷困的行商以每月5%的利率借贷6万美元。[②] 然而，行商一般每月支付1%到1.5%。[③] 这么高的利率很自然地吸引了美国的资金，广州的美国洋行开展了接受存款和借贷资金的业务。有时，与其他任何贸易相比，借贷的收益更好。1807年托马斯·H. 帕金斯在写给广州洋行的信中提到：

> 利用我们的船和资金有两种方法，我们认为这两种方法会被证明是比我们以最少次数的装载最好船货带来的利润都要多：第一，到太平洋岛屿上买卖锡和檀香，再回到广州，只要船和水手们能够在一起；第二，把钱按照顾盛先生所说的18%的年利率而且每天都偿还的方式借贷出去。[④]

1812年战争之前，最有利可图的资金市场看起来是行商自己的。随着鸦片贸易在19世纪20年代的发展，为鸦片预付款越来越有利润也更加普遍。预付款可以在印度支付给船主，诱使债主把生意委托给该艘船只，也可以等到在中国收到鸦片之后再支付，这是一种让印度的小委托人能够在出售鸦片中有时出现的长周期里存活下来的方式。到了19世纪30年代，一些大鸦片贩子为闲置资金提供了一种安全和有利的投资方式。查顿（Jardine's，这是对英国鸦片贸易商行怡和洋行通用的缩写）1836年支付9%的利率，如果这个数字不会让行商

---

① John Francis Davis, *The Chinese*, vol. 2 (London, 1836), 396. Gras说当时欧洲的年利率为6%到8%不等。Gras, *Business and Capitalism*, 148.

② “在这样的环境下，这样的利率并不过高。在最好的保障下，往来账户的当前利率通常是每月1%，而临时的贷款每月2%到3%是很平常的。” *The Fan Kwae at Canton*, 39-40.

③ Michael Greenberg, *British Trade and the Opening of China, 1800-1842*, 153. Greenberg可信地描述了通常利率的波动和金融的运作。参看是著，152-170。

④ 1807年5月13日J. & T. H. Perkins致P & Co.; James Eliot Cabot, “Extracts from the Notebooks of J. & T. H. Perkins…”, 164-165。很明显，在这种生意中，大班不能够非常有效地竞争，因为他们的业务的短暂性和资金的有限。

觉察到是借贷，这样就会更可靠，而且可以在更短时间内收回现金。在此之前很久，更大的美国代理商行已经采纳了一种获利措施，也就是把船只的出口也委托给他们。他们也出售和签署汇票，接受存款单，并安排一些盘货抵押货款的借贷，① 有时也担保债务的偿付，以及提供其他财务服务。

到19世纪20年代，当外国人圈住地逐渐发展成为相当一体化的社区时，国际信贷交易出现了，而且跨越了通常的分类界限。比如，当一位英国鸦片贩子想把自己的资金汇回国时，他可以把钱借给一位资金短缺的费城商人来购货装船。货物作为借贷抵押，这是非常简单直接的盘货抵押贷款的合同，但在费城支付款项。当然，钱必须通过某种方式从美国送到伦敦，也许是用美国南部出产的棉花来支付。通过这种方式，广州的英国商人就避免了把现金运回国时所承担的风险和费用，而且还能够在现金上赚一笔可观的利息。1833年前，由于英国东印度公司垄断了所有贸易，英国私商无法从广州口岸装载货物。此后，私商有可能使英国市场饱和。通过赚取由美国货物做抵押担保借贷的确实利益，英国商人也就避免了这个问题。在1839年危机期间和整个鸦片战争期间，对一些美国人来说，这种方法再次在伦敦充当了汇票的代替物。查顿·孖地臣通过盘货抵押贷款的方式把钱借给了好几个美国公司，他们与这些公司以前几乎没有生意来往。②

---

① 这是商业借贷的普通形式，尤其是在早期。在盘货抵押贷款的借贷中，债权人预先以船货担保。当货物到达市场后，本金和利息就可以支付了，但是如果船只丢失了，借贷就取消了。这种形式的借贷可以理解主要是吸引那些缺少资金的商人，因为利率非常高。早期这种形式很普遍还可以从广场的一部分是以“Respondentia Walk”命名来证明。参看 Michael Greenberg，*British Trade and the Opening of China*，*1800-1842*，158。预付款给代理人是盘货抵押贷款的一种形式，因为他们使得货物成了间接的东西，尽管不管货物的命运如何都要支付费用。

② 当然出现了困难。张在“China Houses”中讨论了19世纪20年代广州的这种和其他几种形式的借贷，参看71-72。同样参看其论文“Beginnings of Credit Finance on the China Coast…”，*Business History* vol. 12 no. 2 (July 1971)：87-103。

广州侨商同样在出售航运保险上赚了很多钱。有史料表明，本杰明·威尔考克斯在中国的最后10到12年间，每年在这项业务上获利2500美元。① 通常，一位美国商人都会被一家印度保险公司聘请为广州代理人，而且广州的商人至少组建了一家保险公司。② 早些时候，这些保险公司的保险费看起来相当高，因为广州的公司经常写信回国要求买保险，甚至也这样给行商的货物买保险。③ 有时，一艘开得快的船会比要求给它买保险的信更早回到国内。这种情况下就可以节省全部保险费。即便是美国最便宜的对中国贸易航行的航海保险在当时都相当不合理。1787年，撒冷的德庇（Elias Hasket Derby）的三桅帆船“轻马号”（*Light Horse*）广州航行的保险费是15%，④ 德庇在纽约的代理商告诉他这是当时保险公司能够做到的最低保险费。⑤ 此外，托运人常常不能保证到时候这笔费用是否能够得到支付。1831年威廉·亨利·洛很不耐烦地给塞缪尔·罗素写信，要求确立一个“保险官员”（大概是美国公司在广州的代理），因为“我们支付大笔保险费给一小群人，实际上没有任何好处……另一天我们得去麦尼亚克商行［怡和洋行的前身］去购买保险，让他们保证我们在遭到损失时赔付我们”。⑥

---

① 1828年6月12日BCW致Holly（Hollingsworth Magniac），或者1828年6月29日BCW致JRL，LP。

② 这就是一家英资的广州保险公司。到1844年，有25家海洋保险公司在广州设立了代理。在这些代理中查顿和颠地（宝顺洋行是另一家大的英国鸦片公司）代表了11家。John King Fairbank，*Trade and Diplomacy on the China Coast，1842-1854*（Cambridge，Mass.：Harvard University Press，1964），238，注释d。

③ 参看1817年1月9日P & Co. 给B & S的信，Hooper-Sturgis收藏，MHS。

④ 1787年5月28日纽约Ludlow和Goold致马萨诸塞州撒冷Elias Hasket Derby，P&E。

⑤ 1787年5月21日纽约Ludlow和Goold致马萨诸塞州撒冷Elias Hasket Derby，P&E。

⑥ 1831年12月23日WHL致SR，RP。

尽管有这些怨言，到19世纪30年代，广州的保险费看起来并不太多。给几个印度保险公司做代理商的约翰·R. 拉惕默为前往美国港口的船只做保险业务，收取2%到2.5%的保险费。[①] 到1840年，在美国购买的中国直接航行的保险费是1%到1.5%。[②]

在广州市场做商品投机买卖也能赚取或者损失大笔钱财。尤其是贸易早期当战争、禁运和其他政治动荡定期地中止美国人无数外来商品供应时，投机买卖比较普遍。我们很难追溯这些事务是如何处理的，但仍然能够找到一些证据。比如曾担任过美国驻广州领事的伟大的普罗维登斯商人卡灵顿，通过投机买卖赚取的钱财占他所有财产很大比重。他在中国的最后一段时间里很可能囤积了广州市场的毛皮。他让美国主要代理商购买所能够买到的所有海豹皮，然后运给他。他还密切关注几次在太平洋和北冰洋的捕猎海豹的航行。他1810年的分类账本上有一个非常急迫的信号，称，"海豹皮，40411.51美元"，这是账本中仅有的债务记录。关于这宗交易，我们真正知道的是卡灵顿把超过4万美元的海豹皮卖给了行商郑崇谦（Nuequa），这是一位著名的毛皮投机商。[③]

除海运保险、投机买卖和不同形式的金融服务之外，还有其他一些次要的生意，美国扬基商人们也通过这些生意来增加收入。最早的生意也许是广州的房地产。外国人在中国拥有土地是违法的，这样，早期居留者如沙利文·多尔和塞缪尔·斯诺就以向中国商人租用土地，再在土地上建筑商馆

① 在拉惕默档案中有一分保险率清单。

② *Hunt's* 3 no. 166（August 1840）. 这些保险率与前往英国和欧洲的比较起来是非常优惠的。两页之后，同一个材料上列出了从美国大西洋各港口前往英国、法国、爱尔兰、葡萄牙、西班牙和西西里西边的地中海的港口的保险率是1%—1.25%到2%。

③ 同样参看1801年8月1日沙利文·多尔给他兄弟的信，Dorr LB I。

的方式来避免违法。[①] 这些房子以非常昂贵的价格出租给自己的同胞。多尔曾说过他建造的商馆的租金第二年就收回了投资，此时他可以按超过最初造价的价格把房子出售。[②] 1806年，爱德华·卡灵顿给另外两位普罗维登斯商人塞缪尔·斯诺和威廉·F. 米吉建造了一所商馆，价格是1505美元。当年，这座拥有六间商馆的建筑给这两位带来9950美元的收入。[③] 后来的广州侨商，有名的如詹姆斯·P. 斯特基斯[④]和本杰明·C. 威尔考克斯[⑤]等，就更深入地参与了房地产，每个人都拥有了好几个商馆。

由于商馆租金太贵，商人们往往会采用合租的方式，[⑥] 这促使威廉·米吉少校建造了一家宾馆或者酒店，他一度是非常富有的中国贸易商。米吉在1812年战争前就已经在广州居住了，留下了妻子、姻亲们和大量债务在普罗维登斯。1816年，他是广州唯一的客栈老板，[⑦] 他的客栈生意很不错。梯尔顿在那一年的游记中这样评论这家客栈：

> ……比赛大剪船——由六个马来亚男子划桨，他不停地向他们支付服务的酬劳（尽管是有禁令禁止

---

① 1801年2月28日、10月18日和11月30日沙利文·多尔致斯诺，Dorr LB I。

② 1802年7月28日沙利文·多尔致Joseph & John Dorr，Dorr LB I。

③ China Account Sales Book，CP.

④ 1831年8月13日开始的WHL给SR的信，RP。

⑤ 1829年4月20日开始的BCW给JRL的信，LP。

⑥ 1788年到达黄埔的“华盛顿将军号”的官员（普罗维登斯的Jonathan Donnison船长），从10月到1789年1月，一直与山茂召少校住在同一个地方，他们因此支付后者944.55美元，“华盛顿将军号”的账本，第29册，RIHS。Ebenezer Townsend记载说十几年后，他只住了28天，但却支付了800美元商馆的租金。因此，“我们与Swift船长一起租用了商馆，这样可以减少费用”。1798年12月26日Townsend给兄弟的信，“The Voyage of the Neptune”，*Papers of the New Haven Historical Society* 4 no. 85（1888）。

⑦ 关于米吉的更多信息，参看拙文，“The Merchant as Gambler：Major William Fairchild Megee”，*Rhode Island History* 28 no. 4（Fall 1969）：99-110。

> 的）……这位老绅士有一桩很有收益的生意——所有英国港脚船长，和他们的下属在广州都居住在他的商馆里。①

19世纪20年代末其他客栈也开张了，这种有利可图的垄断生意被打破了。这些地主们不能再收取高额租金了，尽管收入仍然不错，但商馆成为了回报相对低的投资。1822年大火摧毁了所有商馆之后，塞缪尔·罗素说他准备建造一座耗资4000美元的新商馆，他希望每年能够获得12%的收益。他解释说过去三年，他必须在广州租用商馆。② 一些代理商行为船上的官员们提供住宿和膳食，作为把货物给他们做委托的回扣，但是旗昌洋行在19世纪30年代中期发现短期客人太多了，非常麻烦，这些人成为了不受欢迎的人或者甚至有点碍手碍脚。

多面手米吉少校既是建筑承包人，又是客栈老板。马士提到英国东印度公司的所有买办都离职了一年，因为“并不是在他们的监管下建筑新商馆的，而是由一位信得过的美国承包商米吉先生负责的”。③

一些美国人把开宾馆和其他生意合在一起做，尤其是1812年战争之后广州外国人人数急剧增加。紧接而来的一个生意是出售船舶用具。一些早期访问者已经呼吁关注广州的西方船只对船舶零件的需要。船长们不得不依赖在黄埔的其他船只来获得修理、改装船舶所需的木材、桅、桁、油漆、帆和其他补给品。在广州居住的美国人中，提默斐·G.皮特

---

① Tilden，“Father's Journals”，I：201-202（第二次航行，1816年9月26日）。同样参看1815年10月31日J. H. Rabinel给EC的信，CP。“港脚”指印度。这样，港脚贸易是指中国和印度之间的贸易，港脚船长指挥着来往印度的船只。

② 1823年1月1日SR致Edward Carrington & Co. 和Cyrus Butler，Russell LB II，RP。

③ Hosea Ballou Morse，*The Chronicles of the East India Company Trading to China，1635-1834*，vol. 3：236.

曼（Timothy G. Pitman）和威廉·法兰奇（William French）与其他外国人一起开展了这项实在的生意，他们在1820年左右成立了“皮特曼和法兰奇洋行”（Pitman & French Co.）。[①]这项多元经营，显然无论做什么都能够带来不错的收益。[②]很明显，这家洋行只从事了很短一段时间的酒店业，因为后来在广州和澳门开设宾馆的人几乎都是英国人。[③]英国人和美国人都在港口继续从事出售船舶补给品的生意，19世纪40年代每一份广州出版的英文报纸上都刊登好几则不同的船舶补给品商店的广告。

造船是另一项工作，美国人在中国的时候偶尔会涉足其中。当然这需要大量的造船工人。早在1791年，阿马萨·德兰诺（Amasa Delano）就被丹麦东印度公司雇去改装一艘被台风毁坏的船只。[④] 40年后，梯尔顿记载说一位“扬基造船木匠”已经在澳门建立了一间铺子，制造非常漂亮的“巴尔的摩装备”的船只在珠江上使用。[⑤]这可能是出现在《中国丛报》1837年1月列出的人口统计上的“路易斯·汉密尔顿家

① 像米吉船长一样，Pitman & French也做拍卖人。这家公司在19世纪20年代迅速地发展，但是随着1832年Pitman去世，公司出现了困难，10年以后夏威夷法庭宣布这家公司结束。French看起来与合伙人的运气尤其不好。他的下一个公司非常糟糕，参看本书第221-223页。

② 1832年4月16日和5月24日John Phillips致JRL，以及“Papers Relating to the Affairs of the Late George Dowdall”，LP。同样参看Samuel Russell & Co. 的“1819年账本”，多处，RP；以及Hosea Ballou Morse，*The Chronicles of the East India Company Trading to China，1635-1834*，vol. 4：129。

③ 这些后来的英国公司都有野心。他们参与到澳门的宾馆业务，在广州和澳门之间经营一条拍卖和行程安排的船只，提供仓储服务，并甚至从事失败的邮政服务。

④ Amasa Delano，*Narrative of Voyages and Travels in the Northern and Southern Hemispheres*（Boston，1817），41-42.

⑤ Tilden，“Father's Journals”，II：128-129（第四次航行，1831年9月11日）。

族（Louis Hamilton and Family）”。[1]

也许最有声望但收入最低的生意是在广州和澳门的各个印刷机构。第一家外国出版社是 1814 年出现的。它是英国东印度公司的财产，以印刷马礼逊先驱性的《华英字典》著称。[2]大多数早期的报纸都是商业性的，为当地公司服务、攻击某些人、拍卖广告、刊登现行价格、日历以及相关工作。[3]

广州最迫切的商业需求是定期发布的价格表，实际上这通常是世界很多港口的商业报纸最早提供的东西。编辑价格表和其他市场信息是一件非常枯燥乏味而费时的工作，但绝对是那个时代任何地方的商人们都必需的。这种出版物能够极大地改善主顾获取信息的程序，并且使之规范化。市价表最后被印刷在四开本大的纸上，纸上留有足够的空白地方，让商人们能够在上面写信。很多书信来往后来都发现是写在这些出版物的背面。尽管这种做法使得现在很多博物馆主管们整理这些文件时十分麻烦，但是对 19 世纪的商人来说却非常便利。

当地最早的英文报纸《广州纪事报》（*Canton Register*），是 1827 年 11 月英国私商亚历山大·孖地臣（Alexander Matheson）创办的，他当时在麦尼亚克商行（Magniac &

---

① *CR* vol. 5：427 and 430. 亨特提到了怡和洋行的“夏洛特号”的建造者，这是一艘臭名昭著的 100 吨的鸦片快速帆船。参看 WCH，*The Fan Kwae at Canton*，71。

② *CR* vol. 2（May 1833）：6-7；Hosea Ballou Morse，*The Chronicles of the East India Company Trading to China*，*1635-1834*，vol. 3：209.

③ 关于外国人在中国出版的杂志的权威研究是 Frank H. H. King 和 Prescott Clarke 的著作，*A Research Guide to China-Coast Newspapers*（Cambridge，Mass.：Harvard University Press，1965）。最早在广州出版的标有日期的出版物是 1822 年 3 月 12 日的一份市价表，RP。

Co.）工作。这是印刷机从英国运抵中国两年之后的事情。[①] 一位美国年轻人伍德（William W. Wood）曾经在报纸做过两三个月的编辑和排版工作。自从1834年初，臭名昭著的反美分子约翰·斯莱德（John Slade）担任报纸编辑后，美国人就不再参与报纸的编辑了。[②] 1835年9月，一家更友好的英文报纸《广州周报》（*Canton Press*）开始出版发行，很快在英国政策问题上与《广州纪事报》发生冲突。[③] 其他一些定期刊物也不时出版发行，但是发行一段时间后均偃旗息鼓了，最多也只能坚持几年。实际上，如果没有外界的支持报纸是无法生存下去的。在所有这些失败的报纸中最有名的是伍德创办的鼓吹自由贸易的《中国信使报》（*Chinese Courier*），这份报纸直接抨击英国东印度公司。当伍德出版针对英国东印度公司政策的相当尖刻的抨击文章时，英国东印度公司取消

---

① *CR* vol. 2（May 1833）：7；WCH，*The Fan Kwae at Canton*，109；以及Samuel Couling，*Encyclopaedia Sinica*（Shanghai：Kelly & Walsh，Ltd.，1917），459。罗伯特·马礼逊记载，随着这份报纸面世，相当一部分版面用来发表市价表。"有这么多的'市价表'，以至报纸只与贸易相适应"，他这样抱怨。至少报纸的主要的目的是明确的。Eliza Morrison，*Memoirs of the Life and Labours of Robert Morrison，D. D.*，vol. 2（London，1839），393-394；以及King和Clarke的*Research Guide*，42-43。

② 尽管很快掌握控制权的James Matheson宣称报纸的客观性（King和Clarke，*Research Guide*，16），这份报纸在条约前的这段时间仍然是"怡和洋行的喉舌"；Chang Hsin-pao，*Commissioner Lin and the Opium War*（Cambridge，Mass.：Harvard University Press，1967），245，注释110。1835年6月13日JCG给SR的信中可以看出美国人对这份报纸的厌恶（RP）。同样参看King和Clarke，*Research Guide*，17-19。

③ 这份报纸最初由W. H. Franklyn主编，但Edward Moller很快取代了他的位置，后者是在广州居住的一位普鲁士商人。第一份报纸于1835年11月12日出版，在1839年迁到澳门之前一直在广州出版；1844年停刊。参看Couling，*Encyclopaedia Sinica*，459；以及King和Clarke，*Research Guide*，48。像*Canton Register*一样，*Canton Press*（《广州周报》）是由英国东印度公司原雇员编辑发行的，有一段时间支持东印度公司旧的特选委员会1834年前追随的原则，甚至包括对鸦片贸易的谴责。最后，颠地小集团转而与大多数美国人一样支持《广州周报》。参看King和Clarke，*Research Guide*，19和46-48。

了它订阅的十二份报纸。这家报纸艰难地维持了一年半便无法继续下去了。英国东印度公司的垄断权被取消后，这份报纸也就失去了它存在的主要理由了。[①]

最著名的出版物毫无疑问是《中国丛报》（*Chinese Repository*），它根本就不是商业性的，是由美国传教士裨治文（Elijah Coleman Bridgman）编辑出版的月刊。裨治文与后来的卫三畏是杂志的灵魂人物，还有其他传教士甚至商人为杂志写文章，在这里居住的人都逐渐订阅了这份杂志。这份杂志在广州和澳门坚持了很多年，现在它是鸦片战争前10年关于广州外国人社区最丰富的资料来源。

在书籍出版领域，传教士的印刷厂比商业性的印刷厂更加多产。后者不得不依靠地方简介、年鉴、日历及其他因商业需要而印刷出版。另一方面，传教士出版了大量的从中文翻译过来的书籍、字典、历史、语法和宗教类书籍。也许长远来看传教士更重要的工作是建立了中文媒体来出版圣经译本、小册子和其他宗教书籍。[②]

无论是否归因于商业影响，即使在传教士的出版物中都有着非常令人惊奇的实用调子。这甚至也出现在学术性和宗教性的出版物中。那些坚定的传教士来中国是为了传播福音，其他事务均为这个目的服务。面对一个古老而高度发达的文化，他们几乎没有选择的余地。实用需要使得即使是最讲求

---

① 夏绿蒂·洛的日记，vol. 3：51（1831年8月15日），LMFP；Hosea Ballou Morse，*The Chronicles of the East India Company Trading to China，1635-1834*，vol. 4：356；以及 Williams，"Recollections of China Prior to 1840"，17。同样参看 King 和 Clarke，*Research Guide*，17-18 和 45。这份报纸于1831年到1834年间出版发行，当然比那些适应性更强的杂志对现代的读者来说更具吸引力。另一份时间短暂的出版物是 *Canton Miscellany*，报纸的名称已经恰当地说出了报纸的内容。

② 传教士语言学家从所谓的 *Court Circular* 或者 *Canton Gazette*（*Yuen-Ming-Pao*）上获得了大量的信息，这是在广州木版印刷和销售的两个铜板一份的报纸。这好像是传教士报纸引进之前广州唯一的一份常规性的出版物。

效益的传教差会都变得对学问感兴趣。美国公理宗海外传道部（The American Board of Commissioners for Foreign Missions）指示它的第一位代表裨治文研究这些“异教徒”，并详细报告他们的“特征、条件、行为和礼仪等情况”。[①] 不幸的是，由于没有足够的学问能够给中国文人留下印象，他们也很少接近普通的中国人。文化上存在的巨大差异，中国和传教士双方都有种族沙文主义，这更加深了鸿沟。一位权威曾总结说，在新教传教士们接触并向中国人传教时，他们是“无意之中阻碍了福音的传播。他们的文字活动帮助了那些想要保持中国闭关的（中国）人”。[②] 他们在传教士学校中取得了更多的成果，但代价是学生失去了中国人的根基。沟通差异的最有效桥梁是西式医院，最典型的是彼得·伯驾在广州开设的眼科医院。在这里传教士提供了“要改变中国人观点所必备的令人震撼的东西”，[③] 尽管任何传教方法的结果在很多年里收效甚微。

传教士和在美国本土的差会都有兴趣学习语言；研究中国的文化、经济、政府、宗教和历史；以及寻找完成他们神圣使命的各种方法。在这个试验的实践和准备过程中，传教士表现出与商人的亲密关系，因为这些品质也是非常商业性

① 美国教会谨慎的委员会1829年10月9日给裨治文的指令性的信，转引自 Eliza J. G. Bridgman，*Life and Labours of Elijah Coleman Bridgman*（New York，1864），20。

② Suzanne Wilson Barnett，“Protestant Expansion and Chinese Views of the West,” *Modern Asian Studies* 6 no. 2（1972）：149. 比较 Ellsworth C. Carlson，*The Foochow Missionaries*，*1847-1880*（Cambridge，Mass.：Harvard University Press，1974），165-169。

③ George H. Danton，*The Culture Contacts of the United States and China*：*The Earliest Sino-American Culture Contacts*，*1784-1844*（New York：Columbia University Press，1931），53. 因为伯驾的医院作为传教机构是如此地有效，值得注意的是它甚至没有更广泛地被模仿。参看 Carlson 关于福州传教的这方面的分析（*The Foochow Missionaries*，*1847-1880*，168）。

的——至少像美国人和自由商人处理他们的生意一样。尽管在圣公会教徒的领导之下，美国教会却是几个不同的组织合并而成的一个创新和实用的联合。这个联合，尽管时间短暂而不稳定，存在于这样一个时代，这是一个古代新教分裂教条的倾向由于美国国内日益增多的派系和神学的争论日益明显的时代。①

工作机制

即如美国人在广州从事的活动之多样化，亦均从属于进出口贸易。茶叶、丝绸和鸦片，以及清政府的贸易制度和关税共同构成了一个框架，所有活动都在这个框架里进行。由于商品本身的特性，尤其是茶叶，对那些在广州居住和贸易的人提出了一定的要求。收获季节的节奏；储藏、保存和保护产品的必要条件；市场和天气的变化对在广州的侨商来说都是艰难的事情，他们必须调整自己的生活方式来适应。在较早的时期，外国人经常在春季结束工作，炎热潮湿的夏天还没到来时就移居澳门。制定第一次《防夷新规八条》的前提是这段时间内无生意可做，这是美国人来到中国之前已经制定好的规定。茶叶贸易季节即将结束时，英国东印度公司大班委员会把所有成员都送到澳门。大量私商和美国商人会找出各种借口，在贸易季节结束后仍然留在广州，在旧中国贸易的末期，全年都在广州居住的人是很常见的。②

---

① 天主教徒和非天主教徒很早以前就已经十分清楚，分歧颇多的新教教义损害其传教活动。美国的教派暂时停止了他们的争论以便在海外合作。一些人甚至指出这是基督教合一运动的起源。

② 早些时候的关税在世纪之交仍很普遍。我们的第二任领事斯诺，觉得他自己是在相当的压力下离开的，但是澳督拒绝他留在这个葡萄牙的殖民地。参看斯诺要求美国国务院与葡萄牙交涉的书信，CCL-I。

这种体制意味着繁忙时期与有着各种娱乐活动的休闲时期交替。在茶叶贸易季节，侨商的一天开始得很早，工作时间比平时多两倍的情况非常普遍。他们大部分时间都是在会计室里工作，尽管有时候也外出活动，主要是必须去检查茶叶或者丝绸的戳记，去监督称量茶叶，去商馆后面的商店购买零星物品，等等。有旅行者提到曾与一位美国公司的首席簿记员交谈，簿记员说他到广州后一直很忙，甚至没有时间去逛一逛离商馆不到50码的靖远街。[①] 很少有人能够早早地上床睡觉，他们必须工作到深夜。吃住都是在商馆里，商人们经常吃早餐前就已经是在办公桌边工作了。

在广州一家大商馆里的巨大工作量是难以形容的，书记们每天的工作时间平均从12到15小时不等。他们很少能够在午夜之前离开办公桌，整天忙着处理收货、发货等各种事务，计算出售贸易量和利润，抄写书信，整理归档文件，以及其他一些生意上必须做的事情。这当然是贸易繁忙季节的情形，船只已经驶进了港口，每一艘船都有数十万美元的货物要处理。[②]

账房的运作相当标准化，但尤其当商行规模正在扩大的时候，也会有一些不同。商行合伙人通常与秘书和誊写员在同一间或者几间办公室里工作，仆人们则在房间外面听候传唤。工作组织有时相当原始。最主要的专门化工作是实用性的方面——誊写员（copyist）、簿记员（book-keeper）、验茶师（只有大商号才能够请得起）和“外勤”（outside man）。[③]

---

① Osmond Tiffany, Jr.，*The Canton Chinese*（Boston，1849），223.

② Osmond Tiffany, Jr.，*The Canton Chinese*. 同样参看1833年7月11日WHL给SR的信，RP；1844年12月2日JH给Charley［Brown］的信，HP。

③ 最近美国较好的关于“外勤工作”的描述，参看Carl Seaburg and Stanley Paterson，*Merchant Prince of Boston：Colonel T. H. Perkins，1764-1854*（Cambridge，Mass.：Harvard University Press，1971），146-148。

誊写员通常是会计室最底层的工作人员。他们早年在学校里学习书写，在复写发明之前的那些日子里（甚至是在拷贝机发明以后），书写字迹清晰是经商所必需的。然而商人们远远没像上个世纪的商人那样坚持传统的“圆而清楚的书写字体，适于商业信函”。

“外勤”的工作包括所有会计室之外的工作，比如准备装船只；雇请水手或者高级船员；检查新茶、丝绸或其他商品的戳记；监督茶叶的称量和包装；装载舢板船的货物，甚至还包括装载货物和补给。当然在广州，一位好的买办能减轻外勤很多工作。

簿记员是一位非常重要的人物，他的技能是账房工作的中心。相对于诸如誊写员等来说，簿记员更像一位合伙人。美国在广州的商馆经常会雇请澳门的誊写员，但簿记员则通常是美国人。即使在美国人中，只能写漂亮的字体却没有其他才能的人，得到的位置永远也不会超过一位誊写员。

随着商号规模的扩大，有必要更明确地组织工作。商号成员就与书记员（clerk）区别开来，而书记员则与誊写员区别开来。① 书记员们被指派承担某些责任，甚至合伙人都是各司其职的。比如19世纪40年代早期，琼记洋行的乔治·迪克斯威尔专门从事公司的鸦片贸易，其他人则是挑选茶叶贸易、给委托人写信、跑外勤以及各种其他事务等。② 这个组织

---

① 1839年10月5日，William H. Low II写信给Josiah Low，讲述了旗昌洋行的一些安排：“会计室按照非常好的形式安排，前面的一间是给贸易伙伴们的，后面的几间是给书记员们的，每人都有自己的办公桌，如果你需要什么东西的话，只需要摇一下铃，你的仆役就站在你的身边”，LMFP。同样参看ED的日记，多处，DP。

② 已经在船上生活一些年的年轻的约翰·赫德，最开始是做公司的“外勤”。在他的日记里，他令人吃惊地坦白：“我完全知道我的工作，是购买茶叶之外的其他所有事情。我努力地学习进行茶叶交易，但是我从来没有成功地赚到一分钱，实际上，我认为其中存在着大量的欺骗。我从来没有透露过我知道这些，这些都获得了回报”，“1891年日记”，54，HP。他的陈述中包括了大量的歧视美国市场的内容。

的大多数工作都是传统的，看起来人们在那个时候并不像今天那样在意要自觉地建立有序的组织。实际上，旗昌洋行在收购帕金斯洋行后，由于没有成功地整合，碰到了很多困难。如果不是约翰·记连的天才的话（正如我们将看到的那样），这家商号会由于它没有成功地改编而受到严重局限。

功能性的部门化经营，分工的专门化，日益发展的层次化和贸易行话的增多，是从这一段时期才开始的。这种明确的组织工作来源于英国东印度公司的运作。随着私人商号越来越强大，不得不去处理东印度公司当年同样碰到的问题，他们采纳了公司很多解决办法。实际上，广州的账房与中世纪末期工业革命前世界其他地方的账房没有什么大的区别。个别的变化是由于中国贸易的特殊性，以及广州与美国国内相距遥远造成的。比如，行商和一些大商号的很大部分业务都是通过口头协议进行的。记账就取代了法律要求的强制合同。这不是因为没有强制的合同，而是出于成功商人间的互相信任。因为中国并没有与西方类似的商业法，合同只有在澳门才是强制性的。另一方面，对于那些短暂停留的大班，行商通常只给予那些已经有签过名和经过公证文件的人。这些文件会送到美国的朋友们那里，只要大班没有实现承诺就会采取法律行动。①

在一些方面，广州的生意比美国的生意被更好地记录下来了。② chit（这是从印度语借来的商业英文——指类似支票的票据）指的是一种机制。实际上商人是不会携带现金的；

---

① 参看 Frederic D. Grant, Jr. 的论文，"The Failure of the Li-ch'uan Hong: Litigation as a Hazard of Nineteenth Century Foreign Trade", *The American Neptune* 48 no. 4 (Fall 188)：243-260；"Hong Merchant Litigation in the American Courts", *Proceedings of the Massachusetts Historical Society* 99（1987）：44-62；以及 "Merchants, Lawyers and the China Trade of Boston", *Boston Bar Journal* 23 no. 8 (September 1979)，5-16。

② 1839年10月5日 WHL II 致 Josiah O. Low，LMFP。

毕竟白银和铜都非常沉重。当商人购买某种货物时，甚至在一间商店里，他会开出一张 chit，随后买办或商人的私人仆役会来支付，他们往往就在商人身后一两步的地方。通过这种方式，chit 就成为了某种程度上的个人支票。这是鸦片贸易最基本的方式，作为购买的证据现在还看得到。结果是，在个人和商业事务的处理上，商人就逐渐习惯了处理一些短期的票据。

书记员在广州得到了比在美国更多的尊重。西方人社区自给自足，后来与中国人的社区对立起来。除了与之打交道的中国商人以及一些低级官员，尤其是通事之外，美国侨民熟悉的中国人就只有苦力、门房、厨子和其他仆役等。安静、能干而又随时候命的仆役也会巧妙的改变每个外国侨民的地位和自我认识，就如同英国统治印度时期的英国官员和南北战争前美国南部的奴隶主一样。合伙人感觉到与公司的美国雇员更加接近，而且会给他们比那些美国国内的年轻人更多更实在的津贴。相应地，公司希望能够得到应有的忠诚。1831 年，有人要当着罗伯特·本涅特·福士的面打破这种规矩时，他被大大地激怒了。威廉·沙利文（William Sullivan），作为马萨诸塞州前州长的儿子而为人所知，在这一年抵达广州，他携带着 T. H. 帕金斯等人的推荐信。这种关系可以让他在旗昌洋行得到一个位置，但他犯了错误，把很不忠诚的计划委托给了罗伯特·本涅特·福士，后者愤怒地给帕金斯写信投诉。很明显沙利文计划以书记员的身份待在旗昌洋行，学习洋行运作，等熟悉了广州的贸易后他就离开洋行，然后创立自己的商行与旗昌洋行竞争。①

外国人社区已经改善的情形和强制的亲密状态，也许使得比较容易把学徒接纳为合伙人，但也增加了遣散无用职员

---

① 1831 年 7 月 21 日 RBF 致 THP，RBF Papers。

的困难。威廉·亨利·洛在1833年3月27日给罗素的信中说：

> 我们今天在安排前任簿记员史密斯先生回国……史密斯非常胜任工作，但在处理紧急事务时并不是很有说服力。他并不愿意离开，他是在我们非常需要他服务时来的，我在下达离职通知时非常不开心。[①]

与美国类似岗位的薪水相比，这里的薪水是相当高的，但即使是最好[②]的薪水也无法与给商行合伙人的收入相提并论。结果，当给一位书记员安排一个初级合伙人的岗位代替薪水时，他很少会拒绝。公司期望雇请来的年轻人“投机”——去做投机生意——当他们看到有机会的时候。为此，他们常常会在公司或委托商的船上得到免费空间。学徒常常由其中一位贸易合伙人提供资助、进行指导，或在一些方面提供帮助。书记员通过这种方法在账房里学习生意，开始积累工作资本。商人们普遍认为，不论一个人有何种资本，都必须不断地投资，这种想法甚至比现在更甚。“财富不是来自工资”的谚语的真实性在当时是更加明显的。然而即使是雇员也有很多人带相当的财富回家。[③]

---

① RP.

② 旗昌洋行书记员的薪水从500到1500美元不等。更有经验的助手每年能够拿到5000美元。参看Samuel Monson的合同，RP。比较1844年5月14日JH给父母的信，HP；Edward A. Low的往来账户，LMFP；以及ED的日记，多处，DP。

③ 赫德报告说William H. Low II在旗昌洋行担任书记员仅仅两年后就带着15000美元回国了，这个工作年薪是500美元。参看1844年5月14日JH给父母的信，HP。他赚钱的一种方法是用他兄弟Abbott借给他的钱购买货物上船。参看1840年2月14日WHL II给Mrs. Harriet Hilliard的信，转引自Elma Loines ed.，*The China Trade Post-Bag of the Seth Low Family*（Manchester，Me.：Falmouth Publishing Co.，1953），79-80。也许一个更戏剧化的例子是Wetmore & Co. 的簿记员Asa Whitney。尽管他早年已经在纽约建立了自己的事业，他似乎从来没有被接纳成为中国贸易的合股人。然而，他仅仅两年后就“带着相当多的财富”离开了广州，“这个财富足够让他后半生过着宽裕的生活”。Henry Nash Smith，*Virgin Land*（1950；reprint，New York：Vintage，1957 and 1971），12.

随着时间的推移，广州的书记员数量也在增加。在空闲时间里，这些年轻人互相串联起来，组织了一种非正式的兄弟会，这些精力充沛又顽皮的年轻人使商馆里沉闷的生活节奏变得活跃起来。他们成为19世纪30年代日益普遍的划船比赛和球赛的主力，那些更年轻的团体得到了承认，在后来香港和中国沿海其他地方保持下来。社区横向的文化分类，这个分类与公司的界限交叉，培养了新的友谊和共同兴趣，进一步通过这种方式巩固了这个外国人社区，而这是中国人无法参与的。

合作行动：成功和失败

共同的习惯、既定的运作、同一组织的成员和参加者、同样的信息来源和娱乐方式，以及必须生活和工作在咫尺近邻，所有这些使得广州外国人居留地与在珠江及珠江口的前哨——黄埔、澳门和口外泊地共同形成了单一的社区。[1] 这个社区架构的核心因素是商业习惯，这是19世纪早期特别强大的力量。人们会被这些习惯的普遍性所震惊，直到意识到很多这样的模式已经存在很多世纪了。使得这个社区成型和持续存在的重要考量因素是每位商人都关心自己的商业信誉，并且认为如果希望继续做生意的话，他必须保持商业信誉不受损害。大多数关于正确行为的争论和议题都在这有着普遍认同的商业惯例下得到解决，但是有些惯例是广州独有的。

在西方国家的大型垄断公司雇员是行商唯一贸易对手的那些年，形成了一些商业运作方式——这些商业习惯对于后来到达中国的私商来说非常奇怪。其中之一是以类似社会工资（socialized wage）的方式支付某些费用。住房、膳食、邮

① 比如伶仃岛和其他有趸船的地点补给非法的贸易。

资、医疗服务和澳门假期的费用都由更大的机构支付。当然，侨民群体被局限在商馆里，能够提供的临时津贴很少会有大变化。英国东印度公司已经提供了所有次要的福利。就如同公司派大班到广州一样，公司也会派一名医生跟着来到广州。最初两者都是公司设在船上的职位。威廉·查顿最初就是以公司医生的身份开始在广州工作的，工作了 15 年之后他才决定离开公司自己奋斗。在这里的美国商行与英国私商一样，仅仅沿用了已有的运作方式。在旧中国贸易末期，当商行合伙人的家眷开始来澳门居住时，她们也同样免费享受了社区提供的最好的医疗服务。这项服务由商馆每年支付报酬给一位在此居住的私人医生来维持。①

房间和膳食远远不只是狄更斯笔下的蜗居和粗陋的食物。比这里更奢侈的膳食服务和更周到的家庭仆役群在当时别的布尔乔亚世界里是找不到的。只有去观察一下贵族的特权生活，才会看到与这里相当的生活条件。由于公司在澳门保有商馆，在这里度假变得十分便利。善意的安排随着澳门代理机构日益增长的必要性而强化，澳门代理机构主要职责是与到达船只取得早期联络、把信件分类并传递重要邮件，寻求贸易、收集资料、监管在伶仃洋的贸易，以及处理其他需要的事务等等。

有时，沿用惯例是做生意简单便捷又合理的方式，但在其他情况下，这些方式只适合于其中一方，或者看起来并不非常合理。后者的例子如中国人碾碎茶叶并用脚把茶叶紧压到木箱里的做法。结果是茶叶经常被损坏和弄脏，箱子有时弄破了，会使这些产品的销售遭到损失。商人们常常抱怨这

① 1843 年 12 月 15 日 Rebecca C. Kinsman 给父母的信，转引自“Life in Macao in the 1840's”，*EIHC* 86 no. 1 (January 1950)，36-37。

中国商人行号内包装茶叶，水彩画，佚名中国画家
美国迪美博物馆藏，E. 19144. 12

个工序但都没有效果，[①] 这种情况直到这项贸易的后期，中国人更加听从美国商人意见时才发生变化。尽管这个改变也许解决了一个问题，却产生了另外的问题。其中一个是助长了欺骗消费者的行为。1816 年爱德华·卡灵顿洋行（Edward Carrington & Co.）给“南希号”船的大班斯诺（P. W. Snow）的指示中说：

> 你清楚美国市场不需要最好的上等茶叶，消费者也不会花钱去买这些茶叶；质量好的普通茶叶就足够了，只要装茶叶的箱子和盒子漂亮齐整就行了。[②]

与现在一样，当时也非常重视包装。同一商号后来更加直接地表示：

---

① William H. Mason，“Log of the Ship Hope”，1802 年 10 月 22 日，RIHS。

② 这个指令的日期是 1816 年 8 月 23 日，CP。

> 我们可以补充，我们发现在茶叶盒上包上非常好的包装纸有着很大的好处，比如说墨绿色上画着黄色的花，鲜红色及其他漂亮的纸，任何适合展示的东西、漂亮的色彩能吸引人。这对促进销售有神奇的作用。[①]

后来这种方式得到了进一步发展。一家美国商号要求“200张茶叶纸贴在茶叶箱外面，上面写着英国东印度公司的商标”。[②] 看起来这些纸是用来达到一些非法目的。

也许在无序的竞争中，就会出现这样那样的骗局和欺诈。现代经验告诉我们，市场经济的压力使欺诈的诱惑一直存在。因此，有时竞争似乎是商人们的天敌，尽管他们对之多有颂扬。在旧广州缺乏商业法规的情况下，佣金代理商们一直想把各种不同服务的费用固定下来。1821年11月1日、1825年3月1日，以及之后经常性地讨论，美国侨商达成了统一的标准价格，但也许没有一家商号遵守这个已经公布的最低价格。时价表、中—英日历、商业指南，甚至美国的出版物刊登了这些收费表。然而1834年奥古斯丁·赫德能够较满意地向罗素报告说滑摩已经与他就所有形式的“并没有偏离”的收费进行交涉并达成共识。[③] 赫德高兴得太早了，因为直到旧中国贸易末期，他一直都有对于价格削减的抱怨。维持原样也是不可能的事情，每个人都给顾客提供特别的价格、折扣或者服务以吸引他们。势力弱一些的公司甚至偶尔提供一些免费服务，也许其他公司对这些服务的收费比重较大。1837年约翰·记连抱怨规模小的戈登与塔博特商行（Gordon & Talbot），因为“他们在没有委托的情况下为船主们接洽、

---

① 1833年12月28日Edward Carrington & Co. 致Isaac M. Bull，CP。

② 1834年8月26日T. P. Bucklin致SW，CP。同样参看1832年5月18日Richardson & Whitney给JRL的信，LP。

③ 1834年2月5日，RP。

招揽和签署汇票”[①] 违反了商业规则。对一位历史学家来说，这种经常出现的对不道德行为的控诉带有讽刺意味，因为他们知道那些抱怨者常常私底下也会采用他们自己反对的某种做法。此外，罗马式忠诚的荣誉感会谴责大量的强迫与单纯的卑鄙行为：

> 在双桅船上占有相当吨位的塞缪尔·亚彻［Samuel Archer］先生［在费城］……着手排挤那些没有把生意委托给他的儿子［约瑟夫·亚彻，当时在广州］的货主。[②]
>
> 威廉·布莱特（Wm Blight）没有说［这艘船］……可以委托给你——他补充说你和他兄弟 J. B. 都已经在外经商了。[③]
>
> M & Co. 和 D. & C. ［在印度］的代理商们在阻止我们美国的汇票自由流通上尤其花了功夫，结果他们扰乱了市场，不会按照 1%的比例来转让那些 M & Co. 和 D. & C. ［英国公司］的汇票。[④]

也许世界上没有地方如同在广州一样，能够如波洛尼厄斯（Polonius）建议的那样“聆听他人，不妄语”。大多数商人尽量为自己的生意保密。卡灵顿告诫说要保持绝对沉默，即使很小的事务也要沉默，因为他相信如果可能的话其他美国商人会使销售受到损失。另外，他似乎还有要保守秘密的其他理由：

> 不论你买了上一个季度的任何茶叶，我们建议你把茶叶放在自己的商馆，或者放在售货的行商那里，直到装船时间，你就像装运新茶一样再把茶叶装船。因为如

---

① 1837 年 2 月 11 日 JCG 致 SR，RP。
② 1830 年 4 月 12 日 Isaac Heylin 致 JRL，LP。
③ 1830 年 9 月 17 日 James Latimer 致 JRL，LP。
④ 1832 年 6 月 23 日 WHL 致 SR，RP。

果你买来后立即装船的话，那么在广州侨商中你装运旧茶的不好名声就会传开。然后你参加的所有拍卖会都会知道这个事情，但是［比如，你把你的旧茶藏起来］人们只能猜测你购买的茶叶数量，如果你为此受到谴责，你可以说“只是为数不多的几箱而已”。[①]

由于有人走漏消息而使他的鸦片贸易受损，拉惕默非常义愤填膺：

> 我无法知道谁会主动来承担这个没有理由的伤害……我希望是中国人干的，如果我发现美国人会做这样的事我会觉得非常难过。鸦片商们在伶仃都有自己的间谍，来观察到达船只的装载情况……我希望这些报告是他们那里来的。[②]

如同拉惕默说的那样，秘密进行的大规模囤积使得间谍非常有利可图。商业信息在任何情况下都与黄金等价。拉惕默同年晚一些时候说：

> 我们7月6日从波士顿方面收到了克鲁索（Crusoe）在马尼拉写来的信。到底是什么促使梯尔顿先生把信在他自己到达之前送来仍然是个谜。这些信看起来是指示旗昌洋行为“警觉号”（*Alert*）船做准备，指示塔博特为“尼罗河号”（*Nile*）船做准备，后者正在澳门［能够较早地收到信件］，以及消除怀疑。他把他的命令传给戈登［他在广州的代理］，戈登按照他们的指示做事情。他和［旗昌洋行的］赫德因在市场上没有引起猜疑而兴奋……只是好好利用他们的时间。所有准备好的丝绸和旧茶都已经有保障了。当［新来船只的船长］德科文

---

① 1818年12月26日Edward Carrington & Co. 和Cyrus Butler给SR的指令，RP。

② 1831年3月15日JRL致Henry Toland，LLB。

(Dekoven) 7月25日或26日登岸时，他很快发现他的运气真的不好，失去了第一个抵达的人所应得的所有好处。[①] 1815年10月29日，大班亚瑟·格雷劳（Arthur Grelaud）写信给史蒂芬·杰拉德说浩官已经告诉他，希望运往荷兰市场的茶叶利润是80%，有两艘船已经装船起运了。然后格雷劳说他打算在很短的时间内开船追上那些船，在大陆市场上挫败他们，以削减浩官的利润。[②] 不足为奇的是，商人们有时会变得非常愤怒，对整个群体进行非常夸张的指责，正如拉惕默的控诉："世界上没有哪个港口的商人会像这里的美国商人那样，相互间漠然以待。"[③]

很明显拉惕默错了。任何地方任何生意群体里都会出现一些尔虞我诈的例子和钻营蝇头小利的事情。也许因为广州是封闭的社区，因此这些行为显得比其他地方更让人愤怒。事实上合作的理由至少与竞争的理由一样多。广州定居者们仅仅是因为不得不在一起工作，如果不用考虑一些商业需要，比如协商价单、维修遭风暴毁坏的船只、追债、建立一些为处理破产或在中国去世的人的财产等事情的常规程序，就会很有秩序而愉快地生活。

广州的各国侨商在19世纪前20年代的战争过去之后，马上发现这里有一个相当有趣的社区。生意、友谊、娱乐，甚至政治观点与国家界限互相交织。广州外侨总商会（The Canton General Chamber of Commerce）是日益复杂的国际关系发展的合理结果。当然，它是社区里很多组织中最具包容性的一个。广州外侨总商会最初是在律劳卑爵士建议下由英国商务委员会创建的，律劳卑是不幸的首任英国驻华商务总

① 1831年11月22日JRL致JPC，LLB。
② Girard Papers.
③ 1822年10月9日JRL致Smith and Nicoll and Smith and Bailey，LLB。

监，他接管原来由英国东印度公司1834年前管理的事情。他很快发现与那些行商打交道需要一些手段，因为清政府拒绝与他直接接触。国王的代表几乎不能纡尊降贵去跟商人们协商。此外，也需要核心组织来发挥作用。一个人无法控制整个英国贸易，尤其当时私商人数大量增加，而英国东印度公司垄断权已经被取消了。总商会1836年得到扩展，包括了在广州居住的其他外国人。[①] 此后，总商会常务委员会里一般都会有三位美国人，有时甚至会选举一位美国人当主席。[②]

第一次会议确定总商会是一个“纯粹商业性的团体，与政治问题无关”，[③] 这无疑旨在打消颠地小集团、巴斯人和多疑的美国人的忧虑，使他们安心。这次会议通过的章程上列出了组织的目的：

> 广州外侨总商会的目的，是保护外国人与中国贸易的一般利益，收集所有与商业相关的有用资料并将之分类，为了协调那些也许会求助于它的所有商业分歧和争论，建立仲裁法庭。[④]

总商会完成了很多目标，承担了很多额外的任务。它集中了所有关于对粤海关官员们索取额外费用的投诉，并力图在人们需要的领域或有缺失的方面建立标准的商业惯例。总商会一个野心勃勃的计划是建立邮政局，这很必要但完全

---

① *CReg*，1836年11月15日。

② 第一次选举选出了三位美国人担任职位：William S. Wetmore，他是Wetmore & Co. 的头；John C. Green，他是旗昌洋行的主管；Charles W. King，他是Olyphant & Co. 在广州的代表。两年后记连成为了主席，Warren Delano当时是旗昌洋行和Sturgis & Co. 的代表，Gordon & Talbot公司的William R. Talbot，都成了委员会的成员。参看*Anglo-Chinese Kalendar for 1838*，xi-xiv。在1839年鸦片危机期间，William Wetmore是委员会主席。

③ *CReg*，1836年11月29日。

④ *CR* vol. 6（May 1837）：44.

没有成功，这个邮政局在广州、黄埔和澳门之间定期地运送信件。总商会提供的两个非常突出的服务是购买东印度公司原来的“公共时钟”，所有商人都根据这个时钟来对时间，另外是与行商一起协商把外国商馆前堆积如山的垃圾运走。①

总商会最有用处的工作之一是建立了广州最早的处理商业争端的正式机制。理论上外国人在中国受中国法律约束，但实际上只要他们没有伤人性命，他们不会真正地服从任何中国法律。当其他不良行为发生时，中国政府唯行商是问。澳门之外完全缺乏民法，有些问题偶尔会在澳门解决。没有法律力量来追讨债务、强制实行合同或者解决争端。通常的做法是如果直接协商无法解决问题，那就任命一个仲裁人。②总商会把相关事务集中处理，使这个程序变得规范。

总商会在首份年度报告中提到了破产的问题。它对不正当破产的定义是：

> 使人蒙羞地接受，也就是说在破产的时候，破产者拒绝把财产交给债权人，如果这样，建议把这件事情公开，使他的行为受到公众的谴责，在公众的监督下不再给予他任何的信用。

然后提出了没有约束力的建议：

> 由于在广州无法采用强制性措施，建议商人互相帮

① 总会的年度报告发表在 *CR* 和 *Anglo-Chinese Kalendar* 上。

② 拉愓默档案包含了许多有关送交争论的文件。一份文件的标题是“Decision on Reference, Russell & Olyphant”，上面有 1826 年 10 月 27 日拉愓默和 Nathan Dunn 的签名。那个时候出现了一个已经有一些年的非常不好的债务问题。卡灵顿的朋友昆水官潘长耀似乎将他陷入困境归咎于美国商人没有偿还他的债务。1814 年他向麦迪逊总统请求帮助他追回美国人的欠款。参看 Fu Lo-shu（Lo-shu Fu），A *Documentary Chronicle of Sino-Western Relations*，vol. 1（Tucson：University of Arizona Press，1966），391-393。对他在美国的诉讼的描述，参看 Frederic D. Grant，Jr.，“The Failure of the Li-ch'uan Hong：Litigation as a Hazard of Nineteenth Century Foreign Trade”，*The American Neptune* 48 no. 4（Fall 1988）：243-260。

助，在所有情况下自愿而迅速地采用他们能够在法律获得胜利的那些国家的程序。[①]

对于这个权宜的制度来说，幸运的是，行商和大多数外国商人表现得相当诚恳。他们非常重视自己的名誉，努力地履行各自的义务。因为大多数贸易是美国人和英国人进行的，两者之间有相似的文化背景，在商业和其他行为方面有着普遍一致性。总商会没有任何强制性权力，但对于前条约时代的一个外国殖民地来说，它比较接近于一种权威。从根本上说，它不得不依赖于集中群体意见的力量来对抗一些令人讨厌的成员，[②] 或者向中国政府发出呼吁。后一种情况很少见，因为外国人是中国法律高度怀疑的对象。实际上，在总商会最强有力的单一政策陈述里，表达了它对清政府非常低的评价。第一个年度报告里有以下的陈述：

通过逮捕那些可能会被指责违反法律的人，还有在缺乏不可否认的故意谋杀证据的情况下，就判处极刑，中国政府独享着维护自身法律的权威；既然它会提供一种办法给中国人来执行他们野蛮而不公正的对生命的要求，对一艘船的船长来说要他拘留被告是不适宜的。然而非常宽松的环境也许能够改变犯罪的特征。[③]

总商会也没有再前进一步。实际上 1839 年鸦片危机期间，引人注意的，是英国商务总监义律上校领导着外国人群体与林钦差的谈判，而不是更有代表性的总商会。面对中国人坚决的行动，在罗素·斯特基斯洋行（Russell，Sturgis & Co.）

---

① *CR* vol. 6（November 1837）：332-333.

② Joseph Archer 怀疑查顿试图利用总会来破坏竞争。参看 1838 年 2 月 3 日 Archer 给卫三畏的信，WP。

③ *CR* vol. 6（November 1837）：330. 在颠地和巴斯人看来，总商会的原则声明与美国人群体的原则有惊人的相似的地方。反思一下，可能的原因非常明显——很明显的是最底层的普通者。一旦总会通过了任何更有力的东西，查顿小集团就会发现自己在组织中是孤立的。

的华伦·德兰诺的提议下，总商会宣布解散。[①]

总商会的行动是具有示范性的，它是在中国的美国人采用策略的合理步骤。在别处，它是作为美国人自相矛盾的说法被注意的，就是那些努力斗争把自己从相对温和的乔治三世的“暴政”中挣脱出来的人，由于贸易而懦弱地向中国更加严酷的专制屈服。但还有其他观察这种形势的方式。在中国的美国人基本上是商人，他们经过数千里的长途跋涉，用他们的生命和世界性的货物来冒险，不要说他们的那些主顾，企图从繁荣得难以置信的中国贸易中占有一席之地，他们不是为了其他的原因来这里奋斗，而只是为了他们自己的经济福祉。中国政府允许这种有利可图的贸易，但只能依照它自己的方式来做。按照英国侨民中“激进派”所鼓吹的方式来挑战法律只会挑起主权的问题。实际上，稍后的一代会称这是帝国主义政策。

致力于在世界各地谋生的美国人会愿意服从《防夷新规八条》，按照中国的方式来寻求机会，在紧张的程序下工作，从事各种额外的生意以便在尽可能短的时间内赚到足够多的钱回国。大多数人发现旧广州贸易体制即使对于达到目的的人来说是有缺陷的，但仍然相当方便。他们尊敬和信任行商，为西方市场的波动比中国的“压力”更厉害而感到遗憾。最后，很多商人在到中国后实实在在地积累了财富，回国后把他们的资金进行国内投资。如果他们不愿意为了那些不确定的改善在华外国侨民状况的机会而冒险，谁能够谴责他们呢？

---

① *CPress*，1839年4月20日（增刊）。下一年的8月英国人组织了他们自己的商会。*CR* vol. 8（August 1839）：221.

3 鸦片改变了广州体制

银元和新奇货物时期，1783—1812

关于旧中国贸易的传统故事总在强调要去搜寻某种东西——任何中国人乐意买的东西。中国与世隔绝，能够提供无法计数的茶叶、丝绸和其他非常令人向往的东西，但他们不需要美国人提供的任何东西。这种事业值得挑战，早期美国就长于此。反过来，美国商人表现出无穷的创造力。勇敢无畏的扬基佬驾驶着小型却快速的船只，到世界各地寻找中国人需要的奇怪产品。其中一些奇怪的商品，包括沙仁、八角、印度香、牛黄、龙血尸、地衣紫、荜澄茄、藤黄、乳香、阿魏胶、棕儿茶、达马脂、槟榔膏、山柰、石黄、木香、深蓝色颜料和黄竹。[①] 在世界各大洋快速搜索的过程中，美国商人找到了一些新的商业领域，发现了原来不为外人知的岛屿，甚至还接触到了南极洲，但他们也摧毁了一些非常有价值但无法再生的自然资源，尤其是在太平洋水域。海獭、南极洲的海豹、很多太平洋岛屿上的檀香木森林，以及美国本土的人参等等，都在商业贪欲的破坏下濒临灭绝。然而由这些年轻无畏的水手们冒着生命和船只毁灭的危险所获得的财富，能使他们成

---

① 这些物品的大多数都由 James Snyder 在其论文“Spices, Silks and Teas—Cargoes of the Old China Trade”中辨认出来，见 *Americana* 36（1942）：7-26。

为这个新国家社会、政治和经济上的领袖。因此，这些故事非常吸引人，很久以前就成为在美国到处流传的民间传说。

然而，民间传说并不是历史，在那些参与对华贸易的人留下的关于中国贸易的怀旧式著述中，在他们后代的著述中，以及本土一些添油加醋的作品中，这些故事在流传过程中有时会扭曲历史的真实画面。① 最明显的事实是，这些新奇产品在美国对华贸易中从来都不十分重要。尽管初期的数据并不可靠，② 但千真万确的是运到广州去销售的最重要新奇商品是毛皮。毛皮贸易虽然以危险而获利迅速著称，但贸易量从来没有超过美国对华贸易年贸易量的六分之一，③ 而且持续时间非常短暂。④

---

① Kenneth Scott Latourette, "The History of Early Relations between the United States and China, 1784-1844", *Transactions of the Connecticut Academy of Arts and Sciences* 12 (August 1917); Foster Rhea Dulles, *The Old China Trade* (Boston: Houghton Mifflin Co., 1930); Sydney and Marjorie Greenbie, *The Gold of Ophir* (Garden City, N. Y.: Doubleday, Page & Co., 1925); Samuel Eliot Morison, *The Maritime History of Massachusetts, 1783-1860* (Boston: Houghton Mifflin Co., 1921)；以及其他一些非常著名的作品都涵盖了这一领域的研究。大部分作者都被这种贸易的多彩奇异的吸引力所陶醉。我绝没有愿望要去贬损这种吸引力，但是史学的精确性往往与文学的虚构形成了鲜明对比。

② 这一领域最好的著作是 Timothy Pitkin, *A Statistical View of the Commerce of the United States of America* (Hartford, Conn., 1816)，尤其是 1835 年出版的更全面的版本。参看附录二《统计数据与美国对华贸易》。

③ Timothy Pitkin, *A Statistical View of the Commerce of the United States of America*, 251. Pitkin 的 1800 年 6 月到 1803 年 1 月的信息是从沙利文·多尔处获得的，当时多尔是美国驻广州领事，应该非常清楚当时的情况，尤其因为他可能是当时广州美国毛皮商的领袖。然而，Pitkin 没有找到 1803 年到 1818 年的统计信息。罗伯特·本涅特·福士给出了 1804 年到 1813 年的统计数据，主要由于他的舅父（雇主）James 和 Thomas H. Perkins 是当时西北海岸贸易最杰出的商人，他完全有机会比大多数其他人知道得更多，当然除了他的亲戚之外。参看氏著，*Remarks on China and the China Trade* (Boston, 1844), 28。

④ 要了解商业的更多的信息，参看 Adele Ogden, *The California Sea Otter Trade, 1784-1848* (Berkeley: University of California Press, 1941); James Kirker, *Adventures to China* (New York: Oxford University Press, 1970); Kenneth Wiggins Porter, *John Jacob Astor, Business Man* (2 vols, Cambridge, Mass.: Harvard University Press, 1931)；以及 Frederic W. Howay 法官的著作。

1812年战争爆发时，这项繁荣的贸易也接近尾声了。此后，开发有利可图的毛皮贸易必须依赖更大规模的资金、组织和政治上的优惠政策。阿斯托（Astor）早在1808年就非常明确地建立了一个帝国的目标。两年后，当他的太平洋毛皮公司（Pacific Fur Company）成立时，他在哥伦比亚河河口创建了一个殖民地——阿斯托里亚（Astoria）。此后，他的代理人能够从两个方向深入到内陆。阿斯托里亚就成为了北美西海岸的商业中心，也成了货品集散地，从北美西部各地收集来的毛皮都可以通过这里运到广州。这是个非常伟大的计划，尽管阿斯托非常巧妙地躲过了战争的打击，但他仍然被战争挫败了；他的代理人在11小时之内把所有毛皮都卖给了英国西北毛皮公司。[①]

卡尔·斯伯格（Carl Seaburg）和斯丹雷·彼得逊（Stanley Peterson）发现阿斯托庞大计划之败笔，帕金斯的巧妙手段正是成功之处，这种情况至少持续了一些年。尽管英国西北毛皮公司购买了阿斯托里亚，获得了毛皮垄断权，但它毕竟是个英国公司。当时英国东印度公司拥有对华贸易的垄断权，英国西北毛皮公司因此无法从对华贸易中轻易分得一杯羹。帕金斯家族与西北毛皮公司蒙特利尔的负责人威廉·麦克吉利弗雷（William McGillivray）长期保持友好关系，他们提出了一个解决此问题的简单办法。帕金斯家族的船只为公司的西北驻地提供补给，并在沿岸做一些零碎生意，然后把公司的毛皮作为帕金斯家族的（也就是美国的）财产运到广州。这样，（西北）公司也就不会受到英国东印度公司的限制了。帕金斯兄弟从中获得25%的毛利，此外还以中美两地货物销售量的5%作为佣金。

这是个精明的协议。它使得帕金斯家族的生意不再

---

① Porter, *John Jacob Astor, Business Man*, vol. 1: 155-248.

是投机，也没有了风险。他们从每一艘船的航行中都能够获得稳定的利润，这样加快了航行周期，回报也随之而来，使航行在稳定的基础上进行。①

1816到1821年，帕金斯家族每年都派一艘船经过西北海岸前往中国。这项生意似乎成了商人的梦想。它不需要多少投资，没有风险，却保证利润。波士顿人仅仅从25%的份额中就获利9万美元，还有丰厚佣金使得总收入明显提高。这也许是美国的中国贸易商人在西北毛皮贸易中的最后且主要的行动，尽管帕金斯家族十分精明，但毛皮在整个美国对华贸易中所占比重小，而且持续下降。

事实上，尽管美国商人发展起来的各种新奇贸易有着短暂利润和极具浪漫的吸引力，但他们从未找到过一种可靠而有市场的商品来换取他们进口的中国商品。因此他们不得不用货币来支付从广州出口的大量中国货。② 这自然造成了很多困难，尤其是商人们失去了心头好——物物交换带来的两倍利润。同时，对金、银矿资源短缺的农业小国的国民来说，货币是最不方便的货物。很多年来，美国人必须支付贵金属的额外费用，或者就得专程航行到地中海或拉丁美洲寻求足够的白银来购买中国货物。

即便在中国，美国人也发现了他们的财富所面临的问题。装载货币的船只是活跃于中国东部海域海盗们的首要目标。

---

① Carl Seaburg and Stanley Paterson, *Merchant Prince of Boston* (Cambridge, Mass.: Harvard University Press, 1971), 268 and 316.

② Kenneth Scott Latourette（"The History of Early Relations between the United States and China, 1784-1844", 29 注释 7）和 James Snyder（"Spices, Silks and Teas", 21）都承认了这个事实。不过，Snyder 谈论的内容没有包括香料，而赖特烈用了两页的篇幅来讨论香料贸易以及汇票贸易。比较而言，这两位作者都十分强调毛皮贸易。赖特烈花了15页的篇幅讨论！仅仅从表面上对中美贸易感兴趣的马士做得更加好。他的著作 *The Chronicles of the East India Company Trading to China, 1635-1834* 的后三卷，可能仍然是关于这个论题的最好的数据来源。

清政府也设置了障碍，禁止只装载货币的船舶进入珠江。固然有很多对策来应对这个禁令，但这种已经非常麻烦的货物仍会带来另外的困难。此外，中国人并不同等对待所有白银，他们更喜欢西班牙铸造的银元。① 最受欢迎的是那些印有查理三世（Charles III）或查理四世（Charles IV）头像的银元（在广州英语里被称为“老人头”）。1812 年战争后，最受欢迎的是印有费迪南德七世（Ferdinand VII）头像的银元（“新人头”），再后来也接受“共和银元”（拉丁美洲）以及并不经常出现的美元，尽管会打折扣。旗昌洋行档案的一些书信曾记载 1835 年老人头兑换的贴水是 4%，1836 年达 12%，而同时期“共和银元”的折扣是 1%到 4%。西班牙银元在广州过分超值也许会诱使一些商人自行铸造银元。1840 年，当商馆受到进攻威胁时，詹姆斯·孖地臣用圣地亚哥·托马森（Santiago Thomasen）的假名给他广州的代理商写信：

> 你和施拉伯（Shillaber）先生应该商讨一下是否应该或者可能把铸造硬币的机器运走。但不管是否运走，你都应该把一个装有铸造银元硬模的小盒子带到或者送到澳门，这个盒子放在与博伊德（Boyd）先生睡房相连的查顿先生睡房下面的仓库里，大苦力知道的！②

储存白银需要特殊设备。每个商馆必须装备一个银库，通常装甲、上锁，安全可靠，一般用花岗岩固定起来，不容易进去。当此地出现火灾或城市骚乱时——后期这些情况发生越来越频繁——银库就成为了抢劫者的目标。每个公司还不得不聘请货币鉴定师，③ 这是位中国人，负责检查每一个硬币或者银锭，在上面盖印章，鉴定出这些东西的重量和纯度。

---

① 参看 Yang Lien-sheng（杨联陞），*Money and Credit in China*（Cambridge, Mass.: Harvard University Press，1952），48-49。

② 1840 年 5 月 23 日 JM 致 James Ryan，澳门书信，JMA。

③ Yang Lien-sheng（杨联陞），*Money and Credit in China*，47。

白银使美国人在中国享有很多好处。每个支付现银的人所享有的好处也促进了行商对货币的需求。英国东印度公司和私商通常进行“以货易货”的（用进口货换茶叶）生意，这危及行商利益及其资产变现能力。市场缺乏一种有弹性的信用架构，银钱短缺十分常见。带着成箱银元的美国大班能够起到巨大的商业杠杆作用。通过这种方法，美国人由于手头有现钱，常常能够要求更好的货物，还能够更快地拿到这些货物。此外另一个好处是灵活性：多余资金很容易使用；然而白银交易麻烦、危险而昂贵，美国商人因而采取了很多尽量避免白银交易的办法。

如何使用货币并不是新问题。西方人经常携带大量白银来购买茶叶。从 16 世纪开始，马尼拉大帆船就把白银从墨西哥运来了，并通过帆船贸易使西班牙银元成为东亚贸易的标准货币。[①] 后来，不同国家的东印度公司，皇家菲律宾公司（Royal Philippine Company）和很多私商都带货币来中国。与大帆船贸易一样，这些货币的来源都依赖于西属美洲的银矿，尽管只有西班牙人常规地运输这些贵金属跨越太平洋。与美国人一样，欧洲人也在不断寻求某种白银贸易的代替品，但直到 19 世纪初，没有人非常成功。英国人出售一些印度棉布和英格兰中部诸郡的毛织品；西班牙人和荷兰人发现大米有时会被接受；很多国家的商人会带着海峡的产品；一些毛皮、锡、铜和其他一些更奇特的亚洲和太平洋地区的商品。

---

① W. L. Schurz, *The Manila Galleon*（New York：E. P. Dutton，1939）. Chang Hsin-pao, *Commissioner Lin and the Opium War*（Cambridge，Mass.：Harvard University Press，1963），37-46，对中国白银问题也做出了很好的讨论，但是毫无疑问最完全的涵盖了旧中国贸易金融问题，包括白银进口问题的论述是 W. E. Cheong 在 *Business History* 上发表的一些论文中的讨论，比如“Trade and Finance in China，1784-1834”，7 no. 1（January 1965）：34-56；“The Beginnings of Credit Finance on the China Coast”，12 no. 2（July 1971）：87-103；以及“China Houses and the Bank of England Crisis of 1825”，15 no. 1（January 1973）：56-73。

但所有这些进口货全部加起来都不能使收支平衡。在这个过程中，中国逐渐吸收了相当一部分世界白银的供应。

然后，18世纪90年代发生的一系列事情改变了这种局面。欧洲战争、西班牙对新大陆殖民地控制的松弛，以及银矿开采的衰落等都预示着白银进口有中断的危险。美国人取代西班牙人和英国人，作为从拉丁美洲和地中海运送货币的渠道，暂时缓解了压力。然而，也许本质如此，这种尚在初始阶段的商业难以为继。事实上它还是维持了一段时间，直到鸦片扭转东西方进出口平衡为止。

鸦片和国际信贷取代银钱交易

最早寻找解决中国人长期吸纳世界白银储备问题办法的是英国人。中国可以不需要欧洲的产品，但18世纪末，由于无法充分解释的原因，中国人开始大量接受印度货物，尤其是棉花，而且鸦片需求也骤然上升。1804年，收支平衡就扭转过来了，1807年，白花花的银子开始向相反的方向流动——从中国流向印度。但是出口现银，不但违反中国法律，还引起了与进口现银同样的问题。纹银（中国银锭）很便宜的时候，是一种有利可图的货物，因为它比从西方来的银元纯度要高；然而，港脚商人通常喜欢更便捷而安全的汇款方式。

新的利润大多进了港脚商人的钱袋，而不是被东印度公司赚走了。相反，英国东印度公司依旧面临同样的老问题，即进口某种东西来支付每年的茶叶投资。要使用港脚商人的白银，就需要通过某种方式把白银变成自己的资金。为达此目的，广州特选委员会的“兑换办公室”（银库）开始出售在印度或伦敦兑现的汇票。同时，为了吸纳西班牙和葡萄牙人运来的白银，“兑换办公室”也开始给这两个国家的商人提供汇票服务。但是剩余白银的数量超过了特选委员会的需要，委员会强烈反对自身成为“中央银行的某种机构”，如张荣洋曾指出它也许充当过这种角色。[①] 如此，尽管委员会通常需要高于每年出口货物价值的白银，它仍确立了相关的接纳白银数量的上限，有时它会在对汇票仍有相当需求的情况下关闭银库。当然，这样的决定意味着私人贸易不得不继续寻找某种代替品，不仅要代替靠不住的（和不受欢迎的[②]）英国东印度公司信用手段，也要代替传统的白银交易。

1825年，英国人运离中国的白银超过了美国人带来的白银，同时印度出口白银到英国。这种状况使美国人有可能从事一项新的生意。如果一个扬基商人能够在伦敦某家商业银行建立自己的信誉，他就能够带着某种有息票据到广州，他可以在广州把票据卖给希望把资金汇到英国的鸦片商人，以换取白银。把白银运到英国需支付运费、储藏费和保险费，而汇票则是支付利息。因此，估计只要那些印度富豪们有机会购买到这种汇票，一定喜出望外。对美国人而言，一种简单的票据交易就可以取代全部生意。他们不再需要去拉丁美洲或地中海进行繁重的贸易了。这是美国对华贸易的一个重大突破。令人不解的是，为什么这种汇票交易没有早一点开始，也许大多数美国人的生意规模小，还无法立刻促使全球范围的信用制度的出现。

---

① W. E. Cheong, “Beginnings of Credit Finance”, 92.

② 英国私商极力希望英国东印度公司退出中国贸易。一旦特许权宣布无效，至少孖地臣会非常激烈地反对在广州保留公司的兑换机构。当公司的金融代理 John Harvey Astell 1839 年底最后离开中国时，孖地臣非常高兴。参看他 1839 年 12 月 8 日给英国曼彻斯特的 John Anderson 的信，以及同年 12 月 14 日给印度加尔各答的 Charles Lyall 的信，JMA。孖地臣抱怨 Astell 出现了一段时间了，这是违背国会意愿的事情。至少有一些美国人同样欢迎英国东印度公司离开广州。参看 1839 年 1 月 29 日 Francis S. Hathaway 给新贝德福（New Bedford）的 Thomas S. Hathaway 的信，F. S. Hathaway LB，马萨诸塞州新贝德福老达特茅斯（Old Dartmouth）历史学会捕鲸博物馆（Whaling Museum）。

其实在18世纪末之前，美国人就已能够转让一些汇票了。1796年塞缪尔·沃恩父子商行（Samuel Vaughn & Sons）伦敦办事处的查尔斯·沃恩（Charles Vaughn），签署了一封借贷12000英镑给普罗维登斯的威廉·F. 米吉的信用状。[①] 这与一些年后的汇票是相当不一样的手段，但它出现时间这么早，表明至少有些美国商人在汇票交易开始很多年前，就明白了利用国际信贷作为中国贸易筹措资金办法的可能性。

这个方法相当简单。汇票由伦敦商业银行的代理人在美国签发，通常是两三个月后（也就是出现在伦敦之后）在伦敦支付。1808年这种汇票首次出现，正是杰斐逊颁布禁运令的时候，但是直到1810—1811贸易季度，汇票才达到了相当数量以至引起了特选委员会的注意。[②] 随着鸦片贸易的进展，这种非常有前途的开端很可能继续下去，但1812年战争使它突然停顿下来。这项还不成熟的贸易突然停顿以及与此同时出现的美国白银大量进口，导致广州在英美冲突[③]期间出现了财政危机，到战争结束时，英国东印度公司被迫再一次进口白银。1816年带来2561103美元，1820年1982941美元。

和平之后的9月，特选委员会报告说美国船再次带来汇票，[④] 但之后大约10年的时间，汇票进口量都很小。尽管随着白银逐渐稀少，拉丁美洲产量减少，获取白银越来越困难，白银贸易比从前更加重要。西班牙的记载很不清楚，但澳门的西班牙首席大班估计从1816到1821年，西班牙每年运来150万银元。美国人超过了其他国家的商人，在战后第一个贸

① Nightengale-Jencks Papers，RIHS.

② Hosea Ballou Morse，*The Chronicles of the East India Company Trading to China，1635-1834*，vol. 3：141，179；Michael Greenberg，*British Trade and the Opening of China，1800-1842*（Cambridge：Cambridge University Press，1951），161. 特选委员会讨论了美国的汇票贸易给印度资本家带来了巨大利益。

③ W. E. Cheong，“Beginnings of Credit Finance”对这次危机做了最好的研究。

④ 特选委员会报告，1815年9月5日，EICoA。

易季度进口了 1922000 美元，第二年 4545000 美元，1817—1818 贸易季度 5601000 美元，1818—1819 贸易季度达到了令人惊奇的 7369000 美元。[①] 为什么当有一种便宜、便利而有利可图的手段唾手可得的时候，所有国家的商人却恢复旧的方式，即昂贵的进口银钱的行动呢？原因并不十分明确。与此同时，英国白银出口和公司汇票的销售在增长，鸦片贸易繁荣起来。

19 世纪 20 年代中期出现了全球性的金融危机，触发了转变。英格兰银行突然收紧信贷，引起伦敦商业银行出现挤兑，造成了 1825 和 1826 年一些商业银行破产［包括伦敦最有声望的美国银行家塞缪尔·威廉姆斯（Samuel Williams）的银行。随后，印度代理机构和美国最大的几家白银运输公司破产］；后者最有名包括纽约的托马斯·H. 史密斯（Thomas H. Smith）和费城的爱德华·汤姆逊（Edward Thomson）。很自然，白银的出超抬高了广州的物价。这样，到了 1825—1826 年，在中国的英商面临"汇付危机"，[②] 迫使他们重新考虑购买由有信用的伦敦公司签发的美国汇票的可能性。白银出口的确在继续，但在接下来一些年里，商业统计中最明显的特点是美国的伦敦汇票戏剧性的增长。[③]

汇票金额从 1826 年估计的 40 万美元（不到一个美国不

---

① 参看 Hosea Ballou Morse，*The Chronicles of the East India Company Trading to China*，*1635-1834*，vol. 4：384、388 的英国和美国的数据。西班牙是在回答特选委员会的质询下才给出的估计数据。参看特选委员会报告，1830 年 3 月 31 日，EICoA，以及附录三中《广州的白银贸易》。

② 参看 Michael Greenberg，*British Trade and the Opening of China*，*1800-1842*，159-167；以及 W. E. Cheong，"China Houses"。

③ 盘货抵押贷款也许也有增长，尽管很难找到证据。查顿·孖地臣档案里有这样的证据，表明至少这家广州最大的英国公司投资过美国的货物，目的是通过美国汇款到伦敦。然而这种方式在美国市场上非常容易受到波动的影响，事实上，它也是 19 世纪 20 年代中期危机的原因之一。参看 W. E. Cheong，"China Houses"，58-62。

景气年份出口投资的十一分之一)，飙升到5年后令人惊奇的248万美元（相当于投资的十二分之五)。接下来的1832年，美国汇票的美元价值又翻了一番，这也许是因为在印度的公司一间接一间倒闭造成的，这个“商业地震”使在中国的英商失去了最普通的汇款方式。从1829年到1834年，大部分英国在加尔各答的代理行都破产了，长时间持续的危机使得美国汇票的试验成为一种习惯做法。① 此后，除了中国人打击鸦片贸易更为有效的1835年和1839年，白银不再是美国人的重要货物了。

在旧中国贸易余下的岁月里，伦敦汇票成了美国商人，尤其是没有从事鸦片贸易但又希望避免抵押货物的商人主要的进口物。然而，即使是这样的商人也从鸦片贸易中获利，因为鸦片贸易提供了他们出售汇票所换取的白银。此外，有证据显示为了获得美国汇票，印度鸦片商人实际上增加了向中国出口鸦片，因为这是把钱送给英国的非常方便而有利可图的方式。② 通过这种方式，即使那些精神上反对鸦片贸易的人也把汇票带到中国，从中获得了实在的好处，从而促进了非法的鸦片贸易。

从所涉及的形式来看，汇票交易牵涉三大洲大量从事不同商业的人。与此相关的最重要的商人银行家在伦敦，也有些在利物浦。较大的银行在欧美许多城市设立了分支机构。或者他们在美国继续保留信得过的代理人——这些富有美国生意经验的人比他们的英国老板能够更好地判断利益风险。

---

① Archer这一时期的书信集尤其有意思，因为他没有参与鸦片贸易，这样他比鸦片贩子们能够感觉的紧缩更加糟糕。由于不得不依靠出售汇票来换取白银，他很惶恐而又很理解地观察着加尔各答的失败。参看1833年11月5日和7日Archer给John A. Brown的信，AL。同样参看1839年3月4日R & Co. 给JMF的信，FP。

② Michael Greenberg, *British Trade and the Opening of China*, *1800-1842*, 162-167.

在这些代理人中，最有名的也许是巴林兄弟商行（Baring Brothers & Co.）的代理人沃德（Thomas Wren Ward），[①] 他们很快就签署了票据投资到大量的美国对华贸易中。[②] 汇票在广州出售给那些从印度或土耳其把鸦片运到中国的鸦片贩子，这些汇票最后通过印度回到英国，在开票者的户头上支取现金。这些户头依靠美国对英国出口不停地注入资金。这样，美国人喝的中国茶是由美国南方的棉布通过伦敦汇票和亚洲鸦片来支付的。

汇票交易虽然方便，但也颇多背信弃义的事情。国际信贷的麻烦在于兑换。信心迟早会降低，商人们不得不支付重金属，货物担保，或者用贷款人接受的其他东西支付。由于对单一中国货物的投资非常巨大，还由于比较重要的美国商人有好几艘船从事这种贸易，结算量通常非常惊人。在伦敦欠了债的美国商人受到伦敦货币市场波动的影响。面对伦敦严格的货币环境和美国并不令人乐观的市场，他们可能会陷

---

① 他的档案收藏在贝克图书馆。19 世纪 30 年代中期的其他代理人包括 Thomas Wilson & Co. 的纽约代理人 John N. Gossler，Timothy Wiggin 的代理人 Robert Hooper。Prime，Ward and King，Goodhue & Co. 以及其他重要美国公司都充任着英国银行的代理机构。

② Ralph Hidy，“The Organization and Function of Anglo-American Bankers，1815-1860”，*Journal of Economic History* I（Supplement 1941）。另一篇讨论这些公司面对危机如何运作的文章是 Hidy 的“Cushioning a Crisis in the London Money Market”，*Bulletin of the Business Historical Society* 20 no. 4（October 1946）：131-145。

人很严重的麻烦。[①] 可信的是美国银行比伦敦银行更愿意也更有能力接受美国人的钱、票据和财产，这减少了危机带来的损失。然而杰斐逊总统在19世纪30年代中期发动的对美国银行（Bank of the United States）的战争，使美国无法出现一所类似针线街的老妇人（指英国中央银行——英格兰银行，中译者注）的中央银行。[②] 早些时候，美国银行的汇票在中国很受欢迎，但私人美国票据通常都不在广州兑换，除非得到如阿斯托或者杰拉德等有国际声望者的支持。

虽然有这些不足之处，汇票对白银交易来说仍是极大的进步，前者很快就取代了后者。在汇票交易上，没有城市能够比它的竞争者提供更多位置上的优势，那些从新交易中获得最多好处的是有相当根基的公司，尤其是与伦敦商行有着个人联系的公司。帕金斯—斯德基斯集团与巴林兄弟公司有亲属关系；滑摩商行的前合伙人约翰·克莱德（John Cryder）是马礼逊·克莱德商行（Morrison，Cryder & Co.）的主要成员；亚彻兄弟和邓恩长期与布朗兄弟商行有密切的

① 这就是摧毁曾经是美国最大对华贸易商之一爱德华·卡灵顿的困难。尽管他尽量避免鸦片，但他很快就使用了汇票。他让外甥伊萨克·布尔（Isaac M. Bull）担任他在广州的代理，授权他接近伦敦的 Timothy Wiggin & Co.。布尔这样做了，到1834年经济不景气的时候，卡灵顿发现自己欠 Wiggin 超过25万美元的债，而此时后者紧逼着索要现金。卡灵顿有大约80万美元的财产，但是大部分都投到了地产、制造业、保险公司股票和其他的一些投资上，很难转成现金。即使卡灵顿能够以很理想的价格出售他的财产，交易税也是一大笔支出。有一段时间，Wiggin 的美国代理人 Robert Hooper 也接受了卡灵顿的财产作为抵押，但是19世纪30年代末发生的经济危机迫使 Hooper 来索要硬通货。1836年12月 Wiggin 被迫向伦敦的其他美国商人银行家寻求帮助，卡灵顿的末日来临了。

② Peter Temin 认为银钱贸易的终止是19世纪30年代美国通货膨胀的原因之一。参看“The Economic Consequences of the Bank War”，*Journal of Political Economy* 76（1968）：257-274。

工作联系。[1]

汇票交易是在家族和个人联系的基础上进行的，所涉及的商业和金融领域，只有少数几位行商明白，清政府并不懂得汇票交易。不用经过清政府同意，甚至无须让它知道，中国就被走私者的行动拖进了西方贸易和银行体系中。这个信贷架构和实际上整个中国贸易，都建立在鸦片贸易的基础上，鸦片贸易随着汇票交易而逐渐增长。合法的中国贸易发展到此时，已经大大超过了美国人进入中国贸易最初 10 年时的程度，但如果不考察鸦片贸易的情况，就很难明白这种合法的中国贸易是如何发展的。这种重要贸易（鸦片贸易）的增长是典型的不受约束的私人事业在地球另一边的异国他乡所表现出来的活力。

鸦片贸易的增长，1802—1839

“中国皇后号”到达中国前约一个世纪，早已有少量鸦片运达中国了。清政府 1729 年发布第一道鸦片禁令，但并没有阻止这项贸易。进入 19 世纪之前鸦片需求量都很小，1791 年一艘运载 158 箱鸦片的船就满足了市场需要，这说明了当

---

① Joseph Scoville 说费城的大船主 John McCrea 是通过纽约的 Rogers & Co. 获得伦敦的信用函的。Rogers & Co. 是以美国最南方的烟草贸易为基础的一连串互相关联的合作的中心联结物。这些合作包括伦敦的 Warwick & Claggett；里士满的 Rogers，Harrison & Gray；新奥尔良的 James Gray & Co.；以及 Havre 的 Lewis Rogers & Co.。参看 Walter Barrett（Scoville 的假名），*The Old Merchants of New York City*（New York，1863），vol. 1：47-48。McCrea 也与汉堡大贸易家族的后代 John N. Gossler，以及在伦敦美国商人银行的纽约代理 Thomas Wilson & Co. 比较接近。要了解美国和英国商人之间的互相联系的更多信息，参看 N. S. Buck，*The Development of the Organisation of Anglo-American Trade，1800-1850*（New Haven：Yale University Press，1925）；以及 Leland Jenks，*The Migration of British Capital to 1875*（New York：Alfred A. Knopf，1927）。

罂粟花，水粉画，佚名中国画家
美国迪美博物馆藏，E82056.42

时的实际情况。[①] 1800年左右一些不安分的苏格兰人开始向中国出口大量鸦片时，向中国出口鸦片的主要是东方人——亚美尼亚人、一些巴斯人、少数澳门葡萄牙人和马尼拉的西班牙人。1802年左右鸦片价格突然上涨，“从1802年开始，鸦片成了王牌”，一位孟加拉历史学家这样写道，“印度出口到中国的货物从1802—1803年的SR 3864547跃升到1805—1806年的SR 7079651，其中鸦片就占SR 3294370”。[②] 这种繁荣似乎源自需求明显的巨大增加，但这种明显增加无法得到解释。“1804—1805年公班土的价格……实际上翻了一番。”尽管1805年价格跌了下来，但价格仍是5年前的两到三倍。[③]

美国人和土耳其鸦片贸易

掌握土耳其这个新市场的动向后，几艘美国船于1804—

---

① Hosea Ballou Morse, *The Chronicles of the East India Company Trading to China*, *1635-1834*, vol. 2: 189.

② Amales Tripathi, *Trade and Finance in the Bengal Presidency*, *1793-1833* (Bombay: Orient Longmans, 1956), 88.

③ Michael Greenberg, *British Trade and the Opening of China*, *1800-1842*, 112-117. 为什么中国人突然开始接受大量增长的鸦片，在某种程度上是个谜。也许最近开放给研究的大量还没有接触过的中国档案，能够回答这个问题。参看 Frederic Wakeman, Jr., “China's New Historical Archives”, *The American Neptune* 48 no. 4 (Fall 1988): 283-285。

土耳其士麦那（Smyrna）城市与港口图，油画，画家 Raffel Corsini（活跃于 1829—1880 年间）　美国迪美博物馆藏，M25790

1805 年出现在士麦那（Smyrna）。① 这个土耳其城市，即现代伊兹密尔（Izmir），是“近东最早的商业城市”和利凡特鸦片的主要出口港。② 土耳其宫廷控制的大多数出口鸦片是在从这个城市往东走 5 天的路程（大约 175 英里）的某个区域种植的。罂粟种植区的交易市场是阿菲永—卡拉—西萨尔（Afyon-Kara-Hisar，也被称为 Afyun Kara Hisari、Afyonkarahisar，或者更简单的 Afyon）。③

罂粟大约于 7 月底 8 月初开始到达士麦那，直到第二年春天都不断有罂粟运到。④ 商人们居住在士麦那这个著名的国际化城市，这是个非土耳其的城市，商人们在这里购买没有加工的鸦片装船出口，尤其在 1812 年后运往东亚，尽管有四

---

① 要了解美国对新需求反应的速度，参看附录二《统计数据与美国对华贸易》。

② Frank Edgar Bailey，*British Policy and the Turkish Reform Movement，1826-1853*（Cambridge，Mass.：Harvard University Press，1942），97-98.

③ 字面上的意思是“鸦片黑色城堡”。这个城镇开始被称为 Kara Hisar 或者“黑色城堡”，但是加上 Afyon（土耳其语“afyun”的意思是鸦片）是为了把它与土耳其的其他 Kara Hisars 区别开来。这样称呼是因这一区域主要种植鸦片而来。参看 *Encyclopaedia of Islam*（new ed.，Leiden：Brill，1960），vol. 1：243。

④ 1825 年 1 月 15 日 THP 致 JPC，SCP。同样参看“Memo of Opium Shipped from Smyrna”，CP。

分之一到一半的鸦片通常都运到了欧洲或者其他地方。随着鸦片贸易的发展，美国商馆出现在士麦那，并逐渐取代了那时操纵美国贸易的英国、希腊和其他国家的公司。直到1820年《莱茵条约》后美国政府才与土耳其宫廷签署了正式协议，美国人往往通过一位跟他们签有协议的有权势的市民来做生意。到19世纪20年代末，士麦那至少有4家美国代理商行。最早的也许是帕金斯兄弟公司的代理行，这家公司直到1816年才正式以这个名称组成和运作，实际上早在18世纪80年代就已出现在士麦那了。这两兄弟是保守皇分子，他们在革命期间逃离了波士顿。其他早期的美国定居者还有费城公司的大卫·奥菲利（David Offley），1811年在士麦那成立伍德马斯·奥菲利商行（Woodmas and Offley）。朗顿商行（Langdon & Co.）的约翰·朗顿［John W（alley?）Langdon］是另一个早期参与者，尽管他在1812年战争后才显得最重要。1827年出现了第四家美国公司：伊萨维德斯·斯提思商行（Issaverdes，Stith & Co.）。实际上它并不是单纯的美国企业：其中两个合伙人乔治和约翰·B. 伊萨维德斯（John B. Issaverdes）是希腊人。第三个合伙人格里芬·斯提思（Griffin Stith）来自巴尔的摩。①

早在18世纪90年代末，美国船已经开始停靠士麦那，但直到1804年，来自费城和巴尔的摩的船只才开始积极地在

① 要了解更多的信息，参看 Samuel Eliot Morison，“Forcing the Dardanelles in 1810”，*New England Quarterly* I（April 1928）：208-225；A. L. Tibawi，*American Interests in Syria，1800-1901*（Oxford：Oxford University Press，1966），8；以及Stith的书信，Dallam Papers，MS 1250，Maryland Historical Society。关于士麦那的美国人群体的最好的第二手数据来源也许是 David Finnie，*Pioneers East*（Cambridge，Mass.：Harvard University Press，1967），20-33。

此地从事鸦片贸易。[①] 最早把土耳其鸦片运到中国的两位美国人是费城詹姆斯和本杰明·威尔考克斯兄弟，他们为在费城的亲戚两位商人 R. H. 威尔考克斯和威廉·华恩（William Waln）工作。1804 年詹姆斯作为双桅船“宾夕法尼亚号”大班到达士麦那，船长是休·麦克弗森（Hugh McPherson）。船只装载着 49 箱鸦片通过了巴达维亚。第二年（1805）10 月两兄弟都在中国：本杰明一直停留到 1807 或 1808 年，但是詹姆斯好像回国了，第二年带着更多鸦片回到中国。[②]

很明显这项贸易有利可图，因为它很快引起了其他美国对华贸易商的兴趣。巴尔的摩的克里斯托弗·甘特（Christopher Gantt）是双桅船“优韬号”（*Eutaw*）船长，他 1805 年 7 月到 11 月待在士麦那，之后装载着 51 盒和 46 箱鸦片前往广州。[③] 1805 年春天费城威林斯·弗兰西斯商行（Willings & Francis）让“宾厄姆号”（*Bingham*）运送鸦片，船长是詹姆斯·I. 威廉姆逊（James I. Williamson）。当大班威廉·里德（William Read）到达广州时，发现在他之前已经有两艘鸦片船抵达了，他后来称那个贸易季度从土耳其运来的鸦片比以前要多。随着更多鸦片的到来，价格逐渐下降。琼斯船长率领“耕童号”（*Ploughboy*）第一个到达，也卖了最好的价钱。委托给威尔考克斯兄弟的“宾夕法尼亚号”第二个到达，装载着 95 担鸦片，是该贸易季度最大宗鸦片，但是当里德最后成功地出售了“宾厄姆号”上的鸦片时，这些鸦片还保留着，大多数没有出售。此外，里德提到一艘巴尔

---

① Charles C. Stelle, “American Opium Trade to China Prior to 1820,” *PHR* 9 no. 4（December 1940）：430-431. 同样参看 1806 年 1 月 15 日美国驻士麦那领事 R. Wilkinson 给 James Madison 的书信，美国领事书信（以后简称 CL）CL-Smyrna，I。

② 1806 年 1 月 15 日美国驻士麦那领事 R. Wilkinson 致 James Madison；以及 1830 年 3 月 30 日 JRL 致 Mary R. Latimer，LP。

③ CL-Smyrna，I.

的摩船只据说装载着比该船多75担的鸦片停泊在巴达维亚，也许会来广州。然后他向船主评论道，“你从美国来的投机买卖不能在这个市场获得高于每磅4.5美元的价格，每艘船不要装载超过15或20担的鸦片”。[①]尽管里德手头还有大量存货，他说他鸦片的利润是11127.24美元，这个数字看起来一定激励了那些在整个航行中亏损了的船主们。

土耳其鸦片的消息迅速传开。次年秋天波士顿的帕金斯兄弟向他们在广州的侄子询问市场上土耳其鸦片的消息时，就得知了这个情况。[②]史蒂芬·杰拉德也许是当时美国最富有的商人，他给地中海的两个大班写信说，“我非常有兴趣大量投资于鸦片贸易。只要战争持续下去，鸦片在中国就会卖到好价钱”。[③]其他人很快也参与进来，杰拉德在士麦那的代理商非常失望地报告了最早的“鸦片潮”。[④]1807年，另一个费城人乔治·布莱特（George Blight）在中国报告说虽然鸦片“通常获利丰厚”，但是“上个贸易季节让很多人失望了”，因为鸦片贸易已经有些过火了。[⑤]

这已经成为美国对华贸易的典型模式了。确切地说，这

---

① 日期为1805年11月27日和1805年1月9日的Read的书信，HS/P的Willings & Francis收藏。后者日期是Read的错误，应该是1806年。

② 1805年6月19日和9月23日J. & T. H. Perkins致JPC，见“J. E. C. Extracts”，116和122。

③ 1805年1月2日Girard致在意大利东北部港口的里雅斯特（Trieste）的Mahlon Hutchinson, Jr. 和Myles McLeveen，GP。

④ 1806年3月30日Hutchinson和McLeveen致Girard，GP。

⑤ 1807年3月4日和11月21日Blight致Girard，GP。

种模式已经出现在人参[①]、毛皮[②]和檀香木[③]等其他美国商人找到的白银代替物贸易中。第一艘船大赚了一笔，吸引其他人进入这项贸易，直到市场饱和，贸易利润消失。此后，出现周期性供过于求，直到货源枯竭，或者直到势力较大的公司建立起某种松散的市场组织。在土耳其鸦片贸易中，组织者是帕金斯洋行及其在波士顿和广州的合作者。由于鸦片贸易在旧中国贸易中有着举足轻重的地位，又由于从事土耳其鸦片贸易的主要是美国人，因此直到19世纪30年代末重要的美国商人才进入更重要的印度鸦片贸易，这值得特别的关注。

早在1807年，新兴的土耳其鸦片贸易已经吸引了英国东印度公司广州特选委员会的注意，[④] 但等到1812年战争后这项贸易迅速发展起来后才引起他们担心。到这时为止，英国东印度公司运作的完整系统是以“在印度种植鸦片和在中国出售鸦片的方法”[⑤] 为基础。公司长期以来不允许公司船装载鸦片，从1800年开始清政府也禁止了所有鸦片进口。然而，英国东印度公司是印度的统治者，拥有在其统治范围内鸦片生产垄断权。它也授权英国人在孟加拉和中国之间进行贸易，公司每年都在孟加拉举行拍卖会，中国成了鸦片的主要市场。此外，随

---

① 关于人参贸易的内容已经有很多论述，但大多没有学术价值。这个论题需要非常彻底的研究，因为它牵涉的不仅仅是在广州的商品交易。北美印第安人和边远居民被招募去采集人参，费城看起来是人参贸易的主要城市。中国人参贸易最全面的研究是 Van Jay Symons，“The Ch'ing Ginseng Monopoly”（博士论文，布朗大学，1975年）。

② 参看 James Kirker 前引书。

③ 檀香木贸易的大致情况的研究也是缺乏的，尽管有关于澳大利亚的檀香木研究的非常好的著作，即 Dorothy Shineberg，*They Came for Sandalwood*（Melbourne：Melbourne University Press，1967）。

④ 日期为1807年6月24日的信，转引自 Hosea Ballou Morse，*The Chronicles of the East India Company Trading to China，1635-1834*，vol. 3：72-73。

⑤ Michael Greenberg，*British Trade and the Opening of China，1800-1842*，110.

着时间的推移，公司在印度的收入越来越依靠鸦片贸易。① 因此，鸦片贸易的竞争很大程度上威胁着英国东印度公司。

由于美国商人在东亚缺乏非常便利的鸦片来源，他们不得不去其他地方寻找货源。在19世纪的头10年里，他们发展了土耳其贸易，② 巧妙地把英国东印度公司的限制变成了美国人的专营事业。为了保护自己的生意，英国东印度公司禁止英国船只把外国鸦片运到其统辖范围内。法国革命战争的爆发使得东方海域上只剩下了挂英国国旗和美国国旗的船只。这样，英国东印度公司的禁令使得美国人在新发现的土耳其鸦片与东亚贸易中没有了竞争对手。

横穿地中海的航行颇费时日，士麦那也经常以遭受瘟疫袭击而著称。这很快就促使美国人采取在西地中海港口或伦敦装载鸦片的做法——这些地方也提供给他们大量白银。这自然给士麦那和其他相关城市的代理商们带来了新生意。

这一时期商业的混乱严重干扰了正在发展的土耳其贸易，1812年战争也使得贸易停滞了一些年，但商人们并没有遗忘土耳其贸易。1812年出任美国驻广州领事的本杰明·威尔考克斯忠实地履行职责。然而他在战争期间的书信提到没有美国船从土耳其或者其他装载鸦片的地点到达广州。

土耳其鸦片贸易中止了两年，这并不是1812年战后中国人鸦片消费显著增长的唯一理由。非常奇怪的是这种发展也许是一个意外。鸦片价格的波动和高利润吸引了很多投机者。进口商之间达成的协议导致1814和1815年价格上涨。③ 人为

---

① 关于英国东印度公司依赖鸦片贸易的最全面的研究是 Brian Inglis，*The Opium War*（London：Hodder & Staughton，1976）。Inglis 把鸦片战争看成是英国东印度公司鸦片政策的产物。

② 当时产品被称为“土耳其鸦片”，或者更简单地称为“土耳其”。

③ Hosea Ballou Morse，*The Chronicles of the East India Company Trading to China，1635-1834*，vol. 3：339.

抬高价格以及贸易从战争中解脱出来，这两者的共同影响意味着“鸦片潮再次出现在士麦那”[①] 和广州。然而令人惊奇的是，中国鸦片市场并不像预期的那样饱和。不仅因为中国人想要购买，而且因为孟加拉鸦片的数量下降了。[②] 美国人运来了金花土（Turkey opium），港脚商人带来了白皮土（Malwa opium）（非东印度公司的鸦片），两者进口的增加损害了英国东印度公司的利益，或者看起来的确如此。由于这两种非孟加拉鸦片能够产生更多利润，每一磅（和投资的每一块钱）都能提炼出更多的鸦片剂，广州鸦片贩子非常欢迎这些鸦片。[③] 更具决定性的是，由于金花土和白皮土赢得中国鸦片市场份额，从而长期地促进了需求。

在伦敦，英国东印度公司董事会发出关于监视外国鸦片供应增长所造成的持续警示已经超过 10 年了。[④] 接下来的几年里，公司采取了一些特别措施对付白皮土贸易，因为它对孟加拉垄断权来说是更大的威胁——质量上更接近，产品更容易增量，也更容易到手。首先，印度政府想极力收购全部白皮土供应，然后在常规拍卖会上再与孟加拉鸦片一道出售。由于多种原因，该种努力失败了，但不久后它却在短期内刺激了所有鸦片的价格，也极大地增加了进入中国的鸦片数量。1823 年，这个数量巨大的新品种已经摧毁了中国的鸦片市场。

从广州来看情况尽管并不清晰，但仍有所差异。没有人真正知道为什么中国人对鸦片的消费持续增长，但有足够的

---

① 1818 年 9 月 20 日 Edward Hayes 和 LaFontaine 在士麦那致杰拉德，GP。

② Michael Greenberg，*British Trade and the Opening of China，1800-1842*，119；以及 Hosea Ballou Morse，*The Chronicles of the East India Company Trading to China，1635-1834*，vol. 3：339-340。

③ 在 JMA 中有一些资料显示鸦片贩子为了这个原因在推动白皮土鸦片，以损害孟加拉鸦片的利益。

④ Hosea Ballou Morse，*The Chronicles of the East India Company Trading to China，1635-1834*，vol. 3：72-73.

证据来让人斗胆猜测一下。1819－1820 贸易季度上岸的鸦片一共是 4186 箱，尽管鸦片种类已经有些不同，数量仍与 1805－1806 贸易季度相当。1822－1823 贸易季度市场上销售了 7773 箱，下一年是 9035 箱，1824－1825 年中国人购买了 12434 箱鸦片，5 年之内上升了约 300%。[①] 1819 到 1822 年间，印度的收益翻了三倍；[②] 在中国进口最多的年份里，尽管进口数量增长了大约三分之一，但总量仍保持稳定。[③] 这种状况自然会吸引投机者。英国最大的鸦片贩子麦尼亚克商行（Magniac & Co.）在 19 世纪 20 年代初极力想在巴特那（Patna）市场囤积货物，[④] 1823 年，以利萨里商行（Yrissari & Co.，詹姆斯·孖地臣的公司）也极力想采取同样的措施，[⑤] 但这一年鸦片滞销了。最后帕金斯洋行于 1824－1825 贸易季度努力开发土耳其鸦片。每一次这样的行动都导致鸦片市场进一步扩大。此后由于英国东印度公司开始推进孟加拉的罂粟种植，并对孟买的白皮土征收适当的运输税，使得鸦片生产供过于求。孟买成了白皮土非常方便的出口港，原来经过葡萄牙人的达茂（Damao）的迂回路线很快就被抛弃了。随着供应持续增长，价格渐渐地回落到 19 世纪初的水平。对供应者来说发生的事情是中国鸦片需求两次显著暴涨，使得西方鸦片贩子为了满足这种需求而产生了混乱。大量投机以及英国东印度公司和白皮土间的竞争，两者导致了或多或少地持续时间很长的供应过剩。但不管怎样，走私者仍想办法极力售出已经增多的鸦片产品。

---

① Michael Greenberg, *British Trade and the Opening of China*, *1800-1842*, 221.

② 孟加拉商业报告，转引自 Tripathi，*Trade and Finance*，181。

③ Michael Greenberg, *British Trade and the Opening of China*, *1800-1842*, 220.

④ Michael Greenberg, *British Trade and the Opening of China*, *1800-1842*, 119.

⑤ Michael Greenberg, *British Trade and the Opening of China*, *1800-1842*, 137-138. Magniac & Co. 和 Yrissari & Co. 两家公司都是怡和洋行的前身。

与大多数其他商品供过于求的影响不同，如果鸦片年复一年地大量供过于求，将会有必要停止在市场销售。也许这就是19世纪20年代鸦片在中国的运作方式，但除非中国历史学家们能找到坚实的证据，否则这个问题会一直悬而不决。①

美国人当然不是最重要的鸦片贩子，但他们越来越多地参与其中，将在以后的一些年份里产生重要后果。这将使他们与清政府之间麻烦越来越多，清政府发布了一系列打击鸦片贸易的法令——这项运动持续了大约20年。由于很多美国商人违反了中国法律，他们逐渐不相信中国法律的权威。一些人甚至开始同情那些鼓吹"激进政策（forward policy）"、希望按照西方人喜欢的方式改变对华关系的英国定居者。持续的鸦片买卖也总会让美国人使用特殊的运输工具和走私技术，中国会采取一些法律行动集中打击土耳其贸易，尤其是帕金斯洋行的生意。

1815年许多美国人突然再次进入土耳其鸦片贸易，再加上清政府禁止走私的措施，使土耳其鸦片的销售受到损失。杰拉德的"伏尔泰号"（*Voltaire*）船上的官员发现1816年秋

---

① 史景迁把中国人吸食鸦片的历史追溯到1626年，强调了或多或少的逐渐增长和习惯的变化。他提出了一些使用这种毒品的动机：药用（如同止泻药或者退热药，尤其是在1821年霍乱流行期间）、春药（在18世纪早期鸦片被认为是一种壮阳药）、娱乐的、心理的（舒缓压力）、智力的（学生们相信鸦片能够在考试中帮助他们）、社会的（"更宽松的社会环境"）等等。然而只有在那些吸食鸦片的底层老百姓中的一些缓解过度劳动的疼痛，以及其他一些平民动机看起来似乎是积极的。最后他承认我们还是无法做出解释。参看"Opium Smoking in Ch'ing China"，in Frederic Wakeman，Jr. and Carolyn Grant eds.，*Conflict and Control in Late Imperial China*（Berkeley and Los Angeles：University of California Press，1975），143-173。为什么这种习惯在拿破仑战争结束的时候发展得如此迅速尤其令人困惑。当然人口的增长必定加大了社会压力，但是这只是猜测。Wakeman在*The Fall of Imperial China*（New York：Free Press，1975），125-126，提出鸦片供应的增长是一个重要的因素。这点毫无疑问，不过也许只有新近开放的大量的明清档案包含了这个问题的答案。参看Frederic Wakeman，Jr.，"China's New Historical Archives"，*The American Neptune* 48 no. 4（Fall 1988）：283-285。

季连一小包鸦片都无法正常销售，整个生意都陷入了困境。[①]同一个季节，“狮子号”［船长是纽约密特恩·查普林商行（Minturn & Champlin）的亚当·查普林（Adam Champlin）］大班威廉·洛也在出售鸦片时遇到了困难，原因是中国鸦片贩子因遭追捕而逃到内地。最后，他通过侨商菲利普·阿米顿以很低的价格出售了他手头的鸦片，他以前从菲利普·阿米顿处购买鸦片从事投机买卖。[②]

中国的强制行动才刚刚开始。从这时起，中国官方就一直非常敌视鸦片贸易。由于西方先进技术以及贪污等因素的妨碍，一些恪尽职守的中国官员总得采取强有力的措施才能清除鸦片贸易。然而只要他们把注意力转到其他事务上，他们那些贪污的部下就会立即推动这项非法的贸易，据说甚至使用官方手段来纵容走私。强制措施越严厉，贿赂程度越高，破坏法律的动机就越大。[③]

1817年5月，中国海盗劫掠了巴尔的摩船只“瓦伯什号”（*Wabash*）船，船长是克里斯托弗·甘特（Christopher Gantt），海盗杀了几位船上的成员，抢劫了船上7000美元现金和35箱土耳其鸦片。威尔考克斯领事向行商报告了这个暴行，行商立即上报给官府。这群盗贼很快就被官府抓获，并受到惩罚。白银被归还给了美国人，但当总督得知遭抢劫的东西里有鸦片时，非常愤怒地拒绝了威尔考克斯提出的补偿

---

① 1816年10月28日 Arthur Grelaud 致 Girard，GP。

② 1816年12月22日 Law 致 Byrnes 和 Harrison，William Law Papers，Constable-Pierrepont Papers，纽约公共图书馆珍本和手稿部，Astor、Lenox 和 Tilden 基金会。

③ 当然这种做法在美国走私者中引起了很多冷嘲热讽，他们通常都把这种腐败说成是他们自己非法活动的正当理由。

要求。[①] 同样，这个发现促使他们采取了更加严厉的禁烟行动。这种政策对地方官员来说非常有利可图，因为给他们提供了“敲诈”行商的机会，但是外国人通常认为这种勒索是官员积极采取强制措施的唯一原因，这也许是错误的，听起来像特别的借口一样值得怀疑。这次官员们毫不留情地“敲诈”，行商们宣布不再为那些不肯具结宣称自己不夹带鸦片走私进中国的船只做保商。[②] 这项要求在随后的旧中国贸易的年月里被一再重申，但不幸的是行商一直没有强大到能够对抗他们的西方贸易对手的抵制。在中国人眼里，那些主事者特别受这些责任的约束。公行首商和外国大班们尤其首当其冲。

尽管中国间或采取禁止鸦片的强化措施会打击一些美国船主的士气，但是帕金斯洋行却非常乐观地看待形势，[③] 因为顾盛和帕金斯兄弟相信这样会消除竞争。他们当然非常正确。就在这段混乱时期，帕金斯洋行建立起了使自己能够操纵广州市场上土耳其鸦片的机制。清朝官员的日益关注和浩官随之而来的担心，使顾盛不再与鸦片贸易有任何直接联系。1818年10月26日，他发表通告宣布公司所有业务都由新公

---

① 1817年9月22日BCW致国务卿，CCL；以及Hosea Ballou Morse，*The Chronicles of the East India Company Trading to China，1635-1834*，vol. 3：318-320。

② Hosea Ballou Morse，*The Chronicles of the East India Company Trading to China，1635-1834*，vol. 3：320；以及1817年9月22日BCW致国务卿，CCL。参看Fu Lo-shu，*A Documentary Chronicle of Sino-Western Relations*（2 vols，Tucson：University of Arizona Press，1966），vol. 1，408-413中总督的上奏和皇帝的批示。总督上奏说他会在美国商馆前焚毁已经缴获的鸦片，但是西方史料并没有记载这样的事件（Fu，vol. 1：411）。

③ 1818年2月11日J. & T. H. Perkins致Woodmas & Offley，转引自L. Vernon Briggs，*History and Genealogy of the Cabot Family，1475-1927*（2 vols，Boston：Privately printed，1927），vol. 2：561。同样参看James Elliot Cabot，“Extracts from the Letterbooks of J. & T. H. Perkins”（打印本）。

司詹姆斯·斯特基斯洋行来处理。[①] 此通告意味着所有这家波士顿公司或其他人的鸦片和其他货物都由新公司处理。虽然顾盛表面上脱离了所有贸易，但他仍然对詹姆斯·斯特基斯洋行和后来旗昌洋行的成立有着重要影响，这两家公司都在中国出售鸦片。顾盛通过波士顿联盟的关系把自己和浩官的资金全部投资到鸦片贸易中，[②] 他还帮忙决定从土耳其进口鸦片的数量。最后，他比在广州的其他任何人都更明显地制定和维持着中国鸦片的价格。尽管顾盛已经不再激怒清朝官府，他仍然像从前一样继续掌握着鸦片贸易。

顾盛在其他方面也很务实地表现出慷慨。前任雇员乔治·罗伯特·罗素（George Robert Russell）和表兄弟亨利·帕克曼·斯特基斯（Henry Parkman Sturgis）在顾盛的鼓励和赞助下于1828年在马尼拉组建新公司罗素·斯特基斯洋行。[③] 广州成立的第一家专职代理商行旗昌洋行也是在顾盛的帮助下成立的，并很快为帕金斯洋行处理相当数量的生意。同样明显的是本杰明·威尔考克斯和他的新合伙人约翰·R.拉惕默得到了最初给顾盛的鸦片代理业务。[④] 通过这种方式，顾盛不仅仅是广州土耳其鸦片贸易的领袖——看起来他或多或少对不同鸦片贸易中的每个重要商人的地位确立及发达都产生了作

---

① 日期都是1818年10月26日的公告和附信，CP。

② 此时浩官已经是帕金斯洋行不可缺少的同盟，他拒绝与鸦片再有任何牵连，尽管他仍然通过他信任的美国朋友进口鸦片。很明显直到1821年他仍然与帕金斯洋行联合投资参与了鸦片贸易。参看J. & T. H. Perkins & Company在MHS保存的书；以及下文。

③ 日期为1828年7月1日的公告，CP。与公告一起的是1828年1月24日的一封来自R. & Co. 的信，非常突出地解释了新公司是“Messrs Perkins & Co. 资助的，并接受他们所有的业务”（在马尼拉）。

④ 参看BCW通行账本的合计，1825－1827年，LP。那里出现了一个注释：“1824年1月，1823年孟买的Hormuzjee Dorabjee把鸦片委托给了顾盛，但是顾盛拒绝接受，把这个委托指派给了威尔考克斯，把威尔考克斯推荐给H. D. 来继续他的所有生意。他这样做了。”

用。大多数短期居留者发现与顾盛有良好关系是明智的。阿斯托、杰拉德和巴尔的摩的主要对华贸易商约翰·当奈尔（John Donnell）[1] 希望顾盛能够协调主要土耳其鸦片商人的销售。

迟至1821年，清政府中断鸦片贸易的措施还没有严厉到使所有行商都害怕，以致脱离鸦片贸易。根据詹姆斯·孖地臣的资料，这一年一位行商仍拿走了大量先前进口的鸦片与内地茶叶商人交易，后者把鸦片运到内地去了。[2] 然而，此后的研究没有证据显示行商参与了鸦片贸易。同年晚些时候，政府措施开始产生严重后果，虽然也并不是当权者所希望的。

"爱米丽号"（*Emily*）船主约翰·当奈尔已派外甥格里芬·斯提思（Griffin Stith）到另一个主要鸦片市场巴达维亚去充任他的代理商，指挥他的几艘鸦片船。荷兰人阻止斯提思在当地出售"爱米丽号"上的鸦片，他就把船开来广州，5月份到达。在接下来的4个月，船停泊在黄埔码头，在善解人意的顾盛帮助下，零星地出售鸦片并维持着价格。由于交易开始的时候，一个美国水手涉嫌谋杀，使得美国所有贸易中断，美国人群体暂时联合起来，最后，这位可怜的水手遭到了惩罚。没有耐心的清朝地方官员在船上举行了特别聆讯，之后水手被带下船，不久后被中国人依法绞死。[3] 后来，一个中国索贿者被捕，原因却与他的此种非法勾当没有关系，他交代了所有事情，暴露了他的行径和所受金额，以及船舶名称和与此相关的官员名字。由此而来的压力造成了"我们记忆中最严酷的迫害"，相关的船只被迫离开港口，不准携带回

---

① 尽管马里兰历史学会有大量充足的资料，但是还没有出现关于这位重要商人的任何论著。

② 1822年6月15日致 Macintosh & Co.，Yrissari & Co. LB，JMA。

③ 关于这次事件更详细的研究很快就会出现。据说一个牵涉的官员早在6年前就已经不准浩官从 *Wabash* 号事件中抽身出来。参看1821年11月11日的秘密磋商，EICoA。

帕金斯洋行的*Levant*和*Milo*号船离开伶仃岛，油画，佚名中国画家
美国迪美博物馆藏，M11693

程物。被驱逐的船只中就有“爱米丽号”。①

这个事件影响深远。鸦片贩子被迫去寻求更安全的机制来买卖鸦片。他们之所以能迅速进行交易，是因为旧机制中的很多方法已经使用几十年了。早在18世纪80年代，英国人就使用了远离清朝官府管辖范围的船只充当趸船，② 西方先进的重炮和航海技术已能足够使走私者非常安全地停泊在中

① Hosea Ballou Morse，*The Chronicles of the East India Company Trading to China，1635-1834*，vol. 4：48 and 49；Michael Greenberg，*British Trade and the Opening of China，1800-1842*，121；以及 Charles C. Stelle，“American Trade in Opium to China，1821-1839”，*PHR* 10 no. 1（March 1941）：58。尽管 Stith 碰到很多困难，他仍然获得了很好的收益。参看 1822 年 1 月 11 日 Stith 给 Francis Dallam 的信，Dallam Papers，MS 1250，Maryland Historical Society。

② Samuel Shaw，*The Journals of Major Samuel Shaw*，Josiah Quincy ed.（Boston，1847），238-239.

国沿海的任何地方。[1] 同样最迟在1815年，在广州购货而在黄埔取货的做法已经非常普遍。[2] 1821年底，这些留存的东西都被整合进了一个系统。英国人在1822年春天就已经完成了这个事情。美国人慢一些，但在第二年，帕金斯洋行就已经把“军校学生号”（*Cadet*）停泊在伶仃岛了。[3] 秩序是象征性的，1821年后，对几乎所有要冒险面对清朝官府的事务，英国私商和美国商人都非常谨慎。如同他在经济事务中的理性一样，顾盛的谨小慎微体现在“爱米丽号”事件后他写给“詹姆斯和托马斯·H. 帕金斯商行”的信中：

> 就算在鸦片价格没有可能低至3.5到4美元的情况下，我们还是认为在这种情况下处理鸦片不是谨慎或明智的……万一船只得到命令把鸦片运到伶仃，并且没有出什么意外，或者在澳门申请引水。如果这样做的话，在这里的代理商知道船只到达之前，船长就能与他取得联络；万一引进这艘船会引起太多危险，船只则必须前往其他地方，不必遭到盘问。

这封信的日期是1821年11月17日。信件的其余内容，以及同时期的其他信件都清楚地表明顾盛从未想要放弃鸦片贸易，

---

① 1791年和1792年，有一艘英国港脚船停泊在Lark's Bay（在澳门以西的一个岛屿Montanha西侧）出售鸦片。参看Hosea Ballou Morse，*The Chronicles of the East India Company Trading to China*，*1635-1834*，vol. 2：188-189 and 199-200。同样参看Amasa Delano，*Narrative of Voyages and Travels in the Northern and Southern Hemispheres*（Boston，1817），43；以及Frederic W. Howay，*Voyages of the Columbia*（New York：Da Capo Press，1961），420-421。

② 参看W. S. Davidson 1830年3月8日的陈述，Second Report on the East India Company's Affairs，Parliamentary Papers，H/C，1830，V：166，以问题2525为开头。Davidson是后来颠地公司的前身公司的创始人，他十分熟悉鸦片贸易事务。因为他1811年就来到了中国，他有条件很好地描述鸦片贸易早期状况。

③ Stelle，“American Trade in Opium to China，1821-1839，”59-61. 从1825年到1828年，公司的趸船是*Levant*号，船长是Robert Edes。*Levant*号后来被*Tartar*号取代，后者船长是James Sturgis。

而是希望能够在珠江口外的其他地方继续进行。[1] 此后，鸦片销售就非常迅速了。1832 年搭乘美国军舰“波托马克号”（*Potomac*）［海军司令是约翰·多纳斯（John Downes）］访问过广州的雷诺兹（J. N. Reynolds）从一次对抗马来海盗的惩罚行动中回来，他在信中这样描绘：

> 在我们的官员与拉惕默先生用餐时，他离开了餐桌一会儿，很快就回来了，几乎没有错过任何东西。他告诉客人他离开的时候做了一笔价值 2000 美元的鸦片交易，并向他们断言中国人在鸦片贸易方面是非常杰出的行家。[2]

这种被马士称为“伶仃体制”的新交易方法发展完善后非常简单。它是高效、安全和利益的典范，充分利用了先进的西方技术、中国政府组织中的漏洞以及人类所共有的贪婪。船只到达海岸后会停泊在伶仃洋，先把鸦片运到一艘趸船上，再把船开往黄埔锚地。中国掮客或当地鸦片贩子会用白银在广州的账房购买鸦片票据。如果他们希望能够在一个月左右拿到鸦片，他们必须支付“订金”（通常是 50 美元），到达趸船时再支付余下的钱。外国侨商会向鸦片货主每一箱都收取一定的酬金，船只通常也会得到一笔逾期保管费。交易中的危险而不愉快的部分——贿赂官员，把毒品搬到岸上，零售给瘾君子等等——都由中国人处理。[3]

鸦片由“走私船”从伶仃洋运走，这些长而窄的船装载着沉重的货物，由两行桨滑行驱动。中国人称这种船为“快蟹船”或者“扒龙”。掮客会到趸船那里，拿出他的票据，每

---

① 参看 1821 年 11 月 17 日 P. & Co. 给 J. & THP 的信，P. & Co. LB。

② Jeremiah N. Reynolds, *Voyage of the United States Frigate Potomac* (New York, 1835), 353. 同样参看 WCH, *The Fan Kwae at Canton* (London, 1882), 65-73。

③ RBF 声称这种生意由大约 40 个鸦片贩子组成的联盟在广州处理。参看氏著，*Remarks on China and the China Trade* (Boston, 1844), 46。

箱鸦片交5美元的手续费，再结清余额。箱子里的鸦片会被取出重新装进草席做的袋子里，搬运到中国船上。走私者技术非常熟练而迅速地完成交易。“伶仃体制”比旧贸易方式所体现出的巨大优越性促使研究英国鸦片政策史的历史学家们认为“1821—1822年禁烟事件给走私者提供了天赐良机”。[1]

波士顿人控制的非法鸦片贸易的土耳其部分，直到19世纪20年代中期才真正有保障。毫无疑问约翰·雅各布·阿斯托和史蒂芬·杰拉德[2]是波士顿人最可怕的竞争者，他们在清政府强硬态度下惊恐地不再染指这项贸易。但其他人仍然继续着鸦片贸易：撒冷的约瑟夫·庇博地（Joseph Peabody），波士顿的威廉·格雷（William Gray）和最重要的约翰·当奈尔，他们是1821年之后那些重要的美国商人中仍继续往广州运送鸦片的人。通常他们在广州的代理商要么把持着鸦片等待顾盛定出价格，要么把鸦片出售给某个出价的侨商。甚至那些想极力绕开英国东印度公司限制从土耳其贩运鸦片来广州的英国人，也唯顾盛马首是瞻，后来则听从罗素的指挥。[3] 这种垄断价格的方式，与其他地方最近看到的大垄断组织控制下的工业相似。如果意见不统一，帕金斯洋行就会采用更有力的方法。约翰·拉惕默在给一位联络人的信中描绘了顾盛离开中国几年后这个系统的运作：

> 在帕金斯洋行存在的那段时间里，他们完全支配着土耳其鸦片市场。如果他们得到建议把一些鸦片给别人，他们会通过以低于出售价的价格出售某种商品迫使市场

---

① David E. Owen, *British Opium Policy in China and India* (New Haven: Yale University Press, 1934), 115.

② 有关Astor参与鸦片贸易的情况，参看Porter, *John Jacob Astor*, vol. 2: 599-600；以及Stelle, “American Trade in Opium to China, 1821-1839”, 440。

③ 讨论到对他的鸦片所定的价格，1829年詹姆斯·孖地臣在给他的合伙人的信中说：“在土耳其，你必须根据罗素做的来指导你的行动。”（1829年4月3日致William Jardine, JMA。）

价格下跌，——当新货物到达时，代理商不得不与他们达成某种协议，与他们联合销售……或被迫以比他刚到达时根据行情表上的价格所期待的要低得多的价格卖掉鸦片。一旦他全部售出，在这些鸦片还没有运走时，市场价格会突然毫无缘故地上升，这是对他的极大侮辱。也许全部货物成为某个外国侨商的财产，他是通过中国掮客购买来的。[①]

然而波士顿人偶尔也会遭遇意外。1825年秋季，陆军上校托马斯·H. 帕金斯（Colonel Thomas H. Perkins）显然使商馆在按照顾盛的意愿运作方面用力过猛了。帕金斯道歉说："关于鸦片的所有方面，我必须承担所有对我们的谴责。我没有尽力扩充我们自己去阻止侵犯者……苦恼的是春季将要运走的鸦片数量会超过您的希望。"[②] 公司至少装运了1254箱鸦片，这个季度的具体数字也许更多。[③] 尽管帕金斯洋行肯定是最大的鸦片贩子，其他公司同样也在从事这项买卖，贸易总量已经远远超过了56箱和马士所估计的这段时间年平均131

---

① 1833年9月12日JRL致G. G. 以及S. Howland和Elisha Tibbets，LLB。

② 1826年1月2日，J. E. C.，"Extracts"。同样参看1824年7月16日和1825年1月15日J. & T. H. Perkins & Co. 给JPC的信，FP。Perkins在英国的代理人Samuel Williams和Charles Everett看起来在这个过多订货中起到了重要作用，但是这位陆军上校承担了全部责任。

③ Stelle也做了大致相同的估计。他说："1824年1月到1825年8月间运到广州的鸦片至少是1733担"，见"American Trade in Opium to China，1821-1839"，67-68，注释42。盒、箱和担是混用的。每一单位约为133又1/3磅鸦片。

箱的数字。[①] 5 年前，帕金斯洋行估计市场会吸收超过三四百箱，这是很大的增长。[②] 直到英国东印度公司的特许权被取消为止，看起来数量也并没有低于每年 1000 箱。这段时期土耳其鸦片的年产量在 14 万到 15 万磅之间，但尽管在 19 世纪晚些时候增长相当快，一般来说还是相当稳定的。从 1812 年战争开始到 19 世纪 30 年代中期，美国人是土耳其鸦片最重要的买家。从"詹姆斯和托马斯·H. 帕金斯商行"的一些零星

---

① 马士虽然是谨慎的学者，偶尔也会犯这样的错误。他提醒读者注意土耳其鸦片数据的不准确性，后来修订了他上述的总数。参看氏著，*International Relations of the Chinese Empire*，vol. 1，*The Period of Conflict*，*1834-1860*（London：Longmans Green & Co.，1910），210；以及 *The Chronicles of the East India Company Trading to China*，*1635-1834*，vol. 3：323 and 339。获取可靠的商业数据的中心问题是事实上帕金斯洋行和它的继承者旗昌洋行非常小心地保有着商业的秘密，尤其是关于土耳其鸦片的信息。另一方面，运到英国趸船上的印度鸦片迅速而准确地由一艘停泊在伶仃的英国趸船 Magniac & Company 的 *Hercules* 号上的报纸发表了。拉惕默甚至指责旗昌洋行故意给出短缺的数据。参看他 1833 年 9 月 12 日给 G. G. Howland 和 Elisha Tibbits 的信，LLB。根据某种程度上比马士得到的更好的资料，我们仍然只能够大致地进行判断。从 19 世纪 20 年代早期直到英国东印度公司 1834 年失去垄断权期间，美国人每年出售的土耳其鸦片一定超过 1000 箱（Stelle 估计从 1824 到 1830 年，每年有 1000 到 1500 箱，"American Trade in Opium to China，1821-1839"，67-68，注释 42）。这个估计也许可以作为一个基数，但这个数据相当于超过土耳其每年生产量的 90%的事实，很充分地说明了美国贸易的重要性，尤其是帕金斯洋行在其中的比重。参看拙文"American Merchants and the China Opium Trade，1800-1840"，*BHR* 42 no. 4（Winter 1968）：431，注释 48。也许最可靠的数据来自 RBF 的笔记本。他说："1827－1828 贸易季度由于数量有限和随之而来白皮土（Malwa）高价的缘故，消费增长非常快。至少有 1600－1700 担，尽管报告上现实不超过 1400 到 1500 担，归因于在西班牙人的账号上进口了 230 或 240 担，这些并没有算在运送的数据里。这比任何前一年的消费增长了 33.3%或者 50%……在 1828－1829 贸易季度，土耳其鸦片的进口数量是 1500 担，1829－1830 贸易季度大体相当。"RBF 估计的 1827－1828 贸易季度土耳其鸦片的增长看起来相当夸张。然而他熟悉波士顿利益团体里的所有成员，而且 1830－1831 年他是"伶仃号"趸船的船长，他所处的位置应该知道他自己说的一切。他继续说："有一些年没有关于土耳其鸦片消费的记录，因此要做任何的精确估算都是不切实际的。"然后他接着嘲笑自己的指令。参看笔记本，第 2 本"关于中国和马尼拉市场上的货物质量和包装的评述"，FFP。1834 年之后就没有可以与之相比较的数据了，但是一位《中国丛报》的"读者"在 1837 年 10 月那期说每年的供应是 2000 箱。另一方面，*Hunt's* 坚持每年的消费量没有超过 1000 箱（vol. 3：471）。参看附录二表三《美国的土耳其鸦片贸易》。

② 1821 年 7 月 15 日 P. & Co. 致 J. & T. H. Perkins，P. & Co. Letterbook，BL。

通信中可以看出，波士顿集团通常收购了年产量的主要部分。①

美国人和印度鸦片贸易

如同扬基鸦片贩子与行商浩官之间众所周知的关系一样，独占土耳其鸦片贸易，不受东印度公司规则的控制，这些都使美国人在鸦牙贸易上拥有很多重要的有利条件。另一方面，这些美国人不能购买英国东印度公司在印度出售的货物，并被排斥在中印直接贸易之外，他们只有通过英国人才能参与其中。这样，一些小的巴斯商人，尤其是孟买地区的商人，成为美国人最好的委托商。两国商人小心谨慎地对待英国法律甚于对待中国法律，在广州，他们对贸易的兴趣超过了确保西方权力的兴趣。

关于出口到中国的印度鸦片贸易中美国人角色的研究一直没有充分展开。其开端很不清晰，但似乎甚至在1812年战争前就已经小规模地开始了。菲利普·阿米顿、本杰明·威尔考克斯和查尔斯·布莱特在他们访问广州期间都曾到访过孟买，并在孟买做了某种生意，② 至少前两位已经明确地介入了鸦片贸易。1818年，美国双桅帆船“亚历山大号”出现在印度东部沿海的葡萄牙殖民地，试图插手白皮土贸易。③ 这次行动没有成功，然而，美国人对他们充当中间人，偶尔还从

---

① 1825年1月15日THP致JPC，SCP；1824年4月28日和5月6日、7日，J. & T. H. Perkins & Sons致P. & Co.；1818年3月24日J. and T. H. Perkins致F. W. Paine，以及1819年6月16日致Woodmas & Offley；J. E. C.，“Extracts”。比较“Memo of Opium Shipped from Smyrna，1823”，CP；以及1832年11月15日WS给AH的信，HP。

② 1811年11月15日JPC致EC，以及1809年9月28日EC致费城B. and J. Bohlin，CP。

③ 1820年5月20日詹姆斯·孖地臣在孟买致加尔各答的M. Larruleta & Co.，JM的书信集。孖地臣自己两年后也做了类似的努力。参看他1819年12月到1820年春天的书信。

事次大陆鸦片贸易投机买卖而感到满意。美国和印度之间明显存在相当的贸易，一些鸦片可能被长途运到美国，再运到中国，但这样迂回的旅程肯定使美国商人在与港脚商人的竞争中处于相当劣势。

在从事印度鸦片贸易的美国先驱者中，本杰明·威尔考克斯领事的名字经常出现。他就是最早出现在土耳其鸦片贸易中的那个诡计多端的人，这是在这位非凡人物的传记中引起激烈争论的事实。尽管并不完全清楚他是否从1808[①]年访问孟买，直到1827年离开中国这段时间，一直都在不间断地从事鸦片贸易，但有非常重要的旁证说明1812年战争的紧急状态促使威尔考克斯本人形成了一套把印度鸦片卖到中国的新方法。

当然，战争期间在广州陷入困境的美国人不得不另辟财源，因为商馆的生活仍然奢华而昂贵。在广州的美国商人想要寻找一些生计，但不必离开广州口岸，这样停泊在珠江口待命的英国舰队十分吸引他们。因此，也许不难推断威尔考克斯、约翰·顾盛、菲利普·阿米顿等其他以前从事过鸦片贸易的人找到了用熟悉的方式赚钱的途径。事实上战后他们都在印度鸦片贸易中发财，进一步更有力地证实了这个推断。从1784年开始，在中国销售鸦片已经非常常规化。稍稍一点贿赂就能使清朝官员在鸦片船开进珠江时睁一只眼闭一只眼。行贿之后，鸦片船就可以一直开到溯江而上30英里左右的黄埔，停泊在安静的锚地，开始向前来购买的鸦片走私者销售鸦片。

很自然，侨商们并不像那些只作短期停留的大班那样为销售问题焦虑。因此他们经常能够从那些火急火燎地急着离开广州的大班处买到有利可图的鸦片。侨商们也熟悉中国的环境、

---

① 迄今为止发现的他最多的书信收藏在美国国会图书馆的LP和特拉华大学。

习俗和人民，这能让他们在避免困难或者遭到逮捕时使自己脱身，处于更有利的位置。事实上，美国定居者很少被抓到（即使是在19世纪30年代末期那种混乱局势下）。由于种种原因，这些被放逐在广州的美国人的理想生意就是鸦片贸易。一船鸦片通常要好几个月才能出售给进一步分销的掮客和零售商。鸦片收益也非常可观，而且是现金交易，需要当场支付。最后，这种销售也无须英国人以封锁港口相威胁。

1815年1月1日，新走私体制的受益人之一顾盛非常不真诚地证明走私“现在非常简便，自从你（爱德华·卡灵顿）离开（1811年）这里后，中国人的敲诈勒索变本加厉，现在任何事情都可以用钱来进行，由于美国贸易的中断，银钱成了稀有的东西”。[①] 1812年战争很明显切断了美国的白银贸易，使广州出现了严重银荒，这使美国人和广州人都在改进他们的走私技巧，以从中国本身获得所需的银钱。战后新发展起来的贸易体制给已经巨大增长的非法贸易提供了必要手段，也给同样成长起来的合法贸易提供了方法。

由于走私者极力掩饰行踪，很难勾勒出贸易的情形，但在《根特条约》（Treaty of Ghent）使得常规的美国贸易重新开始之前很久，威尔考克斯兄弟就已经开始从事这样的贸易了。1815年5月15日，威尔考克斯领事挽救了“吕底亚号”（*Lydia*）上的印度鸦片，这是他自己及其兄弟所有的一艘纵帆船。鸦片是5月5日由港脚船运来的，这是英国东印度公司大班委员会报告得知和平的第二天。威尔考克斯兄弟把鸦片运到黄埔销售。在黄埔，威尔考克斯领事通过欺诈，以及适时使用领事印章等方式，成功阻止了一位满怀疑虑的清朝

---

① 1815年1月1日JPC致EC，CP。顾盛的用词非常有意思，因为走私是他自己积聚大量财富的手段。

官员彻查这一小船货物的举动。[1] 不久之后，“吕底亚号”准备装载一船中国货物离开，大概再也没有遇到困难。

遗憾的是，这种能够确定的关于威尔考克斯的记录仅仅开始于1824年。这一年威尔考克斯与他最大的孟买委托商奥勿治·多剌治（Hormuzjee Dorabjee）做了价值113621.72美元的鸦片生意。这年春天，自从战争结束时就在鸦片贸易中担任大班的约翰·理查森·拉惕默（John Richardson Latimer）（他母亲来自理查森家族）到达广州，开始在账房帮忙。他的到来使威尔考克斯能够为了促进与鸦片船主的生意而抽身前往印度。此后，他进行了数额巨大的鸦片贸易。1825年，他的鸦片贸易额21825.12美元，1826年是45487.54美元，1827年是25738.70美元。[2] 由于威尔考克斯在印度东西两岸都还有其他顾客，同时他自己又是一名投机商，他必定是鸦片贸易中最重要的美国商人。1827年他赚到了足够让他退休的钱，他把广州的所有生意都留给了拉惕默。

约翰·理查森·拉惕默是一个有着矛盾性格的古怪的人。所有记载都表明他是位优秀的商人，但他害怕在美国生意失败。他在社交界非常成功，但却没有安全感，而且自负、多疑和吝啬。尽管在所有留下了记录的美国人中他非常受欢迎，但他政治上非常保守，对那些持不同意见者心存愤恨。拉惕默也许是商馆里面最无处不在的人，经常来来往往，与别人聊天，这使他在中国人中获得了“锣”的绰号。尽管这种无休止的行动使他能得到源源不断的信息以满足商业目的，但这也许很大程度上归因于他对信息需求所表现出来的紧张个性。他的朋友亨利·拉尔斯通（Henry Ralston）说他是“发

---

① Hosea Ballou Morse, *The Chronicles of the East India Company Trading to China, 1635-1834*, vol. 3: 237. 特选委员会的报告更加完全，EICoA。

② 参看LP中威尔考克斯记述的摘要。尽管他很富有，如果没有浩官特别的慷慨举动，威尔考克斯永远无法退休。参看本书第32-34页。

烧”，他自己也承认每天抽两打雪茄。他很友好，但他希望按礼节行事。他在给姐姐的信中吹嘘广州没有人称他为“杰克”(Jack)。[①] 拉惕默把威尔考克斯留下的印度鸦片贸易发展到了新的高度，至少有一段时间甚至威胁也要控制土耳其鸦片市场。大约从 1829 年 4 月到 1831 年 2 月，在拉惕默帮助下，菲利普斯（John Phillips）船长把趸船“托马斯·斯加德古号”（*Thomas Scattergood*，为威尔考克斯所有，也许是以一位有名的贵格会牧师的名字命名）停泊在伶仃泊地，在这里净赚 3 万美元。[②] 1834 年，拉惕默就能够带着他自己称为“足以使他过舒适生活”的钱回家了，这些钱足够让他有生之年在惠明顿（Wilmington）城外作为一名乡绅居住下来，并成为一名投资者。

在威尔考克斯前往印度的那一年，新成立的旗昌洋行派的一位合伙人菲利普·阿米顿也带着同样的任务来到印度。已经在本地给“布朗和艾夫斯（Brown & Ives）”商行做了很多年代理商的阿米顿，1812 年前就已经开始处理鸦片贸易了；他在鸦片贸易中有着与威尔考克斯同样丰富的经验。实际上，如果费城商人在被冠以鸦片贸易先驱者的人存在竞争者的话，这些竞争者就是普罗维登斯商人。旗昌洋行的两名成员塞缪尔·罗素和阿米顿，是两个普罗维登斯主要商业家

---

① 1830 年 3 月 30 日和 1831 年 3 月 28 日 JRL 致 Mary Latimer，LP。有关 Latimer（拉惕默）的生平，参看 Joan K. F. Thill，“A Delawarean in the Celestial Empire”（未刊硕士论文，特拉华大学，1973 年 6 月）。

② 1831 年 12 月 6 日 JRL 致 Philip Ammidon，以及 1831 年 2 月 10 日致 BCW，LLB。这艘船原来是 Edward Thomson 舰队中的一艘。*Scattergood* 号的利润随着波士顿利益团体的趸船 *Levant* 号的失事而消除了竞争后增加了。一些 Latimer 的费城联络人甚至把钱送到印度投资到中国的鸦片贸易中，以便从次大陆有利可图的贸易中获得利益。

族联盟资助的。[①]

旗昌洋行从一开始就参与了印度鸦片贸易。这家公司组织严密，运作良好——非常独特——是一个完全进行委托生意的公司；公司本身并没有生意，从来不会由于与自己委托商之间的竞争陷入尴尬境地。到 1827 年阿米顿乘船回国时，旗昌洋行或许已经成为了广州最重要的美国鸦片商。[②] 究竟哪家公司是最大的鸦片商并不比他们之间联合的事实重要。与那些从事合法贸易的商人相比，所有国家在广州的鸦片商都更紧密地联合在一起，不论他们是贩运印度鸦片还是土耳其鸦片。他们共用设备，包括趸船，互相签发汇票并予以折扣，而且不论在广州还是回国后都保持友好的关系。鉴于每年都有大量鸦片运来，在他们关系紧密的兄弟会里，有着不断寻找新市场的动力，使鸦片贸易得到了尽可能好的控制。当然存在价格竞争，但竞争并不残酷，每个人都有钱赚。几乎毫无例外，在旧中国贸易最后 25 年里参与鸦片贸易的美国人都能够在几年之内带着大量财产回家。

1830 年帕金斯洋行和旗昌洋行合并，美国最重要的鸦片代理商和最大的土耳其鸦片中国进口商联合起来了。[③] 尽管之前他们也曾联合过，但现在合并到了单一、正式的领导下。旗昌洋行的土耳其鸦片贸易大多是接收了帕金斯洋行的生意，但他们印度鸦片贸易的来源则需进一步做出说明。帕金斯洋行之前已经从印度进口了一些鸦片，后来从在加尔各答成立

---

① 从普罗维登斯城的优势来看，美国的鸦片贸易可以被看成是罗德岛商人被环境驱使着寻找经济上存在的理由的勇敢史的另一篇章，这些篇章包括从海盗行为到糖蜜及朗姆酒的非法贸易，再到奴隶贸易，最后到中国的鸦片走私。

② 投资印度鸦片贸易的方式在某种程度上与通过伦敦的汇票贸易相似。也是在 Draw-bill 的基础上进行的，不同的是，印度贸易中，当投机者在加尔各答购买鸦片时，他给广州的代理商写一份汇票。汇票与鸦片一起来到中国，在 30 到 60 天内支付。

③ 参看本书第 217-221 页。

公司的美国人希金森（J. B. Higginson）手里进口，但是“伶仃号”趸船也为一些巴斯商人服务。著名的巴斯商人有架华治（Cowsajee）、化林治（Framjee）和可罗乜之（Hormajee）家族。[①] 读者会回想起阿米顿似乎很早就开始了印度鸦片贸易。他曾好几次去过次大陆，非常熟悉那里的鸦片贸易。赫德（阿米顿为公司招募来的员工）加入旗昌洋行前，至少做了20年印度船长，他在孟买和加尔各答的朋友们后来继续给他运送货物。[②] 尽管有这三个鸦片贸易的来源，旗昌洋行的印度鸦片贸易看起来仍只有其土耳其鸦片贸易的一半，直到英国东印度公司特许垄断权被取消和约瑟夫·柯立芝大张旗鼓地航行到印度后都是如此。[③] 然而林则徐清剿鸦片时，涉及的鸦片大部分是来自印度。尽管旗昌洋行对旧土耳其鸦片贸易垄断已经结束，但直到1839年初该公司宣布放弃鸦片贸易时，它仍是主要的鸦片贸易商。鸦片贸易中，旗昌洋行通常名列第二或第三，位于英国怡和洋行和宝顺洋行之后。

19世纪30年代，土耳其鸦片进口量仍然保持相当平稳，但其重要性相对降低了。[④] 另一方面，运到中国的印度鸦片量增长了25%。1835—1838年之间年均进口量比之前三个贸易季度多3000箱。1839年超过2万箱上缴给中国人的鸦片中，只有53箱土耳其鸦片。在旗昌洋行上缴给清朝当局的1437箱鸦片中，只有四又三分之一箱是土耳其鸦片，尽管亨特证

---

① 参看福士档案中的旗昌洋行鸦片账目，BL。曾担任“伶仃号”趸船船长的RBF保留了陋规和逾期费的账目，记载着至少20名巴斯人1831年春天把货运给了旗昌洋行，他们中的大多数是很小的商人。在这些记录里最大的鸦片贩子是P. & Co.。

② 参看19世纪30年代奥古斯丁·赫德收到的从加尔各答和孟买来的信。在赫德的朋友中，有孟买的仁翰治·架赊治·雷克商行（Jehanjee Cursetjee and Leckie & Co.）、加尔各答的富商亚肖图斯·戴（Ashootos Day）。

③ 他于1833、1835和1836年到访了印度，也许其他时间也曾到过印度。

④ 不同的资料作出的估计从1000箱到2000箱不等。参看附录二表三。

实公司隐瞒了“大约50箱”。[①] 很明显，到这个时期结束时，土耳其鸦片已不再重要，而且其他人也插手其中了。

鸦片打开了第二个海港

鸦片到哪里，其他货物也到哪里。19 世纪 30 年代走私的就不只是鸦片了。在珠江口外停泊的趸船船长很快就发展出鸦片贸易之外有利可图的几条贸易线。罗伯特·本涅特·福士 1831 年 6 月 25 日写信给威廉·斯特基斯说，自他 8 个月前到达这个鸦片据点后，已经在补给品买卖上赚了约 3000 美元。另外他还赚了 1.5 万美元的酬金和滞纳金。[②] 他还从事大米生意，利用清政府的法令探求进一步开放中国贸易。

为了缓解国内偶尔发生的米荒，清政府会颁布免除装运大米进口的船只所有港口费的规定，这样给趸船操作者带来了另一种生意。尽管这是旨在确保中国不受饥荒威胁的措施，但客观上却使西方商人得到了免除黄埔重税的一个便利方式。[③] 装载大米的船会在伶仃卸掉部分货物，有时比广州的要价还高。其他船会去趸船处购买所需的大米，以通过海关官员的盘查。甚至大米有时还用来出租。某大班曾经愉快地说某英国船长支付给他 500 美元，只为了得到许可把他的部分

---

① WCH, *The Fan Kwae at Canton*, 146. 同样参看 WCH, “Journal of Occurrences at Canton during the Cessation of Trade at Canton”，在波士顿文艺俱乐部 (Boston Athenaeum)。RBF 说旗昌洋行上缴的大多数鸦片都是一些小的巴斯商人的财产；*PRs*, 159。

② RBFP.

③ 关于大米贸易发展的很好的评论可以在 John Francis Davis 爵士的 *The Chinese* (London, 1835), vol. 2: 450 找到。Joseph Archer 说一艘 400 吨的船如果装载 300 到 3500 担大米开到黄埔的话能够节省 3016 美元。参看 1833 年 10 月 24 日 Archer 给 John Cryder 的信，Archer LB, HSP。

大米运到黄埔。[①] 很快也出现了其他机会，马尼拉和巴达维亚两地都是相对来说离广州不远的重要大米来源地。没有带够资金来中国采购货物的船可以先去一趟上述两个殖民港口的任何一个，装载大米来到广州，既能够在广州赚一些钱，又可以获得免税特权。伶仃商人除经营鸦片、白银、大米和补给品外，也开始经营其他商品，甚至包括大量原棉、纺织品、金属，偶尔也有一些出口产品。

伶仃出现了一个长期漂浮货舱的小型舰队，贸易也很快变得种类繁多，伶仃不再只被看成走私基地了。1825 年大班委员会称：

> 许多从事港脚贸易的船只在停留中国期间都停泊（在伶仃），不再进一步溯江而上。这里有为鸦片走私和非法运输提供的设备，已经相当广泛地提供给了其他商品。船只一直停留在那里，直到鸦片被运走，并装载上了大米……这能够免除港口费……这些规费以前是支付给清朝官员以得到他们默许的，现在实质上已经取消了。鸦片贸易已经差不多放弃了澳门，伶仃十分安全，这是以前没有的。[②]

在接下来的几年里，高额港口税把越来越多的船只从广州吸引到了伶仃，直到大多数私人船只经常性地至少从事一些走私为止。

“因此勒索的负担被推到英国东印度公司头上”，[③] 公司的竞争者得到了额外的优势。“在去年夏天某个时候，”大班委

---

① Tilden，“Father's Journals”，II：46（第 7 次航行，1836 年 12 月 26 日）。根据 RBF 的记载，甚至一些来自邻近地区的中国船只都会在伶仃购买大米。参看他的笔记本，第 2 本，RBFP。

② Hosea Ballou Morse，*The Chronicles of the East India Company Trading to China*，*1635-1834*，vol. 4：107.

③ 1829 年 11 月 16 日特选委员会报告，EICoA。

员会“悲叹”道，“不少于12或14艘船运送货物（到伶仃），或在此装载货物，但却没有一艘在黄埔干这些事情”。① 1833年大约有四分之一的美国来华船只根本就没有驶进珠江，其他船中有相当一部分在去黄埔锚地前都曾经在伶仃停留。② 最后，旧中国贸易后期开始出现的那些东西，全部被鸦片战争终止了。1841年比例倒过来了。这年秋季，一份《广州周报》上列出了50艘在华的英国船，只有12艘在黄埔；9艘美国船，4艘在黄埔；4艘其他国家的船只，只有1艘不在伶仃。③

在《南京条约》正式“开放”中国之前，伶仃已明显地成为了跟广州本港竞争的重要港口。台风季节或清朝官方进行严厉威胁时，趸船会移到其他地方，最可能移到香港，这里基本上是一块陆地，或多或少是伶仃泊地的合法版。伶仃也在另一方面预示着香港的未来——它成为了向中国北方沿海贸易的基地。

随着早期鸦片贸易的扩大，由于伶仃逐渐出现了过剩货物和由此导致的价格下降，向北方扩张的鸦片贸易也发展了。此外如同伶仃早期情况一样，其他商品的贸易首先都是依靠非法的鸦片贸易进行的。只有在鸦片贸易润滑了沿海贸易的齿轮时才出售毛纺织品。为了缓解负担重而又不景气的市场，1823年詹姆斯·孖地臣开辟了新贸易，其他人紧随其后，包括美国人查尔斯·布莱特（Charles Blight），他当时是宝顺洋

---

① 1829年11月16日特选委员会报告，EICoA。

② *CR* vol. 2（May 1833）：46. 早在1830年Davis估计，考察整个中国贸易的价值，“半数是秘密进行的”，John Francis Davis爵士的陈述，1830年2月22日，Parliamentary Papers，H/C，First Report on the East India Company's Affairs，问题483。至少到1832—1833贸易年度，伶仃的船只已经形成了他们自身的互相联络的系统。*The Canton Weekly Price Current* 在这一年度的某些时候刊登了Robert Edwards的*A Signal Book for the Use of the Lintin Fleet*的广告，这是对Marryat的密码的补充。

③ 1841年10月的几期。

行的合伙人。这项贸易后来被放弃了，原因不明。[①] 1827 年美国人约书亚·斯特基斯把“灰狗号”（*Grey Hound*）驶向东方，其他人也不断尝试重新开辟沿海市场。[②] 1833 年大班委员会报告伶仃的鸦片供应过剩，以至价格已经比运费还低，[③] 威廉·查顿派出了“气仙号”（*Sylph*）、“约翰·比格号”（*John Biggar*）和“詹米西娜号”（*Jamesina*）沿海岸北上，这次新贸易利润非常好。[④]

几年内，广州的鸦片商行就开始派遣小而迅速的纵帆船沿海岸北上，给他们自己的商站提供补给。“小伶仃”在南澳（Namoa）、泉州（Chinchew）、普陀（Poo Too）以及其他地方发展起来。快剪船从印度运来鸦片，在 19 世纪 20 年代早期之后它们甚至可以不受季风影响，把货物运到伶仃或者委托商指定的其他地方。鸦片贸易后期，由于商站船只停泊地变得非常敏感，为了确定秘密交货地点，装载鸦片北上的小船上通常都搭乘着中国掮客。一套精心设计的暗号系统会把岸上鸦片贩子的“快蟹船”引出来装载鸦片，支付白银，有时甚至用黄金支付。

大公司则把生意做成保质保量、贸易稳定的非常有条理的系统。怡和洋行在香港的趸船主管威廉·摩根船长（Captain William Morgan），也是 19 世纪 40 年代初公司沿海运作的首脑人物，他这样解释运作常规：

---

① 孖地臣把它归咎于“这里（广州）和澳门官员的忌妒”，Michael Greenberg，*British Trade and the Opening of China*，*1800-1842*，139。

② 参看 1827 年 5 月 Sturgis 的信，澳门书信，JMA；以及 Hosea Ballou Morse，*The Chronicles of the East India Company Trading to China*，*1635-1834*，vol. 4：150。

③ Hosea Ballou Morse，*The Chronicles of the East India Company Trading to China*，*1635-1834*，vol. 4：331。

④ Michael Greenberg，*British Trade and the Opening of China*，*1800-1842*，139-140. 开到最北方的“气仙号”（*Sylph*）并没有做得这样好，但是它进入了没有准备的领地。

中国吸食鸦片者，Thomas Allom 绘制，G. Patterson 制成版画

> 所有从这里（香港）装船……运到东部沿海的鸦片，首先由斯图亚特先生（Mr. Stewart）检查质量——如果毛重短缺，就必须重新称量和包装……如果鉴定人确定质量低劣，就会在此基础上开具价值证明。
>
> 我应该告诉你鸦片运到船上时会称量毛重，任何船把鸦片运到岸上后都会再次称重。
>
> 如果注意到通常与鸦片一起的重量总额表，他们绝不会发现这些货物是否被抢劫过，什么时候被抢的——……如果一箱被打破了，在运上船之前肯定会修补好……我常常鸦片检验一结束就把证明送给莱特先生（Mr. Wright）。
>
> ……
>
> 我们所有船长负责运输一定重量的鸦片，他们与公司一道为任何损失负责。①

清朝官员对新贸易的反应相当慢，但新贸易却越来越有活力。

---

① 1841 年 7 月 14 日，香港书信，JMA。

W. C. 亨特关于那些无动于衷的清朝贪官的出色描绘，以及对他 1837 年乘坐旗昌洋行“玫瑰号”船[1]在沿海优游而具探索性的贸易的著名描写，当然不是这项新贸易的典型性事例，即使一年之后也不是。尽管海岸线很长，众多岛屿和海湾使巡逻非常困难，但 1838 年，连怡和洋行都在抱怨贸易减少。中国人的“打击”[2] 终于变得非常有效。从 1837 年开始，清朝官员警惕性显著提高，利用趸船做基地的西方船只开始自己运载鸦片。中国人不情愿攻击外国船只使得外国船比中国船更安全，大多数中国船都已经暴露，只要出动就会被驱散。甚至中国大帆船贸易都被政府强制停止，极大地遏制了广州地区和沿海一带的鸦片消费。威廉·查顿启程回家前不久写的信中说：

> 跟以前的情况相比，目前这里对鸦片贩子和鸦片烟鬼的打击并不非常严厉，但这种打击遍及全国各省，这是从来没有出现过的情况。[3]

禁烟运动在全国范围内展开。

林则徐和鸦片战争

对中国来说，鸦片贸易纯粹是罪恶，很难想象清政府还能够采纳何种其他的处理方式。鸦片正腐蚀国家吏治、败坏人们的道德（对满族当权者来说最重要的也许是军队）、银钱枯竭、生活费用高涨，这些都逐渐瓦解着政权和财政，甚至后来所谓的诚信。1838 年，非常熟悉广州事务的高官许乃济

---

① WCH，*The Fan Kwae at Canton*，67-70.

② 强制的严厉性增强了，直到战争期间这种严厉的强制措施才结束，那时整个贸易从根本上说依靠的是借贷或以货易货的形式进行的。

③ 1839 年 1 月 1 日查顿致孟买任些治·意之皮（Jamsetjee Jejeebhoy），威廉·查顿的私人书信集，JMA。

上奏朝廷力图使鸦片贸易合法化，但很难获得皇帝的准许。1838年9月以后这成了一个没有意义的论题。然而许多美商和英商仍然希望清政府能使鸦片贸易合法化。即使承认这些商人们对中国政治一无所知，也很难明白他们对鸦片合法化会给中国带来什么样的真实想法。他们都知道鸦片对清政府及其政治产生了有害影响，[①] 鸦片上瘾对人生理上的毒害也是众人皆知的。鸦片贸易对中国的利益、人民及国家力量损害太大了，不能允许它再继续下去了。然而不让鸦片贸易合法化，就有与英国势力产生冲突的危险。就算中国人清楚他们在军事上落后的程度，他们也别无选择。

随着进入中国的鸦片数量日益增加，清政府也越来越警惕。此时满族当权者也许已经竭尽所能剿灭非法鸦片交易，但在中国历史学家提出更多关于清政府对此事的特别论述的记录前，我们无法判断，并且并不十分清楚这些行动为什么没有取得更大成效。西方技术的先进是很明显的因素，但另一个重要的因素是清朝官员对此事态度不一致。可以肯定诚实的官员当然比鸦片贩子要多，但他们部下的贪污则是臭名昭著。比如，只要尽忠职守的官员离开广州外出巡视的时候，鸦片贩子和掮客们就准备乘机疯狂走私，甚至动用官府船只走私。出现这种反常情况部分肯定归因于受贿，但仅仅解释为贪婪也许太过简单。满族统治者并不受大多数人口的欢迎，人们会问，该种不满情绪会是何等显著的影响因素，致使清

---

① 顾盛清楚此事并数次对之发表评论。比如参看1830年10月20日他给Perkinses的信。后来的作者也对鸦片贸易的后果做出了令人沮丧的预言。比如参看1830年4月15日和1831年1月29日JRL给Isaac Heylin的信，以及1831年4月14日给Henry Toland的信，LLB。比较Frederic Wakeman，Jr.，*Fall of Imperial China*，127-129；以及Jonathan Spence，"Opium Smoking in Ch'ing China"，in Frederic Wakeman，Jr. and Carolyn Grant eds.，*Conflict and Control in Late Imperial China* (Berkeley and Los Angeles：University of California Press，1975)，142-173。

钦差大臣林则徐油画肖像
私人收藏

朝政府对外国走私者无能为力，那些外国走私者经常能在中国人中找到联盟者。[①]

从王青莲被任命为广东按察使开始，到1836年2月巡抚邓廷桢到任之后，官方对鸦片贸易的打击越来越严厉，不断升级，也越来越有效。巡抚邓廷桢是忠诚而严厉的官员，后来与命运不济的林则徐关系非常密切。邓廷桢对鸦片的观点可以用两句话来概括："让法律集中起来严厉打击财富和权力，秩序和文件就会随之配套。让政令在中国国土上得到严格执行；外国货物（鸦片）就自然消失了。"邓廷桢本质上是一位"诗人和文献学家"，他把禁烟运动更多当成是"取悦皇帝的责任和姿态"，而不是"在高尚原则上进行的圣战"。尽管外国人指责邓廷桢犯有贪污罪。

> 指责邓廷桢受贿基本上是没有根据的。关于在他任期内贿赂费用的增加的说法，也许是他严厉禁烟的结果。

① 查顿对中国的反对派非常有信心，他预见到了叛乱。参看本书第182页注释③中所提到的他的信件。

> 他忠实执行帝国政策，这在他三年任期内义律上校所做的报告中能够充分反映出来。

义律甚至担忧邓廷桢的行动会迫使贸易陷入绝境，而在不顾一切的人手里，制造出更多而不是更少的麻烦，这个预见太准确了。[①]

马士称1839年前，“尽管贸易还没有合法化，但已完全受到规范，因此把‘走私’一词用到这些业已进行的生意上是错误的”。[②] 现在，尤其在美国政府极力禁止毒品贸易进入美国时，无法简单地为这种说法辩护。清政府继续进行着禁止鸦片贸易的行动，在19世纪30年代后期更加严厉。后来一位权威告诉我们，“认为1838年林则徐到来之前鸦片贸易没有被中国当局经常严厉禁止，是荒谬的”。[③] 很多年来，广州商人不断提到鸦片烟箱被缉获，走私船被毁，掮客、鸦片贩子甚至吸食鸦片者被关押、处以死刑或者流放。随着英国东印度公司失去垄断权，以及他们对鸦片生产的鼓励，数量

---

① Chang Hsin-pao, *Commissioner Lin and the Opium War* (Cambridge, Mass.: Harvard University Press, 1964): 99-101. 甚至之前的总督都已经采取措施来加强法律的执行。1831年W. H. Low写信给塞缪尔·罗素说总督“非常激进，他不会接受贿赂”。参看他1831年1月8日开始的信，RP。

② H. B. Morse, *The Trade and Administration of China*, 3rd rev. ed. (London: Longmans Green & Co., 1921), 336.

③ Michael Greenberg, *British Trade and the Opening of China, 1800-1842*, 112. 从旧中国贸易到第二次世界大战，鸦片贩子对清政府的指责很明显只论及了表面。格林堡和张馨保的研究似乎开始重新考虑这些控制。时间更近一些的Thomas Metzger不仅仅对这些指责提出了疑问，而且对那些社会学家的判断提出了质疑，这些社会学家曾经力图解释中国官僚的“各种失败”。他不仅仅质疑了事实，而且质疑了解释，声称清朝官员不仅仅只是腐败者。很多人非常正直，是实际的社会公仆。“清朝政治文化牵涉一整套紧凑的、抽象的而普世的观念的基础，这些东西都超越了社会现实……儒家思想感受的是修身和平天下的沉重责任感。”在适当的学术范式下，他更加谨慎地总结：“当然这个主题需要更多的研究，才能够获得比较公允的结论。”参看Thomas Metzger, *The Internal Organization of Ch'ing Bureaucracy: Legal, Normative, and Communication Aspects* (Cambridge, Mass.: Harvard University Press, 1973), 412-414。

巨大的新鸦片淹没了中国。清政府自然更加关注，加倍地采取措施禁止走私，1837年后取得了显著成效。如果广州和沿海的鸦片贸易不是走私的话，就肯定是战争了。

当“扒龙船”被全副武装的西方人和印度水手控制的欧洲船取代时，随之而来的是冒着被抓捕危险而来所产生的实质的暴力冲突。因为，西方人都不愿意容忍那些导致自身受中国严峻禁烟法制裁的非常明显的有罪搜查。措词严厉的通告和残忍的事情令人心烦地时常出现。义律上校的报告和商业通信上写满了灾难和鸦片非法贸易被禁止的新闻。① 实情是鸦片贩子常说的这些形势会证明禁止鸦片买卖是正当的——中国的积极行动有效地切断了需求。但只有到了最后一刻，鸦片贩子才会从是必须放弃贸易还是必须放弃道德伪装的斗争中解脱出来。

经过数月乃至数年的考虑，清政府最后采取行动，必定导致与英国人产生冲突。1838年底，道光皇帝派遣了钦差大臣林则徐②到广州，林则徐拥有着禁止鸦片贸易的广泛权力。林则徐是非常有才智、足智多谋的学者型官员，富有清代官僚体制中的丰富经验。他很短时间内就完成了任务，但做法最终引起了与基督教世界最强大力量之间的战争。

---

① Chang Hsin-pao 在 *Commissioner Lin and the Opium War* 中说：“根据义律的估计，为中国市场准备的鸦片总量不超过5万箱，而中国的年消费量没有超过2.4万箱。”他还指出旗昌洋行在1839年3月4日给 John Murray Forbes 的信（FP）中，估计数量更多一些。尽管没有数据是绝对可靠的，所有人都同意在林则徐到达的时候，抵达中国的鸦片比以往任何时候都多。此外，这个增长是在邓廷桢实行中国历史上最严厉的禁烟运动的时候出现的，当时沿海各处都实行禁烟措施。孖地臣3月22日说“过去5个月一箱鸦片都没有在广州卖出去”（转引自张馨保书，165）。张馨保相信充斥市场的鸦片使义律有了把鸦片上缴给林则徐的强烈动机。这个行动扫除了市场。

② 参看 Arthur W. Hummel ed., *Eminent Chinese of the Ch'ing Period* (Washington D.C.: U. S. Government Printing Office, 1943), 511-514；以及 Earl Swisher, *China's Management of the American Barbarians* (New Haven: Yale University Press, 1953), 36-37。

英国政府一直以来都非常清楚清政府有权禁止鸦片贸易，但英国政府最终采取了军事行动的原因是：

> 中国的禁烟法律长期以来的都形同虚设……广州地方官员纵容并从中牟利……突然林则徐来到这里，用与英国法律完全不同的方式查封了鸦片。[①]

已故的张馨保（Chang Hsin-pao）论述了林则徐的行动和之前邓廷桢的政策之间的连续性，以此打破了大部分争论。很明显在林则徐到来之前两年，法律就不再是形同虚设了。外国人社区的隔离是另外的问题。尽管不是那么“突然”，行动当然“与英国法律方式不同”。即使是巴麦尊政府也不会傲慢地坚持中国在自己领土上采用英国法律来行事。这个问题明显被简单化了：英国人是不是承认中国人在自己国家拥有主权？即使这种承认意味着停止一项对英国人来说非常重要的贸易。1839年鸦片价格明显高涨。费正清很中肯地说：鸦片贸易的“经济价格超过了它道德上的卑鄙”，西方军事和海军优势使英国人有能力不顾这些。

林则徐开始组织反对吸烟者、掮客和鸦片贩子的运动。把他们关进监狱、关闭烟馆、收缴烟枪，开设戒烟所帮助那些希望戒烟的上瘾者。然后他再把注意力转向那些把鸦片带到广州的外国人。两年前邓廷桢在当地的禁烟行动已经非常严厉，沿海其他省份的官员们也采取了有效措施加强禁烟法的执行。尽管鸦片价格急剧下降，外国人仍然带来更多的鸦片。当林则徐到达时，珠江口外船上囤积的鸦片数量非常大，远远超过了中国的消费能力，还有一些会在春天陆续到达。经过简短有效的调查后，林则徐采取了行动。3月18日他中

---

① Chang Hsin-pao, *Commissioner Lin and the Opium War*, 117. 他在解释W. C. Costin在其*Great Britain and China*, *1833-1860*（Oxford: Clarendon Press, 1939）第60页上的论述。

断所有外国贸易，封锁商馆区，然后要求外国人上缴趸船上的所有鸦片。

林则徐措施的不同之处在于其严厉执行，以及最重要的是行动直接指向反对外国人。尽管邓廷桢压制中国走私已经起到了效果，但还没有触及到“蛮夷们”。他们仍然很自由地对中国造成无法估量的损害。在这一点上，如果中国人想要终止鸦片贸易，就不可避免要抓捕牵涉此项非法贸易的外国人，并没收他们的财产。林则徐的行动当然不是最严厉的拘捕形式。他很可能逮捕所有已知的鸦片贩子，把所有外国侨民圈禁起来，关进监狱，或者用其他方式粗暴对待他们，如同一些第三世界国家最近所做的事情一样。实际上他并没有采取暴力。林则徐只是把社区隔离起来，撤走中国仆役，阻断联系和贸易，直到鸦片上缴为止。外国人被圈禁着，但他们的食物供应充足。尽管他们抱怨必须自己照顾自己，过了几天后，经林则徐同意，又有通事雇佣的人来给他们做家务活，如洗衣、缝补、打扫和做饭等。度假的心态在商馆区流行起来。亨特曾经描写过，“我们最害怕的是来自黄埔的船只上装载着 800 到 1000 的士兵，他们会采取行动冲到广州来解救我们——这样的话，中国人也许会开始屠杀我们”。[①] 简要地说，林则徐“卑鄙的监禁”实际上并不非常卑鄙。

在 19 世纪中叶洛克派（Lockean）占优势的氛围下，这种事情被认为的确非常严重，尤其是没有任何补偿地剥夺财产。特别是在巴麦尊出掌英国外交部的时候没收英国人的财产并不是明智的。此外，中国多数人为少数人的犯罪负责的做法在西方法学里没有对应的原则，除非是战争期间的一些

① WCH，“Journal of Occurrences”，11-12. 同样参看 1839 年 8 月 10 日 Charles Patterson 的信，全文转引自 Chang Hsin-pao，*Commissioner Lin and the Opium War*，附录 D，229-230。

不幸事件。所有在广州的西方人都认为这是野蛮的。

由于没有本国政府的任何保护，美国人也许对清政府的情绪更加敏感。当然旗昌洋行并没有什么幻想。罗伯特·本涅特·福士在林则徐到达两个月前就写信说：

> 中国政府决心扑灭鸦片贸易，我认为只要一两年鸦片贸易就只能由珠江口外一些绝望的人进行了。——我们已经通知了印度朋友，我们不会在鸦片上采取进一步的行动。柯立芝先生收取的1%的佣金会从汇款上扣除，我们忠实的朋友浩官说，如果我们不"完全"终止鸦片贸易，他会终止我们的贸易。①

2月27日，旗昌洋行发出一封信函声称完全终止这项非法贸易。3月4日，旗昌洋行写信给约翰·莫瑞·福士解释说：

> 采取这个行动有很多重要原因。我们认为清政府所采取必须上缴所有鸦片的措施是危险而不得人心的。② 迄今为止，你知道高级官员的默许纵容使几乎公开的鸦片贸易合法了，跟我们所从事的其他贸易一样简单。直到珠江上的贸易开始后，这项贸易才开始有了走私的特点。除了这个我们认为以后会附加到生意上的令人厌恶的事情外，我们担心如果继续鸦片贸易的话，我们委托人的

---

① 1839年1月12日，RP。Bryant & Sturgis得到了这个消息。1839年9月27日，公司写给旗昌洋行的信中说它已经收集了"10万美元以上的墨西哥银元"以满足它的需要，B&S LB，BL。

② 放弃鸦片贸易似乎刺激了旗昌洋行成员的道德敏感。有意思的是，一旦公司决定放弃鸦片贸易，公司的成员就开说鸦片贸易是"臭名昭著的"。A. A. Low在1839年4月17日写给他姐姐的一封信中很清楚地表达了他的如释重负："很高兴我们决定性地结束了一项生意，这项生意最近似乎的确臭名昭著。"转引自Loines ed.，*China Trade Post-Bag*，72。同样参看拙文"Fair Game: Exploitive Role-Myths and the American Opium Trade"，*PHR* 41 no. 2 (May 1972)：145，特别是注释31。由于担心以前用做沿海鸦片贸易的公司纵帆船"罗斯号"又回到鸦片贸易，RBF甚至阻止出售这艘船（1840年3月3日RBF致SC，SCP)。Warren Delano推测结束鸦片贸易会意味着结果"在中国人心目中外国人的形象会好很多"，1839年1月30日WD致Franklin H. Delano，DP。

普遍利益都会受到损失，我们担心清政府会通过谴责所有参与鸦片贸易的公司来阻碍合法贸易，很可能他们会禁止行商们与这些代理商做生意。①

但是太晚了。随着英国东印度公司人员的大量撤离以及律劳卑爵士使命的失败，失去了领导的外国人社区几乎不能抵制林则徐的命令。尽力拖延了一些天后，他们做了错误而并不清醒的决定，默认接受英国商务总监查尔斯·义律爵士的领导。3 月 24 日义律全副武装地从澳门来到广州。他以非常正规的维多利亚方式登上牡驴尖，并交了费用。义律的表演曾经一段时间内使事实模糊不清，事实上他除了上缴鸦片外几乎不能做任何事情。他以女王名义承诺上缴鸦片，这使那些即使是最无畏的坚持者都相信了他，因为鸦片市场已经饱和了。女王补偿的承诺总比失去一切要好，这也使一些鸦片持有者摆脱严重困境。

这种阻滞持续了约 6 个星期，在此期间鸦片都送到了林则徐那里。当他收缴大约 1.5 万箱鸦片后，林则徐撤销了封锁，重开贸易。英国人立刻撤离广州以示抗议，向英国统治者要求救济和赔偿，并拒绝签署林则徐要求的“永不夹带鸦片”的具结。美国人毫不犹豫地签署了具结，但有八个美国人与英国人做法一样，向英国政府请求援助。

这群人请求美国国会支持英国让中国人承认西方行为的努力。他们没有要求采取军事行动，而是要求通过外交途径保障他们能够获得与英国人同样的好处。② 美国对华贸易商在这个备忘录后提出另一个方案。后者要温和得多，尽管国内商人在很多事情与广州商人有密切联系，但他们“最热切”反对那些使美国“干预英国和中国间的争端或者……参加其

---

① FP.

② “RBF 和其他人的请愿书”，H/R Doc.，＃40，26：1。

他任何外交行动”的任何建议。[①] 面对来自不同利益集团互相冲突的建议，又没有统一的对华政策，美国国务院遵循着它的习惯做法——不采取任何行动。不管英国人做什么，美国政府不会冒险卷进东亚战争，广州商人如果相信美国会采取不一样的行动，那就太愚蠢了。

同时，直到英国对广州的封锁开始产生效果后，美国侨民会满足于通过广州和珠江口外锚地间有利可图的贸易来积累财富。英国商人每天都到达这里，准备卸下货物，然后再装载中国货物回国。但所有英国商人都已离开广州，义律禁止任何英国人重新开始贸易。这样更多随机应变的美国人很快就忙于充当中间人了。随着在珠江贸易中赚到越来越多的钱，他们的意见也变得明显温和，他们面对英国商人忌妒而苛刻的议论一笑了之，英国人别无选择，唯有支付美国船索要的高额运费。

当然，这种情况不会永远持续。战争的第一滴血是在1839年11月2日开始，当天一些英国战舰在虎门外摧毁了一支中国帆船战船。这就是“穿鼻洋”之役。在接下来的6月18日，中国人试图把战船开到珠江口外的英国军舰处，但没有成功，而这天英国远征军的第一艘船“美洲鳄鱼号”（H. M. S. *Alligator*）抵达海湾。舰队其余部分在义律爵士的堂兄乔治·懿律将军的率领下紧随其后。这时仍没有实质性的行动。远征军没有在广州停留，而是直接北上，立刻占领了舟山，并一直开到了北河（Peiho）河口。懿律把军舰开到了北京附近，希望清朝皇帝能够看到抵抗是没有意义的，从而开始谈判。懿律能够见到的最高级官员是直隶总督琦善，琦善劝他们退回广州，在广州再与他们谈判。

---

① “Thomas H. Perkins以及其他大量来自马萨诸塞州波士顿和撒冷的商人的通信”，H/R Doc.，#170，26：1。

1839年11月底，谈判开始在珠江口外举行，但马上陷入僵局。英国舰队一天之内把穿鼻炮台变成瓦砾、中国守军伤亡惨重的情景，让琦善——哪怕不是他的皇帝主子——认清了形势。1841年1月20日签署了《穿鼻草约》（The Convention of Chuenpi），约定香港割让给了英国人，同意600万美元赔偿，英国人能够在广州直接与清朝高官联络。回顾起来这是个明智的协议，大多数美国侨民对此持欢迎态度，但交战双方都不愿接受这个适中的协议。在大量中国人流血牺牲，战争更迫近北京之后，清朝皇帝最后可能被迫接受更坏的条款。比清朝皇帝更不清楚广州事务的巴麦尊也否决了草约，他愤怒而严厉地指责义律上校。在双方看来《穿鼻草约》既非很大方亦非很严厉，很明显战争将继续下去。琦善和义律都被召回并降职。义律在英国定居者中只得到对之很有信心的詹姆斯·孖地臣和非常古怪的詹姆斯·因纳斯（James Innes）支持。① 宝顺洋行某成员的话也许代表了广州大多数英国人的心声，他写道：无法“看到有哪一位支持义律上校现在的协议——即使美国人中也没有支持者……他们正准备去广州，取笑我们的耻辱，但是为了他们自己的利益四处打探”。② 这个批评因受敌意的蒙蔽而失去了判断力，因为几乎没有美国人不同意义律上校的温和政策，大多数美国

① 即使是孖地臣的同意也不是完全的，尽管他大致是支持义律的。在这一方面他与查顿不同，查顿很蔑视义律。孖地臣的意见1839年在义律宣布为向林则徐上缴鸦片负责之后发生了变化。“尽管当时和以后很长一段时间，我都怀疑义律所做的事情是否明智，既然我能够看到整个过程，也许期待更加冷静，我倾向于把它看成是一个大而有政治家风格的措施，更特别的是，随着中国人已经掉进了让他们自己直接受到英国王权影响的陷阱。”1839年5月3日詹姆斯·孖地臣致孟买任些治·意之皮（Jamsetjee Jejeebhoy），詹姆斯·孖地臣的私人书信集。此外，孖地臣相信义律的意思是“秘密策划鸦片贸易像以前一样自由地开展”，1840年1月22日詹姆斯·孖地臣致WJ，JMA。

② ［乔治·颠地（原文如此）］，1841年5月24日“一位茶商的日记”目录，在伦敦Guildhall Library。

人对义律上校被召回感到很遗憾。他们认为英国商人的批评是愚蠢、贪婪而嗜血的。

在等待清朝廷对草约回答的同时，中国人开始积极加强防卫、招募士兵、购买西式战舰和武器，用另一种方式郑重表明他们只把这个草约当成了休战协定。在3月的第二个星期，英国人把军队开进了珠江，轻易地摧毁了江面和陆地上的所有抵抗力量。3月18日英国军队控制了商馆区。[①] 这样，中国人同意休战，5月25日中国战船攻击停在珠江上的军舰导致休战中止。这次英国人进行了有效的还击。在吃水浅的蒸汽船“复仇神号”（*Nemesis*）的增援下，刚刚到达的卧乌古（Hugh Gough）将军命令军队在广州北部登陆，占领广州城的制高点。地方官匆忙答应了600万美元广州“赎城费”，但他们没有向朝廷报告这个昂贵的事实。11小时后卧乌古停止了进攻，但遭到英国陆军和海军将领们的反对。广州城的居民被解救了，但乡村农民和乡绅们被他们认为懦弱的投降条约激怒了，也被卧乌古手下士兵的野蛮行径激怒了。在广州北部的村庄三元里，乡村民众自发对卧乌古军队进行了没有什么效果的进攻。受中国人欢迎的传说把这个事情改造成了中国民族主义的开端。实际上这只是局部的现象，但加剧了广东本地已经非常强烈的仇外情绪，以后这将会给外国人和清朝廷带来进一步的问题。[②] 尽管当时已经报道了此事，外国人很少注意到。詹姆斯·孖地臣引用哗地玛商行某人的话

---

① 3月17日 Warren Delano 遭到中国士兵拘留，带到一位高级军官（也许是杨芳，取代琦善的三人之一）面前。1831年3月18日 Delano 给亨特和 King 的信中描述了这一次见面，DP。同样参看他的信，很明显是同一天给义律的信。以及 Earl Swisher 书中杨芳的报告，参看 *China's Management of the American Barbarians* (New Haven：Yale University Press，1953)，61-63。

② 参看 Wakeman，*Strangers at the Gate*，56-58。比较 John J. Nolde，“Xenophobia in Canton：1841-1849”，*Journal of Oriental Studies* 13 no. 1 (January 1945)，1-22。Nolde 相信当时广东民间没有官方那样普遍的仇外情绪。

反映此事仅仅是“我们一些士兵偶尔在调戏中国妇女时引起的吵架斗殴”，[①] 一位匿名的英国“茶商”与颠地一样根本不相信这件事。[②]

休战以后重开贸易，但如果没有另一场北方战争，和平依然无法实现。义律之后，英国人在璞鼎查爵士指挥下，夏天占领了厦门，10月底他们再次占领了舟山群岛的定海，以及大陆的镇海和宁波。尽管英国人此前就已经纵容士兵抢劫和肆意屠杀，但宁波是第一个被有预谋地抢掠的城市。在3月9日中国人还击后，抢劫变得越来越无法控制，屠杀到处可见。两个月后，英国人再次发动进攻。5月18日，乍浦陷落，6月16日吴淞陷落，6月19日，上海被占领。扬子江被打开，6月和7月，英国军队沿江慢慢向上游航行。经过了一场血战，扬子江和大运河交汇处的镇江也陷落。驻防旗营的成员要么战死，要么与家人一道自杀殉国，军队前进到南京城外停了下来。中国人战略拖延了一些时间后，英国人在这里开始与一位年长的满族官员伊里布谈判，他曾经在舟山对付过英国人，跟伊里布一起的中国官员是年轻而经验稍逊的满族官员耆英，他们俩成了中国的谈判代表。

8月29日签署的《南京条约》结束了战争。条约包含了比《穿鼻草约》更加苛刻的条款，反映出已经发生变化的军事形势。英国人得到了香港、2100万美元的赔款，以及在平等基础上与中国发展关系的权力。五口（广州、厦门、福州、宁波和上海）通商，向所有英国人开放，包括建立英国领事馆。计算出常规关税并公布出来，一个时代正式结束了——

---

① 1841年6月3日詹姆斯·孖地臣致孟买意之皮（Jamsetjee Jejeebhoy），詹姆斯·孖地臣的私人书信集，JMA。

② 1841年5月25日。同样参看1841年6月4日James Ryan，广州书信，JMA。

公行被取消了。[①]

在广州—澳门地区的美国人观察了这些事情，害怕、愤怒、遗憾和希望交织着。大多数美国人都是反帝国主义者，他们对英国士兵的残暴非常愤怒。一些人甚至希望中国的抵抗更加成功。伊萨克·M. 布尔（Isaac M. Bull）、奥古斯丁·赫德和爱德华·德兰诺都描绘了他们对受难中国人的同情，以及对英国军事侵略所伴随的抢劫、强奸和屠杀的憎恶。爱德华·德兰诺对英国人的彻底胜利非常难过，他非常愤怒地写到："我现在对他们没有任何怜悯——1 万人臣服 1000 万的想法!!"[②] 这是一位心灰意冷的年轻人的感情流露。此外，一年前曾被中国士兵粗暴对待过的柯立芝称这个条约为战争"最疲弱且最没有说服力的结果"，[③] 认为在北京派驻使节的价值超过了 2100 万美元赔款。他很平静地说："我应该说这些条款加在一起太仁慈了。"他谴责已经回国的义律上校温和的影响。[④] 柯立芝与大多数英国商人意见一致（也许很重要的是，他正在给最重要的一位英国商人写信）。另一方面，一些年长的商人看法则不同。奥古斯丁·赫德说："无论中国人有什么错误，他们不是完美的，外国商人的粗暴对待不是错误之一，在我看来，他们在与英国人争论的时候有正确的一面。"[⑤] 后来，他还评论说：

> 我认为中国人遭到了英国人严厉而最没有道理的对

---

① 柯立芝把消息告诉了公行："我很早就与浩官联络了，他与其他行商一样似乎对此很高兴，但并不是所有行商都高兴。一些人看起来觉得皇帝同意这么多更加有利于外国人的条款，非常失面子，还不如同意琦善许诺的东西。——一些人对在这样的条款下能够保持和平感到疑惑。"1842 年 9 月 11 日 JC 致 JM，广州书信，JMA。

② 1842 年 9 月 9 日，ED 的日记，DP。

③ 1842 年 9 月 11 日 JC 致 JM，广州书信，JMA。

④ 同一天的第二封信，JMA。

⑤ 1842 年 5 月 10 日奥古斯丁·赫德致 George Hayward，HP。

待。他们被迫放弃已经指导他们很多世纪的原则，应承了侵略者所提出的每一件事情，尽管他们现在并不公开承认他们的感觉和表达耻辱，但他们充满着耻辱感……在我看来很明显的是，他们正在追求发展，等时机成熟，当他们掌握了一定的军事技术，能够从外国武力压迫下解救出来的时候……摆脱现在他们身上的枷锁。[①]

无论是商人抑或是传教士，尽管有此种同情之心，却鲜少有美国人会不欢迎该项条约提供的诸种机会，并呼吁获得一视同仁的待遇。这个要求最终导致了顾盛使团的成行，顾盛（Caleb Cushing）于1844年2月24日在澳门登陆。

---

① 1842年5月10日奥古斯丁·赫德致汉堡 A. F. Seebohm，HP。

第二篇

美国侨民和他们的商号

4 主要商号

早期侨民

在工业革命之前，致富之路就是贸易之路。典型的做法是，一个年轻人首先在一家经营良好的公司当店员，以进行基本的从商训练。之后，他就成为一名“大班”（supercargo），[1] 即随船航行且对货物全权负责的商人。船只出行后数月到达广州之时，对当地市场的情况，在美国的商人是无从得知的。信任大班的判定能力是必要的，大班的绝对权限绝对不能超出给他的指示所规定的范围，而这些指示，一般而言，涉及的范围是非常广泛的。大班决定船只的终点港口、航行的距离以及回程货物——如果有回程货的话。有的时候，他甚至在海外的港口把船给卖了，就地解雇船长和船员。1789 年，伟大的撒冷（Salem）商人埃利亚斯·哈斯奇特·德庇（Elias Hasket Derby）名下的 4 艘船只停泊在黄埔。他的几个大班非常明智地就地出售了两艘船只，并在余下的船只上载满茶叶返航美国。次年，山茂召（Samuel Shaw）在广州把著名的“马萨诸塞号”（*Massachusetts*）卖给了荷兰东印度公司。

---

① 由于“大班”一词的词义引申，几乎变成了“代理”（agent）的同义词。比如，英国东印度公司驻广州的代理人，通常叫做“大班”。不过，说到美国人，我使用这个词汇仅指随商船往来的商人。

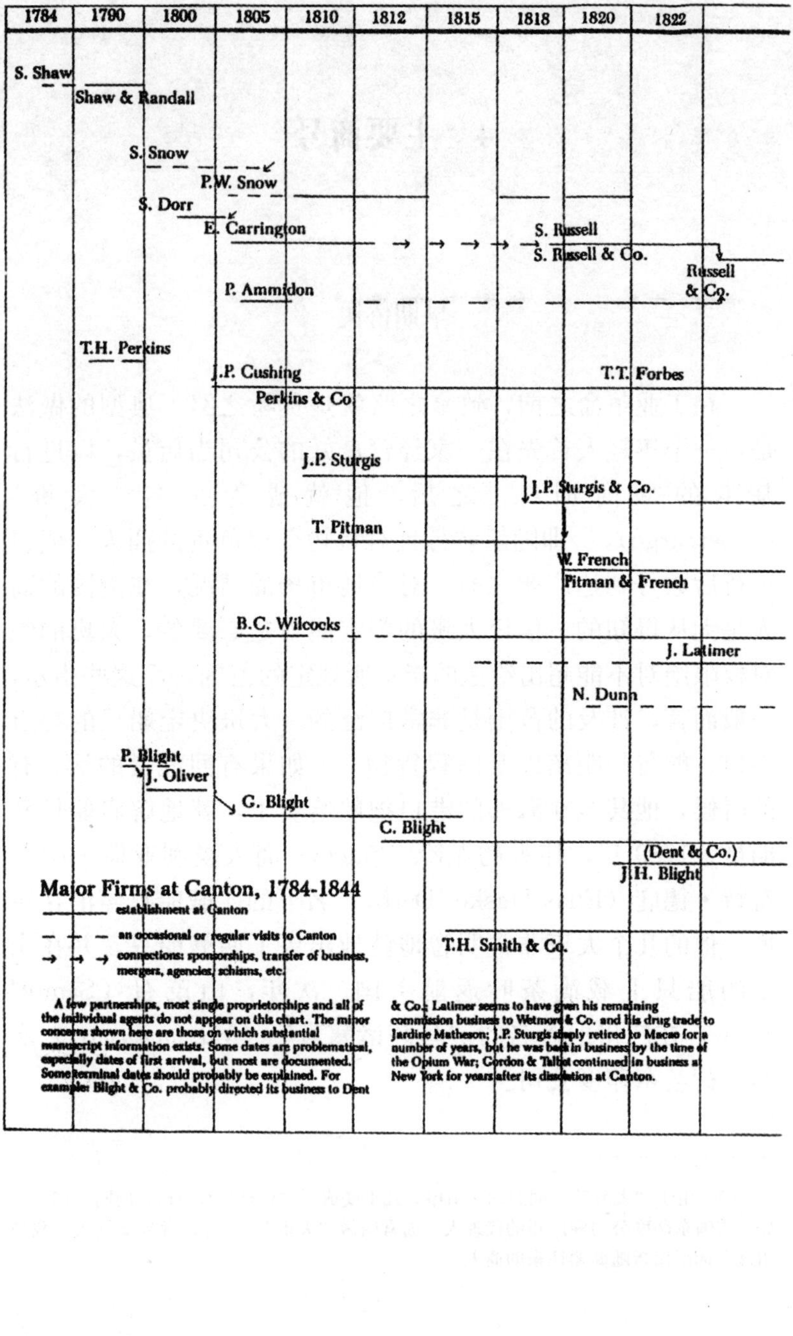
1784
1790
1800
1805
1810
1812
1815
1818
1820
1822
S. Shaw
Shaw & Randall
S. Snow
P.W. Snow
S. Dorr
E. Carrington
S. Russell
S. Russell & Co.
Russell & Co.
P. Ammidon
T.H. Perkins
J.P. Cushing
T.T. Forbes
Perkins & Co.
J.P. Sturgis
J.P. Sturgis & Co.
T. Pitman
W. French
Pitman & French
B.C. Wilcocks
J. Latimer
N. Dunn
P. Blight
J. Oliver
G. Blight
C. Blight
(Dent & Co.)
J.H. Blight
Major Firms at Canton, 1784-1844
establishment at Canton
an occasional or regular visits to Canton
connections: sponsorships, transfer of business, mergers, agencies, schisms, etc.
T.H. Smith & Co.
A few partnerships, most single proprietorships and all of the individual agents do not appear on this chart. The minor concerns shown here are those on which substantial manuscript information exists. Some dates are problematical, especially dates of first arrival, but most are documented. Some terminal dates should probably be explained. For example: Blight & Co. probably directed its business to Dent & Co.; Latimer seems to have given his remaining commission business to Wetmore & Co. and his drug trade to Jardine Matheson; J.P. Sturgis simply retired to Macao for a number of years, but he was back in business by the time of the Opium War; Gordon & Talbot continued in business at New York for years after its dissolution at Canton.

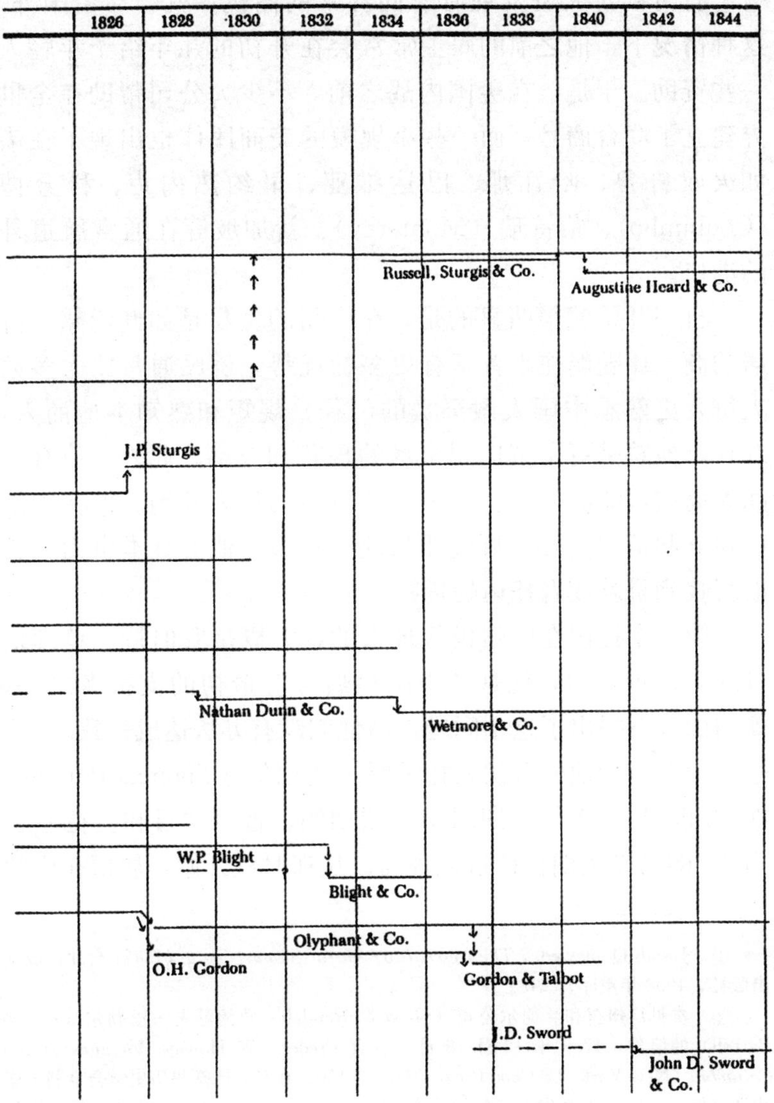
1826
1828
1830
1832
1834
1836
1838
1840
1842
1844
Russell, Sturgis & Co.
Augustine Heard & Co.
J.P. Sturgis
Nathan Dunn & Co.
Wetmore & Co.
W.P. Blight
Blight & Co.
Olyphant & Co.
O.H. Gordon
Gordon & Talbot
J.D. Sword
John D. Sword & Co.

有时候，大班发现有非同寻常的商机，就会滞留国外。这种情况下，他之前的雇主常常会在开初的几年给予年轻人一些资助。于是，在美国内战之前，不少大公司帮助在全世界建立了联合商号，而一些小规模的美商团体也出现了在诸如火奴鲁鲁、哈瓦那、巴达维亚、里约热内卢、科金博（Coquimbo）、蒙特瑞（Monterey）、新加坡等在通常航道外的港口。

自一开始就很明显的是，在广州的贸易是如此纷繁，侨居的商人比随船往来者享有更多的优势。侨民通常比大多数大班要更熟悉中国人做买卖的门径、规矩和熟知本地商人，并且，他总是更了解广州市场的现状和波动。此外，他有一间大商馆，能够帮货主省下租赁行号的惊人开销。他在中国已建立起信用，万一哪艘船只缺乏资金，他更有本事为回程航行找到贷款或者托运的货物。

第一个提议在广州设代理人的，大概是罗伯特·莫理斯（Robert Morris），他是“中国皇后号”最初的支持者之一。他向山茂召提出了这个问题，但他们没有办法达成一致。[①] 不过，山茂召和他的合伙人托马斯·兰德尔（Thomas Randall）在18世纪90年代初期居留广州期间，曾以“召和兰德尔公司”[②] 的名义短期担任过代理商。从那时候开始，居留在广州

---

① Josiah Quincy ed., *The Journals of Major Samuel Shaw* (1847；台北：成文出版社，1968年重印)，218。

② 参见广州召和兰德尔公司（Shaw & Randall）致约瑟夫·巴勒尔（Joseph Barrell）的信件，1789年12月18日，引自 Frederic W. Howay, *Voyages of the Columbia* (New York: Da Capo Press, 1961)，130。在马萨诸塞州历史学会亨利·诺克斯（Henry Knox）档案及多尔信件簿（Dorr Letterbooks）内，也有不少提及该问题的内容。尽管一些第二手的著作都承认该公司存在的事实［Samuel Eliot Morison, *Maritime History of Massachusetts, 1787-1860* (1921; reprint, Boston: Houghton Mifflin, 1961)，66；以及 Louis Dermigny, *La Chine et L'Occident: le commerce a Canton au XVIIIe siecle, 1719-1833* (Paris: S. E. V. P. E. N., 1964)，III: 1169］，但这两个合伙人在广州逗留的时间不够长，除了做出临时的安排外，别无他计。

的美商通常都欢迎送上门来的各种代理业务。到了19世纪20年代，若干个美国代理商和收取佣金的受委托商控制了在华的贸易，并且年复一年地为在广州的美国人社团打下了基础。

不过，一些美国商人继续派出随船大班，而一些随船大班则为不少美国国内的商人服务。来自撒冷的布赖恩·P. 梯尔顿（Bryant P. Tilden）在1815年至1837年期间，以及来自费城的约翰·多赛·斯沃德（John Dorsey Sword）在1835至1841年期间，就是从事此类经营的代表。在广州的其他商人鄙夷这种落后的做法，不过，它是有效的。侨居广州的美国人还分成了若干层次。经销中国货物的美国商人有的时候会派出自己的代理人来处理自家的生意，但那或多或少是暂时性的。[①] 当这些代理人来到广州时，他们也常常聘请在当地开设的代理商号来处理业务。事实上，许多在广州的商号创办人，原来是以代理人的身份被派遣来的，而后来的代理人常常会加入已经建立起来的商号。

来到广州的代理人中，生意做得最大的，是19世纪20年代早期的托马斯·H. 史密斯（Thomas H. Smith），他来自纽约。史密斯付的薪酬很好，因此在他破产之前，他手下的人从来没有企图自立门户或转而投靠他人。[②] 费城的爱德华·汤姆逊(Edward Thomson）为了避免异己之人，派自己的儿子当代理人。在后期，代理人非常普遍，[③] 并且他们非常

---

① 阿斯特（Astor）就是这样做的。尼古拉·G. 奥格登（Nicholas G. Ogden）逗留的时间最长（约1817－1823），但接替他的本杰明·克拉普（Benjamin Clapp）仅仅停留了一个贸易季度。

② WCH，*The Fan Kwae at Canton*（London，1882），15. 又见本书第282-287页。

③ 例如亨利·胡布尔（Henry Hubble）具有多重身份，既是Howland & Aspinwall的代理人，也是马尼拉的Peele，Hubble & Co. 的合伙人。塞缪尔·康斯托克（Samuel Comstock）也是Howland & Aspinwall的代理人；而A. A. 里特奇(A. A. Ritchie）同时是纽约的Alsop & Griswold和费城的Hollingshed，Platt公司的代理人。

频繁地在代理人、收取佣金的中间商和随船大班之间来回变换身份。

在塞缪尔·斯诺（Samuel Snow）1798年来到之前，不少美国人在广州长期居留。他们之所以这样做，是一些无法预见的事件导致的，比如风暴毁坏了船只，或者他们出售了自己的商船。“哥伦比亚号”（*Columbia*）首次前往美洲西北海岸时的船长约翰·肯德里克（John Kendrick），就是个这样的例子。在1790—1791年，他在广州地区待了一年多的时间来修整“哥伦比亚号”的伙伴船“华盛顿女士号”（*Lady Washington*）。1792—1793年的冬天，他再次滞留在中国海岸地区。这次拖延是因为他的船只起航前往美洲西北海岸仅四天，就被台风毁掉了桅杆，被迫返回澳门。[①] 与此同时，另外一个滞留在广州的航海者是阿马萨·德兰诺（Amasa Delano），他1790年搭乘塞缪尔·斯诺少校的著名船只“马萨诸塞号”到达广州，船长是卓·普林斯（Job Prince）。当山茂召把船只卖给荷兰东印度公司以后，有造船经验的德兰诺受雇于荷兰东印度公司，指导修缮一艘遭台风破坏的船只。接下来的15年里，像许多美国航海者那样，德兰诺随着若干在太平洋和印度洋航行的船只数次出入广州。[②]

另一个这样的漫游者是曾任“哥伦比亚号”书记员的约翰·霍维尔（John Howell）。据说他在1795年“与荷兰东印度公司的第三大班巴格曼先生（Mr. Bagman）建立了一家代理行”。[③] 因为那一年法国占领了荷兰，这样做是希望美国人

---

① 参见John Boit的“Remarks on the Ship Columbia's Voyage from Boston”，1792年12月8日和9日；以及John Hoskins在1792年12月22日致Joseph Barrell及他人的信件，引自Howay，*Voyage of the Columbia*，420-421、489。

② Amasa Delano，*Narrative of Voyages and Travels in the Northern and Southern Hemispheres*（Boston，1817），41.

③ Hosea B. Morse，*The Chronicles of the East India Company Trading to China，1635-1834*，vol. 2：285.

能够与广州荷兰商馆的成员一道找出回避英国对欧洲大陆茶叶贸易禁令的方法，这些茶叶大部分是从阿姆斯特丹进口欧洲的。[①] 研究欧洲对华贸易的历史学家路易·德尔米尼（Louis Dermigny）把范罢览（A. E. Van Braam）多姿多彩的事业作为这些年当中荷—美关系的例证。[②]

直到18世纪的最后几年，美国商人才在广州的商馆内建立了较为固定的簿记会计部（Countinghouse）。来自罗德岛的塞缪尔·斯诺，他是美国驻中国的第二任领事，于1798年搭乘普罗维登斯（Providence）人布朗（Brown）的船只“安与希望号”（*Ann and Hope*）（船长是本杰明·佩佶，Benjamin Page）到达广州。斯诺在若干个方面都是先锋。他不仅是实际上第一个居留广州的美国中间商，也是第一个真正在中国居住的领事，并且是美国商馆的修建者。[③] 很快，代表费城布莱特（Blight）家族的詹姆斯·奥立弗（James Oliver）加入了他的行号。[④] 布朗家族和布莱特家族持续多年都是重要的对华贸易商人，但只有布莱特家族派出家庭成员前往广州。在1804年奥立弗离开之后不久，他的侄子乔治·布莱特（George Blight）就来分担他的担子了。乔治·布莱特一直居留到1814年，可能是第一个参与买卖印度鸦片的美国商人。

---

① 威廉·F. 米吉（William F. Megee）也与荷兰东印度公司的大班达成了类似的协议。参见拙文，“The Merchant as Gambler: Major William Fairchild Megee”，*Rhode Island History* 25 no. 1 (January 1966)：4。

② Louis Dermigny, *La Chine et L' Occident : le commerce a Canton au XVIIIe siecle, 1719-1833*，III：168-169.

③ 参见拙文，“A Study in Failure: Hon. Samuel Snow”，*Rhode Island History* 25 no. 1 (January 1966)：4；以及 Louis Dermigny, *La Chine et L' Occident : le commerce a Canton au XVIIIe siecle, 1719-1833*，39-41。

④ 他与他的同母异父兄弟彼得·布莱特（Peter Blight）——当时著名的经销中国商品的商人——共事。George Blight Estate Papers, Cadwalader Family Papers (Cadwalader Collection), Collection 1454, Historical Society of Pennsylvania；又见1828年11月22日W. A. Smith致JRL的信件，及1833年2月3日James Latimer致JRL的信件，LP。

当他1835年去世时，留下了差不多80万元的遗产，这在那时是一笔巨款。他在广州的继任者查尔斯·布莱特（Charles Blight）1812年战争后成了英国宝顺洋行（Dent & Co.）的合伙人，查尔斯·布莱特退休时也拥有巨资。到19世纪30年代早期，由年轻的兄弟威廉·皮特（William Pitt）和詹姆斯·H. 布莱特（James H. Blight）管理的布莱特商行（Blight & Co.）[①] 在广州和费城两地成立了。

年轻的沙利文·多尔（Sullivan Dorr）是与奥立弗同时代的另一位侨民，他1799年到达广州，为他在马萨诸塞州的家人处理来自美洲西北海岸的毛皮买卖。他足智多谋的父亲艾比尼瑟（Ebenezer）从罗克斯伯里（Roxbury）的硝皮匠改行为海员，是美国首批参与利润丰厚的毛皮贸易的商人。他以买卖果断而名声在外，并且享有第一个在加利福尼亚的一个港口登岸并胡作非为的美国人的可疑名誉，[②] 这是接下来的50年里惯常的做法。沙利文·多尔的书写拼写粗糙，句法结构简陋，暴露了他所受教育的不尽完善，他为在美国的亲人们出售商品、购买和装运中国货，并且重新装备回程前往美洲西北海岸的船只。[③] 多尔还接受一些来自罗德岛的代理业务，因为当斯诺离开广州时，其代理业务由多尔和奥立弗两人共同接手。[④] 结果，多尔仅仅在广州待了两年三个月，离开

---

① 遗憾的是，关于这家商行的材料非常少。它与宝顺洋行关系密切，并且在19世纪30年代后期被这家英国商行吞并。据 Joseph Scoville 说，查尔斯·布莱特碰巧与罗伯特·福尔顿（Robert Fulton）的女儿结了婚。见 *The Old Merchants of New York City*, 5 vols（New York, 1863），vol. 3：82-83。

② Hubert Howe Bancroft, *History of California*（San Francisco, 1886），I：539.

③ 当塞缪尔·斯诺从1801年2月1日至1803年春天离开广州将职位转交给爱德华·卡灵顿（Edward Carrington）前，多尔还担任过副领事。

④ 1800年12月28日沙利文·多尔致约翰·多尔及约瑟夫·多尔的信件，Dorr LB I。

的时候身家就已达三四万美元。[①] 那时候，他抱怨说，除了自己的家人外，从来没有美国商人直接向他委托业务。他的“代理业务”来自斯诺的关系户以及那些被广州复杂的贸易体系吓怕了的西北海岸贸易的船长们，他们乐于信任一个美国同胞而不是陌生的中国商人。[②]

在多尔离开之前，另一些美国商人来到广州碰运气。1802 年圣诞节前 10 天，普罗维登斯的商船“资源号”（*Resource*）在船长威廉·F. 米吉（William F. Megee）的带领下到达广州，带来了一个将要成为普罗维登斯最伟大商人的年轻人。这位初来乍到者就是才华横溢的爱德华·卡灵顿（Edward Carrington），在广州侨居的 8 年多时间里，他将为自己创造财富。[③] 多尔从来就不喜欢广州，非常想回家，他非常高兴把生意还有副领事的职位转交给抵埗不足两个月的卡灵顿。选择卡灵顿是再自然不过的，因为斯诺——当时的领事——在推荐信里为他美言。他们是老朋友，18 世纪 90 年代，卡灵顿曾住在斯诺在普罗维登斯的家中。作为领事，卡灵顿继续以斯诺的名义行事，直到 1806 年 1 月杰弗逊总统（President Jefferson）最终任命了他。他同样继续代理销售进口商品、就信用期讨价还价，还有为代理的船只购买回程货物。起初，卡灵顿的主顾几乎都是普罗维登斯的商人，但他很快就把主顾的范围扩大到波士顿、纽约和费城的商人。事实上，他大概是第一个真正在美国的贸易伙伴中赢得声誉的侨居广州的中间商。

① 多尔自己的估计。1800 年 11 月 20 日多尔在澳门写给亨利·多尔（Henry Dorr）的信件，Dorr LB I。

② 1802 年 12 月 21 日多尔致詹姆斯及 T. H. 帕金斯（James and T. H. Perkins）的信件，Dorr LB I。

③ 参见拙文，见 *Rhode Island History*（January 1963）：16-21，以及 *Year Book of the American Philosophical Society*（1961）：359-361 及（1963）：390-392。

爱德华·卡灵顿（Edward Carrington），帆布油画，詹姆斯·沙利文·林肯（James Sullivan Lincoln）画，约1843年 罗德岛历史学会藏，Rhi X5 275

卡灵顿也是首位与主要广东行商成为熟人的美国侨民。显然，他之服务昆水官（Conseequa，潘长耀）① ——当时颇具影响的行商，就如后来顾盛（Cushing）服务更加大名鼎鼎的伍浩官（Howqua）那样。就像顾盛那样，卡灵顿的特殊关系使得他能获得信用并且购买货物时得到特别的照顾。这样做肯定是有利可图的，而且很可能成为了卡灵顿财富的一个来源。

---

① 昆水官（丽泉行）在18世纪90年代早期承充行商，若干年里经营有道。不过，他似乎在收取美国商人欠款方面碰到了越来越多的麻烦，1823年他破产并去世。关于昆水官的麻烦，最完整的论述见 Frederic D. Grant, Jr. 的论文 "The Failure of the Li-ch'uan Hong: Litigation as a Hazard of Nineteenth Century Foreign Trade", in *The American Neptune* 47 no. 4 (Fall 1988): 243-260。

卡灵顿很快就发现了另外的生财之道。他管理着美国商馆——那是由斯诺和威廉·F. 米吉共同拥有的；他向在港口的船只出售补给品，放出高利贷，并且投机广州的进口市场。大概就是后面的这项行为给卡灵顿带来了大量的财富，后来他在1811年回国时，将这些财富买了货物带了回去。这个时机非常好，因为1812年的战争很快就中断了对华的贸易，卡灵顿非常勤奋地"管理"他的茶叶和丝绸，很快就成了非常富有的人。

卡灵顿的美国领事生涯是名声赫赫的。他到达广州之日，正是欧洲的主要交战国之间短暂的停战（《亚眠和约》，Peace of Amiens）快要结束之时。因此，接下来的几年内美国的商业麻烦重重。他不断地给不列颠的海军军官、英国东印度公司广州特选委员会、中国人，还有美国国务院写信。在这个区域的不列颠指挥官们对美国人的生命财产表现出的傲慢无礼以及漠不关心，对于一个今时今日阅读卡灵顿通信的人来说，几乎难以置信。20世纪20年代，马士（Hosea Ballou Morse）从对英国东印度公司有利的档案出发，这样提及卡灵顿："尽管他是个商人领事，但他表现出他本人……是有能力从事外交事务的。"①

从卡灵顿离开广州到1812年战争结束之时，没有哪个个人或商行可以在广州崭露头角。随着英美双方交恶，贸易急剧下滑，滞留在广州的美国人迫于经济压力而疲于奔命，更别说赢利了。阴影笼罩下的有"米尔诺和布耳商行"（Milnor & Bull）——一家纽约的商行，在纽约和广州均设有商号；个人则有代表同样来自纽约的"敏特恩和查普林商行"（Minturn & Champlin）的丹尼尔·史丹斯伯里（Daniel

---

① Hosea B. Morse, *The Chronicles of the East India Company Trading to China, 1635-1834*, vol. 3: 109-110.

Stansbury)，费城人詹姆斯和本杰明·C. 威尔考克斯（James and Benjamin C. Wilcocks）以及查尔斯·布莱特，他们代表自己及其家人；菲利普·阿米顿（Philip Ammidon)，他的船只“亚当斯总统号”（*President Adams*）1812年在中国海面沉没；[①] 还有不少自谋营生的人，如罗德岛人P. W. 斯诺（塞缪尔之子）和四处漂泊、躲避债主的威廉·F. 米吉船长。但在战后，有一个人名和一家行号在广州建立起了显赫的商业信誉，那就是约翰·帕金斯·顾盛（John Perkins Cushing）和帕金斯洋行（Perkins & Co.）。

帕金斯洋行

1789年秋天，年轻的托马斯·汉达西德·帕金斯（Thomas Handasyd Perkins）作为E. H. 德庇的商船“阿斯特里亚号”（*Astreae*）的随船大班停留广州，船长是詹姆斯·玛吉（James Magee)。“哥伦比亚号”的船长罗伯特·格雷（Robert Gray）刚刚从西北海岸来到。从后者的大副约瑟夫·英格汉姆（Joseph Ingraham）那里，帕金斯知道了约翰·勒德雅德（John Ledyard）在过去数年一直努力要告诉美国商人的消息，如果在广州交易茶叶的话，毛皮贸易，尤其是来自美国西北海岸光滑的黑獭皮会特别有利可图。[②] 次年，帕金斯、玛吉船长和老罗素·斯特基斯（Russell Sturgis）派遣英格汉姆搭乘他们新近购买的船只“希望号”

---

① 尽管有战事，阿米顿还是回了国，并且在1814年9月任私掠船“漫步者号”（*Rambler*）的随船大班回到广州，船长是埃德斯（S. B. Edes)，次年1月，他再次扬帆出海。在这个被迫无所事事的时期，美国人因从事印度鸦片贸易而获利。参见Hosea B. Morse，*The Chronicles of the East India Company Trading to China，1635-1834*，vol. 3：124-126。

② John Ledyard，*A Journal of Captain Cook's Last Voyage to the Pacific Ocean*（Hartford，Conn.，1783).

(*Hope*) 前往西北海岸搜集毛皮。从这个时候开始，T. H. 帕金斯就自己投资对华贸易了。1792 年，他与其兄长一道成立了“詹姆斯和托马斯·H. 帕金斯商行”（James & Thomas H. Perkins），派遣了数十名有才干的帕金斯家族的子弟参与对华贸易。尽管毛皮贸易时间很短暂，但它确实特别诱人，正如我们注意到的那样，它为帕金斯兄弟们创造了财富。

为了管理广州一头的贸易，“詹姆斯和托马斯·H. 帕金斯商行”派出了俄普雷姆·本姆斯特德（Ephraim Bumstead），他比卡灵顿晚了一个贸易季度到达。本姆斯特德是在这家波士顿商行的会计部学习经商的，他将会成为在广州的“俄普雷姆·本姆斯特德洋行”的常驻合伙人（resident partner）。和他一起到达的是约翰·帕金斯·顾盛，这位 16 岁的年轻人是帕金斯兄弟的外甥。[①] 在顾盛古怪的父亲去世之后，T. H. 帕金斯收养了他。尽管据传这位年轻人偏爱文学和艺术，对做买卖缺乏兴趣，但他将成为在华美商中最精明且最成功者。不到两年，本姆斯特德就去世了，年轻的顾盛在成年之前 3 年就挑起了广州办事处的担子。[②] 被本姆斯特德的死讯吓了一跳的帕金斯上校，在顾盛精选的茶叶到达波士顿并销售良好时，对他宝贝外甥的才干大感钦佩。尽管帕金斯洋行已经运营了两个年头，它却是直到 1806 年才成立的，顾盛是唯一的常驻合伙人。从 1811 年卡灵顿离开广州到 1829 年洋行解散，它一直都是在华最重要的美国商号。次要的波

---

① 参见顾盛致他祖母的乳臭未干的信件，日期是 1803 年 7 月 7 日。藏于波士顿文艺俱乐部（Boston Atheneum）。

② 本姆斯特德在他能完善地组织广州的贸易之前，就病倒然后去世了。因此，顾盛几乎从一开始就是负责人。在卡灵顿所保存的领事档案中，有一份 1805 年 6 月 22 日由帕金斯兄弟开给顾盛的全权授权书（power of attorney）。那时顾盛 18 岁。

士顿商号“布赖恩和斯特基斯商行”（Bryant & Sturgis）[①] 成立于1810年，是由帕金斯兄弟的亲戚开办的，常常与帕金斯兄弟保持密切联系。

顾盛在开拓新的贸易领域以及与中国人、英国人和其他美国人之间进行互利安排方面，表现出了无与伦比的想象力。在若干家族财富的积累过程中，他处于中心的地位，如浩官（Howqua）、他的舅舅们——托马斯·H. 和詹姆斯·帕金斯，以及塞缪尔·卡伯特（Samuel Cabot）、威廉·斯特基斯、约翰·布赖恩（John Bryant）、塞缪尔·罗素（Samuel Russell）、乔治·R. 罗素（George R. Russell）、亨利·帕克曼·斯特基斯（Henry Parkman Sturgis）、本杰明·C. 威尔考克斯（Benjamin C. Wilcocks）、约翰·R. 拉惕默（John R. Latimer）、福士兄弟（the Forbes brothers）及很多其他人。在他与浩官的联盟、发展土耳其鸦片贸易、在1812年战后发展起广州与南美之间的贸易、推翻英国东印度公司对英国制造的纺织品的贸易垄断，还有他在判断中国货物方面从不犯错，顾盛不断地表现出最出类拔萃的经商才能。到19世纪30年代，帕金斯兄弟在伦敦的代理人估计，商行的经营占美国对华贸易的半壁江山，还有除了荷兰东印度公司以外的所有欧洲大陆的茶叶贸易。[②] 讽刺的是，在顾盛退休之日，广州的帕金斯洋行也就消失了。

---

① 威廉·斯特基斯是帕金斯兄弟的姻弟，多年里是为帕金斯兄弟进行西北海岸航行的成功船长。1798年和1808年之间，他曾四次前往西北海岸。

② 约书亚·贝特斯（Joshua Bates）的证词，1830年3月15日，Second Report on the East India Company's Affairs，Parliamentary Papers，H/C，1830，V：220，问题3242和3243。贝特斯估计，他的公司可以“比英国东印度公司在伦敦的销售价低三分之一的价钱”向英国人提供茶叶，这是对东印度公司垄断的有效性非常大的挑战。参见V：230，问题3423，还有查尔斯·艾威雷特（Charles Everett）的证词，1830年3月8日，参见V：183-193。艾威雷特的证词还包括了对1819年到1829年期间帕金斯洋行经营英国纺织品的概括说明。

造成顾盛成功的不可或缺的因素是他与浩官（伍秉鉴，1769—1843）的合作。这位伟大的中国商人是其行号①创始人（浩官一世，伍国莹，1731—1810）的第三个儿子。这个家庭来自福建，在广州城外的南海地区落户。虽然无从确定其早期身份，但到了浩官伍秉鉴的时代，他的家庭已经跻身士绅阶层。② 不过，浩官的财富显然是巩固他的家庭在中国社会地位的主要因素，③ 正如与波士顿有关的商人的集体财富在兴起中的美国阶层中确立了马萨诸塞家族联盟的地位。

浩官专门经营对行商来说可能是最赚钱的买卖。他和茶叶商人签订合同，提前一个季度预付款项，并且主要向英国东印度公司以及美国商人销售，在1830年之前特别是向帕金斯洋行销售，之后是向旗昌洋行（Russell & Co.）销售。因为英国东印度公司的信用无可挑剔，而美国商人主要是现金交易，跟他的大部分行商同僚不一样，浩官从来就没有特别缺乏资金。他还有好几项特别的优势，当中并非最微不足道的，就是他相当惊人的经商天才。作为公行的首商，他对于中国市场的价格及政策发挥着巨大的个人影响。因为他的巨富，他能回避困扰着其他保商的困难，他也不必指望英国东印度公司“文明”的施舍来渡过难关。唯一能在精明与成就上与浩官比肩的行商，是潘启官一世（潘振承），而他是长一辈的人。④

---

① 名称是怡和洋行。

② 浩官的兄长都是官员，当中一人还出版了一部诗集。

③ 对浩官（及其家庭）的研究，参见 Wolfram Eberhard，*Social Mobility in Traditional China*（Leiden：E. J. Brill，1962），82-84。

④ 他在1788年去世。参见 Ann B. White，“The Hong Merchants of Canton”（博士论文，宾夕法尼亚大学，1967），158-159；以及 Arthur W. Hummel，*Eminent Chinese of the Ch'ing Period*（Washington，D. C.：U. S. Government Printing Office，1943），605。潘启官三世（潘正炜）差可比拟。

除了投资国内市场，[①] 浩官似乎还有多种生财之道：他是外国商人购买中国产品的中间商；他拥有土地、房屋及设备，供在广州的中国人与外国人租用；他投机商品（1820 年，他垄断了胡椒市场）[②] 和汇票；[③] 他是放贷人并且经常投资外运商品。在最后的这个方面，浩官非常有能耐。他直接从生产者那里压价购入（或者有时他本人就是生产商），而在美国和欧洲各个城市的拍卖行出售货物。如此这般，浩官本人摆脱了不可捉摸的广州茶叶市场，并将茶叶生产者、行商、运输者，以及代理商的利润一揽子全收。最后，顾盛开始了波士顿商家在浩官在世期间一直进行的实践：把这位老行商的资本投资到美国的建设中，尤其是铁路。

浩官唯一无法自行找到的是一个可以完全信赖的美国代理人。因为他不会英文，[④] 他需要一位掌握这种技能同时又熟知西方法律和商业程序的人。他在顾盛身上都找到了上述种种，以及其他需要的东西：对西方先进的造船和航海技术的了解、美国海员的技能、波士顿商家的敏锐以及它在全世界的联系、美国海关对以美国商人的名义用美国船只进口的货物的优惠、独立于英国东印度公司之外的在英格兰和欧洲的优越关系网络。

---

① 亨特说浩官在武夷山地区（福建）他“自家的土地”上也种植茶叶，见 WCH，*The Fan Kwae at Canton*（London，1882），49。据 Robert Gardella 说，伍浩官家和潘启官家在武夷山地区都拥有茶园。见 *Harvesting Mountains：Fujian and the China Tea Trade，1757-1937*（Berkeley，California：University of California Press，1994），35。

② 1820 年 10 月 22 日 Samuel Russell & Co. 致 E. C. and Cyrus Butler，Samuel Russell & Co. LB，RP。

③ 1834 年 10 月 1 日 R. & Co. 致 Baring Bros. & Co.，John M. Forbes LB，1834 年 8 月 11 日—1836 年 11 月 20 日，RP。

④ 广州英语（pidgin）除外。由一个波士顿商家的代表担任他的抄写员和外贸经理的做法，从 1812 年战争时就开始了。最早开始的是顾盛，然后是托马斯·T. 福士（Thomas T. Forbes）、约翰·莫瑞·福士（John Murray Forbes）、奥古斯丁·赫德（Augustine Heard）（短期的）及另外一些人。

浩官（Howqua 或 Houqua，伍秉鉴，1769—1843）。油画。浩官之精美与显赫为行商中之最。他大概是当时最富有的商人。他对美国人友好，对帕金斯商行及后来旗昌洋行的成员尤甚

罗伯特·本涅特·福士故居供图

浩官与那些千丝万缕地结合在一起的各个波士顿家庭的交易，最迟从1804年就开始了，那时顾盛只是本姆斯特德的店员，而他的父亲浩官一世仍然是伍家及其买卖的领头人。[①] 随着年月播迁，这种关系不断地发展并加深。1812年战争期间，帕金斯洋行无所作为，因为英国军舰把美国商人从海面上赶尽杀绝。在广州，顾盛没有多少自家的业务要操心。于是，他就管理浩官在海外的生意，指导对交战国没收中国商人的财产进行法律诉讼，并且将浩官的资金从美国经伦敦和加尔各答调回。[②] 战后，帕

---

① Ephraim Bumstead & Co.，日记，以及1804年5月26日E. Bumstead & Co. 致J. and T. H. Perkins，PP。

② 例如，J. and T. H. Perkins LB，1807年4月—1815年1月，MHS，致Forsyth，Black & Co.，1813年5月7日。又可参见在SCP中浩官的信件，以及Bryant and Sturgis致EC的信件，1814年10月5日，B & S Papers。浩官在1814年1月28日写信给一个叫H. Tingley的人说，J. and T. H. Perkins是他的“总代理”，笔迹是顾盛的。又见同日浩官致Benjamin D. Jones的信件，PP。

金斯洋行和浩官共同投资于船运货物，甚至于鸦片。鸦片贸易中重要的是行商需要可以绝对信赖的外国人来处理他的买卖。浩官是一位行事谨慎且胆小怕事的人（他的中文外号叫“羞娇娘”，“the timid young lady”），[①] 假如他的美国朋友们泄露了他们替他经营买卖的天机，他的麻烦可就大了。这个秘密是如此的天衣无缝，直到最近才被人怀疑，[②] 顾盛与浩官之间的紧密合作，甚至成为那些没有直接竞争关系的商号抱怨的对象。1821 年 3 月 6 日，塞缪尔·罗素公司（Samuel Russell & Co.，是旗昌洋行的前身）向爱德华·卡灵顿以及其他人解释道：

> 无疑我们可以向浩官先生购买货物，并且获得和当年昆水官给出的同样长的信用期，但我们知道不可以，一般而言，像我们可以跟其他人做的那样，以如此优惠的条件向他购买商品。他对自家的商品总要大获其利，而其他人则少一些也可以满足，除了这一点，假如他有一批头等的茶叶，我们也不是首选的顾客，假如另外一个人（即顾盛）不想买并且我们可以报出一个好价钱，我们才可能向他购买茶叶。[③]

作为长期的贸易合作，浩官—帕金斯洋行联盟行之有效地抵消了中美两个市场的波动。当价格高企且供应短缺时，

---

① *CR* V（April 1837）：551.

② 帕金斯档案内保存了一本 J. and T. H. Perkins 在 1819－1827 年间的往来账簿。当中一项的标题是《帕金斯洋行与浩官间鸦片往来账目》（Perkins & Co. and Houqua Opium Account Current）。可见直到 1821 年左右“艾米丽号”（*Emily*）事件时，浩官仍投资鸦片贸易。我没有能够找到浩官在那之后还从事鸦片贸易的蛛丝马迹。清政府严厉的禁烟举措很可能让他害怕得放弃了哪怕是间接参与这项非法贸易。

③ CP. 另外一个例证，可见 Robert Waln，Jr. 致 Robert Waln，1819 年 10 月 9 日。Waln Family Papers 1785-1820（［Robert］ Waln Letterbook），LCP247，Historical Society of Pennsylvania.

浩官总能拿到比公行其他行商要好得多的茶叶。[①] 相反，假如价格低落，浩官可以按比纽约和波士顿市场上的任何人更低的价钱抛售，却依然能获利。浩官无疑是那个世纪最伟大的商人之一。即使用现代膨胀了的标准来看，他仍然投资巨大，而且坐拥巨富。[②] 他的从商之道，无论在中国还是在西方都行之有效，因此那些曾受雇于他的美国商人后来发现可以将之照样运用在自己的经营中。约翰·莫瑞·福士总是恰如其分地把他日后的成就归功于他得自于浩官行号的经验。

直到1812年战争之后，浩官—帕金斯洋行的合作才成熟起来。这个大行商渐渐地把他对美国的贸易归由帕金斯洋行经营。巴林洋行（Baring Brothers）与这个同盟建立了联系，而塞缪尔·卡伯特则在波士顿为帕金斯兄弟的商号奔走。直到19世纪20年代以后，这些合作的商号才最终实现了对土耳其鸦片贸易的垄断。尽管帕金斯洋行在最后的10年里的掌故，不仅仅是关于鸦片的故事，但毫无疑问的是，这种毒品在该商号的经营中是至关重要的一项。我们大概可以从罗伯特·B.福士对装运一船土耳其鸦片的利润估算，对这种贸易的赢利能力略知一二。他计算出，以船上交货价3美元来购买10万磅士麦那（Smyrna）鸦片，公司大概可以获得

① “这位老绅士给予我们挑选他为东印度公司准备的茶叶的权利。”JPC致EC，1815年11月24日，CP。

② 亨特说浩官在1834年的时候估计自己的财产达2600万美元。相比之下，斯蒂芬·杰拉德（Stephen Girard）去世的时候，其财产也不过是700万美元左右。参见John B. MacMaster，*Life and Times of Stephen Girard*，vol. 2（Philadelphia：Lippincott，1918），II：461。阿斯特（Astor）一直活到了1848年，大概也不能跟浩官相提并论。对他财产的估计从800万美元到2500万美元不等。见Kenneth Wiggins Porter，*John Jacob Astor*，*Business Man*，vol. 1（Cambridge，Mass.：Harvard University Press，1931）：1097 and 1129，n. 31。无论阿斯特的财产是哪一个数目，浩官在14年前就已有2600万美元，是相当惊人的。

37.5%的利润。[①] 如此高的利润额，让人们亟愿垄断土耳其鸦片贸易，但这种操控要使资金和可靠的贸易伙伴在若干个相隔很远的地点运作，帕金斯洋行已经建立起了世界性的贸易联系，其发挥效用之顺畅，如人所愿。

这整个架构是以马萨诸塞州东部的一个富有才干、人才辈出且有财有势的亲属集团为基础的，它的代表是波士顿的两家商号：帕金斯兄弟商行及“布赖恩和斯特基斯”商行，有时候它们在广州被统称为“波士顿利益团体”（the Boston Concern）或“PCBS利益团体”（the PCBS Concern），它们的经营极其密切。[②] 处于这个非正式的联盟中心的是帕金斯家族、斯特基斯家族以及福士家族，尽管另外一些姓氏时不时地出现。其成员以血缘、婚姻、宗教、生意、友谊和政治为纽带联系在一起，在很多年里，他们组成了美国对华贸易的最可畏的组合。这个联盟的非正式性必须加以强调，因为虽然其成员密切合作，但偶尔也会出现争执（还是有落伍者）。在家庭资本主义（family capitalism）的时代，家庭内部的争吵还是会影响生意，反之亦然。并且当时也没有多少现代商业所倚赖的法律约束。取而代之的是大多数人群的历史久远的纽带——家庭。这种组合被形容为“人际关系网络，自始至终，都是非正式的、流动的、错综复杂且高度个人的”。[③]

正如这个利益团体派了一个成员到广州那样，他们也有

---

① Note Book # 2，“谈谈在中国和马尼拉市场包装货物的质量和方法”，RBFP。帕金斯洋行在这一时期（1812－1828）大概获利200万美元，大部分来自鸦片贸易。见JPC致SC，1830年10月20日、11月18日，引自L. Vernon Briggs, *History and Genealogy of the Cabot Family*, *1475-1927*, vol. 1（Boston：Privately printed，1927）：319及321。

② 尽管这些词汇被旗昌洋行的成员所使用，指的是临时性的、一定程度上正式的联盟。我使用这个词汇，一般是指帕金斯—福士—顾盛—斯特基斯的组合。

③ Duncan Yaggy，“John Forbes，Entrepreneur”（博士论文，布兰迪斯大学，1974），30。

一个代表在伦敦，那就是约书亚·贝特斯（Joshua Bates），他是伦敦和利物浦的巴林兄弟商行（Baring Brothers & Co.）的合伙人。贝特斯出生于马萨诸塞州的魏茂茨（Weymouth），他在情感上和亲缘上都与波士顿的那些家庭关系密切。他的妻子露克蕾提亚·斯特基斯（Lucretia Sturgis）是威廉·斯特基斯的堂姐妹，而他又总是感激托马斯·H. 帕金斯提携他从商。在1812年战争开始后不久，贝特斯就被威廉·格雷派到了伦敦，但他很快就自立门户。从他刚刚在英格兰安顿下来时起，他似乎就在那个国家为波士顿的利益集团服务了。塞缪尔·威廉姆斯（Samuel Williams）1825年破产前，是这个集团在伦敦的银行家。1826年，贝特斯和约翰·巴林（John Baring）一起成立了一家商号，并马上接纳了集团的贸易。当他在1828年加入巴林兄弟商行时，这家商号就成了集团在英伦的代理人，贝特斯作为合伙人处理其业务。1851年，贝特斯年过花甲，身患疾病，他劝说一位姻侄、此前在广州旗昌洋行的合伙人——罗素·斯特基斯（Russell Sturgis）加入了巴林兄弟商行。由此，波士顿利益团体对这家英国大商号的影响在贝特斯退休后还维持了好些年。①

利益团体在美国和英国都领导有方且资本雄厚，缺的就是在中国有类似的组成部分。顾盛与浩官的亲密关系使得这个三角关系得以形成。因此，帕金斯洋行能够得到最完整的消息、最好的信用额度，以及在三个大洲上最明智的经商指南——这是它环球贸易的三个支点。

1829年之后，浩官几乎把所有的外贸都归给旗昌洋行——这家商号吞并了帕金斯洋行，因此减少了风险，并加

---

① Herbert Heaton, "Benjamin Gott and the Anglo-American Cloth Trade," *Journal of Economic and Business History* 2 (November 1929): 159，注释。

强了控制权。浩官对旗昌洋行的经营策略总是有着很大的影响，在后一个时期，他要求对生意要谨慎、经营良好且有利可图。毫不出奇，旗昌洋行成为中国沿海地区最有势力且消息最灵通的美国公司。

在1812年战争结束之后到帕金斯洋行解散时为止，顾盛和浩官形成了自己的一套办法，适应不断变化的形式、巩固贸易的安全以及容纳其他美国人——表面上看他们都因顾盛的慷慨而受益。随着顾盛建立起了他自己的生意（那就是为波士顿利益团体和浩官做买卖），他对代理业务越来越没有兴趣了。顾盛自己认为，利益冲突、风险增长、人事失控还有其他一些不利因素，显然让赢利的前景变得不那么重要了。他的进口贸易中最重要的部分——鸦片贸易，是非法的。因为在这些年里清政府开展了数次禁烟运动，浩官越来越惴惴不安，顾盛当然也就得另作他想了。[①] 因此，帕金斯洋行在1818年宣布将所有的代理业务转让给新近成立的J. P. 斯特基斯洋行（J. P. Sturgis & Co.），斯特基斯在1809年乘坐“阿特华尔巴号”（*Atahualpa*）来到广州，船长是他富有传奇色彩的叔父——威廉·斯特基斯。此后，他就或多或少地靠着他表亲顾盛的赞助，住了下来。就在顾盛通知他的主顾放弃代理业务的同一天，宣布斯特基斯洋行成立的传单也分派出去了，洋行的合伙人是三兄弟——詹姆斯·P. 斯特基斯、亨利·斯特基斯（Henry Sturgis）和乔治·W. 斯特基斯（George W. Sturgis）。[②] 斯特基斯兄弟并不是顾盛那样的商

① 顾盛险中求利的做法，前面已有提及。1821年11月17日他写给帕金斯兄弟商行的信件，是说明他盘算过程的绝佳例证，那是在“艾米丽号”事件吓跑了很多美国人之后（第165页部分引用）。

② 在CP档案内有该份传单。Yaggy发现洋行的发起人是威廉·斯特基斯，因为他觉得顾盛没有优先处理他的订单（Yaggy，“John Forbes，” 649-650）。

人，詹姆斯头脑特别顽固，不愿意照订单办事。[①] 雪上加霜的是，亨利在1819年去世，而乔治退出。与此同时，顾盛开始把代理业务转让给其他人，当中包括威尔考克斯，特别是旗昌洋行。到了19世纪20年代后期，斯特基斯的生意似乎仅限于管理波士顿利益团体在伶仃岛上的趸船，这项任务在1830年由罗伯特·本涅特·福士接替。

顾盛的一些党羽有自己的羽翼。詹姆斯·P. 斯特基斯和一个叫提默斐·G. 皮特曼（Timothy G. Pitman）[②] 的年轻人交上了朋友，他大概是在斯特基斯乘“阿特华尔巴号”到达广州的同时来到中国的。大概10年以后，皮特曼和有才干但神经质的威廉·法兰奇（William French）合伙，法兰奇1819年从波士顿经夏威夷群岛来到中国。法兰奇随身带来了斯特基斯的叔父威廉的推荐信，次年，一家新的商号，“皮特曼和法兰奇洋行”（Pitman & French）就开张了。

詹姆斯·斯特基斯借出资本，是“出于友好的动机……使这家新商号能继续经营”，事实上，它很快就成了多元经营的商号，“皮特曼和法兰奇洋行”除了经营代理业务以及自行投资前往别的港口的船运以外，还有一家旅馆、[③] 一家店铺，并出售船只补给品。1821年年终，这家洋行新加入了一个年薪600元的店员，叫丹尼尔·T. 亚博（Daniel T. Aborn），他来自普罗维登斯一个航海家庭，皮特曼则在12年的岁月里

---

① Bryant & Sturgis LB，1819-1824，多处；以及 Yaggy，“John Forbes”，651。

② 他和斯特基斯关系密切。同一时代的文件中用到了“斯特基斯先生的党羽”这样的字眼。参见 Chancery，*Proceedings of the Court of Oahu on the Removal of the Funds of William French and Francis J. Greenway* …（Honolulu，1844），藏于波士顿文艺俱乐部（Boston Athenaeum）。1817年，斯特基斯帮皮特曼发运茶叶到波士顿，因为后者“在波士顿没有做生意的朋友”（Sturgis 致 B & S，1817年2月，Hooper-Sturgis Collection，MHS）。

③ 他们是从威廉·F. 米吉那里继承这项业务的。

第二次回国。两年以后，商号得到了扩充。皮特曼作为“欧斐米亚号”（*Euphemias*）的随船大班前往新南威尔士，显然是为了要在悉尼建立分号。后来这家分号得到了来自詹姆斯·P. 斯特基斯和 B.C. 威尔考克斯的投资。

1826 年 1 月 1 日亚博获得许可，成为合伙人，不久之后，法兰奇在夏威夷建立了另外一家分号。业务分布如此广泛，而只有一个合伙人——亚博留在广州经营生意，“皮特曼和法兰奇”洋行的扩张似乎很单薄。1830 年亚博退出并回国以后，商号就四分五裂了。来自夏威夷方面的说法是它“因为自身的局限还有列首位的合伙人（皮特曼）的去世而解散”，①皮特曼于 1832 年 3 月 29 日死于肺结核。②

在某种程度上，顾盛不得不充当斯特基斯及在广州的其他人的“慷慨主人”（Lord Bountiful）。如果只采用他所熟知并信任的一套做法，他的生意就会变得战线太长，风险太高且太耗费时间。如果他决定按照旗昌洋行在 19 世纪 30 年代时的做法来扩张，他就必须彻底地重新组织他的会计部，正如旗昌洋行在约翰·C. 记连（John C. Green）的领导下所做的那样。③ 于是，他没有把他的小公司重组成更大且更复杂的机构，而是将业务分派给了斯特基斯、威尔考克斯、罗素等人。

在为他自己、波士顿合伙人以及浩官经营的同时，顾盛

---

① Chancery, *Proceedings of the Court of Oahu on the Removal of the Funds of William French and Francis J. Greenway*…（Honolulu, 1844）RBF 说法兰奇使得亚博没有足够的资金支付汇票，见 RBF 致 G.W. Russell，1831 年 2 月 18 日，RBFP。

② *Columbian Centinel*, 1832 年 10 月 13 日。

③ 见本书第 240-242 页。

发展出了新的业务。在拉美革命期间，顾盛和另外一些人[1]在广州和美洲太平洋海岸的各个城市间进行的贸易欣欣向荣。之前由马尼拉大帆船（Manila galleons）运输的贵重茶丝商品，数年内就落入到了美国人手里，并且它补偿了19世纪20年代早期其他各项经营均无利可图的困境。

更让英国人恼火的是，有一桩贸易本来是由费城人开拓的，但波士顿利益团体却更善于经营。英国东印度公司已经开拓了英国纺织品在华市场。东印度公司的控制要求保持质量和维持垄断，而那些美国人和他们的英国盟友一道，如今已经可以回避禁令，牟取利润。

因为波士顿人和费城人都是能干的走私者，所以，看到他们首先在这个方面进行竞争，丝毫都不出奇。塞缪尔·亚彻（Samuel Archer）——当时费城的大商人——的传记作者坚持认为亚彻甚至在1812年之前就开始了这种营生。[2] 如果这种说法是正确的，那么亚彻名副其实是先行者。另一些费城人如纳森·邓恩（Nathan Dunn）[3] 和爱德华·汤姆逊（Edward Thomson）（在1825年破产之前）都大力投入到这项经营中。不过，这项经营最成功的参与者，当数帕金斯—斯特基斯—顾盛联盟的成员们。他们在1818年之前甚至更早就插手这项贸易，通过在英国和中国无与伦比的关系户，取得了较大的份额。他们在英国的一个代理人直率地说，他们

---

① 爱德华·卡灵顿是另一个。似乎部分地是因为他发现了卡灵顿在这个时期的一本书信簿（其他的书信簿当时散落在卡灵顿旧居内），Earl C. Tanner下结论说在19世纪早期，普罗维登斯在拉美独立早期，占有主要的贸易份额。见“The Early Trade of Providence with Latin America”（博士论文，哈佛大学，1950）。参见附录“美商从广州出口商品的目的地，1818-1832”，可见这项贸易的规模。

② William Davis, in Henry Simpson, *Lives of Eminent Philadelphians, Now Deceased* (Philadelphia, 1859), 20. 1830年，一名英国商人声称他相信美国人是在1817年参与到毛织品的贸易的。见1830年3月9日，Abraham Dixon的证词，Second Report …，V：197，问题2981。

③ 要更多地了解邓恩，参见本书第301-302页。

在此项贸易中名列前茅。他还承认实施的奸计与该商号在中国的做法不遑多让：模仿东印度公司的包装、商标及其他任何突出的特征。[①] 数年以后，在一份内部流通的文件中，罗伯特·B. 福士对这种可疑的贸易作了个别的说明。他警告，不能做任何与东印度公司不同的东西：

> 因为它会使得每件的销售单价减少1美元，因为它会让乡村商贩轻易地把我们从公司的货物中剔除出来……包装我们的货物时，不能有任何的改动，而且那些仿冒货品，纸包装上即使是最细微的标记也要撕掉……如果没有遭到反对，纹章等应该一模一样。

其目标显然是迷惑买家。接下来，福士提到1828－1829年“米罗号”（*Milo*）上的纺织品卖给了一个店家，利润是22.6%。他似乎认为利润偏低，因为他假定装运一船英国货物的收益应该是39.5%，在当时而言是非常可观的。[②]

当时伦敦业务的负责人是弗雷德里克·W. 潘恩（Frederick W. Paine），他是詹姆斯·帕金斯的姻侄。潘恩在伦敦娶了安·顾盛·斯特基斯（Ann Cushing Sturgis）——帕金斯兄弟的表妹，因此，当他在欧洲为波士顿利益团体经营的同时，也进一步地巩固了家族的纽带。潘恩曾经是帕金斯兄弟在地中海地区的代理人，但随着士麦拿的行号变得越来越可靠，而伦敦成为了提取鸦片的地点，并且是毛织品的货源地以及商行在欧洲贸易的融资中心，他于1818年在此安顿。作为帕金斯兄弟商行在当地的总代理，他在当地购买英国及欧洲货物并且发运，而又在同一区域销售中国货。他的

---

① 1830年3月9日，Charles Everett的证词，Second Report …，V：192，问题2893－2906。

② RBF，Note Book #2 … RBFP. Yaggy从帕金斯洋行的一本书信簿内引用道，装运一船货物，收益近似，见JPC致F. W. Paine，1820年9月25日和11月16日，引自Yaggy，“John Forbes”，668，注释81。

助手有查尔斯·艾威雷特（Charles Everett），后者“监督订单及发运货物”，还有塞缪尔·威廉姆斯，到1825年为止，他是利益团体在伦敦的联络人及银行家。①

潘恩最大的布匹供应商是利兹的本杰明·戈特（Benjamin Gott），他“大概是西部地区（West Riding）出类拔萃的呢绒商”和“欧洲十个或者十二个最大的雇主之一”。②1821年，潘恩向戈特下了价值28000英镑的订单，是戈特在这个时期接到的最大订单。塞缪尔·威廉姆斯在1825年的破落③给联盟的纺织品贸易带来了暂时的阻碍，这在当时可能是仅次于鸦片的第二宗大买卖。如鸦片贸易那样，纺织品的贸易也有赖于英国东印度公司的垄断。迫于合同的规定，英国东印度公司不得不购买在伦敦染色的呢绒，尽管那个时候利兹在技术上已多有领先且货品价格要低得多。当然美国人并没有受制于此。④ 此外，美国人还享有浩官的支持及一向以来的航运优势。他们的船只比较小，制造成本低，航行迅速，

① 见艾威雷特的证词（1830年3月9日，Second Report … ，V：192），还有亚伯拉罕·狄克松（Abraham Dixon）的证词，1830年3月9日，V：193-194。狄克松的证词包括了对1818—1826年广州进口的英国毛织品的不完全论述（V：199）。

② Heaton，“Benjamin Gott，” 148-149. 1820年，帕金斯的三艘商船“罗伯特·爱德华兹号”（*Robert Edwards*）、“奥菲利娅号”（*Ophelia*）和“广州邮船号”（*Canton Packet*）在伦敦被东印度公司拦截，理据十足地指控它们破坏了公司对呢绒贸易的垄断。在美国公使本杰明·鲁什（Benjamin Rush）的干预下，它们才被释放。见R & Co. 致EC & Co.，1820年11月12日，RP。此后直到1825年，贸易蓬勃发展。见Carl Seaburg and Stanley Paterson, *Merchant Prince of Boston: Colonel T. H. Perkins, 1764-1854*（Cambridge，Mass.：Harvard University Press，1971），336。

③ 威廉姆斯的破产，在一定程度上是因为他过多地承兑了帕金斯兄弟商行的汇票。那一年，在他们账目下，他共承兑了9万英镑。当他停止付款，帕金斯兄弟商行只是暂时性地感到不便。帕金斯上校那时候碰巧在伦敦，提默斐·魏京（Timothy Wiggin）和巴林商行马上为波士顿商号挑起了担子。最后，巴林商行成为了波士顿利益团体在伦敦的银行家。关于威廉姆斯破产对帕金斯兄弟商行影响的简要分析，见Seaburg and Paterson, *Merchant Prince of Boston*, 331-333。

④ 艾威雷特和狄克松的证词，Second Report … ，V：192 and 197。

水手人数少得多，且可随意调整贸易策略及目的地港口。船长及船员本身对航行感兴趣，因此有很大的动力。最后，没有束缚着东印度公司船只那般的官样文章，因此美国船只的运作更有弹性。[①] 英国东印度公司简直就不是其对手。英国私商对美国人从事此贸易的妒忌，加上来自英格兰中部的工厂主们被东印度公司的垄断刺痛所产生的压力，最终使东印度公司的特许经营权在 1834 年被取消了。[②] 詹姆斯·孖地臣（James Matheson）——一直所向披靡的私商——在 1822 年写信给一个通信人的时候说，因为“美国的竞争，他们（东印度公司）向中国出口减少”，他怀疑东印度公司在广州的特选委员会的投资是可以完全以从印度签发的汇票来支付。在信件的附言中，他进一步指出，“美国船只‘哥伦比亚号’从利物浦进口的大量货物，导致了东印度公司货物滞销”。两周以后，孖地臣写道，顾盛在销往巴达维亚纺织品贸易的竞争，使他自己对这桩贸易也要三思而后行了。[③]

取消英国东印度公司对华贸易的特权，也使美国人在此中的许多优势告终。不过，新英格兰人很快就为了同样的目

---

① 见顾盛关于如何通过行贿使得呢绒通过中国海关的描述（P & Co. 致 J. and T. H. Perkins，1820 年 11 月 12 日，P & Co. LB，BL）。

② 见 Michael Greenberg, *British Trade and the Opening of China, 1800-1842*（Cambridge：Cambridge University Press，1951），182；以及 Arthur Redford, *Manchester Merchants and Foreign Trade, 1794-1858*（Manchester：Manchester University Press，1934），特别是第 4 章，“与远东的贸易”，第 108-118 页，关于曼彻斯特反对东印度公司垄断斗争的回顾。利兹、伯明翰和其他的中部城市都进行类似的运动。有趣的是，超过 10 年以后，美国在伦敦的公使爱德华·艾威雷特汇报说，美国在纺织品贸易中的胜利，也被用于作为反对《康恩法令》（Corn Laws）的论题。见他在 1844 年 5 月 14 日的通信，在他于 1844 年 6 月 1 日致卡勒·顾盛（Caleb Cushing）的信件中有节选，Cushing Papers。

③ 1822 年 9 月 10 日致新加坡的 D. Macintyre 和 9 月 26 日致巴达维亚的 Coleville, Jutting & Co.，Yrissari & Co. LB，JMA。又见特选委员会 1821、1822、1824、1825、1826、1828 和 1832 等年份的报告，见 Hosea B. Morse, *The Chronicles of the East India Company Trading to China, 1635-1834*, vol. 4：5-6、71、91-92、105、124、169、330。

的而购买罗威尔（Lowell）的纺织品了。美国的棉布之前就已经出现在中国了，而首次大批地输入是在1826—1827年，这个时候，人们越来越清楚地看到，对东印度公司的攻击将会取得成功。这一年，美国人运到广州的印花棉布和英国人的一样多。① 尽管在许多年里，美国的棉布还是无法与英国的产品竞争，特别是英国人习惯于在中国倾销其多余的产品，这还是揭开了19世纪后半期大规模棉布贸易的序幕②。

1820年，顾盛安置他的表弟托马斯·图诺·福士（Thomas Tunno Forbes）③ 来广州担任店员，并且开始培训他接手业务。④ 接下来的8年多里，顾盛和福士变得非常亲密，后者完全掌握了经营之道，其商业天赋与其家庭成员所赖以成名者相比不遑多让。1827年6月30日，在顾盛回国的前夕，福士正式成为了帕金斯洋行的合伙人。⑤ 事实上，为了分配利润，早在这个年轻人于1826年最后一次回国期间，顾

---

① A. H. 沙进（A. H. Sargent）指出，来自于美国的此项贸易是"支持英国私商反对东印度公司垄断经营的最有力的论据"，见 *Anglo-Chinese Commerce and Diplomacy*（Oxford，1907），19。显然，在广州的帕金斯洋行解散之后，波士顿利益团体还是继续向广州运送大量的棉布。见EC致纽约的SW，1834年4月5日，CP。美国造的未经漂白的床单尤其便宜。纳森·亚普顿（Nathan Appleton）在1830年说它比中国棉布便宜20%到33.3%。见他1829年7月10日致JPC的信件，Nathan Appleton Collection，MHS。

② Greenberg，*British Trade*，185-186. 又见 Caroline F. Ware，*The Early New England Cotton Manufacture*（Boston and New York：Houghton Mifflin，1931），192-195；以及 H. B. Morse，*Trade and Administration of China*，3d rev. ed.（London and New York：Longmans Green & Co.，1921），309-311。

③ T. T. Forbes（1803-1829）是福士三兄弟中的大哥。顾盛在亲戚中找接班人已经有一段时间了。RBF宣称当他作为普通的海员来到广州的时候，顾盛向他提供了这个职位，但他为了自己的兄长，拒绝了顾盛。见PR的，第55页和第88页。

④ 早些时候，顾盛有一个"主任店员"（chief clerk），是来自波士顿的约翰·哈特（John Hart，也写作Hartt）。大概在1820年，这个人成了亚米顿（Ammidon）的合伙人。见SR & Co. 致Ephraim Talbot，1821年7月16日，RP。哈特始终没有被委任为合伙人，1833年，RBF形容他"处于可以想象的最悲惨的境地中，失魂落魄"。见RBF致JRL，1833年3月7日，LP。

⑤ 1828年1月1日的传单，CP。

盛就已经把他当做合伙人来看待了，在此期间，生意蒸蒸日上。[①] 因此，在他的合伙人职位得到许可之时，福士已经踏上了致富之途，他开始考虑回国的事宜了。与此同时，顾盛发现在美国的商业与在中国的商业大相径庭，帕金斯上校提出让顾盛接替自己担任波士顿商号的负责人。[②] 老先生早就转移了注意力；詹姆斯·帕金斯 1822 年就死了，而塞缪尔·卡伯特——上校的女婿，在过去的数年里是商行幕后的操纵者。卡伯特看起来像个海盗，因为他戴着一只眼罩：多年前他在法国瞎了一只眼。[③] 不过，他有着会计师的灵魂，据说其个性阴沉、毫无幽默感且沉默寡言。顾盛不喜欢他，而且他也不愿意接过帕金斯的儿子们的担子：小詹姆斯是个酒鬼，就在那年去世了，而小托马斯是个花花公子。最后，家族中的权威们相信，T. H. 帕金斯与顾盛之间经营风格的差异，是难以在同一家商号内并存的。上校是个乐观主义者，愿意冒险，而这是保守的顾盛所憎恨的。[④]

当罗伯特·B. 福士在 1828 年报告说“之前的洋行内每个成员将独立经营或者一时兴之所至而加入（正如波士顿利益团体的成员通常的做法那样）。在广州只剩下了托马斯·T. 福士而不是帕金斯洋行来从事代理业务，他背负着千斤重担”[⑤]，他大概真实地反映了顾盛（和他的兄弟托马斯）的想法。在如此情形下，由于顾盛和威廉·斯特基斯的敦促，罗

---

① 1830 年顾盛汇报说，自从洋行重组之后，赚得“纯利”为 916144.54 美元。JPC 致 SC，1830 年 10 月 30 日，SCP。

② THP 致 JPC，1827 年 5 月 18 日，J. E. C.，“Extracts from the Letterbooks of J. and T. H. Perkins & Co.”，321。

③ Briggs，*History and Genealogy*，I：281-287，还有在卷 2 卷头插画中可怕的肖像画。老卡伯特瞪着画外，嘴唇很薄，面带不满。

④ Yaggy，“John Forbes，”596.

⑤ 致 PSF，Rio Grande [do Sul]，1829 年 11 月 28 日，RBFP。至于顾盛的想法，见 BL 收藏的他的信件簿，特别是 1829 年 2 月 10 日他写给 T. T. 福士和写给浩官的信件。

伯特·本涅特·福士正打算前往广州当他哥哥的继任人，而托马斯·福士的死讯，打破了所有人的计划。

1828年4月，当顾盛搭乘“米罗号”从广州扬帆出海时，他自信是把生意交给了能手。他确实也做到了，只是他没有防备万一。他不仅给了托马斯·福士若干年完整的训练，而且还留下了详尽的指南，指南上的日期是1828年3月31日，上面介绍了各个商人、经营实践和策略、拿游资来投资、行商的债务、对投到洋行名下的船只的管理、预计未来经营的建议和另外一些福士必须处理的事务等。假如福士活得足够长来培训他的接班人，未来美国对华贸易的情形，将会大大不同。然而，1829年8月9日，福士被台风吞没了。讽刺的是，是一艘帕金斯商号的船只带来了引起波士顿利益团体震动的消息，导致了福士决定登船前往澳门，踏上了致命之旅。[①]

福士的朋友们找到了一份指明将帕金斯洋行的业务交给旗昌洋行的文件，塞缪尔·罗素是这家成立了5年的商号的负责人，他与福士关系密切且非常熟悉帕金斯洋行的业务。他接手处理，经营顺利，毫无阻碍。

顾盛一接到他表弟的死讯，就马上赶回广州以挽救其业务。当然他没有忽略福士未雨绸缪的计划；并且，他也不会白跑一趟。他搭乘“大人物号”（*Bashaw*）回广州，满载着1000箱（133300磅）土耳其鸦片。

因为顾盛无意在广州停留，而家族里的其他成员要么缺乏经验，要么无意于接替福士，他便着手安排解散他在差不多25年前一手创办的商号。他把波士顿利益团体的业务留给了旗昌洋行，因此使得在中国最大的两个美国鸦片贩子合并

---

① 1829年11月29日，RBF致PSF的信件，FP。顾盛给福士的指南可在RBFP内找到，并在*Business History Review* 40（1966）：98-107发表，标题为：“Memo for Mr. Forbes Respecting Canton Affairs”。

在一起。它们的处事风格和作用个个不同且强调功绩。到1829年，帕金斯洋行名义上是顾盛所从属的波士顿商号购买中国货物的买手，而它也自行投资。实际上，顾盛规划了整个土耳其鸦片贸易：确定价格、规定分量，还有惩罚不遵守规矩的经营者。顾盛、他的合伙人及其盟友，是在他们的趸船上出售的大部分鸦片的真正拥有者。另一方面，旗昌洋行是绝对的代理商号，没有兴趣插手他们经营的商品。它出售的只是服务、销售进口货物（包括鸦片，是在帕金斯洋行的趸船上出售的）、将收益投资、确保船运、就汇票讨价还价、买保险，凡此种种。还有一种小规模的，但份额越来越大的生意来自印度，特别是鸦片。

因此，就贸易而言，合并没有出现人们设想的剧烈变化。顾盛过去曾经是旗昌洋行在广州的主要赞助人，而旗昌洋行很大一部分是继承了斯特基斯洋行的，它是顾盛代理业务最大的承接者。顾盛曾经考虑过帕金斯洋行未来的一个可能性就是吞并（加入）旗昌洋行。罗伯特·B. 福士在打算前往广州的时候曾经说过，他可能会加入旗昌洋行，[①] 当正如他自己说的那样，他从来没有对“向陌生人学习我的职责和仅仅是因为朋友（freinds，原文如此）的影响而将自己塞进某个行号”[②] 的念头着迷过。因此，顾盛没有多少真正的选择。在这种情形下，他为了家族，尽力做得最好了。他写给塞缪尔·卡伯特的信中说道：

> 本涅特·福士的信令我猜测，他已下定决心不愿意留在听了（hear，原文如此）[应是“留在这里”的笔误——中译者注]。因此我与罗素达成共识，他应该在他的商号中加入一名得到我许可的合伙人，并且我们将来

---

① 1830年11月30日，RBF致JPC的信件，FP。
② 1830年5月10日，RBF致James P. Sturgis的信件，FP。

的贸易应该专门指派给那位合伙人……我同意罗素的意见，他应该让约翰·福士加入他的商号，做他的助手，一旦福士具备了资格，他就应该成为合伙人。这样，我以为对于那些挺身而出的人来说，是个开端，就像成立新商号一样好。①

于是，随着顾盛的署名（signature），旗昌洋行成为了在东方最重要的美国商号。

旗昌洋行

塞缪尔·罗素（1789－1862）是一个聪明且特别友善的年轻商人，他来自康涅狄格州的米德尔敦（Middletown）。1819年，在数个已与他有了多年联系的普罗维登斯大商人——包括爱德华·卡灵顿（此时是罗德岛最大的船主）、本杰明和托马斯·H. 霍平（Benjamin and Thomas H. Hoppin）和赛勒斯·布特勒（Cyrus Butler）——的安排下，他来到了广州。在广州的头五年，他在塞缪尔·罗素洋行（Samuel Russell & Co.）的名号下经营——受到他的普罗维登斯合伙人的合同制约，但是到了1824年1月1日，他与分租他商馆的商人菲利普·阿米顿（Philip Ammidon）结成了合伙人关系。② 阿米顿来自马萨诸塞州的门顿（Mendon），是个小个

---

① 1830年11月18日，SCP。

② 协议条文可在CP和RP内找到。据沃伦·德兰诺（Warren Delano）说（致RBF关于旗昌洋行成立的回忆录，日期是1879年2月18日，Box 9，DP），卡灵顿要求罗素向行商赊账以装运一条船只，许诺在约定的时间内派出第二条商船装载所需的银元前往广州。当到了卡灵顿许诺的时间而这第二艘船只没有出现时，罗素异常尴尬。显然他一直处于这种困难的境地，直到顾盛建议他让阿米顿加入组成新商号。顾盛的建议是要有一个可靠的代理人去“管理帕金斯洋行及布赖恩和斯特基斯洋行的鸦片业务”。见1879年3月9日，RBF致WD，DP。因此，假如福士的消息是可信的，这个在中国成立的最大的美国商号的主要目的是鸦片（贸易）。

塞缪尔·罗素（Samuel Russell），旗昌洋行的创办人　康涅狄格州米德尔顿（Middletown）市罗素图书馆藏。大卫·舒尔茨（David Schultz）摄影

子，鼻子造型欠佳。他的姐姐嫁给了一个重要的商人——乔纳森·罗素（Jonathan Russell）（显然与塞缪尔·罗素没有关系），而他的兄弟奥迪斯（Otis）则娶了罗素的妹妹。阿米顿在广州曾代表过“布朗和艾伍兹”（Brown & Ives）商行，因此，这个新的商号有着非常令人瞩目的商业联系，且独立于顾盛的势力范围之外。然而，有些关系比这两位合伙人所期待的要弱得多，因为布朗和卡灵顿二人的兴趣很快就转移到其他方面了。[①] 因此，对于这新成立的商号的合伙人来说，顾盛的支持及其转让的代理业务，看来一定是非常重要的。

旗昌洋行完全是作为代理商号而成立的。至少直到鸦片战争开创了新机遇之前，它显然从来没有改变过这个策略。它面临的风险是最低的，而且它是广州唯一的此类商号，赢利总有保证。这家商号自始就很成功。除了美国方面的贸易

① 19世纪20年代，卡灵顿大规模地削减了他在华的贸易。当他在30年代早期重拾兴趣时，派出了他的外甥布尔（Isaac M. Bull）来经营他的业务。

菲利普·阿米顿（Philip Ammidon），旗昌洋行的创办人　私人收藏

外，旗昌洋行很快就开拓了对印度、马尼拉，甚至是英国的贸易，欣欣向荣。两位合伙人轮流在广州居留 2 年，因此总会有一个合伙人在中国。到了 1828 年，罗素的生意扩张已足够让他接纳第三名合伙人。当时在美国的阿米顿按计划要来接替罗素。但他写信说他不能来了，派了威廉·H. 洛（William H. Low）来取代他的位置，洛曾在撒冷和费城经商，富有经验。罗素接纳了这位替补，但大概因为洛没有在华贸易的经验且不熟悉帕金斯洋行的业务，次年，他还是留在广州，领导商行。不过，到了 1830 年，当阿米顿再次派出一名替补的时候，罗素拒绝了。他和洛接受了新的合伙人奥古斯丁·赫德，但是他们终止了 1830 年 1 月 1 日前的合伙人

关系，将阿米顿从合伙人中除名，并且吞并了帕金斯洋行。[①] 顾盛刚刚搭乘“大人物号”带着一批鸦片来到广州，他从几个方面来确保其家族在旗昌洋行的影响：

1. 他提名奥古斯丁·赫德——他的老熟人且是多年在东印度海域航行的老船长——为波士顿利益团体的代表。只有他能处理波士顿方面的生意。

2. 罗伯特·本涅特·福士和他的船只“伶仃号”（*Lintin*）将取代在伶仃岛的詹姆斯·P. 斯特基斯和“鞑靼号”（*Tartar*），垄断旗昌洋行在这个外港的业务。

3. 17岁的约翰·莫瑞·福士（John Murray Forbes）将成为商号的“助理”，在可以升任合伙人的序列中。[②]

为了控制局面，顾盛把自己的小表弟介绍给了浩官，让他进入浩官的行号，成了浩官的英文秘书，并最终经理该名行商在海外的业务（是以福士的名义出口的）。虽然广州的帕金斯洋行已正式退出了贸易，但顾盛为波士顿利益团体留下了强有力的后继人。

吞并了帕金斯洋行以后，旗昌洋行将在广州最大的两家美国商号合并起来了。它一直在竞争中名列前茅。在广州英语（pidgin）中，它被称为“Kee Chong”，[③] 在差不多整个19世纪里面，它都是中国沿海地区最显赫的美国商行。旗昌洋行成功的原因之一，无疑是它不愿意用自己的资金进行投资。在美国的商人，如果知道自己的商号没有与其他对手产生竞争，大概更会把大生意交托给旗昌洋行而不是去担心利益冲

---

① 1831年1月8日，SR致阿米顿，RP。阿米顿的答复很刻薄。见阿米顿致SR，1831年8月2日，RP。RBF拜访了阿米顿并且对后者的病况作了说明。他说阿米顿正遭受着“未老先衰”的痛苦，1829年11月30日RBF致JPC及1831年1月28日RBF致THP，RBFP。

② 1830年11月30日，JPC致SC，SCP。又见RBF，*PRs*，131-133及1831年1月28日RBF致THP，RBFP。

③ Russell & Co. 的中文名是旗昌（*Ch'i Ch'ang*）。

威廉·亨利·洛 (William Henry Low)，1833 年。旗昌洋行成员。乔治·钱纳利画 美国迪美博物馆藏，M23404

突。不过，正是这种利益冲突导致了帕金斯洋行被吞并。波士顿利益团体的生意如此显赫，而且它与旗昌洋行之间的关系又是那么地显而易见，其他人开始怀疑后者会有各种各样的偏向性，例如减少佣金、提供更好的茶叶和更快捷的服务。[①] 档案记录中可以窥探到传言很快就在广州的外国人群体中流传开来了。[②] 旗昌洋行似乎只是向波士顿利益团体收取半价的佣金。

① 见 1831 年和 1832 年洛致罗素的信件以及 1832 年 11 月 10 日 AH 致 SR 的信件，RP。对洋行计账策略的辩护，见 S. G. Checkland，"An English Merchant House in China after 1842，" *Bulletin of the Business Historical Society* 27 (1953)：167-168。

② 1834 年 3 月 16 日，AH 致 SR，RP。

还让人担心的是在广州出现了两家新的对手。19世纪20年代是中国贸易不景气的时代，这种情形，因为1819年开始的相当严峻的战后萧条期以及由于像托马斯·H. 史密斯（Thomas H. Smith）和爱德华·汤姆逊（Edward Thomson）（参见该部分）等人欺诈关税而导致大量中国货物充斥，变得更为复杂。许多状况良好的商家彻底地放弃了出售中国货物。[①] 当史密斯和汤姆逊分别在1825年和1828年破产时，美国的中国货市场完全停滞下来，[②] 到了19世纪20年代末，史密斯在广州的雇员已被放任自流了。

很快，两位曾担任史密斯代理的商人意识到他们的家族和他们在纽约的关系户给了他们自谋出路的机会。他们尽量挽救了史密斯业务的残余，组建了同孚洋行（Olyphant & Co.）。几乎与此同时，三名来自费城的大班一同组建了纳森·邓恩洋行（Nathan Dunn & Co.）。结果，就在旗昌洋行吞并帕金斯洋行的同一年，它在广州要面对两个富有竞争力的新商号。尽管这两家商号都不是经营鸦片贸易的，但鸦片贸易本身很快就出现了一系列新问题。约翰·R. 拉惕默很快就建立起了印度鸦片的贸易以与旗昌洋行竞争，而罗伯特·B. 福士则从商行出售的鸦片中大获其利。洛估计福士赚了“3万美元以上”。[③]虽然赫德和洛对这桩买卖没有控制权，但却猜得八九不离十；[④] 迫于与顾盛的协议，他们不得不在外港与“伶仃号”进行所有的鸦片贸易。他们没有对福士听之任之。这场争执很快就把J. P. 斯特基斯也卷入其中，并且在福士回

---

① 这包括了杰拉德和阿斯特。另外一些人，如“布朗和艾伍兹”及卡灵顿，则大规模地削减了他们的贸易。约翰·当奈尔（John Donnell）已经死了，但他的儿子们继续从事贸易。

② 关于史密斯和汤姆逊败落的简介，见本书第283-287页。

③ 1832年1月3日，WHL致SR，RP。

④ 1831年11月25日，RBF致WS，以及1832年2月7日致JPC，RBFP。

国之后还留下了苦果。当赫德和洛提出船只的仅一半的收益要收取2万美元时，这个问题得到了解决！福士进一步退让，商行在"伶仃号"上投资份额的收益中的四分之一，给了他的弟弟约翰·莫瑞·福士——当时还是广州商行的店员。[①] 鸦片代理业务的赢利能力以及波士顿利益团体对权力的讨价还价的戏剧性场面，是难以想象的。旗昌洋行再也没有付出如此昂贵的花销。在那以后，趸船由雇员弗雷德里克·W. 麦康德雷（Frederic W. Macondray）船长来管理——他是罗伯特·B. 福士挑选的，之后的指挥者还有丹尼尔·吉尔曼（Daniel Gilman）船长、詹姆斯·B. 安迪科特（James B. Endicott）船长等人。

这还不是商行面临的最严重的问题。19世纪30年代早期，旗昌洋行开始遭受许多合伙人制度都存在的结构性缺陷的困扰——其主要成员的个人失误和适应大规模扩张业务的困难。尽管赫德深受在广州的其他美国人的喜爱，洛却可算是难缠的。他很快就和不少侨民同胞疏远了，最突出的是詹姆斯·斯特基斯[②]和约翰·拉惕默。这两位都是交游甚广且在广州远比赫德和洛二人有着更多的经验。即使只是通过对手寄到海外的不利报告，这种情形也已危及生意了。和蔼可亲的罗素的影响力，似乎主要保存在最没有效用的方面——商行的组织架构。像之前的帕金斯洋行那样，旗昌洋行由一两名合伙人及同样数目的店员来运作，非常简单。当商号发展时，两家洋行都倚赖家族和朋友等传统资源来提供更多的帮助。如今，旧式的组织已不再适合了。赫德和洛手下有3名店员：威廉·C. 亨特（William C. Hunter）；小福士，他也

---

① 1832年3月21日，WHL致SR，RP。比较1832年2月7日，RBF致JPC，RBFP，可见一个约略不同的观点。

② 斯特基斯会是个可怕的对手。见本书第54-55页。

在浩官的行号内任职；还有约瑟夫·柯立芝（Joseph Coolidge），由罗素派出，来自波士顿，迷人且有着令人印象深刻的社会关系。不过，为了对付鸦片贸易越来越激烈的竞争，柯立芝在1833年被派往印度。在任何情况下，合伙人和店员在工作上并没有清晰的分工，而且生意与私人事务间大量重叠。这段时期邮寄的信件内容特别的丰富，因为它们结合了生意及私人消息、本地的流言蜚语，还有其他不相关的话题。尽管这些通信引起了历史学家们的兴趣，一家商行赖以运作的有效性却是值得怀疑的。

生意滚滚而来——来自于波士顿利益团体、来自旗昌洋行的老客户，还有因为罗素的不懈努力慕名而来的。合伙人四处求助，但他们因而被压倒了。他们实际上是把自己累垮的。① 亨特在1831年病倒了，被迫回国，直到1833年3月才回来。此前一个月，福士在医生的指示下乘船回国，直到1834年8月才返回。赫德不得不在1834年夏天离开，而同年威廉·H. 洛得了肺结核，并死于回国途中。诸如此类的反复折腾、疾病，还有接二连三的架构支离破碎，导致了错误处理订单并激怒了客户。在这个令人茫然失措的时期——尽管就大部分时间而言只是临时的，有一些大客户甚至放弃了旗昌洋行。

值得赞赏的是，顾盛预计到了这种困境，与约翰·拉惕默达成了含糊的协议，让他在未来不确定的日期加入洋行。②

---

① 1833年10月24日，WHL致SR，RP。对商行成员健康状况特别悲观的描述，见1833年10月24日Joseph Archer致John Cryder的信件，以及1834年5月20日，AL或JC致SR，RP。

② 1831年10月23日，JRL致詹姆斯·拉惕默，LLB。罗素关于让出三分之一利润的提议，直到1833年秋天才来到广州，见1833年4月14日及5月3日，SR致JRL，LP。之前一年的年终，罗素向詹姆斯·拉惕默试探，JRL是否还是愿意接受提议。詹姆斯汇报说，他答复道“足够的诱惑”应该会吸引JRL留在广州，尽管他曾经计划要早些退休（1833年2月6日，JL致JRL，LP）。

约翰·克利夫·记连（John Cleve Green），旗昌洋行成员、铁路建设投资者、慈善家、普林斯顿大学的主要赞助人
马萨诸塞州历史学会供图

当时拉惕默对此大感兴趣，不过由于他和洛的关系越发紧张，也因为他观察到旗昌洋行的簿记状况每况愈下，[①] 他的兴致渐消。除此以外，罗素姗姗来迟的建议，远低于拉惕默的预期，他被激怒了。[②] 罗素似乎没有办法在美国找到合适的人选；他已经把自己家庭成员的名单梳理一遍了。他的兄弟爱德华·奥古斯塔（Edward Augustus）数年前因为肝脏的问题被迫离开广州，如今已在其他地方安顿下来了。约翰·莫瑞·福士拒绝了罗素的提议。[③] 赫德是个单身汉，有几个侄子，但他们还很年轻。大卫·洛（David Low）向罗素推荐了他的侄子阿比尔·阿博特·洛（Abiel Abbott Low），[④] 但这个年轻人甚至还

① 1833年11月11日，JRL致JPC，LLB。

② 1833年10月16日，JRL致Matthew Ralston，LLB。比较1831年10月23日JRL致JL的信件，JL。拉惕默拒绝提议的信件（以身体健康为借口）写于1833年10月15日，LLB。当拉惕默在1834年回国的时候，他和广州旗昌洋行的成员们关系恶劣，他们因被他破坏了价格协定所激怒。他们还怀疑他要去印度，招致对他们的竞争。见1834年1月14日，AH致SR，HP。

③ Yaggy，“John Forbes”，175，注释186。

④ 1832年12月10日和27日，David Low致SR，RP。

没有开始当学徒。旗昌洋行急需一名高级职员，富有经验且广交“商界朋友”，并且能够马上接手。

到了1833年9月中旬，时值贸易季度之初，洛和赫德决定接纳柯立芝和约翰·福士——如果他返回中国的话。他们还同意邀请约翰·C. 记连，当时是纽约的格里斯沃德商行（N. L. & G. Griswold）的驻外代理人。[①] 记连接受了邀请，1834年1月1日取代已精疲力竭的赫德，成为洋行的领导人。

记连来自新泽西州的农场主和牧师家庭。他曾在劳伦斯维尔学校（Lawrenceville School）就读，在这之前一直受雇于格里斯沃德商行——当时纽约最重要的中国贸易行号之一。他尖刻的个性和出众的商业才能，在约翰·莫瑞·福士的一封信件中有生动的描写，信件写于记连加入旗昌洋行约16个月之后：

> 记连的嘴巴总是紧紧地抿着……他总是……弄出刺耳的声音……责骂并且砰砰地拍他的办公桌。我有的时候很想叫他闭嘴或者滚出办公室，这可爱的家伙。不过，他的生意头脑不错，尽管我以为他心胸太狭隘而且总抓着中国人不放，他们都恨死他了——因为这个还有因为当他无法马上从他们那里获益时表露出来的坏脾气。[②]

数月之后，他和赫德一同在簿记室内，他们爆发了恶毒的争吵，最终要求助于和事佬来调解。

虽然记连性格愤懑不平，但他厉害的经商手腕足以为洋行带来补偿。他缺乏社会声誉，可能正好使得旗昌洋行能够实现它所需的改革。他迅速地用值得赞赏的手段解决了很多迫在眉睫的问题。在他的领导下，洋行变成了高效且架构良好的商业机器。他很快就把洋行内部的工作合理化了，根据

---

① *DAB* IV：551-552和*Necrological Reports … of the Princeton Theological Seminary*，vol. 1（Princeton，N. J.，1891），I：5-7（1872年4月24日）。宣布任命记连的传单见RP。

② 1836年5月5日，JMF致AH，HP。

级别和才能分配工作。店员从事事务性的工作和外围琐务，使合伙人得以抽身从事更重要的事务。他留心到每个主顾都要得到一视同仁的对待，回复要迅速。波士顿利益团体享有的半价佣金的优惠，宣布告终。[①] 尽管失去了布赖恩和斯特基斯商行的生意，但大概其他的因素比取消优惠佣金在决策中显得更重要。[②] 记连修订了信件写作的规范，此后商业信函的内容，没有多少生意之外的内容了，要在里面找到个人的意见和其他无关紧要的内容——那使得早期的信件读起来是那么的饶有趣味——是徒劳的。寄出的信件都编了号，三个复本由不同的船只带走。甚至连字迹都有了改进，大概是新的分工办法所导致的——职业抄写员负责抄写。

对于好脾气的人来说，剔除商馆里的冗员是最难的一项改革。幸好在广州没有人因为这桩罪过而指责记连。旗昌洋行和其他商行一样，从一开始就允许商船上的高级职员来到商馆居住、在丰盛的餐桌旁大吃大喝，随意往来。无所事事的短期居留者总是在办公室进出，问问题、讲海上的故事或者打扰合伙人及店员。记连向他们收取 500 元的“商馆租金”，很快就把这些短期居留者赶回到了他们自己的船上。[③] 这项不受欢迎但却是必须的改革措施使得旗昌洋行可以放弃一间商馆，当初租下这房屋完全就是为了给那些合伙人不愿意收留在商馆里的人提供免费的住宿。此后，洋行就可以有借口说没有足够的地方容纳短期居留者了。[④]

所有的事实都证明了记连改革的有效性。在记连计划回国前两个月，罗伯特·B. 福士满是敬佩地评价道：“在记连的治理下商行赢得高度赞誉。”他特别赞许商行的经营架构和

① 1834 年 12 月 13 日，JCG 致 SR，RP。
② Yaggy，“John Forbes,” 51-55.
③ 1834 年 1 月 15 日，AH 致 SR，或 1834 年 11 月 16 日，JMF 致 SR，RP。
④ 1834 年 5 月 28 日，JC 致 SR，以及 1835 年 9 月 29 日，JCG 致 SR，RP。

劳动分工。[①] 即使是柯立芝——他可没有多少理由要喜欢记连——也宣称“没有任何人能取代他的位置”，因为商行的生意要靠他，而且，柯立芝还进一步指出，甚至连巴林兄弟商行都因为记连而对洋行投了信任票。这家英国商行的大生意，要求在广州有一流的经理人。[②]

除了记连的加入以外，旗昌洋行还碰上了其他的好运气。早先，在1832年的春天，罗素与托马斯·伦·沃德（Thomas Wren Ward）——巴林兄弟在美国的代表——签订了协议。此后，旗昌洋行有权利开出巴林兄弟商行的汇票——这是无与伦比的好处，因为它提供了在伦敦的很多新资源，那是旗昌洋行最需要的。因为当时旗昌洋行正给寄售的鸦片预付款项，随着东印度公司垄断经营结束，越来越多的商人投入贸易，这就变成是必要的举措了。[③]

鸦片买卖中产生了另外一个稳定因素。当初邀请拉惕默的理由之一，无疑是希望他大规模的鸦片贸易会落入洋行手中。拉惕默希望能把鸦片买卖转交给他的老朋友约瑟夫·魏妥尔（Joseph Whitall），但当后者没能来广州时，拉惕默似乎把他在美国的生意转让给了约瑟夫·亚彻，而他的鸦片生意则转给了怡和洋行（Jardine，Matheson & Co.）。之前数年，拉惕默一直是查顿的“与我的同胞以及他们的验茶师打交道的机密顾问”。[④] 因为旗昌洋行与怡和洋行已友好合作数

---

① 1839年1月12日，RBF致SR，RP。

② 1836年11月1日，JC致SR，RP。相反的是，在同一封信件中，柯立芝宣称约翰·福士——当时与他关系良好——同样对公司至关重要，不是因为他的任何才干，而是因为他与浩官的密切关系。

③ 1832年5月16日，托马斯·沃德致SR，RP。对照Ralph W. Hidy, *The House of Baring in American Trade and Finance*（Cambridge, Mass.: Harvard University Press, 1949），353。Hidy宣称巴林兄弟首次给予美国人在广州的商号无限制的信用额度是1843年的时候给了琼记洋行（Heard & Co.），然而，与旗昌洋行的协议，在10年前就已经安排妥当了。不过，旗昌洋行必须通过罗素来开出汇票，从技术层面来说，Hidy可能是对的。

④ 1833年11月12日，JRL致詹姆斯·拉惕默，LLB。

年，那一头不存在对市场造成破坏的危险。旗昌洋行在1835年12月也开始派遣走私船只前往中国东部海岸，为商号开辟了潜力巨大的新市场。①

当时还有调整中的阵痛。幸运的是，那都是暂时性的。1835年8月约翰·莫瑞·福士作为波士顿利益团体“洛根号”（*Logan*）的大班回到了广州，发现从那年元旦开始，他就已经是旗昌洋行的合伙人了。所需的只是他能首肯；他当然同意了，但并非毫不犹豫，曾与浩官商讨过一两次。这个决定所产生的问题之一是利益冲突：福士的来临是为波士顿利益团体管理两批货物的（“鞑靼号”随后就到）。如今他可谓改弦易张，却还在为他的舅舅威廉·斯特基斯的生意②作为派驻广州的代理人而工作。要不是市场的问题还有斯特基斯的进一步指示姗姗来迟的话，一切本来都会安然无恙。结果是双方来往的信件言词激烈，斯特基斯清楚表明他对于旗昌洋行之前经营的茶叶业务最不满意，而且认为他把福士派出来做他的代理人就是要避开这个问题。如今正是由于这个代理人的决定，旗昌洋行错误地经营了新季度的茶叶业务，代理人还收取全额的佣金，在斯特基斯看来与渎职犯罪已相差不远了。③ 尽管该问题为家族内的

① 1835年12月24日，JMF致SR，RP。

② 布赖恩和斯特基斯商号如今管理着波士顿利益团体在广州的业务。事实上，波士顿利益团体此时自称为“7/7利益”（the 7/7ths Concern），暗指他们合伙生意的份额。波士顿的帕金斯商行拥有三份，而布赖恩和斯特基斯商行及约翰·顾盛各拥有两份。

③ 对这个问题更详尽的论述，见Yaggy，“John Forbes”，44-46。关于这个问题的讨论，注释至少与正文同等重要。我采纳了福士加入旗昌洋行的说法，根据的是福士兄弟的证词，还有Yaggy先生的说法，他的解释我觉得很有说服力。不过在福士的档案中，还有一份文件未被解释。那是一份将罗素在旗昌洋行里利益出售给福士兄弟以及帕金斯兄弟的单据，日期是1834年2月24日，就是在约翰·莫瑞·福士登上“洛根号”前往广州之前一周。如果这份文件如它看来那样是真的，福士到达广州的时候，手上的牌一定比他愿意承认的要多。我们只能猜想，威廉·斯特基斯是否知道这么一份文件。

其他成员（大概是卡伯特和顾盛）所弥补，波士顿利益团体将他们的生意转交给了哗地玛洋行（Wetmore & Co.），直到1837年为止。格里斯沃德商行——记连的前任雇主——也抛弃了旗昌洋行，大概是出于类似的理由，不过，就像波士顿利益团体那样，格里斯沃德商行在一段时间之后也回归了。不管失去了波士顿利益团体暂时的损失是多少，获取的新生意大大地补偿了旗昌洋行。浩官还是很忠诚，而约翰·福士又重新担负起了负责老行商海外贸易事宜的工作。他的位置让他能私下里知道很多有价值的商业信息，使得他的信件处处受欢迎。福士很快就利用了这种优势以及自身的才干，在远方进行细致的宣传，推动贸易。非常驻的合伙人、福士的哥哥罗伯特·本涅特在美国本土更直接地做着同样的工作。①

记连的加入还有其他一些计划之外的结果。旗昌洋行开始的时候是相当典型的"阶段性普遍合伙人关系"（terminal general partnership）——亲属关系和朋友关系为导向，每隔几年就解散和重组一次，合伙人的组成略有改变。当一个合伙人得到了他以为足够多的财富，他就会退休而年轻的家庭成员被纳入，至少这是当事者们的想法。问题是它的创办者都没有任何家庭成员能够取代他们的位置。② 因此，洋行原来是普洛维登斯的利益团体（阿米顿和罗素以及他们的关系户）已经变成了波士顿和纽约的商号了。同样的，尽管开始的时候，洋行要求阿米顿和罗素要轮流待在广州，茶叶贸易季节的强大压力需要更多的人手。至少有两名合伙人必须全年待在广州。

---

① Yaggy, "John Forbes," Part I, 57-59. Yaggy举了一个例子，说明约翰·福士是如何在与一个背叛者的较量中扭转形势的："1834—1835贸易季度，当约书亚·贝特斯（巴林兄弟商行）只是把三艘船只中的一艘派给旗昌洋行，福士的回应是寄出一连串的友好长信来拉生意，但接下来却将旗昌洋行为浩官装运到英国的船只委托给了巴林商行在伦敦的一个对手。因为之前数年浩官委托给巴林的船只很多，这种藐视的态度，毫无疑问被巴林方面留意到了，但福士从来都没有提及这个问题。"

② 他们两人显然都退休了，不过出于种种原因，他们的家庭成员都去了别的地方。

亚博特·阿比尔·洛（Abbot Abiel Low），旗昌洋行成员、纽约的重要商人、铁路建设投资者、纽约商会（Chamber of Commerce）主席及慈善家　马萨诸塞州历史学会供图

威廉·C. 亨特（William C. Hunter），作家、旗昌洋行成员。帆布油画，乔治·钱纳利画　耶鲁大学不列颠艺术中心保罗·梅伦收藏（Paul Mellon Collection）供图

找到这些合伙人需要改变洋行的性质。1833年9月，年轻的阿比尔·阿博特·洛来到，成为一名店员，继续他的家庭在这家公司里的利益。[①] 和洛家的成员一样，赫德和柯立芝都来自马萨诸塞州，并且有着很强的社会联系；约翰·福士来自波士顿利益团体中的一支。只有亨特——作为年轻人，他待了不短的时间——没有落入这个模式中。他在好几个方面都是例外。他出生在肯塔基州，但经由纽约来到中国；他是在广州的美国商人中唯一能说汉语的；而且他是在托马斯·H. 史密斯的商行里开始工作的。

然后，记连来了。接下来的几年里，旗昌洋行增加了数名分别来自纽约、罗德岛和其他地方的店员，尽管他们大多数都是来自代表着商行早年特征的地区和家庭。记连特别热心于介绍和那些亲属集团没有关系的年轻人进入商行。1836年，商行重组的时候，A. A. 洛被接纳为合伙人，尽管他在商行内当店员才三年。另一方面，亨特没有洛那样的家庭关系，表面上更有权力要求旗昌洋行接纳他。早在19世纪20年代，他就被塞缪尔·罗素本人雇佣了。然而，他之被接纳为合伙人，是在记连自愿放弃名下的十六分之一的收益之后，才得以实现的。[②] 显然，爱德华·金（Edward King，罗德岛纽波特一个医生的儿子）是在记连的影响下才加入的，他在1834年时进入洋行当店员。金在1839年6月1日成为合伙人，当时他从准备动身回家的记连那里得到了一

---

① 虽然A. A. 洛——尖刻的W. H. 洛的侄子——在纽约出生，但他的家庭来自撒冷，并且它保存着其新英格兰的外表、宗教和私人联系。此外，他是夏绿蒂（Harriet）的弟弟。

② 1836年11月30日JCG致SR。又见第五次重组的合伙条款，1836年11月29日，RP。在他转让1/16的收益给亨特之前，记连占了一半的份额。

份收益。[1]

接纳店员为合伙人绝对不是自动生效的。一些没有被接纳的学徒至少是和后来不断加入的人一样对此感兴趣。当中的一个是莫惕默·埃尔文（Mortimer Irving），华盛顿·埃尔文（Washington Irving）的侄子。他逗留了大概一年。合伙人对他的总体印象欠佳，但是因为与柯立芝的争执才离开，后者不喜欢几乎所有的学徒。正如大家所能想象的那样，这些学徒们都感同身受。另外一个店员是威廉·W. 伍德（William W. Wood），著名演员和主持人的儿子，他父亲在费城的栗子街（chestnut street）创建并经营“老杜里”（Old Drury）。伍德是非常聪明且有魅力的人，有着多方面的才能，但他从来就没有表现出一个商人的才干。他写了一本关于中国的书籍，叫《中国概说》（*Sketches of China*，费城，1830 年出版），曾经担任《广州纪事报》（*Canton Register*）的编辑，并且是《中国信使报》（*Chinese Courier*）的所有者和编辑。[2]

显然约翰·记连对旗昌洋行的影响是让人兴奋的。他大概通过强行对洋行进行必要的重组而拯救了这家商号。面临着 1839—1841 年间急剧增长的贸易所带来的危机的旗昌洋行，架构简单稳固，而且比起 1834 年记连接手时的那个没有秩序且软弱的组织显然要更有效率。最后，他在 1839 年代表洋行保证退出鸦片交易——假如他继续留在广州的话，这个诺言可能会更好地被遵守。

---

① 1839 年 6 月 1 日的传单。当记连做洋行的领导人的时候，至少还有另外两个人被考虑加入公司，一个是“培根先生”（Mr. Bacon），一个是“劳伦斯先生”（Mr. Lawrence）。后者唐突地回答这份建议，说“什么都不能诱使他住在这里”。约翰·福士回应说，“他是个明智的人”。见 1836 年 4 月 5 日，JMF 致 SR，RP。

② 见本书 56 页及第 116-117 页。关于伍德的研究，见 Paul Pickowicz，“William Wood in Canton：A Critique of the China Trade before the Opium War”，*EIHC* 107（January 1971）：3-34。

尽管记连的领导才能解决了在19世纪30年代初期几乎摧毁了商行的结构性问题，新的问题很快出现了。就在记连当上行号领导人的同一年，英国东印度公司的垄断经营宣告结束，大量私商在广州出现。东印度公司在“海峡之间”所有英国贸易的专营权的终结，意味着土耳其的贸易向英国私商开放，而美国人在这里的垄断可能不保。由于波士顿利益团体的成员是该项贸易的主要经营者，旗昌洋行就成了广州市场上最大的土耳其鸦片的经销商。因此它痛切地感觉到了竞争的来临。

不仅出现了大量的英国贸易者，而且就在英国东印度公司的专营权告终的同一年，有两家美国商号在广州成立：“罗素，斯特基斯洋行”（Russell，Sturgis & Co.），看起来是退出了旗昌洋行的合伙人及其老朋友组建的，[①] 还有哗地玛洋行，它是来自费城和康涅狄格州的几个家庭的联盟，在普罗维登斯、伦敦、纽约和南美洲西海岸都有关系网。前一家洋行感兴趣的商业业务与旗昌洋行有很多相同之处。后一家洋行虽然是替代邓恩洋行的，但它本质上是新的联盟，它依赖的一些赞助人与旗昌洋行的非常不同，对于旗昌洋行的领先地位有着更大的潜在威胁。另一方面，鸦片买卖中的危险因素，似乎正好相反。哗地玛洋行从来都不是鸦片买卖的积极竞争者，可能是因为其成员在道德方面的顾虑，而罗素和斯特基斯却没有如此这般的内疚。无论如何，旗昌洋行在两条战线上都看到了对它的威胁。

实力巩固的商行证明了面对新挑战的时候，它不仅仅是处于均势而已。旗昌洋行继续赢得顾客，甚至赢回了一些在

---

① 东印度公司特许经营权的终结，导致了很多新问题。见 Greenberg，*British Trade*，191-195。

困难时期离他们而去的老顾客。① 土耳其鸦片贸易上的损失，在英国和印度贸易上得到了更大的补偿，② 现在它定期向中国东部沿海地区派遣走私船只。接近这一时期的尾声，它甚至委托修造快捷的、特别为鸦片贸易而设计的商船，通称“飞剪船”（clippers）。③ 它在贸易季节来临之前预订茶叶，④ 确保得到最好的批次，并且向那些把货物交给他们的客人预付货款。⑤ 没有用于购买回程货物的资金被投放到了有利可图的广州高利贷市场上，或者是在有利的时刻买入汇票。洋行坚持其策略，避免用自有资金进行投资。在广州的主要美国商号当中，旗昌洋行还是唯一纯粹的代理商行。在广州，代理业务与自家经营混合存在是如此平常，以至于一个有经验的观察者拒绝相信任何一个在广州的商行会放弃：

> 自从我 1815 年第一次来到广州，这里的外国商号数目已大大增加了。他们不仅充当代理商，而且大量地自行投资。在这个方面，他们有着很大的优势，他们能够在所有的季节购买货物，并且根据市场情形决定装运或者囤积……
>
> 很多船只在黄埔待命……准备装运货物，它们宁可被迫遵从这些商人的条件，也比干等到下一个贸易季度，或者冒着在其他地方面临更糟的局面要好。⑥

---

① 1836 年 2 月 13 日 OHG 致 CNT，TP。

② 当中包括了 Forbes，Forbes & Co.，以及 Rothschilds。见 RBF，PRs，165。又见 1835 年 10 月 26 日 JMF 致威廉·斯特基斯的信件，以及 1836 年 3 月 13 日致 JPC 的信件，FP。

③ 当然了，真正的飞剪船要数年后才出现，不过鸦片贸易早在 19 世纪 20 年代末期就已经鼓舞着人们进行激进的尝试。见 Peter W. Fay，*The Opium War，1840-1842*（Chapel Hill：University of North Carolina Press，1975），51。

④ 1835 年 10 月 31 日 R & Co. 致 SR，RP。

⑤ 1836 年 3 月 13 日 JMF 致 JPC，FP。

⑥ Bryant P. Tilden，“Father's Journals”，II：123-124（第七次航行，1837 年 3 月 4 日）。

有像格里斯沃德、巴林兄弟，以及（早期的）波士顿利益团体这样的大买家，难免会引起人们的疑心，以为他们被偏袒对待，但应该引起最大关注的是与浩官的贸易。与他的买卖规模巨大。所有提到这项买卖的合伙人都承认与浩官贸易特别的重要。在19世纪30年代中叶的通信中，一再出现诸如“浩官目前肯定是我们的主要的支撑”① 的说法。这个时候与老行商关系很密切的约翰·M. 福士从自己的立场出发写道：

> 我很强壮……可以从G的顾客那里撕下一大块，告诉说BB & Co.（巴林兄弟洋行）委托他们经营是一文不值的。Ha（浩官）对我就像钢铁一样忠诚可靠。我们现在经营着他超过10 laks（100万元）的流动资金并且还欠着他60或70万，不过他一点都没有退缩的意思而且对于我们的成就大感兴趣。②

在这样的情形下，如果商号欠浩官的大人情至少构成了与同一个市场上的其他小买卖之间的利益冲突，是一点都不令人惊讶的。

对代理商经营其业务感到不快的美国货主，也有另外一个选择——采取派遣随船代理人或者常驻代表的老办法。尽管他自己是一个随船大班，梯尔顿建议“对于后者（美国本土的商人）此后应该采取的最保险的做法，是派常驻代表留在当地，有足够的资金可以在他认为最恰当的时机购入货物，并且碰运气找到比在国内租赁要便宜的船只”。③ 许多对华贸易的美国商号在中国设有常驻代表，但只有最有实力的商号才能够负担如此大数额且固定的开支，当代理商行表现出了

---

① 1835年5月14日R & Co. 致SR，RP。又见约瑟夫·亚彻在1837年4月22日和4月24日写给WSW的信件中对旗昌洋行的优势喋喋不休的讨论。

② 1836年1月27日致AH的信件，HP。

③ Bryant P. Tilden，“Father's Journals”，II：123-124（第七次航行，1837年3月4日）。

非常惊人的优势时，尤其如此。便利之一是能够与伦敦的银行家有着紧密的联系。现在伦敦方面已经可以为受欢迎的顾客预付货款。这是重要的服务，这使得货主甚至可以避免带汇票到广州的麻烦。代理商处理一切事务，而旗昌洋行是在中国最大的、最有历史的且最显赫的美国商号。至少一半的美国生意找到了这家商行，这一点也不会令人惊奇了。[①]

尽管帮助顾客获取预付款的做法能够吸引生意，但它同时也增加了不稳定的因素。现在在广州的商行可以开出伦敦的汇票，而货主则用出售货物的收益来支付汇票及利息。如果出于某些原因顾客不能支付汇票，广州的商行就要负责任了。这种机制使得旗昌洋行在 1837 年的恐慌中备受考验。[②]然而，尽管有着汇票被拒、客户倒闭、贸易不景气等忧虑，旗昌洋行大概比在广州的其他任何美国商号都更好地度过了这场恐慌。来自浩官和巴林兄弟洋行一如既往的支持在危机中至关重要。[③] 尽管它的一些客户损失惨重，旗昌洋行的赢利图景却是非常令人鼓舞的。在记连的领导下，商行的利润逐年增长。1838 年年终，在合伙人之间分配的 3 年红利达 416863.39 美元！[④] 此前的每一年都有提高，记连开列的商行收入（他指的是纯利）如下：

1834　88000 美元

1835　132000 美元

1836　180000 美元[⑤]

记连补充说："本次协约的头两年（1837 年和 1838 年）有超过

① 例如 1836 年 8 月 23 日 JMF 致 SR，以及 1836 年 10 月 20 日 JC 致 SR，RP。

② 见 Yaggy，"John Forbes"，91-95 有全面的分析，特别是 JMF 对此的看法。

③ 1837 年 5 月 13 日 Baring Bros. 致 SR；1837 年 7 月 29 日 JMF 致 BB 和 Forbes，Forbes & Co.；以及 1837 年 11 月 15 日 JCG 致 SR，RP。又见 WCH，*The Fan Kwae at Canton*，133-134。

④ 1839 年 1 月 12 日 JCG 致 SR，RP。

⑤ 1836 年 11 月 30 日 JCG 致 SR，RP。可比较 Yaggy，"John Forbes"，60。

400000美元的纯利，如果今年（1839年）我们的新合伙人能够做出漂亮的账目，我就没有什么可抱怨的了。”[①] 记连的愿望实现了。据保罗·S. 福士（Paul S. Forbes）说，商行在1839年的利润是240000美元。[②] 它的对手对旗昌洋行的业绩印象深刻，以至于当中有人非常沮丧地写信给他的高级合伙人：

旗昌洋行今年大量经营浩官的生意。他们的支持者一边是浩官，另外一边是巴林兄弟，如今他们是大大领先于我们了。我认为他们是海角（好望角）这边的即便不是最大的，也是名列前茅的商家，大概仅次于孟买的福士商行（Forbes of Bombay）。[③]

19世纪30年代末，旗昌洋行在竞争中的地位似乎是确保无疑了，尽管市场衰退且大多数行商的状况日益不妙，它的赢利还是比以往多。此时，商行吞并了与它有着同样生意来源的唯一对手——罗素和斯特基斯洋行，进一步巩固了它对贸易的控制。[④]

在一些年份里面，旗昌洋行当然要远胜于一些小商行，但是斯特基斯家族的联盟分裂了。而导致两家公司分歧而卷入争论的各方早就已经离开中国了。因此，合并的主要障碍已经不存在了。

显然，解决问题的人是罗伯特·本涅特·福士。作为斯特基斯的亲戚，他与各个方面都很友好。当他在1838年10月初到达广州的时候，有着数艘船只的委托经营权，来自西奥多·莱曼（Theodore Lyman）、顾盛、罗素、J. M. 福士等

① 1839年1月12日JCG致SR，RP。

② 1843年7月3日PSF致妻子，FP。据罗伯特·本涅特·福士说，这是洋行有史以来赢利最好的一年（1839年12月4日RBF致SC，SCP）。

③ 1838年2月12日约瑟夫·亚彻致WSW，WP。

④ 1838年11月18日AAL致JC，引自Elma Loines，*The China Trade Post-Bag of the Seth Low Family*（Manchester，Me.：Falmouth Publishing Co.，1952），65-66。

人的强有力的推荐信以及浩官的支持为后盾，他极有优势取得旗昌洋行合伙人的位置。[①] 当时洋行在广州的成员一直同意接纳福士，尽管记连对于他的份额（十六分之三又二分之一）有保留，特别是“考虑到他的经验或者说相当缺乏经验的时候”。[②] 缺席的一个合伙人——约瑟夫·柯立芝——竟然愚蠢到表示反对，这只能让他付出代价。福士被允许加入一年的时间，之后商行将进行重组。

罗伯特·本涅特·福士（Robert Bennet Forbes），重要航海家、1839年鸦片危机期间为旗昌洋行负责人。油画，据认为是林呱画
罗伯特·本涅特·福士故居供图

福士以能干且无畏的航海者而为人所知，他证明了自己比别人对一个从商经验有限的人所期待的更有能力。他最出众的能力大概就是船长们共同为人所知的——面对困难时的领导才能和迅速决策的能力。此外，他还是一个有才干的外交家。1839年1月12日，仅在他来到中国3个月

① 1838年11月15日JCG致SR，RP。福士说他“在他（浩官）的建议下，仅同意接受少于四分之一的份额”，1839年10月31日RBF致SR，RP。

② 1838年11月15日JCG致SR，RP。比较1838年11月11日WD致“富兰克林·H. 德兰诺兄弟（Brother Franklin H. Delano）”，DP。爱德华·金这一次也被接纳了，但没有公布。见1839年12月31日的传单，DP。

之后，福士就劝服了“鹰钩鼻”沃伦·德兰诺加入旗昌洋行，罗素和斯特基斯洋行关门大吉了。

一波未平，一波又起。福士当然不像其他合伙人所期待的那样有备而来，但在当时的情形下，约瑟夫·柯立芝反对他加入洋行，就确实是馊主意。浩官特别喜欢福士，据说他是同样坚定地反对柯立芝继续保留行内成员的资格，[①] 而其他合伙人对此一致同意。1840 年 1 月 1 日，洋行重组时，记连和洛退休，德兰诺加入，柯立芝被踢走了。柯立芝马上宣布成立琼记洋行（Augustine Heard & Co.）。新商行很快就建立起了与怡和洋行的密切联系，后者在 1839 年英国人退出广州之后，需要有一个美国代理人跟进在此间的业务。新商号蒸蒸日上，尽管其规模能否与旧商号相提并论是值得怀疑的。

就在这些事情发生之时，鸦片危机出现，紧接着战争爆发。仅在林则徐向外国人团体发出最后通牒前数日，迫于浩官的压力，旗昌洋行正式放弃了鸦片贸易，但还有大批鸦片装在珠江口外的船只上。尽管它刚刚表现出了美德，旗昌洋行还是最大一家持有鸦片的美商。当向林则徐上交鸦片时，美国商人交出的 1540 箱鸦片中有 1441 箱是旗昌洋行的，占了 2/3。它持有的数量比它最大的美国对手哗地玛洋行多了上百倍。[②]

表面上看，损失了这么多的鸦片会是一次沉重的打击，但所有被没收的鸦片都是英国公民的财产。旗昌洋行损失的只是它的预付款，而且在外国人被限制行动之前，它就开始

① 1839 年 10 月 31 日 RBF 致 SR，RP。

② WCH，“Journal of Occurrences at Canton during the Cessation of Trade at Canton，” 4，Boston Athenaeum.

重新调整计划了。[1] 危机发生的时候正是贸易淡季，清政府的行动，连同英国人的回应，很快就给所有的美国人带来了比他们能轻松对付所多得多的生意。

英国人在林则徐释放他们之后离开了广州，并且开始抵制这个港口。查尔斯·义律爵士（Sir Charles Elliot）与福士接触，以确保他的合作，因为他是最大一家美国商号的负责人。大概义律早该知道，他能够期待的只是个生意人的答复。正如福士在多年以后说的：

> 义律本人请求旗昌洋行跟随他的同胞（离开广州），说道："如果你的商号走了，所有的人都会走，那么我们很快就可以使得那些可恶的中国人就范。"我回答，我来中国不是为了休养或者为了寻乐，而且，只要我还能出售一码布匹或者购买一磅茶叶，我就会坚守岗位；我们扬基人可没有女王来保障我们的损失，等等。他问我是否愿意脖子上戴着铁链来做生意，还说他很快就会让广州水深火热的。我回答说那铁链是想象出来的，对主顾的责任和代理业务才是真实的，并且如果他让广州水深火热，我可以到黄埔去，一步一步地撤退，只要我还能找到主顾，就一路地做买卖。[2]

福士言行一致，旗昌洋行坚持做买卖，因为他们确信一旦中英交恶的消息传到美国，茶叶价格肯定上涨。

到了茶叶贸易季节开始的时候，在珠江口外的船只上飘荡的英国商人已是饥不择食到置国家荣誉或者查尔斯爵士的

---

① "我们的记连先生……大概一年前写信给我们的印度朋友，要求他们不要给鸦片预付一个子，因此我们非常幸运地大概是唯一没有被目前的不幸情形所影响的商号。"（1839 年 3 月 11 日 RBF 致妻子，RBFP）后来，RBF 向妻子承认，旗昌洋行被没收的鸦片损失了 25000 美元的佣金，但是在 1839 年头 5 个月在其他贸易上赚了 5 万美元（1839 年 6 月 4 日，RBFP）。

② RBF，*PRs*，149-150.

沃伦·德兰诺（Warren Delano），旗昌洋行成员。富兰克林·德兰诺·罗斯福（Franklin Delano Roosevelt）的外祖父
马萨诸塞州历史学会供图

警告于不顾，他们开始与美国人谈生意。很快每个留在广州的美国人，不管他是否是某个商行的成员，都开始做英国人的代理商了。收益巨大且现成。有时美国人只是帮忙运送货物，但更经常地，至少是在刚开始的几个月，他们拿的都是英国人的财产，特别受欢迎的是伦敦的汇票，他们会亲自带着，溯江而上。还有一些中介的做法，比如以微不足道的价格来进行有先决条件的销售，前提是卖方要保证美国中间人的利润或者佣金。真正的货主得到的是除此之外的任何收益。① 任何情况下，货物是作为美国人的财产通过虎门的。运输费用直线上升，到了10月的时候，英国人要为每匹印度棉布支付7美元运费。② 佣金也很惊人。詹姆斯·柯立芝向孖地臣（Matheson）抱怨说，他的收费比他的邻居要低："莫斯先生（Mr. Morss）昨天拒绝以每票

① JM的私人信件对此有详细说明。怡和洋行为了保护自己的利益，转而向主顾收取相关费用。见1839年10月16日JM致Jamsetjee Jejeebhoy，JMA。

② 1839年10月16日致在孟买的Jamsetjee Jejeebhoy，JMA。

(each way) 2%的价格为一家英国大公司做生意。”[①] 柯立芝和詹姆斯·赖恩（James Ryan）替怡和洋行办事，在这家英国大公司不再需要他们为之奔走之前，它付出的佣金超过了3250000美元。[②] 吉尔曼（Gilman，大概是约瑟夫·泰勒·吉尔曼），他是以前的趸船船长，驾驶着旗昌洋行的“乞沙比克号”（*Chesapeake*）往返于珠江的丹尼尔·吉尔曼的弟弟，颠地（Dent）的代理人，其余的美国人则为别的英国人做生意。

在这个紧张忙碌的时期，旗昌洋行能够，至少是部分地，回报浩官对商行的诸多好意。洋行的成员不仅提醒他该在什么时候送走家人，还帮他避免了很多损失。战争一旦开始，中国人的船货就有被英国人捕捉的危险。为了保护此时浩官在国外的数以百万元计的货物，旗昌洋行马上将其转到自己的名下，此项服务“仅向他收取标准的佣金”。[③] 并且，洋行还使他的货物大获其利。尽管这位老行商在清政府强迫行商交纳广州赎城费时损失惨重，[④] 在英国舰队来到之前的那一年，他赚得的利润能够补偿其损失。不管情况如何危急，浩官似乎总是能临危不惧。浩官的巨大财富使得他能够在那么

① 1841年8月6日，广州通信，来信，散页，JMA。

② 来往账目，Coolidge & Ryan（粗略），JMA。

③ RBF，*PRs*，161-163. 福士的回忆非常准确。见1840年6月28日浩官致JMF和RBF，浩官的信件，1840-1843；1840年6月20日WD致RBF，DP；1840年3月27日和1月22日JC致AH，HP。同样可留意，1840年3月3日RBF致SC，引自Briggs，*History and Genealogy* … I：322-325；以及在1839年8月3日到1841年2月28日期间，Isaac M. Bull写给EC Jr. 的8封或10封信件，CP。在最后的这批通信快结束的时候，Bull以可以理解的惯性指出“浩官的生意、旗昌洋行、JPC和福士”等人的合并。其他的人，包括Nye，Parkin & Co.，以及Wetmore & Co. 等都以“史无前例的程度”为各自的中国朋友运送货物。见1844年11月23日Alexander Matheson致Donald Matheson，澳门通信，散页，JMA。

④ 据亨特说，浩官的份额是100万美元，据柯立芝和*CR* X（July 1841）：356说是85万美元。旗昌洋行和宝顺洋行预先将钱给了各家行商，尽管柯立芝说旗昌洋行的钱“大概是浩官的”。潘启官交了25万美元；Saoqua，Footae，Gowqua和Samqua各7万美元；Mowqua，Mingqua，Kingqua和Poonhoyqua各15000美元。见WCH，*The Fan Kwae at Canton*，45-46；以及1841年12月1日JC致JM，广州通信，JMA。

繁重的盘剥之下仍是各国商人中最富有的人。读到金斯曼（Kinsman）充满敬佩地描述他在1844年年初在浩官的仓库内看到的“财富山”（那是300万银元——鸦片战争赔款的一部分）时，确实让人难忘。[①]

大概是看到浩官的财产以旗昌洋行的名义来经营，引起了约瑟夫·柯立芝的忌妒，当他在1841年5月2日给赫德的信件中指出，旗昌洋行“已经改变了他们做生意的风格，如今是用自己的资金来投资了”。接下来他提到买了一艘船只，还有运载茶叶前往墨西哥。[②] 用自己的或者用公司的钱来投资一定有着很大的诱惑，但没有足够的证据能证明关于旗昌洋行此类投资的传言。

罗伯特·B. 福士在香港登上了一艘委托给旗昌洋行的英国船只履行职责，而商号的其他大部分合伙人还是留在广州尽可能快地购买和包装茶叶。[③] 那年旗昌洋行的生意比以往都要多。商行的两艘船马上被派上了用场。小鸦片飞剪船“露丝号”（*Rose*）和旧船“伶仃号”——被用作鸦片趸船几近12年，忙于在珠江上往来。沿江而下的航行，它们都超载了，一捆一捆的货物在甲板上堆得高高的。一旦它们到达外港停泊地，这些货物就被迅速地转载到正在等候的英国船上，美国船只又再赶忙载着英国商人的货物溯江而上回广州。运费急剧上涨，很快，这段内河航行的运费已经比回美国或者去欧洲的长途航行要高了。据说经营这项买卖的船只，一趟航

---

① 1844年1月26日NK致妻子，KP。又见WD在这一天致富兰克林的第二封标有“私人”字样的信件，DP。

② 1841年5月2日JC致AH，HP。

③ 显然这些都是好茶。孖地臣之后说“好几个我们的邻居敦促他们在国内的代表运用他们对政府的影响力去阻止这些茶叶被许可（出口）；义律上校（Captain Elliot）拒绝签署他们的载货单，理由是那些是外国人的财产”（1839年12月14日致在加尔各答的Charles Lyall，JMA）。

行就可以收回成本。[1] 商行还要为其他委托给他们的船只服务，并且购买了一艘英国大船"剑桥号"（*Cambridge*，900吨）。它被改名为"乞沙比克号"（*Chesapeake*），船身上的油漆还没干，就投入到珠江的贸易中，直到英国人封锁所有贸易不久之前才停止。同样地，福士花了25000美元购买了怡和洋行的旧趸船"信使号"(*Hercules*)，而德兰诺买下了罗心治（Rustomjee）的"美人鱼号"（*Mermaid*）并给它改了个名字叫"南头号"(*Lantao*)。[2] 在这个非常时期，甚至连洋行里的店员也大赚一笔。1841年2月14日，W. H. 洛在给他姐姐的信中说：

> 我在通过"亚历士·巴林号"（*Alex Baring*）寄给你的信件中说过，吉尔曼先生、斯普纳先生（Spooner）和我运了一两批茶叶到东莞［英国船只停泊在那里］，我们每个人大概可以赚到400到500美元。我很高兴告诉你我们每人赚了900美元，买了价值5500美元的茶叶，装上了"厄本·普雷布号"(*Eben Preble*）运往纽约，委托父亲销售。元[3]

本涅特·福士给塞缪尔·卡伯特的信件中喜气洋洋地说："在过去6个月里，我们一直做着利润丰厚且有保障的生意，我们今年的业务会是旗昌洋行有史以来最好的。"[4] 在大量英军

---

① JC估计"伶仃号"每次航行可以获利约12000美元。见1840年1月5日JC致AH，HP。德兰诺档案内对"剑桥号"（*Cambridge*）和"乞沙比克号"的赢利有更准确的数字。见1839年12月3日WD致富兰克林（H. 德兰诺），DP。

② "乞沙比克号"后来卖给了中国人。见WCH，*The Fan Kwae at Canton*，90-93；Arthur Waley，*The Opium War Through Chinese Eyes*（New York：MacMillan Co.，1958)，87；以及Samuel Couling，*Encyclopaedia Sinica*（Shanghai：Kelly & Walsh，1917)，77-78。"露丝号"在1841年7月的一场台风中沉没。浩官在1842年10月替中国政府买下了旧船"伶仃号"，花了15000美元，但这是在《南京条约》之后。1842年10月26日ED的日记。

③ 致Mrs. Harriet［Low］Hilliard，引自Loines，79-80。

④ 1839年12月4日，SCP。

从印度来到以后，贸易于1840年6月中止，此后每逢停战，贸易都再次蓬勃。旗昌洋行占用了瑞行的所有四个商馆，贸易兴隆。[①]

起初，鸦片问题危机和战争对旗昌洋行而言，除了增加它的规模以及使得在19世纪30年代中叶由记连开始的行之有效的分工更进一步以外，没有多大的影响。到了1842年，洋行有两家办公室，一家在广州，由主要合伙人沃伦·德兰诺经营；另外一家在澳门，负责人是威廉·C. 亨特——在他退休前几个月，对德兰诺越来越不满。约瑟夫·T. 吉尔曼[②]是亨特的主任店员（chief clerk），同时也是杂役（factotum），而乔治·帕金斯（George Perkins）[③] 则负责记录1839年之后在澳门的账目。[④] 帮他们忙的有一位葡萄牙抄写员，很可能还有其他的店员。[⑤] 在广州，德兰诺至少管理着三名店员：丹尼尔·N. 斯普纳[⑥]负责进口业务，而爱德华·德兰诺（Edward Delano）——沃伦的弟弟——负责出口业务；还有一名英国验茶师约翰·哈兰姆（John Hallam）。根据贝特斯的建议，后者赚着1000英镑的丰厚年薪。[⑦] 那一年至少加入了另外两

---

① 1841年5月2日JC致AH，HP。

② 吉尔曼来自新罕布什州的伊塞克特（Exeter），在19世纪30年代中叶到达广州并且成为了商行在伶仃的书记员，而他的兄弟丹尼尔在1838年接替F. W. Macondray担任趸船“伶仃号”的船长。

③ 这个帕金斯似乎与波士顿利益团体的家族没有关系。至少他不是近亲，虽然他也是来自波士顿地区。在来中国之前，他就是记账员。

④ 1844年1月1日，Russell Sturgis让他们迁回广州（1844年1月23日ED致Franklin H. Delano，DP）。

⑤ 由一个叫J. S. Durran的法国人至少一年当中的部分时间在这个办公室里工作。

⑥ 丹尼尔·尼克逊·斯普纳（Daniel Nicholson Spooner）是普利茅茨（Plymouth）人，1838年到达广州，此后一直担任旗昌洋行的店员。

⑦ 1843年1月1日ED的日记，以及1843年3月20日ED致在澳门的WD，DP。年轻的德兰诺自1840年12月开始充当店员。

名店员：托马斯·H. 帕金斯（Thomas H. Perkins）[①] 和爱德华·A. 洛（Edward A. Low）。[②] 分工是根据合伙人的喜好而变换的，增加人手、晋升职位或者辞退店员等，莫不如此。1844年1月，爱德华·德兰诺被正式宣布为合伙人，他是在澳门的负责人。他的档案，特别是他的书信和日记，完整地描写了他要履行的职责。他负责买保险、就汇票进行谈判、转交信件，还要监督为安全起见而坐落在葡萄牙人的居留地的商行财库。后一项工作是最需关注的，因为现在大部分在中国交收的账目都是在珠江口外进行的。每隔一两周，德兰诺就要把银子运到广州以支付洋行的出口货款。[③]

旗昌洋行的领导架构几乎没有变动，洋行领导人的手中掌握着相当大但并非没有限制的权力。看起来，1839年招揽德兰诺加入是出自福士的主意（可能部分是与罗素和斯特基斯洋行的共识），而德兰诺负责把罗素·斯特基斯从马尼拉延揽过来，以便在他外出时充当主要合伙人（最终取代他的位置）。1841年，德兰诺抱怨说，他不能信任他的合伙人能够靠他们自己恰当地经营洋行，而他又希望能回国一趟——10年以来的头一回。[④] 到了12月，他派遣装运鸦片的纵帆帆船"精灵号"（*Ariel*）带着一份建议到马尼拉去找斯特基斯——之前他在罗素和斯特基斯洋行时的合伙人。这只航行快捷的小船只用了两周就完成了往返的航程，带回了斯特基斯同意接纳的消息。[⑤] 斯特基斯是福士兄弟的姑表亲，也是威廉·斯特基斯的侄子，1823年从哈佛大学毕业，是马萨诸塞律师团（the Massachusetts bar）的成员。在1833年起航来中国之

---

① 帕金斯被证明是个饭桶，短期内就被辞退了。

② 洛是W. H. 洛的另一个侄子，他是Harriet和Abbot的弟弟。

③ 1844年1月23日ED致F. H. Delano，DP。

④ 1841年6月16日ED的日记。

⑤ 1841年12月15日和27日ED的日记。

前，他是波士顿的“乔纳森·阿莫利和儿子们商行”(Jonathan Amory & Sons）的办事员。当旗昌洋行吞并了罗素与斯特基斯洋行以后，他就去了马尼拉，自此为其母公司罗素和斯特基斯商行工作。

因此，当次年（1842）2月斯特基斯到达广州时，他显然是有备而来的；由于其他一些理由他也是上佳之选。他态度殷勤、圆滑老练、相貌英俊，还有，他以领导姿态出现，让包括浩官在内的每个人都印象深刻。洋行迫切需要一个能把它整合在一起且能威吓那些蠢蠢欲动的年轻成员的人，那些年轻成员的妒忌心，已经在洋行内部蔓延开来了。随着洋行不断加入一些浑身长刺、野心勃勃且互相猜疑的年轻人，这些问题会越来越多。眼下年轻一代的德兰诺和金在互相争吵，[①] 而斯普纳和爱德华·德兰诺之间的宿怨也让他们三天两头就吵架。在这片荆棘丛中，斯特基斯是一个冷静、讲道理而又有见地的人物，被所有的人所尊重。即使如此，新的合伙条款也必须在德兰诺离开之前签署，那是在1842年8月8日经过一番讨价还价后合伙人才达成一致。沃伦·德兰诺和斯特基斯各得四分之一的份额；爱德华·金得到十六分之三，不过只有一年，因为他希望能回国。罗伯特·B. 福士、约瑟夫·T. 吉尔曼、丹尼尔·斯普纳·爱德华·德兰诺和威廉·H. 金每人各得十六分之一。福士的份额只能持续到1844年1月1日，到那时候，他和爱德华·金的份额将转让给其他还在任的合伙人。爱德华·德兰诺和威廉·金这两个资历最浅的合伙人，只有在福士和金退休以后才能向外宣布为合伙人，尽管与此同时他们都已经得到了自己的分红。[②] 协议中有

① 爱德华·金的弟弟威廉于1840年来到，此时是旗昌洋行在澳门的商号的店员。

② 1842年8月19日ED的日记。

一条有趣的条款是这么规定的：

> 当在中国发生任何政治的及其他的变故导致外国人的财产不受保护时，居留此地的合伙人可以将商号的货物和资金投资到他们认为安全可靠且行情看好的诸如茶叶或其他商品上，并且根据他们认为对商号最有利的判断，将它们运到美国或者英格兰。①

在旗昌洋行现存的档案中，这是唯一一次在旧中国贸易期间，将商号仅能从事于代理贸易的主要禁令进行修订。

小罗素·斯特基斯（Russell Sturgis, Jr.），后期曾任旗昌洋行的合伙人。他离开广州以后，成为了伦敦的巴林兄弟商行（Baring Brothers & Co.）的合伙人
马萨诸塞州历史学会供图

新的条款使得前罗素和斯特基斯洋行家族的成员能够有效地掌握控制权，因为两位德兰诺和两位斯特基斯一共控制了十六分之九的份额。福士（当时在美国）和爱德华·金很快就要退休了，他们放弃的份额会在一定程度上增加到小德兰诺的名下。在约翰·记连离开广州之后，这一次

① FP.

的控制权跟其他的各次一样，显然是非常有益的。在沃伦·德兰诺离开之后的18个月里，斯特基斯不仅证明自己是一个十分受欢迎的人，而且也拥有着超群的商业和外交才能。在斯特基斯的统治下，旗昌洋行所采取的一个重要举措就是重新参与鸦片贸易。大概沃伦·德兰诺已经计划无论如何也要让洋行重新做这项买卖，因为在一年前的春天，他把吉尔曼派到印度去了，但是，下决定的时候掌权的人是斯特基斯。1月，斯特基斯花了5000美元买下的“美利坚号”（*America*）建成为“新伶仃”，① 他让詹姆斯·B. 安迪科特（James B. Endicott）上船当船长。② 两个月之后，他以差不多3倍的价钱买入了快捷的鸦片船“百灵鸟号”（*Lark*）。③ 他还任命G. F. 戴维森（G. F. Davidson）到正蓬勃兴起的新殖民地香港担任洋行的代理人，④ 派遣商船前往夏威夷，⑤ 并且在澳门的商馆内加建新楼。⑥ 尽管随着公行制度被废除之后出现了社会动荡、新的规则以及普遍的不确定性，旗昌洋行还是继续积极地、不间断地进行贸易，获利可观。

因此，当1844年3月德兰诺带着新婚妻子回来的时候，合伙人还有雇员们听说斯特基斯退出股份，都很遗憾。他这样做的原因不明。他是在东方最大的美国商号的领导人，并且正在迅速致富。他总是以家庭为中心，已经两次丧偶，最近的一次是在1837年。他有两个幼龄子女，在他的妻子去世之后，广州—澳门的环境对于家庭生活肯定带来了很多困难。

---

① 1843年1月15日ED的日记，DP。

② 1843年3月20日ED致“Warren”，DP。

③ 1843年4月30日ED致“Warren”，DP。

④ 1843年5月25日ED的日记。到11月戴维森破产了，一个叫N. Dans或者Duns的丹麦人接替了他的位置。不久之后，Bush，Halsted & Co. 成了洋行在那个岛上的代理。

⑤ 1843年7月17日ED的日记。

⑥ 1843年5月13日ED的日记。

大概他希望能再婚；事实上，1846年的时候，他就可以第三次成家了。斯特基斯的才干广为人知，大概五年以后，他被选择代替约书亚·贝特斯担任旗昌洋行在伦敦的盟友巴林兄弟商行的美国合伙人。

爱德华·德兰诺（Edward Delano），日记撰写者，旗昌洋行成员　马萨诸塞州历史学会供图

广州贸易中的典型特征是异议不能避免。洋行的一个新雇员对斯特基斯和沃伦·德兰诺两人都极度地不信任，指责他们打击了他的万丈雄心。① 在旧中国贸易时期，保罗·西曼（简称西姆，Sim）·福士(Paul Sieman Forbes)是他的家族中最后一个到中国来的。他在里约热内卢两次破产，他很迫切希望能够有办法供养其大家庭。约翰·P. 顾盛还有本涅特和约翰·莫瑞·福士帮助他得到了领事的职位还有进入洋行的许可，虽然最开始还不能够做合伙人。1843年5月，他搭乘“保罗·琼斯号”（*Paul Jones*）到

① 有一些证据证明PSF怀疑斯特基斯没有同意他的候选人资格是有道理的。见1843年11月11日ED的日记。又见PSF和爱德华·金在1843年7月12日致RBF和JMF的信件，FP。不过，斯特基斯没有压下这件事情，因为他计划退休了。

达中国，随身带着不少有力的推荐信，还有总是偏爱福士家的浩官的支持。沃伦·德兰诺写信给斯特基斯说："福士先生出门来没有任何远大抱负，他当然也就不能成为合伙人，除非是为了洋行的利益着想才收留他。"① 但德兰诺错了。福士有着很多的抱负，并且私下写了很多充满怨恨和毫无节制的信件（特别是写给他妻子的），指责他的堂兄弟迟迟才把他推荐给旗昌，还有斯特基斯阻挠他进入洋行，以及他自己的坏运气。② 福士的怨言无疑是出自他的个性。事实上，福士抱怨他遇到的障碍，不过是合伙人不那么热心的接待而已，他们自己也要发财，忽然间要面对又一个福士——没有事先打招呼就派出来了，后面还有波士顿利益团体给他撑腰。③ 福士的隐秘情感肯定感染了他最直接的对手，因为到了 9 月，爱德华·德兰诺在日记里承认，人们跟福士商量得"太多了"。④

随着沃伦·德兰诺次年 3 月回来，福士的未来得到了保障，因为在美国福士一家给德兰诺施了很大的压力。⑤ 旗昌洋行显然再次向大货主让步了，⑥ 它继续吸引新的主顾并获利丰厚。⑦ 保罗·福士以胜利的姿态欢迎他被接纳为合伙人的消息。他写信给妻子，说："几周之内，我将被宣布为旗昌洋行的合伙人，这家商号过去 15 年里在商业上的成功是世界上其他的商号所不能比拟的。"⑧ 一个月之后他写道：

---

① 1843 年 4 月 6 日，FP。

② 特别见于他到达广州之后不久在 1843 年 5 月 17 日写的怒气冲天的信件（PSF 的日志，FP)。

③ 比较 Yaggy，"John Forbes"，122-125。

④ 1843 年 9 月 16 日的信件。

⑤ 1843 年 3 月 30 日 RBF 致 PSF，FP。

⑥ 1843 年 11 月 12 日，Samuel W. Comstock 致 Howland 和 Aspinwall，Comstock LB，BL，以及同一天 ED 的日记。

⑦ 它在 1842 年的纯利为 13 万美元。见 1843 年 4 月 4 日 WD 致 Russell Sturgis，FP。

⑧ 信件的日期是 1844 年 4 月 22 日，FP。

6月1日，旗昌洋行将宣布P.S. 福士成为合伙人，R. 斯特基斯正准备退休而德兰诺先生待在澳门。我将领导这家商号！这可经过了18个月的猜疑、困惑还有懊恼。我所有的计划以及希望都实现了，大概在1845年年终的时候，我会发现自己成为世界上最富有的一家商号的领导人，这里的生意史无前例地造就巨额的利润和快速致富——在那个位置待上3年就可确保我能过上富足的生活，到时候我就该回国了。[1]

保罗·西曼·福士（Paul Sieman Forbes），旗昌洋行内有争议的成员　马萨诸塞州历史学会供图

在顾盛的条约（指《望厦条约》——中译者注）开创中美贸易新时代之前，旗昌洋行这最后一次的重组没有给福士带来他所预期的权力。尽管罗伯特·B. 福士、爱德华·金和罗素·斯特基斯已经不在商号内，沃伦·德兰诺占有了十六分之七又二分之一的收益，加上他的弟弟爱德华的十六分之一又二分之一的份额，使得德兰诺家族占据了绝大多数。吉尔曼和斯普纳每人占有十六分之二，

① 1844年5月27日。

而福士和威廉·H. 金每人占有十六分之一又二分之一。不过，两位德兰诺都希望能回国。爱德华几乎立刻就上船前往印度而后回国，当1846年8月30日他回到广州的时候，当权的人是福士，并粗鲁地回绝了德兰诺。早期的愤慨如今变成了强烈的厌恶，没有必要用更强烈的词汇来形容它了，到了次年的1月，德兰诺兄弟一并被从旗昌洋行除名。[①]

在这个时代告终之时，旗昌洋行轻而易举地成为了在华最大的美国商家。虽然小的商号不断出现，但没有一个能够向旗昌洋行发起有效的挑战，在未来的岁月里，它还将继续领导美国的对华贸易，直到1891年才倒闭，比那些早年出现的商行退出贸易的时间要晚得多。

---

① 1846年8月30日，ED的日记。条款见FP。可将此结果与本涅特·福士在1843年12月8日给保罗·福士的提议作比较，FP。又见1843年3月30日JMF致PSF，FP。Gideon Nye对福士拒绝德兰诺一事有详细的说明。Nye的兄弟Clement告诉他说德兰诺出现在商馆（Nye Parkin & Co.）里，“说他必须有劳他们的好意，因为他被迫离开了旗昌洋行。Clement补偿说保罗·福士要挟说如果爱德华不接受15万美元然后离开旗昌洋行，他就要将他扫地出门了。——这确实是那个肆无忌惮的人怪诞行为的标志，他在一两年前（在类似的情形下）跟布尔（Bull）说过……如果皮尔斯（Pierce）还和商行有联系的话，他将受到指责，他总是有自己的一套而且会自食其果的”。见Nye's “Necrology”，New Bedford Whaling Museum。

5　其他商号

旗昌洋行的旁支

罗素，斯特基斯洋行（Russell, Sturgis & Co.）

1828年，一家新的商行——罗素和斯特基斯（Russell & Sturgis）在马尼拉宣布成立，其关系户包括有旗昌洋行、布赖恩和斯特基斯商行、帕金斯洋行和费城的皮里特和卡伯特（Perit & Cabot）商行。[①] 即使没有见到过传单上合伙人和主要办事员的姓名，当时看到传单的商人还是可以马上看出这不过是波士顿利益团体的又一条分支而已，因为这四家商号都包括在其中。合伙人之一是亨利·帕克曼·斯特基斯（Henry Parkman Sturgis），他是威廉·P. 斯特基斯的侄子，威廉·斯特基斯的侄孙。他取道广州到达马尼拉，在广州时顾盛给了他必要的鼓励。另外一个成员是罗伯特·罗素（Robert Russell），是旗昌洋行的菲利普·阿米顿的外甥，乔纳森·罗素——全国闻名的商人、外交家和民主党政客——的儿子。两位合伙人都爱读书，尤其是罗素，他毕业于布朗

① 传单见 Carrington Collection。Perit & Cabot 不久就破产了，使得它的一个合伙人 John Webster Perit 能抽身加入新的公司。另外一个合伙人，Samuel Cabot 是 T. H. 帕金斯上校的女婿，加入了 J. & T. H. Perkins & Sons。皮里特 1801 年毕业于耶鲁，是 Goodhue & Co. 的合伙人 Peletiah Perit 的兄弟，那是纽约一家对华贸易的大商号。后来他成了第一个留学美国的中国人容闳在美国的赞助人之一。

大学，是罗德岛律师团（Bar）的成员。他至少会说三种语言，晚年成为著名的演讲家和经济学读物作者。有如此的领导者以及后盾，罗素和斯特基斯商行马到功成，很快就成为在马尼拉最大的美国商号。两年后，当罗素和斯特基斯商行的合伙人知道顾盛退休，帕金斯洋行被旗昌洋行吞并而菲利普·阿米顿被排除在扩张后的新行号之外时，该作何感想呢？

亨利·斯特基斯不会没有留意到，他的叔父詹姆斯·P. 斯特基斯在伶仃泊地的位置被罗伯特·本涅特·福士取代，而且威廉·洛和奥古斯丁·赫德二人还在继续疏远不被原谅的斯特基斯。[①] 与此同时，阿米顿非常忙碌。1831 年 6 月，他写信给约翰·R. 拉惕默，邀请他加入与罗素和斯特基斯商行合作在广州创办的新商号。[②] 阿米顿宣称，“（塞缪尔）·罗素先生留在广州的合伙人——虽然都是聪明的家伙——在波士顿以南的地方，并不为人所知”。虽然拉惕默没有接受这个提议，[③] 马尼拉的商号还是在 1834 年 5 月 1 日宣布它要在广州开设分号。主要的合伙人是乔治·R. 罗素和亨利·帕克曼·斯特基斯——他们两人都会留在马尼拉，还有约翰·W. 皮里特和罗素·斯特基斯。后两个成员都富有对华贸易的经验，他们将经营在广州的商号。实情是，后来罗素·斯特基斯成为了在广州商号的支柱。

广州的“罗素，斯特基斯洋行”建立之初就开始经营詹姆斯·P. 斯特基斯在中国的生意。这家洋行如今努力地要在纽约、费城、大概还有巴尔的摩争取对华的生意。旗昌洋行抗议说新商号的名字令人惊讶地与它自己的太相似，但是“罗素，斯特基斯洋行”没有理会这一投诉。

---

① 斯特基斯是个难以打交道的危险人物。见本书第 54-55 页。

② 1831 年 6 月 25 日，LP。

③ 拉惕默婉言谢绝了。见 1831 年 12 月 6 日 JRL 致 PA，LLB。

工作的压力对于独一个成员来说太大了，因此，一个有着纽约和新贝特福德（New Bedford）名字的年轻人——沃伦·德兰诺——很快就出现在了新洋行的合伙人名单上。[①] 在他人口众多且影响很大的家庭中，德兰诺是头一个加入常驻广州的代理商行的，虽然他的一个旁系长辈阿马萨·德兰诺在1790年作为山茂召的船只“马萨诸塞号”上的二副曾经到过广州。[②] 作为生意人，沃伦·德兰诺是“有效率的而且受过头等的商业培训”。[③] 他曾在纽约名列前茅的对华贸易商号“古德休商行”（Goodhue & Co.）工作。他加入“罗素，斯特基斯洋行”速度之快，暗示着大概在他离开美国之前就已经达成相关协议了。他1834年7月到达广州，到12月，他就已经成为洋行内的合伙人了。当1835年7月洋行在广州雇佣了又一个美国人约翰·P. 黑文（John P. Haven）的时候，这家商号还是刚刚起步而已。[④]

尽管这家新的商号能够开门红，加上其成员的才干、有力的社会关系以及它在马尼拉的基地，“罗素，斯特基斯洋行”在与旗昌洋行的对抗中，并没有取得多大的进展。而且，随着旗昌洋行成员的退休——他们曾经是驱逐阿米顿的倡议者，也是与詹姆斯·斯特基斯争吵的来源——两家商号之间的关系得到了改善。合并后的商号轻而易举地成为了在东方最大的美国商行，而且旗昌洋行的生意，比起除英国怡和洋

---

① 1835年12月31日的传单，DP。德兰诺的关系网中，包括了他的哥哥富兰克林·休斯·德兰诺（Franklin Hughes Delano），他为 Grinnell，Minturn & Co. 服务，最后娶了阿斯特家族的一名女子。

② 正是这位德兰诺的冒险启发了 Herman Melville 写出了 *Benito Cereno*。见 Delano 的 *Narrative of Voyages and Travels in the Northern and Southern Hemispheres*（Boston，1817），21-40，可以了解“马萨诸塞号”的航行，而第318-353页是构成了 Melville 的故事基础的事件。

③ 1839年10月31日，RBF 致 SR，RP。

④ 1835年7月19日，罗素·斯特基斯致玛丽·斯特基斯（Mary Sturgis），RS Papers。

行以外的其他对手，是节节领先了。

琼记洋行（Augustine Heard and Co.）

讽刺的是，就在本涅特·福士正在消灭其老对手——“罗素，斯特基斯洋行”——的时候，一些心怀不满的旗昌洋行的前雇员决定要成立一家新商号。导致第二家竞争者出现的不满情绪，大概始于1834年当奥古斯丁·赫德与约翰·记连二人就拖欠赫德的佣金产生分歧的时候。最后，问题由一个和事佬解决了，但两人之间的关系依然紧张。[①]

另外一个被疏远的旗昌洋行前合伙人，是非常聪明但也备受争议的约瑟夫·柯立芝。作为这个波士顿显赫的商人和政客家庭的第三个儿子，柯立芝似乎拥有了他的家境给予他的所有优势。他从哈佛得到了学士和硕士学位，娶了托马斯·杰弗逊（Thomas Jefferson）所钟爱的孙女（1835年，在蒙的切罗，Monticello），并且在美国和欧洲都结交了一些出众的朋友，当中包括了拜伦爵士（Lord Byron）。他在罗伯特·古尔德·召（Robert Gould Shaw）的账房里学习了从商技艺，召是波士顿主要经销中国货的商人（也是对华贸易先驱山茂召的侄子）。柯立芝光彩照人，是一个保守派，同时又有点学者风范。尽管这些优势让柯立芝一开始的时候捷足先登，但他生性的缺点最终让广州所有的人都对他敬而远之。尽管他到广州时拿着罗素、顾盛、罗伯特·古尔德·召和法兰西斯·J. 奥立弗（Francis J. Oliver）的推荐信，但他充其量不过是个二流的商人，而且，他还表现得非常懒惰、专断，有时候有勇无谋。仅仅几个月之后，约翰·莫瑞·福士就认

---

① 顾盛拒绝当和事佬。见1838年6月28日AH致SR，1839年7月11日JMF致SR，以及此后的一些信件，RP。柯立芝——他大概会知道内情——把事情追溯到更早的时候，认为分歧开始于一些琐碎的事情，比如招待一个海军军官等，这甚至是在记连加入商号之前。无论如何，敌对的情绪已经长期存在了。见1836年11月1日JC致SR，RP。

定柯立芝判断力不佳，总体而言不适合充当合伙人。[①]

1836年旗昌洋行重组，福士和记连同意柯立芝占得四分之一的份额，但是记连评论说，他认为如此大的一个份额“是福士和我本人非常随意举动（的结果），因为严格地说，各方的优势整个地都在他那一边，如果这对商号没有什么伤害的话。但无论如何，他认为我试图使他同意对我有利的意见。”[②] 赫德从小就与柯立芝的家庭很亲近，被大大地激怒了。[③] 之后的某个时候，柯立芝在英国未经许可拿了浩官的部分资金去投资，于是老行商加入到了希望柯立芝退出旗昌洋行的行列当中。[④] 柯立芝对自己所造成的

约瑟夫·柯立芝（Joseph Coolidge）。旗昌洋行内有争议的成员，琼记洋行（Augustine Heard & Co.）的创立人
马萨诸塞州历史学会供图

① 1834年12月26日JMF致AH，HP。福士最终投票赞成他当合伙人，不禁让人对他的动机产生疑问。Yaggy把福士看作记连和柯立芝之间的和事佬。他很有远见地在1836年重组的时候，得到了赫德和罗素的代理投票权［Duncan Yaggy, “John Forbes, Entrepreneur”（博士论文，布兰迪斯大学，1974），61-62］。

② 1836年12月31日JCG致SR，RP。

③ 1837年4月14日AH致SR，RP。

④ 1838年10月28日和31日RBF致SR，RP，以及1838年9月17日R & Co. 致JMF，FP。关于贝特斯是如何改变主意的，见1840年1月7日JCG致SR，RP。

破坏尚觉意犹未尽，此后又将旗昌洋行的一些绝密文件拿给了一个美国主顾看，为的是自我辩护。约翰·M. 福士被这一举动激怒了，即刻向同一个人打开了整份卷宗，大大挫败了柯立芝的企图。[①]

在得罪了这么多人以后，柯立芝在1839年罗伯特·本涅特·福士（有着特别强大的后盾）被提名为合伙人的时候，本该保持安静，但他的举动却毫不明智。因为甚至连赫德也敦促他要接纳福士，柯立芝的不同意见显得特别愚不可及。[②]然而，尽管柯立芝能保持沉默，他也许会发现要留在广州是非常困难的。在过去的一个任期当中，他大部分时间都不在任上，其他合伙人的工作使得他成了有钱人。如今，所有的合伙人都被他错误处置浩官财产的做法所激怒，也不满意于他的厚颜无耻，浩官本人也被弄得大为光火。尽管柯立芝不是唯一对福士有保留意见的成员，但他是唯一开口反对的人。他的看法如果对其他合伙人有任何效果的话，那就是坚定了他们反对柯立芝继续成为商号一员的决心。浩官和各个合伙人一致同意要剔除他。[③] 令人惊讶的是，记连和福士——柯立芝最为反对的两个人，反而是最希望能与柯立芝妥协的两位合伙人。

柯立芝在1839年年终的时候到达广州，发现整个旗昌洋行联合起来对付他。他提出了别的条件，可见他缺乏判断力：

享有2/16的份额3年；柯立芝充当驻英格兰的代理。

享有3/16的份额2年，柯立芝充当驻英格兰的代理。

---

① 1839年6月17日JMF致SR，RP。大概关于这个事件最完整的档案会保存在Delano Papers里面。

② 1838年11月18日AAL致JC，引自Elma Loines，*The China Trade Post-Bag of the Seth Low Family*（Manchester，Me.：Falmouth Publishing Co.，1953），65-66。

③ 1839年10月31日RBF致SR，RP。对比1838年11月18日AAL致JC的信件，引自Loines，*China Trade Post-Bag*，65-66。RBF致妻子的信中有更多跟柯立芝谈判的内容。特别见1839年10月9日至12月2日，RBFP。

享有 4/16 的份额 1 年；柯立芝充当驻英格兰的代理。

享有 3/16 的份额 3 年；柯立芝待在广州或者拿 5 万美元后走人。

如今，福士作为商号的领导人，福士回复的价码是柯立芝只能在新的一个合伙人任期内拿到十六分之二的收益，为期仅一年。① 柯立芝傲气的受挫比他的财产损失要大得多，他一口回绝了提议，最终发现自己没有得到任何赔偿或者安慰，就离开了旗昌洋行。

柯立芝（Joseph Coolidge）和赫德已经预见到了这一点，相应地，他们也开始了一些试验性的计划。在柯立芝去中国之前，赫德给了他一张“空白支票”：

> 如果你到广州之后发现无法与旗昌洋行的先生们达成满意的协议，建立一家新商号不失为权宜之法。如果你希望我加入，我很愿意遵命。在此，我授权给你在与此问题相关的任何情况下，使用我的名字。②

有了这样的支持，柯立芝不太可能毫无还手之力，但他的贸然行动却一点都不冷静理智。首先，他威胁说他要与纳撒尼尔·金斯曼（Nathaniel Kinsman）（他显然之前曾答应过）合伙自组新公司，并且使用旗昌洋行的名称。③

这样的举动会让大部分人发疯，正如它最终让金斯曼怒发冲冠一样，他很快就退出了协议，并且随之加入了哗地玛洋行。④ 直到浩官介入其中，强调这样愚蠢的举动会让生意含

---

① 1840 年 1 月 12 日 RBF 致 SR，RP，以及 1839 年 12 月 13 日 JC 致 AH，HP。当时柯立芝估计他的资产有 20 万元，在当时来说是一个很大的数目。见 1839 年 12 月 19 日 JC 致 AH，HP（在该档案中有两封同样日期的信件，内容近似）。

② 1839 年 6 月 29 日 AH 致 JC，HP。

③ 1839 年 12 月 13 日 JC 致 AH，HP。

④ 关于金斯曼的事件，见 1839 年 11 月 29 日至 12 月 19 日柯立芝致 AH 的信件，HP。

混不清，才说服了柯立芝不去霸占旧商行的名号。① 因此，到1840年1月1日，他宣布成立琼记洋行。

柯立芝各种举措的重要支持，来自于他妻子良好的感觉。艾伦·威尔士·柯立芝（Ellen Wales Coolidge）是一个非常聪明的迷人女子，她保持着自行与赫德通信的习惯。她在1840年1月2日和3日写的充满权威的信件，肯定消除了赫德对于与三心二意的柯立芝合作的疑虑。② 当赫德回复他朋友的请求时，人们几乎可以听到他的叹息声：

> 我很遗憾你没有和旧行号达成协议，也没有能够加入其他的已经在经营的商号，比如W（哗地玛洋行），并且你还要决定你已经宣布成立的洋行的事宜（那就是，把它叫做奥古斯丁·赫德洋行），虽然最后这一桩没有什么重要的（原文如此）。

赫德然后提议让乔治·巴斯勒·迪克斯威尔（George Basil Dixwell）当合伙人，因为迪克斯威尔的兄弟是波士顿的一个大商人，他会给商号介绍生意。③

琼记洋行成立的时候，正值在广州的美国人全力以赴地为在广州的中国人和在停泊于珠江口外船只上的英国人奔走的繁忙时期。在头6个月，商号几乎没有什么生意，但是到了1840年夏天，生意忽然滚滚而至。旗昌洋行被各种业务淹没了，当怡和洋行——几乎是当时仅有的还在做相当规模业务的唯一一家商行——提出要让它当自己在广州的代理的时候，罗伯特·本涅特·福士不得不加以拒绝。福士在他的《私人琐忆》（*Personal Reminiscences*）中称，是他提议柯立

---

① 1839年12月19日JC致AH，HP。

② HP.

③ 1840年5月8日，*PRs*，HP。

芝是一个人选的。[1] 无论如何，我们可以看到，琼记洋行的首批大买卖就是为怡和洋行充当代理人，虽然在 1841 年春天之前它们一直没有正式的协议。到了 1840 年年终的时候，琼记洋行为珠江口外的好几个英国商行做代理，但它唯一的美国生意是来自于罗伯特·古尔德·召——柯立芝的老主顾。[2] 为英国人做代理的生意持续到了 1844 年，[3] 而且，尽管佣金"非常少"，[4] 其总数却是惊人的。[5]

事实上，柯立芝是如此繁忙，以至于他几乎遭了灾。1841 年 5 月 22 日，就在英军的副总指挥官卧乌古（Hugh Gough）进攻广州之前，外国侨民从商馆撤出，但是柯立芝拖延了时间，被那些去抢夺夷馆的中国暴民抓住了。柯立芝被投入监狱，直到大概两天以后，被人认出来才出了狱。与此同时，因为抢夺以及其后的火灾，他失去了所有的行李、衣服、书籍和商行的文件，以及一头牛和一只狗。之后他递交了一份数额很大的索赔单据，因为"给个人带来了不便"，加了一倍的数额。显然他没有期望能够得到他索赔的全部，因此，他就把损失的数字加大了。中国官方要求行商全数赔偿，而在此情况下总是同情行商的外国侨民大感震惊。因为

---

① *PRs*，155-156. 比较 1840 年 5 月 30 日 James Matheson 致 James Ryan；澳门信件，JMA。这封信件中标明，推荐柯立芝的人是 John Shillaber。怡和洋行曾让 Ryan 负责此项工作大约一年的时间，但这么大的生意，对于一个没有什么经验的人来说，是太大了。

② 1840 年 12 月 22 日 JC 致 AH，及 1842 年 1 月 10 日 AH 致 J. W. Alsop, Jr.，HP。

③ 1844 年 6 月 3 日 JH 致父母，HP。

④ 1843 年 2 月 4 日 AH 致 J. J. Dixwell，HP。又见 1841 年 3 月 9 日 JM 致 JC，JM 的私人信件簿，以及 1841 年 8 月 16 日 JC 致 JM，广州信件，JMA。要记住的是，在头一年，商行的收益要分给 James Ryan。

⑤ 约翰·赫德（John Heard）在他的"1891 年日记"（37）中称，怡和洋行给琼记洋行的佣金"一年要大大超过 1000 万美元"。不过，从第一年的情形来判断，这个数字太过夸大了。见 1841 年 11 月 18 日 JH 致父母，以及 1843 年 2 月 20 日的一封信件，HP。

柯立芝早就臭名远扬，不受欢迎，他“被用诸多这种文字（此处指的显然是英文——中译者注）所能提供的字眼来辱骂，而且特别被指责，因为他为他的牛和狗索要特别高的价钱，我想似乎是500美元和1000美元”。这位评论人很快又替柯立芝辩护：“没有哪个指责他的人会像他那样损失15000美元的（索赔总数）。”①

就在柯立芝获释之后数日，奥古斯丁·赫德登上了亚普顿（Appleton）的船只“玛丽·艾伦号”（*Mary Ellen*）前往中国，赫德既是船主，也是随船大班。两名年轻的店员随他一同前往新商行，小个子且整洁的红头发约瑟夫·罗伯兹（Joseph Roberts）和约翰·赫德三世（John Heard III）——奥古斯丁·赫德雄心勃勃的侄子。乔治·B. 迪克斯威尔前往广州的准确时间尚不清楚，但他是在同年11月15日被宣布为合伙人的。② 合伙关系大概是在次年春天迪克斯威尔到达以后正式开始的。到了1842年6月1日，赫德、柯立芝和迪克斯威尔每人各占收益的三分之一。在商行下一次重组的时候，约翰·赫德被允许加入，“如果他被认为是可以胜任的话”。③

商行很快就生意滚滚。老赫德负责购买茶叶，柯立芝掌管进口，而迪克斯威尔“负责全盘事务”，④ 尽管他看起来越来越专注于鸦片贸易。⑤ 罗伯兹是个头脑精明的年轻人，他成了商行内的记账员，必须要根据分类账（ledger）——在商馆被烧以后仅存的记录——来重新做出丢失的账簿。一个从澳门来的名叫吉特雷兹（Guiterrez）的葡萄牙人负责抄写，而

---

① Heard，“1891年日记”，31-32。

② *CPress*，1841年12月11日。

③ 1842年4月28日，合伙人协议，日期追溯至1841年6月1日，HP。

④ Heard，“1891年日记”，37-38。

⑤ 见1845年7月27日迪克斯威尔致赫德，HP。

约翰·赫德则负责会计部其他的书记事务。[①]

商行从一开始就赢利，很快就确立了自己是在广州的"四大"美国商行之一的地位。到了1843年，它如此受尊重，以至于巴林兄弟商行授予它没有上限的信用额度，在那个时候，即使是旗昌洋行也没有这样的待遇。[②] 在《望厦条约》被批准之前那一年的生意，据迪克斯威尔写给奥古斯丁·赫德的信中说，有39000美元纯利。[③]

因为琼记洋行与怡和洋行的密切关系，它大概是在1839年宣布放弃鸦片贸易以后第一个重新投入其中的美国商行。早在1842年年初，商行就购买了一艘鸦片飞剪船"精灵号"（*Ariel*），主要为的就是怡和洋行。[④] 毒品贸易很快就成了这家新行号的主要财源，到了1845年7月27日，迪克斯威尔给赫德的信件中写道："印度（鸦片）的贸易是我们生意中最好的，看起来似乎不必分神去培养它或者使它增长。"商行有一支小小的走私船队，他期望一年能销售1500箱。[⑤]

头几年贸易很繁荣，但这也是贸易和东西关系发生巨变的年份。暴力在这个时期时断时续地出现，像赫德这样一个以"冷静和无畏"著称的高级合伙人，在面对危险的时候，是无价的资产。1842年12月，当一群暴徒袭击商馆的时候，商行的成员们在赫德的领导下，保卫其财产，直到弹药被打光了。后来，赫德冷静地带领着商馆的苦力还有雇员从暴民中走过，撤退到河边并上了船。后来，他带来一些美国海员返回，挽救

---

① Heard，"1891年日记"，37-38。

② Ralph W. Hidy，*The House of Baring in American Trade and Finance*（Cambridge，Mass.：Harvard University Press，1949），353.

③ 1845年7月27日，HP。

④ 1842年2月10日AH致Joseph Lee，HP。

⑤ 早期的时候，船只显然只是部分地被商行所拥有。迪克斯威尔估计，仅是"唐璜号"（*Don Juan*）就可以赚得大约8000美元（1845年3月29日Dixwell致AH，HP）。

奥古斯丁·赫德（Augustine Heard），航海家、旗昌洋行成员、琼记洋行的创办人、慈善家 美国迪美博物馆藏

了在商馆金库里差不多一半的银元。[①]

随着他60岁生日的来临，奥古斯丁·赫德准备离开中国。当商行成立的时候，他已经是55岁了。这对于在广州侨居的商人来说，岁数已经很大，赫德希望能回家。他将迪克斯威尔带入商行的原因之一就是他不想在中国长期居留。[②]

柯立芝和迪克斯威尔在后者来到之后不久就已经有了矛盾，很快柯立芝就施展他的特别才能去得罪其他人，年轻的赫德也在其内。当他仅仅当了四年合伙人就要离开琼记洋行的时候，情形与当年他被逐出旗昌洋行时，大同小异。奥古斯丁·赫德本人在1843年2月4日写信给约翰·迪克斯威尔说：

> 我有义务要告诉你我在过去几年要进入商行的意图，我也那么做了，然而为了掩饰我的有眼无珠或者说愚蠢，我该说，我们的合伙人C对我来说以前从来就没有表现出他的性情或者他在生意上的头脑或者圆滑。而在我上

---

① RBF, *Personal Reminiscences* (Boston, 1882), 378-380，以及1842年12月13日约翰·赫德致父母，HP。

② Heard, "1891年日记", 37。

次到达之后不久，我的意见对他是很有利的。不过，这种想法没有持续太长时间，而乔治（Geo）和我如今对他的评价没有多少的分歧。如果可以的话，我们还是应该相处下去，但要延续现在的这个组合，是没有机会的。①

在1844年6月1日商行重组时，奥古斯丁·赫德和乔治·迪克斯威尔还是各自保留三分之一的份额，而柯立芝的份额被分开了——九分之二归约翰·赫德，九分之一归约瑟夫·罗伯兹。② 过了一些年，约翰·赫德的三个兄弟被同意加入商行，③ 在奥古斯丁·赫德的有生之年，它持续繁荣。

琼记洋行是19世纪“四大”美国洋行中唯一在鸦片贸易危机之后成立的，它的生意很大程度上要依靠鸦片的买卖。不过，跟所有其他洋行一样，它开始的时候是两个家庭合作创立的，但很快就变成了一家的事务了。商行成功的重要因素是它总是和怡和洋行保持密切关系，到1875年，当琼记洋行破产时，怡和洋行吞并了它。④

同孚洋行（Olyphant & Co.）

在《望厦条约》签署之前，广州的著名洋行中，同孚洋行的档案材料是最不完整的。不仅因为它的档案在1841年被毁掉了，而且因为此后保存下来的档案和私人材料都很少。

① HP. 本涅特·福士曾预见到赫德对柯立芝态度的改变（1840年1月16日RBF致SR，RP）。

② 1844年6月3日JH致父母，HP。

③ 他们是奥古斯丁·赫德二世（Augustine Heard II）、阿尔伯特·法莱（Albert Farley）和乔治·W·塔博特（George W. Talbot）。

④ 1844年的时候，曾经有讨论说要按照“罗素，斯特基斯洋行”的模式与旗昌洋行合并，但毫无结果。见1844年12月26日Dixwell致AH，HP。关于洋行后期的历史，见Stephen C. Lockwood, *Augustine Heard & Company, 1858-1862* (Cambridge, Mass.: Harvard University Press, 1971)。

商行在贸易、新教在华传教事业以及中美关系上，都非常重要，因此，材料上的缺失特别令人遗憾。

所有在广州的美国商行里，同孚洋行大概是最明显的老式家庭商号的例子。虽然帕金斯洋行在很大程度上也是以一个家族为中心的，但它在同孚洋行变得很突出之前、甚至可能是在它成立之前就已经退出贸易了。同样地，帕金斯洋行至少允许一名非本家族的人加入，并且最终与旗昌洋行合并，旗昌洋行是有若干个家庭的代表的行号。

同孚洋行的各个合伙人，很大程度上是因为他们的女性家庭成员而互相联系在一起的。商行的主要倡议者有一个很吓人的名字：大卫·华盛顿·辛辛那提斯·奥立芬（David Washington Cincinnatus Olyphant），[①] 是大卫·奥立芬医生（Dr. David Olyphant）（1720－1805）和纽波特的安·佛农（Ann Vernon）的独子。大卫·奥立芬医生是个鳏夫，一个来自苏格兰的雅各宾派难民，他参加了美国革命，在南卡莱罗纳住了若干年后，搬到了纽波特。佛农是个大家族，吹嘘在其祖先中至少出了一个州长理查德·沃德（Richard Ward）。[②] 奥立芬医生妻子的姐妹艾美（Amy）嫁给了塞缪尔·金（Samuel King），一个著名的肖像画画家，而他们的儿子小塞缪尔（1772－1831）娶了哈丽埃特·佛农（Harriet Vernon），是奥立芬夫人的侄女，也是他的表妹。这使得大

---

① 见 Kenneth Scott Latourette 在 *DAB* VII 上的文章，Part 2，34。关于这个家族的完整历史正在撰写过程中，不久将出版面世。

② 沃德家族特别得显赫。总督的儿子是塞缪尔·沃德上校（Colonel Samuel Ward），也是罗德岛第一艘对华贸易船只的随船大班。沃德上校的儿子小塞缪尔，是纽约一家重要的银行“Prime，Ward & King”的创办人之一。他的子女包括塞缪尔·沃德，“镀金时代”（Gilded Age）的著名国会游说者；Julia Ward Howe；Louisa Ward Crawford，雕刻家 Thomas Crawford 的妻子；以及 Ann Ward Maillard，Adolphe Maillard 的妻子，加州的大地主，约瑟夫·波拿巴亲王（Prince Joseph Bonaparte）的表亲。

卫·W.C.奥立芬同时是小塞缪尔·金及其妻子的表兄弟。

在19世纪早期，小塞缪尔·金在纽约与乔治·W.塔博特（George W. Talbot）合伙，后者也来自纽波特。他们的商行“金与塔博特”（King & Talbot）主要从事中国贸易。当他父亲在1805年去世以后，年轻的奥立芬就在这家商号里当学徒。1809年，当金的财政状况不稳定时，商行重新命名为“乔治·W.塔博特商行”（George W. Talbot & Co.），“及同伙”（& Company）指的是奥立芬。商行在1810年1月1日开张，据由塔博特的一个后代保存的笔记显示，当时商行主要经营烟草、棉纱、茶叶、鲸脂、麻袋，还有来自布宜诺斯艾利斯的牛皮。大概在1812年，奥立芬搬到巴尔的摩开设了自己的商号，叫“布克林和奥立芬”（Bucklin & Olyphant），但时机不顺，商行很快就没有了支付能力，奥立芬返回纽约。在那里，他为老搭档塔博特工作了一段不长的时间。

1817年，奥立芬转而为托马斯·H.史密斯（Thomas H. Smith）工作，史密斯不久之后成为纽约最大的茶叶商人。接下来的两年，奥立芬似乎都待在美国，不过到了1820年，他登船前往中国，去代替一位“斯考特先生”（Mr. Scott）担任史密斯在那里的代表。大概在同一时间，查尔斯·尼科尔·塔博特（Charles Nicoll Talbot）——乔治·W.塔博特的长子，当时还没到18岁——也被派到中国，在史密斯的中国商号内当店员。此后数年间，奥立芬和小塔博特成了好朋友，住在美国商馆的第1号和第2号房内。当1822年的大火灾烧毁了外国商馆区后，奥立芬重建了瑞行（Swedish Factory），并且把他自己的（也就是史密斯的）商号搬到了新房子里去。次年他回了纽约，1826年再次到广州时，是要接替雅各·古维特（Jacob Couvert）。

对于奥立芬来说，这些日子肯定是既让人兴奋又很繁忙的，因为史密斯决定了一个非常雄心勃勃的计划。他在贸易的两头都有商号，看起来他要着手占有整个美国的茶叶市场了。但是由于1819年的恐慌和欧洲航海霸权的恢复，中国贸易，就像其他在过去的25年里创造了无数财富的市场一样，变得越来越困难了。此外，对华贸易还被一些特别的问题所困扰。不仅从加拿大走私茶叶的诱人贸易由于英国立法禁止从广州直航北美而告终，而且其他一些美国商人，特别是费城的爱德华·汤姆逊（Edward Thomson）也走上了与史密斯类似的路子。

汤姆逊和史密斯得益于美国政府所许可的长期税务优惠，那是自从1790年埃利亚斯·哈斯奇特·德庇发现自己与海关有了麻烦之后开始实施的。那一年，德庇发现除了他直接派到广州的两艘船只以外，还有两艘属于他名下的船只也到了那里，它们有着共同的目的——茶叶。他的随船大班们在广州出售了两艘船，但他们估计，还有10艘中国贸易的船只会很快到达美国的港口，目前的消费水平茶叶足够用上两年。把自己的市场弄得饱和已经够糟糕的了，但是，由于他的船只已经离开了美国海岸，新的联邦政府对茶叶征收的税费将迫使他不得不马上出售茶叶以筹款交进口税。因此，德庇——美国军队在来克星顿（Lexington）的主要供应者和好几艘革命期间私掠船的船主，将会被在他的帮助下建立起来的政府逼得破产。德庇在慌乱中给他国会里有影响的朋友——菲舍尔·艾姆斯（Fisher Ames）和本杰明·古德休（Benjamin Goodhue）写了信。[①] 这两位议员都是商人，他们都着手去找一些平衡的办法。事实上，国会对此的回应非常合理——它允许茶叶商人在茶叶税单到期之前，可以有一个延长了的优待期。

---

① 1790年2月3日德庇致古德休，Goodhue Collection，New York Society Library，NYC。

到了史密斯的时候，纽约港的国际贸易体系已经整个地发生了变换，使得大胆的茶叶进口商没有多少机会可以在要交纳海关税费的同时，能够让自己的全盘生意资金充足。1812年战争后不久，纽约发展起来了一种非常有效的公众拍卖系统，让进口商能够不作任何牺牲地快速处理掉大量货物，以换取可轻易商兑的票据。[1] 其他城市很快就仿照纽约的榜样行事。这种创新打开了一个法律的漏洞，使得诸如史密斯、汤姆逊等人的经营方式能够实行。正如约瑟夫·斯科维尔(Joseph Scoville)——当时纽约商业史的编撰者——解释的那样，美国的坐贾利用了两种优势：进口税是茶叶在广州价格的两倍；首次交纳税费是在9个月之后。他写道，销售的过程：

> 一批价值20万美元的茶叶，当它要支付税费的时候……数目就相当于60万美元。利润至少是原来价值的百分之五十，或者说10万美元，使得这批货物价值70万美元。
>
> 茶叶到港后马上就在5月销售（也就是船只离开美国之后的11或者12个月）给批发商，票据期限为4至6个月，茶叶的价值，例如就是70万美元。在那些年份里，美国政府给予的信用期长达9、12或18个月！因此对东印度或者对华贸易的商人们，在进行了一次航行以后，可以利用政府的资本——多达40万美元——投资于对华贸易船只上的货物……
>
> 这些票据可以很容易地兑换为银元，而且其持有者仅仅需要在9、12或者18个月以后支付其税费，使他能够有时间多派遣两艘船只，各带着20万美元前往广州，假如

① 同时代人的对此的描述，见 *Hunt's* X：2 (February 1844)，154-157。

它们能够在第一批货物的税费到期之前返回纽约的话。[①]他补充说，史密斯破产时欠了政府300万美元。尽管这个数字无疑是夸大了，斯科维尔对这种系统的陈述还是合理准确的。有一群数目多得惊人的平常中规中矩的商人（令人瞩目的是当中包括了约翰·雅各·阿斯特），都利用了联邦政府这种不明智的帮助。史密斯和汤姆逊最大的错误是战线拉得太长了，而阿斯特、杰拉德、格里斯沃德家族及其他人则更谨慎也更幸运。

史密斯作了大数额的投机。据说他企图在中国建立一个定期的茶叶邮轮市场，这是非常大胆的计划。[②]假如成功的话，这样一个系统必定使他能够控制美国对东方的贸易，将诸如阿斯特、杰拉德、卡灵顿、帕金斯兄弟、布朗和艾伍兹、格里斯沃德、古德休等大商号取而代之。事实上，这些商家中有不少在这段时间确实放弃了对华贸易——有的是暂时性的，有的是永久性的。

这种投机性的经营使得市场上充斥着茶叶，价格逐步下降。史密斯和汤姆逊欠联邦政府的钱数额巨大，他们已经没有办法抛弃自己的经营体系了。他们需要新的茶货去交纳到期的税款。到1825年年终，汤姆逊不名誉地破产了。显然因为走投无路，他竟然通过骗局从联邦政府的保税仓库里拿走

---

① Walter Barrett（Joseph Scoville的假名），*The Old Merchants of New York City*（New York，1863），I：32.

② 见1830年3月15日，约书亚·贝特斯的证词，Parliamentary Papers，Second Report on the East India Company's Affairs，H/C，V.，特别是第3413、3415和3229-3232这几个问题。又见1830年2月25日，理查德·米恩（Richard Milne）的证词，First Report on the East India Company's Affairs，V：85，第1054和1060这两个问题。

了15000箱茶叶。[1] 正如大家可以预期的那样，汤姆逊的崩溃使得市场雪上加霜，最终导致了3年后史密斯的破产。在史密斯破产之前，他曾是最大的中国货物经销商。[2] 他在广州的代理，无疑是最大的美国商号，有一两位合伙人，还有若干个店员，他们的薪水即使用当时广州的水平来看，也是非常高的，而且还享有多种津贴。[3] 他在茶叶贸易季节之前就订立购货合同，就整体而言，他是以英国东印度公司的模式来规范自己在广州的经营的。但他的整个产业建筑在沙基之上，到了致命的日子，他就没有办法再拖延海关的税费了。然后他就轰轰烈烈地破产了，使得他的雇员在万里之外的广州孤立无援。

然而，对于奥立芬和塔博特来说，来到广州给他们提供了意料之外的机会：

> 奥立芬利用合同内允许他用自己的资本进行投资的条款而获利。他在“海狸号”（*Beaver*，史密斯的一艘

---

① 据说因为他的破产，政府的损失超过85万美元。见 House Doc. ＃ 137, 19：1。在威尔考克斯和拉惕默的通信中，有对汤姆逊在纽约的代理商 Smith & Nicoll 的审讯的零星叙述，LP。顺便提一句，拉惕默是 Smith & Nicoll 在广州的代理人。关于这次事件对市场的影响，见 Worthy P. Stearns，“Foreign Trade of the United States from 1820 to 1840”，*Journal of Political Economy* 8 no. 4 (September 1900)：470-471以及 Appendix。Stearns 提出了重要的观点，即美国人的口味也影响到了贸易。在大约10年的后半部分时间内，人均茶叶的消费量下降了15%，同时人均咖啡的消费量从大约8磅上升到14磅。

② 约翰·R. 汤姆逊领事（Consul John R. Thomson）1826年3月23日向国务卿亨利·克雷（Henry Clay）汇报说，1824年度，史密斯运送了价值1311157.22美元的货物到中国，当中894000美元是银元。下一个贸易年度，他发送的1739304.45美元的货物中，1110300美元是银币（CCL-I）。

③ 雅各·古维特曾经担任史密斯在广州商馆的头头，据说每年的收入有9000元，他的仆役、商馆开销、家具等都由史密斯来支付费用。见1824年10月18日 JRL 致 Smith 和 Nicoll，LP。史密斯商馆内最年轻的学徒威廉·C. 亨特，被送到马六甲的一所传教士学校去学习中文。在旧中国贸易时期，亨特是唯一可以熟练掌握中文的美国商人。仅仅这个事实本身，就已经可以窥见史密斯的野心了。关于史密斯商馆的更多信息，可见亨特的 *The Fan Kwae at Canton* (London，1882) 一书的前半部分。

船）上满载货物，驶往纽约，而年轻的塔博特留在广州。他们俩计划成立合伙商号，奥立芬的钱投在广州，而塔博特在纽约支持冒险的经营。①

这家新的商号是什么时候开张大吉的，现在还无法确定，因为它的贸易和史密斯事件事态的紧张是同时发生的，而且它还继续待在同一家商馆里面，没有改变住址。这家商馆所在地与1799年塞缪尔·斯诺修建的是同一家。19世纪20年代，史密斯得到了它，到他破产的时候，商馆被转给了纽约的G. W. 布鲁恩（G. W. Bruen）——史密斯财产的接管人。到了1836年，布鲁恩最终将商馆卖给了奥立芬。甚至连商行的成员也基本一样：奥立芬、塔博特、查尔斯·W. 金（Charles W. King）②——塞缪尔·金的儿子及奥立芬的表弟，也是前雇员。1826年，年轻的金离开了布朗大学，来中国充当奥立芬洋行的店员。他是非常虔诚的基督徒，还有点学究气，他毫无幽默感的虔诚以及对鸦片贸易的直率反对使他很不讨喜，特别是在广州的鸦片贩子中更是如此。他作为一个商人的成功，仅仅增加了他不受欢迎的程度。

至迟到了1830年，寄到这家商行的信件就已注明收信人是“同孚洋行”（Olyphant & Co.）了。早期“奥立芬和塔博特”的称呼，也许是说明了当时还没有公布合伙的条款。③也许是处理史密斯事务时面临的困难使得有必要延迟宣布新商行的成立，但无论如何，奥立芬在纽约组织了“塔博特，奥

① Sylvia Bennet——奥立芬的后代——打印的奥立芬洋行船只档案。

② 史密斯商馆的另外一些雇员还有 Oliver H. Gordon、John Grosvenor、Thomas Bloodgood，以及之前提到过的另一些人。

③ 我没有找到可以解决这个问题的任何传单、广告或者合伙协定。1851年3月，奥立芬本人从广州写信说：“自从我开始持续地参与到（中国贸易中），至今已经有大约20年了——这是商行冠以我的姓氏的20年。”不幸的是，这条说明实在是太含糊不清了，它可以指的是1832年商行的公告，由于没有其他的材料，我将此作为奥立芬洋行正式成立的时间。

立芬商行”（Talbot，Olyphant & Co.）；他购买了著名的商船，492吨的“罗马人号”（*Roman*），并在1829年把它派到中国，船上装载的除了货物以外，还有第一批的美国传教士。[①]

此时的金已经是一个有才干且值得信赖的雇员，尽管他只有20岁或者21岁。[②] 随着商行生意的发展，他在马尼拉住了一段日子，1832年，由于塔博特回国，商行必须进行重组，金成了完全合伙人。[③] 尽管是在如此责任重大的位置上的年轻人，金如今成了广州商号的头头。他的得力助手是奥立弗·H. 戈登（Oliver H. Gordon），也是前史密斯商号的雇员，多年里一直都处在一个相当不正常的位置。虽然他从来就不是同孚洋行的成员，但他马上就与洋行联系在一起，并且搭上关系长达数载。[④]

此后，广州商号的名字就叫做“同孚洋行”，而它在纽约的分号是“塔博特，奥立芬商行”。这是两个各自独立而互相合作的商号，但至少是在它成立的时候，即1832年9月10日成立之时，它们的合伙人是一样的。奥立芬在自己的信件中区分这两家商号的时候，把广州的洋行叫做“公司”（Firm），而纽约的分支叫做“会社”（Association），不同的称谓标明了他控制程度的差异。合伙人协议的条款显然把合伙人的作用界定得比此前要清楚得多，不过现存的档案中找

---

① 裨治文牧师（Rev. Elijah C. Bridgman）和雅裨理牧师（Rev. David Abeel）。

② 金的出生年份不确定。不同的材料分别有1808年和1809年的说法。

③ 1832年9月10日的传单，LP。又见1832年4月30日W. H. Low致Russell的信件中的议论，RP。

④ 据W. H. Low说，自从史密斯的商号倒闭之后，戈登同时为旗昌和同孚洋行工作，告诉他说，他（戈登）被提供了同孚洋行的合伙人职位，但他拒绝了，因为他很快就要离开中国（1832年4月30日，W. H. Low致SR，RP）。同孚洋行那些从事鸦片贸易的对手很快就称戈登是金的“保姆”（drynurse）（1832年5月6日JRL致JPC，LP）。

不到1846年之前有此类文件。显然塔博特此后不想待在中国，宁可留在纽约做那里的商号负责人，他的姓氏在商号名称中列首位。在中国，奥立芬和金轮番替换，至于店员——毫无例外都是家庭成员——则是在类似的架构下运作。1836年6月22日，金写信给塔博特说：

> 我希望今年秋天塔博特（乔治·塔博特·奥立芬，George Talbot Olyphant）能够出来，使得大卫（小大卫·奥立芬，Olyphant Jr.，当时在广州）能够经由英格兰回美国。然后，大卫来中国，使得霍华德（威廉·霍华德·摩尔斯，William Howard Morss，一个表亲）能够回国，那样霍华德就能够及时回到中国来，我好在1839年搭乘“罗马人号”回美国。①

到了这个时候，年轻一辈的人可能已经成了合伙人了。尽管奥立芬提供了大量的资本，利润却是平均分配的。到那个时候为止，虽然金为商号做出了贡献，但是他得的还要少一些。

在塔博特的卓越领导下，中国商号大大繁荣，广州的美国侨民中最勤于写信的一些人也不能吝啬敬慕之心。约翰·拉惕默热情洋溢地描写了这家商号的合伙人如何聪明地利用得自于奥立芬的及时的信息，特别是对纽约市场上茶叶存货的准确估计，创造了“耀眼的财富”。② 此类贸易的利润特别让人吃惊，是因为商号是用自己的资本进行投资。它的中介贸易越来越失去其重要性，到了1836年，奥立芬决定完全放弃这项经营。对于其他人来说，这种决定太危险了。虽然像塔博特在1831年那样突施妙计给商号带来的收益更多，但代理贸易可以让商号避免资金上的风险。用别人的钱来做生意

---

① TP.

② 1831年12月23日WHL致SR，RP，以及1832年3月24日JRL致James Latimer，LP。引文出自后一封信。又见1831年10月10日卡灵顿对塔博特数次航行的祝贺，Carrington LB VII：252，CP。

要保险得多。并且，两位高级合伙人曾受雇于史密斯的商号——那已经成了对 19 世纪 30 年代中国贸易博弈的典型的且吓人的“榜样”，使得奥立芬有了“不可靠”的名声。心怀妒忌的拉惕默，看到塔博特在 1832 年离开，心怀叵测地说他回纽约大概因为他“要保住他所赚得的东西；知道奥立芬恶贯满盈，他决定要回去照看他（奥立芬）”[①]。关于巴林兄弟商行历史的标准作品的作者指出，伦敦的银行家们拒绝接受“奥立芬及儿子洋行”（Olyphant & Sons，是在奥立芬洋行之后建立的）的票据，因为“老合伙人习惯性地要把他的生意扩充至被沃德（Thomas Wren Ward）和巴林兄弟商号认为是安全的范围之外”[②]。

无论奥立芬是否具有那些鸦片贩子及其朋友加给他的名声，奥立芬的成功从来就不能与他的对手——特别是旗昌洋行与哗地玛洋行——相提并论。在接下来的几年，仅仅集中进行自家投资的做法，就引起了低级合伙人的紧张情绪。新策略的结果之一是出现了一家新的商号，不是同孚洋行的子公司，而是与之有紧密关系的“戈登和塔博特洋行”（Gordon & Talbot）（参见该部分），[③] 更严重的后果是收益急剧下降和商号的风险不成比例的上升。正如 1836 年金回国的时候指出的那样，两年前英国东印度公司专营权的终止大大地改变

---

① 1832 年 4 月 24 日 JRL 致 JPC，LP。又见 1834 年 11 月 16 日 JMF 致 SR，RP。

② Hidy，*House of Baring*，352. Hidy 说另外一个拒绝的原因是“低级合伙人不讨人喜欢”。

③ 见本书第 299-300 页。也许奥立芬作此决定的一个因素是因为有一些顾客希望运送鸦片到中国。赫德指责同孚洋行在放弃代理业务之前不久运送了一小批鸦片（1833 年 2 月 4 日 AH 致 SR，RP）。这家洋行最终改变了放弃代理业务的决定。当它在 1879 年破产的时候，报纸上的报道称它是一家代理商行，主要经营丝绸、茶叶和爆竹。

了贸易的状况。[①] 不仅参与贸易的商人多了很多，而且在贸易两头的市场上，价格都波动不定，各种预言让习惯了旧体系下的人为限制以及稳定机制的美国商人无所适从。东印度公司给予这套贸易体系某种程度的稳定性和安全感是私商没有办法提供的。行商在很大程度上都是被东印度公司所支撑的，如今变得越来越岌岌可危。1836 年，兴泰行（Hingtai）的败落，对贸易造成了很大的打击，有人担心这是不祥之兆。

另外的一个不稳定的源泉，是鸦片走私与清政府对这种非法贸易的关注这两者越来越引人注目。在伶仃的贸易远比在广州的增长得快，有效地破坏了清政府垄断控制的稳定性。鸦片贸易的增长要高于其他所有种类的货物，但是当新的两广总督邓廷桢有效地执行朝廷禁令时，[②] 甚至最快捷的毒品贸易也受到了沉重打击。

在这种情形下，只有代理商才有希望避免亏损。旗昌洋行和哗地玛洋行这两家代理商行的赢利前景比金的要乐观，显然不是巧合。金写道：

> 奥立芬似乎被说服了，我们在英格兰有一个代理人，我也不是开玩笑的。我只是留意到我们没有办法继续得到银元，而汇票是不可以指望的。前一种情况下，我们必须将贸易减至 10 万或者 20 万美元，而在后一种情况下，比经营商品还要糟糕。我们总是可以经营好比例恰当的货物，将它们分销给我们的朋友就行了。[③]
>
> 当奥立芬先生不在的时候，如果我要订购货物的话，

---

① 1837 年 1 月 30 日、2 月 19 日、5 月 7 日 CWK 致 CNT，TP。又见 1836 年 8 月 22 日奥立芬在给塔博特的信件中的抱怨：“你还是要在这里安排一个新的 Noviciate（原文如此）来处理新的订单，我年纪大了”，TP。

② 关于邓廷桢的运动，见本书第 184-185 页。

③ 同孚洋行可以在广州和伦敦得到这种帮助。洋行利用它的关系户，小批量地销售货物，因此既可以减少库存，也不至于使得价格下跌或者被迫退让。

我就会少量地购入，并且随货物发出我们自己的汇票……

我对东方的贸易并不感到沮丧。不过我们要更留心于货物，更多地派遣我们的船只去爪哇、新加坡等地，不要过多地在茶叶上冒险。①

这与塔博特“耀眼的财富”的繁盛时代相差甚远，但那还只是1837年2月的第二周而已。到了5月，金的情绪更加低落，他急于警告塔博特：

我希望时光倒转，如果不是的话，我们就必须离开，或者重拾代理贸易……我不认为奥立芬先生愿意退出贸易，但你们俩问多错多……对我来说，贸易几乎是毫无希望了……我希望我们不必放弃中国。②

关于正在逐渐扩大的令人恐慌的坏消息，在秋天第一艘船只来临之前，是不会到达中国的。到那个时候，虽然金对前景的黯淡预测无疑有效地在贸易崩溃前几个月减低了洋行的一些风险，避免了彻底的灾难，但他的失落越发厉害。

当时有洋行破产的传言。同一年，乔治·谭普顿·斯特朗（George Templeton Strong）在他的日记里面说，“塔博特，奥立芬商行”已经停止支付了。③ 停止支付可能曾经发生过，但如果的确发生了，那么纽约和广州的商号都恢复了元气，因为到1839年两家商号的所有权分开以后，它们还在做买卖。虽然在1839年8月31日以后，它们还是密切地经营，但纽约的分号（塔博特，奥立芬商行）——由塔博特、奥立芬及奥立芬之子大卫组成——的合伙人没有一个是广州的同

---

① 1837年2月10日CWK致CNT，TP。

② 1837年5月7日CWK致CNT，TP。

③ *The Diary of George Templeton Strong*, vol. 1（New York: MacMillan, 1952）: 62，在1837年5月3日项下。又见1837年8月10日SW致EC，CP。

乎洋行的成员了。[①] 从1839年到1846年，广州的商号似乎为金和他的表弟威廉·霍华德·摩尔斯所有，摩尔斯之前数年一直担任洋行的店员。摩尔斯是一个性情愉快的纽约小伙子，在英国人发动第一次进攻的时候，他表现出了巨大的勇气和对商号的忠诚。在1840年的危机期间，在别的外国人都逃之夭夭以后很久，他还一直逗留在广州监督搬运洋行的财产，因此，他也陷入了巨大的危险中。他登上了最后两只舢板——都属于同孚洋行的船只“马礼逊号”（*Morrison*），就在中国暴民抢夺商馆区之前离开了那里前往黄埔。尽管摩尔斯的舢板安全抵达黄埔，但另外一艘舢板则被糊涂的中国军队开炮射击，舢板上的一名叫谢利的水手——据说是纽约港口管理人的儿子——显然被杀了，虽然他的尸首再也没能找到。就是在这个时候，同孚洋行的账簿都丢失了。[②]

特别在战争的年月里，同孚洋行与众不同的贸易经营更清楚地反映出广州的外国侨民对鸦片贸易的辩护难以捉摸。洋行当时的领导人是严谨的金，他在好些文章里直率地反对鸦片贸易，使得他无疑不受众多没有那么高尚的同胞欢迎。相反，摩尔斯（如今是低级合伙人），因为他个性温和且动人的处事方法，成了外国侨民中的宠儿。[③] 虽然金在《中国丛报》（*Chinese Repository*）上言词猛烈地攻击，但摩尔斯还是与怡和洋行发展起了相当紧密的贸易联系。这个英国大商家将同孚洋行的汇票贴现，并且卖给它大量的棉布以运输到珠江口内。前一种经营能够实现的前提是大量得自鸦片贸易的

---

① 传单见 *Calendar of the American Fur Co. Papers* # 6782。

② 对这次事件的报道见1841年5月29日的 *Canton Press*，可能是最可资利用的当事人的记述。

③ 事实上，他是同孚洋行中唯一不被鸦片贩子们看作吹毛求疵的一个成员。见1840年1月20日和2月27日JC致AH（同一封信），HP；1844年1月和2月NK致妻子的信，KP。

银元流入怡和洋行的金库，而后一种经营则是被清政府禁止的。因此，尽管金痛斥鸦片贸易的罪恶，其洋行的生意并非完全与之不沾边，[①] 摩尔斯和孖地臣常常互通款曲。并且，在无视中国法律方面，同孚洋行和其他商号并无二致。贸易、个人性格还有群体的生活，使得连同孚洋行这样的商号也不能如它所打算的那样与众不同。

到了这一个阶段的后期，虽然同孚洋行还是在家族的控制下，但是控制在不是这个姓氏的其他亲属手中。老奥立芬继续前往中国做些生意，但他早就不是中国商号的成员。他的兴趣已经转移到别处了。在后期的这些年月里，不是买卖而是宗教吸引奥立芬来到东方。1850 年，在他最后一次前往中国的航行中，他在轮船“太平洋号”（*Pacific*）上给他的儿子写了一封信提出建议，信中透露出了奥立芬与他的合伙人的精神：

> 我没有必要再次劝告你，叫你努力培养个性，好在商场上获得可靠的名声。账房内容不得浮夸。在事务中要抑止所有的狂热。心怀对上帝的敬畏，在它许可的范围来做你要做的事情，其他的，就交给它来照看。没有比为了早日退休而渴求快钱更危险的了。你宁可满足于你已拥有的，并且要把生命看作事功（Service）。我希望你能够继续与中国贸易。我这趟去那里，还不太知道我该在那里干什么，但我觉得这是我们的天父为我指引的，因此我愿意去并且看看它要我做些什么，我希望保持这

① 詹姆斯·孖地臣非常明白这种倚赖关系。他一度被金的“传教士的虚伪”所激怒，在给渣颠的信件中他怒气冲冲地说：“我开始要认真地考虑放弃我们的朋友金，他的生意正如目前的状况那样，完全是与我们广泛讨价还价的结果，如果我们剔除他，那么他就没有生意可做了。那时候让他说他可以不沾鸦片的边也能继续做生意吧，他正在为反对鸦片贸易进行一场不公正的十字军运动呢。”1840 年 2 月 17 日，JM Private LB，JMA。

样一种心境，去倾听一个声音说“这是你要走的路”，无论是要留在那里，还是回家。总而言之，我这样请求处置你的俗务，是因为在你的考量中，天国不应该处在第二位，而是万事之首。①

这家商号继续存在了25年，大概还保留着同样的个性与特点。它加入了不像奥立芬和金那样备受激励，但无论如何也是虔诚的基督徒作为其成员，他们似乎都遵循创立者的原则，继续着他的商业实践。

和其他组织一样，一家商号也会发展出自己的风格与个性。关于同孚洋行，除了它特别超出商业的论调之外，没有多少信息被保留了下来。它最为人所知的是对美国在华传教事业的支持，而它在华贸易的部分却被人遗忘了。奥立芬毫无疑问是创立传教事业的最有影响的人物，在他有生之年，他一直是该项事业最大的资助人。作为虔诚信教的基督徒，他似乎最有效地在商业与精神世界之间架起了联系的桥梁。C. N. 塔博特以及更加重要的人物——C. W. 金在传教运动和攻击鸦片贸易上也非常活跃。这家商号人尽皆知的宗教情结，使它成为了广州那些尖酸刻薄的人取笑的对象。它的商馆被叫做“锡安角”（Zion's Corner），商行被称为“圣乔的商号”（Holy Joe's Concern）、“神圣家庭”（Holy Family）、“骗子商行”（Humbug & Co.）等等。甚至同孚洋行的店员也成了被藐视的对象。有一个叫乔治·R. 桑普森（George R. Sampson）的店员，以前受以色列·桑代克（Israel Thorndike）的关照——从旗昌洋行跳槽过来的，因为他被W. H. 洛和奥古斯丁·赫德的高压举措弄得很恼火。因为他是乘“以色列号”（*Israel*）到达广州的，大概也因为他之前的恩人，或者因为他姓氏所包含的《圣经》的情调，桑普森

① OP.

被戏称为“年轻的以色列国王”（The Young King of Israel）[①]。约翰·莫瑞·福士在从澳门写给广州赫德的一份办事处间的备忘录中说：

> 这封备忘录明天上午由戈登——他是个该死的没安好心的狗娘养的，他恨你几乎恨得深入骨髓——带过去……你对他和那家商行已经有所提防了……你的上帝是既伟大又渺小，保佑我免除“圣乔”的各种可怕影响——他的船只都是由J-C（即Jesus Christ，耶稣基督——中译者注）指挥，并且由天使们来管理，而由圣人来充当人手……双喜临门的是，这样一艘船居然委托给了他们。他在投资上全知全能，带着原来两倍的货物，不是航行，而是飞行而回。他使市场景气。一言以蔽之，他脱胎换骨了。[②]

1828年本杰明·威尔克斯——他从来就没有什么虔诚可言——在评价史密斯的败落时，幸灾乐祸地说：

> 我怀疑圣乔（奥立芬）的时代真的来临了，他接下来可以做的最好的事，就是接手老马礼逊[③]的买卖，一个是宗教上的流氓，而另外一个则是商业上的恶棍。[④]

无论其他商人持何种看法，尽管它没有参与到安全而且有利可图的鸦片贸易中，[⑤] 同孚洋行取得的成功还是足以让它的合伙人致富而且长年累月包揽支持美国新教传教士在华的事业。虽然在广州的所有商号都是以家族为基础的，同孚洋行在这个方面是最守旧的。合伙人虔诚的本性是非常传统的：它是强烈的加尔文主义加上一点带有自由派倾向的19世纪的

① 1832年10月21日WHL致SR，RP。
② 1832年8月28日，HP。
③ 那就是罗伯特·马礼逊，第一个到广州的（英国）新教传教士。
④ 1828年4月20日BCW致JRL，LP。
⑤ 唯一的例外是本书第291页注释③内的一种说法。

福音主义。[①]

但既不是宗教上的虔诚，也不是传教的活动冒犯了在广州的其他商人。大家通常都是基督徒，对传教事业的支持是很受尊重的。其他商人痛恨的，是商行的商业实践以及奥立芬及其合伙人的正直。让这家商号臭名昭著的是，它总是在最后一刻才通知其他商号其商船要离港出航了。并且其成员隐瞒信件的时间比其他人要长得多（不让他们从私人信息中获得完全的好处）。[②] 同孚洋行的另外一个使它与其他商号关系复杂化的特点是，它非常公开地反对鸦片贸易。金和奥立芬两人都写了不少文章反对鸦片贸易并且显然是利用每个机会去让他们那些犯了错的商业同胞们改过自新。1837 年，奥立芬甚至设立了 100 美元的奖金征集反对鸦片贸易的最佳作文，这种慷慨的举动对现代读者来说要比当时的鸦片贩子更能欣赏呢。

假如同孚洋行在其宗教职责方面表现出其强烈的传统主义，它在家庭问题方面，也是同样保守。除了将查尔斯·塔博特引入为特许成员以外，商行内从来没有非亲属关系的人充当合伙人。[③] 甚至在 1839 年广州与纽约的行号分离后，它们两者都没有放松家族的控制，因为奥立芬和他的儿子大卫都是纽约商号的合伙人。在广州的两个合伙人金和摩尔斯是表兄弟，而且都是奥立芬的近亲。很可能像这个家族历史的权威所解释的那样，奥立芬把广州的行号当做世袭财产而传给金。[④]

---

① 奥立芬是长老派信徒，他与美国传教会——主要是公理会和改革派——合作。据他的传记作家说，在他身上的其他宗教影响还有 Moravian，够奇怪的。

② 比如，见 1835 年 1 月 14 日 Russell Sturgis 致 Mary Sturgis，及 1835 年 2 月 20 日 Mary Sturgis 致 Russell Sturgis，RS Papers。Russell Sturgis 反复警告他的妻子不要与奥立芬的儿子（当时在澳门，他的父亲则在广州）谈及生意，因为他害怕奥立芬会错误地以为这些话题是来自她的丈夫。

③ 这个策略也许是无意识的，不过我对此存疑。比较本书第 289 页注释④。

④ 这个说法来自 Sylvia Bennet，奥立芬家族的后代，我最后一次与她联系的时候，她正在写一本关于奥立芬家族的人在“新世界”的著作。当这部作品面世时，她的研究肯定是目前的所知材料范围内最有分量的一本。

由于同孚洋行放弃代理业务而建立的新商号“戈登和塔博特洋行”与同孚洋行的关系，跟当年旗昌洋行与帕金斯洋行的关系差不多是一样的。奥立弗·H. 戈登和威廉·R. 塔博特都曾经是同孚洋行的雇员，他们成立新的商号显然是为了接手老行号所放弃的代理业务。两人中年纪比较大的戈登似乎是纽约人，虽然他和缅因州的哈洛维尔（Hallowell）也有关系。塔博特是查尔斯·N. 塔博特的弟弟。新公司不限于经营代理业务，它也以自己的名义发运货物，因此与它自己的委托人产生了利益冲突。虽然在广州的其他商号多数都是这样混合经营的，但是同孚洋行的成员认为“戈登和塔博特洋行”应该把自己的业务局限在代理方面。① 这家商号同时聘请查尔斯·N. 塔博特（“塔博特，奥立芬商行”）与“塔博特和洛思罗普洋行”（Talbot & Lothrop）做它在纽约的客户。

“戈登和塔博特洋行”显然是在 1835 年戈登回到美国（并且准备结婚）的时候成立的。塔博特给他的客户写信，说商号将在广州成立，他正结束自己在纽约的生意，准备出航前往中国。② 两个合伙人都是在 1836 年 1 月 26 日，搭乘奥立芬洋行著名的船只“罗马人号”到达广州，并且立刻宣布新商号开张。③ 戈登不想在广州居留，次年返回美国，留下塔博特一个人管理广州的商号。④ 但商号很快就被 1837 年的危机以及其内部的对立所困扰。戈登显然计划要早些返回美国，但塔博特认为他应该分担在广州的职责。同时，商号很可能没有充足的资金，这种状况很可能会引起上面提到的那些利

① 1837 年 6 月 5 日 CWK 致 CNT，TP。

② 1835 年 9 月 6 日 WRT 致 Richard Arnold，TP。

③ 1836 年 2 月 2 日，*Canton Register*。

④ 1836 年 5 月 17 日 WRT 致 CNT，TP。1828 年前，威廉·塔博特在纽约他父亲的商号账房内工作；见 1828 年 12 月 20 日乔治·R. 塔博特致 EC，CP。在同一个档案的后来的信件中似乎表明，到了 19 世纪 30 年代初期，小塔博特有了自己的生意。因此到 1836 年的时候，他已经是相当有经验了。

益冲突。最后，19 世纪 30 年代后期的经济困难很可能迫使戈登——他以前曾经和鸦片贸易沾边①——开始考虑鸦片贸易的可能性，这种路数显然背离了同孚洋行的原则。②

两家商号的成员之间，尽管有着许多关系，分享各种设备、有共同的店员、分享信息和一些顾客等等，但还是存在很多摩擦。"戈登和塔博特洋行"坚定地要独立。双方成员互相猜疑，以为对方不够公平、怨恨对方的成功、以为对方曲意逢迎，还以为对方封锁信息。③ 但这种厌恶感没有持续很长的时间，因为在广州的"戈登和塔博特洋行"非常短命。

"'戈登和塔博特洋行'也解散了，自从他成立商号之后，老戈登什么都没干，最后，塔博特已经厌倦了为他工作"，1840 年，约瑟夫·柯立芝在给奥古斯丁·赫德写的信中这么说。④ 这尖刻的评价大概能够说明这家洋行在广州的昙花一现，但它不能回答为什么它在纽约能够多存在那么些年。而且，如果塔博特认为戈登应该在广州待上更长的时间，人们会以为他想戈登退出合伙人关系。大概戈登是出资更多的人。到 1832 年他就是个富人了，因此他甚至几乎要引诱夏绿蒂·洛（Harriet Low），但她被他的丑陋相貌所吓退了。⑤

---

① 见他签署鸦片的收据，显然是代表旗昌洋行那么做的，日期是 1832 年 1 月 1 日和 1830 年 4 月 14 日，LP。又见 1834 年 1 月 25 日 JA 致 George D. Carter，ALB。

② 1837 年 1 月 28 日 William Jardine 致 OHG，以及 1837 年 1 月 24 日宝顺洋行致 OHG，TP。

③ 特别见 1836 年 5 月 5 日 OHG 致 CNT，以及 1837 年 1 月 30 日 CWK 致 CNT，TP。

④ 1840 年 2 月 27 日和 3 月 3 日，HP。又见 1837 年 5 月 5 日 WRT 致 CNT，TP，以及 1839 年 10 月 26 日 WHL Jr. 向 Seth Low 的叙述，LMFP。

⑤ HL 的日记，IV：32（1832 年 6 月 3 日）。又见 1835 年 1 月 3 日 I. M. Bull 为戈登向 Thomas P. Bucklin 写的介绍信，CP。Bull 估计戈登的财产有 15 万美元。

哗地玛洋行（Wetmore & Co.）

在旧中国贸易的后期，唯一在广州的费城公司是贵格会（Quaker）成员的商号，“纳森·邓恩洋行”（Nathan Dunn & Co.）。[①] 商号由邓恩组织成立，有三个主要的成员：邓恩、雅贝兹·詹金斯（Jabez Jenkins）和约瑟夫·亚彻（Joseph Archer）。[②] 三人显然都深入参与了富有想象力且需要勇气的英国纺织品贸易。在如今保存在神秘港（Mystic Seaport）的邓恩信件簿内，他于 1829 年 12 月 29 日通知塞缪尔·T. 琼斯说，计划建立的商号将完全投入到代理业务中，特别是经营英国纺织品。塞缪尔·亚彻——约瑟夫的父亲——大概是经营这项贸易最大的美国商人。[③] 他与利物浦的威廉和约瑟夫·布朗（William and Joseph Brown）有着重要的联系。布朗兄弟是一个具有世界性地位的相互交错的合伙人关系网络中的关键性人物。他们在大多数美国重要的港口、伦敦、利物浦和其他地区都有联盟商号。他们在纺织品产区也有家庭联系。[④] 利兹的詹姆斯·布朗公司为亚彻生产呢绒并且将之运给邓恩洋行。在邓恩洋行与哗地玛洋行合并以后，年轻

---

① Blight & Co. 除外。当然，在广州是有来自费城的侨民的，如威尔考克斯、拉惕默、斯沃德（Sword）等，但是在他们居留期间，没有组织固定的商号。

② 传单见 CP。

③ 亚彻传记的作者说他可能是第一个把美国棉布运送到亚洲的人（Joseph Jackson in the *DAB*, I：341）。据 Tyler Dennett 说，亚彻是这个时期经营着八分之七的美—中贸易的四个美国商人之一。虽然这差不多可以说是夸大其词，这个说明也让我们对于亚彻的重要地位有了一些概念。Tyler Dennett，*Americans in Eastern Asia*（1922；reprint，New York：Barnes & Noble，1963），18. 又见本书第 223 页。

④ John C. Brown，*A Hundred Years of Merchant Banking … Brown Brothers and Company*（New York：Privately printed，1909），以及 Frank R. Kent，*The Story of Alexander Brown & Sons*（Baltimore：Privately printed，1925）。又见 1830 年 3 月 2 日，Capt. Abel Coffin 的证词，Parliamentary Papers，First Report … ，H/C，1830，V：129，问题 1857。

的亚彻写信给伦敦的约翰·克莱德（John Cryder），敦促他设法使布朗的货物在中国归哗地玛洋行专营，因为它是“邓恩洋行的继承者，”① 亚彻的兴趣是可以理解的，因为在纺织品贸易持续进行的期间，是非常有利可图的，但是到了1833年，在广州的英国商号都准备参与这项有着重大利益的贸易了。

1831年，邓恩离开中国，② 据估计他的财产有“至少20万美元”。③ 亚彻和詹金斯又坚持了一年，公司重组，邓恩退出。④ 随后，詹金斯乘船前往伦敦，然后回国，而亚彻继续留在广州管理商号。

与此同时，塞缪尔·亚彻与威廉·谢珀德·滑摩（William Shepherd Wetmore，“滑摩”之译名乃根据鸦片战争时期的中文档案——中译者注）达成协议，要在广州建立一家新商号，滑摩原来是卡灵顿行号里的学徒，他曾在利马和瓦尔帕莱索（Valparaiso）建立商号，到1830年，他已经致富了。亚彻似乎在没有事先和他儿子商量甚至在没有提前通知他的情况下，就签署文件，让他的儿子成为商号的成员。并且，詹金斯被摒除在外，而约瑟夫·亚彻不得不给他写道歉信，他在信中解释说：

> 我父亲是个性情愉快且急于下决定的人，他忽视了在路途上可能出现的、让人磕磕碰碰的障碍……（他）

---

① 1833年11月4日JA致Cryder，AL。克莱德很可能得手了。见1834年10月14日WSW致John Cryder，WP。有趣的是，在他1838年的笔记本封面内侧，James Matheson很仔细地记下了哗地玛洋行在曼彻斯特的代理商的名字——“琼斯，吉布森”商行（Jones，Gibson & Co.），JMA。

② 他在1831年1月6日登上军舰“坎宁号”（*Canning*）出航，*CReg*，1831年1月17日。

③ 1831年8月2日JRL致James Latimer，LP。13年后他去世的时候，他的财产有48.5万美元。邓恩的遗嘱和相关的法律文书收藏在HSP。

④ 1833年6月1日的传单，LP。

也忽视了你和我之间的协定，那是我们原来的合作关系所规定的。

自从我得知与滑摩先生之间的协定之后，我对（你）在当中缺席所感到的遗憾，比我言语所能形容的多得多——我们现在只能在这令人不快的交易中尽力做好了。

我和滑摩之间的安排，该怎样就怎样吧。我很确定你和我的商号已经不能继续在广州进行代理贸易了。那就是，我们将会和旗昌洋行竞争来抢顾客，而滑摩是不会继续让我们的行号存在下去的。①

显然亚彻是在试图做出合理的解释，但在评估其他商号相对的商业权力上，他是确定无误的。旗昌洋行大概控制了一半的美国对华贸易。1834 年 1 月 11 日，亚彻在给约翰·克莱德的信中指出，一个跟他有点关系的费城人告诉他，在本季度已经到达的 39 艘船只当中，18 艘委托给了旗昌洋行。滑摩也会是一个令人害怕的对手，特别是考虑到他在费城的关系网。

滑摩——红头发、身高六英尺，又短又胖的脸掩饰了他的组织能力和敏锐的生意头脑——除在费城外，在伦敦、南美洲、纽约和新英格兰都有重要的关系户。他的叔父塞缪尔·滑摩是爱德华·卡灵顿商行的合伙人。他因为婚姻关系与普罗维登斯重要的商号霍平商行（B. & T. H. Hoppin）搭上了关系。此外，他还和之前在瓦尔帕莱索以及利马的合伙人保持着密切联系。理查德·亚索普（Richard Alsop）来自康涅狄格和纽约的一个重要商人家庭，是南美一些商号的高级合伙人。约翰·克莱德是滑摩的另外一个前合伙人，正在筹建“莫里森，克莱德商行”（Morrison，Cryder & Co.），

① 1833 年 12 月 6 日，ALB。John Cryder 似乎与 Jenkins 达成了协议。见 1834 年 10 月 14 日 WSW 致 Cryder，WP，以及 1834 年 1 月 30 日 JA 致 Cryder，ALB。

威廉·谢珀德·滑摩（William Shepherd Wetmore），约1850年。在拉动美洲、纽约、伦敦创办了几家商号，包括广州的洋行（Wetmore & Co.）。J. Gurney的玻璃干板照相 私人收藏

这家商行很快就成为伦敦最繁忙的商业银号。[①] 滑摩本人的财富也很可观，而约瑟夫·亚彻的加入，把与塞缪尔·亚彻有关系的布朗及其他邓恩洋行的顾客带给了哗地玛洋行。[②] 最后，亚彻带来了意想不到的新生意，当约翰·R. 拉惕默准备回国之前，把他的美国主顾转交给了亚彻。[③]

新的商号有着特别强的关系网，但这个时候在广州建立商号而期望有合理的收益，就必须有大量的资金来源。约翰·P. 顾盛给塞缪尔·罗素的信件中表示对滑摩行动的怀疑，说很难找到有15万到20万美元资产的人而且还有勇气“自我流放十数年，甚至更长

---

① Hidy, *House of Baring*, 195. 克莱德娶了滑摩的堂姐、塞缪尔·滑摩的女儿——玛丽·赖特（Mary Wright）。她的妹妹艾斯特·菲利普斯（Esther Phillips）于1837年10月24日在克莱德伦敦的房子里举行婚礼，成为了滑摩夫人。商业的联盟遵循着非常传统且有千百年历史的模式，在个人和家庭的纽带下得到了加强。

② 这些无例外都是费城商人，包括了Hollingshead, Platt & Co.，Henry Toland和John R. Brown。

③ 1834年1月2日JRL致J. J. Borie & Sons，LP。虽然拉惕默交下来的生意大部分是与费城商人进行的，但他也有一些纽约的主顾。在他在华的后期，拉惕默没有寻求美国方面的生意，因此，哗地玛洋行大概没有从他那边得到太多的好处。

的时间”。[①] 尽管如此，纳森·邓恩借了50万美元给新商号，而商号的其他阔朋友大概也用同样的办法来提供帮助。[②]

因此，当1834年2月1日哗地玛洋行开张大吉的时候，[③]它的经济状况十分令人羡慕。虽然它只有两个合伙人——滑摩和亚彻，但他们俩都给商号带来了可观的能量，而商号的书记员小塞缪尔·滑摩（Samuel Wetmore，Jr.）是卡灵顿商行合伙人的儿子，之前曾在卡灵顿商行当学徒，十分熟悉美国的茶叶贸易状况。哗地玛洋行在广州的会计部总是很忙碌，洋行的雇员很快就增加了一个验茶师和另外两个美国来的店员——威廉·里尔·利治（William Real Lejee，也写作Legee）和威廉·库柏（William Couper，也写作Cooper）。利治是一个法国移民的儿子，他父亲曾充当拿破仑军队的军官。在滑铁卢战役之后，他移居费城，而小利治就作为美国人成长起来。在1837年2月1日，商号重组时，塞缪尔·滑摩被接纳为合伙人。[④] 两年之后，利治和库柏两人也被接纳成为合伙人。

哗地玛洋行开张的第一年，也是英国东印度公司不再垄断贸易的年份。东印度公司专营权的取消给英国私商带来的机会，很快就被随之而来的一连串困难大大抵消。律劳卑爵士（Lord Napier）来到广州，他发挥的作用是短暂且悲剧性

---

① 1832年12月11日JPC致SR，RP。

② 1834年2月3日亚彻致邓恩，ALB。

③ 公告于1834年2月18日刊登在*Canton General Price Current*，以及其他一些地方。滑摩搭乘租赁的船只“理查德·亚索普号”（*Richard Alsop*）到达广州。他在之前一年从美国起程，绕过合恩角到达利马，在那里他得了痢疾。1834年1月28日他到达广州的时候，还是病得很厉害（1834年1月30日JA致John Cryder，ALB）。

④ 1834年7月13日SW Jr. 致T. P. Bucklin，CP。又见这一期间I. M. Bull的通信，CP。

的——在贸易季度开始的时候，扰乱了商业秩序达一个月。[①]英美两国的商人都蜂拥到广州来。东印度公司的“库务部”（Finance Office）还继续在中国设立，开始向货主提供预付款，装运茶叶前往伦敦。由于这种种原因而造成的茶叶出口大量增加，至少在两个方面使得美国人的经营变得复杂了。它不仅使得茶叶在中国市场上价格上涨，而且东印度公司的财务部门提供的大量预付款（据说达 60 万英镑）并不用于购买美国人的票据。因为那些新的货主都是带着自家的票据来的，市场上票据泛滥。查顿——之前人们信赖他可以吸纳大量的票据，他在美国也是这么宣传的——现在也只能动用自己的资金而且在出售票据了。滑摩很沮丧地说：

> 在这里的每家洋行，不管是英国人的还是美国人的，都有大量的票据。我们怀疑，现在任何数额的票据可以在任何条件下被兑现……据说在这里有 200 万英镑的票据在出售。在这里的英国洋行已经接到的茶叶订单，有一些汇出了孟买的票据，另外一些则从伦敦取得信贷，但都没有现金。[②]

这种情况毫无先例可循，而且极端危险，就在这个时候，哗地玛洋行在美国和伦敦的朋友敦促这家广州商号以规定的折扣兑现大量汇票，许诺说会将自己的货物装满货载不足的

---

① 律劳卑爵士是取代英国东印度公司在广州的特选委员会监管英国人贸易的第一任监督。律劳卑是个头脑顽固的苏格兰人，1834 年夏天的时候，头脑发热地与清政府进行了短暂的外交角力。他在 1834 年 7 月 15 日抵达澳门，并于 10 月 11 日去世。巴麦尊（Palmerston）那些行不通的指示加上律劳卑本人贵族式的傲慢和头脑僵硬，除了强化早已存在于中国人及外侨当中的大多数人的心目中对英国人的印象以外，没有任何的成就。关于他的出使任务的简要论述，见 Peter W. Fay，“The Napier Fizzle”，是他的 *Opium War*（Chapel Hill，N. C.：University of North Carolina Press，1975）第六章，第 67-79 页。关于律劳卑在澳门的葬礼送葬队伍的简短描述，见 1834 年 10 月 15 日 Mary Sturgis 致 Russell Sturgis，RS Papers。

② 1834 年 10 月 26 日 WSW 致 Alsop，WP。

船只，并做出其他让步，以能够保证新公司在头一年拿到生意。[①] 当这些委托代理的货物到达广州时，滑摩已是忧心忡忡了。这里的贸易肯定是西方市场没有办法承受的，在这样的一个年头，责任确实太巨大了。他心慌意乱，给理查德·亚索普的信中说：

> 我拒绝所有这一类的安排，也请求您别再这么做了，别给我们增加任何的责任。我们已经没有能力承担，就要崩溃了。在这里，我们没有能力卖出哪怕是一张汇票，而你竟然让我们销售 8.5 万美元……
>
> 如果我们能够全身而退，毫无损失，我就该谢天谢地了。[②]

他还以同样的心情给伦敦的约翰·克莱德写了信，而已经被吓坏了的约瑟夫·亚彻病倒了，对于要拯救公司感到厌烦。[③] 但滑摩总是很幸运，那一年晚些时候的价格上涨挽救了他。旗昌洋行的约翰·莫瑞·福士以讥讽的口吻开玩笑说：

> 在此间的美国商号，滑摩的收益比通常要多，他一度因为英国的预付款而毫无办法，但英国货物价格迟来的上涨帮了他一把——两个月以后，他会很高兴地从那麻烦中脱身，毫发无损。[④]

安然度过了这头一年的困境之后，哗地玛洋行不再过度介入其顾客的买卖中。然后它就繁荣起来了。在 1837 年 7 月 30 日结账的时候，约瑟夫·亚彻估计商号在那个贸易年度的毛利差不多有 90 万美元。允许做出“很大的折扣……由于货

① 1834 年 10 月 26 日 WSW 致 Alsop，WP，又见 1834 年 9 月 15 日和 10 月 14 日，WSW 致 Cryder，WP。

② 1834 年 10 月 26 日，WP。而塞缪尔·亚彻也做了同样的事情，使得他的儿子损失了 2 万美元。

③ 1834 年 10 月 26 日 WSW 致 Richard Alsop，以及 1834 年 9 月 4 日 Archer 致 WSW，WP。

④ 1834 年 12 月 22 日 JMF 致 JPC，Forbes LB，FP。

物的损失现在已经结清了”，亚彻留意到，“我怀疑此间有哪家商号能够像我们这样有大量的资金推动贸易”。他对来年的估计还是如他的个性那样悲观，“除非我们去冒险，但我以为是不明智的”。他进一步指出，只要可能的情况下，商号应该避免给予行商任何的信贷。他相信不久这些行商就会全部破产，因此非常直率地说道：“鸦片买卖是我们最应该鼓励的，到目前为止，它是最保险也是最赚钱的。”[①] 小塞缪尔·滑摩同样支持扩大商号的鸦片买卖，以使我们“能减少其他买卖上的（风险）程度”。[②] 鸦片和其他非常少数的货物可以提供他们迫切需要的现金。

次年，亚彻派威廉·利治带着9.3万美元前往加尔各答，指示他要么以公司的名义购买鸦片，要么将这笔钱作为预付款交给装运鸦片且委托给哗地玛洋行代理的人。[③] 预见到新的鸦片贸易的来临，亚彻从贩卖鸦片的巴斯人商号罗心治（D. & M. Rustomjee）手上买入了驳船“特南号”（*Ternate*）的一半权益。这艘船准备沿着中国海岸走私鸦片。在哗地玛洋行，经济理性战胜了贵格派的宗教顾忌，[④] 但是随着钦差大臣林则徐1839年春天到达广州，它的非法贸易也就到头了。

在1837年经济恐慌时期，哗地玛洋行在伦敦的盟友“莫里森和克莱德商行”遇上了很多麻烦，迫使广州的商号大量削减其生意。由于容易恐慌的亚彻在1837年全年和1838年的大部分时间是驻广州的合伙人，这种情况更趋严重。他招揽了大量的借款而且还准备支付那些他害怕会在英国和美

---

① 1837年7月10日Archer致WSW，WP。

② 1837年3月31日SW Jr. 致WSW，WP。

③ 1838年2月8日SW Jr. 致WSW，1838年2月20日JA致WSW，以及1838年5月4日在加尔各答的William R. Lejee致WSW，WP。

④ 1838年5月4日William R. Lejee致WSW，以及1838年2月20日Archer致WSW，WP。

国被拒付的票据。他甚至把资金存到了第三方以备不时之需。他是如此的小心翼翼，到了1838年2月，他给滑摩的信中说，商号已经囤积了超过59万美元的资金！[①]“莫里森和克莱德”商行自己恢复了元气，[②]对现金吸纳的程度没有亚彻估计的那么严重。虽然这样保守的举措使得商号能够有大量的流动资金，但是存在库房里的钱是不会带来回报的。结果是，商号损失了整整一年的生意，还有好几个重要的顾客。[③]

与此同时，亚彻又变得忧心忡忡起来，以至于他的健康再次受到威胁。他早就对滑摩说过，“我已经从心底里厌倦做生意了，哪怕我只能拿到2万美元，我也会很高兴地退出的……天底下没有什么东西可以补偿我在过去的三四个月里所体会到的焦虑，哪怕最小的再来一轮的可能性，也让我心惊肉跳”。[④]早在1834年，亚彻就提到退出的话题，而到了1837年和1838年，他已下决心要回家了。6月8日，[⑤]他正式拒绝了滑摩关于组建新一轮的合伙人关系的建议，并且大概在10月20日起程回国，再也没有回到广州。记连在给罗

---

① 1838年2月20日亚彻致WSW，WP。帮亚彻存钱的第三方是*Veiga*，还有宝顺洋行，都是鸦片贩子。他们在1838年年初把钱还了回来。作为更小心谨慎的举措，亚彻退出了原来签订的保险公司。见1838年2月12日亚彻致WSW，WP。

② Ralph W. Hidy, "Cushioning a Crisis in the London Market," *Bulletin of the Business Historical Society* 20 no. 4 (October 1946): 131-145. 虽然Morrison & Cryder安然度过了经济倒退的第一波打击，但它也只能苟延残喘到1839年，那时候Cryder退出了合伙人关系，返回纽约。继而出现的商号Morrison & Co. 不再涉足美国贸易。

③ 特别见1838年2月8日、4月4日及4月22日小塞缪尔·滑摩在致WSW的信件中对亚彻的表现的批评，WP。

④ 1838年2月3日致WSW，WP。

⑤ 1838年2月3日及3月31日致WSW，WP。

素的信中说，滑摩给亚彻付了退出的费用。[①]

新提出的合伙人条款对于商业史史学家来说，是很有趣味的。滑摩和亚彻将是“特别”合伙人，提供所有的资本但将他们自己的责任限制为投资。因为他们的投资，他们将分得盈余的12%。他们还对初级的（“一般的”）合伙人有着若干重要的权力，这些初级合伙人的责任是无限的，他们还要经营在广州的商号。这份文件如是说：

> 考虑到威廉·S. 滑摩和约瑟夫·亚彻在本商号投入的巨大利益，他们此后应该保留驱逐和遣散本商号内某一个或者更多个成员的权利，假如他们在任何时候认为这些成员的继续存在会对商号造成任何影响的话。

如果有合伙人去世，他们也被授权任命新的合伙人，并且该项授权只需要得到广州的一个“一般”合伙人的同意即可。两个“特别”合伙人在任何时候都可以为商号着想而限制在广州的经营规模。最后，如果他们愿意，滑摩和亚彻将经营商号在美国或者欧洲的生意。另一方面，“一般的”或者说“代理”合伙人被告知禁止他们做自己的生意，这样的条件显然不适用于“特别”合伙人。甚至由于公共的或者私人的任命而使“一般”合伙人得到的收入，也要算到商号的盈亏账目上。[②] 显然，初级合伙人是被期望能够尽全力为商号服务，而高级合伙人则因为他们的投资而获得特别的权力。他

---

① 1838年11月14日，RP。在次日，拉愓默给罗素写的信中，大概比较正确地估计了形势：“滑摩再次来到广州，又胖又壮，急于赚钱。他已经给亚彻支付了退出的钱，将在明年2月1日，将两个店员接纳（为合伙人，即利治和库柏），让小塞缪尔·滑摩和他们两个人管理广州的商号，而他就会回家，保留了商号的主要收益。他的目标显然是要发大财”，LLB，LP。

② 见1839年2月1日签署的“Memorandum of stipulations to be introduced into the articles of Agreement for a limited Copartnership”（《关于有限合伙人关系协定的补充规定的备忘录》），WP。要注意的是，这不是协定本身，但除了涉及亚彻的条款外，这些规定似乎就照着在备忘录中的内容而被采纳了。

们既能控制有合伙人关系的高级成员，又能像现代的企业那样得到大股东的保障。

因为在新的合伙关系开始之前亚彻就退休了，这些条款让滑摩有了决定性的权力，所以哗地玛洋行的组织与条约体系之前在广州的其他商行都有着很大的差异。此外，滑摩会那么蛮横地运用他惊人的权力，也使得其他美国侨民感到震惊。

滑摩在1838—1839贸易季度开始的时候及时来到了中国，为的是能够在次年重组商号后早些回国。虽然由于1839年春天的鸦片危机而拖延了几个月，他还是在那年夏天的晚些时候搭乘“罗伯特·富尔敦号”（*Robert Fulton*）回国。①他让一般合伙人能够比协定中的规定要更有弹性，大概是因为亚彻已经不在商号内，也因为他对自己的表弟——现在已是合伙人的小塞缪尔——日益增长的信任。他在8月29日把这个年轻人占的份额加了倍，但即使是这样慷慨的举动，威廉·滑摩还是占了大头，并且保留了对商号的绝对控制权。②就在离开中国之前，W. S. 滑摩授权他在广州的合伙人在次年可以用商号的资金装运上限为30万美元的货物。③

考虑到它的组织架构，哗地玛洋行很幸运的是在鸦片危

① 1839年8月10日WSW致Cryder，WP。

② 见1839年8月29日WSW致SW Jr.，WP。在“Memorandum of stipulations”中，每个初级合伙人以及约瑟夫·亚彻占有的份额都是十二分之二，而威廉·滑摩占有十二分之四。显然最后的文件中，威廉·滑摩的所得增加的还不仅是亚彻的那十二分之二，因为其他的初级合伙人似乎每个人只分得了十分之一。一封信件的附言是这么说的：“如果代理合伙人的收益在3年后增加到八分之一，你的收益将占商号的22.5%。”虽然滑摩的计算方法对于笔者来说有点太过复杂了，显然由于亚彻的退出必须重新在合伙人中间进行分配，在此过程中，威廉·滑摩的份额从十二分之四增加到了十分之七。有这么惊人的财富，他在离开中国之前把另外的十分之一给了小塞缪尔。

③ 1839年8月29日WSW致W. & Co.，WP。这种弹性很快就在一定程度上被减弱了，因为商号马上授权给滑摩从商号的账目中提出他的10万美元资本，如果他选择这样做的话。据“备忘录”，滑摩的投资是20万美元，但在亚彻退出以后，可能会更多一些。见1839年8月29日W. & Co. 致WSW，WP。

机的时候，威廉·S. 滑摩能在广州。他可以赞同外国侨民对待中国人的消极的“官方”策略，同时采取必要的行动去使得商号在一方面是外国人被拘禁，另一方面是英国人已经开始封锁贸易的非常时期能够运转。就像旗昌洋行的罗伯特·B. 福士那样，滑摩强烈反对跟随英国人撤出广州。① 与此同时，滑摩是“广州外侨总商会”（Canton General Chamber of Commerce，鸦片战争时期的中文文献称之为“各国商人公所”——中译者注）的值事主席。他作为自家商号领导人的姿态，也使得他在这一时期成为作为“广州外侨总商会”领导人而行事成为很自然的事情。“广州外侨总商会”对付林则徐的强力政策的办法就是自行解散。② 滑摩对在外国人被禁锢期间带领军队驻扎在珠江口外的里德准将（Commodore Read）的建议是不要到广州来，并且一般而言对中国官方的态度要克制。③ 滑摩的言行与整个美国侨民的标准（私人的）策略是一致的，而他作为商号领导人的举措，使得所有的合伙人都发了财。

由于珠江上的非正常情况提供的机会，当美国商人们在这狂热的时期忙于以大幅上涨的运费把英国商人的货物运入珠江，把中国人的货物运出珠江时，这要求为了商号的利益而采取不同寻常的行动。哗地玛洋行购入了英国人的船只“胜利号”（*Triumph*），并且在任何时候都保留至少两艘船只投入这项贸易。商号还忙于运输中国的货物到美国和欧洲，不仅是为了顾客，也为中国商人和自己。滑摩在下一个贸易季节开始的时候就离开了广州，但是在回国途中，他利用从其广州商号带

---

① 1839 年 5 月 15 日 Commodore George C. Read 致 WSW，WP，以及更特别的，1840 年 2 月 1 日 T. P. Bucklin 致 EC，CP。

② 1839 年 4 月 20 日，*CPress*。

③ 1839 年 5 月 15 日 Read 致 WSW，WP。

出来的有利消息，在伦敦戏剧性地突施妙计，取得成功。在中国马上要向西方开放几个港口的消息到达之前，他利用市场价格暂时上升的时机，把商号的全部中国存货都销售一空。[①]

显然，滑摩在商号中的巨大权力有其优势，虽然其他的合伙人受到了局限，没有办法对变化中的市场做出快速反应。滑摩的丰富经验在商号严谨的组织和人员的选择上也表现了出来，尽管雇员的薪水都不错。澳门办事处非常单薄，只有一个合伙人（威廉·利治）和一个记账员，[②] 还有住在自己家里的葡萄牙人店员和抄写员。这样的组织架构可以追溯到1841年3月，那个时候，商号其他成员在英国军队进攻广州之后都搬了回去。于是威廉·利治既要管账又要回复外国的信件，这两项工作都经常被商馆区的不安定局面所扰乱。[③] 当办事处特别忙碌的时候，金斯曼夫人（Mrs. Kinsman）——一个新合伙人的妻子——就会来帮忙，虽然商号的成员们对于女性的参与总是皱眉头。[④] 在广州的商馆内，有三名常驻的合伙人，[⑤] 一个验茶师，[⑥] 至少四名洋人店员，[⑦] 以及几个中

---

① 1841年9月2日Bucklin致EC，CP。

② 1843年的时候是Asa Whitney。Whitney很快就带着一笔钱退休了，尽管他不是商行的合伙人。

③ 1841年3月23日SW Jr. 致WSW，WP。

④ Nathaniel Kinsman在他从广州给在澳门的妻子写的信件中，偶尔会提到这一点，KP。

⑤ 在1843年是金斯曼、库柏和劳伦斯（Lawrence）。

⑥ 19世纪40年代初期是一个“博恩先生”（Mr. Bourne）。更早的时候是Warner Varnham，英国人及小有名气的画家。

⑦ 他们是威廉·莫尔（William Moore），一个“柯得曼先生”（Mr. Codman），查尔斯·豪（Charles Howe）和约瑟夫·安东（Joseph Anthon）。1844年，一个吉尔雷先生（Mr. Gilett，也作Gillette）加入到了茶叶部，而在1846年，雅各·罗杰斯（Jacob Rogers）和斯蒂芬·鲍德温（Stephen Baldwin）加入为店员。见“The Daily Life of Mrs. Nathaniel Kinsman in Macao，China”，*EIHC* 76 no. 4（October 1950）：312及*EIHC* 87 no. 2（April 1951）：135。

国仆役。[①] 到了战争结束的时候，哗地玛洋行是如此的成功，以至于它的一个对手在给兄弟的信件中有点妒忌地说，哗地玛洋行已经仅次于旗昌洋行，在广州的美国人商号中名列第二。[②] 考虑到他在洋行内占有的较大份额，小塞缪尔·滑摩享有着相当显赫的地位。他的合伙人身份在好几次重组中都被保留，而且他被许可在不损失其份额的情况下离开中国，但真正保留对商号有效控制权的，是还保留着合伙人身份的老滑摩。虽然现在还没有发现该洋行的收支账单或者其他重要的商业档案，但是滑摩的档案中保留了一份 1841 年 6 月 30 日威廉·滑摩私人的收支账单。因为到那个时候他都还保留着最大的份额，我们大概可以了解与 958469.60 美元对应的商号的赢利总数。

次年，当威廉·滑摩不在中国的时候，合伙人关系协定又一次到期了。1839 年加入为合伙人的利治和库柏退休，[③] 三个新的合伙人加入：纳撒尼尔·金斯曼（Nathaniel Kinsman），他是一个受人尊重的撒冷船长，已经多年参与东印度贸易；威廉·莫尔（William Moore），一个来自费城的年轻人，自从 1841 年后一直在会计部工作；[④] 还有威廉·A. 劳伦斯（William A. Lawrence），成为哗地玛洋行合伙人中

---

① 要指出的是，商号在此时正处于重组的期间。库柏和利治很快就要回国了，而劳伦斯将死去。另一方面，两位滑摩都会来到中国，增加了商号主要成员的数量。哗地玛洋行从来就不像 1832—1833 年间的旗昌洋行那样缺少人手。

② 1843 年 9 月 15 日 Augustine Heard 致 G. W. Heard，HP。

③ 利治回到了费城，成为一名股票经纪和一名“绅士”。威廉·库柏退休回到特拉华州的纽卡斯尔（Newcastle）。

④ 莫尔和他的两个兄弟搭乘自己的小船“维沙义孔号”（*Wissahickon*）来到广州。在费城的时候，莫尔为一家贸易公司 Moore & Harper 工作。见 1841 年 11 月 21 日莫尔为商船“汉尼拔号”（*Hannibal*）［船长是史考特（Scott）］上的货物所签发的指示及发票，藏于费城航海博物馆（Philadelphia Maritime Museum）。又见 1843 年 11 月 13 日金斯曼夫人给她的母亲写的信，引自“Life in Macao in the 1840's”，*EIHC* 86 no. 1 (January 1950)：23-24。

唯一的纽约人。在前条约时代，劳伦斯受到很好的培养。他毕业于哥伦比亚大学（1823 年），曾经在纽约的克拉里商行（P. & S. Crary）当学徒，后来建立了自己的公司“劳伦斯和蒙塞尔商行”（Lawrence & Munsell），大量经营丝货。他作为纽约大商号“霍兰德和阿斯平沃尔商行”（Howland & Aspinwall）的代理人来到了广州，在加入哗地玛洋行之前，他一直待在这家商行内。他非常有信用，1844 年 9 月 11 日，他从一条小艇掉到珠江里溺水而亡，对哗地玛洋行的打击可谓不小。[①]

这个悲剧使得商号缺少人手。剩下的一般合伙人因此让塞缪尔·罗尔（Samuel Rawle）加入。[②] 不过，塞缪尔·罗尔漫长而饱经沧桑的生涯却满是不幸，他被接纳为哗地玛洋行的合伙人时，已经是 57 岁了，比威廉·滑摩本人还大了 14 岁。当后者在当年秋天晚些时候到达广州的时候，径直拒绝了罗尔。虽然在广州的合伙人全部都同意让罗尔加入，但是滑摩在商号内的权力是决定性的。当他愿意的时候，他就会推行独裁政策。金斯曼稍后向他的妻子解释这件事：“罗尔先生是一个优秀但老朽的老人，愿意去做他能做的事情，但对于他要担任的职责——联系客户——完全不适合，由于这个事实，滑摩很快就把他剔除出去了。不过，他还是有用的人，

---

① 关于劳伦斯的材料可以参考纽约的指南（directories）和 Joseph Scoville（Walter Barrett 的假名）的 *The Old Merchants of New York City*（1870；reprint，New York：Greenwood Press，1968），I：313-314。金斯曼的档案中也有不少地方提到他。

② 罗尔来自一个显赫的费城家庭。他的父亲——威廉·罗尔——是著名的法学家，也是关于一部宪法的权威著作 *A View of the Constitution of the United States of America*，2d ed.（Philadelphia，1829）的作者。他也是一个非常虔诚的贵格派教徒并且写了很多关于宗教的著作。塞缪尔·罗尔的兄弟小威廉是著名的律师。另外一个兄弟是市政工程师，而第三位兄弟成了新奥尔良的法官。后两位兄弟都在宾夕法尼亚大学获得学士和硕士学位。塞缪尔的母亲——莎拉·考特斯·罗尔（Sarah Coates Rawle）是一个费城富商的女儿。

他对于商品有着丰富的知识，也是一个还过得去的验茶师。”[①]

还在美国的时候，滑摩与他当时没有任职的连襟约翰·克莱德一道在纽约组织了“滑摩和克莱德商行”（Wetmore & Cryder）。[②] 克莱德之前就已经退出了他在伦敦的行号。当1847年广州商行重组的时候，威廉·滑摩退休以便能管理他在纽约的商行，而小塞缪尔·滑摩成为了在广州商号的领导人，他在这个职位上一直待到退休并且回美国加入“滑摩和克莱德商行”。三年以后哗地玛洋行终止支付，并且重组为“滑摩，威廉姆斯洋行”（Wetmore，Williams & Co.）。

商行的风格

哗地玛洋行的风格与其他广州的商号非常不同。首先，当它还是纳森·邓恩洋行的时候，它是完全由贵格派的费城人组成的组织。大概是出于道德原因，[③] 除1838－1839年外，它没有涉及鸦片贸易。这家商号从来就没有像帕金斯洋行、威尔克斯、拉惕默、旗昌洋行、“罗素，斯特基斯洋行”等个人或商家那样努力地要发展鸦片贸易而误入歧途。这家商号的贵格派趣味即使在大部分教友离开之后还保留了下来。当

---

① 1844年12月1日，KP。

② 在19世纪40年代后期，乔治·庇博迪（George Peabody）成为了Wetmore & Cryder的成员。庇博迪本人在伦敦立业，通过他与这家纽约商行的关系，他后来能够发展对美国与中国之间及与拉丁美洲之间的贸易的投资。1851年当他组织建立乔治·庇博迪商行（George Peabody & Co.）的时候，他开始越来越多地在英国销售美国的证券。关于庇博迪的权威著作是Muriel E. Hidy的*George Peabody：Merchant and Financier，1829-1854*（Salem，N. H.：Arno Press，1978）。该项研究将庇博迪与William Sturgis、John Murray Forbes和Charles N. Talbot等人做了有趣的比较。

③ 见1830年2月2日邓恩致亚彻，Dunn LB，Mystic Seaport。比较1834年2月3日约瑟夫·亚彻致在波士顿的乔治·D. 卡特（George D. Carter）的信件，ALB。

金斯曼夫人1843年年终到达澳门办事处时，她惊讶地在房子里发现了贵格派的作品。[1] 宗教的影响可能在这些合伙人退休以后也影响着他们，比如他们当中最富有的人，两位滑摩和纳森·邓恩都是以在慈善事业中出手阔绰而著称。

金斯曼夫人是个贵格派教徒，不过她的丈夫似乎是一个有着强烈的扬基经济头脑的公理派教徒。这种节俭的作风与广州通常的奢华生活产生了强烈的碰撞。金斯曼从广州的商馆给在澳门的妻子写信，充满了节俭之人的诚惶诚恐：

> 你根本想象不到这商号内不同寻常的奢华程度，光是喝的啤酒就够撒冷的一家人舒舒服服过一年。我们这里的年轻人每顿晚餐都会喝光一瓶啤酒，平常每顿晚餐会喝掉12瓶而且常常会喝光一打半。滑摩每天白天和晚上都要叫上五六次啤酒，每次都会打开新的一瓶酒，他倒出一杯，剩下的就会倒掉或者让仆人喝掉！我只是拿啤酒来举例说明。其他每样东西也是以同样的比例在消耗。[2]

邓恩和詹金斯两人都以宴席丰盛和热情待客而著称，而且这名声是在以奢华生活而著称的社区里赢得的。不管他们的宗教信仰如何，哗地玛洋行的大多数合伙人都不是节俭的人。如果他们能够活下来，他们就要过得好，然后带着财富回家。

---

① 滑摩家的一个成员证实说威廉“反对进行鸦片贸易……如果有任何鸦片委托给他的商号代理，这些货物会被接收下来并且被好好照看，直到这些鸦片被政府销毁，此后，这家商号就再也没有接收到鸦片了。”见J. C. Wetmore, *The Wetmore Family of America* …(Albany, N. Y., 1861), 354-360。哪怕考虑到对于强烈的对家庭的忠诚的影响，这样的宣言也不可谓不准确。鸦片战争之后的情况，可以得到另外的来源的证实［C. A. Montalto de Jesus, *Historic Shanghai* (Shanghai: Kelly & Walsh, 1909), 49］。对于相反的事实的仅有的暗示，是威廉·莫尔不同寻常地作为公司的代表于1843年、1844年和1845年出现在印度。见ED的日记，多处。

② 1844年12月15日，KP。

在广州的每家洋行都有它们自己独特的趣味——也许说它们每一家都有自己的亚文化（subculture）并不过分。关于生活和生意，哗地玛洋行和旗昌洋行有着不同的基调，当然了，同孚洋行与其他任何商号都大相径庭。

这些差异可以从很多因素中找到线索，包括意识(conscience)、生意的范围、功能，还有合伙人来自的地区等。不过，要把这些问题弄清楚，需要更进一步的深入研究才能实现。仅仅是意识一项，就需要将来的学者花费跟过去的学者一样多的时间。作为在华传教事业的赞助人和保护人，奥立芬是一个很独特的商人，其影响弥漫在他的商号内。无论发生什么面对面的碰撞，这家商号主要成员的宗教信念比其他的商号要强那么多，以至于在条约体系之前的广州制造出了一些最尖锐的夸大了的（rhetorical）对立。虽然不是十分严谨的道德家的商号，哗地玛洋行还是带有一些贵格派的印记，而且其合伙人对鸦片贸易的怀疑态度，也因为林则徐在1839年的严厉举措而让人能够一目了然。旗昌洋行及其旁支，更明显地是属于因为古典经济学家而为人所知的经济理性的模式。林则徐的行动第一次使得洋行的主要成员意识到鸦片贸易是“不名誉的”。不过，一旦中国人报复的危险解除了，旗昌洋行又重拾这项有利可图的买卖。

把广州的这些商号置于更广阔的商业组织发展的前景下进行考察，是非常复杂的任务。它们全都是家族公司，至少形式上如此，不过有一些商号比其他商号更进一步地对这种古老的形式进行了改造。只有那些规模更小，而且更短命的商号是属于私人所有的，或者其合伙人关系没有牵涉主要成员的亲属。不过，对于那些已经很好地立足的商号来说，延续寿命的原则毫无例外是亲属关系。每一家商号毫无例外都是从两个人的合伙而开始的，当中一个人要么去世了，要么出售权益，要么在数年后被驱逐。诸如本姆斯特德

(Bumstead)、亚彻、阿米顿、塔博特和柯立芝这些姓氏，都在第一代之后就从广州的商人名录中消失了。到那个时候，商号通常以一个主干家庭或者家族及它（或者它们）的有活力的同盟者来组成。

哗地玛洋行大概可以被称为“首长式的合伙人关系”(presidential partnership)，因为威廉·S. 滑摩始终对商号保持有效的控制，甚至到了对商号政策的所有重要改变都施行否决权的程度。尽管如此，他并没有把合伙人关系局限在自己的家庭内部。虽然他否决了塞缪尔·罗尔和艾萨克·M. 布尔（Isaac M. Bull），① 他还是接纳了好几个与他没有血缘、社会或者商业联系的学徒。虽然滑摩依然是商号的核心，但他们还是接纳了一些年轻人为合伙人，无一例外都是费城人，并且曾在广州的商号内当过一段时间的店员。商号偶尔也会直接接纳一个有才干、有经验且有良好社会关系的不是来自费城的商人为合伙人。有两个这样的人：来自纽约的劳伦斯和来自撒冷的金斯曼。

旗昌洋行因其贸易的惊人规模，以及相关的历史性事件而独一无二。罗素在 19 世纪 30 年代出让了所有的权益。此后，一连串松散联合的家庭继续维持这个商号，它总是能够给联盟家族的年轻成员带来财富。② 商号的形式在记连重组之后被固定了下来。它包括了来自若干个重要美国家庭的代表，这些家庭比其他任何单一的亲属集团都要更关注于信用、才能和更加雄心勃勃的社会联系，且不论它的天赋、财富或者人口是怎么样的。旗昌洋行的主要合伙人，通常都能够选择

① 这让布尔非常失望和生气。见 1839 年 2 月 1 日他致 EC 的信，CP。

② 事实上，约翰·莫瑞·福士用三个互相关联的比喻来形容这家商号：“一头大奶牛”、“下金蛋的鹅”和“造钱的神奇机器”（Duncan Yaggy，“John Forbes, Entrepreneur”，博士论文，布兰迪斯大学，1974，473、478）。

他的继任人，但他从来都不会像滑摩那样强势。其他的合伙人、参与家族以及浩官都对商号的发展方向有重要的决定权，至少在1846年是如此。于是，罗素选择了赫德而赫德选择了记连。记连的继任罗伯特·B. 福士是各方面都喜欢的人选，到达广州的时候有着强力的支持。无论如何，福士家的人是不会被拒绝的。罗伯特·B. 福士依次选择了沃伦·德兰诺，而德兰诺选择了罗素·斯特基斯作为他外出时的代表。此后，福士家族的影响又加插了进来，商号的控制权落入到了保罗·S. 福士的手中。后来的岁月里，沃伦·德兰诺和罗伯特·B. 福士都回到广州充当商号领导人，以弥补他们在美国损失的财产（随之也再次显示了他们对商号的影响力）。一般而言，旗昌洋行处在福士家族的牢固控制之下，领导者是狡黠的约翰·莫瑞·福士，而在广州的代表则是保罗·福士。[①]

在专门化与多元化的问题上，情况也非常复杂。这些商号不仅专注于商品而且还有其功能。有一些是经营鸦片的大户，而另外一些则专注于票据、人参、毛皮、英国货物，或者其他进口货物。在出口商品上就没有那么多样化了。每一家都是经销茶叶，但丝绸看起来是比较专门经营的商品。有一些商号把它的市场局限在一个城市、或者局限在美国、或者局限在欧洲与拉丁美洲。而有一些，如帕金斯洋行，在其后期，只是经营构成商号的那些家庭的生意，而其他商号，最明显的是旗昌洋行，则是彻底的代理商号。不过，大多数商号在一定程度上把这两种功能结合了起来。

有人说过，无论在哪种看起来可能赢利的生意里，都会引入一般性的合伙人关系。但这在广州只是部分正确。大

---

① 要简单地了解1844年后旗昌洋行的领导权的概况，可见Yaggy，“John Forbes”，471-482。

多数广州的商号都是多样经营的。他们出售保险、提供银号的服务，常常也充当旅店；购买和出售丝绸的优先经营权、船舱空间，为顾客订制瓷器、布料和各式杂货；以及参与到各种相关的买卖中。简而言之，他们发挥的作用更加像18世纪的代理人（factors），但他们是贸易中的代理人。只有早期的侨民，有时候也包括后期的一些小商号，能够参与一些非商业性的活动，如造船、制造帆具，或者承包工程。

同样，对于商号的地域性一般化结论也不能过于笼统。到这个时期末期，所有驻广州商号都是来自新英格兰，但没有一家是绝对如此。虽然滑摩家族来自普罗维登斯以及康涅狄格州的中部，但哗地玛洋行受到了来自费城的极大影响。尽管同孚洋行的创始人来自罗德岛，但它主要是一家纽约商号。旗昌洋行大部分主要成员是新英格兰人，但不少人，如洛家族和德兰诺家族都从新英格兰移居到了纽约。最后，旗昌洋行还吸纳了若干与赫得逊河（Hudson）以北地区没有明显关系的人，如约翰·记连和威廉·亨特。

如果较大的商号能够享有大机构的优势，那么它们同样地也要承担其问题。同样是当代企业特征的责任分散，始于合伙人的增加，特别是随着家族联盟的扩大而出现。那个时候和现在一样，决策要求“商业机构内外的不同群体中人们的利益能够建立起有效的折中方案”。[①] 一旦生意的规模发展到相当大的程度，那么这种一致性就变得十分必要了。在吞并了帕金斯洋行之后，旗昌洋行只有在恐慌的状态下才敢于忽视波士顿利益团体的利益。当然，这个规则也适用于浩官

① Leland H. Jenks, *The Migration of British Capital to 1875* (New York: 1927), 113.

和商号的其他大客户，如巴林兄弟、格里斯沃德商号、布朗和艾伍兹商号等。格里斯沃德商行在后期甚至想办法把自己家族的一个成员安插为旗昌洋行的合伙人。①

因为旗昌洋行和哗地玛洋行在组织形式上及其发挥的功能上，都是在广州最先进的商号，看到它们的成员保留了那么多传统商业习俗以及忠诚，确实特别有趣。显然这时依然是家庭资本主义的时期。大概只有到工业革命改变了商业组织的基本需求之后，才能够为更多激进思想对抗千百年来的习俗开辟道路。很可能的是，学者们对这个领域的进一步研究，将发现很多诸如"首长式的"合伙人关系还有扩大的家族联盟等实用性的举措。彼得·拉斯雷特（Peter Laslett）对工业革命的说法，显然也同样适用于那个时候的商业世界。渐渐地：

> ……一系列的调整……在非常多的个人的团体里发生，每个个案都有不同的过程，内涵有差异，事件的顺序有区别，而且发生的时间也不一样。

而且，我们大概还可以补充说，在接受新观念及摆脱旧观念上都有差别。他继续阐明："如今，这完全不是一个单一的进程。"②

---

① John N. A. Knopf 在 1848 年成为旗昌的合伙人。那个时候，约翰·C. 记连娶了格里斯沃德家的一名女子，并且加入了纽约的格里斯沃德商行。保罗·S. 福士选择格里斯沃德在他回美国期间代替他的职位。讽刺的是，格里斯沃德在后期领导了唯一一次试图解除福士家族对旗昌洋行控制权的活动。见 Yaggy，"John Forbes"，474-475。

② Peter Laslett，*The World We Have Lost*（1965；reprint，New York：Charles Scribner's Sons，1971），Introduction.

6　对华贸易商人

社会出身

对于今天的读者来说，如果在阅读广州侨民的通信时，能有一个特点让他大为触动，那就是商馆区非常明显的商业性。行商、英国私商——特别是永远都不安静的苏格兰人，还有美国人，都表现出了同样的动机。不过，在一定程度上，美国人似乎没有那么复杂，是最典型的生意人。中国行商的身份是最敏感的，而且承受着最大的风险压力，特别是他们要对清政府负责却又十分脆弱。他们还有中国人的价值观，希望能够在社会体系中得到上升，但是“他们都忠于自己的生意”，而这个事实意味着他们与外商的密切关系，而不少外商都走私鸦片。这种无法回避的事实使得钦差大臣林则徐斥责他们为“奸商”。①

与之类似，英国东印度公司的大班们有着半官方的身份，并且至少与中国商人一样要留心维持秩序以及要遵守礼节。再者，他们都是东印度公司的雇员，不是冒着风险自行投资的商人。

---

① 这个词汇，可以温和地翻译为“奸诈的商人”（treacherous merchants），但这个译名显然不那么具有攻击性。见 Ann B. White，“The Hong Merchants of Canton”（博士论文，宾夕法尼亚大学，1967），145-148。

居次要位置的非经济动机来自于英国私商。他们大概和美国人一样具有经济“理性”，但他们的政府在当地派驻了代表，此外在“巴麦尊帝国主义”（Palmerstonian imperialism）时期，“国家荣誉”对他们来说切切实实具有意义。他们不习惯于1839年中国人提出的种种限制。当林则徐释放外国人时，考验来了。怡和洋行“准备在街道的任何一边工作，无论是战争还是和平、鸦片禁运还是贸易合法化，对它来说都一样”。这家英国大商号会生存下去并且蒸蒸日上，是由于它的规模庞大而且精明，但是，像大多数英国私商那样，怡和洋行已为开战做好准备。① 眼前的经济利益可以暂时搁一边，直到不老实的中国人被征服时为止。女王陛下的首席贸易监督，查尔斯·义律爵士（Sir Charles Elliot）非常关注贸易，以至于一个现代学者评价说贸易“是某种他置于自己在远征军队的军官中的名誉之上的东西，甚至置于他与巴麦尊的立场之上”。② 义律确实很关心帝国的贸易，但是查尔斯爵士是一个贵族和女王陛下派来谈判的人——他可不是生意人。

不过，对于美国人来说，贸易绝对重要。没有其他任何利益可以来干扰。这种差异在1839年林则徐取消了禁运后，义律和罗伯特·本涅特·福士间尽人皆知的对抗中得到了很好的说明。美国人坚持旗昌洋行应该继续做生意，直到武装冲突妨碍了生意的进行为止，而义律所能做的不过是谴责和要挟而已。政府的保护在万里之外，在整整的60年里，美国商人写回国的信都反映了他们对其商业利益的关心。一旦某个商人记下了某件事，他总是会开始估计事件对生意的影响。在写到欧洲的战事、《亚眠和约》、杰弗逊让人讨厌的封锁港

---

① Peter W. Fay, *The Opium War* (Chapel Hill: University of North Carolina, 1975), 164.

② Peter W. Fay, *The Opium War*, 274-275、286和296-297。

口政策，或者1812年战争时，这些商人就为美国人推测这会给中国货物在美国市场、在拿破仑统治下的欧洲港口或者其他地方带来什么样的机遇。在关注到中国政府要加强其禁止鸦片的政令时，他们会猜想哪些鸦片贩子会得到帮助，而哪些人会被消灭掉。大多数美国侨民在为杰克逊当选而反应激烈，他们会花更多的时间来思考这个事件会如何影响到信贷的供应而不是去考虑对“Old Hickory”（老山胡桃，此处指美国第七任总统安德鲁·杰克逊——中译者注）的谴责。最后，在跟进英国军队在鸦片战争中的进程时，他们也同时跟进鸦片的价格并且对他们当初呈文声明退出鸦片贸易的做法又开始三心二意了。

到中国去是一个重大的决定，意味着切断在美国的联系、离开心爱的人，还要拿自己的健康、财富甚至是生命来冒险，期望能回家过上“舒适的生活”。他们的背景都特别为他们如此牺牲做了准备，他们不能容忍任何障碍。在某些方面，他们的背景也让他们看起来与其他所有美国人口非常不同。

家庭与社会阶级

无论成功与否，在中国贸易的商人多是来自有不列颠根源的家庭。他们当中有三四个是纽约的荷兰人，两个胡格诺派教徒，三四个犹太人，还有至少一个人显然有德国血统。不过，他们大多数显然有着来自于英伦三岛的世系，并且已经在美国定居至少一代以上。如果父辈是非常成功的商人，儿子就不会到广州来。长途跋涉到广州来的通常是家族的旁支而不是重要商人的嫡系子孙。在一个有两代人参与中国贸易的家族中，取得杰出成绩的往往是侄子、女婿或者堂（表）兄弟——事实上几乎是除了儿子以外的所有直系男性亲属。而且，这些中国贸易商人的儿子出现在广州的时候，逗留时间都不够长，没有办法以自己的名义发家致富。

这条规律在帕金斯家族有几个十分明显的例证。托马斯·汉达西德·帕金斯的家族系谱上有好几个著名的商人，但他父亲到1773年40岁去世的时候都没有什么成就，留下了寡妻和8个孩子。当时小托马斯才9岁。不过，他的母亲和外祖母都是成功的商人。这种模式在下一辈人中也重复出现。詹姆斯和托马斯·汉达西德·帕金斯都是特别成功的商人。他们在中国的贸易由他们的外甥约翰·帕金斯·顾盛经营得头头是道，而在欧洲的业务则交给了詹姆斯妻子的侄子弗雷德里克·W. 潘恩（Frederic W. Paine）。在詹姆斯·帕金斯去世以后，上校的女婿塞缪尔·卡伯特经营着波士顿的商号，最终把行号延续下去的，是卡伯特和另外一个女婿托马斯·C. 加里（Thomas C. Cary）。帕金斯的另外三个外甥，福士家的三兄弟，都在波士顿的商号内当学徒，并且成为了中国商号的合伙人。他们当中的一个——约翰·莫瑞·福士——最后成为了美国非常有名的企业家。这些记录与帕金斯的儿子们黯淡无光形成了鲜明对比。不管是托马斯的儿子小托马斯，还是詹姆斯的儿子小詹姆斯，都没有在商业上有所作为。小托马斯更喜欢帆船比赛、赛马、花花公子式的生活，总之就是游手好闲，而小詹姆斯则酗酒。

典型的中国贸易商人，特别是那些成功的商人，都来自于令人尊重但是"相对贫穷"背景的家庭。约翰·C. 记连的父亲据说是一个"聪明的农夫"，尽管如此，他还是进入了劳伦斯维尔学院（Lawrenceville Academy）。[①] 记连在广州商号的创始人——塞缪尔·罗素在12岁时就失去了父亲。他在康涅狄格州米德尔顿的亲戚那里当学徒，后来在一群普罗维登

---

① *Necrological Reports … of the Alumni Association of Princeton Theological Seminary* (Princeton, N.J., 1891), I (1871年4月24日), 7。

斯大商人的赞助下来到中国。他至少与当中的一些人有亲戚关系，那就是塞缪尔和维刺德·滑摩（Willard Wetmore）。这群合伙人中的第三位，爱德华·卡灵顿的父亲是一位受人尊敬但说不上富裕的康涅狄格山谷地区的医生。他于19世纪来临之后在广州待了9年，回国后成为了罗德岛最大的船主。而卡灵顿的儿子从来就不如他父亲那样成功。事实上，在经历了19世纪50年代后期的多次反复之后，他完全放弃了生意，变成了一个隐士。另一方面，卡灵顿的外甥，艾萨克·M. 布尔在中国发了财，回国后买下了他舅舅的棉布厂，在他去世之前，大大地增加了工厂的产量和利润。

还有一个例子，威廉·S. 滑摩的父亲是佛蒙特的农夫，但他的叔父塞缪尔是卡灵顿商号的合伙人。在那里当了学徒以后，滑摩上船去当商号的大班。后来他在海外建立了三个合伙人商号，在利马、瓦尔帕莱索和广州，还有一个在本土的纽约。他是那个时代最富有的美国商人之一。他叔父的儿子小塞缪尔大概是一个例外。他不是不成功，但他比自己有权威的堂兄要差得多。小塞缪尔跟随着堂兄的步伐致富：从卡灵顿商号的学徒到堂兄在广州的洋行，然后到纽约。在那里他再次加入了堂兄的商行。小塞缪尔没有多少机会。大概就是因为他的财富，他非常谨慎而且有着如此良好的社会关系。

19世纪初期，富人的儿子显然与现在一样，背负着同样的负担，那些父亲白手起家的更是如此。[①] 他们似乎被父亲的榜样所压倒。这个障碍大概就是谚语“富不过三代”（shirtsleeves to shirtsleeves in three generations）在现实中实

---

① W. Lloyd Warner and James Abegglen, *Big Business Leaders in America* (1955; reprint, New York: Atheneum, 1963), 156-170，多处。

现的方式。大部分来到广州的直系子弟都声名狼藉。[①] 但是相对贫困——与赤贫或者一个儿子受宠的地位都正相反——是非常有力的刺激。一个大商人的侄子，加入叔父的商号以供养守寡的母亲，承受着巨大的压力要做出样子来。他必须与指定继承人竞争，尽最大的努力，证明他有资格引起叔父的注意。[②]

某种程度上，如果没有奉献精神无法在广州生存下去。仅仅来到中国这一行动本身就已经是动机严谨的证明了，但是，真正一心一意的商人只有在茶叶季节的繁忙时期才会觉得舒畅。那时候，商人要在很短的时间内完成大量的工作。生意上的压力很大，很多人是神经绷得紧紧地去做买卖的。但是这来势汹汹的贸易期过后，便是长达数月的闲适甚至烦闷，只有奢华的生活和在广州偶然才有的休闲机会，以及在两者都不缺少的澳门，才能稍事减轻。对于那些全情投入且一心一意的商人，在中国的漫长居留一定让他们非常沮丧。不过，对于那些聪明而易于融入环境的年轻人，愿意在中国奉献几年的光阴，时而繁忙、时而闲适，广州就为他们提供了一条致富的捷径。

不过，他通常必须是很能融入新环境的人。甚至只是考虑到父亲的职业，在广州的贸易者通常也有很好的传承。大

---

① 比如，Benjamin Hoppin，Jr.，Philip Ammidon，Jr. 和 Benjamin Wilcocks，Jr.。

② 这大概是 19 世纪的时候人们相信年轻时候的贫穷是鞭策人们成功动力的理由。Samuel Eliot Morison 在年轻的 Harrison Grey Otis 身上看到了这条规律发挥作用。*The Life and Letters of Harrison Grey Otis* …（Boston and New York：Houghton Mifflin Co.，1913），40. 又见 Duncan Yaggy 在“John Forbes，Entrepreneur”（博士论文，布兰迪斯大学，1974）中对 John Murray Forbes 早年生活的动人描述，特别是第 20-22 页。

部分人的父母的职业是商人或者（和）船长。[①] 有 12 个是律师、法官或政客，10 个是医生，2 个是农夫，另外 3 个是他们各自职业在这一群体里唯一的代表：一个是牧师，一个是印刷工及出版商，一个是演员及主持人。只有 3 个人的职业可以被归类为“技工”或者劳动者。W.F. 米吉的父亲是个面包师傅，而据说艾比尼瑟·多尔的父亲是个硝皮匠，梯尔（Tier）兄弟的父亲是做木方的，后来贩卖船上的用具。不过，这些长辈们在他们一生中至少有一段时间做过买卖。因此，如果我们也把他们算做是生意人，[②] 那么大概只有农夫才不可能是商人或者专业从业者[③]——比如，相对占有特权的市民。为了澄清这个问题，我们可以看到几乎所有我们已经掌握了材料的人的家庭都有商人或者专业从业者，或者与这个家庭非常接近的人是属于这两个范畴的。

因此，那些参与中国贸易的富翁并非真正的暴发户（arriviste）。他不是来自社会底层，毋宁说他是来自于特权阶

---

① 这两种职业常常互相重叠。至于不同职业间的相对地位，看到 Joseph Scoville 在迟至美国内战中期时写的东西，还是有点趣味的：

> 在这个大陆上的一项荣耀的职业是商人！他没有上级。市民中没有哪个阶层能高于他，甚至不能与他等量齐观，除了当编辑的。律师受人尊敬，如果他们恰当地工作的话；但是……在等级上来说，律师占据了次等的地位，因为他的生活及他事业的兴盛是由那些更有计划且有天赋的伟大商人为他创造的。

在 Scoville 的著作中，因为大概同样的理由，医生和神职人员也被置于次等的地位。见 Scoville，*The Old Merchants of New York City*，vol. 1（New York，1863）：94-95。Alexis de Tocqueville 同意这种看法。见 *Democracy in America*，2 vols（pb. edition，New York：Vintage，1955），II：164-165。又见 Richard Hofstadter，*Anti-Intellectualism in American Life*（1962；reprint，New York：Vintage，1963），244-249。

② 他们当中还有不少人是小零售商，如经营杂货铺、药店，还有人是“掌柜的”（storekeeper）。在本研究中，把他们算做生意人。

③ 两位农夫的儿子约翰·C. 记连和威廉·S. 滑摩都接受了良好的教育，而且两个人都很成功。在此期间，在美国东北部耕种是以城市为依归的，那就是，混合了商业的和工业的活动，因此，把在东北部农场出生或者成长的年轻人定性为“农场男孩”（farm boys）是误导的。

级的下层，顶多就是重要商人的相对贫穷的亲戚。因此，中国贸易商人是一个特权阶层群体就不令人感到意外了。社会下层的成员在一代人中，很少能走得很远的，无论是地理上（除了普通水手）还是社会地位上都如此。[①] 并且，到广州那么远的地方去要有所计划，还要有一些社会关系，甚至特别的运气。可能一个水手在其航海生涯中偶尔会到过广州，但是在广州对普通水手的限制确实是严酷的，当然也就不会激励一个年轻人在毫无帮助下来待上几年的光阴了。在解释特权阶级的年轻人在广州占绝对优势的时候，一个明显要考虑到的因素是特权阶级的人比穷人更易于掌握商业技巧。对于出身良好的人来说，教育几乎总是一个优势。

对于一个中国贸易商人来说，最重要的需求是资金。在当时的世界上，中国贸易大概是要占用最多的资金而且资金的运作周期也最长。[②] 单一批中国货物常常价值 25 万美元或以上，而中国几乎处在是与美国东海岸商业中心远隔半个地球的对应位置上。因此，获得资金是对中国贸易商人的至关重要的要求。

最容易且成本最低廉地成为一个在广州贸易的商人的办法，就是成立一家“委托代理商号”。从“召和兰德尔洋行”（Shaw and Randall）时代开始，大多数侨居广州的美国人都会做一些代理业务，但是直到旗昌洋行在 1824 年 1 月 1 日宣布成立之前，没有哪家商号完全投身于充当顾客代理的业务。为了能够吸引生意，代理商必须激起那些从事对华贸易的商人哪怕最微小的信任。他必须有重要的“商界朋友”，否则他

---

① 上层的年轻人经商要更加普遍，尽管这样做有的时候会丢份。在工业革命前的英格兰，幼弟去做买卖是常常为人所知的，而娶富商的女儿，也挽救了不少贵族的产业。

② Scoville 在 *Old Merchants* 一书中说：“这项贸易所需要的大量资金把大部分的商人阻挡在了世界的那个部分之外”，I：39。

要么只能用自己的钱进行投资，要么在别的商号的账房里找个职位。

19世纪20年代以后，当好几家美国商号在广州成立，后一种路子就很常见了。一个年轻人能想办法成为大商号的店员是非常幸运的。假如他的工作让人满意而且他的健康状况良好，他通常可以在若干年后被接纳为合伙人。一旦成为合伙人，他的未来也就有了保障，但对于没有社会关系的年轻人来说，通向胜利的阶梯缺了太多的下层横木。如果某人具备可能成为独立的中国贸易商人所需要的素质，他就跟商行合伙人一样有吸引力。店员通常都会成为合伙人，因此商号对于谁会成为店员总是小心翼翼。店员同时又是学徒，而商人对学徒都有特别的责任，在广州尤其如此。①

那时，一个人对其亲属的责任延伸的范围大大超过了核心家庭。直系的儿子在国内的商号有位置，特别是在自家的姓氏出现在商号的名字上时更是如此。② 另一方面，广州的商号一般而言由于比较少专注于家庭的利益，所以找了堂（表）兄弟、侄子（外甥）、前学徒还有朋友等来充当职员。一个美国大商人通过这种办法能够为他的旁系亲属提供事业的阶梯并且加强他对广州商号的控制。保罗·S. 福士用今天看来很

---

① 像其他大量的广州机制那样，这一点在旧广州贸易消亡以后很长的时间里，都继续在条约口岸存在。20世纪初期，一个侨居上海的观察者描写在商号内的店员是“享有着特权的被宠坏了的商业助理，对财神的进奉，使他们哪怕不能发财，也能够衣食无忧”。C. A. Montalto de Jesus，*Historic Shanghai*（Shanghai，1909），53.

② 在对华贸易中，有 Goodhue & Co.、Brown & Ives、Edward Carrington & Co.、Howland & Aspinwall、the Peabodys、J. & T. H. Perkins、Bryant & Sturgis 及其他众多商号，他们从来都没有把自己的儿子派到中国去。只有 N. L. & G. Griswold 派了一个子嗣到广州，但那只是在旧广州贸易已经到了尾声的时候了。大概托马斯·曼（Thomas Mann）的小说《勃登布洛克一家》（*Buddenbrooks*）是描述在非虚构的文学中对于这种家庭开发的商业架构的很好的代表。又见 Percy E. Schramm，*Neun Generationen*（Göttingen：Vandenhoeck und Ruprecht，1963－1964）。

孩子气的傲气向他妻子抱怨，他的堂兄在开始的时候没有能够把他弄进旗昌洋行。[1] 在他怒气冲冲的时候，福士仅仅反映出了当时很平常的关于家庭责任的观点。类似地，菲利普·阿米顿会写信给约翰·拉惕默提议成立一家新商号和旗昌洋行竞争，就是因为他十分确定他的外甥——在马尼拉的“罗素和斯特基斯商行”的乔治·R. 罗素会支持他。尽管阿米顿有好多年没有见到他的外甥了：他依然知道血缘纽带是紧密的纽带。

经济史学家认同企业家精神（entrepreneurship）的来源是“发端于‘商号’（firm）是与个人或其家庭大相径庭的观念”[2]，它们是联系在一起的。在条约体系之前的广州，这种差异十分含糊不清。造成这种情况的一个明显的理由是，在过去的一两个世纪里，“商号”的概念“有更大范围的含义”[3]，回到更早的时代，可以更容易看到这些含义。在广州，商号还是意味着家庭，或者更精确地说，家庭比商号更重要。即使是最漫不经心的观察者，肯定会对几乎所有的商号都是由少数几个家庭主宰感到吃惊，初步的研究就可以揭示出这些占主导地位的家族的力量。族阀主义（Nepotism）在广州的盛行，肯定会让习惯了当代商业标准的人感到陌生。今天，大家关注的中心是组织，偏袒被正确地认为是对商号利益的颠覆，甚至连最受偏爱的雇员是老板的儿子时也是如此。在家庭公司的时代，正好与之相反。任人唯亲显然是对家庭最有利的，甚至允许一个并非亲属的人担任合伙人也被认为是家庭内部的问题。有势力的家庭互通婚姻以及让女婿成为合

① 见1843年7月3日福士致妻子，又见他在1843年5月17日的日志，FP。

② “The Role Structure of the Entrepreneurial Personality,” *Change and the Entrepreneur*（Cambridge，Mass.：Harvard University Press，1949），112.

③ “The Role Structure of the Entrepreneurial Personality,” *Change and the Entrepreneur* ，113.

伙人非常普遍，就像提升一个聪明的学徒——他在好几年里都是在公司的“家庭”中（当时的说法）。直到 1844 年，在旗昌洋行的 19 个成员里，只有 9 个不是来自于 1840 年重组时候所代表的那几个家庭。[①] 这些例外并不像它们看起来的那么怪异。他们当中的两个人，罗素和阿米顿是洋行的创办人。另外两个，记连和赫德，能较早地成为合伙人是因为洋行急需有能力的领导人。另外四个人在被接纳为合伙人之前，都在洋行内充当店员多年，他们是：亨特、斯普纳、帕金斯，以及吉尔曼。[②] 另外一个怪人是约瑟夫·柯立芝，他虽然和任何一个合伙人都没有关系，但他是曾经到过广州的年轻人中社会关系最好的一个。

约翰·莫瑞·福士——一个坚守商业伦理的人——即使在成为修建铁路的提倡者多年之后，[③] 他依然偏爱诸如族阀主义一类的东西，甚至为之辩护，福士那些最出色的被保护者都来自于新英格兰地区古老的商人家庭。[④]

---

① 在这群人里面，亨特被许可为合伙人之前，已经在洋行里待了 8 年（特别长的时间），他能够被接纳，只是因为另外一个合伙人约翰·记连为了奖赏他的忠诚而自愿放弃自己的十六分之一的份额。

② 帕金斯大概是一个亲属，但是到目前为止，本研究都没有能够找出这种关系。他确实是来自波士顿地区。如果有人把研究推进到 1850 年，那么会有另外 3 个前店员被接纳为合伙人，但只有一个人，约翰·N. A. 格里斯沃德（John N. A. Griswold）是与早期的合伙人没有血缘亲属关系的。不过，记连娶了格里斯沃德的姑姑并且加入到他父亲的商行里，那是旗昌洋行最重要的主顾之一。

③ 有的时候这些受过教育的却不得不用双手劳动的年轻人会碰上好运。无论如何，当他们愿意为低薪工作时，就不过是廉价的试验。我认为我们在修建铁路上的失误，是没有把我们略有所知的年轻人培养为能干活的人，因为挑选出好的海员和船长的机会，就像老式的船主以前做的那样，用 6 元的月薪招揽新手。他们说“老板对于那些只会说不会做的人总是很苛刻”，但从这些人手中，我们曾经找到过足够好的人来补偿大量的一无是处之徒。见 Henry Greenleaf Pearson，*An American Railroad Builder*（New York：Houghton Mifflin，1911），105。

④ 例如，John W. Brooks、Charles Russell Lowell，以及 Charles E. Perkins。又见 Arthur M. Johnson and Barry E. Supple，*Boston Capitalists and Western Railroads*（Cambridge，Mass.：Harvard University Press，1967），30-31。

在家庭资本主义时代，族阀主义是活生生的事实，甚至是一种责任，大概那些“被继承”的职位比之后的要多得多。威廉·穆勒（William Miller）研究 20 世纪头 10 年的商业领袖，宣称说他研究对象中的 27%“可以说他们的高位都是继承而来的”。即使是其他的人，那些“攀爬官僚架构梯级的人”，通常也因为他们的“家庭地位、教育和其他社会财富”而被帮助“得到恰当的开端”。[①] 有人可能争论说这个言论的阐释太广泛了，以至于会索然无味。但它对于在《望厦条约》之前侨居广州的商人来说是确实无误的。“家庭地位、教育和其他社会财富”非常好地涵盖了在 19 世纪早期美国社会中的一些青年享有的优势。

塞缪尔·罗素是半个孤儿，曾在康涅狄格州米德尔顿一家商号当学徒，并且只是接受过“普通教育”，可他无论如何也是一个有特权的年轻人。他在少年时候工作过的两家商号都是他的亲戚所有。在第二家商行，他为塞缪尔·滑摩工作。正如事实表现出来的那样，他能够跟随着他的舅舅攀登上升的阶梯。滑摩 1815 年离开米德尔顿并成为爱德华·卡灵顿商行的合伙人，他无疑在把年轻的罗素带到普罗维登斯这件事情上发挥了作用。罗素很快就成为了在同一个城市的卡灵顿连襟的商号霍平商行（B. & T. C. Hoppin & Co.）的成员。滑摩和霍平家也有关系，因为他与本杰明·霍平娶了两姐妹。[②] 最后，塞缪尔的弟弟奥古斯塔·罗素（Augustus Russell）来到卡灵顿商行，在滑摩的手下工作。卡灵顿与霍平兄弟在对华贸易的业务上关系非常密切。而滑摩—罗素的关系也为他们增加了一条联系的纽带。

---

① “The Business Elite in Business Bureaucracies,” in William Miller, *Men in Business* (Cambridge, Mass.: Harvard University Press, 1952), 289.

② 罗素的母亲与那两姐妹有着同样的姓氏而且也来自同一个城镇。罗素本人大概也是亲戚。

到了1818年，当卡灵顿商行、霍平商行还有塞勒思·布特勒（Cyrus Butler）决定要派遣一个代理人到广州时，塞缪尔·罗素显然是适合的人选。不过，人们通常把罗素看作白手起家的人，某些情况下他确实如此。就像约翰·P. 顾盛那样他显然不是任何人的继承人，他在自己的商行里面得到了成功，但那只是在"家庭地位、教育和其他社会财富帮助……（他）得到了恰当的开端"之后。

虽然直接的证据很难计算清楚和互相比较，但它们提供了关于"世袭位置"的最佳信息。跟那些随船往来的人正好相反，几乎所有侨居广州的商人，都是通过两种途径来到中国的：

1. 他们是被有势力的美国商人——通常是亲戚——派来的，或者他们是由那些已经在广州立足的商号引入的。这就是说，他们是作为重要的美国坐贾的代理人而来到广州，或者带着这一类人的推荐信（通常都是一回事）。这种方法的变通就是一个回国访问的合伙人在美国招揽的新合伙人或者学徒。

2. 他们是远洋航行的船长，在被邀请加入在广州的行号之前，或者独立地侨居当地前，已经多年参与对东方的贸易。这些人中大概有四分之一后来建立了自己的商号，但大多数都满足于攀登由别人提供的快捷的上升阶梯。

前学徒与前航海者都来自类似的家庭，比当时大多数美国家庭都要富有而且能享受较好的教育，他们通常是从事贸易或者从事专业职业，而延伸的家庭是作为一个单位来运作的。至少在波士顿的家庭中，存在着聚堆的倾向。他们常常在同一个城市街区修建房屋，一天里大部分的时间都待在一起，一同去旅游和度假，参加同一个政治党派和社会俱乐部，上同一所学校和同样的教堂。在帕金斯—福士家族，他们是一起庆祝节日的，而家长托马斯·H. 帕金斯就是特别主持。

家庭的多种经营都互相交织在一起，年轻人都被寄望能在那些商号内承担职责。与他们自己的社会集团通婚比与联盟外的人通婚要更普遍，堂（表）亲间通婚不受禁止。[①]

大多数遵循天命前往中国的传教士的背景与商人们只有轻微的差别。他们到达广州时，大都年轻且刚刚被任命为牧师。他们年龄平均为 26 岁或者 27 岁；他们来自同样的地区和同样类型的家庭，但是他们的个性因其宗教职责的范围而有差异。他们是“绅士”和“女士”，都是因为他们来自于美国人口中的特权阶级，也因为他们几乎都是过于文雅。总体而言，他们受的教育比那些商人要好，但他们没有哪个是富有的，大部分人在经济上都是要依靠在美国国内的差会或者广州侨民群体的慷慨资助。

虽然大部分传教士是在美国东北部地区长大，与商人们不一样，他们多是来自更小的城镇，有一些是农场的孩子。[②]在南部，更具代表性的是浸礼会和长老会。[③] 两位没有得到国内传教差会赞助而到中国来的传教士——罗孝全（Issachar J. Roberts）和甘明（Dr. W. H. Cumming）是南方人。新英格兰人的数目虽然不少，但还是要把首席位置拱手让给来自中部各州的人，包括了纽约州、新泽西州和宾夕法尼亚州。

---

① Samuel Eliot Morison 曾评价过这一时期教条化了的波士顿社会。仅仅从让人有深刻印象的证据来下判断，这些论断也适用于其他同样有着强烈的地缘认同的商人群体。

② 比如，彼得·伯驾是马萨诸塞州弗拉明罕（Framingham）一个“中等农场主”的儿子。上文（本书第 329 页注释③）对东北部农场的界定在此不应被忽略。大概是清教徒定居点的传统，农场的生活——特别是在新英格兰——不是美国南部和西部的那种孤独偏远的状态。有好几个传教士的出生地明显的是真正的“乡村”背景，而那些出生在“城市”的人，通常是来自像马萨诸塞州的米尔顿（Milton）、弗吉尼亚州的亚历山德里亚（Alexandria）和纽约州的伯恩（Berne）一类的地方，几乎没有哪个人是来自当时的主要大城市。

③ 只有罗孝全（Issachar J. Roberts）大概可以被归类为西部人。他出生在田纳西州，当时通常被看作西部，但也有人把它看作南部的州。不过，在商人中也有若干个这样与众不同的人。

传教士远不像商人那样目标专一。美国差会的第一位来华代表裨治文牧师，在给其商人朋友查尔斯·塔博特写的私人信件中，叹气道：

> 我一些很要好的朋友建议我结婚：假如不是我们置身在这个国度的特殊情况，我会那样做的；但事情就是这样子，我是否能了解更多家庭生活的乐趣，甚至再次看到我的国土，是值得怀疑的。但我注定不能有别的路可走，除了在我的一生中日日夜夜在中国劳作；这（D. v.，Deo volente的缩写，意为“上帝的意志”——中译者注）我会照办的。[①]

其他传教士与裨治文一样，要做出毕生的奉献。即使由于私人的不幸或者生病而回国后，他们也还是希望能回到这块园地。[②] 他们也需要妻子。结了婚的传教士要比商人多，而且他们会把自己的太太带到中国来，在旧中国贸易时期，商人很少这样做的。传教士们的妻子就像她们的丈夫一样投身事业，为女孩子们开办学校、孤儿院，以及其他慈善事业。这种奉献在美国就开始了。早期传教士普遍来自虔诚的家庭，在少年时期或者成年的早期就已经“发蒙”（conversion），此后他们就坚定了把生命投身到这一事业的决心。

美国传教差会（American Board）的主要赞助者公理会在鸦片战争之前，是在中国的传教事业中最积极行动的一个，但是在中国被迫开放之后，长老会很快迎头赶上。荷兰改革宗（The Dutch Reformed）、浸礼会（Baptists）和圣公会（Episcopalian）也有派遣传教士，其人数多少的次序大概类

---

① 1836 年 4 月 8 日，裨治文在“罗马人号”（*Roman*）上于伶仃附近给 CNT 写的信，TP。仅仅在 10 个月以后，1837 年 1 月 30 日，查尔斯·W. 金给同一个收信人写的信里说，“要不要我告诉你一个秘密？伯驾医生非常希望有一个 Mrs. P. [原文如此]”，TP。

② 见本书第 355-356 页。

此。事实上，只有后面提及的这些传教士才是我们所称的广义上的加尔文派，哪怕起源上不同，至少在信仰上是如此。用今天的标准来看这些传教事业的神学理论是相当薄弱的，[①]在原教旨主义和以清教徒为主体的教派中，他们反复提醒人们与生俱来的罪恶以及肉身的脆弱，这是标准的教条。无论如何，当山茂召在广州上岸时，乔纳森·爱德华兹(Jonathan Edwards）也不过死去 26 年而已。在另一个方向上，唯一神教派（Unitarian）运动逐渐消耗了公理派教会的广阔而宽容的元素。清教徒的宗教反省习惯还在很大程度上存在，肯定也加强了传教运动中的严肃且老套的调子。

这种严肃性也有其实用的一面。那时，私人的不幸更加普遍，而宗教服务的目的是在帮助一个人平衡情感的时候，避免关于生和死的恍惚念头。人们或多或少需要经常的精神慰藉是在每个群体中——包括在广州，神职人员都能保持相当的数量的一个因素。传教士的死亡率很高。尽管在《望厦条约》之前，只有一个美国新教传教士史第芬（Edwin Stevens）死去，但却有 5 名传教士的妻子去世。[②] 儿童特别容易感染在中国沿岸地区流行的各种疾病。有一些疾病悄然袭击，迅速地将病人夺走，有时候只是短短数小时。死亡是冷酷的，每天都存在可能性。神职人员天职中重要的部分是对每个人的终极关怀。因此，传教士是一个重要的群体，大概更多的是对他们现实主义作风的赞美而不是指他们病态的脾性。虽然他们当中有若干个性严肃的人，例如，伯驾总是

① 娄理华（Walter Lowrie）无论如何也不是传教士中最原教旨主义的，在 1844 年的一次布道中宣扬婴儿堕落论，让金斯曼夫人大感震惊。见 1844 年 1 月 20 日 Rebecca Chase Kinsman 致 Nathaniel Kinsman，KP。对于传教士信仰的更广泛的研究，见 Clifton Jackson Phillips，*Protestant America and the Pagan World* (Cambridge，Mass.：Harvard University Press，1968)，4-12。

② 事实上，粦为仁（William Dean）在这短时期内连续失去了两位妻子。

感到他“天生的严肃”是其人际关系的障碍，但他们当然不全是阴沉沉的闷蛋。伯驾在自己的日志当中写道：“我总是渴望自己能够有那种让一个人在朋友中受欢迎的天生的社交能力和亲切感。”① 他的这种个性是否出自于他的神学训练，倒是可以猜想的一个话题呢。

教育与经验

在商业资本主义之下，经验与教育常常就是一回事，要像今天这样把两者做出清楚的区分可不容易。就事情的本质而言，商人与传教士一样，都必须经过相当良好的训练。做买卖的人必须能读会写，还要会算数和记账。假如他是做进出口贸易的，他还要了解多个地区市场、货物流通的渠道以及信用手段，不仅是美国，还有包括欧洲、东亚、拉美以及其他地区。语言非常有用，而忽略政治和经济事件的后果可能是灾难性的。因此，一个商人不仅要有备而来，而且他还必须不断地了解信息，特别是对中国贸易更是如此，那里非常遥远，航程漫长而且要作大量投资。最后，考虑到当时的交流手段，他必须惯于阅读报纸、杂志、书籍和信件。

在某种程度上来说，这些是除了严格经营本地买卖的商人外，所有生意人都要具备的特点。另外一些研究表明，后来的商业精英所受的教育在平均水平之上。因此，人们会看

① 转引自 George B. Stevens and W. Fisher Markwick，*The Life，Letters and Journals of the Rev. and Hon. Peter Parker，M. D.*（Boston，1896），7。最近一个传记作家称伯驾是“表现出 19 世纪时候的传教士那种不苟言笑的原型，这种怪异的、严厉的、没有任何功用的严肃个性，有助于解释他为何缺乏谐调感，以及为何缺乏幽默感”。见 Edward V. Gulick，*Peter Parker and the Opening of China*（Cambridge，Mass.：Harvard University Press，1973），95。类似地，Latourette 说年轻的马礼逊是非常严肃而且“几乎完全没有幽默感”。见 *The Great Century*（New York：Harper，1944），296。而同孚洋行的合伙人查尔斯·金至少是一个传教士般的商人，同样也是特别缺乏幽默感的人。因为金、伯驾以及保守的卫三畏（S. Wells Williams）在 1837 年搭乘同孚洋行的“马礼逊号”（*Morrison*）结伴前往日本企图进行传教活动，这次著名的航程肯定是特别没趣的。

到，对华贸易商人的教育水平是比较高的。至少有 7 名商人完成了我们今天所说的研究生教育。他们当中有 3 个文学硕士和 1 个医学博士；另外两个被接纳为州律师公会的成员，而还有 1 个曾经“学习法律”。他们中还有 15 个学士，有 6 个人上了大学但显然没有毕业，9 个人至少是受过高等教育。他们上的学校中，有些是美国最好的大学，包括了哈佛大学、耶鲁大学、布朗大学和宾夕法尼亚大学。传教士也有上过同样的大学的，还有上过其他一些大学，如罗格斯（Rutgers）大学和普林斯顿大学。还有一个商人毕业于西点军校。虽然传教士最通常上的神学院是安多佛（Andover）、联合（Union）、普林斯顿、纽黑文和纽布伦斯维克（New Brunswick）——这些都是出色的神学院，不过那些医学传教士一般毕业于耶鲁大学或者宾夕法尼亚大学，它们出名不是因为其兼容并包，而是因为其正统。浸礼会和圣公会的传教士多出自南方的学校或者神学院，[①] 但神学上的成果是近似的。考虑到当时只有少数美国人能够上任何形式的初级中学，更不要说大学或者职业学院，那么商人和传教士都是受到了特别良好的教育。

广州侨民所受的初级中学教育同样是令人瞩目的。他们当中不少人，特别是商人都上过不错的预科学校，包括米尔顿学院（Milton Academy）、劳伦斯维尔、波士顿拉丁学校（Boston Latin Schools）、菲利普·安多佛和伊塞克特（Philip Andover and Exeter）、费尔黑文（Fairhaven），以及由纳撒

---

① 叔未士（J. L. Shuck）进入了在里士满的弗吉尼亚浸礼会神学院（Virginia Baptist Seminary），而罗孝全上的是南卡莱罗纳的孚曼神学研究院（Furman Theological Institution）。文惠廉主教（Bishop Boone）是南卡莱罗纳学院（South Carolina College）和弗吉尼亚神学院（Virginia Theological Seminary）的毕业生。布朗（Samuel R. Brown）在转学到联合神学院之前，上的是在南卡莱罗纳的哥伦比亚神学院（Columbia Theological Seminary）。在接近美国内战的期间，不同差会直接的差别似乎已经没有以前那样重要了。

尼尔·格林·柯格斯威尔（Nathaniel Green Cogswell）和乔治·班克罗夫特（George Bancroft）经营的著名但短命的圆山学校（Round Hill School）。另外一些人有私人教师，有的人还在海外学习。不过对于中国贸易商人而言，最重要的教育经历似乎是在大商号的账房内当学徒。

除了个别人是大学毕业后直接来到中国外，几乎所有中国贸易商人都曾在著名的美国商号内当过店员。四大美国商号在广州建立伊始，它们就开始自己培养学徒，并且在数年以后多会接纳学徒为合伙人。在美国本土的模式要更为复杂。在那里，每家能存在若干年的商号都成了培训年轻商人的学校，那些商人此后对"培育"[①] 自己商号的情感就像今天的校友对自己毕业的学校那样。这种忠诚是那些各自为政的、没有其他联系的商号能够紧密地结合的黏合剂。

培养学徒的机制需要进一步的解释。只是在相对晚近的时期，学徒制度才被认为是与蓝领职业相关的。学徒制度曾经一度承担了为各个社会阶层提供教育的责任。有那么一段时间，甚至年轻的贵族也会到其他贵族的家中服务一阵子。公立学校普遍被认为是贫民学校。[②] 学徒培养制度并不仅仅是一种劳动形式或者是假期培训。店员同时又是雇员和儿子的替身，是商业"家庭"的成员。在19世纪早期，这种制度处在不断的变动中。在商行中，它从原来的角色发展为具有培训执行代理与私立学校之间的作用，尽管在某些方面这种比较并不恰当。Gemeinschaft（德文，"礼俗社会"——中译者注）与Gesellschaft（德文，"法理社会"——中译者注）还

---

① 这个词汇（bring up）在当时常被使用。

② 这种（对公立学校）的有悠久历史的蔑视，在今天美国东部地区的双重学校制度中还保留了其痕迹。

是非常接近的。这两种关系的构成原则之间的分歧十分模糊，[①] 但是彼得·拉斯雷特（Peter Laslett）对中世纪晚期的学徒制度的分析，在很大程度上依然成立：

> 学徒……因此是工人，同时也是孩子，是更多的儿子或者女儿……向他们提供衣服、供他们读书，也给他们伙食，而他们也要顺从，禁止结婚，在21岁之前通常分文未得且具依赖性。[②]

当然了，19世纪早期的学徒制度就是从这种模式发展出来的。学徒与17世纪同行相比，并不那么的“必须顺从”。学徒一般得到微薄的薪水，而办公室助理（office boys）无论如何是绝对的具有依赖性。他们通常只是在一家商号的账房内待上几年，但保留着比家长式更多一些的关系。至少，国际贸易商号内的雇员要在各个岗位上服务（抄写员、记账员、写信的还有监督“外部事务”等等），直到他们能够自立。[③] 然后，典型的是店员会成为大班，在经过几年与学徒时期非

---

① 对这样的商行加以帕森斯式（Parsonian）的分析是很困难的。运用5条“行动取向变换模式”（pattern variables of action orientation），人们可以得到不同的结论，这取决于如何运用此理论。例如，在一家商号内的成员资格，既可以通过归属权转让（家庭成员关系、朋友关系等）来获得，也可以通过个人成就来获得。情感的联系固然很强，但大部分公司可以并且确实能够通过实施改革来适应非常的局面。有两套价值标准并存，一种是特殊的，一种是普遍的，不同的商号向这两个不同的方向倾斜。不过，一般而言，广州的合伙人关系更加接近于传统的家庭商号而不是现代的公司。见 Talcott Parsons，*The Social System*（Glencoe，Ill.：Free Press，1951），特别是第2章和第3章。

② Peter Laslett，*The World We Have Lost*，2d ed.（New York：Charles Scribner's Sons，1965，1971），3. 又见 Dunn & Bradstreet 商号的创始人塔班（Tappan）兄弟对学徒订立的规矩：

> 他们坚持所有的年轻学徒都必须是跟他们一样的福音派教徒，要强制性地参加周日礼拜以及在商铺阁楼上的“海员礼拜堂”（Bethel Chapel）内进行晨祷。如果是单身汉，学徒必须住在教会办的寄宿宿舍内，不能喝酒，也不能与戏班的人为伍，晚上10点上床睡觉。

见 Bertram Wyatt-Brown，“God and Dunn & Bradstreet”，*Business History Review* 40 no. 4（Winter 1966）：433。稍作改动，这同样适用于同孚洋行。

③ 见 Scoville，*Old Merchants*，I：110-111。

常不同的熟练工作者的阶段，他最终成为一个坐贾，经营自己的生意。

在出现电报和蒸气动力运输工具之前，要进行远程贸易，一个坐贾就要对他的代理人给予充分的信任。他需要一些在忠于国内商号的需要且熟悉其运作流程方面靠得住的人。贸易的纽带首先依赖于亲属关系，其次是友谊，而他人的推荐及自身的名誉只是名列第三。在国内商号内受商业训练的年轻人，对于合伙人的观点和偏好、客户还有其他各样事务都掌握了第一手的知识，能够比陌生人更好地代表商号。并且，老商号的成员对自己的人有了解，知道他的弱点和优势、背景、经营手法，因此他们有理由相信他的表现。有时这种纽带还通过联姻得到加强。正如大家可以想象的那样，多年的密切联系有时意味着成功的前学徒会和老板的家庭联姻，甚至在民主的美国——即使女孩享有挑选配偶的较大自由——也是如此。

当一个大商人的学徒是令人垂涎的好机会。它甚至包括了一些读书的机会[①]和使得被训练的人能获得地位的机会。因为对从这样的一家商号学习自己的社会角色，并且得到自己第一份生意和信用关系的年轻人来说，他进行学徒训练的地方是非常重要的。对于新英格兰人和费城人来说，不管他们是土生土长的还是移居当地的，这样一种角色包括了爱读书的素质，在最近一个世纪的商业角色中已经令人侧目地消失了。商人有的时候就像学者，有好几个博学的中国贸易商人参与了研究课程的讲演、出版专著还有其他一些能够展现出他们学识的活动。至少他们对文艺有着浓厚的兴趣，而且很

① 他们对于学徒制度中这种功能的喜爱，可能至少部分是因为19世纪时的商人对另外一种学习的方式——更加正规的“读书”的反感。见 Richard Hofstadter, *Anti-Intellectualism in American Life* (New York: Knopf, 1962), chap. IX。

多人在他们晚年的慈善活动中表现出了他们的文化趣味。

那些船长们跟广州的侨民们身上表现出来的规律并无二致，都是受到了良好的教育。船长们有着较高的社会地位。“船长”的称号是一种荣誉，拥有这个称号的人都引以为荣。哪怕他一辈子只指挥过一艘船只，他都总是用到这个称号。船长就是“主人”，他发号施令，是权威人物。海商（merchant mariner）是船长和生意人这两种角色的混合体。人们认为船长应该具备和生意人一样的美德：好的判断能力、临危不惧、诚实可靠、“表现稳定”以及对货主财产的强烈关注。随着时间的推进，这个角色还获得了别的特征：一个船长应该是个多姿多彩、有滋有味的人，还要能够讲故事。显然，航海者已经被浪漫化了——这是其作用正在消亡的确凿证据。

很多船长是在商家的账房开始其工作生涯的。一个特别好动的学徒通常在为当大班做好准备之前，就会被挑选去航海。聪明的海员可以通过观察来学习做生意的技巧，说不定还可以帮助大班了解船上的事务。船上的高级船员地位优越，可以随意地学习大量的商业知识。假如他打算要自己挣钱，那么他就要聪明地利用自己的特权。① 薪水通常很低，② 如果一个船长希望收入可以让他衣食无忧，他就要像商人那样去思考和行动。因此，有才干的船长对于坐贾来说是很有吸引力的合伙人。他们懂得贸易、港口、商人、船只、货物和天气。他们比没有多少航海经验的人要能更好地完成室外的工作。他们会给货物过磅和丈量货物体积、监督装货、聘用水

---

① 在船上的人通常都有某种“特权”——船舱空间，或者是分配给他让他自行支配的货载吨数。特权是使得船上的所有人对于航行感兴趣的一种手段，同时也是培训年轻人掌握商业技巧的途径。特权的多少取决于级别的高低，作为船上主人的船长，总是得到最大的份额。

② 船长的月薪通常是50美元，净赚，而在那个时期特权非常普遍，即使他同时兼任大班，也还是能够保留更大的份额。而有些商号还乐于船长占有商船的份额。

手和船上的官员、检查船只和货物和登记海事声明。总而言之，他们要进行所有的从账房到码头的工作——船长的经验能够帮他们处理此类事务。最后，一个有经验的船长最不可能出门在外时被要打交道的各色航海人等所欺骗。

因此，也许对于一个有本事而没关系的穷孩子来说，船长的致富道路会比到账房当学徒的道路要更宽广。一个当海员的年轻人可以凭自己的努力当上船长，假如他在航海的历程中掌握了商业的技巧，那么他以后还可以进入到商号的账房内工作。"船只的表亲"——与船长或者船主有关系的船员——总是可以得到特殊的照顾。不过，在船员当中对族阀主义的反对似乎比在更为布尔乔亚氛围的商号办事处要强烈得多。①

由船长而成为驻广州商人的，有奥古斯丁·赫德、纳撒尼尔·金斯曼、A. A. 里特奇（A. A. Ritchie）和罗伯特·B. 福士。另外，一些时常造访广州令人印象深刻的船长有詹姆斯·沃伦·瑟弗（James Warren Sever）、威廉·斯特基斯（William Sturgis）、约翰·维腾（John Whetten）、菲利普·杜马勒斯克（Philip Dumeresq）、斯图亚特·迪恩（Steward Dean）和弗雷德里克·奥古斯塔·德佩斯特（Frederick Augustus DePeyster）。所有这些人都有家庭的优势，通常受过教育，并且在广州都干得不错，有的甚至是干得很棒。②

籍贯和宗教信念

阅读过差不多 200 位在旧中国贸易时期曾侨居广州的美

---

① 比如，可以注意罗伯特·本涅特·福士对于他自己受到的特殊待遇的辩护态度。*PRs*（Boston，1882），特别是 80-82。

② 当然也有一些船长是没有这样的优势的。有的人甚至不太识字。有这么样的一个人是广州的常客，他就是费城人约翰·菲利普斯（John Phillips）［他是"托马斯·斯卡特古德号"（*Thomas Scattergood*）的船长，在伶仃为拉惕默充当趸船超过一年］。他很费劲地给拉惕默写的信，十分难懂，不过，他还是以有效率的船长而享有美誉。

国商人的传记材料后，人们会对来自东北部的人不成比例地多感到吃惊。在全部约170位能明确籍贯的商人中，154位来自阿利根尼山脉（Alleghenies）以东和马森—迪克松（Mason-Dixon）一线以北的地区。[①] 在11个例外中，3个是外国人。其他人则与东北部城市有着非常强的联系，虽然他们当中有的人是为巴尔的摩的商号工作。

新英格兰比作为整体的东北部占据了更高的比例。在82个人中，有大概一半是新英格兰本地人，甚至在纽约人中，从新英格兰移居而来的也很普遍。[②] 奥立芬、格里斯沃德、洛、德兰诺，大概还有其他大部分从纽约到广州来的商人，都可以把他们家族根源追溯到新英格兰。在费城的一家新英格兰人商号"佩里特和卡伯特商行"（Perit & Cabot），一个合伙人来自康涅狄格州，另外一个来自马萨诸塞州。[③] 事实上，旧中国贸易末期在广州的四大美国商号，都有着新英格兰的渊源，[④] 除了一家以外，它们的职员中新英格兰人占了绝对多数。

1844年之前，来自大西洋海岸中部各州的广州侨居商人数目居次位。至少有59人来自纽约、新泽西或者宾夕法尼亚。如果特拉华和马里兰也算入这个群体中，那么实际上所

---

① 鸦片贩子当中新英格兰人的比例还要更高些。除了7个人以外，所有肯定参与了鸦片贸易的人均来自新英格兰地区。不过，在非新英格兰人当中，有威尔考克斯和拉惕默这样的令人害怕的人物。而且，假如把参与到鸦片贸易中的美国坐贾也列入此项调查，那么杰拉德、阿斯特和其他一些大鸦片贩子的列入，将会改变这样的笼统归纳。

② 见 Scoville，*Old Merchants*，I：56-58。

③ 新英格兰的影响是以某种隐晦的方式发挥作用的。例如来自特拉华州的约翰·D. 斯沃德（John D. Sword）在这个时期是从费城出航而且通常是代表费城的商号，但他与新英格兰人保持着密切联系。他在 Perit & Cabot 当学徒，而他最终成为了主要成员多是来自波士顿和伊普斯维奇（Ipswich）的琼记洋行的合伙人。

④ 虽然哗地玛洋行的前身邓恩洋行是一家费城的商号，但是滑摩本人是从佛蒙特经康涅狄格出来的。类似的，虽然奥立芬和塔博特二人是作为纽约的托马斯·史密斯的雇员来到广州，但他们都是罗德岛人。

有的在华侨民都囊括在内了。除了后面提到的这两个州以外，只有一个商人——查尔斯·曼尼古特（Charles Manigault）是来自南部。[①] 西部的情况也一样。唯一来自阿巴拉契山脉以西的商人是 W.C. 亨特，虽然他是在肯塔基州出生的，不过他搬到了纽约而且很早就已经开始为托马斯·H. 史密斯当学徒。当他第一次到达广州时才 12 岁。

虽然纽约的贸易者是混合的一群，有着很强的新英格兰因素，但是费城地区也派出了许多高素质的居民前往中国。他们通常是贵格派信徒，有的人来自非常显赫的家庭。纳森·邓恩和他的合伙人詹金斯（Jabez Jenkins）和亚彻（Joseph Archer）都有贵格派的背景，并且都是来自费城或者附近地区。继承邓恩洋行的哗地玛洋行，尽管其领导人是来自新英格兰地区，却也表现出了其前身对贵格派还有费城人的偏好。这家洋行至少还包括了一个纽约人。[②] 虽然在广州的侨民普遍抱怨他们在此间的牺牲并且发誓说，一旦他们能够"衣食无忧"就会永远离开中国，但是费城人似乎特别说话算话。特别典型的是，一旦他们离开广州就失去了在当地的关系户。显然与北方的同胞相比，他们对贸易的投入更少而且在组织水平方面也大大不如。除了像布莱特洋行（Blight & Co.）和"斯沃德和特罗特洋行"（Sword & Trott）这些小商号外，诸如此类的费城人（以费城人的名义）的商号架构，

---

① 曼尼古特在南卡莱罗纳州的查理斯顿（Charleston）出生，但他在费城和纽约长大。因为他仅仅在广州逗留了几个月，也许根本不应该把他列为侨民。格里芬·斯提思（Griffin Stith）是弗吉尼亚人，但他在巴尔的摩安了家。他是巴尔的摩的约翰·当奈尔（John Donnell）的外甥（见本书第 152 页及第 163-164 页）。和曼尼古特一样，斯提思仅仅在中国一次性逗留了大概同样长的时间。事实上，假如没有当奈尔和其他数名巴尔的摩商人——他们多与费城有密切关系，那么在条约时代之前的广州，除了传教士外，基本上就没有南方人。

② 在 1844 年之前，至少三个费城人当上了合伙人，至少有一个人被临时接纳但后来被拒绝。并非所有合伙人都是贵格派，但是一个新英格兰合伙人的妻子丽贝卡·翠思（纳撒尼尔）·金斯曼太太是贵格派教徒。

都是由哗地玛商号赋予的。[①]

几乎全部有超过一代人参与对华贸易的家族，不管他们是在新英格兰还是在纽约运作，都来自新英格兰地区，假如只选择更为成功的家族的话，新英格兰的优势将更加明显。

对新英格兰人成就的惯常解释之一就是他们的清教徒传统。要考察广州侨民的宗教背景，比考察他们的教育或籍贯要困难得多，但是，相对分散的材料表明，很多美国侨民与以清教徒为主干的教堂有关系，[②] 在最成功的那批人当中，这个比例甚至要更高一些。那里还有差不多一打的贵格派教徒，若干个圣公会教徒，三四个犹太人，[③] 还有唯一的罗马天主教家庭。考虑到美国的总人口，除了圣公会教徒和罗马天主教教徒外，其余的教派信徒在广州都大大地超过了在国内人口的比例。不过，考虑到这些教派在美国国内的商业领域非常普遍，除了犹太人以外，它们在广州的数字也不会显得真的是那么比例失衡。在传教士中，宗教的重要性更显著地处于中心的地位，教会的归属和籍贯分布都更平均一些。

“衣食无忧”的用处：广州侨民的后期生活

根据马克斯·韦伯的理论，一个新英格兰年轻人从中国回家，“衣食无忧”（competency）对于他下半辈子有什么影响呢？“赞美上帝并且继续履行他的天职”是最明白无误且非

---

① 广州还有一批单独经营的“个体户”，如威尔考克斯和拉惕默。此外罗德尼·菲舍（Rodney Fisher）和查尔斯·布莱特（Charles Blight）还为英国商号服务（分别是 MacVicar & Co. 和宝顺洋行），但是在广州，没有大规模的、显然是来自费城的商号能与旗昌洋行、琼记洋行等相比。

② 包括了长老会的信徒如约翰·C. 记连和 D. W. C. 奥立芬。

③ 贵格派教徒和犹太人都在韦伯所说的有高度成就的人之列。见 *The Protestant Ethic and the Spirit of Capitalism*, trans. Talcott Parsons（New York: Charles Scribner's Sons, 1958）44、144-154、165-166 和 270-271。

常传统的答案。不管他们的信仰倾向如何，许多从广州回美国的侨民确实是那样做的。实际上，所有商人都成为了立足美国的坐贾，至少直到他们把从中国带回去的供出售的商品变成自己的财富为止。很多人会继续做若干年的生意。在1812年战争之前，大部分没有退出商圈的人大概都是走的这么一条道路。塞缪尔·斯诺、爱德华·卡灵顿、威廉·米吉、沙利文·多尔、威廉·斯特基斯，还有其他一些人都没有浪费任何时间来使自己成为重要商人——通常是在他们自己家乡的港口。在战后差不多30年的时间里，更多从广州回国的“毕业生”成为了美国国内的坐贾，有的人大富大贵。仅在纽约，就建立起了“塔博特和奥立芬商行”、“戈登和塔博特商行”、“A. A. 洛及兄弟商行”（A. A. Low & Brother）、“滑摩和克莱德商行”，以及“格里斯沃德商行”。这些商号里满是从广州回来的穷奢极侈的人士，有的人因为是美国帆船贸易的最后数年中著名鸦片飞剪船的船主而更加赫赫有名。

二次创业者

由于1812年战争之后创业的机会增多，因此这个时期的经济巨变使职业的定义更为复杂。虽然这种转变会最终摧毁古老的、为人熟知的商业世界，但是富人们意识到纺织业、运输业、银行业、采矿业和土地投资是有利可图的——经常比中国贸易要更能赢利，且风险更小。随之而来的，很多在战前从广州退休的人，像爱德华·卡灵顿越来越有兴趣投资于修建运河、土地、美国银行，还有棉纺织业。讽刺的是，正是这样多种经营最后把他拖垮了。他还是没有办法集中精力在自己的生意上面，而且还是保留着很多其他的兴趣。他在普罗维登斯的主要竞争者——“布朗和艾伍兹商行”——组织得更好且生意更为成功，使得布朗家族成为了美国大富豪，而卡灵顿则没有做到。从19世纪20年代开始，威廉·

斯特基斯慢慢地把业务从对外贸易转向私人（通常是在国内）的投资代理，就像大概10年之后查尔斯·尼克尔·塔博特所做的那样。作为一个精明的投资者，斯特基斯得到了顾盛及其他回国者的信任，委以自己储蓄的钱财。[①] 帕金斯上校的投资就像美国早期工业革命的进程表。它们包括了1812年战争期间在佛蒙特的一家炼铁厂、一套桥梁与土地的发展计划、一条高速公路、一家棉纺厂，以及美国最早的铁路中的一条——把花岗岩石从昆西（Quincy）码头运送到邦克山（Bunker Hill）纪念碑工地。除这些外，还有其他的本地建设项目让他忙忙碌碌，1827年，他的一个外甥写信给顾盛说，帕金斯已经不再那么关心"商业事业而且希望退出在当中的活动。（他）很少去自己的商号"。[②] 如此这般，甚至那些在1812年战争之前就已经发了财的专注于商务的贸易者，也已经把自己的兴趣转移到其他活动上去了。

虽然这些早期的前广州侨民有其他的事务，但是他们仍继续工作，在他们生命中的大部分时间内主要倾向于继续做买卖。而在1812年战争之后回到美国的更大数量的一批商人，则呈现出更为复杂的图景。在像19世纪中叶美国这样的发展中国家，需要大量有能力且高度创造性的年轻人。期待这样一些人成为美国经济革命的执行者，是很合理的，而就他们当中的一些人而言，确实如此。前广州侨民中的一个群体——波士顿人和纽约人特别积极投身于铁路建设。在有魅力且有能力的约翰·莫瑞·福士的带领下，这群人修建了若干条西部铁路并将之控制了多年。约翰·莫瑞·福士从中国

---

① N. S. B. Gras and Henrietta Larson, *Casebook in American Business History* (New York: Appleton-Century-Crofts, 1939), 119-133.

② Thomas T. Forbes, 1827年4月3日, PP。

回来的时候，头顶几乎全秃了，虽然他当时只有23岁。[①] 在广州的时候，他是浩官的书记员及海外经营的经理人，因此他的关系户都是非常令人敬佩且遍布世界各地。在美国，约翰·莫瑞·福士和他的伙伴们可以将他们在中国获得的经营方法及关系户用在修建密执根中部铁路和芝加哥—伯灵顿（Burlington）—昆西等地的铁路。

约翰·莫瑞·福士（John Murray Forbes），19世纪30年代，旗昌洋行的成员。离开广州以后，福士成为了一群铁路投资者的领头人，并且是国际资本在美国投资的推动者。帆布油画，据认为出自林呱的画室　罗伯特·本涅特·福士故居供图

这群人里面的一个典型成员是“有影响力的资本家，他在很多投资项目中占有了非常大的份额而且主要的时间都花在了投资上。虽然他能够操控好几家企业的主要策略，他跟典型的企业主—经理人不同，也没有在任何一家企业担任全

① 福士从1837年回到美国时直到1840年左右，一直都是非常有效益的留守美国商人。此后他继续做买卖，不过将更多的精力投放到了家庭及投资方面。投资的活动使他进入到了炼铁业（没有成功），并最终进入到了铁路融资领域。最近且最完整的关于福士的研究可参看 Duncan Yaggy 的“John Forbes，Entrepreneur”。

职的管理人员，因此，他可以被称作是一般企业家（general entrepreneur）”。[①] 这种说法的范例就是约翰·莫瑞·福士，不过，从广州回来的一批有钱人也可以在不同程度上具有类似的特征。这些中国贸易的“毕业生”是具有高度自我特征的铁路投资者，他们根本不能接受对于利用股票进行融资的最微不足道的建议。他们消除了利益冲突。他们在自我群体特征上是如此保守，以至于弗里兹·雷德利奇（Fritz Redlich）称约翰·莫瑞·福士与其他更勇于冒险的铁路建设领导人相比较，毫无创造力。不过，当他们还是侨居广州的年轻人时，拥有这种铁路事业美德的模范是当初的鸦片贩子。[②]

从中国返回的商人在铁路建设事业中如此令人瞩目，有好几个显而易见的理由。首先，他们富有且需要寻找能确保他们可以在一定程度上加以控制的国内投资项目。其次，他们与美国国内及国外（特别是英国）的资本家都有联系，因此能够得到别人没法得到的资源。再次，他们有做远程贸易及派遣代表经营的经验：

> 在某种意义上，这些投资者曾经都是运输业的从业者。前往圣路易斯和芝加哥的运输路线，对于那些曾经考虑前往香港、广州、亚历山德里亚和君士坦丁堡的贸易线路的人来说，并不需要多少想象力。[③]

最后，他们习惯于依靠“知识、监督、计划和指导”去处理业务。总而言之，他们拥有任何大规模企业所需要的行政技

---

① Thomas C. Cochran, *Railroad Leaders, 1845-1890* (1953; reprint, New York: Russell & Russell, 1965), 9.

② 对于这种矛盾状况的分析，见拙文“Fair Game: Exploitive Role-Myths and the American Opium Trade”, *PHR* 41 no. 2 (May 1972): 133-149。雷德利奇的说法，见氏著 *Molding of American Banking* (1951; reprint, New York: Johnson Reprint Corp., 1968), II: 354。

③ Cochran, *Railroad Leaders*, 34. 我们大概还可以补充说，运输线路的领导人或者区域主管的权威似乎比不上大班。

巧。这些技巧在新兴的制造业、保险业和银行业（更别提政府部门），以及贸易和运输业当然都是十分紧迫的需要。事实上，和其他的富商一样，广州的“毕业生”进入到了所有这些领域，成为了美国经济革命的种子。“当商业资本主义爆发开来时，其碎片向着多个方向飞去。”①

中国贸易者带着他们的资金进入到纺织业，特别是棉纺织业的过程，已经得到了探讨。② 就像投资铁路的那些人一样，这些纺织业工厂主就像遵守定律一样，都不是以经理人的身份开始第二次事业的。相反，他们是作为投资者、缺席的工厂主以及董事会成员等身份进入陌生的领域——就像“一般企业家”那样。就这样，他们融通资金，只决定重大的策略，然后任命有能力的行政人员去做其他的事情。后者——领取薪水的职业行政人员——大概是美国首批的商业官僚。他们似乎与他们的主管来自同样的社会阶层：小的商业及职业从业者家庭，以及重要商人家族中不那么幸运的成员。因此，他们也相对贫穷。他们受到了良好的教育，有着非常有用的关系网，还有强烈的获取成功的动力。

“一般企业家”主要是对利润感兴趣，而那些曾侨居广州的前中国贸易商人对此则更胜一筹。不过，在中国不是在国内，他们不是处于网络的最重要部分（大概也不是大家关注的中心）。回国后，他们成为了产业的灵魂。他们与镀金时代的贪婪海盗漫画式的形象，不可谓毫无共同之处。他们对生

---

① Cochran, *Railroad Leaders*, 34-39. 又见 Arthur M. Johnson and Barry E. Supple, *Boston Capitalists and Western Railroads* (Cambridge, Mass: Harvard University Press, 1967), 24-32, 以及 N. S. B. Gras, *Business and Capitalism* (1939; reprint, New York: A. M. Kelly, 1971), 72-91、131-174, 引文来自 Gras 著作的第 174 页。带着他对商业资本主义时代的缅怀，Gras 会把二次创业者叫做“碎化的资本家”(disintegrative capitalists)。

② Robert Spaulding, “The Boston Mercantile Community and the Promotion of the Textile Industry in New England, 1810-1845”(博士论文，耶鲁大学，1963)。

意的警觉性堪称神奇，这正是资本密集型的产业如铁路建造、新型的棉纺织厂或者中国贸易所需要的。在中国，他们极其注意细节，尽可能让自己掌握各种信息，然后最小心谨慎地行事，只要有可能就使用别人的资金。他们永远都像伊索寓言中的套话所说的那样“缓慢却确定地”用嘴皮子来提供服务，他们喜欢高度的变动性，并且在涉及资金或法律的问题上，非常小心翼翼地自我保护。他们为自己赢得了响当当的商业特性还有保守主义的名声。在美国，这些前中国贸易商人对支付债务和对正直经营的关注，反映了广州的代理商人与其客户间讲求信用的关系。在这个时期，投资者大概需要有创新的能力。

但是，岁月流逝，在下一代人当中，甚至这种经济上信任的动机也成了把商业经理人从社会责任中解脱出来的机制。正如在广州的侨商把他的非法经营或者他对中国人“压迫”的顺从合理地解释为是出于对他的客户的责任，铁路巨头或者纺织业领导者以为了公司的利益——他们将之等同为股东的利益——为由而将其行为合理化。在每种情况下推理的过程都是一样的：以责任为名—更大的职责—否则不可允许的行为将得到许可。查尔斯·帕金斯和乔治·H. 瓦特卢斯（George H. Watrous）——理论上他们是与年轻的铁路事业领导者最有关系的人——会感到欣慰的是，1839 年的时候罗伯特·本涅特·福士跟义律说他对主顾们的责任要优先于其他的考虑——无论是个人荣誉、爱国主义还是外侨群体的长远利益——的做法感到欣慰。[①]

银行家、掮客、保险业经营者和其他一些投资者组成了

① 比较 Cochran，*Railroad Leaders*，212-214、220、227，多处。比国务卿查尔斯·威尔逊早了一个世纪，约翰·莫瑞·福士也将私人买卖与公众利益等同起来。见 Yaggy，“John Forbes”，426-431。

“一般企业家”中的另外一群人，他们与铁路和纺织业投资者并非泾渭分明。这个比较广阔的阶层大概可以包括罗素·斯特基斯、威廉·斯特基斯和查尔斯·N. 塔博特。塔博特对金—奥立芬—塔博特等人以及戈登家族的作用，与顾盛和约翰·莫瑞·福士之于罗伯特·本涅特·福士及保罗·S. 福士大致相似。塔博特的投资，特别是对“特拉华和赫得逊”公司——从运河公司到后来成为铁路和采矿业公司——的投资，后来把年轻的奥立芬们和塔博特们带入到了这家商号也还包括了在此领域内的其他人。①

也许传教士们也可以被归类为二次创业者，尽管他们中的大多数人永远都不会退休。很多人只是继续留在中国，或至少是留在东亚。有的人回国成为了教师，还有学术机构的行政人员，或者从医、又或者在美国当牧师，但他们很少继续留在美国。更常见的情况是，他们回到传教地工作，特别是回到东方。日本吸引了一批之前在中国的传教士。有的人因为在日本的工作而变得比在中国时要更有名气。② 有一些人晚年过着舒适的生活，尽管他们没有哪个人可以算是富人。不必说我们也知道，他们的钱不是在中国传教之劳动所得，像卫三畏那样，他们不过是足够幸运能够使他们的作品成为标准之作而被广泛销售。他们对国务院的影响始于顾盛的出使，并且在 19 世纪余下的时间里一直持续存在，因为传教士们被要求在领事馆和外交机构中服务。

最后，人们需要大量的传教士充当教师。大家期望从中国回美国度假的传教士可以到教堂或者其他机构去演讲。说对这些机构的访问是“使得很多教堂对于基督教传教事业产

---

① 关于塔博特的信息见塔博特档案，以及他的及奥立芬的继承人的档案。

② 例如，布朗（Samuel R. Brown）和麦嘉蒂（Divie Bethune McCartee）。

生了新的兴趣”[①] 仅仅是指出了它们对公众看法的重要影响。没有哪个商人或者政客会像传教士那样到处演说或者像他们那样在美国各处寻求资金及招募新人时能立刻奏效。

退休的人

那些二次创业者的名气和他们的成就一样大，但他们显然没有构成从中国回到美国的商人的主体。很多人简单而彻底地退出了所有商业活动。由于这种模式非常传统，这样做有若干个好的理由。如今，他们有了钱可以供养家庭及所爱的人，就像过去其他暂时离乡背井的人那样，他们发现在自己出门期间，已经错过了太多的东西。光是要重新适应在美国的生活就已经够困难的了，更别提要重新投入新的买卖的困难了。中国和美国之间的经营方式有很大的差别，有些商人发现，自己没有办法改变，或者是不愿意改变。本杰明·威尔考克斯在回国几个月之后就注意到，“我在这个国家看到的做生意的方法越多，就越不喜欢它，就像顾盛那样——我两天前收到了他的来信，我总是希望自己回到中国去”。[②] 6个月以后，顾盛在给浩官的信件中也说了非常类似的话。[③]

在19世纪上半叶，退休造成的难题和今天并无二致。1825年，当顾盛正考虑要回国，帕金斯上校给他写信敦促他加入帕金斯商行，因为“它会让你花心思，而且填补从繁忙的生活到退休所产生的心灵真空”。帕金斯还指出：“我相信我们的财产都足够多了，因此没有哪个人像你认为必需的那

① William Gammell, *A History of American Baptist Missions* (Boston, 1849), 204，脚注。圣公会中和伯驾一样到处出现的人物是文惠廉主教。注意到两人活动区域的不同是很有趣的。当伯驾在新英格兰和大西洋沿岸中部各州（以及英格兰）活动时，文惠廉则活跃于大西洋沿岸中部各州以及南部。见 *Spirit of Missions* IX：7 (July 1844)：267。

② 1828年10月29日致JRL，LP。比较1831年3月28日JPC致JRL，LP。

③ 1829年2月10日。比较1828年11月28日JPC致TTF，John P. Cushing's LB，B & S Papers。

样，该为了生意而做出更大的牺牲。”后来，他补充说：“在没有停歇地忙碌了 20 年（其实是差不多 25 年）后，我们怀疑你是否会对寂静的生活感到满意。”[①] 即使到了 20 世纪的最后 10 年，帕金斯的假设还是能够被观察到：1）从商业生涯中退休意味着“真空”或者“寂静”，而商人的个性是与紧张的商业活动相配合的，因而不能忍受他不习惯的游手好闲；2）半退休状态更加讨好，因为它让人忙碌，虽然；3）一旦人们有了“足够”［多的钱］，它已经不再是忙碌的目的。不过，这些泛泛之谈可能在很大程度上适用于其他人，帕金斯只是不认识这样的人。在短时间参与了美国国内的贸易以后，帕金斯彻底地退休了，此后甚至很少处理钱财方面的事务。[②]

虽然这些回国后的旅华商人身处本国，但他们真的觉得自己是边缘人，他们身处两种文化之间，无法确定国内的方向。长期离开急剧变化中的美国，加上适应了旧广州的奢华生活，使得很多人对他们在美国要过的生活感到不习惯。有一些这样的退休者，如奈（Gideon Nye）和威廉・P. 斯特基斯（还有，一个时期中的亨特），像普通传教士一样在中国定居，另外一些人移居欧洲或英国，在那里，他们更能够放纵自己沉迷于在广州学到的都市奢华生活方式。不过，大多数人回到了美国，甚至回到了他们出身之处。

没有结婚的商人，比如顾盛，当他回到美国的时候，正当人们认为的中年初期，总是发现自己被建立新生活的问题

---

① 1827 年 3 月 18 日 J. & T. H. Perkins & Sons 致 JPC，J. E. C.，“Extracts from the Letterbooks of J. & T. H. Perkins”。帕金斯上校在很大程度上已经可以退休了，因此他奉行其早年的“信条”——在 1793 年写给他的兄弟的信中如是表达：“当做生意的愿望和能力已经告一段落时，让我们运用退休的权力，离开这个熙熙攘攘的世界，享用我们的劳动果实。”（1793 年 8 月 28 日）

② 顾盛家族的一个老先生告诉我，迟至上个世纪（指 19 世纪——中译者注）末，私人和家庭的账单，甚至包括订阅杂志的费用，都还是按照惯例由商行办事处为顾盛全家支付。

所压倒。美国的变化在开始的时候被看作最吓人的困难：

> 在外侨居20年之后，顾盛先生回国来了，他唯一的姐姐认不得他了，他也没有认出她来……我常常跟他讲到美国，那不是他的家，他的生活习惯已经如此定型，对他来说，中国是他的家。他最恳切地向所有的熟人建议，千万别一次性离开家超过10年的时间，否则他们会像他一样，失去了对家的所有趣味。这位人士像王侯那样富有，能够自如支配自己的财产，经常做着最善心的事情。凡此种种，他还是没有在家里的感觉。他的故乡变化如此大，以至于他在街道上迷了路。①

1831年，纳森·邓恩准备带着大笔财富回国，忧心忡忡地留意到，“我快要回费城了，我的样子变了那么多，恐怕没人会认得我，当我上岸的时候，大概也只能记得寥寥数人。我真的无地自容——一个在自己故土的陌生人”。②

更可悲的是本杰明·C. 威尔考克斯的例子，他1827年回到费城，当时51岁，独身，他对奢华及声色之乐的爱好与美国国内的生活状况不完全契合。更糟糕的是，他还有各种身体的毛病以及诸多恼人的感觉：没有什么可做的、没有多少同龄的朋友，也没有他可以信任的人：

> ……我有时精神失常、无所事事，当然也很不耐烦。我已经失去了体会这个国家在17年前给我的快乐，这里每样东西都跟我以前知道的不一样了。③

威尔考克斯的问题并非到此为止。在后来的诸多通信中，他

---

① 1831年3月28日JRL致Mary R. Latimer，LP。并不是美国人才有这种重新适应的问题。1838年11月离开广州的时候，查顿留意到“他即将见到故土的愉悦混合着要离开这片让他能够享受到别的地方都无法提供的舒适和安全的土地而感到的遗憾”。Gideon Nye，*The Morning of My Life in China*（Canton，1873），58.

② 1831年3月31日JRL致Mary R. Latimer，LLB。

③ 1828年10月29日致JRL，LP。

还说在他的问题最终得到解决之前，他生了很多的病，精神方面也有问题。

甚至是细微的不快也让这些郁郁寡欢的退休者觉得是大问题。奢华是必需品——他们将自己的生活变得更加舒适，正如以后的人会要求中央供暖、自来水、汽车和其他让人舒服的物品那样。交通和服务是他们通常抱怨的对象。身上的淤伤以及打战的牙齿，使他们产生了铺设路面和改进交通手段的兴趣。因为在广州，除了在商馆区附近的地方外，所有的交通都是在水面上进行的，所以保养得很糟糕的路面就马上成了美国现实中不令人愉快的方面。与糟糕的马路一样让人不快的是美国那些笨拙的仆人——要么是流动的农民工，要么来自本地的农场——更让他们恼火，“那些仆人比我可以形容的还要糟糕……最后每件事情他们都给办砸了，”威尔考克斯抱怨道，① 他的口吻和 20 世纪许多在国外出差很久后回国的美国人很相似。最终，这样的怨言导致了许多爱好奢华的家庭引进了来自中国的仆人，使得美国东海岸地区有了少量的第一批侨居的中国人。

尽管这些回国的人满口怨言，他们最后还是适应了环境。他们有着种种优势，也许进行如此调适的最不痛苦的做法就是马上做每件事情，特别是假如能够负担得起的话。退休的中国贸易商人不仅带着仆人回国，他们还进口家具、修建堂皇的住宅，只要有可能，就马上结婚。甚至在美国，他们的财富也能消除很多困难，因为富有的单身汉总是能够吸引有野心的单身女士。1841 年 11 月 13 日，对约翰·记连的刺头性格知之甚详的 A. A. 洛在给爱德华·金的信件中指出：“记连先生举行了婚礼——受害人是格里斯沃德小姐，一名 18 岁的小姐（记连当时 41 岁），因此你看，广州的单身汉还是过

---

① 在上述引文中，以及 1831 年 3 月 28 日 JRL 致 Mary R. Latimer，LLB。

得不错的。”[①] 艾萨克·M. 布尔在给他普罗维登斯的朋友卜克林（T. P. Bucklin）写的信中证实了洛的观点，他理所当然地认为：“假如戈登先生去拜访你，我希望你能多关照他一下，因为他在广州待了 17 年，有 10 万元到 15 万元身家，对于你那里的年轻姑娘们来说是不错的考虑对象。”[②] 28 年前，霍平评价刚刚从中国回国的、已经订了婚的沙利文·多尔，“多尔先生——中国回来的富人——准备娶莉迪娅·艾伦（Lydia Allen）小姐为妻，据说（私下的）她相当不情愿。从这件事情你可以看到，钱的影响力还是没有消失呢”。[③]

显然，钱财是中国贸易商人重新适应美国生活的重要优势。它打开了很多机会：他可以去旅行、可以沉溺于他的爱好、参与昂贵的体育运动或者慈善事业、从政，或者他会遵从帕金斯上校对顾盛的建议，并且只接受那些使自己愉快与闲适的职位。不少的回国者参与了所有这些活动。金钱意味着社会地位，政客对他们大加垂青。因此这些广州的“毕业生”对华盛顿以及他们各自所在的州和地方政府都产生了很大的影响。

顾盛一旦决定放弃生意便堂而皇之地退休了，他适应得非常好。在他婚后不久，他就在波士顿的夏天街（Summer St.）“修建了堂皇的大宅”，还有在沃德顿（Watertown）修建了乡村度假屋。两处都成了炫耀的地方。因为他的精致品味、学究习惯、游船以及他的慷慨大方，他开始为人所知。在他去世时——也就是美国内战的第二年，他留下了庞大的家产，其财产是当年在中国积累的数额的十倍，被誉为新英

① 转引自 Elma Loines，*The China Trade Post-Bag of the Seth Low Family*（Manchester，Me.：Falmouth Publishing Co.，1953），97。

② 1835 年 1 月 3 日，CP。

③ 1804 年 7 月，CP。

格兰最富有的人。[1]

拉惕默适应生活的方式和顾盛大致相同。1835 年 5 月 30 日，他在给哗地玛洋行的信中说，“虽然你们滑摩先生有言在先，我并没有对美国感到厌恶，（不过）假如不是因为我在回来以后不久就结了婚的话，就没有发生什么令人印象深刻的事了”，然后，他信件的下文是要订购一些瓷器。[2]

大多数从中国回来的侨民选择了顾盛与福士之间的道路。他们通常接受一些名誉性但不苛求的职位，如在保险公司的董事会担任主席或者董事、担任银行的董事、或者在不怎么活跃的运河公司之类的董事会担任董事。虽然有的人是更彻底地退休，过上了 18 世纪绅士的悠闲生活，时常大方地花钱，他们也可以当上好的经理人。他们都小心地要么聪明地投资，要么是把钱交给可靠而熟悉美国经济状况的朋友。

如此数量众多的商人在回到美国以后欣然地彻底放弃贸易，让人怀疑他们从来就没有把贸易当做是目标，而是获得“财富、时尚和绅士地位”或者其他一些目的的手段。商业的通信肯定了这种怀疑。据说，顾盛成为商人是违背了他自己的意愿的。家里的传统希望他能够成为艺术家。我们还有强有力的证据说明查尔斯·W. 金会更愿意去当传教士。无论如何，有一批成功的年轻商人，一旦他们自信能够承受退出商场的损失，就会全身而退，这提出了两种传统的人生观产生冲突的可能性。对约翰·莫瑞·福士的最有见地的研究提出，这个问题，是以工作伦理与工作是只有通过是否必须养家来进行道德评判的观点之间的矛盾的形式而存在的。对有

---

① 见 Claude Fuess 的文章，载 *DAB* II：630-631。

② LLB.

历史头脑的神学家来说，这是令人着迷的主题。[①]

美好人生

从中国回到美国的商人的生活中值得一提的特点是他们华丽的住宅。有的时候，他们在美国修建起小广州。[②] 他们修建的堂皇大宅直到今天都还是当地名胜，以其规模、指派的建筑师及建筑风格而著称。当然了，有钱人总是盖大房子。据一个研究 19 世纪后期成功商人的作者说，这种欲望“几乎是基因所决定的”。[③] 从广州退休的商人也是如此。回到美国之后，他通常会买下至少 50 英亩的乡村土地，然后开始盖房子。在高达数层且有很多房间的大宅旁边，还有花房、夏屋、马车房，有时还会有弹子房，以及马房、谷仓和在该物业内的农庄所需的各项设施。他们的花园都很有名，因为园艺在这些广州回来的富人当中非常流行。在鲜花盛开的时候，帕金斯上校和约翰·P. 顾盛都会向公众开放他们的花园及花

---

① Yaggy，“John Forbes”，171 和 202。拉慑默经常在写给亲戚的信件中谈及其退休计划。在一封写于 1833 年 2 月 6 日的信件中，他的堂弟詹姆斯·拉慑默提出了在不同的收入水平下，若干种不同的生活方式（LP）。

② 第 91 版的 *Rand McNally Commercial Atlas and Marketing Guide*（New York，1960）中列明，有 27 个州至少有一个城镇叫 Canton（广州）。这些市镇的分布是很有启发性的：在东部沿海各州，除了罗德岛、南卡莱罗纳和佛罗里达以外，其余的都有一个城镇叫 Canton。此外，所有的中西部各州及大平原地区，除了内布拉斯加和怀俄明以外，也有叫 Canton 的城镇。而在南部地区，Canton 的分布比较分散——佐治亚、肯塔基、马里兰、北卡莱罗纳、弗吉尼亚、西弗吉尼亚和德克萨斯分别至少拥有一个叫 Canton 的城镇。唯一一个山区州份拥有 Canton 的，是科罗拉多州，而在太平洋沿岸各州，现在是中国人最密集的地方（特别是讲广东话的人），但是却没有任何城镇叫 Canton。

③ 见 Edward C. Kirkland 在 *Dream and Thought in the Business Community, 1860-1900*（1956；reprint，New York：Quadrangle，1964）一书中的“The Big House”一章，34。

约翰·帕金斯·顾盛（John Perkins Cushing）的乡间邸宅“贝尔蒙特”（Bellmont），位于马萨诸塞州的沃特顿（Watertown） 新英格兰遗珍会（Historic New England）藏

房。弗雷德里克·W. 潘恩的园丁主管[1]并不是唯一进行试验、培育新的花卉和水果品种的人。顾盛盖了一座“双重的”房子——一间房子被包在另外一间房子里面，为的是能更好地使花房隔绝，而帕金斯在他位于布鲁克林（Brookline）的暖房里面装上了早期的蒸气供暖设备。他的哥哥詹姆斯，特别是塞缪尔·G. 帕金斯，都在附近拥有物业，他们与上校竞争，公开地拿他们那些漂亮的水果来做礼物，让上校蒙羞。在“贝尔蒙特”（Belmont）——顾盛在沃德顿（Watertown）的房产，面积达 200 英亩——顾盛也设法要超越他的舅舅。

① 潘恩是沃彻斯特县园艺协会（Worcester County Horticultural Society）的创办人。见 H. D. Paine, ed., *Paine Family Records*, vol. 1 (New York, 1880), I: 78-79，以及 Caleb A. Wall, *Reminiscences of Worcester* (Worcester, Mass., 1877), 88-89。B. P. Tilden 是该协会的成员，指出潘启官被选为荣誉会员。

这可不是什么卑劣的计划。“在 50 年里，帕金斯上校的花园因为那些有经验的外国园丁的照料总是五彩斑斓，每年的花销达 1 万美元。”因为帕金斯花园里的暖房有 60 英尺长，顾盛就把自家的修成有 60 英尺宽。他还在花园里修建了若干的葡萄、其他水果及植物的棚房，“为了改进这处地产而大洒金钱到了极致的程度”。① 在他回国之后不久，顾盛就给还留在广州的约翰·莫瑞·福士写信说：

> 请比尔先生（Mr. Beal［e］）帮我收集他能在中国找到的各个品种的漂亮且罕见的日本山茶以及牡丹，还有任何其他名花异卉、树木与灌木，以及各种花籽。因为我对植物所知不多，没有办法指定我最想要的种类。他当然会知道哪些花卉是最漂亮也最适合在暖房和花房里面种植的。如果他可以照办，由于他对这方面的知识，我一点都不会怀疑我将会得到的植物品种比这个国家的其他人从中国得到的都要好。②

顾盛还修建了一个拥有优良品种的鹿苑，在房子南面，铺了 20 公顷的草皮。多年以后，有一个观察者报告了顾盛在这场竞争中的胜利：“直到他的外甥约翰·帕金斯·顾盛在沃德顿修建了堂皇的暖房和水果棚房之前，他（帕金斯上校）的花园一直被认为是新英格兰最好的园艺所在。”③

这种竞争还延伸到了住宅室内。帕金斯在波士顿檀普街

---

① Justin Winsor, ed., *The Memorial History of Boston*, vol. 4 (Boston, 1881), 633. 又见 Brinker 对中国贸易的富商对于园艺品位的评价［William J. Brinker, “Commerce, Culture and Horticulture: Beginnings of Sino-American Cultural Relations,” chap. One in Thomas H. Etzold, *Aspects of Sino-American Relations Since 1784* (New York: New Viewpoints, 1978), 3-24］。

② 1835 年 2 月 23 日 JPC 致 JMF, Cushing LB。又见 1837 年顾盛从 Chutang Ahao 那里收到的信，信件藏于 Boston Athenaeum。

③ Winsor, *Memorial History*, IV: 625, 和［Thomas L. V. Watson］, *The Aristocracy of Boston* (Boston, 1848), 13-14, 以及无名氏著 *Our First Men: A Calendar of Wealth, Fashion, and Gentility* ... (Boston, 1846), 19。

(Temple Place) 的4层楼房里面，有26个镶嵌了意大利大理石前饰的壁炉，房子的三面都有很好的景观，天台上围了铁栏杆，甚至连马厩都很华丽。[①] 顾盛可不会给比下去，他在夏天街修建了一座房子，占据了整个街区，外面的围墙是用从中国进口的陶瓷堆砌的，房子里面由中国仆人当差。[②]

沃伦·德兰诺在纽约纽博格（Newburgh）的宅邸“阿尔贡纳克”(Algonac) 小弗雷德里克·格兰特（Frederic Grant, Jr.）供图

当时美国最顶尖的建筑师安德鲁·杰克逊·唐宁(Andrew Jackson Downing) 在他关于风景园林的著作中(1857年版和1859年版)，收入了“贝尔蒙特”的一张图片和一份说明。[③] 在早期的版本中收入的还有纳森·邓恩在新泽西

① 见 Carl Seaburg and Stanley Paterson, *Merchant Prince of Boston* … (Cambridge, Mass.: Harvard University Press, 1971) 一书中对此的描述，387-388，多处。

② Fuess, *DAB* II: 630-631.

③ Andrew Jackson Downing, *A Treatise on the Theory and Practise of Landscape Gardening* … (New York, 1853), 34-35.

州霍利山（Mount Holly）的大宅，这位老贵格派教徒以令人难以置信的低调作风，称这房子为“农舍”，[①] 虽然人们一般把它叫做“中国别墅”。数年以后，同一位建筑师设计了“阿尔贡纳克”（Algonac）——沃伦·德兰诺的住宅，他在1866年终于从旗昌洋行退了休。他买下了一块包括了一栋旧房子的土地，占地60英亩，可以俯瞰纽博格海湾（Newburgh Bay）、赫得逊高地（Hudson Highlands）和“风暴之王”（Storm King）。唐宁重新改造了这个地方，加建了房子，将它从朝东改为朝南，根据东方的风格加盖了游廊，还有“巨大的、向外伸出的屋檐”。唐宁设计的“铺设平整的阶梯沿着山坡一直通向房子”使得整个结构更漂亮，而许多“罕见的甚至是异国风格的树木，是它们的主人从中国带回来的……”[②]这里的植物以及德兰诺的花房都显示出了与其他中国贸易商人一样的对园艺的浓厚兴趣。

在半个世纪之前，塞缪尔·斯诺在他位于罗德岛的北克兰斯顿（North Cranston）的50英亩的地产上，修建了更为正式的花园。据一名曾经在孩童时代参观过这里的妇女多年后回忆说，在这里圆形的、方形的以及五角形的花圃之间散布着各处夏屋。室内的堂皇让她目眩：“房间的屋顶很高，走廊很宽阔——柱子一直竖到房顶上去了，这使得它颇具华丽之氛围。”来自东方的色彩丰富的墙纸和挂毯“满是热带的花鸟，非常夺目。房子原来的主人的许多古董散布在屋内各处：罕见的瓷器大花盆和大茶壶、镂金的茶叶罐和橱柜、牌盒里的骰子是用玳瑁做的。不知名的印度香木，熏陶出了我童年

① Andrew Jackson Downing, *A Treatise on the Theory and Practise of Landscape Gardening* ...（New York, 1853）. 又见 Arthur W. Hummel, “Nathan Dunn”, *Quaker History* 59 no. 1 (Spring 1970)：37。

② Anonymous [Frederick A. Delano], *Algonac, 1851-1931* (Privately printed, n. d.), 4-5.

塞缪尔·斯诺（Samuel Snow）的乡间宅邸，位于普罗维登斯的克兰斯顿路（Cranston Road）　私人收藏。罗德岛历史学会供图

的快乐”。大家可能还记得，斯诺在中国时有一些建筑的经验，因为他修建了第一座美国人的商馆。我们大概可以设想得到，他为自己修建的家会是“他为实现建筑上的雄心而做出完美的努力”与东方情调的结合。[①]

更加大张旗鼓地表现出中国情调的是范罢览（Van Braam）著名的“中国乡居”（China's Retreat）（又被称为“Chinese Retreat”，“中国式的乡居”）。房子本身被叫做“中国堂”（China Hall），位于宾夕法尼亚州的卜克斯县（Bucks County），距费城 12 英里。房子的顶部是铜的，有“像宝塔那样的拱顶”，屋檐上层及窗户上挂着风铃，那些窗户都是可以无声无息地推入到厚厚的墙体内。房子的装饰、家具有着明显的中国风格，仆人也是来自中国。范罢览有着受过教育

① 见拙文，“A Study in Failure：Hon. Samuel Snow”，*Rhode Island History* 25 no. 1 (January 1966)：8。

的人的品位，在广州的时候，他收集了非常精美的藏品。他那些无价之宝的“东方藏品”广为人知，他还定期让公众参观。他生活的华丽至少与他的私人博物馆一样令人瞩目，他常常招待访问费城的著名人物。比较引人注意的是上了年纪的塔雷兰德(Talleyrand)，前任奥屯（Autun）主教。这位未来的法国外交部部长，刻下在革命中的巴黎不受欢迎，正带着情妇在美国游历。①

其他参与过中国贸易的爱好奢华的人，都修建了自己的大宅：塞缪尔·罗素的大宅在康涅狄格州的米德尔顿；拉惕默的（叫“拉惕默里亚”，Latimeria）在特拉华州威明顿(Wilmington）城外；② 布莱特家的房子在费城的栗子街(Chestnut Street)；卡灵顿和多尔的房子都在普罗维登斯；威廉·亨利·金（叫“金阁”，Kingscote）和威廉·滑摩（海边庄园，“Château-sur-Mer”）则在罗德岛的纽波特修建了他们维多利亚式的房屋。无论这些房子是在哪个时期修建的，也不管它们的建筑风格如何，它们至少有两个共同点：面积很大、造价昂贵，常常是宫殿的式样（有人称它们为“看得见的银行账号”），表现出了强烈的东方情调。

与这些爱好奢华的新富阶层回国之后不久就着手修建华丽的房产这种典型的模式不同的，是约翰·莫瑞·福士。作为一个几乎是有着家长式的或者族长式倾向的注重家庭的男性，福士开始在米尔顿购买土地，并且要那些听从他劝说的家人搬到邻近的普通但宽敞的房子里去。他似乎非常有意识地

---

① H. D. Eberlein and C. Van Dyke Hubbard, “China Hall”, in H. D. Eberlein and C. Van Dyke Hubbard, *Portrait of a Colonial City, Philadelphia, 1670-1838* [Philadelphia: J. B. Lippincott Co., (1939)], 472-481.

② 唐宁形容“拉惕默里亚”有“特拉华州最好的房子”之誉，“花园和暖房里满是各种花木”。见 Downing, *Treatise* (1853), 59。顺便提一句，罗素的房子如今大概是卫斯里（Wesleyan）大学校园里最漂亮的建筑。

位于罗德岛纽波特（Newport）的“金阁”（Kingscote），是威廉·亨利·金的家。其内部保留了比其他一些大宅更多的中国风格　纽波特古迹保护协会供图

塞缪尔·罗素的家，现在位于康涅狄格州米德尔顿的卫斯理大学(Wesleyan University）校园内。复制自当时的石印画　卫斯理大学供图

要建立一个家庭的社区。虽然他有相当多的财产，但他没有愿望要将之展示出来，或者像他家族的其他成员那样的豪华，至少在他年纪更大且更富有之前没有那样做，而到了他上了年纪以后，他就在米尔顿的一座大宅里面以及马萨诸塞南部海岸以外的瑙逊岛（Naushon Island）的避暑房子内享受了。①

19 世纪后期那些有钱没品位的暴发户沉溺于华丽而奢侈的享受的现象，要更普遍一些，但是从中国贸易退休的商人对这种奢华增添了更多的内容，而且也展示出了美国富人的生活方式。当然了，堂皇的大宅以及慷慨地指派工程，在更早的时候就已经存在，但是从中国回来的商人增添了新的元素。他们的生活方式不仅仅是试图重新创造出中世纪时代的商人贵族的爵爷式的光彩，或者英国 18 世纪大地主的舒适生活。在各个重要的方面，从中国回来的这些新富的生活环境更接近于他在中国所观察到的风格，既有行商的，也有广州和澳门外国人社区的。

在中国贸易商人回国之后的头几年，在这些爱好奢华的人家中，中国仆人似乎占了主要的位置。来自东方的厨子比其他的帮工待的时间都要长，那是对出色的中国菜的肯定，也是轻松的文化交流。他家中普通的青花瓷以及正式的套装瓷器，是中国制造的。有时，这些瓷器上有他的字母组合、他的家族纹章、一艘扬帆的船只，或者其他能标明这是他定做的设计。他家的墙壁上贴了中国的花纸、夏布，甚至丝绸。墙上还挂着中国艺术家写的书法卷轴或者画的风景画，博古架上陈列着瓷器、青铜玉器、木雕，或者其他珍贵的东方艺术品。假如他的家具不是从欧洲定制的，那么常常会是齐本德

---

① 在瑙逊岛还有不少福士家族成员的老房子，可惜的是，有一些因为不当的重修而面目全非。家族的信托人没有办法负担保护性的修复费用，以让这些房子保留下来，确实是很让人遗憾。幸运的是，罗伯特·本涅特·福士在米尔顿的壮观的维多利亚式房屋还是继续作为模范博物馆而存在。

1850—1852年期间的“海边庄园”(Château-sur-Mer)。威廉·S. 滑摩位于罗德岛纽波特的家。Nagel & Weingartner 制作的石印画　私人收藏

马萨诸塞州米尔顿(Milton)的罗伯特·本涅特·福士的故居。约1935年的照片　罗伯特·本涅特·福士故居供图

耳式（Chippendale）、赫佩怀特式（Heppelwhite）、雪里顿式（Sheraton）的混合，是用中国的柚木、柳条、红木来制造的，有的时候镶嵌了大理石甚而是瓷器。他家里的各色帷幔、帐幕和挂饰多是在修建房子的时候，从中国定做的丝绸制品。[①] 美国最好的中国艺术品收藏是在波士顿、费城和纽约（以及后来在华盛顿特区），一点都不是意外。

就像一个从广州回来的新富的房子一样，他的品味、生活习惯、仆人，乃至于桌子，都散发着中国的气息，因此他的休闲娱乐常常反映着他在中国沿海地区多年的生涯。实际上，在商馆区里，除了诸如跳房子、蛙跳之类的少年狂欢作乐以外，唯一的休闲娱乐就是在广场上散步。另一方面，从广州来到澳门的侨民通常会骑马，有的人还被吸纳到大规模的英国人和葡萄牙人的赛马活动中去了。亨特希望拥有红色阿拉伯骏马的强烈愿望，也在其他退了休的大班身上表现出来。拉惕默和约翰·莫瑞·福士后来以马术而著称。爱德华·德兰诺和詹姆斯·艾迪柯特船长非常热衷于骑马，都拥有良种马来拉他们的马车。

划船是另外一种普遍的娱乐活动，特别是划船比赛和帆船比赛。有一些侨民简直是乐此不倦。在旧中国贸易后期，当《防夷新规八条》的执行松懈下来时，这项运动有组织地进行，甚至使得澳门出现了一个这类船的造船者。美国人对快艇驾驶日益感兴趣的核心影响，应该是来自这些退休的中国贸易商人。1832 年，顾盛著名的快艇“气仙号”

---

① J. Downs, “The China Trade and Its Influences,” *Bulletin of the Metropolitan Museum of Art* 36 (1941)：84-95. 又见 Carl Crossman, *The Decorative Arts of The China Trade* (Woodbridge, Suffolk: Antique Collectors' Club, Ltd., 1991)。学者对此所作的很好的归纳，是 Jonathan Goldstein 的 “A Romantic Vision of Cathay: The Decorative Arts of the Old China Trade and Their Influence in America up to 1850”, *American Studies* 10 no. 3 (September 1980)：1-11。

(*Sylph*) ——一艘60英尺长的纵帆船，赢得了“有记载以来的第一次快艇比赛”。[①]

打发时间的另外一种普遍做法是读闲书。许多在广州的侨民都受到过良好的教育，他们远离家庭、有很长的时间没有业务，而且活动受到限制，于是变得非常喜欢阅读。他们依靠阅读来获得商业、政治和私人的信息，并且有连篇累牍地阅读的习惯。他们交换阅读来自美国的信件、期刊和书籍。因此，从中国回到美国的商人常常以其私人图书馆、他们对文学的爱好以及对公众图书馆的赞助而为人所知，就不需要多作解释了。因为作为一个整体来说，中国贸易商人并没有像其他群体的商人那样以慈善而闻名，那么他们对图书馆的兴趣就更值得让人留意了。托马斯·H. 帕金斯、塞缪尔·罗素的寡妻、爱德华·卡灵顿通过他在乌恩索奇特（Woonsocket）的代理人，以及最大方的一个——约翰·C. 记连，都为建立图书馆捐出了大笔钱财。奥古斯丁·赫德向伊普斯维奇（Ipswich）的公共图书馆捐款达4万元，并且还挑选了该建筑的图纸，决定了图书馆的馆规以及选择了最早一批的委托人。另外一些商人捐出书本，捐建商业图书馆，或者是资助此类机构。

在本研究所涵盖的60年里，人们认为成功的商人要承担的社会责任正在开始发生改变。一个显赫的商人在商业资本主义时代是社会的领袖。他有着与其商业职能大不相同的社会职责。人们希望他能够是教堂的支柱以及慈善事业、艺术和学术的慷慨赞助人。他会明白卡耐基（Carnegie）的“管家的职责”的信条，虽然他有着引起道德变化的雄心，他无疑对奉献出大部分财富有所保留。到了19世纪早期，商业资本主义已经走向了尾声，但是在社会经济体系中，将社会责

① *DAB* II：630-631.

任与等级联系起来的情况依然存在。1830 年开始出版发行的《亨氏商人杂志》（*Hunt's Merchant's Magazine*）经常会刊登一些关于富商的社会地位、责任和角色的文章。此后，一种新的观点越来越广泛地流传开来了，富人对社会的贡献越来越被看作他们经济活动的结果。他们受到重视，是因为他们创造了工作职位、刺激了工业发展、使国家得到了发展，并且创造了财富。实际上，这种改变常常意味着富人比起以前或者是自从美国建国以后所享有的运用他们财富的乐趣，可能得到的制裁要少得多。①

正如笔者已经指出的那样，更为传统的商人通常更加活跃且非常慷慨。没有那么传统的中国贸易商人有时也因为慈善事业而受到瞩目，虽然他们在这方面可以谋求的名声要比那些更具宗教情怀的商人伙伴们要少得多。托马斯·H. 帕金斯当然经常都很大方，但像其他很多商人一样，他也总是没有办法抵制将生意与慈善结合起来的诱惑。毫无疑问，在修建邦克山纪念碑一事上，他发挥了主要的影响力，但如果他是邦克山协会（Bunker Hill Association）的主席并且是其建筑委员会的主席，那么他也是“花岗岩铁路公司”（Granite Railway Co.）的董事长，这家公司为纪念碑运送石头，同时也对新的运输方式进行了试验。他把位于珍珠街（Pearl Street）的家给予了帕金斯盲人之家（Perkins Institute of the Blind）的慷慨尽人皆知，大概是有点符合这个标准，正如他的女婿在写给帕金斯的颂词中指出的那样，由于老房子“虽然很宽敞，但是它坐落的位置越来越适合于生意而不是住家”，而且全家人都已经在檀普街那里建了新房子。帕金斯本

① Sigmund Diamond, *The Reputation of the American Businessman* (Cambridge, Mass.: Harvard University Press, 1955).

人的视力也有问题。[1] 不过，帕金斯给很多有价值的项目捐款：学校、医院、精神病院、图书馆、历史学会、艺术馆，他资助完成了华盛顿纪念堂的修建，以及一些国外的慈善活动，比如约瑟夫·朗格顿（Joseph Langdon）从上校那里拿到了800美元，朗格顿是士麦那（Smyrna）的代理商人，他希望能够使一个基督徒的孩子摆脱当土耳其人奴隶的命运。

帕金斯的慈善活动有着不同寻常的特点。从他母亲向波士顿女精神病院（Boston Female Asylum）捐款开始，这个家族承担了后来由安德鲁·卡耐基承担的，并最后由联邦政府进行的实践。为了能够刺激其他方面的活动及资金流动，上校就像他的母亲和哥哥詹姆斯那样，在给予值得捐助的机构赠款的前提条件是相当数量的资金必须从别的来源募集。

中国贸易商人在公共精神上的一般行为，大概与其他的商人没有什么不同。除了同孚洋行对在中国传教事业的完全支持以及记连给予普林斯顿大学和劳伦斯维尔学校的慷慨捐赠外，很少中国贸易商人的慈善事业达到了彼得·库柏（Peter Cooper）、乔治·庇博迪、阿斯特或者杰拉德那样光辉的程度，[2] 但他们也没有多少人像这些人那般富可敌国。

不过，在公众（那就是，非强制性的）事务上，情形略有不同。大部分从中国贸易退休的商人，都在当地、州或者联邦的政府机构内担任没有酬劳的职位。他们出现在贸易董事会、商会、校董会、图书馆协会、博物馆委托人董事会、大学董事会，以及促进工业发展、促进爱国主义和促进废除黑奴制度的各种组织。他们当中有些人还登上了“詹姆斯顿

---

① 他戴眼镜，而且到了暮年，他的一只眼睛几乎完全失明。

② 要指出的是，虽然后面的两个人曾经一度大规模参与了对华贸易，并且都贩卖鸦片，但他们都没有去过中国。因此不能把他们归类到广州“毕业生”的群体内。关于中国贸易的新富的慷慨大方的例子，见 Hummel，“Dunn”，38-39，或 *DAB* 中的传记。

号”（*Jamestown*），前往爱尔兰进行了赈济饥荒的航行。事实上，两位前任“伶仃号”的船长指挥了这艘船只：罗伯特·B. 福士是船长，而麦康德雷（F. W. Macondray）是大副。[①] 他们很多人在1839年鸦片危机的时候给美国政府提出了建议，[②] 而在1843年当国务卿维伯斯特（Webster）草拟给卡勒布·顾盛（Caleb Cushing）的指示时，他们也同样那么做。[③]

特别是在美国内战期间，有很多人为盟军阵营、市民保卫队、总统（特别是共和党）选举活动及其他有价值的事务提供了大量的服务。福士兄弟就是其中的范例。罗伯特·本涅特·福士组织运输，加快把军队从马萨诸塞州运送到华盛顿，监督修建了许多海军炮艇，自行负责修建战舰，还组织了自愿的“海岸卫队”。约翰·莫瑞·福士的工作甚至更加显著。他为联盟军设计写在船侧的标语，为《大西洋月刊》（*Atlantic Monthly*）和英国的期刊写文章。他重组了军队中的医疗部门，帮助建立并推广了“美国卫生委员会”（U. S. Sanitary Commission），并且施加压力，促成了对海军合同中的贪污事件的调查和打压。他还在赎回战犯、为联盟军招募外国志愿者、把有嫌疑的财政部部长西蒙·卡梅隆（Simon Cameron）改派到圣彼得堡的外交使团——那里贪污的机会显然比在财政部少——等事情上发挥了积极的作用。他帮助在波士顿建立了“联盟军俱乐部”（Union Club），以及新英格兰“忠诚出版协会”（Loyal Publication Society），而且他对没有休止地继续进行战争感到十分忧虑。对于战况更加重要的是，他与威廉·阿斯平沃尔（William Aspinwall）前往

---

① H. A. Crosby Forbes and Henry Lee, *Massachusetts's Help to Ireland during the Great Famine* (Milton, Mass., 1967).

② 见本书第190-191页和第383-387页。

③ 见本书第415-420页。

英国执行外交任务，阻止采用莱雅德（Laird）撞角，那是专门设计出来用于摧毁联盟海军的。福士通过他的贵格派妻子在伦敦的关系去促成贵格派教友的聚会，“敦促贵格派教友去约束顽固的首相”。战后他依然是激进的共和党人。他帮助建立了纽约的全国大会（Nation），促成了“重建委员会”的建立以支持国会的重建计划，并且企图恢复战前的“新英格兰移民协助委员会”（New England Emigrant Aid Society）以鼓励新英格兰人到南部，特别是佛罗里达定居。

福士兄弟当时比大多数人都要积极，但他们不是绝无仅有，他们大概代表了前中国贸易商人中保留下来的最普通的情感。他们热情地支持了联盟的路向；有的人非常积极。很多人加入了共和党，在这个新的组织里面看到了比老的辉格党或者民主党更适合的机制去实现他们的原则。

第三篇

《望厦条约》

7　官方政策的发明

对华政策的非官方来源

来到广州的侨商只有一个目标，传教士们也是如此。他们对于政治或者外交都没有多大的兴趣。他们对清朝的官僚体系及其政策的理解非常不准确，但他们被长期以来强加到他们身上的种种限制弄得很不耐烦。在他们的书信以及在中国沿海地区出版的著作中，他们徒劳地表示反对，但是，大部分时候他们都很安静。除了行商以外，中国人当然也不会听到他们的怨言，也就不会要做出改变。

由于美国领事并没有外交任务，而且也不被中国政府承认，他们只是被当做“大班”（那就是其国人的首领），因此他们并没有什么权力。领事的办事处仅仅是商业机构，无论什么时候发生危机事件，领事面临着两难的选择：要么无所作为而进一步地损害其地位，要么就要行使他并不具有的权力。值得称赞的是，大多数早期的领事选择了后一种道路，因此引入了很多应对中国人行动的计谋和方法，这些惯常的措施在实用性方面，可以被称为是美国的政策。[①] 不过，这是侨居中国的美国人的政策，不是华盛顿的政策。并且，它也

---

① 关于这个主题，将在另外的著作中进一步讨论。早在 1922 年这种状况就得到了学者的认同，见 Tyler Dennett，*Americans in Eastern Asia*（1922；reprint，New York：Barnes & Noble，Inc.，1941 and 1963）。

得到了中国官方举措的鼓励。

这种政策所包含的元素有：和平与对贸易的不懈追求，勉强接受中国政府在其势力范围内所进行的任何调整，接受给予美国人的“最惠国”待遇，容忍大规模的非法贸易——特别是在禁烟条文的范围内。此外，侨民团体中越来越为自己过于软弱，无法对中国人施压而感到痛苦。其中最重要的是为在华美国人及其财产谋求更大的安全。在该地区由外国人出版的各种报纸和杂志讨论了好几种解决这个问题的办法，但是，到那时为止，最普遍的提议是某种形式的治外法权。

在美国人中还酝酿出了对于中国官员处置他们的态度的怨恨。这种敌意逐渐使他们越来越把自己当成是广州外侨群体中的一部分，这些外侨也有许多同样的不满情绪。最后，广州的美国侨民对于他们的处境有着许多非常特殊的怨言。他们希望能开放更多的港口自由贸易、有统一且对外公布的税率、终止官员的需索、有标准重量与尺度，以及废除《防夷新规八条》。

传教士同样也没有任何权力，但他们还有另外几项要求——布道；在中国的领土内自主管理教堂、医院、墓地和学校；购买中文书籍；能够聘请中文教师等权利。总而言之，可以不受干扰地履行他们天职的权利。传教士的这些要求要么是加强了侨商的要求，要么与之没有任何关系。只有一个问题是互相冲突的，那就是鸦片贸易。当然了，传教士和部分商人指责这种贸易，而鸦片贩子们要么呼吁使之合法化，要么满足于使得他们大发其财的旧体系。在林则徐有力地压制了鸦片贸易之后，大部分美国商人大概会接受禁烟的政策，只要这是平等地强加到包括英国人在内的每个人头上。不过，大家都清楚的是，这样的禁令将使得他们熟悉的中国贸易走向末路。

简单地说，一旦英国人已经通过武力威胁签署《南京条约》，为了制定政策及未来计划的大纲，美国向中国派遣一个外交使团是值得的。

美国人对鸦片战争的回应

虽然美国侨民对英国人使用武力有着不同的反应，但是一般而言，他们欢迎由于英国人获胜而带来的改善他们生活和工作条件的机会。假如还有别的因素使得侨民群体的意见能够统一，那就是在1839年春天鸦片危机期间，林则徐对外国商馆居民的"禁锢"。林则徐刚把这些外国人释放出来，美国人就开始通过各种途径要求他们的政府采取行动。海军的回应比政府的回应要快捷得多，因为他们不会多问，也因为他们被要求采取的行动是非常传统的，还因为无论是在美国还是在中国，都没有人对此提出异议。另一方面，说到政治的行动，官方的反应要缓慢得多，而且广州的侨民中也有分歧，尽管侨民更多的是出于满腔热情而不是出于常理。

虽然对华贸易商人无疑构成了在华的各个美国利益团体中最大的一群人，但是传教士在表达其意见方面，在大多数美国人心目中肯定更有分量，甚至连商业杂志也采纳了反英国、反鸦片的立场。《亨氏商人杂志》的立场与福音传播者的立场非常近似。它支持皇帝有禁止鸦片的权利，也赞同在他的圣旨中对排斥鸦片所作的道德说教。英国人在中国所进行的军事行动，在《亨氏商人杂志》看来，是彻头彻尾的无耻：

> 整个文明而信奉基督教的世界都应该严正抗议，因为这是不正当地使用强权，破坏了永恒公正的广泛原则。

编辑补充说：

> 争论的问题是，中国是否有权允许进口它消费所需的物品而禁止它认为有害的物品。[①]

他进一步指责，印度帝国是非常邪恶、受到压制且根本非基

① *Hunt's Merchant's Magazine* II (May 1840): 413.

督教的。[①] 因为大部分在广州的美国侨商都把英国的军事行动视为正当之举，那么它在美国没有得到什么支持就十分有意思了。即使是对于那些已经忘记了英国是美国传统的敌人的人来说，仅仅出于鸦片是“罪恶的根源”（*causa belli*）这样的事实，就足以指责英国人了。[②] 加勒布·顾盛是一位来自商业性浓厚的马萨诸塞州的国会议员，他的选民中有很多人受到了来自中国的消息的影响，这可以从他在 1840 年 3 月 16 日攻击英国人的“卑劣的贪婪，还有在中国海域施行的暴力及对世俗的和神圣的法律的践踏”[③] 这一举动中得到说明。

在承认了鸦片贸易的臭名昭著之后，1839 年 5 月 25 日在广州侨民致国会的备忘录上签了名的商人表示，欢迎为了“道德和慈善的”双重理由而停止鸦片贸易。对于他们来说，考虑到他们正在请求美国能与大不列颠合作以使中国人就范，这样的一种姿态是必要的。

广州的这些侨民偏居一隅，他们几乎无法意识到公众对鸦片贸易的强烈反应，特别是为了这种不名誉的贸易而发动战争已经是迫在眉睫了。公开地与英国人合作根本不可能讨论，看看顾盛在国会中的表现就知道了。他站了起来，他告诉议员们，为了纠正他之前的动议中提到的英国政府的错误行动，要求国务院获取更多的关于中美关系的信息，实际上

---

① 在美国的商业通信中，不列颠殖民帝国常常是刻薄讽刺的对象。对此至少存在两种主要的观点——一种不认为这是政治问题而只是聚焦于贸易和殖民地的社会生活；而另外一种则是强烈地反对殖民主义。它们都不仅限于商人所有，传教士也同样持这两种观点。

② 这种感觉在英国也很高涨。格累斯顿（Gladstone）——他的中洛锡安（Midlothian）运动后来成为了简单的、具有道德性的外交政策的典型——也这么谈及鸦片战争：“这场战争的起源更加不公正，这场战争的过程更加一步一步地让这个国家蒙羞。我不想知道，也不想读（关于它的消息）。”转引自 Claude M. Fuess, *Life of Caleb Cushing*, vol. 1 (New York: Harcourt Brace, 1923), 404，脚注。

③ *Congressional Globe* VIII, 26: 1, 275, *House Journal* 26 no. 1 (16 March 1840): 285.

是暗示着对加入英国在华行动的许可。他进一步指出，“在广州美国侨民的正直行为”形成了“令人敬佩的对比”，他们“几乎是独自行动，却表现出了对中华帝国的法律和公众权益的正当的尊敬”，因此使得美国在东亚的必需性不正确地（innaccurately，原文如此——中译者注）发挥了作用。

在广州的大部分递交备忘录的侨民需要这样一种变通的做法，因为他们中大多数人是鸦片贩子。他们在这个节骨眼上说的话，十分有趣：

> 我们并不希望看到鸦片贸易的复兴。正相反，在促使撰写本备忘录的暴力行为发生之前，我们当中的大多数人自愿签署了呈文，真诚地相信（中国）政府在其努力之下会摧毁鸦片贸易。未来我们会戒绝经营鸦片。[①]

在让自己站到了天使的一边之后，这些陈情者宣称他们反对中国政府没收他们的财产，因为“这种措施……应该首先用到它自己的官员身上”。[②] 他们这就触及到真正的痛处了。他们指责林则徐囚禁无辜的人是在犯罪，这就进入到了中国和西方对正义的不同解释的核心问题了。这些陈情者认为英国和中国很快就会开战，而中国很快就会落败。他们认为这是捞取若干好处的机会。他们列出了下列六条：

1. 允许外国使团驻扎在靠近朝廷的地区……
2. 颁布固定税率的法令……

---

① 我们不太清楚他们指的是哪一份“呈文”，除非是旗昌洋行宣布正式退出鸦片贸易的那一份。8个签署的人当中有3个人是旗昌洋行的成员，而另外两个是“罗素，斯特基斯洋行”的成员——他们同意解散洋行而加入旗昌。因此，大概这8个人当中有5个人参与了旗昌洋行的决定。另外3个签署的人是独立的代理商，据我所知，他们从来就没有参与鸦片贸易。因此这基本上就是旗昌洋行的陈情书。在这并没有代表诸如同孚洋行和哗地玛洋行（小鸦片贩子）这样一些主要的商号以及大多数的独立代理商。为什么旗昌洋行的主要合伙人约翰·C. 记连和A. A. 洛没有签署这份备忘录，是值得探讨的。

② 这非常不老实。自1837年之后，当地政府就已经推行严厉的禁烟法令，这场运动的结果就是这些陈情者认为政府行为过于激进的理由。

3. 保税仓库系统……允许转运货物……

4. 在其他港口进行贸易的自由……

5. 对由于合法交易的停顿所造成的损失进行赔偿……保证不再出现类似的专断行为……

6. ……对外国人错误行为的惩罚，不应该比美国或英国对类似罪行的惩罚重；在犯人的罪行得到公正而清楚的判断之前，中国政府不能够对任何外国人施加惩罚措施。

这些是他们最大的要求，但是，由于这种陈情书在过去的遭遇总是不尽如人意，陈情者又准备了附加的最低要求。他们希望，假如美国政府觉得推行这样雄心勃勃的政策是不合适的，那么至少应该在中国派驻代办，“有足够的海军力量来保卫我们的贸易，也使我们的人身不必为那些无法无天的贸易者的行为以及英国人的或别国舰队的敌意行动而负责”。[1]

1840年4月9日，国会收到了另外一份备忘录。在备忘录内，波士顿和撒冷的对华贸易商人，在托马斯·H. 帕金斯和约翰·莫瑞·福士的带领下，对广州侨民的意见做出了补充。虽然签署的人大部分与第一份备忘录的签署人是属于同一家商号或者同一个家族，但他们的一些观点不尽相同。虽然他们在若干方面使派遣海军的行动变得正当化，但他们写道：

> 他们将坚决反对派遣代表团、任何有权力的其他人此刻介入英中之间的争斗，也不同意安排任何的外交活动。[2]

这直截了当地反对了来自广州侨商的建议。它也与后期其他来自广州的意见相左。实际上，唯一提出了与广州侨民相似建议的人，是已经上了年纪的约翰·昆西·亚当斯（John Quincy Adams）。也许就是因为这样的一种巧合，使得泰

---

① U. S. Cong. 26：1，H. R. Doc. ＃40. *Memorial of R. B. Forbes and others* …

② U. S. Cong. 26：1，H. R. Doc. ＃170. *Communication from Thomas H. Perkins and a Great Number of Other Merchants of Boston and Salem*，*Mass.*

勒·丹涅特（Tyler Dennett）说这份文件“是由许多曾经在广州待过很多年的商人签署的，它表达出了老年人的智慧与年轻人的智慧的不同”。[①] 假如这种观察是正确的，老年人的智慧和年轻人的智慧都呼吁派遣海军舰队。亚洲海军舰队已经正式存在4年了，虽然很少在广州见到它。国务卿维伯斯特（Daniel Webster）在次年年初向伯驾承认：“这个问题被忽略了，我们将向这个地区派遣强大的军队。”[②]

劳伦斯·克尼准将（Commodore Lawrence Kearny）的策略

事实上，在之前一年的11月，海军参谋长詹姆斯·柯克·波尔丁（James Kirk Paulding）就已经颁布命令要筹建新的东印度舰队。舰队的指挥官是50岁的克尼准将，[③] 他是1812年战争的老兵，曾参与在南美和地中海海域的清剿海盗活动，是精明而自足的航海者。已经退休的中国贸易商人奥古斯丁·赫德年轻的侄子——约翰——在参观了克尼的旗舰“星座号”（*Constellation*）后，评价说他发现克尼当然是“‘一个硬邦邦’，但是又非常友善和乐于助人的人，是一个真正的新英格兰人，就像那些曾经沿街叫卖木钟和豆蔻的人那样，而我毫不怀疑，他是一个勇敢的人，而且是一个好的航海者”。[④] 这是非常公正的赞誉。克尼非常认真地执行命令，这也与他的个性及受到的

---

① Dennett, *Americans in Eastern Asia*, 103-104.

② 1841年2月17日伯驾致 Rufus Anderson, American Board of Commissioners for Foreign Missions, “South China Mission” Ia: 130。这份资料藏于哈佛大学的 Houghton 图书馆。此后将标注为 ABC/FM, “SCM”。

③ 关于克尼的信息，见 Charles Oscar Paullin, *American Voyages to the Orient, 1690-1865*（Annapolis, M. D.: U. S. Naval Institute, 1971），87-96。这是几篇发表于1910—1911年的文章的重印本，不过它依然还是关于这个主题的最好的第二手材料。又可参见 Carroll Storrs Alden, *Lawrence Kearny, Sailor-Diplomat*（Princeton, N. J.: Princeton University Press, 1936）。

④ 1842年5月19日约翰·赫德三世致他的父亲，HP。

训练相称，[①] 虽然美国人中很大一部分都很厌恶他的那种正直，但克尼并不是能为公众的厌恶所左右的人。

对克尼下达的命令要求他带领两艘船只前往太平洋、中国和南亚地区。波尔丁所写的指示非常明显地反映出了政府收到的建议，也反应出了公众对于鸦片贸易问题的论调及其含糊不清的方面。建议中没有任何内容建议他与英国人就更好的贸易条件进行讨价还价，或者将美国侨民从中国政府的强悍政策中解救出来。至此为止，出于传统美国人的谨慎，波士顿—撒冷商人的立场先胜一筹。另一方面，在鸦片的问题上，这些命令表现出了传教士的影响及公众的看法：

> 你要利用一切机会向中国人及其官员强调，你到访的重要目的之一是阻止和惩罚在中国境内的鸦片走私，不管是由美国人进行的还是由其他国家的人在美国旗帜的掩护下进行的。[②]

克尼执行了这些指示，捕获了悬挂美国旗帜的重 100 吨的纵帆帆船"精灵号"（*Ariel*）。[③] "精灵号"曾经是英国商号怡和洋行的财产。它是之前一年由罗伯特·本涅特·福士在马萨诸塞州为旗昌洋行建造的，显然是用于运输鸦片，旗昌洋行将之派往中国出售。[④] 克尼是根据一个美国人弗雷泽（George W. Frazer）——可能是怡和洋行的雇员——的销售发票而捕获这艘船只的。这位准将强迫将船上 13 万到 15 万的银元——准备交给"在澳门的英国鸦片贩子"（怡和洋行）——搬上岸，然后让它驶往澳门，交给在那里的副领事詹姆斯·P.

---

① 克尼的两个兄弟 Stephen 和 Philip 都成为了著名的将军。

② U. S. Department of the Navy, *Letters to Officers of Ships of War*, XXX: 44-47；1840 年 11 月 2 日 James Kirk Paulding 致克尼。

③ U. S. Cong., 29: 1, Sen. Exec. Doc. #139, 38-39. 1843 年 5 月 19 日克尼在厦门港致海军参谋长。

④ 见福士本人的说法，*Personal Reminiscences*（2d ed., Boston, 1882），298-303。

斯特基斯。斯特基斯以前曾参与鸦片贸易，也许仍然如此，当船只一到达澳门，他就释放了它。①

克尼对鸦片贸易的积极压制行动，引起了英国鸦片贩子们的鼓噪，特别是因为美国旗帜被用于掩护英国商号的走私行为。这些商号小心谨慎地采取行动，因为还不清楚英国官方对于在英国旗号下进行的贸易持何种态度。② 克尼的行动，比美国政府的使者到达中国要早了两年，使得美国侨民中的重要组成部分产生了分歧。事实上，它可能使得美国国务院确信，压制美国在华贸易是不切实际且不得人心的。

克尼的外交活动至少与后来顾盛的出使同样重要。他一来到珠江口，就接连收到美国人的信件，请他向中国政府施压要求赔偿损失。③ 为了能够更有效地提出赔偿的要求，克尼采用了英国人的办法。他通知海军参谋长，说他要让“星座号”溯江而上，进入黄埔。这是美国战舰第一次开进虎门以内的江面。在船上的人当中，有裨治文牧师，他充当克尼的翻译。④

克尼在黄埔锚地派人给在广州城里的副领事沃伦·德兰诺送信，宣布他是来向中国官方索取赔偿的。克尼还指示德兰诺，不要接收来自中国的巡抚祁𡎴（Ch'i Kung）的消息，除非是授权的代表带来的。行商已经不再像过去一个多世纪

---

① U.S. Cong.，29：1，Sen. Exec. Doc. ＃139，39，1843 年 5 月 21 日克尼在厦门港致斯特基斯；以及 1843 年 6 月 15 日奥古斯丁·赫德在广州致 PCB（可能是 Peter Chardon Brooks），HP。假如克尼有更好的眼光，他早就该怀疑斯特基斯了。见后者对克尼要求了解美国船只在中国海岸地区进行非法贸易的情况的回复。U.S. Cong.，26：1，Sen. Exec. Doc. ＃139，36-37，1843 年 4 月 20 日斯特基斯致克尼。

② Paullin，*American Voyages*，89，以及 John King Fairbank，*Trade and Diplomacy on the China Coast*，*1842-1854*（1953，one vol. ed.，Cambridge，Mass.：Harvard University Press，1964），136-137。

③ Paullin，*American Voyages*，90.

④ 见裨治文在 *Chinese Repository* XI（June 1842）第 329-335 页的文章。他早就拥护美国在中国采取更强硬的手段。

中那样，仍充当着与官方交流的渠道了。①

5月16日，祁𡎴答应了克尼的所有要求。② 在这件事情上，就像克尼的其他事务一样，他和巡抚都保留了相当程度的弹性。双方都随时准备同意对方有效的请求，并且在有必要维持和谐关系时，也会作出让步。③

当"星座号"停泊在黄埔时，克尼意外地接待了中国吴将军（Admiral Wu）的来访。后者在查看过两艘船只以后，留下了深刻的印象，后来他向朝廷建议，中国要修建西式的海军。④

胜利完成了黄埔的事务以后，克尼准将于6月中旬回到了澳门航道。9月，他在那里知道了《南京条约》签订的消息，鸦片战争结束了。克尼把一份条约条文的复本连同具有他个人风格的公文，让准备回国的德兰诺带回去。在这份报告当中，克尼指出，在之前的5月份，他建议指派一个

> ……代办来到中国沿海地区为美国的利益服务——这个人跟贸易没有关系；而且，我们那些大的战船出现在这里的话，可能会有益处，给中国人留下深刻印象，让他们尊敬美国。⑤

在缺少这样一个代办的情况下，克尼宣称他意图"获取一些没有反映在条约中的中国政府在这样新的情形下对美国人态度的信息"。

---

① U. S. Cong., 29: 1, Sen. Exec. Doc. ＃139, 9-10, 1842年4月27日克尼致 Lieutenant J. B. Reynolds。

② U. S. Cong., 29: 1, Sen. Exec. Doc. ＃139, 12-13, 1842年5月16日, "An official reply to … the Commodore, by Ke"。

③ U. S. Cong., 29: 1, Sen. Exec. Doc. ＃139, 17, 1842年6月23日克尼致德兰诺。又可见 Alden, *Lawrence Kearny*, 149-150。

④ Earl Swisher, *China's Management of the American Barbarians* (New Haven, Conn.: Far Eastern Publications, Yale University Press, 1953), 93-95.

⑤ 1842年9月23日, U. S. Congress 29: 1, Senate Executive Document ＃ 139 (1846年2月16日), 20。在过去的半个世纪中，许多领事、传教士、商人和海军军官都对美国政府提出了这项建议。

15天之后，克尼给祁𡎴写信，信的开头是这样称呼自己："克尼准将，美国舰队总指挥官"，似乎是要给巡抚对他能控制的权力留下印象。他指出《南京条约》已经签署了，然后他要求对方注意到"美国的商业利益"，他希望这能够"与最受优惠的国家的商人置于同样的立足点上"。不过，克尼写道，他不会"在这个时候强加这个问题……对目前存在的善意而友好的谅解表示信任"。①

一个星期以后，祁𡎴回复说：

> 我们绝对不允许美国商人来到以后只能得到一根干木棒［那就是，他们的利益将受到关注］。我作为巡抚，不会不上承皇上怜悯远人之苦心。②

简而言之，他对自己的友谊做出了承诺。要强调的是，祁𡎴没有权力代表皇帝对美国人做出任何承诺，因此没有给予美国人最惠国待遇，尽管克尼的子孙曾如此宣称。③巡抚大人只是回避了这个问题。

---

① U. S. Cong.，29：1，Sen. Exec. Doc. ＃139，21，1842年10月8日克尼致广州巡抚。

② U. S. Cong.，29：1，Sen. Exec. Doc. ＃139，21-22，1842年10月15日耆英致克尼。

③ Thomas Kearny，"The Tsiang Documents，" *Chinese Social and Political Science Review* 16（1932）：75-104；"Commodore Kearny and the Open Door，" *New Jersey Historical Society Proceedings* 50（1932）：162-190；"Commodore Kearny and the Opening of China to Foreign Trade，" *T'ien Hsia Monthly* 3（November 1936）：323-329. 克尼先生的作品是对他值得尊重的先人的顽强捍卫，但是蒋教授的作品——克尼先生（纽约的律师）所攻击的对象，是无可辩驳的。见蒋廷黻，"The Extension of Equal Commercial Privileges to Other Nations than the British after the Treaty on Nanking"，*Chinese Social and Political Science Review* 15（1931）：422-444；以及他的"A Note in Reply"，*Chinese Social and Political Science Review* 16（1932）：105-109。蒋廷黻的观点是，克尼的外交举措只是将美国方面的诉求列入到了中国政府的议事日程中，后来中国政府决定，出于自身的理由，给予所有外国人同等的权利。Caleb Cushing对此完全没有误解。在1844年8月16日，他写给美国政府的第85号公文中，他写道："就我目前可以收集到的所有档案看来，开放5个港口是形式与行动的一致，这是中国政府同时的举措。"

此后，克尼带领“星座号”前往马尼拉短暂停留，可能是让他的船员运动运动，他们在中国海域待了8个月，无所作为，开始变得很烦躁了。[①] 当他在1843年1月1日返回时，发现在他离开的期间，一群暴民攻击了商馆区，烧毁并且抢夺了当中若干家商馆，包括了琼记洋行的商馆。这些受损的商号要求克尼回到黄埔，为的是给他们不久之前向行商提出的索赔行动增加特别的力量。[②]

为此，克尼准将把他的旗舰驶入了珠江并且再次解决了争论的问题。清政府命令行商赔偿损失，这当然是非常不公平的。[③] 那些美国侨商——他们当中不少人的想法越来越像英国殖民者了——并非都赞同克尼的做法。特别是约翰·赫德，提出了很多的批评。当克尼最终在1843年5月2日离开时，赫德指责他是“偷偷溜走”的，并且指责克尼代表他的商号给巡抚的备忘录是“温吞水”，没有那种“坚定且具男子汉气概的口吻”，假如年轻的赫德是一个海军准将而不是鸦片走私者的话，这种口吻他大概是会有的。[④] 他的商号——琼记洋行更有理由向准将抱怨说，行商们多半已经没有了支付能力，他们无论如何也没有犯冒犯美国人的罪行。[⑤]

大家曾经激烈地争论过有关克尼的成就，不过从稳妥的角度而言，说他至少创立了几个先例是不为过的：他积极地反对美国人参与鸦片贸易；他运用海军力量去强加美国人的要求；他坚持使用有尊严的、官方的沟通渠道；他知会中国

---

① 在海军档案馆（Naval Records Collection）中保留了由船上的军校见习生John C. Beaumont记录的这次航行的记录，NA，RG-45。

② U.S. Cong.，29：1，Sen. Exec. Doc. ＃139，24 and 26，1843年1月5日琼记洋行致克尼（两封信件），以及John Heard的“1891年日记”，31，HP。

③ U.S. Cong.，29：1，Sen. Exec. Doc. ＃139，1843年3月15日克尼致耆英，以及1843年3月17日耆英致克尼。

④ 1843年5月30日约翰·赫德三世致其父亲，HP。

⑤ 1843年3月18日琼记洋行致克尼，HP。

政府，美国政策的目标是要取得“最惠国”待遇。

就像许多在他之前的美国政府代表那样，尽管克尼之前接收到了相关的指令，他还是不得不充当外交的角色。虽然他没有参与谈判，但他留了在那里，而且更重要的是，他与巡抚间的通信肯定是对美国政府有利的。因此，祁埙在一次通信中误以为克尼是全权代表就不足为奇了，[①] 克尼马上纠正了这样的误解。[②]

中国政府扩大了最惠国待遇的范围

就在克尼离开中国海岸之后数月的 7 月 31 日，巡抚和钦差大臣耆英宣布了一个重大消息。[③] 后者宣布，他们接到了朝廷的命令，将英国在《南京条约》中享有的特权给予所有的外国人。并且，钦差大臣宣布，他要“仔细考虑并且解决对每个国家的规定，只能允许他们在五口通商……至于福州、厦门、宁波和上海四个口岸，将采用与在广州相同的法律”。他还希望知道，美国是否会在新开放的口岸派驻领事官员。[④]

这是美国人一直等待着的消息，是侨民们的主要目标，这使得后来顾盛的出使高潮突降。不过，要认同一些历史学

---

① U.S. Cong., 29: 1, Sen. Exec. Doc. # 139, 32-33, 1843 年 3 月 17 日耆英致 Kearny。

② U.S. Cong., 29: 1, Sen. Exec. Doc. # 139, 33-35, 1843 年 4 月 13 日克尼致耆英。

③ 耆英是王族，他参与 19 世纪 40 年代早期所有涉外条约的谈判。

④ 在此要再次强调，这一最惠国待遇并非克尼所取得的成就。这是中方既定的政策。事实上，“平等待遇是中国传统的政策中以夷制夷的先决条件……这使得中国在没有意识到问题的严重性之前，就认可了最惠国条款”。见 John King Fairbank comp., *Ch'ing Documents*, 2d ed. (Cambridge, Mass.: Harvard University Press, 1958), 38。这条来自耆英的消息是 7 月 31 日收到的，根据的是 P.S. Forbes 的 “Journal”，虽然该信件的日期是 8 月 1 日。

家的说法，认为派遣该使团是毫无必要之举，[①] 则未免过于简单化了。还有很多问题有待解决，最明显是人身安全问题。

如今英国人已经拥有了香港，他们可以采用葡萄牙人在澳门的做法。任何人被指控在中国犯罪，如今都可以交给殖民地官方来审讯，但这不是反殖民地化的美国人愿意走的路。中国沿岸地区的贸易问题、传教的权利、对未来平等待遇的保障、政府间的沟通，还有领事对于走私者的责任等问题，以及其他一些小的问题，都有待讨论。随着《南京条约》生效，大家发现有必要进行多方面的调整，这些调整是如此之多，以至于中英双方的使节璞鼎查爵士（Sir Henry Pottinger）和耆英草拟了《虎门附约》并于 1843 年 10 月 8 日签署。这份文件以及附加的《五口通商章程：海关税则》，对于美国人来说，至少与《南京条约》同等重要。在新的条款中，认可了清皇帝将平等待遇推广到所有的外国人，还有享受最惠国待遇的国家范围的扩大。根据当时的外交原则，当英国人把平等对待的条款写入了条约，而美国人将之作为中国政府的免费赠品来笑纳，那就是非常不智了。正如在前条约时代经常发生的那样，给予的东西，是可以被剥夺的。更加有效的外交措施，是谋求一份得到商人认同的并且按合理程序得到批准的基础坚实的条约。[②] 无论如何，英国此时已经向中方榨取了一份条约，很难期待其他的国家会满意于较之更少的优待，更别提这个时候整个美国正对贸易有很大的兴趣，并且民族虚荣心也在膨胀之中。

---

① 见 Kenneth Ch'en，“The Cushing Mission，Was It Necessary?”，*Chinese Social and Political Science Review* 23（April 1938）：3-14。陈教授提出了这样的观点，并且是无意识地重复了 1844 年春的时候，巡抚程矞采向顾盛提出的同一个问题。

② Edward Everett 为这次使团申辩，理由是它的“普遍的谨慎”。见他在致顾盛的信件中所节选的他本人写给总统的信件，1844 年 6 月 1 日，顾盛档案，LC。

筹备出使

美方中的反对意见

就在克尼尽力执行下达给他的不完善的命令时，在华盛顿，有关中国问题的备忘录在一大堆给国务院、总统以及各位议员的陈情书和意见信中几乎没有引起人们的注意。许多其他的事务似乎更加重要。范布伦（Van Buren）总统在1840年的选举中落败，而新的辉格党政府仅成立一个月，当选的总统哈里逊（Harrison）就去世了。副总统泰勒（Tyler）接管了政府，这给辉格党带来了致命的后果。泰勒是来自南方的庄园主，他已经不再像约翰·C. 卡尔宏（John C. Calhoun）那样偏向于支持商业的北方辉格党的计划了，他当初是跟随着卡尔宏脱离民主党的。[①] 在哈里逊去世之后不久，泰勒就和克雷（Clay）产生了分歧，到了9月，在对辉格党的两项议案实现了否决权之后，建立产生了新的国家银行，这是辉格党议员与总统决裂的一个组织。除了正深陷在与英国进行的非常重要的维伯斯特—阿什伯顿条约（Webster-Ashburton Treaty）谈判中的国务卿维伯斯特以外，整个内阁辞职。最后，当时最明显的经济状况，是由于1837年的经济恐慌而造成的波及全国的经济倒退，由于他们的注意力被这些压力重重的国内事务所转移，似乎只有少量的国会议员在考虑对华政策的问题。当中一个是马萨诸塞州的代表，他从孩童时代开始就与中国贸易有着密切的关系，他就是卡勒布·顾盛。尽管他有如此的家境以及人事关系，他本人却是一个民主党的行政官僚——第26届国会中非常特别的一个人物。早在1839年2月7日，为了回应广州侨商的备忘

---

① 最后，泰勒任命卡尔宏担任国务卿（1844-1845）。

录，顾盛采取行动，要求国会留意在华美国侨民的利益。在他的动议中，顾盛小心谨慎地把他的选民放到了天使的一边：

上帝禁止我有这样的想法……保留着卑劣的贪婪和暴力以及对所有的法令——世俗的或神圣的——高压违反，这些都是英国人在中国海域的行径的特征，不管他们是个人还是集体的行动。[①]

约翰·昆西·亚当斯，约1844年。帆布油画，乔治·加勒布·宾汉姆（George Caleb Bingham）画
美国国家肖像艺术馆供图

这使得议员们收到了3份关于中美关系的报告，两份来自国务院，分别是1840年2月24日[②]和1841年2月25日[③]签发的，另外一份是由财政部在1840年7月1日签发。[④]这已经满足了大部分国会议员和政府的要求，但对于前任总统（现任国会议员）约翰·昆西·亚当斯来说，还不足够。

① *Congressional Globe* VIII，275.
② U. S.. Cong. 26：1，H. R. Doc. ＃119.
③ U. S.. Cong. 26：2，H. R. Doc. ＃71.
④ 包括在U. S. Cong. 26：2，H. R. Doc. ＃71之内。

作为美国最好的外交家之一，亚当斯在他的故乡马萨诸塞享有很高的声誉。他牢牢抓住美中关系不放，部分的是因为他与美国国内许多大的中国贸易商人间的关系，也因为他与几个传教士的关系。在1821年特拉诺瓦事件（Terranova affair）发生时，亚当斯作为国务卿收到了相关的报告。①

亚当斯小心地翻阅了美国的档案。他发现了关于行政不足的报告并且要求（在1840年12月16日）递交补充报告，补充报告在1841年2月25日发出。此外，亚当斯在投入到中国事务之前，还仔细阅读了英国国会档案。在1841年11月21日向马萨诸塞州历史学会发表演说之前，他在日记中承认，他对于鸦片战争的看法是“与目前普遍的看法如此背道而驰，我预见到会给自己招来一场风暴”。事实确实如此。

这篇演讲稿之前曾由亚当斯本人大加斧削，花了他1小时20分钟才读完。在他谈话的过程中，亚当斯宣布了他的信念：

> 造成战争的原因是叩头！中国人那种傲慢的、不可以支持的自负，以为它可以控制其余人类的贸易往来，不建立在平等互利的条件上，而是建立在领主和附庸之

---

① 见本书第162-165页。好几个早期的研究者认为，亚当斯在1841年的立场应该与特拉诺瓦事件有关。见Dennett，*Americans in Eastern Asia*，106，以及Foster Rhea Dulles，*The Old China Trade*（Boston：Houghton Mifflin Co.，1930），182-183。同样是在亚当斯担任国务卿期间，曾经有过与中国皇帝直接联系的尝试。乔纳森·罗素（Jonathan Russell）——商人兼地位显赫的马萨诸塞州民主党人，向门罗总统建议，直接给中国的天子写信。罗素甚至草拟了他提议要写的那封信。1822年4月16日，亚当斯在他的日记中写道：“我拿着不同的文件到了总统的办公室……我把打算以总统的名义给中国皇帝写的信念了给他听。它听起来非常地低俗谦恭，其卑躬屈膝地献媚让我越来越反感。总统也不比我更喜欢它。他让我另外草拟一份。”到了29日，罗素来取走了总统的信件，以及一封由亚当斯写给两广总督的信件。他宣称他更喜欢亚当斯的稿子，但令人怀疑的是，这两封信件是否被送了出去。不仅因为这是关于两封信件唯一的记录，而且因为这次会面使得亚当斯和罗素之间产生了激烈的摩擦——这个裂痕所造成的宿怨使得亚当斯几乎毁了罗素诚实的名声。见Charles Francis Adams，ed.，*Memoirs of John Quincy Adams*（Philadelphia，1876），V：491 and 504。

间的令人受辱且贬低人身份的形式上。[①]

亚当斯称，弗朗西斯·帕克曼（Francis Parkman）、阿博特·劳伦斯（Abbott Lawrence）以及另外几个人在座谈会之后与他友好地进行了讨论，但是到了下一周，他之前预言的风暴爆发了。尽管亚当斯有着精确和学者风格的名声，编辑约翰·G. 帕尔弗雷（John G. Palfrey）还是拒绝了在著名的《北美评论》（*North American Review*）上刊登亚当斯的文章，虽然他此前曾采纳了这篇文章。[②]

在美国，显然鸦片战争是个热门话题，甚至在波士顿——人们可能找到对英国的出发点有同情心人的地方——也是如此。虽然很多人还记得1812年战争，但一般而言，波士顿和马萨诸塞州在这场争执中并不那么的爱国。事实上，在联盟各州中，新英格兰在很长的时间里都是支持英国的地区。鸦片显然导致使英国在中国采取行动不受欢迎的原因之一。约翰·昆西·亚当斯大概应该省口气而不是要说服他的听众相信，最根本的问题不是鸦片，而是中国的朝贡制度。

早些时候，伯驾曾经提议亚当斯应该成为美国派驻中国的使节。伯驾在1840年夏末离开了广州，在那之后，他非常积极地投入到了在国会游说的活动中。[③] 他造访了国务卿约翰·弗西思（John Forsyth）和范布伦总统，但是那个时候他们都自顾不暇。伯驾又对丹尼尔·维伯斯特、亨利·克雷、

---

① Adams, *Memoirs*, XI: 30-31.

② *CR* IX (May 1842): 281. 这是我所仅知的对整个事件的说法。可参见第274-289页。这里的评论是说，由于形势的不同而造成了观点的差异，《北美评论》（*North American Review*）应该拒绝这篇文章，虽然在中国沿海地区出版的一份传教士杂志刊登了它。

③ 在动身前往华盛顿之前，伯驾在给他姐姐的信件中谈到了他的计划："我的目标是使我在中国侨居所获得的信息能够传递给我们的政府，如果可能的话，引起它的兴趣，在这当口做些事情，与对方的政府建立友好的关系……也许是充当他们和英国人之间的中间人。"见 George Barker Stevens and W. Fisher Markwick, *Life, Letters, and Journals of the Rev … Peter Parker* (Boston & Chicago, 1896), 182-183。

亚当斯、哈里逊总统等人表示了敬意，在哈里逊去世之后，他又与泰勒总统取得了联系。伯驾至少与维伯斯特会面3次，很快就与维伯斯特的家人熟络起来了。1841年3月29日，他与海丽特·柯尔比·维伯斯特（Harriet Colby Webster）小姐成婚，她是国务卿的堂妹。[①] 在与这些人的谈话中，伯驾公开宣称“不要让任何机会溜走，要让政府方面行动起来以维护美国在远东的需要”。[②] 他还与其他有相当政治影响力的人进行了谈话，当中包括了高等法院法官斯托里（Justice Story）、弗雷林汇森大法官（Chancellor Frelinghuysen）以及里弗斯·绰特（Rufus Choate），还有其他一些人。此外，他还在国会会议期间进行了布道，并且在东海岸四处旅行，为他在广州的医院筹款。考虑到他的时间以及他宣传的效果，我们很难想象有比伯驾更具效率的宣传家了。

伯驾的积极活动，以及其他传教士及其盟友持续不断的个人及他们作品的影响，持续施压，大概与主政者（特别是维伯斯特）对此问题感受的压力一样。无论如何，这不会凌驾于主政者的良好判断力之上。在首次见到伯驾的时候，维伯斯特要求这位年轻的传教士递交一份书面报告书，澄清他的观点。伯驾马上答应了这个要求。他的意见书写于1841年1月30日，当中包括了最著名的建议，美国应该派遣“一个全权大使，毫不拖延，直接前往道光皇帝的朝廷”，因为战争会摧毁旧的秩序，来自美国的使节应该在现场帮忙建立起新

---

① 据说她与国务卿的关系非常亲密，虽然她并不是真正的亲戚，她和国务卿似乎认为他们是有血缘关系的。这似乎是旋风式的约会，伯驾夫妇在认识不到3个月的时间就结婚了。这一年稍晚的时间，国务卿给伯驾写了几封致重要人物的介绍信，帮他在英国筹款。见 Peter Parker，*Statements Respecting Hospitals in China*（Glasgow，1842），3。

② Fuess，*Life of Cushing*，I：405-406. 又见 George B. Stevens and W. Fisher Markwick，*The Life，Letters，and Journals of … Peter Parker，M. D.*（Boston，1896），253，以及 Edward V. Gulick，*Peter Parker and the Opening of China*（Cambridge，Mass.：Harvard University Press，1973），96-108。

的贸易秩序以及普遍性的国际关系。他还敦促国务卿尝试调解纷争。维伯斯特和亚当斯是对伯驾印象深刻的两位政治家，他们都迅速地回绝了调解的建议。他们也都不认为派遣使节的时机已经成熟了。事实上，伯驾的大部分建议已包括在一年前由商人递交的陈情书中。中国政府真心实意地要终止鸦片贸易、中国人很可能会完全停止贸易、官员们常常是腐败的以及美国人在鸦片贸易中是“有限度地”参与，有一些商人强烈地反对鸦片贸易等，也不是什么新闻了。此前维伯斯特可能就已经受到触动，美国不是殖民政权，可能有助于在与中国的谈判中获取利益。不过，伯驾的建议中更加不同寻常的，是选择亚当斯担任使节。

但是亚当斯对此不感兴趣，而且他也不认为在战争还继续进行的时候，美国应该派遣使节。外交方面的努力应该等到战争结束之后才进行。波士顿—撒冷商人们提出的更加谨慎的建议占了上风。

这并非暗示商人和传教士当中对于美国政策的分歧十分明显。分歧很大一部分在于鸦片贸易还有英国军队的行动。鸦片贩子以及其他没有公开指责鸦片贸易的人通常认为英国人是公正的。甚至有些指责英国人发起战争，并且指责鸦片贩子进行不道德贸易的人，也很高兴看到那些高傲的中国官员被贬低。另一方面，正如亚当斯已经发现的那样，美国的公众舆论同意的是大部分传教士以及他们那些商人盟友——认为这场战争是要将有害的产品强加给不情愿的人民的丑陋的企图——的意见。[①]

---

① 尽管传教士欢迎战争的结果，这种观点还是被人们采纳了，有好几个传教士甚至在之前几年，就已经呼吁使用武力。见 Peter W. Fay，“The Protestant Missionaries and the Opium War”，*Pacific Historical Review* 40 no. 2（May 1971）：145-161。Murray Rubenstein 在最近提出了更强烈的观点，见氏著“The Wars They Wanted：American Missionaries' Use of *the Chinese Repository* Before the Opium War”，*The American Neptune* 47 no. 4（Fall 1988），271-282。

一旦战争结束，在广州，这些分歧意见更加模糊了。每一个人——不管他们对待英国和鸦片贸易的态度如何——都迫切地要抓住中国被迫开放所提供的机会。危险的消除，使得甚至是鸦片贩子也开始缅怀旧日时光。例如，奥古斯丁·赫德和保罗·S. 福士，分别表达了对中国人的同情以及对英国人的厌恶，是英国人使得他们有可能回到创造了他们财富的不名誉的老勾当上去。①

当敌意消除时，在美国的政策上，正如在其他事务上一样，群体就会更加团结。唯一的例外是美国政府对鸦片贸易采取的态度。即使是在这个问题上，能够产生某种一致很大程度上也是因为围绕着这个问题产生的种种疑惑。在 1838 年发表于《中国丛报》的文章中，查尔斯·W. 金——同孚洋行中充满怨恨地反对鸦片贸易的合伙人——呼吁要撤销对鸦片贩子的领事保护。② 这样的做法，在当时正在进行的中国人的禁烟运动中，可以调适为对之的支持。不过，随着中国人的失败，整个形势发生了新的变化。《南京条约》所附加的《五口通商章程》声称，“英人华民交涉词讼，其英人为何种罪，由英国议定章程、法律，发给管事官照办”。③ 虽然这款条文非常含糊不清，但是它还是包括了治外法权，意味着在广州的侨民就不会受到损失了。假如领事打算推行中国的法律，鸦片贩子就要失去其生计，哪怕不是其他更宝贵的东西。因此，金争辩说美国官员应该采取中立的立场，对于他们来说更加有说服力。此外，大家对克尼准将还记忆犹新。他们

① 见 Paul S. Forbes，“Journal”，1843 年 4 月 9 日及 1843 年 7 月 26 日，FP，以及奥古斯丁·赫德在 1843 年 1 月 24 日致 Thos. H. Perry 和 1843 年 5 月 11 日致在汉堡的 A. F. Seebohm 的两封引人注目的信件，HP。见本书第 195-196 页。

② Charles W. King，“Application of the Power of the Consuls of the United States of America,” *CR* VI (March 1838)：497-527.

③ 《五口通商章程》第十三部分。

分辩说，美国政府应该远离鸦片贸易，既不赞同也不反对。至于说推行中国的法律，他们说，那是中国人自己的事情。

领事裁判权提供的是两个世界中最好的方案。美国商人可以得到保护而不必履行遵守中国法律的责任。与此同时，传教士占有了在原来的内地禁区成就自己事业的宝贵财富。他们似乎不明白美国鸦片政策中权力关系转变所带来的问题。因此，他们在这样严峻的论题上越来越多地与商人在同一个方向上对美国政府产生影响。

政府行为

维伯斯特并不仅仅为商人及传教士所动。似乎在他研究过《南京条约》的条文之前，他都没有任何行动。在任何处于维伯斯特地位的人看来，在《南京条约》签订之前要派使节前往中国是冒进的。消息灵通人士都意识到了中国的隐士般的政策，所有与北京建立联系的企图都归于失败，显然也无法令人鼓舞。因此，维伯斯特不愿意派出使团并不奇怪。晚至1841年9月16日，泰勒总统向伯驾承认，由于怕遭到拒绝，到那个时候为止，向中国派遣使团的事情还毫无进展。[①]

有关《南京条约》的新闻很快就驱散了官方的疑虑，甚至在之前持怀疑态度的以美国为基地的商人当中，也引起了对出使中国一事的兴趣。假如中国开放，美国至少可以稳获与它的主要对手同样的待遇。1842年圣诞节之后2天，国会议员顾盛给总统写了一封信，呼吁“向中国派遣美国的特派代表，根据有关指示，代表美国进行有关商业的安排”。从信件内容来看，他显然非常熟悉《南京条约》的内容，并且理解就有约束力的双边协定进行谈判的理由。[②]

3天之后，泰勒总统要求国会拨款，以供“代理人在中国居

---

① Stevens and Markwick, *Life of Peter Parker*, 220.

② Fuess, *Life of Caleb Cushing*, I: 407.

留，小心地留意美国公民的利益，并且保护他们的人身和财产安全，授权他与司法当局进行交涉”。①

如今维伯斯特写下了这条信息，② 在他的措辞中可以看出来他的犹豫不决与漫不经心。他显然意识到他不能指派一个公使，因为中国人还没有接受这样的官员。驻外的执行官（resident commissioner）看起来似乎是一种妥协，但即使这点也是模棱两可的。中国人从来没有接纳过“大班”以外的人员。璞鼎查爵士不过是英国的全权代表，这样的称号没有暗示着要在中国居留。幸亏英国人得到了香港，③ 璞鼎查的身份才可以略而不提。美国的代表官员无法那么轻易地回避这个问题。

丹尼尔·维伯斯特，1846年。帆布油画，乔治·彼得·亚历山大·希利（George Peter Alexander Healy）画　美国国家肖像艺术馆供图

新的一年1月的最后一周，国会外交事务委员会的报告对总统的要求表示赞同。④ 3月3日，经过修改之后，这一要

① U.S. Cong.，27：3，H. R. Doc. ＃ 35. 不过，是亚当斯在次年1月24日提出了法案，要求拨款4万元来进行这次行动。

② *Works of Daniel Webster* (Boston，1856)，VI：463，脚注。

③ 英国和葡萄牙的官员分别居住在香港和澳门。只有领事官员才可以在广州居住，在次年7月31日美国驻广州的领事馆接到的朝廷命令，甚至提到除了领事外，不能有其他的侨民。

④ 1843年1月24日；U.S. Cong.，27：3，H. R. Report ＃ 93。

求得到了国会通过。[①] 部分地由于泰勒总统在国会不受他自己的党员的欢迎，这项法令被粗暴对待。假如不是因为维伯斯特与顾盛和强势的东北部辉格党人的关系，向中国派遣使团可能要等到下一届国会的时候——那是扩张主义者波尔克（James K. Polk）的议会。在这届国会会议的最后一天，该项法令直到午夜才获得通过。

主要反对者之一是密苏里州参议院托马斯·哈特·本顿（Thomas Hart Benton），他既非辉格党也不是国务卿维伯斯特的崇拜者。他宣称，这项任务“就任何公共目的来说，都是毫无必要的”。他指责这是“一个处心积虑的骗局”，并且非难维伯斯特企图给自己创造一个美国驻英国公使的职位。[②] 正如我们现在所知的那样，本顿的指控虽然言词恶毒，但却是完全正确的。维伯斯特很清楚，他不可能在一个原则与自己越来越背道而驰的行政机构内长时间逗留。时任驻英公使的是爱德华·埃弗雷特（Edward Everett），收到了让他前往中国的提议。埃弗雷特让这个计划半途而废，因为他拒绝了前往中国的提议，这使得维伯斯特要短暂地离开公众生活。因此，前往中国的任务就落到了美国国内最熟悉中国问题的

---

① U.S. Cong., 27：3，H. R. Report ＃ 93. 又见 *Cong. Globe* XII，323、325 和 391。这份报告也在 *Statutes at Large*，24-28，*Cong. Globe* XV：624 中可查到。在给外交事务委员会的报告中，约翰·昆西·亚当斯对中英关系进行评价的方式，与他之前在马萨诸塞州历史学会作演讲时大同小异。他心目中对于派遣使团看法的改变，是意识到《南京条约》之后，“用和平与友好方式，中国皇帝的荣誉、兴趣和骄傲将很快退让给别的国家，还有与英国人用武力从他那里攫取的与其政府往来的同等权利”。

② *Cong. Globe* XII：391. 又见 Thomas Hart Benton，*Thirty Years' View*（New York，1863），II：514。稍后，当他强调中国贸易对于修建美国大陆铁路的重要性时，本顿也不小心地暴露了他自己的合伙人的关系。见 Henry Nash Smith，*Virgin Land*（1950；reprint，New York：Vintage，1957），23-34。

人身上，那就是卡勒布·顾盛。[1] 讽刺的是，顾盛和埃弗雷特是密友且互相通信。

使团的构成

顾盛来自马萨诸塞州伊塞克斯县（Essex County），他的父亲约翰·纽麻奇·顾盛（John Newmarch Cushing）来自纽伯里波特（Newburyport）。他父亲对东印度的贸易使他从孩童时代开始就已熟悉中国贸易的状况。他在13岁的稚龄就已进入哈佛大学，并且在20岁那年拿到了硕士学位。更重要的是，他与很多中国贸易商人和在华传教士很熟络。[2]

加勒布·顾盛，美国首位遣华使节，约1845年。《望厦条约》谈判者。从中国回到美国后，顾盛显然把胡子剃了。这幅肖像是在他回国后不久画的，他的大胡子不见了。他看来正在留着更为传统的新英格兰船长式的胡子。纽约的 T. Doney 刻板　老纽伯里（Old Newbury）历史学会供图

---

① 亚当斯对选择顾盛担当出使中国的任务，大为恼怒。在亚当斯看来，顾盛对泰勒的支持，证明了他的腐败，是变节的人，甚至更糟糕。亚当斯对他敌手的判断，几乎没有温和的意见。见 Charles Francis Adams, ed., *The Memoirs of John Quincy Adams*, *Comprising Portions of His Diary from 1795 to 1848* (Philadelphia, 1876), XI: 388。国会碰巧正在休会期间，因此直到1844年6月17日，这项任命才得到参议员们的批准，而这个时候，在中国的谈判已经深入进行了。

② 在他出使中国的时候，他的哥哥威廉参与了太平洋的贸易。顾盛在火奴鲁鲁给他写信，托家中亲密的朋友乔治·布朗（George Brown）转交。他曾经是约瑟夫·柯立芝的同班同学，柯立芝之前是旗昌洋行的合伙人，从1840年开始是琼记洋行的合伙人。他是约翰·帕金斯·顾盛的远房侄子，认识不少其他侨居广州的商人。一个前辈历史学家宣称，顾盛本人作为"海外贸易商号顾盛商行（Cushing and Company）的成员"参与了太平洋的贸易，但我无法证实这一说法。见 Cornelius J. Brosnan, *Jason Lee: Prophet of the New Oregon* (New York: Macmillan Co., 1932)，第224页，脚注28和第277页。

就美国的传统而言，他是古典的新英格兰类型的人——克己的、清教徒式的学者—政客，在其书卷气、兴趣、习惯、廉正及不随波逐流等方面，他与约翰·昆西·亚当斯不可谓不相像。顾盛几乎就是新英格兰人的典型。他保守、厉行节约、有着缜密的个人规条、严格守时、细致而有条理，并且，虽然他没有着眼于从商，但他却有着相当的经商才能。[①] 根据马克斯·韦伯将加尔文教派与资本主义联系起来的理论，很容易就可以看出来在顾盛身上这两种传统的结合——一个世俗化的新教徒。在唯一神教派运动时，他持的是宗教保守派的观点，是韦伯所说的“俗世修道派”(worldly asceticism)，[②] 结合着他的意识、雄心还有巨大的精力，他作为一个成功的检察长而投身政界。他比富兰克林更有宗教性而比爱德华兹更加入世，受过优良的教育、阅读广泛，并且是一个非常多产的作者，卡勒布·顾盛大概是在美国可以找到的代表国家前往中国处理在华的首批正式事务的最合适人选。

消极方面，我们不得不注意到顾盛的扩张论倾向——美国政策的这个方面让很多历史学家痴迷到了欲罢不能的程度。

---

① 从他的传记作者引用的一些文字中，表达了这些看法。他有着“专心致志的能力”以及“对秩序、准确和守时的偏爱，这标明了他不喜欢任何情况下对时间与精力的浪费。他是那么有条不紊，以至于每事每物都是手到擒来……他将所有的信息都分类且归档存放”。“他非常痛恨把书放在书架外的地方，或者是上错了架。”“他总是很守时，几乎是精确到了秒。”虽然他并不势利，但是他“不能毫无保留地与其他人打成一片，甚至没有人会跟他非常熟络……即使是在他比较温和的时候，他看起来还是非常地正经和严肃”。他非常地吝啬，特别是到上了年纪以后，当“他把母亲的所有小物件都放到了一个房间里面”的时候，更是如此。“顾盛根本不在意那些无聊的行径或者是放荡的生活，他认为这些都是脆弱个性的表现。”他没有“古怪的聪明”，也不会“打小报告”。他“恪守传统以及笃信宗教”，并且“他身上有着某种罗马人的严厉与冷漠”。他“相当冷漠而聪明”。见Fuess，*Life of Caleb Cushing*，多处，特别是第2卷第18章，第386-424页。

② Max Weber，*The Protestant Ethic and the Spirit of Capitalism*，trans. Talcott Parsons (New York: Charles Scribner's Sons，1958)，193-194，脚注。

他可以是波尔克（Polk）帝国主义政策的支持者，并在后来支持夺取古巴。他可以在对墨西哥战争期间充当将军，并且在民主党的国内政策中，他的建议占了上风。此外，他还是他的敌手们所说的“甜圈脸”（Doughface）——身为北方人却有着南方人的观点。虽然他没有支持奴隶制，[①] 他却捍卫南方人对他们奴隶的所有权，大体上也同意罗杰·唐尼（Roger Taney）在德雷德·斯考特（Dred Scott）一事上的决定。他对于反蓄奴运动的不同意见，是建立在他对联盟的支持以及他对于司法的保守观点之上的。像许多其他19世纪中叶的温和派那样，他很快就要在南方的反应与北方的激进行动两极之间进行痛苦的选择了。[②]

对出使中国的目的来说，要注意到顾盛的个人品格代表着美国人的特性，这种特性的功用后来证明是非常重要的。在顾盛出类拔萃的三个领域——法律、新闻业和政治，美国的文化精神都是强调竞争，与对手作斗争来取得胜利。顾盛完成出使中国任务的方法，与他完成其事业中的其他任务一

---

① 他也不是急进派。他为《北美评论》所写的首批文章之一，谈论的是海地问题。写这篇文章的目的之一是要说明，黑人并非不聪明。事实上，他曾经写过一篇文章，坚称奴隶制是蓄奴社会道德沦丧的表现。

② 作为皮尔斯（Pierce）政府中的总检察长，顾盛是政府中最有权势的人之一。只有国防部长杰弗逊·戴维斯（Jefferson Davis）和国务卿威廉·L. 马西（William L. Marcy）可以与他匹敌。1860年他被在查尔斯顿召开的民主党全国大会提名为主席，他尽全力要使该党团结，但是南方的极端主义者并不愿意如此。虽然他也是数周之后巴尔的摩大会的主席，他却转而支持布雷金里奇（Breckinridge），希望能够使得联盟保持统一。只有在11月份共和党的获胜断绝了所有取悦南方分裂主义分子的机会之后，顾盛才开始成为林肯的支持者。

样，是一个在竞赛场上的挑战者。① 即使在开往中国的船上写公函的时候，顾盛还抽空写出了文章，为受到欧洲指责的美国种族歧视问题辩护，引用了欧洲人对待殖民地民族的状况来作为证据，说明在任何种族共存的情况下，一个种族对另外一个种族的服从是有必要的。② 简而言之，顾盛是作为一个辩护士而来到中国的，③ 他相信自己的任务就是要抓住所有机会去取得对中国对手的优势。这是一个带着罪孽的角色。他的任务是尽力为美国及其公民谋求最好的条款。大概没有人能比他做得更好的了。

在他被任命的时候，顾盛被看作维伯斯特“在马萨诸塞的政治荣誉中的继承人”，大概除了他对于泰勒的忠诚以及在奴隶制问题上的保守观点外，顾盛很可能会继维伯斯特之后而成为海湾州（Bay State）的辉格党领导人。无论如何，在他事业的这个阶段中，他依然是一个辉格党人，但是他与维伯斯特的亲密关系以及对泰勒的支持，几乎让他自己成了孤家寡人。他的传记作者指出，顾盛每周至少和维伯斯特共进晚餐一次，顾盛常常借钱给这位国务卿，他们还联合进行投

---

① 在很多个方面，为了能说明问题，我们不妨用时间倒错的办法来看卡勒布·顾盛就是保守的阿德莱·史蒂文森（Adlai Stevenson）。他有学究气、非常博学，并且来自富有且显赫的家族。他所受的教育是完美的，而他的政治生涯总是被他自己的诚实、温和以及坚守原则所破坏。他大概是他那个时代最被人误解的一个人，当然也是最值得充当公职的人。Fuess对顾盛的个人品格作了很生动的描绘，这些品格使得他在澳门的谈判中得益不少：“顾盛的博学是不同寻常的，也很追求完美。他天生的热心肠加上其他的一些特性，使得他能作出明智的决定。他的身心永远不知疲倦，黎明即起，而很少在午夜之前就寝。” “Caleb Cushing”，载于 *DAB* IV：628-629。

② 他在中国的经历大概也让他在首次阅读达尔文的《物种起源》之后就接受了当中的观点。

③ 哈罗德·尼克松（Harold Nicholson）爵士曾经辩论说，这是外交的实质。见他的著作 *Peacemaking，1919*（1933；reprint，Boston and New York：Harcourt Brace，1939），特别是第一章的第 1-10 页。又见拙文“Fair Game”，*Pacific Historical Review* 61（May 1972），133-149。

资。[①] 他的对手（不公平地）指责他是政治机会主义者，他们在摧毁当时最有前途的新英格兰政客的时候，取得了很大的成功。他刚刚从国会的席位上退了下来，也是泰勒可以在马萨诸塞找得到的寥寥无几的支持者之一。因此，无论是从政治上还是从他的才干以及对此所作的准备来看，对他的任命都是合理的。哪怕仅仅是因为他的被保护者顾盛是使团的正使，而他的儿子丹尼尔·弗莱彻·维伯斯特（Daniel Fletcher Webster）是使团的秘书，也足以能够使维伯斯特本人对这次出使大感兴趣了。[②]

使团中的其他成员多半是年轻人。坎恩大夫（Dr. Elisha Kent Kane）之前一年才从宾夕法尼亚大学拿到了医学博士学位。[③] 坎恩、维伯斯特和顾盛是使团内仅有的从政府那里领取报酬的成员。另外 5 个成员要么自行出资，要么用维伯斯特的话来说，是由其他人“为了这次庄严而重要的机会”而负

① Fuess, *Life of Caleb Cushing*, I：397-398.

② 弗莱彻·维伯斯特于 1833 年毕业于哈佛大学。当他父亲是国务卿的时候，他曾经是其私人秘书。1843 年 4 月 24 日，他被任命加入使团，当时人们相信正使会是爱德华·埃弗雷特。他在顾盛之前出发，不过在孟买与之汇合。

③ 在使团回国之后，坎恩继续留在澳门行医，但是到了年底的时候，他病倒了，被迫在 1845 年 1 月回国。在后来的日子里，他以在北极地区的探险活动而闻名于世。1857 年 2 月 16 日，他在哈瓦那遽然辞世，尚值英年，年仅 35 岁。见 William Elder, *Biography of Elisha Kent Kane* (Philadelphia, 1858)。

担费用的。[①]

弗雷彻·维伯斯特是伯驾夫人的堂兄，而且，他还拿着约翰·莫瑞·福士为他写给浩官（不幸地，在使团抵达之前，他去世了）和保罗·S. 福士的介绍信。坎恩医生与刚刚到达澳门正准备前往宁波的长老会传教士麦嘉缔医生（Dr. D. B. McCartee）在同一个月里出生在同一个镇上，而且都进入了

---

① 1844年5月8日，维伯斯特致顾盛的第二封信件。信件上罗列了政府为此番出使所提供的种种物品，还有出行信息等等。在 Dennett 的 *Americans in Eastern Asia* 一书中，部分引用了这封信件，第142页。

这些年轻人中的一个，是斯坦尼斯拉斯·赫宁茨（Stanislas Hernisz），他是顾盛的私人秘书，由正使大人支付酬劳。赫宁茨是波兰裔，有着惊人的语言天赋，在出航期间，他就熟练地掌握了葡萄牙语，而在使团结束时，他已经可以部分地阅读和书写中文。另外一个是来自纽约的约翰·R. 彼得斯（John R. Peters），他是顾盛政治盟友的儿子。在顾盛档案的"一般通信"部分中，有不少信件是老约翰·R. 彼得斯定期写给顾盛的信件，好让使节了解国内的政治变化。

乔治·R. 韦斯特（George R. West）是"一个有经验的绘图员"及艺术家，他把自己在广州及出航时的所见画了素描，并且发表了出来。那个时候的具有开创性的外交使团往往会包括一名艺术家。韦斯特很好地弥补了技术上的差距，因为他自己带上了一台"早期照相机器"，使用这台机器，加上他自己的绘画，他就可以支付旅费了。

除了此人是来自弗吉尼亚州的诺弗克（Norfolk）以及性格相当火爆以外，我们对罗伯特·L. 麦金托什（Robert L. McIntosh）所知甚少。他的父亲乔治·麦金托什在1844年8月3日给顾盛写信，说希望他的儿子能够得到随同出使的许可，"唯一的风险是我们南方的教育以及我们这些入世未深的年轻人的举止，他们总是过于喜欢自己的主意"，并且，他要求万一发生什么不幸事件的时候，要"像父亲般给予惩戒"。无论顾盛是否施行老麦金托什迟来的许可去管教这位年轻的随员，当他接到这封信的时候，他当然有足够的理由去那样做。就在他父亲拿起笔准备写信之前不久，小麦金托什向约翰·奥当奈尔（John O'Donnell）提出决斗。幸好奥当奈尔有好脾气，提出了道歉，抱歉自己的不当行为是因为喝了太多的酒。

约翰·H. 奥当奈尔是使团中最后一位自资前往中国的年轻人，他来自马里兰州一个显赫的家庭。他是哥伦布·奥当奈尔将军的儿子，他的祖父是一位爱尔兰移民——约翰·奥当奈尔上尉（后来是少校），他1784年曾指挥船只"帕拉斯号"（*Pallas*）从广州开往巴尔的摩。这艘船被在广州的山茂召少校和 Thomas Randall 租用，首次由美国航行至中国。奥当奈尔上尉在巴尔的摩定居，并且成为了这个城市的重要商人。年轻的奥当奈尔有着少校的头衔，他似乎与很多社会精英有着密切的交往。顾盛常常在重要的时刻用到他，并且让他充当与中国官方联系的信使。奥当奈尔还是保罗·S. 福士的私交，在条约谈判期间，成为了领事获取消息的主要来源。

宾夕法尼亚大学医学院。[①] 不过，最重要的是，从发挥影响力的立场来看，顾盛和维伯斯特都是新英格兰人，他们有很多商界的朋友，也有些传教士朋友。

在广州，使团增加了两个人手充当秘书，他们是裨治文医生和伯驾医生，都是传教士。裨治文还充当使团的牧师。顾盛在美国的时候，对伯驾医生“略有所知”，不过，经过在澳门共同度过的几个月之后，他们之间的关系更加密切了。[②] 两位传教士都给使团带来了在华的经验，大概还有一定程度上中方的许可。据说伯驾与参加谈判的中方官员都已经认识，在其广州的医院里面，他给耆英本人以及另外一位中方使团成员的父母看过病。

对顾盛使团成员的履历略加了解，可以告诉我们关于维伯斯特以及其他负责其组成的人的一些想法。这次使团就像当时的其他外交使团一样，动机之一是政治性的，还有提拔受重视的人。就这点而言，参议员本顿的说法是对的。不过，在主要的问题上，他显然是错了，因为制造职位绝对不是主要目的，也不是唯一决定因素。顾盛仅有的受薪助手是他的秘书和医生。至少一名随使团出行的年轻人对中国文化略有了解，但大多数人随同出行显然是为了积累经验，就像同一个时期许多从美国派往欧洲的使团中的普通随员那样。最后，这个使团是一次耗费低廉的使团，[③] 这个事实强调了当时外交

---

① 见 Robert E. Speer，ed.，*A Missionary Pioneer in the Far East*（New York：Fleming H. Revell，1922），37-64。

② 伯驾在他的日志里面写道，顾盛要求他“不仅成为使团的秘书，而且还是……秘密的顾问，并且宣称他对我不会保密”。顾盛在他于 1845 年 1 月 25 日发出的第 202 号公文中，也说了大概相同的话。见 George B. Stevens and W. Fisher Markwick，*The Life … of Peter Parker* …（Boston，1896），250-254，引用了伯驾的日志和书信。

③ 这次使团的费用是 4 万美元，此外顾盛要求报销 1994.64 美元。见波尔克在 1845 年 12 月 22 日致国会的公文，Sen. Doc. ＃ 17，29：1，p. 2。

关系中普遍性的低价值，特别是与亚洲之间的关系，更是如此。[①] 行政机构显然从来就没有考虑过常常遭到反对的另外一种意见：在东亚建立领取全额工资的专业领事体系。考虑到随团出行的数量众多的不受薪成员——他们的作用令人怀疑，这个使团大概被看作 18 世纪类型的代表团。人们希望当中有一个人在一位秘书和一位翻译的帮助下，完成大部分的工作。其他的人是随从，“为使团增添威严和重要性”。美国人在 18 世纪的时候，常常以主要谈判者的名字来给条约命名（《杰伊条约》，Jay's Treaty；《品克尼条约》，Pinckney's Treaty，等等）。按照这种逻辑及先例，也为了方便，《望厦条约》大概可以叫做“顾盛条约”（Cushing's Treaty）。

信息与指示

鸦片贸易的需求

虽然传教士们可能更乐于有积极的美国海军来阻挠鸦片贸易，但是鸦片贸易却是广州外国人群体的经济基础。而且，不管他们是否乐意，传教士们依赖鸦片贸易得到汇款以及通信、往来于中国沿海地区和存款等各种服务。在之前的 20 年，鸦片贸易平衡了东西方贸易的支付方式。取缔鸦片贸易将会对侨居广州的所有外国人的生活和生意造成急剧的影响，

---

① Dennett 宣称，“选择爱德华·埃弗雷特担任使节，表明了与中国建立恰当的外交关系特别地重要”（*Americans in Eastern Asia*，113），在我看来，这有点言过其实了。中国对于美国东北部地区来说很重要，是因为诱人的茶叶贸易以及新近建立起来的传教事业。不过，对于整个美国而言，对华的关系还远远说不上是“特别地重要”。事实上，我要争论的是，正是这种相对漠然的对华政策，使得美国人更有弹性。这种情况同样适用于在 19 世纪世界上的许多地区。当然，这种做法的另外一面是，到了 19 世纪末叶，这种漠然使得决策者把他们自己的国家推到了合理性遭质疑的位置上。

并且很可能给东西方贸易带来严重的破坏。此外，英国人还继续进行这种贸易。因此，尽管美国国内的舆论及在广州的美国侨民中很重要的一部分人都反对鸦片贸易，但是它还是很可能会继续进行下去。美国的政策必须对这种肮脏的现实做出妥协，正如英国和中国的政策已经做了的那样。[①] 在克尼准将管制下的短暂时期，传教士及美国公众的意见占了上风，但是顾盛使团的任务就是要将美国的政策拉回到鸦片战争之前的不规范的身份上去。

此外，鸦片贸易也是一种态度——如果不是政策的话——的象征，很肯定的是，它是政策的调节器。生活方式、习俗、对中国人及其政府的授权范围，还有社会的各种机制等等，都使得美国人跟其他外国人一样，以特别的方式来提出关于政策的问题。[②] 这种文化使得美国人集中注意某些事实而无视其他，这使得美国在东亚的姿态出现了惊人的扭曲，持续时间很长，从顾盛的时代开始，直到至少是第二次世界大战的时候。在今天看来，这种态度和偏向与中国和外国都有同等的关系是显而易见的，但并非至关重要。说它们既是环境所造成的也与其意图相关，同样是不着边际。事实是，在广州，所有的外国人居住区是完整的一片区域。假如有机会，美国人群体很可能就会像英国人那样行动。广州的侨民当然会比在国内的美国人所愿意的那样支持更为“进取的政策”。通观条约的条文，可以察觉到广州侨民的影响。丹涅特

---

① John King Fairbank, *Trade and Diplomacy on the China Coast, 1842-1854* (Cambridge, Mass.: Harvard University Press, 1964), 133-151.

② Stuart Creighton Miller 把 19 世纪末盛行的排华情绪的根源追溯到了旧中国贸易时期。见 *The Unwelcome Immigrant* (Berkeley and Los Angeles: University of California, 1969)。不过，人们没有必要看到“上海心灵”(Shanghai mind) 与 19 世纪后期在加州的种族暴动之间的联系，就去赞赏美国决策者在 1843 年和 1844 年的消极象征主义所取得的效果。

在半个多世纪之前可以这样说：

> 美国在《望厦条约》中首次穿上了有着一些帝国主义特点的外衣，只是发现国家本身还没有长大到能穿上这样宽大的衣服。[①]

但是，假如在广州的侨民对于政府政策的制订有着决定性的影响，这就意味着它使得自己的观点得到了阐释。侨民团体的利益通过前广州侨民，美国对华贸易商人，像伯驾这样的非官方国会游说者，还有与国会议员有私交的如约翰·昆西·亚当斯和卡勒布·顾盛等人，都已经被注意到了。另外的一个直接影响来自国务院本身。

维伯斯特请求帮助

因为政府已经决定要派遣使团前往中国，丹尼尔·维伯斯特觉得最好也制订出对华政策，以此为基础来拟订他给顾盛的指示。此时华盛顿国务院的永久雇员只有很少的几个书记员，他们没有时间也没有资讯可以让他们去制订这样的一种政策。1843 年，国务院的特别情报来源主要是领事报告，自从国会要求拿到这些记录之后，它们就成了公共财产。简单地说，国务院不会比任何识字而又能够查阅已经出版的立法文件的人知道得更多。因此，中国贸易商人、传教士以及不怕麻烦去阅读相关著作及英国国会档案的议员们，就成了这方面的专家。大概在公众生活中，对此问题知之最详者，当数约翰·昆西·亚当斯和卡勒布·顾盛，他们两个人在出版领事报告一事上均发挥了很大的作用。

---

① Dennett, *Americans in Eastern Asia*, 170.

意识到自己的无知[①]同时看到自己选民的状况，维伯斯特给在广州的领事斯诺（Snow）写信，要求“定期地得到诸如在广州出版的报纸，内容通常包括了对该国的政治、商业或者与其相关的事务的一般情报”。[②] 更加重要的是，他还给那些以参与中国贸易而著名的商人写了一封信，要求他们提供情报与意见。[③] 在维伯斯特收到的回信中，有两封信件非常地详细且深思熟虑，足可以被特别地利用。

在约翰·莫瑞·福士写的信件中，与波士顿利益团体有关系的许多波士顿商人都在上面签了名，福士尽管还年轻——刚刚度过了30岁的生日，但是已经越来越被看作曾经侨居中国的美国人及其伙伴们的领袖。福士在回信的开头部分，就建议使团“应该由一支体面的舰队陪同”，并重复了许多早期的呼声。他指出：

> 中国人视我们为朋友，但是他们很害怕利益受到外国的侵害，而假如我们可以在不触犯英国人利益的情况下，静悄悄地提出任何可以防止进一步受到侵略的方式，

---

① 美国官方对此问题的无知，没有比泰勒总统写给中国皇帝的两封信件更能说明问题的了。两封信都是官方认可的文件的形式，但它们的措词至少也是怪诞的。丹涅特（Dennett）宣称：“这些信件中有着那么些神秘的东西。”它们看起来既没有遵守外交礼仪，也不符合中国的习俗。丹涅特形容当中一封信是“唐突的、生硬的且毫不亲切……当然这会被中国官方认为要么是对皇帝的蓄意羞辱……要么会被他们看作没有教养的野蛮人在优良的礼仪上砸出来的大缝”。第二封信，丹涅特认为是国务卿阿比尔·厄舒（Abel Upshur）写的，它“会是顾盛要与中国政府建立友好关系最初的努力的绊脚石”。他继续说：“这份信件的形式及其腔调几乎没有办法与其训示的那样圆滑而有礼”，并且包含了某种“掩藏了的威胁”的力量。这些信件的调子，正如其他人曾经指出的那样，使人想起了写给美国边疆印第安人部落首领的那些浮夸的公文。Dennett，*Americans in Eastern Asia*，140-141.

② 1842年1月4日维伯斯特致斯诺，Instructions to Consuls，X：86。

③ 国务院档案中没有这么一封信。至少丹涅特与笔者都没有找到这样的信件。不过，在金斯曼的档案中有一封信件，日期是1844年3月20日（相当迟），在“Nathaniel Kinsman，Merchant of Salem in the China Trade”中发表了出来，*EIHC* 85：2（April 1949），135。

> 就可以使皇帝看到与我们结盟的价值，这比将他们的贸易增加一百倍更能打动他们。

福士还提出使团需要两名翻译，并且推荐了伯驾，更多的是因为他“在中国人当中的名气”而不是因为他“在中文方面的经验”。但是，福士依据的并不仅仅是公共关系。

他警告政府有许多陷阱，可能会在不知不觉的情况下就陷进去了。他说明，礼物会被理解为贡品而且应该避免之，除非是为了“一些圆滑的表达友谊的方式”。使团有必要在澳门逗留，但是随后就应该前往广州，或者更佳的地点，前往北河（Pei-ho），那里靠近北京。应该通知广州的官员，使团会前往首都（换句话说，他们应该告知总督大人前往首都的意图，而不是请求这样做的许可）。不过，福士也很谨慎地指出，美国商人已经享有了由英国人赢得的所有权益，他敦促国务卿维伯斯特不要让使节冒失去这些收获的风险。

福士相信，假如中国人不得不首先对付英国人，他们会变得更加圆滑。假如美国是首个与北京谈判的国家，他争辩说：

> 中国人会寸土必争，并且会在礼仪的规定上占我们的便宜，尽管这显然是不重要的，假如退让会导致更大的伤害的话。另一方面，假如他们不得不先应付英国人，并且胆敢玩这种游戏，动用武力的要挟会很快使他们讲道理。而无论他们从英国使节那里得到了什么样的条款，出于他们的骄傲和政策，他们都会将之让我们一体享有。我们要说的是，我们的使团在成功的英国使团或者其他欧洲国家的使团之后到达那里，效果更好。

万一没有英国使团前往北京，“我们认为要无比的谨慎”。在信件的最后一段中，似乎是为了强调他之前的谨慎，福士说：

"如果我们的使节看不到成功的道路，让他什么也别做"，而是等待一个更加适合的时机。[①] 这些波士顿人是从不轻举妄动的。

这是记住结局悲惨的律劳卑爵士、总督与英国东印度公司之间的许多争吵、特拉诺瓦事件等等那些人的忠告。他们非常了解中国的平等对待政策，因为他们之前已经从中受益，又渴望再这样做。

另外一封信显然是由旗昌洋行在1839年时的首领约翰·C. 记连写的，不过他的两个合伙人与姻亲，来自纽约的纳森奈尔与乔治·格里斯沃德也在上面签了名。记连建议不主张与地方官员打交道，他说，他们"是臭名昭著的腐败"，而且他们的利益与偏见"都强烈地抵制对目前控制和约束着外国人及对外贸易的法律和习俗进行任何程度的放松"。像福士那样，他推荐用传教士充当翻译，但他主要推荐的是裨治文医生，"美国人当中最好的中国学学者"。然后他推荐伯驾医生：

> 我们相信国务院已经知道他了，我们推荐他并非特别地因为他的中文能力——他学习的机会并不是那么地好，而是因为他令人尊敬的成就与个性，还有他在中国人当中，乃至在朝廷中的声誉。

至于对他在广州的朋友，记连的建议是谨慎的。他觉得，中国人对于商人的评价不高，使得这些人（美国侨商）的作用没有那么大，作为信息来源除外。并且，他很沮丧地指出："我们还没有说到由于私人的利益及其联系而引起的偏见，会归咎于那些在广州侨居的商人所提出的建议。"记连有着正直不阿的名声，确非虚名！

---

① 1843年4月29日，J. M. Forbes，Samuel Cabot，R. B. Forbes，Thos. H. Perkins，Jr.，Wm. Appleton，H. Appleton，and John S. Gardner 致维伯斯特，Department of State，Miscellaneous Letters，1789-1906，RG-59，Microcopy ＃ 179，Roll ＃ 101，NA。

记连也对使团成功的机会提出了疑问。因为使团不会采用任何的暴力，因此“使团的主要目的”注定会被回绝，他强烈建议拒绝施行叩头礼。他以为，与其如此自贬身份，不如将使团推迟到更适合的时候，那就是在英国和法国已经让中国人做出了恰当的让步并且可以引为先例之后。像福士那样，记连非常自信，认为只要使团被朝廷接纳，中国人会把给予其他西方人的条件同样给予美国人，记连建议使节要从中国人那里得到四处让步：

1. 互惠的贸易条约。

2. 常驻北京的美国公使（以及常驻华盛顿的中国公使）。

3. 在帝国的港口设立领事，与当地官员能够自由沟通。

4. 在对所有其他外国人开放的港口进行贸易的自由，不会受到骚扰或者不公正的对待。

最后，记连以其特有的直率，企图就政府对鸦片的政策提出建议：

> 中国政府非常可能会促请大使去对其政府提出异议，要求阻止美国公民参与鸦片贸易。但在与这种贸易有关的问题上，我们以为这样要求我们承诺任何义务，在任何程度上限制、控制和影响我们的公民，是特别不礼貌的。不管这种贸易在公义上与人性上是多么的无可置疑地让人反感，美国商人都或多或少地参与到了鸦片贸易中，可能以后也总是这样做。①

综观这些回复维伯斯特要求建议的信件，其意图虽然很小心谨慎，但也非常明显，那就是要再次全面确定广州美国侨民群体的政策。这两封信件分别由一个曾经在广州居住了

---

① 1843年5月13日，John C. Green and Nathaniel and George Griswold, N. Y.，致国务卿，Miscellaneous Letters of the Department of State, 1789-1906, RG-59, Microcopy ＃179, Roll ＃101, NA。

若干年且与鸦片贸易有着很深渊源的人来执笔，他们都是浩官的密友，而且都曾经是旗昌洋行的重要成员。

另外一些回信来自托马斯·H. 帕金斯，日期是 1843 年 4 月 3 日；霍兰与阿斯平沃尔商行（Howland & Aspinwall），日期是 1843 年 4 月 4 日，还有费城的刘易斯商行（Edwin M. Lewis & Co.），[①] 日期是 1843 年 4 月 4 日。[②] 所有这些写信的人都没有在广州待过较长的时间。只有后一封信包含了较丰富的信息，它一般而言是进一步证实了上面引用过的那些商人的说法。刘易斯兄弟还建议使节要向在广州的侨商以及“任何可能在广州的大班查询，并且以他们的观点作为指导，同时要参考其他国家所要求的或者得到的修正”。此外，他们还要求建立适用于转口的债券体系——这可以保障日后中国政府不会强加禁运的政策、扩大外国人居住区、美国人携眷前往中国的权利以及设立专职的、领取全薪且拥有“特别权力”的领事。最后，他们希望东印度舰队能够常年待命，以及某种领事裁判权的特权。更准确地说，他们要求领事与东印度舰队的指挥官联合进行听证会去调查被指控的罪行，假如找到了恰当的理由，被指控的人要搭乘本国的船只返回美国去接受高级法院的审判。维伯斯特和顾盛接受了这些建

① 这家商行由五兄弟组成，他们最迟从 1831 年就开始了对华贸易。他们轮流登上自己的船只作为随船大班前往广州。

② 所有的这些回信都见 Miscellaneous Letters of the Department of State, 1789-1906, RG-59, Microcopy # 179, Roll # 101, NA。在卡灵顿档案中，还有一份卡灵顿写于 1843 年 2 月 27 日的书信的草稿。

议，并且尽其所能去使之实现，尽管他们作了小小的调整。[①]最后，我们还必须假设，商人与维伯斯特或顾盛之间还存在着其他的联系人。顾盛的传记作者相当率真地指出："1840年4月，卡勒布·顾盛与威廉·S. 滑摩讨论中国的情况……滑摩通过在中国长期的居留，成了这个问题的权威。"[②] 最终，就在顾盛准备登船之前，波士顿的主要中国贸易商人在特雷蒙特大厦（Tremont House）为贵宾顾盛和维伯斯特举行了宴会。宴会从傍晚开始，一直持续到午夜之后。[③]

给顾盛的指示

5月8日，维伯斯特坐下来给顾盛写了一封信，开列了他的指示。维伯斯特首先列出的使团的任务是"确保美国的船只与货物能够"进入到新近向英国人开放的港口，"前提是享有与英国商人同等的优惠"。又写了几句话之后，维伯斯特指出：

> 最近，某些美国出口到中国的产品（特别是棉花和纺织品）迅速增加。为了提高这些产品的出口量，在所有对外开放的中国港口，我们要得到最优惠的贸易条件，并且要在最大程度上开发与中国之间的实际可行的、友好的贸易关系，这对于美国的商业、制造业以及农业和

① 当然这是人们可以预期到的。他们来自马萨诸塞州的东部，对于大西洋沿岸地区，特别是波士顿的贸易等级制度非常熟悉。他们是同样身份的人并且来自同样的家族。他们从同样的机构中实现了他们的理想并且接受了教育，并且与商人一样从同样的来源获取消息。最后，商人在大部分问题上的建议被传教士们再次重申，维伯斯特和顾盛作为宗教保守派，对这些传教士总是评价甚高。在我看来，维伯斯特给顾盛写指示的时候没有看到记连的回信，这并不重要。信件上的情报与建议与其他来源的信件基本相同。大概不管怎么样，国务卿和使节本人都读到了这封信件。信件上有铅笔的注记："抄本送顾盛先生，1843年6月12日。"

② Fuess，*Life of Caleb Cushing*，I：405.

③ Fuess，*Life of Caleb Cushing*，I：415.

采矿业都是至关重要的时刻。①

显然使团在商业上的首要目标是要确保我们的贸易可以在平等的基础上得到与英国一样的待遇，次要的目标是要刺激美国向中国的出口。②

在列举了这些目标之后，维伯斯特指出了中国“对外国人的厌恶感”，并且希望这种情感会“因为你的谨慎与言行在一定程度上变少或者消除”。为了强调这点要求，国务卿补充道：

> 你不懈努力的目标是要在其政府和人民的心目中建立起完全的信任，你的出使完全是和平的；你的到来没有任何敌意或者使人厌烦的目的……在所有情况下，恰当地尊重他们的机制和礼仪，并且尽可能避免冒犯他们的傲慢或者偏见，以谋求中国政府及人民的好感，是非常有助益的。

另一方面，维伯斯特以若干种方式吩咐顾盛“在任何情况下，要确定并且坚持自己国家的平等与独立”。维伯斯特的意图是很清楚的，但是“尽可能”这样的措词给了顾盛在谈判时可以运用的工具（而不是简单的幽默感）。

就像是给克尼的指示那样，给顾盛下达的命令也包括了利用“最初的及其后的各种场合”去向中国人表达美国政府对于走私贸易的反对意见。不过，涉及美国海军在阻止非法贸易上的作用时，维伯斯特仅仅说道，“如果美国公民……被发现违反了众所周知的贸易法规，他们的政府不会插手去保护他们免遭其违反行径所带来的后果”。这里，弦外之音更加重要：维伯斯特已经接纳了商人们的建议；

① 1843 年 5 月 8 日维伯斯特致顾盛，见 U. S. Congress 28：2 Senate Executive Document ＃ 138（1843 年 2 月 21 日），2。

② 铅、花旗参以及大家所寄望的棉花和棉布。

他不会说美国的海军会帮助组织美国人进行走私。《望厦条约》的第32款将忠实地反映出那些信件及这桩指示中的精神。

在同一段文字中，维伯斯特警告顾盛不要让自己成为了进贡者，建议他以温和的方式去履行任务，并且避免交换礼物。

只有在这个时候，在写了差不多一千字之后，维伯斯特才提到了访问北京的愿望，他是在设定了最严格的前提条件之下来谈及这个话题的：

> 如果可行的话，假如你能够到达北京，接触到朝廷与皇帝，那当然是符合我们的心愿的。因此，你要时时刻刻谨记这是你的目标，也是你这次任务的目的。如果可行的话，你大概可以前进到尽量靠近首都的地方，不要等到你的光临让这个国家的人觉得厌烦了的时候。在只要有可能并且恰当的时候，就要坚持亲自觐见皇帝本人。①

为了能与商人们的建议保持一致，维伯斯特觉得要用如临深渊般的谨慎。顾盛应该坚持前往北京，不过，假如中国人坚持己见，那么顾盛就应该让步。顾盛后来的举动再次证明了

---

① 1843年5月8日维伯斯特致顾盛，见U. S. Congress 28：2 Senate Executive Document ＃138（1843年2月21日），2。在他于1842年12月30日致国会的讲话中，泰勒总统指出，没有外国的使节可以在北京居留，他表达了对于中国皇帝会允许这样的做法的疑虑。维伯斯特在给顾盛的指示的第二段中，引用到了这次发言，并且为顾盛抄录了发言稿。不过，总统致中国皇帝的信件以及“给予美国驻外外交使节的私人指示”，都规定要将“介绍信”亲自交给所访问国家的元首。“私人指示”在顾盛的私人档案里面至少有两份，由于有维伯斯特的特别指示、总统致国会的发言以及它们本身的问题而被大大削弱了。并且，“私人指示”还指出：“在履行正式接待仪式的所有礼仪时，使节应该使用他居留的那个国家的礼仪。”

他是国会的负责任的仆从。[1] 应该指出的是，顾盛十分了解维伯斯特。顾盛不可能对维伯斯特的企图感到困惑。他们是多年的朋友，而且顾盛也是许多资助维伯斯特的美国名人中的一个。[2]

至于一些广州的侨民提出建议，认为美国应该连同欧洲国家一道迫使中国让步，或者在中国和英国之间充当调停人，维伯斯特断然予以反对。不过，根据伯驾与福士的建议，维伯斯特提议顾盛向中国人指出，美国从英国那里赢得了独立，并且在东亚没有殖民地，拥有强大的海军，所有这些信息大概会让中国人善意地对待这次使团。

在结束信件之前，维伯斯特命令顾盛要尽最大的可能为美国谋求最惠国待遇或者相同的条款。[3]《望厦条约》的第 2 款正好顺应了这个要求。

领事与准将服从于使节

与此同时，亨利·璞鼎查爵士与耆英在中国签署了《虎门附约》，解决了中英双方遗留下来的很多问题。随着这份协议的签订，对于英国商人而言，新的体系已经完备了，美国人希望能够得到类似的待遇。保罗·S. 福士刚刚被任命为领事，虽然他和很多前任一样，并不认为领事的职位是非常重要的，但他还是发现自己的责任是如此的微不足道。从他的

---

① 顾盛的表现说明，他是不需要别人来敦促的。在 1842 年 12 月 27 日，也就是泰勒总统就被提议的派遣使团一事向国会发表讲话之前 3 天，顾盛给总统写信，促请这次使团“应带有非正式的性质，以便它既能够被中国朝廷直接接待，而如果这得不到许可的话，也可以和任何的省级官员进行交往”。见 Fuess，*Life of Caleb Cushing*，I：407。

② Fuess，*Life of Caleb Cushing*，I：43、234 及 397-398。顾盛与泰勒总统的关系也很密切（I：398-399）。

③ “最后，你要以断然的手段和积极的态度注意到以下问题的重要性，假如中国皇帝给予其他国家的公民更大的特权或者商业利益，并且要比给予美国公民的要多的话，那么美国政府认为要与中国皇帝保持友好关系是不可能的。”

日记及私人信件可见，他正忙着自己的事情，特别是在旗昌洋行的升迁上的事。他的未来取决于后者，而领事的职位相对来说没有那么重要。他会完成顾盛要求他做的所有事情，但不会做得更多。当使团 1844 年 2 月 27 日到达澳门时，弗雷彻·维伯斯特给福士写信，要求他前往新近在澳门建立起来的使团驻地。在这个地方，领事把他最近与中国官员的通信交给了使节，并且回答了他关于侨民群体的问题，关于侨民如何适应新的体系，大概还解释了他与最大的美国鸦片贸易商行——旗昌洋行——之间的关系，这让顾盛感到满意（或者至少得到了他的默许）。[①] 此后，福士只是偶尔在公务上对顾盛提供帮助。代表团在澳门逗留，而福士则留在了广州的商馆内。除了与顾盛共进了若干次晚餐、通风报信、转交署理两广总督的信函，以及提请顾盛注意当地的外交事务外，福士在谈判中的作用不大。他继续从事其私人的买卖，还有处理一些严格属于领事职权范围内的事务。[②]

由于使团的到来，也使得继克尼之后担任东印度舰队指挥官的帕克准将（Commodore Foxhall A. Parker）的位置，相对于他积极的前任来说，没有那么重要。虽然帕克的不积极部分地是出于分寸和规矩，但部分地也要归因于他更加沉

---

① 不管旗昌洋行对于美国国务院在这方面毫无作为是否施加了影响，它还是在很多方面与国务院有着联系。不仅仅因为它在广州商号的头头是美国的领事，而且还因为它为使团提供了多方面的服务，诸如要求它在伦敦的代理人巴林兄弟洋行在国务院签发的信用状上加签。在去个人化的 20 世纪，这样的联系是有很大的利益冲突的嫌疑的。

② 就像他的多位前任那样，福士行使的职权在迫不得已的情况下，要比国务院所批准的大得多。他在 1843 年 12 月 2 日致国务卿厄舒的信件中，对于企图得到减税一事道歉，就是例证。他的权力还是名义上的。费正清指出，“璞鼎查认为他自己的领事职责‘在控制他的同胞国民方面，只是个虚名’”。就璞鼎查的情况来看，这样的判断看来是正确的。见 John King Fairbank, *Trade and Diplomacy on the China Coast, 1842-1854* (Cambridge, Mass.: Harvard University Press, 1964), 210。

默寡言的性格。顾盛有着全权代表的权威，而帕克得到的命令非常明确："你要带领舰队的船只在任何情况下服从于他的（使节的）命令，为了能够如此，你要与他保持经常的联系。"[①] 尽管如此，帕克并非没有自己的权力。给他下达的关于鸦片贸易的命令——让很多美国人深深地卷入其中——与当初下达给克尼的命令一字不差。不过，当帕克在孟买等候顾盛时，他没能在美国法律中找到依据，让他可以逮捕船只"羚羊号"（*Antelope*），弗雷彻·维伯斯特[②]正是搭乘这艘鸦片船到达孟买的。维伯斯特不明智地搭乘这艘船只到达孟买，大概可以解释为是他的幼稚，不过，"羚羊号"显然是为了鸦片贸易而建造的，而且正在准备装运鸦片前往中国沿海地区。[③] 帕克在中国海域再次见到了"羚羊号"，但也没有采取任何行动。相反，他只是给国内写信，要求给予指示，而这些指示似乎永远都没有来到。[④] 因此，当克尼公开予以警告且逮捕鸦片船只的时候，奥古斯丁·赫德很愤怒地写道，准将的旗舰是香港的"星座号"的绰号，[⑤] 而胆怯的帕克却允许鸦片船只在一定程度上公开进行贸易。与此同时，顾盛就其出使任务做好了准备，忽略了帕克的消极行为中所暗示的策略。

---

① 给他的命令签发的日期是1843年4月26日。Department of the Navy, Letters Sent by the Secretary of the Navy to Officers，RG-45，NA.

② 1843年11月27日帕克在孟买港致David Henshaw，East India Squadron Letters，NA。

③ 帕克逗留在孟买期间，参与鸦片贸易的纵帆船"西风号"（*Zephyr*）也在那里。

④ 1843年11月27日帕克致Henshaw，East India Squadron Letters，NA。丹涅特也没有找到对这封信件的任何回复。见Dennett，*Americans in Eastern Asia*，126。

⑤ 1843年5月28日赫德致J. P. Sturgis，澳门，HP。

8 出使中国

顾盛先生为出使做准备

对出航的考虑

正如当时的其他外交使团那样，顾盛使团的成功几乎取决于环境（运气）和使团主要成员的技巧。政府正确地挑选了它的代表，尽管其成员对杰克逊派（Jacksonians）进行了攻击。不过，即使就其全部的才能、训练和知识而言，就算顾盛也不能宣称他非常了解中国。

1843年春天，这位性格冷漠的学者、政客开始着手准备与中国天子代表们的斗争。这是难以想象的艰难任务。在美国没有哪个人真正了解中国。曾经学习中文的人还不到半打，[①] 而以西方文字出版的著作中，几乎没有比顾盛所熟悉的商人和传教士更可靠。

这位新近被任命的使节着手购买所有他能够找到的关于中国、外交以及其他需要他应付的问题的著作。在此过程中，他收集了可观的藏书。当然了，顾盛有着好几个方面的优势。他来自于中国贸易商人的家庭与环境，他是天才的语言学家，而且是非常勤奋的学者。并且，他每晚只需要4个小时的睡

---

① 而这些人当中，也许除了卫三畏以外，没有哪个人可以和英国东印度公司所培训的汉学家媲美。

眠时间，因此他比普通人有着更多的时间与自律精神。在出航期间，他将他令人惧怕的才能用到了学习汉语上面，但很快他就承认，中文不像他已经懂得的欧洲语言那么容易掌握。结果，他一经到达澳门，就将注意力转向了满文。

为了给使节带来“可靠性”而前来的海军舰队——这是每个向政府提建议的人都推荐的做法——包括了4艘舰艇；当中一艘是簇新的蒸汽炮舰“密苏里号”（*Missouri*），它在出航的途中爆炸了。另外的船只是炮舰“白兰地酒号”（*Brandywine*）和“圣路易斯号”（*St. Louis*），以及双桅帆船“梨酒号”（*Perry*）。整体而言，它是到那个时候为止美国派往中国的最强大的武装，[①] 尽管后两艘船只到达的时间太迟了，以至于让顾盛写了很多怒气冲冲的信件。

1843年8月5日，顾盛登船出航，在这5个月的旅程中，他认真地思考了政府给他的指示并且考虑了各种的策略。他写给国务院的信件反映出他是一个深思熟虑的人，花了很大的力气去为他的任务做准备。他定期向政府报告对于一些问题的想法，诸如其他西方国家派往中国的使团、条约所规定的课税表、治外法权、与东亚的交流、谈判的策略以及全世界的种族关系等。此外，他还忠诚地向华盛顿转达了他认为有用的信息，包括对他所经过的所有国家的学术性报告。总之，他在旅途中发回了大约30封这样的公函。

当8月26日在直布罗陀海峡发生的意外火灾完全焚毁了“密苏里号”之后，顾盛离开了舰队，取道马耳他、亚历山大里亚，然后穿过Isthmus到达苏伊士，在这里，他接到了《南京条约》被批准的消息。穿越中东的这趟旅程，尽管短

---

① Fuess引用泰勒的话说，假如国会提供足够多的钱，他本该派出“宾夕法尼亚号”的，但他猜想“密苏里号”会更加具有戏剧效果。见Claude Fuess, *Life of Caleb Cushing* (2 vols., New York: Harcourt Brace & Co., 1923), II: 415。

暂，但也让他能够接触到普遍给予西方治外法权的地区。在那里，他会见了很多欧洲的使者和东方的统治者，他利用每个机会去增加自己对治外法权和东西方的整体交往的认识。[①]

1843 年 10 月 5 日，顾盛在苏伊士等船，11 月 15 日到达孟买，发现“白兰地酒号”已经停靠在那里，26 日就可以出发了。顾盛在这最后的一段旅程中，提炼了自己的想法，写成了给国务院的长篇大论的、措词谨慎的报告。这些令人钦佩的文件中非常清楚地说明了他已经成熟的想法，几个月之后，顾盛就要开始谈判了。

当他到达澳门的时候，考虑到美国对中国认识的巨大不足，顾盛大概已经算是尽可能地做好了准备。并且，他已经决定了自己优先考虑的问题以及谈判的策略，还发展出了一套国际法的哲学来使之合理化。他将在外交实践上对中国人进行指导。特别是因为英国人已经战胜了他们，美国

> 应该要求在中国为美国公民得到治外法权，不是为了中方政策的延续性，而是为了建立起国际法的原则——那就是，像中国这样的国家，那个时候还没有资格确定一般的领土主权原则，以便保留对在它的国境内的人员的司法权力。[②]

就像他在广州的很多同胞那样，顾盛在处理对待亚洲事务的问题上，将西方看作一个整体。他坚持认为，西方国家之间的文化相似性，缔造了在东方的利益的亲密关系，这关系是如此的密切，以至于在大多数事务上可以把它们看作单

---

① 在亚历山大里亚，他与 74 岁的穆罕默德·阿里（Mohammed Ali）进行了会谈，见 1843 年 10 月 3 日，公函第 11 号，U. S. Department of State，Diplomatic Despatches，China，1843-1906，RG 59，M-92，Roll ＃ 2（下文所有引用这个缩微胶卷的部分仅列出公函编号及日期）。

② Westel W. Willoughby，*Foreign Rights and Interests in China*（1920；reprint，Baltimore，Md.：Johns Hopkins Press，1927），16-17.

一个国家。并且，西方人要求非西方的统治者给予他们特别的待遇。他也很清楚，中国政府在《南京条约》中已经接受了治外法权以及条约课税表，因此，他指出："这个主题已经成了眼前最大的兴趣，在专门适用于美国方面，具有最大的重要性，它们都是公共法令的一般性问题。"①

公使非常了解自己的政府。在他的任期内，约翰·泰勒仅仅任命南方人担任国务院的领导，② 而且顾盛也很清楚，联盟的存在取决于北方对奴隶制的继续支持。然而，奴隶制变得越来越难以忍受，特别是在1834年之后，那一年不列颠在它帝国的范围内废除了这种制度。顾盛坐在炮艇的书桌旁写了一份非常有意思的公函。

他把奴隶制度看作不同种族混居的自然结果。在欧洲，由于来自另外一片土地上的仇恨或者帮助发挥了作用，最终的解决办法总是放逐或者废除，③ 而在欧洲的殖民地，不同人群之间的划分比美国的以肤色为分界线的做法要"不正常得多"。但是亚洲产生了最复杂的问题。亚洲社会的多个分层代表了历次征服者的浪潮。殖民者的势力只是最近期的，因此也是最受益的一层。然后，他指责欧洲人对美国奴隶制度的批评是伪善，因为他们一边斥责美国的奴隶制度，一边又继

① 1843年12月1日，公函第22号。在他于1844年9月29日写的公函第77号中，他更加详细地说明："我进入中国的时候，带着已经成形的普遍的信念，那就是在任何情况下，美国都不应该就任何美国公民的生命和自由向任何国家让步，除非那个外国是我们国际家庭中的一员，简而言之，即基督教国家……在中国，我发现英国规定它的臣民绝对免于受到中华帝国法律的审判；而葡萄牙通过他们在澳门本地的司法，达到了同样的目标……因此，我认为这是我的职责……去代表美国的公民获取类似的豁免权。"

② 勒加尔（Legare）来自南卡来罗纳。他被来自弗吉尼亚的阿比尔·厄舒所取代，而当厄舒在1844年2月意外死去后，约翰·C. 卡尔宏（John C. Calhoun）亲自担任国务卿。

③ 最近，一些对近代前期在"重新征服"之后仍留在西班牙的穆斯林感兴趣的学者也得出了这样的观点。

续“攫取［他们］在任何东方的占领地可以得到的权力……而且［他们］更缺少任何乌托邦的观念，把被统治的各个种族提高到互相平等的地位，以及与［他们本身］平等的地位”。[①]

在这令人注目的信件中，顾盛论述了一种完全成形的、自成体系的、严密的关于社会结构、文化冲突和种族关系的理论。并且，它似乎是普遍适用于不同的历史阶段和适用于全世界。从顾盛的观点看来，它还有额外的优点，就是它为治外法权和美国的奴隶制都进行了辩护。尽管他明确地承认中国人是“高度文明”的民族，这位美国公使还是把它归类到了殖民地和奴隶的类型中——那就是，人们可以被合法地置于低下的地位。这样的态度与泰勒政府的看法以及顾盛在1844年2月24日到达澳门时见到的美国侨民的看法都非常的契合。

在澳门的准备工作

在没有办法准确知道顾盛到达日期的情况下，领事福士尽其所能进行了准备工作。他给在澳门的副领事威廉·皮尔斯（William Pierce）留下了一封信件，告知美国公使最近形势的发展，还包括了他所有的官方通信——既有与中国政府的也有与美国国务院的通信。他一定是建立起了某种早期警报系统，因为就在“白兰地酒号”在超过70英里外的澳门水道下锚的那一天，他就给顾盛写了信。他向顾盛和维伯斯特提供在旗昌洋行商馆内的房间，并且汇报了一个“有很大可能性”的传言，一个中国的钦差大臣将在大约一个月后从北京来到广州。[②] 福士猜测这个官员是参与《南京条约》谈判的钦差大臣耆英。如果顾盛在澳门等待的3个月期间重读了福

---

① 1843年12月3日，公函第23号。

② 1844年2月24日福士致顾盛，顾盛档案（Cushing Papers）。

士在信件中对中国人的回应所做的推测，一定会觉得大受其辱。

顾盛决定停留在珠江口之外，为的是让人以为他只打算短期逗留，并且让广东巡抚不容易接待他或者与他联络。他一直在“白兰地酒号”上待了 4 天，直到在澳门找到了合适的房子，最后，他于 27 日上了岸。

甚至在顾盛上岸之前，他就已经着手工作了。[①] 他警告使团成员以及船上的水手不要说任何会损害他出使目标的话。在回答任何问题的时候，大家都要答复他们的目的地是北京，并且避免涉及使团各种问题的谈话。他希望通过这样做，可以使中国政府“陷入困境，不能前来询问，并且要公开它对于使团来临的看法和意图”。[②]

他的来临让在澳门的美国人大感兴奋。虽然使团的“盛大列队行进”引起了一些窃窃私语，但侨民们普遍欢迎公使。他下垂的髭须还有修剪得整整齐齐的山羊胡子，他改良过的陆军少将制服，他的佩剑与马刺（当它们钩住了金斯曼夫人的裙子时，显然更多的不是一件装饰而是造成尴尬局面的根源），[③] 还有他那些有魅力的年轻随员，顾盛的出现是在澳门社交季节的一次成功表演。虽然他本性相当的沉默寡言，但他单身（他是个鳏夫），相当英俊而且是曾经造访亚洲的最高级别的美国官员。他租下了位于南湾的一处原葡萄牙执政官

---

① 1844 年 2 月 5 日，顾盛的第 27 号公函，以及 1844 年 2 月 3 日帕克准将的一般命令（附在顾盛的公函之后）。又见 1844 年 2 月 18 日顾盛致弗雷彻 · 维伯斯特的信件，Cushing Papers。

② 1844 年 2 月 28 日，公函第 32 号。

③ 见 1844 年 2 月 28 日和 29 日丽贝卡 · 金斯曼写给她丈夫的信件，KP；以及她的日记，在丽贝卡 · 金斯曼 · 门罗（Rebecca Kinsman Munro）的“The American Mission to China”一文中有引用，*EIHC* 86 no. 2（April 1950），114。

的房子[1]充当使馆，他还决定要拜访所有的葡萄牙官员以及居住在这里的所有美国女士，这种举措非常适合于这位举止得当但是相当闷骚的公使。

在顾盛上岸的那天，弗雷彻·维伯斯特[2]将领事福士从广州召来，向公使作简报。会面的时候，顾盛给了领事一封信件，通知广州的官府他的到来，并且指示他请求在广州的美国商人"就美国在中国的商业利益"提出建议，援引了之前维伯斯特写给在美国的商人的信件作为先例。[3] 尽管他没有援引亨利爵士的先例，但是他很清楚地知道，璞鼎查在开始谈判之前，也广泛询问了在华的英国商人。到了3月12日，12家商号及个人回复说他们将提出建议，虽然在"领事通信"中没有收入包含了这些建议的信件，而且在顾盛的档案中也只有寥寥数封信件与此相关。来自商人们的建议中最完整的是领事福士的一份档案，标题为《关于广州贸易规定的一些看法》，档案的日期是1844年5月，这是福士将商人们的建议进行编辑整理并归纳出来的内容。从这份档案以及其他商业信函中，我们可以清楚地看到商人们认为他们没有什么可抱怨的。[4] 尽管如此，他们要求的每样东西都被写到了条约之中，例外的就是一些关于接受拉丁美洲货币的币面价值的微不足道的要求。此外，顾盛还争取到了减少铅的税率，这是福士认为中国人不大可能接受的。

---

① 这个使馆似乎非常有名，甚至连底层的中国人都知道它。据 *Niles National Register* 称，"当顾盛先生住在澳门的时候，他的房子被强盗袭击了5次，有1次让他们冲了进去。使馆被迫经常保持武装以自卫"（LXVII：299）。

② 维伯斯特也参加了游行。一个身穿制服的黑人仆从跟随着他。见1844年3月7日金斯曼夫人致友人的信件（Munro，"The American Mission to China"，112）。

③ 1844年3月2日，公函第33号。顾盛致两广总督的信件所署的日期是1844年2月27日，Cushing Papers。这份文件未见于国务院档案内。见 *CR* V：12、33和41，以及XII：43-46。

④ 见1844年9月21日在 *Niles National Register* 上发表的写于4月的信件（LXII：36）。

顾盛到达中国之后头几天的要务之一，就是通知伯驾和裨治文给予他们的任命。在伯驾的帮助下，顾盛努力建立起了一个特别有成果的关系网。虽然伯驾的中文程度不高，但也够用了，而他与中方谈判者的关系特别有用。这个或者那个辅助钦差大臣或者广东巡抚的“夷务专家”（barbarian experts）会接二连三地造访伯驾，打听消息、传递非正式的信息或者报告某个传言（而传言常常比行动早几天，因此使得美国人对于中方关于谈判的事务保持警惕）。事实上，伯驾在草拟条约上的作用不应该被低估：他在美国时就已经认识了顾盛；他与维伯斯特一家有亲戚关系；他是美国的谈判组成员中唯一懂点中文的（除了裨治文以外，他的作用似乎主要是翻译和口译）；而在等待耆英的漫长时间里，住在广州使得他特别的有用，也特别的有影响力。因为伯驾在商馆区医院的工作使他大部分时间必须待在商馆区，他能够更多地与中国人接触（也能更多地与他们交谈）。他常常是第一个看到顾盛与署理广东巡抚程（矞采）之间的通信，因为谨慎的顾盛希望他看到的每件东西都要有至少两份译稿。他给顾盛写的便条——字迹潦草——上满是各种建议、消息和对各种事件进程的看法。顾盛很清楚伯驾的用处。早在3月18日，他就给这位医生写信说，假如足够明智的话，“他应该马上在他所认识的中国人中挑选最聪明的旗人和最聪明的汉人，让他们供使馆差遣，名义上是充当教师”。因此，总督大人就可以在美国人当中安插耳目，并且开始让可靠的官员学习英语以及诸如军事和航海等有用的西方科学技术。顾盛提醒伯驾在向程提出建议的时候，要像“从我这里来的，但是要口头地、非正式地且自信地提出来”,[1] 因为美国公使是不太可能向中国人正式提出这样慷慨的帮助的。到了后来的岁月，美国的

① Cushing Papers.

代表们就不会这样小心谨慎地掩盖他们的慷慨大方了。

当谈判在6月中旬开始的时候，伯驾在美国代表团中的地位已经仅次于顾盛了。他参与了所有的谈判环节，并且关于控制在广州的外国人的新规定的谈判，是他和黄恩彤单独进行的。

顾盛为好几个方面的事情忙忙碌碌，尽其所能为谈判做准备。他收集了中国官员的名字以及他们的职位、中国政府的组织形式还有领导等级、在广州的罗马天主教传教士的名单以及其他可能有助于他在谈判中对付中国人的奇怪而零碎的资料。正如费正清已经指出的那样，顾盛特别细心地了解英国人的经验。他上岸之后不久，就与英国公使及香港总督亨利·璞鼎查爵士建立了联系。3月6日，璞鼎查派人给顾盛送去了一份《虎门附约》。[①] 顾盛还努力找到了1749年11月9日葡萄牙人签订的条约。[②] 当他在澳门漫长等待的期间，他研究了这些以及其他的中国与西方国家谈判的档案。事实上，他察觉到了两份条约不同版本中的重要差别。顾盛对问题的判断的是克制的：

> 怀疑中国人这种行为［故意瞒着西方的谈判者改动中文的条款］似乎是妄下判断了，不过从这种骗局在多个时候由中国官员施行——为的是向皇帝或者人民隐瞒某个事件的实情——而被我察觉到的情况看来，这还是有着很大的可能性的。[③]

无论如何，顾盛都不会冒险。他把《望厦条约》中的文

---

① 璞鼎查信件上签署的日期是1844年3月6日，Cushing Papers。

② 1844年8月19日，公函第9号，以及1844年4月18日，公函第53号内的附件。

③ 1844年8月19日，公函第86号。费正清相信这些反常的现象是英国的汉学家“无能”的结果，这“使得他们任由中国的谈判者草拟附约的最终中文稿”。见John King Fairbank，*Trade and Diplomacy on the China Coast, 1842-1854* (Cambridge，Mass.：Harvard University Press，1964)，121-126及132。

字编了号并且登记下来，以避免工作中的任何麻烦。

顾盛勤于准备谈判的又一个例证，是他企图学习满文，为的是在与中国外交官交流的时候有更多的选择。在这个方面，他碰到了很大的困难。在香港、澳门和广州的代理人为他收集满文著作，① 但要找到一个老师却特别困难。对于3月份前往广州的弗雷彻·维伯斯特来说，机遇暂时有了好转，但是战战兢兢的老师很快就放弃了，把钱退回给维伯斯特，但那是在4月中旬遇到了很大的麻烦以后。在谈判开始之前，顾盛至少亲身经历了一项禁令——他将坚持要废除这条规定。

与程矞采的斗争

当顾盛到达澳门外海的时候，两广总督及钦差大臣耆英并不在任上，尽管他很清楚美国的使团就要来到。领事福士在前一年的10月份就已经当着广东巡抚程矞采、两广总督祁𡎴、② 粤海关监督文丰，还有其他官员的面通知耆英美国使节即将来临的消息。③ 耆英在奏折中指出，根据最近签订的《虎门附约》中的最惠国条款，假如美国人获准前往北京的话，英国人也可以得到同样的权利。钦差大臣怀疑英国人与美国使团串通，但他认为“即使我们可以清楚地知道不存在互相勾结的情况，至少这是美国人一次狡猾的尝试”。结果，皇帝颁发谕旨，将同等待遇延及美国商人，但禁止他们进入北京。④

程矞采（代替耆英署理两广总督）既明白顾盛来临的意图，也了解皇帝的愿望。程矞采大概在一个星期之前接替了

---

① 顾盛的私人藏书成为了美国国会图书馆中文藏书的基础。

② 在本书中，Canton 指城市而 Kwangtung 指省份。

③ 这个报告1843年11月1日到达北京。Earl Swisher，*China's Management of the American Barbarians*（New Haven：Yale University Press，1953），132.

④ 谕旨的日期是1843年11月15日。Earl Swisher，*China's Management of the American Barbarians*（New Haven：Yale University Press，1953）.

广东巡抚之职，他很清楚让龙颜不悦所要受到的惩罚。因此，他一定是心怀忧虑。不过，他的忧虑不仅仅因为他是钦差大臣的替身，整个官僚架构似乎都沾染上了显著的抵御态度。卫思韩（John Wills）最近对用“朝贡体系”来解释清朝的对外政策提出了批评，指出在过去的世纪中，“大多数18世纪时期中西关系方面的问题，可以用防御主义（defensiveness）的概念来解释”。①

程矞采对顾盛第一封信件的回复是有礼貌的，但却特别的姗姗来迟。② 在信件中，署两广总督大人重申了耆英对于派遣使团必要性的争辩。③ 顾盛的下一封信由奥当奈尔少校在3月23日送去广州。在这封信件中，美国公使故意高调。他的目的似乎是为了迫使程采取行动，并且让中国人注意到，除非以恰当而尊重的方式对待美国人，否则会有危险。程的信件已经指出，美国人已经享有了与英国人同等的权利，而且“由于两国和平相处，有什么必要进行条约谈判呢?”他还指出，在顾盛动身前往北京之前，他必须给朝廷写奏折。顾盛傲慢地答复说，他很遗憾“他不能够……跟任何人讨论这些问题，不管这个人的地位是多么的尊贵，除非是钦差大人本人”。④ 很多作者都讨论过顾盛在这封信件中的论调。赖特烈教授（Professor Latourette）觉得这反映了维伯斯特对于中国人的错误认识。不过，维伯斯特的无知不大可能会在1844年春天对顾盛产生重大的影响，而且顾盛肯定也不会对中国

---

① “Tribute, Defensiveness, and Dependency,” *The American Neptune* 48 no. 4 (Fall 1988): 227.

② 程矞采花了20天的时间去回复。

③ 1844年3月19日，附于1844年3月28日顾盛的第46号公函内。

④ 1844年3月23日；1844年3月28日，公函第46号。

文化低下论产生误解。① 更加合乎逻辑的推测应该是，当他指责和威胁程矞采的时候，他是故意这样做的，特别是因为他说的是他自己的想法。并且，他宣称在广州没有找到这样的一个人，他很失望，暗示中国人在礼仪方面有疏忽。顾盛一直在研究中国人谈判的技巧，他很明白外交礼仪的作用。他决心要把中国人推到防守的位置，由此增加他们"安抚"他的愿望。

他的策略显然奏效了，因为程矞采马上送来了非正式的试探性建议，以探究顾盛的真正意图。收到了这封信件的官员企图从奥当奈尔少校那里试探情报，黄恩彤和潘仕成（行商潘启官的儿子）* 和其他"夷务专家"② 则去找伯驾。③ 不过，事先受到了顾盛的警告，美国使团的所有成员都只是回答说他们的目的地是北京。

---

① 见 1844 年 2 月 4 日，公函第 27 号。马士也认为顾盛改变调子，是故意之举。他指出顾盛"得到的指示中满是和平的精神，但是形势迫使他去警告总督大人，接下来的路子将无可避免地导致敌对"。Hosea Ballou Morse，*International Relations of the Chinese Empire*，vol. 1（London and New York：Longmans Green & Co.，1910），324.

② 从林则徐开始，中国的钦差大臣们建立起了一支幕僚的队伍，他们有着一些与外国人打交道的经验。此时，黄恩彤是广东布政使。他在 1843 年的谈判中发挥了作用，他将会是《望厦条约》中方的主要谈判者之一。事实上，魏斐德（Frederic Wakeman，Jr.）称他是当时中国谈判者中"最能干的"。见 *Cambridge History of China* X：Part I，225。关于"夷务专家"的更多信息，见 John King Fairbank，*Trade and Diplomacy on the China Coast，1842-1854*（Cambridge，Mass.：Harvard University Press，1964），176-182。关于黄恩彤的资料，见 John King Fairbank，*Trade and Diplomacy on the China Coast，1842-1854*，187，和 Earl Swisher，*China's Management of the American Barbarians*（New Haven：Yale University Press，1953），116，132，136-139，144，146-147，151-157，159-162，175。关于潘仕成，见 Earl Swisher，*China's Management of the American Barbarians*，155，171，191-192，和 Arthur W. Hummel，ed.，*Eminent Chinese of the Ch'ing Period*（Washington，D. C.：U. S. Government Printing Office，1943），II：606。

③ 1844 年 3 月 26 日，顾盛的第 45 号公函。因此，伯驾在广州经营其医院时，认识了所有的中国代表团成员，只有一个除外。

* 中译者注：潘仕成并非潘启官的儿子。

与程矞采之间的通信通过这样的渠道进行了大概两个月，这位中国官员对于桀骜不驯的美国人的意图越来越感到紧张不安。更加让程矞采关注的是，顾盛作出了姿态，在4月的第2周宣布“白兰地酒号”会礼节性地访问黄埔港。程矞采迅速回复（4月19日），说“我们伟大的皇帝怀柔远人，并且……只要对每个国家的商人有好处的，肯定都已经做到最好了”。他还向顾盛确认，耆英已经接到了任命他为两广总督的命令，到时候会来广州的。程矞采强调，“白兰地酒号”不应该到黄埔来，这个港口是供商船使用的，它应该留在珠江口之外。他承认，战舰会吓坏老百姓，并且暗示说，把战舰派到内河意味着坏的念头。[①]

但是帕克准将已经进入了黄埔，并且要求放21响礼炮，巡抚大人惊惶失措地答复说，不允许鸣放礼炮，也不能拜访官员。他要求准将不能允许船员登岸，并且立即离开珠江。程矞采还为了同样的目的给顾盛写信，要求他召回船只。

那个星期，程矞采在书桌前忙碌着。他给皇帝的奏折中说，顾盛已经越来越不耐烦了。他汇报说，美国人想知道钦差大臣什么时候会到达，而且也指出了美国人对中国人的忽略及不恰当的做法的强烈抗议。

伯驾汇报说，有一个中国官员来访，企图要伯驾发挥影响力，让“白兰地酒号”离开珠江。这个官员透露，程矞采“害怕承担任何的责任”，而使伯驾对程矞采行事怯懦的分析得到了证实。18日，巡抚大人的一个忧心忡忡的下属恳求伯驾前往黄埔，敦促帕克准将带着战舰回到澳门去。[②]

到了5月10日，顾盛显然认为他已经表达了自己的立场，继续让程矞采火急火燎也不会有什么收获了。尽管如此，

---

① 1844年4月19日，附于1844年4月22日公函第55号内。

② 1844年4月18日，帕克致顾盛，Cushing Papers。

他从来就没有从傲慢的导师纡尊降贵到文盲的位置。他高傲地接受了程矞采的所有解释，并且宣布“考虑到……阁下对皇家政府友好的意图的热切的辩护”，他等候皇帝的答复，等上一段较短的时间。然后，他耐心地解释了大使的作用，外交上常见的权利与礼节，并且令人怀疑地指出：“在西方，有一些准则是普遍被接受的；我有理由相信，它们在中国也能被采用。”他用《南京条约》和马嘎尔尼使团作为例证，并且指出“中国政府的阁部官员在允诺给予义律和其他英国官员赔偿时表现出来的公正与恰当”。他在结束前指出，他只是推迟了考虑“对美国的公开的不尊重，并且……采取适当的措施来矫正之……是希望在一定的时候，可以采取恰当的补偿措施”。①

5 月 15 日，顾盛给华盛顿写信，汇报“两封来自（署理）两广总督的非常重要的信件”。当中一封信宣布了任命耆英为钦差大臣对付美国人的消息。② 它还宣称，耆英将在 6 月 5 日抵埠。在第二封信中，（署理）总督大人显然是要示好，送来了皇帝对他的指示的抄本：最高级别的地方官员向准备谈判的对手打开了自己的公文——这种举动几乎是中国不应该做出的让步！这样出乎寻常的举动，在西方是不可想象的。

在回顾他与程矞采之间的通信时，顾盛解释了自己的目标以及收获：

> ……与程之间的通信不仅有着解决诸多问题的好处，因而为与耆英进行谈判铺好了路，而且它的好处还有使

① 1844 年 5 月 10 日，公函第 57 号，Cushing Papers。注意在非常不同的情况下对“补偿”一词的谨慎使用。这大概是顾盛在他的通信中最为接近于威胁的内容了。

② 1844 年 5 月 15 日，公函第 59 号。里面附有 1844 年 4 月 9 日由内阁发出的信件，授权耆英去进行谈判，命令他“马上”赶赴广州。不过，Swisher 所抄录的皇帝关于这件事情的谕旨的日期是 1844 年 4 月 22 日。假如英译的中国日期正确的话，这将近两个星期的差别可能进一步证明了程矞采的不安。

我可以说出所有要说的粗话，以特别坦白和直率的方式与中国政府对话，假如不能与耆英直接通信的话，这在某种程度上会带来不便。[①]

美国使团在澳门被耽搁了3个月，还有另外的几样好处。它使得顾盛可以向当地的外侨群体、英国谈判代表咨询，也可以在一定程度上查阅档案，并且能够对他准备要应付的各种人员和机构进行正确的评估。他还为构建新的贸易体系搜集了大量材料并随之改变了谈判的目标。最后，在与程矞采的通信过程中，他得到了与中国人正式打交道的经验。因此，当耆英到达广州时，顾盛已经有了很多的知识和经验，并且得到了很多的建议，大概最终形成了关于条约的计划。这样的一个计划在6月21日拟订出来。不幸的是，原始文件似乎没有保存下来，但是顾盛汇报说，除了一些轻微的改动外，《望厦条约》忠实地反映了原来的计划书，这些条款是他在澳门从1844年2月到6月的漫长等待中草拟出来的。

徐阿满事件

在耆英到达之前，顾盛与程矞采之间的其他通信除了对“箭”（Arrow）事件以及一个被杀死的中国人徐阿满的事情进行讨论外，无甚重要。顾盛带来了新的旗杆，准备立在领事馆门前，旗杆顶上是一个箭形的风向标。之前从来没有见到过这样新奇的东西，迷信的广州民众没有办法解释它。因此，他们开始把各种在当地发生的灾难（例如瘟疫爆发、旱灾以及害怕与美国开战等）还有想象中要发生的灾难都归咎到亮闪闪的铜箭上，它从一点移动到另外一点，是那么的难以解释。就是在这么一种氛围下，一群暴徒袭击了旗杆，并且在武装的美国侨民把他们驱散之前，毁坏了旗杆。福士在

① 1844年7月9日，公函第73号。

5月6日把风向标摘除，以满足“士人、绅士及耆老”的要求，他们在次日贴出了布告。①

> 5个星期之后（就在耆英到达之前一天），好几个在美国花园里散步的侨商被砖块袭击，被迫开枪还击，以保护自己的生命免遭亡命之徒的损害……在混乱当中，一个叫徐阿满的中国人被杀死了。中国士兵没有采取保护措施……顾盛先生向耆英要求保护，以防止类似暴力事件的发生。②

我们几乎不可以想象，像顾盛这样敏锐的外交家，会没有意识到这样的杀人事件是实现他打算写到条约里面的治外法权的机会。因此，谈判的速度一定是令他满意了。

钦差大臣来了

5月29日，顾盛汇报说他收到了耆英写给他的第一封信件，那是4月29日在苏州发出的，并且他指出，“圣路易斯号”和“梨酒号”都还没有到达。因此，他不耐烦地指出，“留在这里……并与耆英见面，假如不是我最愿意做的事情，目前也是唯一可能做的事”。但他已经确信，在广州谈判比起实现他被派到中国来的最初目标要好得多。如果在北方，他担心道，“使团的主要目标可能会被朝廷接待的问题弄得一团糟”。③ 这也正是中国人的看法，虽然他们强调的重点有所不

---

① 1844年5月7日，见1844年5月25日顾盛的第62号公函。

② Hosea Ballou Morse, *International Relations of the Chinese Empire*, vol. 1, 327-328. 耆英对这些广州暴徒的估计与巡抚程矞采的估计非常相似：“粤人之脾性暴戾乖张；怒火冲突的小规模匪徒很多……他们四处流浪、无所事事，他们有着千万种计划，要破坏与这个或者那个国家之间的和平。”1844年6月28日，耆英的信件，附于1844年7月9日公函第73号。

③ 1844年7月17日的谕旨，见 Earl Swisher, *China's Management of the American Barbarians*, 156，以及耆英的多份奏折，第153-160页，多处。

耆英。与顾盛就《望厦条约》进行谈判的钦差大臣 私人收藏

同。皇帝和耆英对于一些贸易方面的问题有保留，甚至治外法权方面也如此，不过在朝廷上觐见，又是另一回事了。从他们的立场看来，夷人出现在北京对于朝廷所假装的天下霸权所包含的暗示是颠覆性的。他们看不出来有什么办法可以这样做，因此阻止美国使团上路而不激怒顾盛，是他们最关心的问题。①

顾盛在 6 月 12 日的公函中称收到了 5 月 31 日耆英写给他的信件，宣布他已经到达广州。② 钦差大臣前往香港进行礼节性的拜访，向准备前往孟买的亨利·璞鼎查爵士道别。耆英宣称他将在 6 月 14 日到达澳门。顾盛也汇报说——无疑大大松了一口气，"圣路易斯号"和"梨酒号"终于出现在了外海。前一艘船只没有游荡多久。当导致徐阿满死亡的暴乱发生，领事福士提出请求的时候，它刚刚到达香港一个星期，于是它驶入珠江前往黄埔。执行指挥官提尔顿（E. G. Tilton）从黄埔派了 60 个士兵驾着舢板到广州城，保卫

---

① 甚至在他开始行动之前，顾盛就从福士那里得到了建议，1843 年 10 月 7 日，在见到了钦差大臣之后，福士给国务卿写信称："很明显，中国政府强烈反对任何使团前往北京，为了避免任何这样做的必要性，在广州可以获得的条件会比前往北京所获得的要好。"这也是耆英在澳门所强调的。

② 事实上他是在 20 日晚上到达的，而伯驾在 21 日向顾盛汇报了这件事。

美国侨民免遭进一步的攻击。① 有意思的是，与一个月前“白兰地酒号”的遭遇不同，“圣路易斯号”没有从中国官员那里得到什么怨言，而且，这样做无疑加强了顾盛希望表现出来的强硬姿态。

对于那些习惯于旧体系下的专制管理的美国人来说，耆英是他们见过的级别最高的中国官员。耆英是宗室成员，与皇帝关系密切（他与皇帝一起长大），耆英在 1842 年第一次作为中国代表与西方人进行谈判。在那之前，他担任过多个官职，不过，据施维许（Swisher）称，他的这些职位都没有表明他将参与到外交事务中。② 他对于英国军队在鸦片战争中行动的了解，让他明白到，抵抗是没有用的，因此，他促请皇帝媾和。1842 年与英国人谈判的人是耆英，1843 年在虎门谈判的也是他。在这些接触中，他似乎发展出了一套政策，相信可以使他能够“将与不列颠［后来与其他国家］的崭新关系规范到中国皇朝体系的框架中”。为了实现这个雄心勃勃的目标，所采用的手段是对外国使节进行“安抚再加上个人影响”，以及对中国外贸进行管理，“只要明智地运用，就可以使贪婪的西方人就范”。③

在整个过程中，耆英的主要动机显然不是爱国而是个人野心。他希望能够控制中国的对外关系。在这个方面，有着明显的权力真空——美国与中国的使节都考虑到了这一点，

---

① 1844 年 7 月 13 日帕克准将致海军部长，Naval Letters，East Indian Squadron。

② 见 Earl Swisher，China's *Management of the American Barbarians*，18-20；Arthur W. Hummel，ed.，*Eminent Chinese of the Ch'ing Period*（1943；台北：成文出版社，1972 年重印），130-134；及 John King Fairbank，*Trade and Diplomacy on the China Coast*，*1842-1854*，92-102。

③ John King Fairbank，*Trade and Diplomacy on the China Coast*，*1842-1854*，104-105. 费正清在别处指出，“中国的外交家与所有外夷建立特别的关系是标准的程序”，他引了耆英与璞鼎查的亲密友谊作为例子。1970 年 1 月参加 Cuernavaca“美国东亚关系研讨会”的论文草稿：1。

不过，前者因为自身的西方背景而知之甚详，甚至提出了填补真空的建议，而对耆英来说，这却是全新的概念。因此，他的努力肯定都是不专业的。他的方法“可能对边疆的部落奏效，但对女王陛下的政府［还有顾盛的政府］毫无影响”。[①]耆英随和的、甚至热情的态度，不止一次让这个冷漠的新英格兰人感到尴尬，不过他很快调整了过来，并且最终能够运用某些与耆英同样的策略。

耆英对顾盛和美国人的一般看法是，他们都很好，因为他们“恭恭敬敬且驯服”，但几乎是无知得无可救药。他还利用这个机会向皇帝介绍美国。他利用的大概是顾盛准备的关于美国的论述，这个论述被翻译成中文，供那些对美国有着“非常不完备且不正确的概念”[②] 的中国官员使用，耆英提供了美国最近历史的大纲以及这个国家的特点与资源。

> ……初，美利坚乃一大陆……与中华日夜交错，其国土广大，人口稀少……虽其国之立，不过数十载，然其疆域辽阔，其人民勤于劳作，其产亦丰饶。故所有各西洋番夷中，唯美利坚可与英吉利、法兰西并称豪强，至荷兰与西班牙，虽建立之时更早，却无法与美利坚今日之地位并称也。[③]

不过，他们对于文明的行为特别地无知，特别是对中国的语言与习俗的无知，使得他们非常难以对付。不像英国人，

> 已略通中国之语言文字……米夷中唯伯驾与裨治文，其所知汉字亦复有限。彼等仅通粤语，故双方之意图难

① John King Fairbank, *Trade and Diplomacy on the China Coast, 1842-1854*, 113.

② 1844年3月17日，顾盛的第42号公函。

③ Earl Swisher, *China's Management of the American Barbarians*, 48.

以沟通，耗费之精力亦极多。①

看到耆英的奏折中关于他耐心、辛劳地要去教化美利坚夷人那些愚钝的、不可理喻的心灵，却毫无成果，令人想起了与西方人企图接触“落后”民族时的沮丧，是多么地有意思。

彼等进退失当，于名衔及礼仪一无所知。若我等以吾国成文之仪轨任命其等级，甚或说得唇干舌燥，也只是看到彼等如聋人般面带微笑。②

美国人之不可理喻，实在让人懊恼。

日子越来越热了。澳门正好在北回归线以南，与哈瓦那在同一纬度上，6 月下旬南中国沿海地区的天气会让人受不了。这个季节非常潮湿。一丝风也没有，每样东西都在冒着蒸汽。克劳德·弗厄斯（Claude Fuess）坚称条约的谈判是在一间没有窗户的房间内进行的，这让美国人感到非常的不舒服，他们都穿得非常正式，适合于更加温和的气候。相反，中国人都穿着丝绸，而且习惯了本国气候的变化。③ 炎热的天气、渴望把美国人打发掉、耆英所承担的许多紧迫的职责、④并且还有大家对于即将达成的协议的基本条款的一致意见，使得这项工作加快进行了。双方代表团在澳门初次互相问候之后两个星期，就下笔签署了条约。

美国人的计划

6 月 16 日，耆英到达望厦村，它就在葡萄牙人居住地的

---

① Earl Swisher, *China's Management of the American Barbarians*, 49.

② Earl Swisher, *China's Management of the American Barbarians*, 49.

③ Fuess, Caleb Cushing, II: 436. 弗厄斯的这些论述有时色彩有余而精确不足。谈判者轮流在望厦村的庙宇与澳门的使馆会面。

④ 作为两广总督，耆英除了外交事务外，还有许多其他的事务。并且，他很清楚，法国使团很快就要来到中国。

围墙外，不过在澳门界内。当他在两天后第一次礼节性地拜访顾盛时，这位钦差大臣的陪同有黄恩彤（广东布政使）、潘仕成（被说成是广东省的巡回法官，不过他的最主要职责是与外国人联系）[①]、赵长龄[②]等等。[③] 耆英和他的随从住进了望厦村里一座非常漂亮的佛寺（广东人把它叫做“观音堂”，慈悲女神）（即“普济禅院”——中译者注），这是第二次会面的地方。这里可以说是耆英的主场，他开始展现出自己的技巧。在问候了顾盛之后，钦差大臣拥抱了他，[④] 并且处处表现出热情的姿态。他们爽利的精神和私下的闲聊与之前一天的没有很大差别。

直到这一刻，谈判的备忘录中没有关于任何开始讨论公务的暗示，不过，到了19日晚上，维伯斯特、裨治文代表美方，黄恩彤、潘仕成和赵长龄代表中方，双方会面并“安排谈判的程序”。实际上是这群人一起敲打出了《望厦条约》，他们轮流在观音庙和美国使馆会面。到了21日，同样的一群

① 关于潘和黄，见本书第437页，特别是第437页注释②。

② 关于赵的资料，见 Earl Swisher，*China's Management of the American Barbarians*，32-33，和 John King Fairbank，*Trade and Diplomacy on the China Coast*， *1842-1854*，191-192。

③ 在各种资料中被提及的还包括吴天显和伍崇曜，他们俩很可能都来自浩官的家族（两人不同姓。误。——中译者注）。后者是他的继承人，被称为浩官四世，如今是其商行的头头。关于他们的信息，见 Earl Swisher，*China's Management of the American Barbarians*，33，及 John King Fairbank，*Trade and Diplomacy on the China Coast*， *1842-1854*，191，250和122注释41。还有粤海关监督文丰，他与另外一个“夷务专家”T'ung-lin——广州府同知有着相同的姓氏（作者原文是 a sub-prefect of Canton，当指广州府同知，又该官员与文丰同姓，则 T'ung 应译为董，不过当时广州的海防同知并无此人。查耆英奏折，有“准补同知同麟”一语，应即是此人。此人与文丰不同姓。误。——中译者注）。见 Earl Swisher，*China's Management of the American Barbarians*，33，和 John King Fairbank，*Trade and Diplomacy on the China Coast*， *1842-1854*，191。金斯曼夫人非常简短地描写过黄和赵，见她于1844年6月30日写给她姐姐的信件，Munro，“The American Mission to China”，132-133。

④ 备忘录中说得非常清楚：“两位使节友好而威严地拥抱在一起。”顾盛在他的官方报告中，谨慎地把这次拥抱遗漏掉了。见“Minutes of the Meeting between Caleb Cushing and Keying，June 19-27，1844”，Cushing Papers。

人着手开始工作。美国人有备而来，带来了“事先经维伯斯特先生和裨治文医生及伯驾医生一致同意完成的关于条约的计划，并将之交给了黄恩彤”。[①] 在开篇的信件中，顾盛直截了当地指出，计划中的条款与英国人条约的差别在于英国人占领了香港：“美国不打算寻求占领中国的领土，因此，它限于提出新的贸易规定的条款，为的是谋求美国公民在华居留或者经商的安全。”[②] 他也指出，他已经在当中加入了“有利于中国的多方面提议”。次日，顾盛在另外一封信件中说，他采纳的条约税率与英国人的协议中一样，只有在少量来自美国的品种——如人参和铅——的税率上略有差别。

接下来一周的通信，多半的内容都与正题无关：关于“箭标”的事件、6 月 15 日的暴乱、徐阿满之死、关于美国侨民在广州的新规矩，还有对美国人在 1839 年鸦片危机期间的拘禁等等。备忘录更能说明问题，因为使团的真正工作就是在望厦村的寺庙及美国的使馆中进行会议。耆英马上向北京汇报了“计划”的内容，但是直到谈判几乎要结束之前，都没有为皇帝仔细地分析其内容。[③]

6 月 24 日在使馆进行的会议上，耆英、黄恩彤、赵长龄、潘仕成和同麟一道拿出了一份反“计划”。顾盛通读了这份计划，宣布他对于大多数的修订没有异议。在这一点上，耆英再次表现出了他的个人影响力。他问美国人，他们是否信任他，要求他们放弃任何的怀疑。顾盛回答说：“他从来就没有任何不信任，因此没有办法将之置于一旁。”两位使节互

---

① 引文引自备忘录，见于顾盛的档案。据 Michael Hunt 说，黄恩彤随后出版了一本关于控制夷人的书籍。见 Hunt，*The Making of a Special Relationship: The United States and China to 1914* (New York: Columbia University Press，1983)，50。

② 两位使节的通信见 1844 年 7 月 9 日顾盛的第 73 号公函。

③ 朝廷在 7 月 17 日接到了关于“计划”的通知，但是直到 7 月 28 日，对这份“计划”的分析才与耆英对条约的讨论一道被上奏。见 Earl Swisher，*China's Management of the American Barbarians*，84、160-162。

相握手，并且“最热情地互相拥抱”，之后，耆英要求一位秘书写下“我们互相信任并且毫不怀疑”的字样。顾盛阁下于是拿起笔，记下了这些文字。代表团同意在接下来的两次会议上（星期二和星期三）比对两份“计划”，到了第三天（星期四），“双方的执行官员会面并且比对‘计划’，并最终达成一致，而到了星期五，签署并交换条约”。这样快捷的速度当然是不可能在美国与西方国家之间签署类似性质的协议的时候出现的。

接下来，顾盛列出了他认为需要讨论的四个方面的内容：他受命要“亲自呈递总统的信件”（即，在北京）；美国人在广州的人身安全；1839年拘禁美国人所造成的“冒犯”；还有“1842年一个美国公民的死亡”（即谢利，Sherry）。[①]

> 讨论这些话题时，中国人那边是一阵令人窒息的沉默与深深的不安。耆英阁下询问，是否还有别的议题，得到的答案是否定的。这时候气氛发生了显著的改变，他们的表情看起来似乎是因为知道了最坏的事情而松了一口气。耆英阁下接下来书面回答了之前已经向黄恩彤阁下提出来的这些论题。
>
> 1.“它必须是深思熟虑的，因为这是一个重要的话题。”
>
> 顾盛阁下就第二点发表意见，认为最好是双方指定官员去处理。
>
> 阁下写道：
>
> 2.“指派官员去处理这个问题是正确的。”
>
> 耆英阁下一边看着写给公使的答复，一边拍着手说，

---

① 谢利是一个海员，纽约一个港口负责人的儿子。1841年5月底，在英军首次进攻广州城之前，从商馆撤退时在混乱中失踪。对于美国侨民来说，这个问题一直没有得到满意的解决。关于这次事件的资料，见 Talbot Papers。

“就像黄写的那样，我任命，”他微笑着说，“黄和伯驾去处理它”。黄又继续写道：

3.“林则徐阁下被误导了，现在已经受到了严厉的惩罚。”

[最后]

4.“谢利之死已经是很久之前的事情，难以调查。它发生在战争期间，是不幸的事件。”

然后大家回到了第一个论题，耆英阁下常常神情黯淡地坐着，几分钟内一言不发，突然间又滔滔不绝。接下来的一些谈话就在使节与维伯斯特先生之间进行。与此同时，黄恩彤小声地说：“假如使节阁下坚持要前往北京，那么耆英阁下就不会负责在此间达成条约……”（对此，伯驾医生主动回答说，使节阁下不是吹毛求疵，他总是说商业的规定可以在任何地方解决。）最后，耆英自言自语道：“假如使节坚持（这样做），他就不会与之达成条约。”①

北京之旅

在中国代表团看来，除了前往北京的话题之外，谈判中就没有别的中心议题了，他们决定要尽全力阻止。这样的一次旅程将暗示着中国政治体系的剧烈变动，而清朝还远远没有准备好去面对这样的改变。另一方面，美国人非常希望能够进行一次前往北京的长途旅行，顾盛本人则称之为“不过是实现目标的手段”。我们大可以回顾一下给顾盛下达的指示。在他的信件中（第5段），国务卿维伯斯特宣称：

如果可行的话，假如你能够到达北京，接触到朝廷

① “备忘录”，Cushing Papers.

与皇帝，那当然是符合我们的心愿的。因此，你要时时刻刻谨记这是你的目标，也是你这次任务的目的。……在只要有可能并且恰当的时候，就要坚持亲自觐见皇帝本人。①

显然，在这个节骨眼上坚持要觐见朝廷，会不利于整个出使的任务。耆英给了顾盛选择，要么可以实现主要的目标，确保签订有利的商业条约，要么冒着一切风险去企图实现非常次要的目标。钦差大臣已经说了，他准备在中国的外贸问题上给予更多的好处，“考虑到它并不重要……是使得贪婪的洋人就范的……诱饵”。② 这是讨价还价的时候，不过此刻顾盛还是在吊中国人的胃口：

在这个时候，他［耆英］是否会吃饭，还是值得怀疑的。在与维伯斯特先生商讨之后，顾盛阁下许诺次日写信通知他的决定——大家都退场去吃晚饭——中国人都心事重重。③

比较两位使节对此问题的报告，可以有所收获。在耆英的奏折中，他称谈判仍在进行中，不过他强调了美国人坚持不肯放弃北京之行的顽固。通读了顾盛与程矞采之间的通信之后，④钦差大臣下结论说，顾盛计划首先签署条约，然后要求觐见皇帝。随之，他上奏皇帝说，他已经反驳道，假如条约是在广州签署的，就没有必要去北京，并且请求顾盛拿出凭证。当这一步棋不奏效时，耆英“招来了使节本人，告诉他天朝的规矩从来就没有允许［前往北京］，而这是不能改变的；因为他尊敬

① 1843年5月8日维伯斯特致顾盛，见U.S. Congress 28：2，Senate Document ＃ 138（1843年2月21日），138。

② John King Fairbank，*Trade and Diplomacy on the China Coast，1842-1854*，105.

③ 1844年6月19－27日，顾盛与耆英会晤的备忘录，Cushing Papers。

④ 耆英引用了顾盛写给程矞采的第一封信件。这次通信在国务院的档案中没有保留下来，不过幸运地在顾盛的档案中存有一份，日期是1844年2月27日。

并且爱戴皇帝陛下，就应该恭敬地服从皇帝的谕旨，不要提出顽固不驯的要求”。[①] 顾盛关于这一次对话的记录有很大的不同。他报告说，钦差大臣“坦白承认，无论是阻止我还是帮助我前往朝廷，他都没有得到授权，此刻，他没有权力继续进行谈判”。[②]

当然，这样是温和但坚定地谈论这个问题。虽然非直接的引语中的措词表明，顾盛大概软化了话题，它还是要归因于耆英的“运用个人关系的精明”。次日，顾盛在一封信件中谈到了他本人对此事的看法，他宣称，他对于“皇帝陛下有这样的观点”深感遗憾，因为他不得不因此而要承担“由于不能执行我的政府给我的指示的严重责任”。[③] 顾盛再次把他自己放到了为耆英而承担主要风险的位置，于是暗示后者有责任去考虑补偿。他和清朝官员玩弄着同样的把戏。“不过我知道，”顾盛继续说，“我们政府的主要目标，也是我本人的主要目标，是要以真诚和亲密的友谊把双方政府联系在一起”，对此，他表示同意。最后，他特别指出，“我这样做是进一步考虑到，就阁下与我进行的谈判而言，我们已经达成了令人满意的结论；假如没有这样的结果，当然，我就有必要前往天津了”。[④]

耆英在他的奏折中谈到了顾盛的“狡诈之心”，他也明白这种要挟，但他认为，“既然此夷人之使节认为条约很重要，则许尽速签订之”。他报告说，讨价还价还在继续，不过只有4、5项条款尚待解决。

影响耆英的各种因素，有待进一步的研究，因为他的任务

---

① 1844年7月28日收到的奏折，见 Earl Swisher, *China's Management of the American Barbarians*, 160。

② 1844年7月8日，第72号公函。

③ 1844年6月25日，顾盛的第73号公函，致耆英，见1844年7月9日。

④ 顾盛后来宣称，他希望法国使团要坚持前往北京。见他在1844年8月24日的公函。有一份资料甚至说他敦促剌萼尼（Lagrene）要这样做。

非同小可。他的主子在北京，还有英国人的强权，以及担心引起其他外夷的不快。更重要的是，先例的影响对他来说肯定比对顾盛要大得多，因为后者墨守成规。这位中国官员不同寻常的灵活性，至少部分地是与英国人签订两个条约的结果，这些条约扭曲了中国传统的牢固框架。只有比较耆英在与璞鼎查谈判时拐弯抹角的策略和与顾盛谈判时的迅速及安静的讨论，才能明白到当中的分别。显然，还有其他的压力在他身上产生影响，比如法国使团已经在路上了；两广总督的职位无疑让他忙于很多重要的事务，使得他无法集中注意力于与美国的条约；至少部分时间里，他的身体不太好，等等。人们强烈地认为，耆英觉得既然已经对英国作出了关键的让步，那么在望厦的谈判只不过是适当的调整，本身并不重要，不过对于“安抚”一般不太惹麻烦的美国人是有用的。

有好几天时间，两位使节没有见面，但是，到了 29 日，耆英给顾盛写了一封信，宣称“计划”是“令人钦佩”的，但是有必要做些许改动。① 另一方面，在给皇帝的奏折中，他列举了 10 项条款，“完全不能同意，不过是冥顽的要求”。

1. 驻条约口岸的领事有权直接要求地方官员解决问题。

2. 中国政府应该给房屋被烧毁的外国人支付赔偿金。

3. 假如进口货物 3 年内无法售出，退回税金。

4. 修建政府保税仓库。

5. 中国所有沿海地区开放贸易。

6. 中国政府应该保护所有在其水域内的船只，并且要对由于第三方造成的损失给予赔偿。

7. 被美国的敌人在中国海域逮捕的商船，应该由中国军

① 日期上的差别并非错误。这些问题已经由两位使节在 6 月 24 日的会议上解决了。顾盛在 1844 年 7 月 8 日的第 72 号公函中解释道：“所有在这个场合下进行的讨论都会出现在随后的书面通信上，我们认为，为了记录我们各自的观点，会谈应该是非正式的，我们应该在书面通信中继续就几个存在疑问的问题进行讨论。”

队追回。

8. 当美国船只进入港口时，应准许与中国炮台互致礼炮。

9. 军机处或者其他的部门应该接受政府之间的通信。

10. 假如中国陷入战争，应该准许美国的船只离开，以免受到伤害。①

大概就是对于这些反对意见以及条约其他部分的措词问题，占用了双方代表团条约签署之前 3 天的时间。因此，耆英在给皇帝的奏折中提到的大多数讨价还价就是在这么短的时间内进行的，假如真的是有讨价还价的话。② 事实上，大部分的讨价还价已经完成。6 月 25 日的傍晚，黄恩彤、潘仕成、赵长龄和同麟与维伯斯特、裨治文以及伯驾在使馆内会面。中国代表团提出的第一个问题是关于政府之间的通信（仅次于北京之行，显然在他们看来，这是最重要的问题）。他们提出了耆英对这个问题的一些非正式看法，说明目前北京的阁员中没有哪个人是适合接收来自美国政府的信函的。有一个部门处理的是亚洲内陆的部族；另外一个则处理与藩属国如朝鲜、交趾、暹罗和琉球等的事务。事实上，中国没有国务院。代替之行使职能的，耆英指出，“我受朝廷之命，担任公使，监督在五个条约口岸的自由贸易事宜”。因此，钦差大臣就是中国的外交部长。假如没有钦差大臣，那么外国人应该与边疆省份的巡抚联系，“所有人都是一品大员，所有的沿海地区都是由他们来管理

---

① 这些条款的措词大半是我把施维许翻译的耆英的奏折（1844 年 7 月 28 日收到）重新归纳出来的，见 Earl Swisher，*China's Management of the American Barbarians*，161-162。大概除了第 5 项以外，所有的这些条款都是顾盛很可能会提及的。字里行间，这些条款肯定有误译之处。假设顾盛要通过这样的策略来让整个中国沿海地区开放，似乎有些太过分了。

② 当然了，这非常不可能。更可能的是，耆英仅仅向他的君主夸大了他面临的困难。事实上，讨价还价的时间比看起来的还要少。至迟到 7 月 2 日，每项条款都已达成了一致意见。见 1844 年 7 月 3 日耆英致顾盛的信件，附于 1844 年 7 月 9 日的第 73 号公函内。顾盛本人也对谈判的轻松和便利发表了意见。

的”。[1]

然后黄恩彤建议大家准备一份条约的文本。谈判者很顺利地通过了前面的18项条款，但是到了第19项条款，关于地方政府要承担保证境内美国人安全的责任，有着“激烈的讨论”。黄恩彤和维伯斯特草拟了最后的让步方案。第20项条款（关于货物转口）是更加棘手的问题。最后参加讨论的人同意就此问题征求使节们的意见，要他们从三个选择中做决定：退税、仓储或者保税。

因为接下来的条款是关于治外法权的第一项，所以大家以为这会引起意见分歧。我相信，费正清判定说，中国人不清楚他们在19世纪40年代签署的“不平等条约”中暗示的意味是值得商榷的。无论如何，任何提出这个问题的人都会比费正清的支持者有着更多的解释。比如，设若中国人知道当他们同意治外法权的时候，都在做些什么，为什么在顾盛提出这些权利并且使之实现的方法的时候，中国人没有对此予以抵制呢？平等对待的许诺，只要重复英国人条约中的措辞就可以了。我们当然不可以说，他们“安抚”美国人的愿望是如此的强烈，以至于他们被说服了去放弃至关重要的国家权益，因为他们曾坚决反对顾盛访问北京的提议。显然，他们认为后面的问题更甚于前者。他们只是犯了错误而已。不过，“备忘录”中只是说，“直到我们讨论与北京的某些部门直接联系的条款之前（即第31项条款），没有进一步的分歧”。

面对着彻底的反对，美国方面的秘书（伯驾）写道：

> 我们必须采取立场，并且向他们摇动进入北京的鞭子——他们允诺再次就此问题询问耆英的意见，会面中断。饭后，10点钟的时候，他们非常愉快地告辞离开。[2]

---

① 见“备忘录”，Cushing Papers。
② 见“备忘录”，Cushing Papers。

因此，使团的主要工作就告一段落了。7名谈判者对于条约中的31项条款，除了一条以外，都已达成一致，最后，条约包括了34项条款，而他们是在不到5个小时的时间内完成的！要解决谈判者当中存在异议的各项条款似乎没有存在什么问题。顾盛的档案中收藏的最初英文文本中，在每项条款旁边都写有注释。很多注释特别简单："同意中国人的修改"、"撤回中国人的修改"、"同意并不做修改"。第20条到第22条表明了更加多的工作。第20条、第22条、第33条和第34条都曾征询使节的意见，但引起任何形式争论的只有两个部分，海军的鸣炮礼以及双方政府交往的途径。前者是个小问题，但后者证明是个难题。

交流的问题

6月28日顾盛给耆英写信道：

美国政府希望能在北京设立公使。假如这个要求遭到拒绝，那么其他的一些途径就变得非常必须了，通过这些途径，美国政府可以让中国政府知道它的意图。美国国务卿不会与区区一省的总督打交道的。

两天以后，钦差大人以最为外交辞令的信函作回复。指出了到目前为止双方对于谈判达成的一致，耆英仅仅对这项条款提出了主要的不同看法。他小心翼翼地解释说：

此前中国并不接待外国的使节，但自从五口开放通商以来，一名有全面监督权力的钦差大臣被任命去接待外国使节……假如现在美国唯一指派的高级官员不能交换公文，而是去寻求北京的某个部门的接待，与之进行往来，显然是表明我不足以与之交往。①

① 1844年6月30日耆英致顾盛，附于1844年7月10日第74号公函。

耆英再次企图运用看起来很有效用的个人影响力。他还试图就中国政府的架构对美国人进行教育，他解释说（非常准确地），“总督的官职不比北京的部门低，甚至不比内阁阁员的职位低”。

假如顾盛在初到广州的时候没有能够明白中国政府的主要框架，他后来也知道了。他在7月13日的公函内向国务院的解释非常明晰，并且比国务院曾经看到的任何资料都要准确：

> 在中国政府人事架构中，没有任何的部长或者部门相当于欧洲的外交部长或者外交部。
>
> 在目前发展出来的新形势下，中国政府坚持排除西方政府与其朝廷的直接联系，是非常荒唐与不可允许的。
>
> 事实上，从它授予耆英的非常广泛的任务来看，中国政府在任命外交部长的问题上已经有了可察觉得到的进步。……因此，也因为他作为全权钦差大臣的权威，他有权与任何以及所有的外国势力打交道。[①]

但是顾盛所做的比预见到一个外交部门的出现要多得多。耆英的论述包含了一种说法，即顾盛甚至试图促使中国人去创造一个外交部门：

> 该夷使于现议条约内，欲求一京中部院衙门，接收其国中文书。一如俄罗斯等国事例。[②]

皇帝只是简单回复说，“不仅从来没有设立过这样的机构，而且在京城也没有人能够书写他们的文字，说他们的语言”。[③]对于中国来说，它的政府对于这个建议没有持更加开放的态

---

① 1844年7月13日第75号公函以及内附文件。耆英6月30日的信函在缩微胶卷版本中没有收入。

② 1844年7月22日收到的奏折。见 Earl Swisher, *China's Management of the American Barbarians*，158。又见1844年7月13日顾盛的第75号公函。

③ 1844年7月22日的谕旨。见 Earl Swisher, *China's Management of the American Barbarians*，159。顾盛没有把总统的信件交给耆英。见耆英1844年7月22日的奏折，特别是第158页。

度是一个悲剧。顾盛的企图后来被蒲安臣（Anson Burlingame）成功地实现了，再后来成为了惯常的做法，那就是，帮助中国进行调整，使得它能够在动荡的现代世界中更好地生存。

我们大概永远都不会知道这个问题的真相，但顾盛最后接受了折中的方案，这成为了《望厦条约》的第31款：

> 来自美国政府的通信应该通过掌管中国对外事务的钦差大臣来转交，或者通过两广总督、闽浙总督或两江总督来转交。

这项条款中有两个显著的部分。首先它承认了美国政府有与朝廷进行交流的权利，而不是与其代表进行沟通。其次，它规定了若干可能的交流途径。美国官员可以向钦差大臣或者五个通商口岸所在的4位总督的其中1人递交信函。任何一个省级官员都不能再阻挠他们与北京的联系。①

谁赢了？

关于精明的新英格兰律师是否在这场“北佬来了”② 的游戏中战胜了狡诈的中国官员的古老话题，已经反复争论了很多年。事实上，这场讨论所揭示的更多地是关于美国人的文化而不是关于1844年的一系列事件。美国多个核心体制（政府、商业、法律、体育甚至是求爱）的对立特点，大概使得这样的一个问题无可避免，虽然没有必要赋予这个问题如此的重要性。

---

① 顾盛非常清楚这项条款的重要性：“美国政府可以有权与中国朝廷联系，而且……在边疆省份的相应的官员要接收并且转交这些通信，使得在北京进行对话的官员或者部门成为美国人的选择，且可以自由处理……通过这样的途径，中国朝廷终于向所有的西方政府，或者至少是向美国政府开放。”1844年7月13日，第75号公函。

② 1844年3月4日 John Heard III 致父母，HP。

在讨论中，相对天真的美国历史学家通常看到了最坏的一面。正如费正清在最近一锤定音所说的：“在这场角力当中，满洲人赢了而新英格兰律师什么也没有得到。一旦顾盛放弃了北京之行，他马上得到了条约。”① 不过，至少在中国学者能看到的到目前为止适合出版的材料的基础上，我们也可以说，耆英同意条约的内容是为了劝说顾盛放弃北京之行。

大概对于两群历史学家来说，最大的困难在于缺乏共同讨论的基础。显然，双方都没有完全熟悉对方的材料。中国的历史学家从他们的观点看来并且在他们的资料的基础上，是完全正确的。另一方面，早期的美国历史学家缺乏他们对手的技巧与资料，讨论他们的观点的时候显得笨拙。北京之行的威胁，当然没有办法改变朝廷或者耆英的观点。不过，在给程矞采施加压力或者摆出顾盛希望采用的姿态的时候，它是有用的。并且，它显然吸引了中国人的注意力，而更加重要的商业、传教和治外法权却是通过相对较少的考虑就得到了许可。②

---

① John King Fairbank, *Trade and Diplomacy on the China Coast, 1842-1854*, 197.

② 值得称道的是，顾盛非常明白耆英的问题。虽然他过分估计了北京之行的威胁效果大概是实情，不过更加可能的是，不是顾盛本人而是美国的外交历史学家过分地夸大了这个方面。显然他们忽视了在钦差大臣来到之前与程矞采之间的通信的重要性。这是一个有趣的例子，说明当事人可能比历史学家更能明白某个历史事件，因为历史学家夸大了长期的视角、更多的资料以及特别的分析工具的作用。

9 回 顾

运用与反应

对条约的考验

一旦签订了条约，顾盛就没有什么可做的了，不过，像他这样精明的律师，他当然知道测试条约在实践中应用的价值。这样做，他可以为其后继者以及中国人树立先例。新条款中最微妙的部分，无疑是治外法权条款的应用了。徐阿满被杀事件为新的体系付诸实践提供了理想的机会。

巡抚程矞采从 6 月 18 日开始给领事福士发信，要求交出“凶手”。顾盛在 22 日收到了耆英的一封来信，提出了大致相同的要求，并且要求他注意公共秩序的问题。钦差大臣在指责了广州人的莽撞脾气之后，指出任何忽视了人们对正义的要求的解决方案都会引起严重的社会动荡。而且这位大人还补充说，“杀人偿命显然是合情合理的”。

顾盛着手处理这件事情，给福士送去了一张便条，大致说明了他认为有必要为在华的美国侨民引入治外法权，并且宣布他打算利用徐阿满事件来实现这个目标。形势非常适合于这个目标，因为正如巡抚程矞采在 18 日的信件中指出的那样，徐阿满不是广州人，因此没有家人在当地挑拨起公众的反美情绪。顾盛指示福士召集一个美国人的委员会去调查这次杀人事件，并且汇报其结果。① 这个委员会有 6 名成员，分别代表了琼记洋行、哗地玛洋行和 4 名个人。值得注意的是，旗昌洋行、同孚洋行还有传教士们在当中都没有代表。② 到了 7 月 11 日，委员会报告说，他们一致同意，杀死徐阿满是“正当防卫”。顾盛在 23 日如此这般地向耆英报告了这个问题，条约正好签订了 20 天。③

顾盛还通过另外两件事情建立起了中国人对美国人的好感：关于约瑟夫·摩西（Joseph Moses）的事件，他在商馆区的火灾中，其商馆被烧毁，并且被一群贼偷走了他的财物；关于查尔斯·埃默利（Charles Emory）和乔治·弗雷泽（George Fraser）的事件，两位造船者在香港对岸的中国领土上修建了船坞。现在中国人要求后者把他们的生意搬到香港去。在两个事件中，顾盛都发现条约没有办法帮助他的同胞。他告知摩西，条约中没有涵盖火灾损失的条文④，而写信告诉两位造船者，他们的厂房在新老体系下都是不合法的。不过，他也向耆英请求，给埃默利和弗雷泽时间去搬迁，以免遭破坏性的损失。⑤

---

① 见 1844 年 6 月 22 日顾盛致福士，CP；以及顾盛致福士，CCL。

② 对委员会成员的选择大概可以看出福士的精明。他本人是旗昌洋行的成员。而奥立芬洋行的成员以及传教士可能会太过公开地同情中国人。

③ 中国的官员在向广州人解释新的程序时碰到了一些麻烦。黄恩彤、伍崇曜、同麟、福士和伯驾花了相当多的时间去写福士解释对事件处理的信件。正如福士在 1844 年 8 月 2 日写给顾盛的信件中说的：“在坚持事实的同时，我们尽量给予中国官员帮助。”伯驾在 15 日的信件中更加直截了当地说：“整个事件都是根据他们的［中国官员的］意愿来处理的，并且我们也愿意在可以操作的范围内帮他们走出困境。”两封信件均见于 Cushing Papers。

④ 摩西的大部分财产不是被烧毁的而是在混乱时期被偷窃的，事实并没有让顾盛感到为难。大概是遵照由 John Marshall 最初在美国建立起来的模式，顾盛似乎将这个事件用在了更大的范围内而不是仅仅就事论事。

⑤ 关于埃默利和弗雷泽的资料，见 1844 年 8 月 14 日顾盛的第 83 号公函，而摩西的资料见 1844 年 8 月 23 日顾盛的第 89 号公函。

"新的规定"

在"保护美国在广州侨民安全的新规定"中，顾盛建立起了旧《防夷新规八条》的代替品。由黄恩彤和伯驾谈判达成的这份文件，表现出了过去10年中外国侨民历史的强烈影响。石墙将取代围绕在广场周围的木栅栏，并且还要在旧中国街、新中国街和猪巷上修筑其他的围墙，这些街道都是通往外国商馆区的。围墙的唯一出口将用坚实的大门来关闭，以铁条充当门闩，大门由居住在广场哨所内的士兵来把守。美国人获准在他们自己的房子内修筑围墙。流动小贩、露天市场以及游手好闲者都不允许出现在商馆区域内，商馆前面的街道不是通衢大道。在商馆区的两端将设立大门，晚上及周日将由领事下令上锁。在此区域内，不能出售酒类，也禁止在围墙外扔垃圾。在8月15日写给耆英的信件中，顾盛建议商馆的房东及住户支付修筑围墙的费用，并且围墙要沿着商馆区的河岸继续修筑。① 虽然这个规定是由伯驾进行谈判的，但是它适用于所有的外国侨民，并且由钦差大臣签发公布。

虽然在条约谈判期间，伯驾的影响非常大，在这个问题上尤其显著。② 星期天关闭街道闸门以及禁止销售酒类是他长久以来的愿望。据一个侨民说，顾盛只是拒绝了伯驾心目中感兴趣的一项规定。至少有一部分的英国人，开始利用他们刚刚得到的自由，把他们的中国情妇安置在自己的行号内。

---

① 1844年8月15日顾盛致耆英。伯驾还企图在河南岛上给美国人弄到一些地方，但是被黄恩彤拒绝了。最后，中国人同意，"无论何时，为了安全与方便"，美国人可以在那里租借地方。

② 在广州的外国侨民普遍相信，伯驾将传教士的条款写到了条约中，虽然伯驾本人称是潘仕成——老潘启官的儿子，提议了第17项条款，在每个条约口岸提供墓地、医院和教堂。因为潘仕成的父母都曾在伯驾的医院中看病，他非常感激，并且知道伯驾需要这样的条款。见 George B. Stevens and W. Fisher Markwick, *The Life ... of Peter Parker* (Boston, 1896), 250-254，当中引用了伯驾的日志和书信。

“这让（伯驾）医生感到震惊，他建议增加一项条款，禁止娼妓进入商馆。”美国侨民向领事抱怨其事，他又向顾盛提出了抗议，于是这项条款被删除了。①

侨民的回应

商　人

一般而言，美国的侨民群体对使团的任务是有预见的。没有多少商人认为顾盛或者其他使节可以大有收获，因为“这里没有什么我们要特别地抱怨的，也没有什么是我们特别要求的，因为我们享有了给予英国人的特权”。② 侨民们在很多方面批评了使团：有的人认为条约是不必要的；另外的人认为舰队规模太小了，不足以给中国人留下深刻的印象；还有一些人认为顾盛应该马上到北方去；而有个别人对于顾盛随员的数目提出了异议，特别是那些海军军官，他们显然非常享受逗留在广州：

> 著名的中国使团在周围游荡找乐子，完全没有考虑到公众的利益。海军上尉……还有见习军官在广州就像蜜蜂一样密集，中国的店家从他们的挥霍中大获丰收。使团的成员出发时都有着关于他们的重要性的夸张念头，他们刚刚才发现，我们并没有渴望他们的来临，而且他们离开以后，我们也就没有办法活下去了，因为他们在中国没干什么好事。就个人而言，这些军官都是好人，

① 1844年10月3日John Heard II致“叔父”［奥古斯丁·赫德］，HP。赫德坚决认为，“美国人从来就没有这样做”。显然美国人对这个规定的抗议，是把它看作侮辱。

② 1844年3月12日奥古斯丁·赫德致J. W. Alsop，HP。

而整体来说，他们就非常烦人了。[①]

不过，尽管顾盛的政治观点及其沉默寡言的个性，他很快就在侨民中大受欢迎。他派“白兰地酒号”进入珠江的积极行为、他干脆利落地处理徐阿满事件以及他坦率地向商人和传教士询问意见，都为他赢得了尊敬。

考虑到他们的利益，侨民们对条约中特别大的自由度感到吃惊。它给予侨民中的两大群体的要比他们希望的多得多。商人们普遍希望《南京条约》中的收获可以给他们分享，再加上少许的商业条款，特别是让他们可以把已经在中国上了岸的货物重新装船外运的条款。不过，他们之前的经验不允许他们过度乐观。[②] 鸦片贩子对于可能妨碍他们贸易的美国方面的行动感到特别的焦虑，而传教士们则为自由传教、学习汉语以及为他们的各种机构索要土地祈祷。假如条约是以侨民的许可程度来判断的话，那么它是一次绝对的胜利。

在顾盛要离开的时候，他收到了一封感谢信，几乎在广州的美国侨商都在上面签了名。信中有一句话特别引人注意。那就是，侨民们表达了他们“最热情的感谢，为阁下对于我们的普遍商业利益所表现出来的无比关注和多种的考虑”。[③] 商业的通信也回响着对新协定的赞赏。大概最高兴的就是鸦片贩子们了，他们发现自己的贸易在条约中被忽略了。正如

---

① 1844年3月12日奥古斯丁·赫德致J. W. Alsop，HP；1844年2月10日赫德致 George W. Heard；以及 1844 年 4 月 18 日 John Heard III 致“Charley”[Brown]，HP。在金斯曼和赫德的档案中以及在CP的I. M. Bull的信件中，有大量的对使团的评论。又见 *Niles National Register*，1844年9月21日，引用了1844年4月16日的一封信件，LXVII：36。

② 例如，1844年4月22日John Heard III致“Mr. Oakes”，以及1844年2月10日奥古斯丁·赫德致G. W. Heard，HP。

③ Cushing Papers. 虽然他的叔父W. S. Wetmore——商行的高级合伙人——曾经在美国为顾盛当顾问，不过小塞缪尔·滑摩因为与顾盛间的“私人恩怨”而拒绝签署感谢信。据说他还阻止了他洋行中的好几个成员在这份文件上签名。见1844年9月3日G. B. Dixwell致奥古斯丁·赫德，HP。

约翰·赫德所说的那样，顾盛

> 没有做的事情值得跟他已经做了的事情得到同样多的甚至更多的赞赏。他没有提出让人恼火的问题或者故意惹恼商人们来打搅我们的贸易，他也没有像克尼准将那样出于错误的印象而签发声明，以至于剥夺了美国人的财产，特别是剥夺了那些在美国的旗号下进行鸦片贸易的船只。①

这种贸易是非法的，所有人当然都对之加以指责，不过，走私活动违反的是中国的而不是美国的法律，因此这不在领事法庭仲裁的范围之内。因为中国人没有办法施行中国的法律，而外国人又不愿意那样做，因此，条约实际上就保障了鸦片走私者的特殊利益，他们的贸易因而没有受到所有法律的监管。②

传教士

传教士们对于他们新近赢得的追求其天职的若干阶段的自由所感到的欣喜，前文已经提及了。此外，伯驾在草拟条约以及拟定广州美国人群体的新规则方面所发挥的显著作用，确保了优厚的待遇。不过，我们还要注意到，伯驾和裨治文是如何确保他们对《望厦条约》的评价得以流传出去的。他们两个人的信件被大量地引用。在1845年2月号的《传教士先锋》（*Missionary Herald*）中，伯驾喜不自禁：

> 几乎每一样美国人可以要求的东西，或者说中国可以给予的，都给拿到了。顾盛先生没有到北京去，那本

---

① 1844年8月28日赫德致父母，HP。又见1844年8月7日保罗·福士致福士夫人，FP。

② 1845年4月2日，小赫德在给他伯父的信件中说道：“［美国领事］福士在这个问题上［鸦片走私］没有采取任何的措施去阻止那些美国船只为所欲为——我也不相信他会干预这些船只随意前往他们乐意去的目的地。旗昌洋行本身对该种贸易就有浓厚的兴趣。”HP.

> 该是他要做的；不过，由于他的信心与善意，他为自己的国家争取到了同样多的东西。现在，我确信，一条真正的友谊的纽带已经把东方和西方的这两个伟大的国家联系起来了。

裨治文也毫不吝啬溢美之词：

> 这项条约，如果得到批准的话，为美国赢得的利益非常可观，事实上，那是在目前的条件下我们可以要求的全部利益。顾盛先生在谈判过程中表现出来的精神与举止既忠于他本人也忠于他所代表的人民。[①]

当然了，由于所有的议会成员都全心全意地支持该项条约，顾盛非常满意地看到，1845 年 1 月 16 日《望厦条约》在议会得到了全票通过，这对顾盛来说是非同寻常的，在他的政坛生涯中，更多的是争议而不是广泛的赞同。并且，这项条约使他开展了对众多听众演讲的事业，他甚至计划写一本中国历史的著作。不过，由于他投身到了对墨西哥的战争中，再加上其他的政治事务阻挠他进行这项值得称道的项目，它永远也没有完成。

参与者的回顾

不过，最重要的判断来自于两位谈判的主要参与者。在很多方面看来，耆英更让人感兴趣。他为贸易的条款辩护，并且指出他在挫败“不少琐碎的、牵强的、贪婪的，甚或狡诈的企图”方面所做的工作。他对于传教的条款怀有极大的疑心，他宣称，起初他是拒绝同意这些条款的。不过，他发

---

① 《传教士先锋》(*Missionary Herald*) 是 ABC/FM 的喉舌。见 XLI：2，53。伯驾信件的日期是 1844 年 8 月 1 日，而裨治文的是 1844 年 7 月 18 日。1845 年 3 月 24 日的《纽约晚间快报》(*The New York Evening Express*) 有同样的引文，引自《浸信会之友》(*Baptist Advocate*)。显然，这些传教士的观点广为传播。

现顾盛的论证很有力。在澳门的葡萄牙人与在香港的英国人已经享有了修建教堂、医院和墓地的权利。因此，把这些权利延及美国人是很公平的，特别是因为他们并没有提出领土的要求。雇请教师以及购买书籍已经很普遍了，第18项条款不过是承认既有事实而已。他对于这位夷人使节的真诚印象深刻。他指出，顾盛赞同中国方面对走私活动的司法权力以及提议美国领事每年递交报告供中国官员使用是其善意的证明。[①]

耆英的朋友及赞助人，穆彰阿以及军机处的其他成员对条约规定的看法略有不同。虽然他们同意，在整体而言，条约实现了政府的目标，但传教的条款除外："惟延请士民教习并采买各项书籍一款，本干例禁，且漫无限制，则流弊兹多。"

不过，

> 权宜照准，以顺其情。自未便轻易纷更，转令该夷借口……经此次议定条约之后，应令该国延请之人，将姓名、年岁、眷属、住址并呈明该地方官另册存案，方准前赴该夷寓馆。其所购书籍亦应各书肆另立簿册，将书名、部数、价值，于买定后随时登载，年终汇交该地方官，是送督抚查覆。庶按籍而稽查，可为诘奸察远之一助。[②]

军机处还指出，不能强迫任何人去给夷人授课，也不能阻止书商"过度地"提价。

与耆英不同的是，军机处的官员提到了治外法权，但中国政府中似乎没有人知道这个问题的重要性。傅吾康

---

① 1844年7月28日收到的奏折。见 Earl Swisher, *China's Management of the American Barbarians* (New Haven: Yale University Press, 1953), 160-164。

② 1844年8月15日的奏折。见 Earl Swisher, *China's Management of the American Barbarians*, 119。

(Wolfgang Franke) 从中国传统的角度解释了这种盲目的态度，中国人允许一些外国人居住在其领土内某些指定的地方，并且以他们自己的法律来进行管理：

> 在中国人看来，这并不是给予外国人的特权，或者他们对于外国人有司法的权力。这毋宁暗示着对他们的某种侮辱：夷人被认为是不能够明白中国人文明的习俗以及精致的生活方式的；因此，他们必须按照自己原始野蛮的方式来生活！①

最后，穆彰阿和他的同僚们担心，夷人们会扩大他们占有的房产，因此，有必要严格地划定界线。他们还建议耆英与其他总督商讨"制定措施去减少"传教活动。

> 不得转相传习，务使沿海居民，晓于夷言之不可效，夷礼之不可行。②

显然，军机处的官员不愿意全心全意地同意该条约。在这个问题上，未来的很多年中，传教士们将面临很多的麻烦。③ 顾盛在1844年11月2日伯驾写给他的信件中看到了军机处的汇报，而伯驾是从保罗·S. 福士那里得到这份报告的。④ 我们无法确定福士是如何获取中国政府最高层的内部通信的，不过，在证据面前，我们可以冒险猜测之。在这之前，小浩

---

① Wolfgang Franke, *China and the West*, trans. R. A. Wilson (Columbia: University of South Carolina Press, 1967), 31. 费正清同意这种说法："人们认为，西方的官员对于在中国做生意的本国商人有着特殊的责任，正如在中世纪的时代阿拉伯的蕃长在广州或者泉州所应有的义务。这给中国人在历史上为治外法权找到了合理的依据。人们没有能够正确地预见到当中的意味。"见 John King Fairbank, *Ch'ing Documents* (3d ed., Cambridge, Mass.: Harvard University Press, 1970), I: 46。

② 1844年8月15日的奏折。见 Earl Swisher, *China's Management of the American Barbarians*, 166-170。

③ 皇帝随之颁布了谕旨，要求官员按照军机处的意见去行事。见 Earl Swisher, *China's Management of the American Barbarians*, 170。

④ Cushing Papers. 这份文件在第164盒，"Special File"，而信件在"General Correspondence"。

官曾经把秘密的政府文件带给他的美国朋友，[1] 他很可能就是这份报告的来源，这符合逻辑。无论如何，这种快捷而准确的情报，充分说明了这个时期广州不同国家商人间的亲密友谊。

顾盛对条约的评价特别地见于他在 7 月 13 日和 15 日写的公函，不过，在随后一系列的文件中，他对这些相当简练的分析进行了补充。最为人所知的，是他于 9 月 29 日在美国军舰“佩里号”上所写的长篇大论的第 97 号公函，这无疑是由当时的人写下的关于把治外法权引入中国的美国方面背景的最完备的论述。在这份文件中，他重申了自己深思熟虑过后得出的信念，即西方国家共同拥有着“一个联邦共和国的诸多特点”和在侵入中国方面，“西方在绝大多数目标上是一致的”。他在 1844 年 8 月 26 日的公函中承认，“英国人通过最惠国条款从他本人在望厦的成果——条约——中获益是非常合理的”。

> 由于英国人的努力，把中国人扯到了与欧洲谈判的范围内，结果是意外地让全世界都受益，那么欧洲（或者）美国与中国沟通也应该让英国人得益是正确无误的。[2]

顾盛也意识到他的条约假设了专职的领事以及外交代表。在给美国国务院的若干通信中，他指出新条约的施行，

> 无疑要求外交代表应该是那些普通领事之外的其他人，普通领事参与贸易，他们私人的利益很可能会与他们的同胞商人产生冲突，而出于同样的理由……没有得

---

① Cushing Papers，第 47 盒。中国方面关于英国使团的文件，小浩官在 1842 年得自于南京。见于标有“Dec. 1844 and Undated 1844”的卷宗。

② 1844 年 8 月 26 日，第 93 号公函。

到中国政府的高度重视。[①]

在这个方面，顾盛非常公正地接受批评的意见。他本该知道美国政府被他就此问题所提的建议所打动而去采取行动的可能性，不会比之前两代在广州的商人和领事所期待的大。

> 在实施美国条约上最重要的一点是，它直到10年之后才得到了真正的领事行政体系的支撑。结果是，最为人称道的有利于中国的条款一般而言都没有被施行，而有利于外国人的条款，假如没有被美国的领事们执行的话，也被英国的领事们热切地利用与强加执行。[②]

从历史的角度看《望厦条约》

与英国人签署的两个条约相比，《望厦条约》表现出了若干突出的特点。最让人吃惊的是条约的篇幅。虽然《南京条约》篇幅较短且内容空泛，从序文迅速地到达了签字的部分，《望厦条约》的篇幅却较长，进度从容，且要全面得多。造成这种差异的部分原因是显而易见的：《南京条约》主要是一份和约，而顾盛的目标是要为美国人谋取在华的商业及人身安全。《望厦条约》核心部分讨论的问题见于《南京条约》的补充规定中。但是，哪怕将英国人的两个条约一并考虑，《望厦

① 1844年8月24日，第91号公函。又见他在1844年9月29日和10月1日分别发出的第97和98号公函。第98号公函特别强调了顾盛认为要派专门代表驻华的观点。在条约英文初稿中，顾盛在条款4旁的空白条注明："领事专司其职并且他需要被赋予相当的权力。"

② John King Fairbank, *Trade and Diplomacy on the China Coast, 1842-1854* (1953, one vol. ed., Cambridge, Mass.: Harvard University Press, 1964), 208. 这是对当时情形非常公正的表述；不过，我对费正清教授的下一表述持有异议："顾盛其实已经预见到，假如完全是由商人领事来进行的话，条约将会得到推行。"文献中没有可以确定这种说法的内容，而上文引用的公函似乎正好与之相反。

条约》还是多了大约1000字，这些字句并没有浪费在礼节性的内容上。《望厦条约》不过是涵盖了更多的方面。很自然，由于在远东缺少殖民地和军事力量，美国人不得不比英国人更精确地界定权利与义务。

不过，把《望厦条约》与《虎门附约》进行比较，可能更公平一些，《虎门附约》是为了解决在新的体系下运行了一年之后所必须解决的问题而修订的。假如计算其《通则》中的字数，《虎门附约》与《望厦条约》的篇幅大致相若，然而，《望厦条约》规定的内容依然是更为广泛。大概这是因为谈判者来得较晚而且有着更简单明了的目标。英国人必须草拟有关补偿战争损失的条款、赔款协定、割地协定等等。但无论怎样解释，《望厦条约》依然更加具有优势。它的篇幅比英国方面的条约的总和要少，它涵盖了更多的问题。顾盛比他的英国对手做了更多的劳动。

条约中还存在着调子的问题。英国人的条约是冷漠的，甚至是粗鲁的，暗示着他们有信心通过其他的方式获取顺从——压倒性的力量——而美国人的条约中有强调国际友好的形容词和短语。比较3份文件中提及和平的部分，非常有意思。《南京条约》仅仅说明："今后女王陛下的国家与……将保持和平与友谊。"《虎门附约》谈到了"永久的和平与友谊"。《望厦条约》呼吁建立"坚实的、长久的且真诚的友谊"以及"完全的、永久的且广泛的和平"。我们知道，顾盛认为他本人对中国人要比之前的英国谈判者更友好与公正。他的条约要求在治外法权所允许的范围内尽量平等地施行，尽管其保留条件是至关重要的。当然了，条约是单方面的，但是考虑到中国的弱势、对外漠不关心、技术的落后及其装腔作势，那么19世纪40年代与中国签署的所有条约都注定是单方面的。[1] 无论如何，这是这些条约都被称为“不平等条约”的理由。顾盛坚定地认为，中国人应该与美国人一样从这项条约中获得同样的权利与责任，[2] 在环境许可的情况下以及在给他的指示的范围内，他做得非常好。给他的指令非常明确，他要尽力为在华的美国人服务，特别是要为美国人争取到英国人享有的同等权利。因为美国政府无意于攫取殖民地，他需要英国人由于拥有了香港所获得的保障的合法替代措施。[3] 近东的领事法庭提供了解决问题的范例。顾盛对这种机构历史的简述充分表明他完全了解领事法庭在该地区的发展情况。[4]

他也知道治外法权的罪恶效果。假如说他没有顾及天朝或其臣民的福祉的话，那么他不是唯一持有这种态度的人。它普遍地存在于广州的美国人及其他外国人中，我们也不能要求顾盛为了中国人，置对他的指示以及其国民于不顾。并且，小国很少承担帮助大国的任务。他们宁可采用典型的自私方式去行事。无论如何，“只要英国人坚持自由贸易的原则而中国人遵从这种宽宏大量的政策，美国人应该摘取坚船利炮政策的果实而同时保持对华友好的外表”。[5]

对顾盛的一种批评应该是公正的。他没有利用自己的权力去阻挠美国人参与鸦片贸易。然而，甚至是在这个问题上，他还是遵循对他做出的指示，指示警告不要利用美国的海军

---

① 费正清教授认为该条约是“单方面”的观点被大家所接受。不过，顾盛并没有引入这项原则。

② 我要感谢 Jared Stammell 和 Randle Edwards 两人提醒我注意到了这一点。

③ 找到替代香港的措施是条约中其他若干条款的动机，特别是那些涉及口岸间贸易的内容。见 John King Fairbank，*Trade and Diplomacy on the China Coast，1842-1854*，208-209。

④ 见 1843 年 12 月 1 日第 22 号公函，和 1844 年 9 月 29 日第 97 号公函。

⑤ Michael Hunt，*The Making of a Special Relationship：The United States and China to 1914*（New York：Columbia University Press，1983），17.

力量去中断贸易。这份指示是在向许多人征询意见后拟定的，这些人与该种非法贸易有着密切关系并且与维伯斯特很亲近。帕克准将（Commodore Parker）同样小心谨慎；他甚至不愿意采取其前任克尼准将的措施。《望厦条约》中小心翼翼地指出鸦片贸易是非法的，但是避免提及唯一可以组织这种贸易的行动——海军力量。除非美国人遵循克尼的政策，否则英国商人总是可以从美国的旗号下寻求保护，因此使得他们免于英国方面的裁决（起初看来，英国人似乎是打算禁止这种贸易的）。然而，美国人不合作，这样的行动注定是要失败的。如此，顾盛大大地帮助了鸦片贸易，使得任何强权要采取行动阻止这种贸易变得非常不可能。[①]

最后，对于一个能够对本国奴隶制的存在加以合理化解释的人来说，美国人参与鸦片贸易相对的没有那么反常的举动，一定不会带来多少问题的。作为美国商人参与该项贸易的代表，顾盛尽可能有技巧地处理这个问题。

因此，《望厦条约》比两项英国条约要明了得多。它提供了“中外关系中更为完整的法律框架”，[②] 而这恰好是双方都需要的。美国人的条约预见到了更多的困难，并且提供了解决的方法；它规定了有效的程序，而英国人的条约仅仅是宣布了原则，[③] 并且，他增加了许多规定去澄清、扩大或者限制中国人和美国人的权利与义务。事实上，《奈尔斯》（*Niles'*）的编辑为故事写下了结论性的赞歌：“在完成了艰辛的劳动后，如我们所确信的那样，他到目前为止为祖国所取得的成

---

① 到 1843 年，人们已经很清楚，英国方面是不会干预这种有利可图的贸易的。见 John King Fairbank，*Trade and Diplomacy on the China Coast，1842-1854*，133-151。

② John King Fairbank，*Trade and Diplomacy on the China Coast，1842-1854*，208.

③ 根据顾盛本人的统计，有 16 项条款。

绩要比璞鼎查爵士为自己的国家获得的多，他在去年8月20日登上了美国军舰‘佩里号’离开中国。”①

在与中国签署的各项条约中，诸如这样的一些新条款后来被称作是“让步”。采用这样的一种说法，心照不宣地承认了相关的事实，也许要多于当时所承认的。“让步”意味着交出某些东西，暗示着让步方的失败以及另外一方的胜利。更深刻的，它假定了存在双方面而且互为对立的关系，而中国总是孤立的、失败的一方。②

无论是否把这些条款看作“让步”，在美国人看来，它们在小范围内是明智的。多种专著修正了丹涅特极其赞赏顾盛使团的看法，它们竭力忽略顾盛是一个很有能力的外交家的事实。在澳门，他在炎热的夏天中谈判的文件是早期“不平等条约”中内容最全面的。宣称《望厦条约》有着帝国主义者的调子，不会是对顾盛性格的诽谤。在德克萨斯、俄勒冈和古巴的问题上，他将会被公开指为帝国主义者，而广州美国人群体的要求也有着类似的调子。顾盛仅仅是为了在广州的美国人群体的利益而进行条约谈判。然而，在当时，几乎每个与之相关的人都会认为，这种利益就是国家利益。

我认为，无论是中国学者还是美国老一辈的历史学家，都没有完全公正地对待顾盛，正如双方都不会欣赏对方在谈判桌旁表现出来的力量。正如大部分人类事件那样，《望厦条约》过于武断。虽然历史学家有表彰其经济影响的动力，但是吝啬的法则在撰写历史中有着自身的局限。因此，也许是因为古代中国的政策使得皇帝允诺给予所有外国人与英国人

---

① LXVII（1845年1月11日）：299。

② Rhoads Murphey 简明扼要地说：“西方人把这些条约看作他们的努力得以迅速扩张的许可证，是期待已久的中国‘门户开放’。中国人把它们看作协定的规矩，为的是限制这些新的夷人。”见 *The Outsiders：The Western Experience in India and China*（Ann Arbor：University of Michigan Press，1977），133。

在1842年赢得的同等权利，但他们肯定不会长时间保持克制的，而且西方人获取这些权利的方式有着很多的差异。与之相类似，这种做法也许是中国人的习俗，由于葡萄牙人在澳门以及英国人在香港的先例，还有惧怕失去更多的领土，使得满洲人同意接受治外法权，但英国人的势力、外国侨民对这个问题的讨论、美国人在近东地区的经验以及顾盛本人的信心也都对于这种机制最后的形成产生了一些影响。

在上面已经引用了的说法中，费正清非常明确地说："清政府几乎没有意识到它放弃了什么。"顾盛也观察到了同样的事实。虽然到达澳门的中国谈判者在西方使团的成员看来是那么的文雅、有礼且十分文明，但他们不过是外交丛林中的婴儿。他们"既不精于经济也不谙熟西方法律"；事实上，他们两者都互相鄙视。清政府的政策以及儒家的价值观剥夺了他们与技术上领先的（因此是帝国主义者的）西方人打交道获取经验的机会。耆英是皇帝手下最高级官员中的一个，他当然不是傻瓜，但他无法在寥寥数日之内把顾盛仔细草拟的计划书考虑周详。然而，这份计划书成为《望厦条约》，在其签署之后的多年内，它一直是这种机制的范本。最清楚的是，顾盛将最惠国待遇、治外法权以及条约税率惠及他国，创造出了一种有辱于中国的机制，并且在未来的一个世纪内都会对它造成威胁。

结语：旧广州的遗产

广州文化的留存

敏锐的读者会问，“为什么要如此详尽地研究一个已经死去的社区?”对这个问题的回答必定不简单。当然了，在广州的这些商号为美国的富有阶层带来了贸易、金融及生活方式方面的领袖人物，在东北部特别如此。同样清楚的是，旧广州的美国侨民奠定了美国对华政策的基础。因为这个侨民群体是如此的不同寻常，熟悉其构成、活动及态度是了解这个群体富有阶层及对华政策所必需的。外国人居住区的生活以及贸易的方式塑造了美国人的态度，与在中国沿海地区活动的所有外国人相比，美国人在很多方面出于他们非比寻常的民主的、新世界的方针，可能会使得他们在西方侨民中成为独特的群体。无论如何，这些态度在整个 19 世纪都持续存在。

因为鸦片贸易是美国侨民群体的经济基础（特别是那些更加重要的美国商号的基础），它广受注意（据一个评论者说，关注得太多了）。茶叶或者丝绸大概是同样地影响深远，不过我对此存疑。并且，我确信这种贸易是塑造美国人观点的主要影响来源，并且在诸如治外法权以及官员们对这种非法贸易的毫无判断力等方面有着重要的作用。

当然了，在大部分情况下，美国侨民在中国的时候，他们融入到更大的外国人社区中，因此他们会在习惯与外表方面进行相应调整，以适应达成他们主要目标（广义的贸易）的需要。虽然他们轻而易举地适应了广州和其他条约口岸，美国人在自我意识上与其他西方人保持着显著的差别——他们带着独特的价值观与想法而来，使得他们与众不同。他们奉行的价值观及观念在条约口岸发生了变化，正如它们在广州时发生过变化那样，这些变化后来会成为加在美国决策者、传教会以及其他企图在那个大为不同的地方代表美国的人身上的压力。费正清教授指出：

> 在中国，没有纯粹的“中美”关系。美国人是外国人群体中的一部分……是享有特权的“外夷”阶层的成员，他们构成了当地统治阶层架构中的新层次，然而，“在这样的自我形象中，美国人……是反帝国主义（因此也是反不列颠的）的民主论者，但他们在中国如果不是像英国人那样成为精英阶层的成员，就无法生存下去……”因此，在华美侨不得不成为失意的民主论者，一个心怀疑虑的统治者，置身在一个他们永远都不会创造出来但却无可救药地乐在其中的世界……而英国人融入中国的统治阶级时在其思想与行动之间并没有那样的紧张状态。[①]

此外，这些（心理上的）忐忑不安的侨民是把各种东西——货物、人员和各种影响——从中国运到美国或从美国运到中国的有效率的代理商。在条约口岸特殊的文化氛围中，美国人看起来发挥了特别大的杠杆作用。就在20世纪之初，有一个作者评价说，上海在其基调上更加的美国式而非英国

---

① John King Fairbank, “The American Approach to China, ca. 1840-1860,” draft paper for the January 1970 Cuernavaca Conference on American East Asian Relations, 16.

式，尽管那里有更多的英国侨民。它十分年轻、蓬勃发展、不拘一格、非常繁忙，并且具有想象力，与更加传统的英国城市不大相似，① 这种状况在一定程度上要归因于美国人的示范作用。

广州文化北渐

越是深入到这个主题中，人们越清楚地看到被我们称为“条约口岸文化”的大部分内容早在条约口岸被创造出来多年之前就已经存在了。那些“不平等条约”打开了北方的港口，但是它们并没有创造出外国人的社区以及与之相关的特殊生活方式、处事态度和各种机构。这些至少都可以追溯到拿破仑战争，甚至更早。② 然而，不管其早期历史如何，条约口岸的文化是旧广州文化的延伸。

尽管广州的地理位置并不理想，但它在鸦片战争后的 10 年内依然是中国最重要的外贸口岸。即使上海的货运成本要便宜 20%，直到太平天国运动阻碍了旧的贸易线路之前，也无法将大部分的茶叶贸易从广州转移出去。作为主要的贸易港以及首个西方船只造访的港口，广州是中国的门户。中国

---

① Charles M. Dyce, *Personal Reminiscences of Thirty Year's Residence in the Model Settlement, Shanghai, 1870-1900* (London: Chapman & Hall, 1906), 46-48.

② 条约口岸的机制与不列颠统治下的印度口岸存在着非常普遍的相似性。参见 John King Fairbank, *Trade and Diplomacy on the China Coast, 1842-1854* (1953, one vol. ed., Cambridge, Mass.: Harvard University Press, 1964), 157, 及 Rhoads Murphey, "Traditionalism and Colonialism: Changing Urban Roles in Asia", *Journal of Asian Studies* 29 (November 1969)。又见一些研究不列颠统治下的印度的著作，如 Percival Spear 的 *The Nabobs* (London: H. Milford, Oxford University Press, 1932)，及 Dennis Kincaid, *British Social Life in India, 1608-1937* (2d ed., Port Washington, New York: Kennikat Press, 1973)。更新的著作有 George Woodcock 的 *The British in the Far East* (New York: Atheneum, 1969)。

的情况与美国人及其他西方人所习知的大异其趣，即使清朝廷接受了自由贸易，初来乍到者依然要依靠那些老手们将他们引入中国。那些迫切希望从新近对他们开放的机遇中获益的传教士们，蜂拥进入广州，加重了传教会及其朋友的负担。就像商人们那样，他们继续通过广州来进入中国，因为除此之外，他们别无选择。在新的口岸开始开放的关键年代，广州的社区——如今包括了香港——依然是在中国沿海地区唯一成熟的外国人居留地，外国人可以在这里找到自己的同胞、朋友，甚至那些他们可以对话的人。新来的人是勤奋的学生，学习社区必须要教给他们的新环境。在那里，他们沿袭了旧有的态度，还有许多其他的旧习惯，就像穿上特别的礼服那样易如反掌，并且还接受了旧体系下的令人沉迷的生活方式。

把广州的观念、经营手法以及注重穿着的生活模式带到北方去的，除了外国商人和传教士外，还有广州本地的买办和仆役。由于这些南方人有着北方人缺少的技巧，他们自然成了中间人，而且他们很快就在各个通商口岸确立了重要的地位。实际上，在中国人方面新的事物，主要是事物的形式。虽然《南京条约》规定取消了公行制度、行用以及旧体系下数不胜数的各种费用，大部分实质内容仍被保留了下来。随着西方人和广州人在中国沿海地区重新建立起旧的方式，更多旧体系下的现象不断出现。在广州，以前的行商依然占据了贸易的大头，[1] 随着广州体系的消失而被取代的各色人等，都找到自己的位置，并且得以一展所长。广府人所专门充当的职业——买办、通事、看银师等，出现在了每个条约口岸。那些无所不在的苦力、大群的仆人还有茶叶商人、丝绸商人、陶瓷商人以及杂货商人继续像以前那样大量存在。各国商人

① Chang Chung-li, *The Income of the Chinese Gentry* (Seattle: University of Washington Press, 1962), 167-168.

共同的利益使得他们不断地深入到旧的体系内，就像是为了自己的利益而钻研一样。[①]

另外一个能够说明广州的各种机制在各个条约口岸重新建立起来的重要理由，简单地说，就是权力的变动。各项条约废除了旧的体系，但是建立新机制的努力被指向了捍卫西方人的战利品方面。中国人缺乏经验，没有办法组织起一个新的可行的体系。因此，在最基本的层次上，缺乏外来的动力是解决混乱状态的方法。这种情况在《望厦条约》签署之后10年内也没有得到改善，自相矛盾的是，以传统的方式来进行传统的贸易，最终却迫使情况发生了变化。上海海关的倒闭，激怒了英国人和美国人，结果建立起了外国人监管下的海关总税务司，它是在众多商人的反对声中建立起来的，成为中国官僚体系的绊脚石。[②]

在很多年里，甚至是条约口岸里的人口构成，也近似于条约体系之前的广州。那是男性占优势的社区，当中最主要的是英国人和美国人，在19世纪50年代后期，前者与后者之间人数比例大概是2∶1，而到了1870年，大概是3∶1。唯一引人注目的新群体是德国人，1870年，有138个德国人在上海居留。在美国人当中，纽约人与波士顿人依然占主导地位，而在传教士当中，新英格兰人不成比例地占据多数。[③] 这些条约口

---

① 费正清称这种现象为新的条约口岸的“广州化”。特别见 *Trade and Diplomacy on the China Coast*，*1842-1854*，第21章，第383-409页。至少在它还在进行的过程中，就已经有对这种现象的议论了。例如，裨治文认为通事们“不可靠”，并且在《中国丛报》第12卷（1843年9月）第500页中讲到了自己的看法。又见 Woodcock，*British in the Far East*，16-17，多处。

② 关于海关总税务司的起源，见 John King Fairbank，*Trade and Diplomacy on the China Coast*，*1842-1854*，438-468，以及 Stanley F. Wright，*Origin and Development of the Chinese Customs Service*，*1843-1911*（1936；reprint，Shanghai：Privately printed，1939）。

③ Dyce，*Personal Reminiscences*，31，以及 Anonymous，*The Englishman in China*（London，1860），49 and 192。

岸，继续执行着未被它们确认的旧广州的教育功能，把初来乍到的西方人引入中国，其反复强调的观念、发挥的作用、贸易手段、洋泾浜外语还有生活方式，在很大程度上与早年的时候是相同的。外国人社区特质的变化缓慢，且是以适应不断变化的实际情况的形式以及西方的强权和知识与中国人的软弱和缺乏经验之间的碰撞而进行的。不过，就最重要的部分而言，持续性比创新更加具有冲击力，而在态度、机制、品味，甚至是地理和建筑方面，条约口岸都与旧广州相仿。

可以理解的是，大部分学者都强调了在东亚，权力从中国转移到西方列强手里，导致了质的改变。在新的居留区内，这种权力转移表现在，人们认同英国领事馆是潜在权力的中心，特别是因为女王陛下的官员们懂得如何发挥他们的优势。但是与旧广州的相似之处，至少是与这不同之处同等重要。大概这些相似之处不那么引人注意，是因为那些写日记的人、写信的人和写新闻报道的人，通常都会记录新闻，说的是变化而不是延续性。假如说外国领事是条约口岸的权力焦点的话，外国人社区的调子更经常地是由当地的（英国的）商会所确定的。商会的成员包括了各家商行及私商，都是贸易的代表。大的商号就像鸦片战争之前那样控制着这个群体。美国人还是被排斥在组织之外，但无论如何，他们依然受到商会决定的影响。正如1821年之后他们在旧广州所做的那样，他们通常听从英国人的领导。

早期的作者留意到了条约口岸在地形上各个相似。它们均可靠近中国某个有城墙的城市，但又与之隔开。外国人居留的区域通常包括有“一道防御性水系”。[①] 大部分外国人居住区都

---

① C. A. Montalto de Jesus, *Historic Shanghai* (Shanghai: Kelly & Walsh, 1909), 35; John King Fairbank, *Trade and Diplomacy on the China Coast, 1842-1854*, 156-157, and Rhoads Murphey in *The Chinese City Between Two Worlds*, Mark Elvin and G. William Skinner, eds. (Stanford, Calif.: Stanford University Press, 1974), 19-20.

位于海岸之内的河流岸边，靠近港口，船只可以逗留较长的时期。虽然义律挑选了香港，但首先挑选厦门、福州和上海这些战略重地的是英美商人。所有的西方人都怀着类似的动机来到这些地方，对于逗留在那里，也有着相似的需要和恐惧。一旦外国人人数足够多了，外国人的居留地就可以维护他们的自治权利了。居住在这些地方的中国人主要是仆人、买办、避难者，以及其他依赖外国人社区生存的人。[①] 在这每个细节当中，都可以看到条约之前的广州影子。

虽然恰当地说，香港不是一个条约口岸，但在许多方面它都与条约口岸相仿。它甚至比其他条约口岸要更孤立于中国内地之外，这个女王的殖民地有着中国沿海的外国人居留地普遍存在的所有文化特质。从商人的角度看来，香港是口岸港外锚地的延伸。最初它所提供的不过是比伶仃要安全的港口，后来它变成了第一个陆上的趸船，中国最大的同时也是最安全的走私基地。

创造香港的工作是由查尔斯·义律来进行的，他对贸易的执著广为人知。事实上，他的举措尽量不干扰贸易，以至于在中国的大部分英国商人都被激怒了，对他的指责从怯懦到叛国都有。他们相信，义律是支持中方的，或者就是詹姆斯·孖地臣的傀儡。无论他们的看法如何，义律长久的贡献就是香港，而且，尽管早期存在的一些问题，这个居留地很快就体现出了它的价值。

行商们的利益受到了威胁，对这个新的居留地并不友好。[②] 跟义律一样，他们意识到英国人占据了这个小岛——港口，意味着他们过去熟知的广州走到了末路。因此，外国人掌握了主

---

① 尤其是在太平天国运动期间，避难者大量涌入。见 Rutherford Alcock, *The Capital of the Tycoon* (London, 1863), I: 38。巧合的是，在条约口岸就像是在旧广州时期那样，是中国人坚持分区居住的。见 Montalto, *Historic Shanghai*, 37。

② 1841 年 6 月 17 日 James Ryan 致 JM，广州通信，JMA。

动权。对贸易的限制、税收——任何关于贸易的法律规定现在都可以回避了。实际上，当珠江口之外现在已经有了一个特别好而且合法的市场时，为什么还要溯江而上70英里，去受那里的各种规矩局限、花费那么多费用和冒那么多风险呢？从中国政府的立场看来，香港立马就成了一场灾难。每一项规定或者税收都将贸易从广州赶到了香港。广州存在的问题就是香港得到的机遇，而清朝的官员们对之是绝对的无可奈何。当法律的问题可以在当地解决时，甚至是在《南京条约》内规定的治外法权，差不多也不必要了。交换囚犯解决了绝大部分的刑事案件。对于美国人来说，由于他们要求平等的对待以及他们反帝国的观点，女王殖民地的存在确保了治外法权是他们与中国人谈判时的首要论题。并且，一旦这样规定以后，由于最惠国待遇的条款，治外法权的权利可以更进一步地给英国人带来利益。在其他新近谈判所得的权利——转运货物、对关税的修改、传教的权利等等，英国人得到了进一步的好处。而中国人在香港的居住地会以新的方式给司法带来问题。清朝政府从无反对将英国的公民权延及在香港的中国居民。割让香港是非常关键的，而最惠国待遇，过去就是中国人的政策（在非常不同的情形下被执行），开始了长达一个世纪的对中国人主权的侵蚀。

在各项条约签订之后的若干年内，进出口货物的组成基本上与以前一样。不过，其数量大大增加了，主要变化也已经开始了。鸦片和汇票依然是主要的进口产品，茶叶还是主要的出口商品。茶叶种植的节奏还是主宰着工作的时间和季节，茶叶的种植具有弹性，而工作时间则在紧张与悠闲之间交替进行。

19世纪40年代到19世纪50年代，在广州的四大美国商号是旗昌洋行（1824年建立）、哗地玛洋行（1834年建立）、同孚洋行（约成立于1828－1830年）和琼记洋行（1840年建立）。只有琼记洋行在《望厦条约》签署时成立不到10年，但它的两位创立人都是来自旗昌洋行。因此，所有成熟的美国商号都是旧广州的产物。甚至许多鸦片战争后成立的小商号，也是由前条约时代的那一代人来领导的。布尔与奈洋行（Bull, Nye & Co.，它有多个名称）、斯沃德洋行（J. D. Sword）、罗尔与邓氏洋行（Rawle, Duns & Co.），以及其他一些商号都是由那些有着在旧体系下多年经验的人创办的。英国商号也同样如此，最引人注目的当然是怡和洋行和宝顺洋行了。这些人和机构以及与之类似者，都是在条约之前的环境下成长并且发家的，而且他们继续以与“新体系”之前同样的方法进行经营。

许多广州的经营方式都毫无疑问地被沿用了。简单地说，它们非常便利。最显而易见的是以批发的方式来销售，把家务事宜以签订合同外包的方式交给买办、记账的方式、书信通讯等等。在最为重要的方面，甚至是账房的组织都被看作条约之前广州的方式，而且在旧体系之下以多种的方式和向着多个方向开始了更大的延伸。随着商号变得更加大规模，合伙人开始与雇员分开进餐，分工的程度也越来越高了。最大的商号根据经营的货品分成若干个部门——茶叶、丝绸、鸦片、棉织品等等。那些行家里手——验茶师、验丝师和会计——每个人都因为自己的专长而享有突出的地位，在英语、洋泾浜英语和俚语里都有关于他们职业的不同称号。①

建筑方面的发展也很类似。商馆发展为一个大建筑（衙门?），但是住房和商业办公室还是在同一幢建筑内。仓库管理员（go-downs）、买办及其雇员、收账员，还有仆人们则住在近旁。甚至建筑的外观都让人觉得似曾相识。“买办式风格”包括了外部的柱廊、拱廊、阳台，还有其他具有广州时代旧十三

---

① 费正清留意到验茶师被称为“茶师”（*cha-see*）；验丝师被称为“丝师”（*tsze-tsze*），或“蚕虫”；会计被称为账簿（books），等等。见 John King Fairbank, *Trade and Diplomacy on the China Coast*，*1842-1854*，160。

上海旗昌洋行，约 1875 年。纸上水彩画，佚名中国画家　美国迪美博物馆藏，E83587

夷馆的其他建筑特征。[①] 厨房及餐厅的布置、取暖和处理垃圾的设施都与旧体系时代就已为人熟知的情况非常相似。

甚至那些在条约口岸发展起来的各种从属性生意也与鸦片战争前的情况相仿。船只用具供应商、承包商、旅店东主、修船匠，还有其他一些行业的人员的信息，在上海的各种指南出版的时候，就可以在上面找到了。传教士继续主导着医院、学校、慈善事业和学术研究。《中国丛报》继续出版，直到 1851 年停刊，依然是作为消息的来源而存在，直到更新的

① Dyce 与其他人都描绘了建筑的特别之处。在围墙环绕的院落内，他注意到了住房——账房建筑有两层楼，墙体厚实，内部的房间呈十字形分布，在房子的中央会合，那里是楼梯的所在。每层楼内有 4 个非常大的房间，每层楼都有很大的走廊环绕四周。在围墙上有两道门，前门以及更普通的后门。见 Dyce，*Personal Reminiscences*，33-35。Montalto 称这种建筑风格为“意大利别墅风格，在外面加了走廊而显得东方化了，通常带有花园，在盛开的花朵之间，有的时候可以见到农夫在劳作”。Montalto，*Historic Shanghai*，41-47. 比较 W. F. Myers，N. B. Dennys，and Charles King，*The Treaty Ports of China and Japan* …（London，1867），378。

(通常是非教会的）杂志取代了它的地位。

消闲设施由于新近获得的活动自由而大大增加了。在广州时期的所有娱乐活动都可以在北方的港口找到对等的项目，此外，还有那些参与活动的人——他们在广州活动要么受到禁止，要么不便利——常常成立各种组织，在上海尤其如此。那里有“俱乐部”，社会生活以此为中心而展开。除了有自己的俱乐部的德国人以外，所有西方人都属于这个组织。德国人的俱乐部向所有外国人开放其出品精良的剧场。外国人社区的成员们还资助修建了赛马场、保龄球球道、板球俱乐部、游艇俱乐部、划艇俱乐部，其他一些田径组织以及提供借阅的图书馆等。那里还有教堂、海员的福音堂、一家医院，还有至少一份、有时是两份报纸，每家报纸代表了互相对立的两派侨民的观点。甚至是两败俱伤的长期争执，也与旧侨民社区中的争吵非常相似。

即使是那些比较不那么正式的消遣也与旧体系下常见的情况相似。大概最清楚的例子就是扑克牌了。卢式牌（Loo）、扑克牌、惠斯特牌（Whist）以及其他一些赌博游戏是日常的消遣。音乐、骑马、撞球和打猎都各有爱好者。有一些商人迷上了猎鸟。在鸦片战争前，这只有在一些海岸之外的岛屿上才有可能进行，不过战后，尤其在上海，这种活动非常的流行。这些商人在回国多年之后，仍充满热情地详细描绘他们在长江三角洲的狩猎行动。在广州时期就已经养成的吃大餐及经常举行宴会的习惯，在侨民来到了物产丰富、有着许多不同寻常的食品且可以找到华中和华北食品的长江三角洲地区时，又被激发出来了。[1] 只有那些必须保持其味蕾敏锐性的验茶师，还有那些要为了各种体育运动进行训练的人，才

① 见费正清在 *Trade and Diplomacy* 一书的第 160-161 页所描写的常见的上海正餐。

会在餐桌旁有所节制。就像鸦片战争之前的广州侨民那样，条约口岸的商人们常常像弗斯泰夫（Falstaffian）那样吃吃喝喝。日常运动的压力造成了人们的大胃口，尽管那里的气候常常让人浑身乏力。

随着《防夷新规八条》的废除，商人们得到了空间，之前只有在澳门才有的宜人环境被搬到了外国人的商馆之内。之前只有在葡萄牙人居留地才有的花园、[①] 宠物、鸟舍，如今在北方这些港口的外国人商号建筑内有了着落。对于外国侨民来说，生活要舒畅多了。然而，侨民们仍像以前那样抱怨生活乏味。就像克莱德·克鲁克宏（Clyde Kluckhohn）说的那样，假如“每种不同的生活方式都产生出自己对于人类存在终结的假设”，那么对于条约口岸的或者实际上是旧广州的生活方式的消失，又该说些什么呢？

正如在一切前工业化的社会当中那样，这种闲适和富裕，在很多个方面是以低下阶层为代价来获得的。人们不一定要从马克思关于剩余价值的学说来理解这种真相。普通的中国人为鸦片提供了市场、廉价的劳动力去生产茶叶和丝绸、为西方人商馆服务的仆人，到了后来，甚至提供了苦力贸易中的商品。就像现代城市边缘贫民窟里的居民，无论何时，当更加富裕的西方人需要更多的土地和设施的时候，他们就会被轻而易举地替代。三个 19 世纪 60 年代后期谈论厦门的作者这么说：“欧洲那些优裕阶层的生活方式，是在对许多比他们要低下的阶层造成不便之后产生的结果。”[②]

---

① 在广州的商馆中，只有两家有花园，而且相对比较小。

② Myers, Dennys, and King, *Treaty Ports*, 118.

圈住地风气的转变

这些“不便”是条约口岸中常见的一整套态度的有形证据——这些态度是从旧广州继承下来的，但如今已经没有了旧广州体系的束缚。在中世纪欧洲的犹太人圈住地(ghetto)，犹太人对周围的非犹太人产生了许多特别负面的形象。外面的世界既有致命的诱惑力又非常危险，有时候甚至会威胁到圈住地本身的安全。犹太人被看作异类、被迫在难以忍受的规定下与其他人隔绝生活，这些欧洲的犹太人发展出了“非犹太人”（Goyim）的概念，有着显著的保护作用。在类似的环境下常常会产生出类似的态度，[①] 居住在旧广州具有隐喻性质的定居点内的侨民们早就开始在中国居民身上以一系列的负面观点来投射他们的恐惧和需要，这种观点安然度过了鸦片战争，并在中国沿海地区的新处所扎下了根。通过这种方式，人们在恐惧中无助地产生的这些想法，变成了一些典型的看法，被一群有势力的、剥削性的精英所持有，这种情形真是既奇怪又不祥。犹太人从来就没有从压迫者那里得到任何的权力去表现出使这种想法有可能成为行动基础

---

① 大家在心中把 Louis Wirth 的经典之作 *The Ghetto*（1928；reprint，New York：MacMillan & Co.，1956）与广州（以及那些条约口岸）进行对照，会很有启发。相似之处让人吃惊：定居点是对“有不同意见的”（可以看作“外国的”）少数进行社会控制的一种手段，以有备无患，达到宽容和谋取安全。在定居点内有着“部分自治”，而里面的居民被多数人群体的领导者看作收入的来源。居民要服从于关于他们的住地、流动以及职业的规定，而假如他们违反了任何的规定，就会被大众所羞辱。定居点通常是在市场附近，因为犹太人多从事贸易、借贷以及其他与市场有关的服务行业。犹太人定居点内最大的凝聚力之一来自于大多数人对待他们的态度。特别的机构包括犹太教教堂、墓地、学校、医院，以及其他慈善组织。“定居点不仅是活生生的事实；它还是一种心理状态。”诸如此类。魏斯（Wirth）甚至进一步指出“在中国城市里的白人”组成了类似于犹太人定居点的结构（第 282 页）。显然这种想法并非不同寻常。

的情况。而对那些1842年后在华的外国人来说，形势向着非常不同的方向转变。

早在鸦片战争把广州的侨民社区从束缚中解脱出来之前，它就已经发展出自己的文化和延续性，从英属印度、荷兰人占据的爪哇以及中国人本身借鉴了很多的内容。正如有人曾指出的那样，它是一种混合的文化，并且时时表现出的活力也源自于混合。然而，它所依赖的是一种非法的贸易，被这个社区的精神领袖指责为不道德的行为。当然了，鸦片贩子们就如其他侨民一样清楚，他们的批评者需要的正是被他们自己所批判的贸易。1812年战争之前侨民屈指可数，后来这个外国侨民社区蓬勃发展，有超过100个常住的侨商以及传教士，而每年来来往往的过客达数千之众。所有的这些人员增长只有在对华贸易增长之下才有可能实现，而对华贸易是在鸦片贸易的基础上进行的。在这样的情形下，引人注意的是在侨民的通信中，对罪恶感的表述寥寥可数，特别是那些鸦片贩子往往是个性正直的人。这种令人疑惑不解的现象大概可以部分地归因于这样的事实，鸦片贸易在过去的数十年里与其他一些或多或少都值得怀疑的贸易以及世界性的战争是同时进行着的。

在传统社会里，战时的贸易几乎总是迫使商人们游走在法律的边缘。突破封锁、悬挂伪装的旗号、进行走私，甚至私掠行径都不过是国际争端中部分的贸易形式，即使对于那些在别的情形下遵纪守法的公民们也是如此。从战时遭到破坏的形势看来，美国在华的鸦片贸易史作为较大模式的一部分而出现的。它不过是当时众多富有想象力而有时又不循规蹈矩的解决贸易的艰难时势的办法之一。它孕育的时期——从18世纪90年代到19世纪20年代早期——是世界各地都在打仗的时期，随之而起的冲突在拉丁美洲、地中海东部地区以及南亚和中亚都特别厉害。该带些什么货物到中国换取茶叶、丝绸和棉布是特别让人伤脑筋的问题。对于那些已经在全世界躲避战时的禁令达25年的人来说，鸦片贸易看起来肯定相对的没有那么大的害处。一旦开始，这桩贸易原来是个金矿，它很快就给那些中国贸易商人提供了他们长久寻求的解决问题的办法。随着进口的瓶颈被打破，合法的贸易也蓬勃发展起来，广州的侨民社区不断成长，直到突破了自己的局限。

于是，在罪恶中孕育出来且依赖走私来维持其经济生活，广州外国人社区的发展不可能不是扭曲了的。社区的这种需求驱使美国人就像其他侨民那样，发展出来的行为和态度是自私的、剥削性的，而且在实际行动时，即使不是故意的，也有种族主义者的倾向。无论如何，从事鸦片贸易已经表现出了卖方对于买方的某些态度。这些商人在心理上需要把中国人定义为是适合向之倾销鸦片的对象。

鸦片贸易复兴

没有等到条约（条约无论如何都把他们给忽略了）签订，时局一旦相对安定下来，鸦片贩子就回到了这桩贸易上去了。我们不清楚哪一家美国商号首先回到鸦片贸易中去，但可以肯定的是英国人从来就没有中止过鸦片贸易。甚至是在囚禁结束之前，詹姆斯·孖地臣和安德鲁·查顿（Andrew Jardine）就已经安排他们在菲律宾的分号奥塔堆商行（Otadui & Co.；美国人约翰·舒勒伯，John Schillaber，是该商行的合伙人）去接收鸦片贸易，用这家商行的账目从孟买订购鸦片，或者在新的形势下将之转为资金。[①] 虽然被中国官方严厉打击了一番，而且尽管价格低迷，英国在中国沿海

① 1839年5月5日及11日JM致在孟买的T. W. Henderson，以及1839年5月8日致WJ，JM私人信件簿，JMA。

地区的走私贸易继续进行，这种情况直到英国军队打破了中国人的抵抗之后才得以改善。然而价格低迷且被强加了禁令，但是，对于大多数美国人来说，没有什么诱惑可以使他们打破不参与鸦片贸易的许诺。

若干个独立的商人可能是首批重新参与鸦片贸易的美国人。有一个是乔治·W. 弗雷泽（George W. Fraser，或Frazer），是查顿100吨纵帆船“精灵号”（*Ariel*）的船长和名义上的船主，他悬挂美国旗号作为避免英国仲裁的手段。劳伦斯·克尼准将逮捕了这艘小飞剪船以阻止它滥用美国旗号，使得他自己因为“执行中国人的法律”而成为在琼记洋行和旗昌洋行成员的书信中多番指责的对象。① 旗昌洋行的合伙人罗伯特·本涅特·福士是修建这艘船只的人，而琼记洋行是怡和洋行在广州的代理商。此外，到了那个时候，两家商行都经营自家的鸦片贸易。

琼记洋行

虽然无法确定琼记洋行重返鸦片贸易的日期，但是肯定是在鸦片战争结束之前，大概是在1841年的春天或者夏天。商行负责鸦片事宜的乔治·巴塞尔·迪克斯威尔（George Basil Dixwell）于1841年5月到达广州。之前他充当孟加拉贸易的大班，到11月，柯立芝请求孖地臣在鸦片事务上给这个年轻人提供帮助。那时候，迪克斯威尔正在去澳门的路上，“去检查若干箱从孟买来委托给我们的鸦片”。信上还有孖地

① 1843年6月15日AH致PCB，HP；Paul S. Forbes，“Journals”，1843年5月26日，FP；1843年6月14日JH致父母，HP。虽然几乎没有办法证明独立商人是比商行先行重返鸦片贸易的，像弗雷泽和斯特基斯这样的人当然有其动机与丰富的经验。并且，他们的姓名很早就已经出现在鸦片贸易当中了，至少斯特基斯看起来一直没有离开过这桩买卖。1844年1月2日，爱德华·德兰诺指出，斯特基斯派出了“唐·胡安号”（*Don Juan*）“装载鸦片去东部海岸”（ED的日记）。泰勒·丹涅特仅仅指出，斯特基斯“被认为是参与了鸦片走私”［*Americans in Eastern Asia* (1922; reprint, New York: Barnes & Noble, 1941), 124］。

臣手写的字迹："我会就鸦片的事务给他提建议。"[①] 此后，从迪克斯威尔那里来的信件中包括了大量关于商行鸦片事务的内容。1842 年初，柯立芝甚至向孖地臣提出在黄埔为他销售鸦片。[②]

刚开始的时候，琼记洋行投资到英国的船只，但很快它就使用自家的船只了。它派遣包租的纵帆船"唐·胡安号"在 1844 年 8 月装载鸦片沿中国海岸北上，"销售很棒"，价格比停滞的广州市场要高得多。[③] 次年夏天，这家商号已经有 3 艘船只参与到了中国沿海的走私贸易并且购买了第 4 艘船只充当趸船，不过让它悬挂英国的旗号。[④] 那时，鸦片贸易是琼记洋行最赚钱的生意。迪克斯威尔给赫德写信说："印度［鸦片］的买卖是我们经营得最好的，看来似乎不必花力气去经营并使之增长了。"[⑤]

旗昌洋行

还逗留在广州而且曾经信誓旦旦不再染指鸦片贸易的两家美国商号中更重要的那一家，是旗昌洋行。这家洋行在它的通信中至少列举了四个与这种非法贸易划清界限的很好的理由：第一，那是非法而危险的；第二，它是"不名誉而且不道德的"；第三，洋行已经说了，不再参与到鸦片贸易中去；第四(大概也是最关键的一点)，由于中国人继续严格执行其国内政策，市场状况非常糟糕。第一个和第四个理由，如今由于英国

① 1841 年 11 月 26 日 JC 致 JM，广州通信，JMA。

② 1842 年 1 月 2 日 JC 致 JM，JMA。

③ 1844 年 9 月 3 日和 11 月 17 日 Dixwell 致 AH，HP。费正清只是说："波士顿的琼记洋行在 19 世纪 40 年代开始充当怡和洋行在广州的代理商，并且很快自行投资分销印度鸦片。" John King Fairbank，*Trade and Diplomacy on the China Coast，1842-1854*，226.

④ 1845 年 7 月 27 日 Dixwell 致 AH，HP。这是双桅船"鹬鸟号"（*Snipe*），船主是 William Endicott。

⑤ 1845 年 7 月 27 日 Dixwell 致 AH，HP。

人的出兵而被消除了。唯一阻碍在于合法性、道德以及诚信。平衡这三个不可估量因素的是对安全和金钱的考量。鸦片贸易再次成为在中国最安全且最有利可图的买卖。不管其他考虑在别的时候和别的情况下是多么重要，1842年，经济理性非常直接地左右了旗昌洋行合伙人的想法。

在敌对时期，洋行依然忠于记连的具结，但是，一旦战争结束，旗昌洋行立刻恢复了鸦片贸易。爱德华·德兰诺1841年的日记中多次清楚地表明他对鸦片贸易的厌恶，1842年10月26日他清楚地指出："与［爱德华·］金先生谈到了鸦片贸易问题，他说我们应该在1月1日参与到其中去，提议从美国订购一艘300到350吨的船只，对此我表示同意。"到了1843年年初，旗昌洋行再次积极地参与鸦片贸易，浩官在这一年9月去世，消除了这家洋行参与鸦片贸易的主要障碍。洋行的两个合伙人，约瑟夫·吉尔曼在1842年，爱德华·德兰诺在1843年及1844年分别前往印度。虽然吉尔曼出行的目的还不是非常清楚，但是德兰诺得到的指示是要他去购买鸦片，而他关于加尔各答和孟买的鸦片生产和销售情况的介绍，显然说明在他造访印度次大陆时，推进旗昌洋行的鸦片贸易的想法一直萦绕在他的心头。

同样显而易见的是，旗昌洋行的合伙人了解到人们对鸦片贸易仍然怀有敌意，因此，每当他们不得不公开就此发表看法时，他们都会言不由衷。可能最让人瞩目的否定说法，来自于保罗·S. 福士。因为他同时还身兼美国领事。福士应该不染指非法的贸易，在东道国的领土内尤其如此。1843年6月2日，国务卿勒伽尔（Legare）提醒福士说，作为一个美国官员是不允许与一个从事鸦片贸易商号有关系的。[①] 福士否

---

① 1843年6月2日Legare致Forbes，U.S. Department of State，Instructions to Consuls，X：191-192。

认这一指控，尽管旗昌洋行在1843年年初已经参与鸦片贸易是毫无疑问了的。

旗昌洋行的合伙人中另外一个撒谎的人，是令人畏惧的罗伯特·本涅特·福士，他在《私人琐忆》中宣称：

> 旗昌洋行认为遵守记连先生许下的承诺很重要，它在很长的时间里都没有涉足鸦片贸易，在我当值的时候，即1840年到1844年，肯定没有参与，当时我对此已经没有兴趣了。①

福士对于他还是旗昌洋行1849年到1854年期间的合伙人一事略而不提，这个时候，洋行已经公开地恢复鸦片贸易了。并且，虽然福士在1840年洋行退出贸易时回了美国，他马上开始修建鸦片飞剪船，当中第一艘就是纵帆船“精灵号”。它是为了销售鸦片而修建的，1842年年初出售给了怡和洋行。②显然，一个宣称自己有判断力，因而不会与鸦片贸易有瓜葛的人，是不应该修建鸦片船的。并且在1844年之前，福士派出了另外几艘鸦片船。这些船只并不出售，而是旗昌洋行的财产。③

---

① *PRs*, 161. 在1839年10月17日写给他妻子的信件中，福士的立场略有不同。在拿自己1837年的损失开玩笑后，他自忖道：“大概上天拿走了我的财富，是因为那是我从鸦片那里得来的。这一趟我要得到的财富，将没有这一瑕疵”。FFP.

② ED在他的日记中记录了这艘船只被销售的情况（售价为12000元），并且觉得遗憾，它本来可以在美国的旗号下进行鸦片买卖的，不过他没有记下买主的姓名。又见他在1842年9月4日的日记中对福士修建的船只“西风号”（*Zephyr*）充满敬佩的描述。

③ 而且他依然是这家蓬勃发展中的商号的合伙人。见RBF，*PRs*，附录。又见Basil Lubbock，*The Opium Clippers*（Boston：Charles E. Lauriat，1933），第247和258页。为鸦片贸易建造航行迅速且武装精良的船只（通常是纵帆船）并不是什么新行当。早在19世纪20年代中叶，美国人就投身其中了。见1830年2月23日Charles Marjoribanks爵士的证词，First Report on the East Indian Company's Affairs，H/C，1830，V.，问题858和859，以及1825年1月15日THP致JPC的信件，SCP。又见1826年5月到6月期间帕金斯洋行发出的信件，J. E. C.，“Extracts”。

没有理由要强调这一点。显然，除非是物尽其用，要不然，旗昌洋行是不会预订或者购买这些船只的。福士在多年以后撰写回忆录，但是他本人对自己建造的船只的骄傲，并没有使他健忘。在他的回忆录的附录中，他列出了所有他参与建造的船只的名字。人们只能下结论说，就像他的堂弟那样，本涅特·福士撒了谎。①

新的鸦片贸易的特征

就参与这种后期的鸦片贸易撒谎是有很好的理由的，因为它与早期在伶仃的体系下相对平静的贸易大大不同。从1837年起，风险变得很大。此外，为了粉碎中国人的抵抗，英国方面还摧毁了之前存在的海防，海盗活动比以前更加猖狂了。在这样的情形下，只有最孤注一掷和组织最好的中国掮客还没有退出鸦片贸易。到了1839年，查顿发现有必要警告他在中国沿海走私鸦片的船长们，“这是不可以偏离的规则……永远不要相信那些为了1块钱就跟着船只沿海岸航行的下等人……派到船上来的这些人通常都是下等人，不守规矩，不可以信任”。② 重兵保护之下的西方船只运送鸦片，暴力的程度比以往任何时候都要高得多。这种贸易因而显得更加声名狼藉了。某些船员的恶行与这样的事实形成了鲜明对比——船上的官员，无论是英国人还是美国人，都是来自良

---

① 有意思的是，当罗伯特·B. 福士准备在其《私人琐忆》（*Personal Reminiscences*）的第二版撰写关于旗昌洋行的历史时，他面对着其他合伙人相当大的阻力，他们反对他出版任何关于洋行的内容。他的弟弟约翰·莫瑞·福士以及保罗·S. 福士特别加以干扰。最终，约翰·福士购买了这本书的版权，为的是“在任何被他挑选出来的有异议的地方使用剪子剪掉”。因此，可能是其他的一些影响约束了通常很坦白的“黑本”（Black Ben）。见1879年2月28日RBF致WD，FAD Papers，DP。见附录中节选的关于这个问题的家庭通信。

② 1839年1月11日致“芬德莱总督号”（*Governor Findley*）的若西船长（Captain Jauncey），WJ Private LB，JMA。笔迹是亨利·赖特（Henry Wright）的，但是口吻是查顿的。

好家庭的年轻人。[1] 在西方枪炮和中国地下社会的保护下，在有需求的地方，鸦片贸易无所不至。

这桩贸易当然是有利可图的，尽管人们哀叹鸦片价格低廉。鸦片战争期间，詹姆斯·孖地臣给安德鲁·查顿写信说："不要担心缺乏资金。我们有大量的资金来应付每个需要……摩尔根（Morgan）每个月出售一 Lac（1 Lac 相当于 20 万银元——中译者注）的货物，戴维斯（Davis）和思考特（Scott）[在中国沿海走私鸦片船只的船长] 一个月大概能出售半 Lac……到 5 月 1 日，摩尔根的结余有 6Lac。"[2] 即使考虑到在鸦片走私活动中付出的高额薪酬，对于一艘船只来说，一个月的毛利高达 20 万美元，是可以让人欣慰的收益。

1842 年，在广州出版的报纸上，有若干篇文章指责"黄埔鸦片船只上的船员的荒淫无度"。[3]《广州纪事报》（*Canton Register*）的编者评论如是说：

> 每个人肯定都知道一群在自己的枪口下进行非法营生的海员会组成什么样的社区；他们在贸易上的成功依赖于相互之间尖锐的竞争，而他们的安全在于他们统一

---

① John King Fairbank, *Trade and Diplomacy on the China Coast*, *1842-1854*, 226，以及 Lubbock, *Opium Clippers*, 18-19。

② 1841 年 5 月 4 日，澳门通信，JMA。在 1839 年 6 月到 12 月的艰难日子里，当中国人的禁令最有效地被执行而鸦片贸易（假定）被压制的时候，继续在中国沿海地区进行销售的约翰·里斯（John Rees），汇报说他出售了差不多 120 万美元的鸦片。见里斯的销售账簿，JMA。1840 年到 1841 年 6 月的初步收支账目上的数字要高得多。到了这个时候，沿海的贸易的规模已经是广州地区销售量的两倍了。事实上，这个数字是那么的大，让人难以置信：4365662.09 美元！JMA. 约瑟夫·柯立芝在 1839 年 11 月 29 日给赫德写信说："鸦片贸易正在蓬勃发展中。Patna 的售价是 900 美元，而在新加坡的价格才 150 美元——大量的鸦片正从孟买和加尔各答运来的途中。据说怡和洋行 9 月份的时候在鸦片上赚了 100 万英镑。这听起来很多，但这种说法肯定是有其根据的，因为我是从一个对手那里听说的。" HP. 又见 1840 年 3 月 3 日 RBF 致 SC，SCP。

③ 例如，*CPress*，1842 年 7 月 2 日。

的力量。[①]

事实上这是预言。珠江口就要成为在贸易史上最残暴的行为发生的地点了。[②]

当美国人重返鸦片贸易时，他们不得不采用这种贸易操作程序，当中包括了暴力以及漠视中国人的生命和财产。在这种转变中受到最大伤害的，就像一贯的情况那样，是那些最经不起冒犯的人——中国的渔民、小商贩和船家。一个参与鸦片贸易的英国海员随意地提到了走私者的态度："我们常常在夜里超过中国的渔船，因为它们不会驶到我们的航道上来。"[③]《广州纪事报》还报道了中国人对这种丑恶的买卖所进行的无效抵抗。因为中国人所能召集起来的船队不能跟走私者船只的武装和速度匹敌的，中国官方能够进行的唯一防御途径就是在沿岸地区修建炮台，但是这种办法可能既没有实效也会违反刚刚签署的《南京条约》。在该地区驻防的英国海军可能会插手干预。因此，鸦片贸易的继续进行得到了保障。[④]

所有这些情况在外国人社区当中是尽人皆知的，在那些与鸦片贸易相关的人当中更是如此。当琼记洋行和旗昌洋行的合伙人在中国战败几个月之后分别决定重新参与鸦片贸易时，他们完全明白自己的行为意味着什么。

---

① *CReg*，1842年7月5日.

② 1843年4月6日写给大不列颠外交部的亚伯丁勋爵（Lord Aberdeen）的信件中描述了新的走私方法及其施行者的罪恶："我不认为在英国有哪个盗窃团伙或者强盗在行事之时比这些在珠江地区以及部分中国沿海地区的不列颠半海盗们会更加没有怜悯之心、更加麻木不仁、更加残忍、更加彻底地失去了我们以人为本的普遍情感。"（在 John King Fairbank，*Trade and Diplomacy on the China Coast，1842-1854*，71-72 的注释中有更详细的引文。）

③ John King Fairbank，*Trade and Diplomacy on the China Coast，1842-1854*，72，n. e.

④ *CReg*，1842年7月5日.

北部海岸

但这是在广州及附近地区的情况。随着日益重要的市场在东部沿海的多个地点建立起来，事情也许会变得更加和平，至少开始的时候应该如此。当然会有大量的船只往来于中国沿海地区、印度、马尼拉和新加坡。广州和香港的商号对于自家的鸦片飞剪船舒适的旅程、快捷的航线及惊人的速度倍感自豪。这些船只的名字部分地表明了船主的感受："精灵号"（*Ariel*）、"红色海盗号"（*Red Rover*）、"羚羊号"（*Antelope*）、"西风号"（*Zephyr*）、"蜂鸟号"（*Coquette*）、"飞帚号"（*Will-of-the-Wisp*），还有各种以鸟类命名的总帆船——"茶隼号"（*Kestrel*）、"云雀号"（*Lark*）、"燕子号"（*Swallow*）、"海燕号"（*Petrel*）、"猎鹰号"（*Falcon*）等等。广州的侨民留下来的信件和日记不断地提到这些邪恶却又可爱的船只来来去去的消息，谁知道当这些商人在广州及条约口岸所提供的安全与舒适中经营这种贸易时，是否思考过他们给成千上万无辜的人带来的不幸呢？

与此同时，由于贸易的规律性以及飞剪船的速度和安全，使得它们成为了装载邮件、旅客和贵重商品的运输工具。贸易所得的盈余款项使得鸦片贩子在新口岸开埠早期充当了社区中的银行家和保险业东主。为了这些重要的服务性行业以及为了它们的贸易基础，条约口岸甚至比旧广州要更倚赖于鸦片贸易。结果是，鸦片贸易的影响继续存在，可能还有所增加。实际上这是重要的象征。它代表的是经济必要性对道德规则所取得的胜利，是很多商人对待亚洲的本能的掠夺态度以及中国人无力抵抗的例证。

尽管这个问题合乎经济理性是很清楚的，而且一些公司也认识到如果他们不从事鸦片贸易会使自己在经济上处于不利位置，但有些商号仍然出于道德的考虑拒绝从事鸦片贸易。

詹姆斯·孖地臣在给伦敦的主顾写信的时候，没有透露任何的秘密："我们从大量的鸦片贸易中得到的是对资金的控制，这是无法从任何其他可以让我们大大获利的渠道中获得的。"①

鸦片贸易的道德暗示

然而，即使是那些没有参与鸦片贸易的人也会在一定程度上接受鸦片贸易所依赖的理据，因为那些非走私者也是由鸦片所创造的社区的组成部分。因此，所有人都从这非法的贸易中得益，所有西方人都受到了大家的共同看法的影响。条约口岸产生出了臭名昭著的思维框架。从鸦片贸易开始到出现了有毒害作用的被称为"上海心灵"（Shanghai mind）的一系列态度，是持续发展的过程。②

在经济必要性与鸦片贸易的象征性之上，还要加上每一个参与对华贸易的美国商人的基本动机。他到中国去，是为了尽快地为自己得到"舒适的生活"。在旧广州和条约口岸物欲横流的氛围之下，次要的动机总是四面楚歌的。假如在什么地方可以找到活生生的古典经济学中所说的"经济人"（economic man）的话，那么就是在这里。中国贸易商人在广

---

① 1841年9月8日致John Abel Smith，JM Private LB，JMA。10年之后，另外一个英国商人讲到自家的商号拒绝经营鸦片的时候，酸溜溜地说："我们在这里建立商号，并且在花费上与其他重要的英国和美国商号相若，却又摒弃了鸦片，好像完全站错了位置……我们无法获得那些财源，那在大量的花销上是可以有所补偿的。"见1851年7月3日，在上海的W. S. Brown写给在利物浦的William Rathbone, Jr. 的信件，引自S. G. Checkland, "An English Merchant House in China after 1842", *Bulletin of the Business Historical Society*, 27（1953）：189，注释85。

② 比较Rhoads Murphey的著作，他相信，这种态度是在数十年间西方人对中国人无法改变感到沮丧的结果："条约口岸心灵（treaty port mind）产生自早年的期待受到的挫折，在以后的岁月里变得越来越苦涩。" *The Outsiders: The Western Experience in China and India*（Ann Arbor: University of Michigan Press, 1977），137.

州是讲求理性、追求利益最大化的创业者，这里没有多少来自家庭、习俗、宗教或者法律的压力去束缚他们。他们到中国来谋取财富；他们在中国可以抛弃道德准则，而留待回家之后再行实践。

对这种商业游侠（commercial-errantry）的最露骨的表达——当中包含了所有向恶的能力与［被认可了的!］可能性——是若干年后在上海的一个侨商向著名的英国领事阿礼国（Rutherford Alcock）说的一番话：

> 无疑你对于日后的罪恶的预测是有一定基础的……它们可能将要来到，到时候，那些还在这里的人会看到充足的理由去后悔现在正在做的事情……但在尽可能少的时间内发家致富是我个人的事情……我希望最多在两三年里面就能赚到大钱，然后离开，假如之后上海被陷于水深火热之中，又关我什么事呢？你不能指望处在我的境地的人会判决自己仅仅是为了子孙后代的福祉而在这不适合居住的气候中流放漫长的年份吧。我们是赚钱的人，讲求实际。我们的买卖是要尽快地赚钱——为此，在合法的范围内，任何的方式或者手段都是好的。[①]

可能这种具有破坏性的态度的危险性是存在于所有资本家的事业中，这种事业没有受到强烈的道德及法律条文的约束。最近有人指出，亚当·斯密在英国东印度公司的雇员中发现了同样的态度。[②] 但是“上海心灵”并不仅仅是贪婪的自私自利。它还包括了中国人的价值观和对生命的漠视。这种

---

① Alcock, *Capital of the Tycoon*, I: 37-38. 这段话在费正清的著作第 161 页的注释中被部分引用。对比罗伯特·本涅特·福士相对没有那么尖锐的措辞：“我到这里来不是为了休养，也不是为了进行道德的或者政治的改革，而是为了得到可以让我在国内成为有用的并且快乐的人的财富。”RBF 的 LB，1839 年 8 月 7 日，reel 1，frame 335，RBFP。

② *Wealth of Nations*（London，1776），605，Rhoads Murphey 在“Changing Urban Roles”一文的第 78 页中加以引用。

态度的形成是岁月积累的结果，成为普遍的心理机制。它需要的是权力结构的变化以及对残忍的习以为常。只要外国人还是少数群体而中国人的权力没有受到挑战，商馆里的居民就还是值得尊重的，或者那些顽固分子就不敢公然表露他们的偏见。

19世纪30年代后期的禁烟运动使外国侨民对暴力已经司空见惯，而鸦片战争带来了吓人的屠杀——大量的中国士兵首次与现代的武器装备对垒。野蛮行径就不时地出现了：

> 屠杀那些逃跑的人并不让人愉快，但是面对这么广阔的整个国家和这么大的一支军队，我们的人数如此少，假如我们不给在任何地方碰到的敌人以惨痛的教训的话，我们就会给消灭掉了。[①]

这就是一个英国士兵的申辩。鸦片战争期间，中国士兵在战前的凶猛姿态与“战斗”之后尸体堆积如山的鲜明对比，引起了美国旁观者的反常回应。但他们马上表示同情、轻蔑、幸灾乐祸和恐惧。虽然爱德华·德兰诺同情中国人，他也对他们的软弱和“怯懦”感到愤怒。这一点，增加了人们加以嘲笑的倾向性。德兰诺日记中讲述了一个故事，即使今天听来，也还有着它哀怨动人之处以及令人绝望的幽默。

> 皇家海军单桅战船“谦逊号”（*Modeste*）的埃尔斯船长（Capt. Eyres）上了船。他心情愉快，说道，在交战期间，或者说在阿娘角（Anunghoy）炮台交战之前，一个通事上了他的船，请求他别那么快开火，并且宣称，假如英国人不在枪炮里填充铁弹或者铅弹，他也不会那么做的！这就是说，中国人会让他们有时间逃跑。[②]

处理意外被杀的中国人的方式，进一步加强了这种文化

---

① A. S. H. Mountain, *Memoirs and Letters* (London, 1857), 199.

② ED的日记，“off Tiger Island”，1841年3月11日。

态度。在很多年里，这些事件都是以给遇难者家属钱财的方式来息事宁人的。对于一个苦力的寡妻来说数额可观的钱财，对每天的交易以一桶桶的银元来计算的商人而言，不过是九牛一毛。① 随之而来的美国商人对中国人“贪赃枉法”的厌恶既是自然而然的，也不公平，这使得人们确信中国人视生命如草芥。② 这种事故在条约口岸变得非常普遍。在上海那些狂热的猎鸟者们有时会射击那些在他们打猎场地上劳作的农民。只要给受害者的家属若干银元，然后再向地方官员求情就可以使他们免于任何的惩罚。1906 年戴斯（Dyce）这样反问：“我们当中哪个人会没有这样的经验呢?”其坦率，令人吃惊!③

传教士的态度

传教士们也不例外。他们结交那些生活方式为他们所鄙夷的商人，从鸦片贩子手中兑现汇票，在传教机构中接受这些人的帮助，并且搭乘走私船只在中国沿海地区南北往来以及投递信件。商人和传教士相互给对方的出版物投稿，共用住处，并且加入对方的团体和社交聚会。他们发展出了近似的兴趣和态度是没有什么可惊奇的。

我们至少可以期待，他们的观点在部分程度上是一致的。比商人们更甚的是，这些传教士在其文化价值观上要更为严厉，与之相应的是对中国文化和习俗的鄙视。人们可以在这

---

① ED的日记，1841 年 1 月 17 日和 18 日。

② 这种惩罚在信奉儒家的中国人看来可能非常地不同。在中国的法律中，认可“很多的例外及特殊情况”。并且，“由于宗族、行会以及地方绅士团体和其他超越法律的组织的习惯法（大量是没有成文的规定）的突出作用，正规法令在日常生活中的整体作用是有限的”。见 Derk Bodde，“Basic Concepts of Chinese Law”，*Proceedings of the American Philosophical Society* 107 no. 5 (October 1963)：393。

③ Dyce，149.

些传教士对中国人的观感中看到相当的种族主义者的成分，而且，大概因为大多数的西方人普遍看不起非白种的人群，这些传教士大概也不是例外。① 然而，传教士的出版物和通信，一般而言，其种族主义的倾向似乎不如商人的作品多，不过，可以证明的是其实质并非如此。早期的传教士努力地友爱中国人。他们平等地对待中国人，认为他们对基督教有着同等的关系。这显然是传教士更为深刻地与基督教普世主义的教义结合的产物。无论如何，传教士来到中国，是为了拯救这些如果不信奉基督教就毫无希望的人们。②

然而，宣称拯救他人，至少已经是取得了对他人的文化优越感。只要中国人还是处在未蒙神恩的状态中，传教士就不可能平等待之。③ 就像与商人间的交往那样，传教士与中国人交往的特性使得这种态度几乎不为人所见。虽然其信仰鼓励同情心和爱心，这也清清楚楚地被认为是传教士采用的方法以及他们的美德，值得注意的是，其对象多是儿童、仆人或者病人，也就是那些被认为是地位低下或者需要帮助的人。巧合的是，他们也是最有可能接纳基督教的人。

---

① Wu Chao-kwang, *The International Aspects of the Missionary Movement in China*（1930；reprint，AMS Press，1977），239-240，以及 S. Y. Teng，“The Predisposition of Westerners in Treating Chinese History and Civilization”，*The Historian* 19 (1953)：319。

② Woodcock 宣称：“从 1840 年到 1949 年，假如基督教传教士在传播西方教育以及西医方面发挥了主要作用的话，这更主要的是由于美国人的努力。尽管到了 20 世纪 40 年代，英国人在政治上和商业上依然还是在华最大的西方势力，但是在宗教领域，特别是在基督教的传播上，他们几乎在一开始的时候就失去了领先的地位，并且再也没有重新取得这个地位。”Woodcock，*The British in the Far East*，104.

③ 传教士们常常指责他们在中国看到的（和想象出来的）各种罪恶——撒谎、偷窃、通奸、杀婴、野蛮，等等——并将之归罪为缺少上帝的指引。因此，让中国人皈依基督教，比任何单一的改革更能帮助中国解决其问题。现代化被等同为基督教化。见 Stuart Creighton Miller，*The Unwelcome Immigrant*（Berkeley and Los Angeles：University of California Press，1969），特别是第 4 章，“The Protestant Missionary Image，1807-1870”，57-80。

抗议新条约中的治外法权或者其他“不平等”条款的传教士凤毛麟角。与之相反，英国人的“进取政策”吸引了很多人。当时的一个神职人员清楚地提到了这种对立的状况。他指出，战争

> 被那些在英国或者在这个国家信奉宗教的人认为是完全不公正的，其后果可能会进一步使得这个帝国异化于所有的基督教民族……人们会充满感激与欢乐地向这个结果致谢。①

去指责战争及其带来的仇恨是一回事，但忽视了“不平等条约”所开启的传播福音的机会，又是很不同的另外一回事了。无论如何，这种状况正是传教士们从广州与澳门的有限园地就开始祈祷，希望能够得到的结果。我们不可能期待他们放弃变化后的政治形势所带来的利益。上帝之道是神秘莫测的，那么他通过那些罪人的罪行来达到其目的在神职人员而言，也可被看作公理。由此，他们得到了两个不同世界中最大的好处：他们可以指责战争，却又欢迎胜利的果实。

圈住地的遗风

那些已经消失了的制度，特别是一旦被认为是不道德的制度之后，对于日后从来没有亲历其中的人而言，常常是神

---

① William Gammell, *A History of American Baptist Missions* (Boston, 1849), 197-198. 又见 Peter W. Fay, “The Protestant Mission and the Opium War”, *PHR* 40 no. 2 (May 1971): 145-161，特别是第 161 页，以及 Stuart Creighton Miller, “Ends and Means: Missionary Justification of Force in Nineteenth Century China”, in John K. Fairbank, ed., *The Missionary Enterprise in China and America* (Cambridge, Mass.: Harvard University Press, 1974), 251-257。最新的也是最完整的关于传教士的研究今年（原文如此——中译者注）将出版。见 Murray Rubenstein, *Origins of the Anglo-American Missionary Enterprise in China, 1807-1840* (Metuchen, N. J.: Scarecrow Press, ATLA Monograph Series # 33, 1994)。

秘的。无论如何，被制度化了的罪恶，某种程度上比激进的、新奇的弱点更能被容忍。就像传统的教会一样，大多数人都与从古代一直流传下来的罪恶并存，尽管没有必要对之表示赞同。不过，渐渐的，食人的风俗、人牲的风俗、奴隶制、种族主义、帝国主义以及所有的掠夺都在逐渐增长的人文情感之下被遏制了。在过去的两百年里，发生了广大的未经开发的族群的革命。因此，当今世代的人对过去有着可以理解的但是又令人遗憾的偏见。美化的旧时光如今成为糟糕的旧时光，对我们祖先犯下的罪恶的逐渐增长的厌恶感，并不仅仅是出于少量的正义感而产生出来的。

我既不希望成为一个道德家，也不打算做一个辨证论者，我不过是一个被专业所局限的历史学家。判决大概是上帝的事情，但是，对不道德的行为不予以判决，这本身似乎就是不道德的。即使是最客观的作者也不能避免评论事实，这些如果不是辩护，就常常是指控。这两个方向都很有诱惑——要么是为你已经开始理解的人进行辩护（理解的词义之一是同情），要么是指责罪恶。当中的界线是不容易分辨清楚的，更不要说坚守这条界线了。我希望我没有对这种困局屈服。[①]我在鸦片贸易中找到了了解早期在华美国侨民社区以及塑造我们最早的官方对华政策的关键。因此，我特别关注鸦片贸易。大概茶叶贸易和丝绸贸易具有同等的影响力，但我并不相信。

几乎在所有的情况下，远离家乡的人的行径与更多地待在家里的人相比，有很大差别。他们也被自己的经历所改造。当他们回到家乡的时候，行李箱里常常还有陌生的想法、趣味以及看问题的视角。他们是边缘人，没有办法完全融入任何文化，但有时他们表现出了巨大地改变事物的能力，在国

---

① 我怀疑 Peter Fay 认为我屈服了。见序言。

内或者在国外均是如此。就个人而言，没有多少广州侨民是行动者或者颠覆者，但作为一个集体，这个社区是重要历史行动的执行人。此外，不少广州侨民回国后，成为美国工业革命的领导者。很多人以他们特殊的趣味、社会的生活方式，以及——令人惊奇的——他们保守的商业伦理而著称。

除了少量后来才出现的神职人员以及偶尔出现的医生或者海军军官，在鸦片战争之前前往中国的都是商人。即使领事也主要由商人兼任，因为国会十分吝啬，削减了费用，试图使得外交费用尽可能地减少。因此，在唯一向美国人开放的口岸里，美国人社区就是商业社区。我无意于轻视传教士，虽然他们的人数较少，但他们是最重要的人，现在，一些非常有能力的学者正在研究这些传教士。然而，这个社区的灵魂是商业的，而且，就其背景、日常需求以及态度而言，商人与传教士间并没有很大的差别。

美国人在广州是相对较大的一个群体，仅次于英国人，他们的自我意识里很清楚自己的特别之处。最重要的是，他们是将可以搬运的东西——货物、人员、思想或者影响——从中国运到美国或者从美国运到中国的代理人。我们早就很清楚，美国方面并没有断章取义地制定其对华政策，而是几乎全盘地接受自其在广州的侨民。只有理解这些人，我们才可以考虑他们的需要及其关心的事物。我企图描述这些美国人的来源、日常生活、商业技巧以及组织、他们后期的生活以及在 60 年的旧中国贸易期间，他们与中国沿海地区所发生的重大事件间的关系。我这样做，是希望其他人能够对诸如此类的可以被称为“私人的国际关系”的事例感兴趣。正如在 19 世纪 40 年代的官方关系开始之时它是关键的因素那样，它在被称为第三世界的其他地区也非常重要，直到今天，它依然有其重要性。

此外，它在中国的影响，在卡勒布·顾盛回国之后许久还依然存在。旧广州与条约口岸之间最显著的一种延续性在于人们的看法。从旧广州时期的圈住地心理开始并且延伸到种族主义的态度、剥削的心理、奢侈与必需之间的困惑——事实上，在传统上的民主和新教价值观的改变方面，条约口岸与鸦片战争前的广州非常相似。[①]

要重申的是，对外国人的孤立，起初是中国人的主意，作为阻止蛮夷危害中国的手段出现并且沿用下来。同样的动机导致了禁止夷妇入境、禁止学习外语或者教授外国人学习中文等的《防夷新规八条》。渐渐的，外国人社区接受甚至珍惜了这种孤立的状态。由于“不平等条约”而被固定下来且获得了合法地位，圈住地变成了特权之地，成为中国人仇外的目标。随着外国人对中国人惧怕的增加，他们越来越关注自己人身和财产的安全。“他们的位置——处在一个广阔大陆的边缘——使他们暴露在了敌意之下，这种敌意更多地出于文化而非出于政治……成为外国侨民团结一致的基础。”[②] 由于清廷的败落和社会的不稳定越来越厉害，这种一致性相应地增加了。1853 年，当上海的社区招募了自己的军队将所有的中国士兵——不论是太平军还是清兵——都挡在了居住区之外时，这种一致性达到了高峰，或者说登上了高原之巅。此后，这些蛮夷就被最强烈的动机——自卫——团结起来了。

奢侈、孤立、恐惧、当地人的敌意、“土著”只有充当佣人的时候才是看得到的、普遍存在的贪念，还有对鸦片贸易的接纳，使得条约口岸成为丑恶的神话和骑士式的傲慢的滋

---

① Woodcock 追溯了这种不敬的且强盗式的行为，发现它孕育在 19 世纪 30 年代英国人的鸦片贸易中（*The British in the Far East*，19）。

② John King Fairbank，*Trade and Diplomacy on the China Coast*，*1842-1854*，159.

生地。由于鸦片贸易的存在已经将中国人等同为可以剥削的对象，那么他们也就变成了另外一些可疑的贸易对象。由于太平天国的叛乱以及在上海地区三合会叛乱，美国人向清廷及起义者双方出售武器、食品及提供服务。由于护航的竞争以及苦力贸易的发展（后者在汕头尤甚），很清楚的是，对中国人的轻视，特别是对下层中国人的轻视，不仅一直存在而且还在别的地方生根发芽，并且产生出了新的且更加恶毒的状况。黄包车，有的人把它看作条约口岸内“文化混杂”① 的象征，也代表了在上海的白人对他们在东亚的地位的看法。它把苦力转化为载重的畜生，为西方人服务。

作为拥有特权的少数人生活在奢华之中，本身不主张剥削，却从各种剥削中榨取财富，我们几乎不能指望居住在条约口岸的美国人可以发展出开明的社会态度。因为他们把自己的居留看作暂时的，而且他们知道在其祖国，财富可以说明一切，这些美国人不那么愿意去改变条约口岸文化的传统。考虑到这种状况，如果更加人道而且更加民主的观念占了优势，反而是让人吃惊的。当他们习惯了治外法权的运作之后，外国侨民的缺乏责任感以及傲慢也随之增长。最终产生出来的是石头一般的“上海心灵”，成为许多条约口岸侨民的特征。被吸纳进入这个社区的美国人常常采纳了它的心理状态。由于美国商人一直是影响美国对外政策的力量，我们不必指出，美国方面的弹性大概被在条约口岸居住的美国侨民所损害了。讲到他们的许多态度与习俗和国家的以及新教的信条产生了严重的冲突，也就是说，商人方面对美国外交政策的影响常常与双方的良心背道而驰，也与任何在更大的范围内的国家利益背道而驰。

---

① John King Fairbank, *Trade and Diplomacy on the China Coast*, *1842-1854*, 466.

“美国领事的四抬轿椅”，立体镜照片。注意该轿椅不寻常的结构。轿夫排成纵队地抬轿子，而不是肩并肩的形式。尽管这种安排无疑能自如地在狭窄的街道及人群中穿梭，可也会使得急转弯变得困难　美国迪美博物馆供图

因此，相对而言接受过良好教育的美国人，带着他们的民主和基督教的理想，加入到了一个令人愉快的、舒适的社区，这成为改变甚至抛弃这些理想的手段。广州的外国侨民社区及其后继者——条约口岸文化——轻而易举地改变《独立宣言》和基督教规则的意识形态。通过广州的侨民社区，商人和传教士都与帝国主义和种族主义相遇，还有整个的西方文明。这些美国游子对自己的理想所做出的让步，是不断地对这个国家施加影响，并且给它的政策和目标带来障碍。

省略简称表

AAL	Abiel Abbot Low 阿比尔·阿博特·洛
ABCFM，SCM	American Board of Commissioners for Foreign Missions，South China Mission 美国公理宗海外传道部（简称：美部会）华南传教团
AH	Augustine Heard 奥古斯丁·赫德
ALB	Joseph Archer Letterbook，Am. 9057，Historical Society of Pennsylvania 约瑟夫·亚彻书信集
APS	American Philosophical Society 美国哲学学会
BCW	Benjamin Chew Wilcocks 本杰明·威尔克斯
BHR	*Business History Review*《商业史评论》
BL	Baker Library，Harvard Business School 哈佛大学商学院贝克图书馆
B&S	Bryant & Sturgis 布赖特·斯特基斯商行
CCL	Canton Consular Letters 广州领事书信
CL-Smyrna	Consular Letters from Smyrna 士麦那领事书信
CNT	Charles Nicol Talbot 查尔斯·尼可·塔博特
CP	Carrington Papers 卡灵顿档案

CPress	*Canton Press*《广州周报》
CR	*Chinese Repository*《中国丛报》
CReg	*Canton Register*《广州纪事报》
CWK	Charles William King 查尔斯·威廉·金
DAB	*Dictionary of American Biography*《美国传记辞典》
DP	Delano Papers 德兰诺档案
DWCO	David Washington Cincinnatus Olyphant 大卫·华盛顿·辛辛那提·奥立芬
EC	Edward Carrington 爱德华·卡灵顿
ED	Edward Delano 爱德华·德兰诺
EICo	British East India Company 英国东印度公司
EICoA	British East India Company Archives 英国东印度公司档案
EIHC	*Essex Institute Historical Collections*《埃塞克斯学会历史收藏》
FAD	Franklin A. Delano 弗兰克林·A. 德兰诺
FP	Forbes Papers 福士档案
FFP	Forbes Family Papers 福士家族档案
GP	Girard Papers 杰拉德档案
H/C	House of Commons 英国国会下议院
HL	Harriet Low 夏绿蒂·洛
HP	Heard Papers 赫德档案
H/R	House of Representatives 美国国会众议院
HSP	Historical Society of Pennsylvania 宾州历史学会
JA	Joseph Archer 约瑟夫·亚彻
JC	Joseph Coolidge 约瑟夫·柯立芝

JCG	John Cleve Green 约翰·克利夫·记连
J. E. C.	James Eliot Cabot 詹姆斯·伊利奥特·卡伯特
JH	John Heard, III 约翰·赫德三世
JL	James Latimer 詹姆斯·拉惕默
JM	James Matheson 詹姆斯·孖地臣
JMA	Jardine Matheson Archive 渣甸·孖地臣档案
JMF	John Murray Forbes 约翰·莫瑞·福士
JPC	John Perkins Cushing 约翰·帕金斯·顾盛
JR	James Ryan 詹姆斯·雷恩
JRL	John Richardson Latimer 约翰·理查德逊·拉惕默
J&THP	James & Thomas Handasyd Perkins 詹姆斯和托马斯·H. 帕金斯商行
KP	Kinsman Papers 金斯曼档案
LB	Letterbook 书信集
L/C	Library of Congress 美国国会图书馆
LLB	Latimer Letterbook 拉惕默书信集
LMFP	Low-Mills Family Papers 洛—米尔斯家族档案
LP	Latimer Papers 拉惕默档案
MHS	Massachusetts Historical Society 马萨诸塞州历史学会
NA	National Archives 国家档案馆
NK	Nathaniel Kinsman 纳撒尼尔·金斯曼
NYHS	New York Historical Society 纽约历史学会
NYPL	Manuscripts and Archives Division, the New York Public Library 纽约公共图书馆

O&Co	Olyphant & Company 奥立芬洋行
OHG	Oliver H. Gordon 奥立弗・H. 高登
OP	Olyphant Papers 奥立芬档案
PA	Philip Ammidon 菲利普・阿米顿
P&Co	Perkins & Company 帕金斯洋行
P&E	Peabody Essex Museum，Salem 美国马萨诸塞州撒冷市迪美博物馆
PCB	Peter Chardon Brooks 彼得・查顿・布鲁克斯
PHR	*Pacific Historical Review*《太平洋历史评论》
PM	Peabody Museum（now Peabody Essex Museum）庇博地博物馆（现为迪美博物馆）
PP	Perkins Papers 帕金斯档案
PRs	*Personal Reminiscences*《私人琐忆》
PSF	Paul Sieman Forbes 保罗・西曼・福士
R&Co	Russell & Company 旗昌洋行
RBF	Robert Bennet Forbes 罗伯特・本涅特・福士
RBFP	Robert Bennet Forbes Papers 罗伯特・本涅特・福士档案
RIHS	Rhode Island Historical Society 罗德岛州历史学会
RP	Russell Papers（so-called "Russell & Co. Papers"）旗昌洋行档案
SC	Samuel Cabot 塞缪尔・卡波特
SCP	Samuel Cabot Papers 塞缪尔・卡波特档案
SR	Samuel Russell 塞缪尔・罗素

SW	Samuel Wetmore Jr. 小塞缪尔·滑摩
THP	Thomas Handasyd Perkins 托马斯·汉达西德·帕金斯
TTF	Thomas Tunno Forbes 托马斯·图诺·福士
TP	Talbot Papers 塔博特档案
W&Co	Wetmore & Company 哗地玛洋行
WCH	William C. Hunter 威廉·C. 亨特
WD	Warren Delano 华伦·德兰诺
WHL	William Henry Low 威廉·亨利·洛
WJ	William Jardine 威廉·渣甸
WP	Wetmore Papers 滑摩档案
WRT	William Richmond Talbot 威廉·理士满·塔博特
WS	William Sturgis 威廉·斯特基斯
WSW	William Shepard Wetmore 威廉·谢珀德·滑摩

附录一 威妥玛—翟理斯（Wade-Giles）拼音法——汉语拼音对照表

这本书的几乎所有材料的来源，包括书、档案、刊物论文以及专著，采用的都是传统的用英文表达汉字的 Wade-Giles 系统。然而，在过去 10 年中，更新的拼音系统已经成为标准的表述方式。我在书中尽量音译所有的中文，这是一项数量非常巨大、也不是很有成果的工作。此外也会在查对注释和参考资料的时候造成另外的问题（也容易出错）。最后，至少有一个例子，会造成不理解。在下面的词汇表里，我尽量找出书中提到的中文的拼音对照写法。

一些常用术语的传统（常用）写法已经被广泛接受，我继续使用这些术语。比如，广州市使用的是 Canton，广东省则用 Kwangtung（Guangdong）。Peking（现在称 Beijing）也是简单地用 Peking（或者某一处使用了 Pekin），类似的如 Swatow（Shan-t'ou，现在称 Shantou）、Amoy（Hsia-men，现在称 Xiamen）以及 Whampoa（Huang-p'u，现在称 Huangpu）在书中都保持不变。

我要感谢 Robert Gardella、Frederic D. Grant，Jr. 和 Carol R. Kaufmann，在他们的建议和帮助下，我才能完成这个对照表。

WADE-GILES or COMMOM TERM	PINYIN
Amoy（Hsia-men）	Xiamen 厦门
Anhwei	Anhui 安徽

cha（Mandarin Ch'a）	cha 茶
Chao Ch'ang-ling	Zhao Changling 赵长龄
Chapu（Cha-p'u）	Zhapu 乍浦
Ch'eng Yü-ts'ai	Cheng Yucai 程矞采
Chenhai	Zhenhai 镇海
Chekiang	Zhejiang 浙江
Ch'i Ch'ang（Keechong）	Qichang 旗昌
chien-shang	jianshang 奸商
Ch'i-shan（Kishen）	Qishan 琦善
chih	zhi 志
Chihli	Zhili 直隶
Ch'i-kung	Qigong 祁𡎴
Ch'ing	Qing 清
Chinkiang	Jinjiang 晋江
Ch'i-ying（Keying）	Qiying 耆英
chou（magistrate）	zhou 州
chuan（magistrate）	zhuan 篆
Chuenpi（Ch'uan-pi）	Chuanbi 穿鼻
Chusan（Is）	Zhoushan 舟山
Cohong（kung hang，kung hong）	gonghang 公行
Conseequa（P'an Ch'ang-yao）	Pan Changyao 潘长耀
（Li-ch'üan hong）	（Liquan hang）丽泉行
Consoo（Kan-su，Kung-so）	gongsuo 公所
Foochow	Fuzhou 福州
Fukien	Fujian 福建
Hangchow	Hangzhou 杭州
Hingtai（also known as Heng tai）	Xingtai hang 兴泰行
（Yen Ch'i-cheng）	Yan Qichang 严启昌
Honam	Henan 河南

hong	hang 行
Hoppo（See Yueh-hai-kuan-chien-tu.）	Hubu 户部
Howqua（Hao-kuan，or Houqua，See Wu Ping-chien.）	Haoguan 浩官
hsien（magistrate)	xian 县
Hsü A-man	Xu Aman 徐阿满
Hunan	Hunan 湖南
Hupei	Hubei 湖北
Hu-pu（Board of Revenue)	Hubu 户部
Hsü Nai-chi	Xu Naiji 许乃济
Huang En-t'ung	Huang Entong 黄恩彤
Huang-p'u（Whampoa)	Huangpu 黄埔
I-ho yonghang（Howqua's hong)	Yihe yanghang 怡和洋行
Ilipoo（also I'li-pu)	Yilibu 伊里布
Kiangsi	Jiangxi 江西
Kiangsu	Jiangsu 江苏
Kuan（qua)	guan 官
Kuan Yin（also Kun Yam，goddess of mercy)	Guanyin 观音
Kwangtung	Guangdong 广东
Kwangsi	Guangxi 广西
Lantao	Lantao 南头
Lin Tse-hsü	Lin Zexu 林则徐
lo-kuei	lougui 漏规
Meiling Pass	Meiling 梅岭
Mu-chang-a	Muchang'a 穆彰阿
Nanking（Nanching)	Nanjing 南京
Ningpo	Ningbo 宁波

P'an Shih-ch'eng（Puankhequa's son）	Pan Shicheng 潘仕成
Pei	Bei 北
Pei-ho	Beihe 北河
Poyang Lake	Poyang 鄱阳
Puankhequa	Pan Qiguan 潘启官
（1714—1788）（P'an Chen-ch'eng）	Pan Zhencheng 潘振承
（d. 1821）（P'an Yu-tu）	Pan Youdu 潘有度
（1791—1850）（P'an Cheng-wei）	Pan Zhengwei 潘正炜
（hong name）（P'an Shao-kwang）	Pan Shaoguang 潘绍光
Shanghai	Shanghai 上海
Sing-lo	Song luo 松萝
Soochow	Suzhou 苏州
Swatow（Shan-t'ou）	Shantou 汕头
Szechuan	Sichuan 四川
Taiping（or Tai Ping）	Taiping 太平
Teng T'ing-chen	Deng Tingzhen 邓廷桢
tsung-tu（viceroy）	zongdu 总督
t'ung-shih（linguist）	tongshi 通事
Tinghai	Dinghai 定海
T'ung-lin	Tonglin 同麟
Wang Ch'ing-lien	Wang Qinglian 王青莲
Wang Hsia（or Wanghia）	Wangxia 望厦
Whampoa（Huang-p'u）	Huangpu 黄埔
Woosung	Wusong 吴淞
Wu Ch'ung-yueh（Howqua's fifth son，who succeeded his father as head of the hong）	Wu Chongyao 伍崇曜
Wu-i（Hills or Mountains）（Bohea）	Wuyi 武夷

Wu Kuo-ying（Howqua's father）	Wu Guoying 伍国莹
Wu Ping-chien（See Howqua）	Wu Bingjian 伍秉鉴
Wu T'ien-hsien	Wu Tianxian 吴天显
yamen	yamen 衙门
Yang Fang	Yang Fang 杨芳
Yangtze	Yangzi 扬子
Yueh-hai-kuan-chien-tu（Hoppo）	Yuehaiguan jiandu 粤海关监督
Yuen-Ming-Pao（Court Circular）	Yuanming Bao《圆明报》

附录二　统计数据与美国对华贸易

我们很熟悉旧的美国对华贸易的形式与范围。半个世纪以前，马士、丹涅特、赖特烈、普里查德（Prichard）及其他学者已经勾勒出了这项贸易的主要轮廓，有关内容此处不赘。贸易从最初只有一艘船，逐渐发展成非常重要的经济部门，至少对美国东北部地区来说非常重要。相对而言，60 年时间不算长，但在此期间的对华贸易促使美国发生了很多重要的社会变化，使很多新英格兰、纽约和费城的家族成为当时非常富有的阶层。同时，对华贸易也为美国工业革命，以及在形成过程中的美国上层社会有特色的生活方式和社会态度提供了最初的经济支持。

而且，一切都来得这样不经意，几乎有点意外。假若没有法国革命的连年战争，美国对华贸易也许仍然会是微不足道的带有异国情调的事业。25 年的战争使得美国独占了对欧贸易的机会，直到 1812 年美国也卷入战争，这项利润丰厚的贸易才被中断。这个新合众国的对华贸易在 1795－1796 贸易年度之前只有一年贸易量超过了 100 万美元，当时荷兰人已经不再去广州了。之后，美国对华贸易仅次于英国，列第二位。在杰斐逊禁运时期和 1812 年战争期间，由于英国海军的有效封锁，中美贸易极大地收缩，几近停止。1818 年美国的进口才恢复过来，从中国进口的货物超过其进口总量的 1/3，将近英国进口量的 3/4（美国是 9867208 美元，英国是 13048022 美元，进口总量是 26200230 美元）。然而，尽管个人生意繁荣起来，但美国的份额并没有跟上脚步。1830 年只有英国的 1/7，进口总量的 1/9。美国人运到广州的货物价值 3054976 美元，英国人的进口货物是 21961754 美元，总进口货物是 27070015 美元。在出口方面，美国人的比重稍微好一点。1818 年，从中国运走的货物总量是 26109536 美元，其中美国人运走了 9057107 美元，英国人运走了 13832429 美元。1830 年，从广州出口的货物价值 25270490 美元，其中美国人只有 4344551 美元，而英国人有 20446699 美元。

但是，这种数据显示出的只是最模糊的贸易轮廓。在白银、人参、毛皮和土耳其鸦片这几项贸易上，扬基商人很多年都占主导地位。此外，出口统计数据通常没有包括美国人的伦敦汇票，这个意义上讲美国的出口量数据是极不完整的。更重要的是美国人使用的伦敦汇票，补充了英国的贸易，尤其体现在迅速增长的印度鸦片贸易上。总体来说，在很多年里鸦片平衡了东西方贸易。因此有问题的不仅仅是美国的进口总量数据。

三个关于美国贸易的主要数据来源，无一是完整的或完全可靠的。美国财政部，英国东印度公司广州特选委员会（1834 年之后是广州总商会），还有私商都没有给归纳提供牢靠而真实的基础——这是经济学家非常喜欢的。财政部在美国各口岸收集数据，这些数据里的信息提供了有关贸易的情况，数据是可靠的。但是，直到至少 19 世纪 20 年代，大多数贸易都不是直接进行的。中国贸易船经常会按照非常迂回的路线航行，以收集香料、避开贸易限制、收购太平洋产品及土耳其鸦片等。回程也同样复杂。实际上，一些美国贸易只有在船只回到美国时才能成为“美国的”贸易，有时是在经历了多年航线不定的贸易之后。

英国东印度公司的数据，虽然得到非常仔细而整齐地编辑，但同样非常不完整。首先，公司（后来是广州总商会）

不得不依靠通事的报告，如果在广州的商人是值得信任的话，那么这些通事的报告几乎就不是可靠的来源。此外，公司记录，至少如同马士报道的那样，无一清晰。比如有一些年份，马士能够列出三个以上的美国从广州出口茶叶的不同数据。[①]同样，有时度量标准也毫无提示地发生变化。尽管我们知道一担、一箱和一盒鸦片是133⅓磅，但大多数资料显示，茶叶贸易中并不经常采用这个换算法，马士的数据已对此给予了清楚的说明。此外，*Hunt's* 记载说一箱鸦片（很明显是印度鸦片）是150磅。[②] 想确定这种非法却秘不示人、充满冒险的贸易数额非常困难，使得这个问题更加复杂。遗憾的是，关于土耳其鸦片的最主要数据资料来自英国东印度公司，特选委员会的成员无法知道到底有多少进口或者出售了。他们的数据是根据局部信息而来，或者甚至是猜测的。马士尽量用其他资料来补充这些数据，但他也承认结果并不是令人满意的。

贸易中的私商有时能够更好地判断贸易量，但由于他们缺少常设机构来负责收集准确数据，他们的报告往往是零散而间歇性的。可以确定的是有一些私人报告服务业务使用了公共和私人的资料。这些服务机构的出版物质量参差不齐，但比官方报告和商业信件要容易使用得多。遗憾是有些报告中抄写错误太多，且经常不标明来源，使用时必须非常小心。

最好的早期统计数据报告者之一是彼特金（Timothy Pitkin），他编辑的《美国商业的统计》（*A Statistical View of the Commerce of the United States*）（1816、1828、1835年）选择、复制和浓缩了很多财政部报告里的材料，加上了

---

① 马士的数据存在出入的一个原因，可能在于他有时使用了美国的资料而没有说明事实。因此，读者会得出他们在看东印度公司材料的错误印象，然而他们大概在读美国财政部的数据。不管怎样，表格再次以多种形式呈现在19世纪40年代的 *Hunt's* 中。

② *Hunt's* III (December 1840), 471.

很多从其他资料里收集来的信息。作为业余的历史学家，1812年战争开始时，彼特金是国会议员，他与其他人一样清楚自己所利用的资源。此外，他写信给原来的领事们以补充华盛顿的材料。他的书里还包含一些有价值的叙述。大致而言，彼特金的工作是这些编辑物中最值得信赖的，尤其是1835年的版本。其他学者从他这里收集数据进行编辑。比如，对于美国出口中国的白银，赖特烈是利用了彼特金的资料，而马士、格林堡和张荣洋则从赖特烈的著作中转用材料，但不是每个人都相信原始材料。

后来，从广州弄到可靠而常规的数据非常困难。广州总商会很明显取代了特选委员会的任务来收集贸易数据，广州的出版物零星地报道了这些数据。然而，委员会于1839年消失了，我也使用了麦克格雷格（John Macgregor）的三卷本资料，他是一位苏格兰的统计学家，他的《商业统计》（*Commercial Statistics*，5卷，伦敦，1850年，第二版）是当时比较好的数据编辑刊物之一。麦克格雷格似乎与英国东印度公司有一定的联系，因为可以核对出来的地方，其数据与公司的比较接近。他也使用了彼特金的资料、广州报纸的材料以及1845年以后英国驻广州领事的材料。他不去引用一些不确定的数据，并坦承他的统计有疏漏（这是统计学家里非常少见而有价值的素质）。当他无法获得广州的数据时，他使用了美国财政部（商业和航运部）的资料。

最后，他一般都会谨慎地告诉读者他的数据来源，包括最初的数据是从贸易的哪一方来的。总之，我发现麦克格雷格的书非常有用，尽管他的抄写者也出了一些细微错误。麦克格雷格的出版物里还包含了非常方便使用的资料，比如美国人在广州支付的价格表、世界各地的茶叶价格、不同国家平均的茶叶消费量等等。

另一本值得一提的书是米尔本（William Milburn）的

《东方商业》(*Oriental Commerce*，2卷，伦敦，1813和1825年)，尽管他早期出版的数据在大多数情况下没有麦克格雷格的书那么有用。他的书中仍然包含了相当多的商业、贸易程序、中国货物、质量、价格和一些表格等附加信息。米尔本是英国东印度公司的前雇员，他的工作要求他必须掌握自己负责事务的第一手资料。还有其他一些的不同作用和可靠程度的著作。

除马士之外，其他历史学家也有时会把零碎的资料整合成统计数据。普里查德（E. H. Pritchard）采用了一种大胆的方法来解决探知不同国家在广州的贸易量的问题。他从英国东印度公司的手稿记载中获取每一个国家贸易的商品数据，然后按照当时的广州价格计算它们的价值。尽管他也承认结果“不是精密地准确”，“但是一般来说，它们也相当准确地反映了每一个国家的贸易”。我把普里查德的数据（以两为单位）以0.72两对一西班牙银元的兑换率，在美国贸易的表格中变成了（西班牙）银元。

鸦片进口的数据有很多的差距（参看本书第169页注释①）。斯蒂尔（Stelle）也估计了19世纪20年代的贸易季节运到广州的土耳其鸦片总量。我使用他的估算数据（也使用了那些当时的）来填补一些空白。这些估算并不是严格的数据，但总比根本没有任何信息好，正如有人说过坚持以可靠数据来研究，也就是放弃了书写大多数经济史的希望。

我很清楚这种性质的工作有很多缺陷。不同的报告者使用不同的财政年度，他们使用不同的流通货币，不同的数量和价值标准，他们位于世界各个不同地方。美国的价格肯定与广州的成本非常不同，即使数量是一样的。我已经尽可能允许这些差别的存在。不幸的是仍存在一些无法解决的差异。就留着它吧！我希望结果即便不是“精密地准确”，也证明我的工作是有道理的。

表一　中美贸易量　　　（单位：美元）

	美国出口到中国				美国从中国进口			
贸易年份	Morse	Pitkin①		Pritchard②	Morse	Pitkin①		Pritchard②
1784－1785				189514				110167
1785－1786								56000
1786－1787				96347				470819
1787－1788				27778				173042
1788－1789				179167				422806
1789－1790				552014				1141139
1790－1791				187028				386111
1791－1792				46889				520972
1792－1793				167361				668181
1793－1794				382167				716389
1794－1795				474167				770694
1795－1796		1144103		378230		1023242		1650000
1796－1797		2459410		302778		1352860		1738611
1797－1798		2319964		307542		387310		1730000
1798－1799		2309304		557083		261795		2200000
1799－1800		3219262		1052431		595249		2400000
1800－1801		4613463		1169653		1047385		2500000
1801－1802		4558356		1813819		1374506		3100000
1802－1803				1608000		877267		2900000
1803－1804				502000				1800000
1804－1805	3555818	3558818		658792	3842000	3842000		3842000
1805－1806	5326358	5326358		1150306	5127000	5127000		5127000
1806－1807	3877362	3877362		982403	4294000	4294000		4294000

续表

美国出口到中国					美国从中国进口			
贸易年份	Morse	Pitkin①		Pritchard②	Morse	Pitkin①		Pritchard②
1807—1808	3940090	3940090	Morse 年度报告	3376000	3476000	3476000		
1808—1809	479550	479550	479850		808000	808000		
1809—1810	5744600	5744600			5715000	5715000		
1810—1811	2898800	2898800			2793000	2973000		
1811—1812	3132810	3132810			2771000	2771000		
1812—1813	1453000	1453000			620000	620000		
1813—1814	451500	451500			572000	572000		
1814—1815								
1815—1816	2527500	2527500			4220000	4220000		
1816—1817	5609600	5609600			5703000	5703000	Morse 年度报告	
1817—1818	7076828	7076828	6214800		6777000	6777342	6047500	
1818—1819	9867208③	10217151	9867208		9057107	9057107	9277107	财政部出口数据
1819—1820	8185000	8125800	8185960	财政部进口数据	8173000	8173107	8469015	5392795④
1820—1821	4035000	5392795	4035000	4290560	4088000	4715696	4270000	3111951
1821—1822	8199743③	8192768	7192826	5935368	7058741	7563644	7145920	5242536
1822—1823	8339389	8339398	4636071	7523492		7523492	7724492	6511425
1823—1824	6315127	6460339	6313127	5301717	5677149	5677149	5889649	5618502
1824—1825		8962045	8962055	5570515	8501119	8501119	8745121	7533115
1825—1826	7781301	7776301	7756031	2566644	8752562	8752562	8949562	7422186
1826—1827	4273617	4243617	3843717	3864135	4373891	4373891	4464888	3617183
1827—1828	*5394917	6238788③	5768109	1482802	6559925	6559925	6317360	5339108
1828—1829	*4065670	4030865	3373565	1354862	4552200	4552200	4650200	4680847

续表

美国出口到中国					美国从中国进口			
贸易年份	Morse	Pitkin①		Pritchard②	Morse	Pitkin①		Pritchard②
1829—1830	* 4341282③	3917632	3917632	742193		4209810		3878141
1830—1831	3054976	3054976③	3054976	1290835		4344551		3083205
1831—1832	* 5531807	3050937③	3050937	1580422		5999731		5344907
1832—1833	8362971	3590455③	3590455	1433759		8225375		7541570
1833—1834			4090455	1010483				7892327
1834—1835				1868580				5987187
1835—1836				1194264				7324818
1836—1837				600591				8965337
1837—1838				1516602				4764536
1838—1839				1533601				3678509
1839—1840				1006966				6640829

带 * 的材料来源于广州的报纸。

贸易年份	美国进口量（美国财政部）	美国出口量（美国财政部）
1840—1841	1200816	3985388
1841—1842	1444347	4934654
1842—1843	2418958	4855566
1843—1844	1756941	4931255

① H. R. Doc. #248，26：1，4-51；9 月 30 日为年度报告结束日期。Timothy Pitkin，*A Statistical View of the Commerce of the United States of America*（New Haven，1835)，302；年度报告结束日期为 6 月 30 日。Pitkin 列出了 1795—1800 年《中国和东印度概览》。

② E. H. Pritchard，"The Struggle for Control of the China Trade during the Eighteenth Century，" *PHR* III（1933)：293. Pritchard 给出的数据单位是"两"。我按照惯例的每西班牙银元对 0.72 两的兑换率来换算形成了这些数据。对于最后三

个贸易季度，Pritchard 的数据与马士的一致［H. B. Morse，*The Chronicles of the East India Company Trading to China*，*1635-1834*（1926-1929；5 卷本，台北：成文出版社，1966—1969 年重印）］。

③ *Hunt's*（在几个问题中提到，比如参看，1853 年 7 月 29 日，第 104-105 页）通常也是同样的数据。

④ H. B. Morse，*The Chronicles of the East India Company Trading to China*，*1635-1834*，vol. 3，367.

表二　中美茶叶贸易

贸易季度	Morse[①]（单位：两）	Morse（单位：美元）	Pitkin[②]（单位：磅）	*Hunt's*（单位：磅）
1784—1785	3024		880100[③]	
1785—1786			695000[③]	
1786—1787	8864			
1787—1788	5632			
1788—1789	8916			
1789—1790	23199			
1790—1791	5575		3047242	
1791—1792	13974		985997	
1792—1793	11538		2614008	
1793—1794	14115		2009509	
1794—1795	10787		2460914	
1795—1796	21147		2374118	
1796—1797	25848		2310259	
1797—1798	23356		2008399	
1798—1799	42555		1890965	
1799—1800	42488		4501503	
1800—1801	35620		3797634	
1801—1802	40879		4086960[③]	
1802—1803	38732		4269828	
1803—1804	17788		6053529	
1804—1805	54902[④]		3622828	
1805—1806	87771		5119441	
1806—1807	65779		6870806	
1807—1808	58770		8108774	

续表

贸易季度	Morse[①]（单位：两）	Morse（单位：美元）	Pitkin[②]（单位：磅）	*Hunt's*（单位：磅）
1808—1809	8128		4812638	
1809—1810	73028		1482990	
1810—1811	21643		7839457	
1811—1812	26778		3018118	
1812—1813	10556		3056089	
1813—1814				
1814—1815	7133			
1815—1816	53040			
1816—1817	117396			
1817—1818	169143	4325500		
1818—1819				

贸易季度	Morse（单位：两）	Morse（单位：美元）	Pitkin[⑤]（磅）	Pitkin和美国财政部	美国财政部（磅）
1819—1820	76447	3041942			
1820—1821	40153				
1821—1822	63159	3385720	4975646	1320927[⑦]	4973463
1822—1823	84778	3072615	6639434	1858962	6636705
1823—1824	76142	3217645	8210010	2360350	8208895
1824—1825	103161	4584874	8934487	2785683	8919210
1825—1826	96162	4485788	10209548	3725675	10178972
1826—1827	64321	2117749	10098900	3740415	10072898
1827—1828	78807	3235620	5875638	1711185	5865828
1828—1829	73883	2777318	7707427	2443002	7689305
1829—1830	66204	2496683	6636790	2045645	6595033

续表

贸易季度	Morse（单位：两）	Morse（单位：美元）	Pitkin[⑤]（磅）	Pitkin和美国财政部	美国财政部（磅）
1830－1831	54386	2014402	8609415	2421711	8584799
1831－1832	83876	3667565	5182867	1416045	5177557
1832－1833	122457	5925541	9906606	2783488	9894181
1833－1834			14639822	5483088	14637486
1834－1835				6211028	16267852
1835－1836			*CR*[⑧]	4517775	14403458
1836－1837			16581467	5331486	16347344
1837－1838			15185067	5893202	16942122
1838－1839			9821067	3494363	14411337
1839－1840			19333597	2413283	9296679
1840－1841				5414548	19966166[⑨]
1841－1842				3343359	11163931[⑨]
1842－1843				4367101	
1843－1844			14257364[⑩]	3776464	
1844－1845			14257364[⑩]	4075191	

① H. B. Morse, *The Chronicles of the East India Company Trading to China, 1635-1834*.

② Timothy Pitkin, *A Statistical View of the Commerce of the United States of America*, 246-247. 1801年之前，Pitkin从进口的茶叶量中扣除了出口的数量。此后，他报道了进口量、出口量和消费量。1801－1812年间，他统计的茶叶消费数据中，年平均消费量与18世纪90年代的消费量持平。再往后10年，美国每年出口的茶叶量从100万到300万磅不等。

③ *Chinese Repository*.

④ 从1804－1805贸易季度开始，H. B. Morse（*The Chronicles of the East India Company Trading to China, 1635-1834*, vol. 4, 385）记载了出口的茶叶数量（单位：箱）。*Hunt's*［XIII（January 1845），50］里记载了更精确的数据。Morse看起来把数据约成了整数。

⑤ 从1821－1822贸易季度到1833－1834贸易季度，看起来Pitkin记载的是美国进口的茶叶量，而不是离开广州的茶叶量。同样，他的数据与财政部的数据十分

接近，他和 *Hunt's* 都是从财政部大量地获取资料。

⑥ H.R. 248，26：1，24.

⑦ 这里 Pitkin 的数据与财政部的数据相差 2 美元。

⑧ Pitkin 的数据到 1833－1834 贸易季度结束。这组数据余下的部分来自 *Chinese Repository* IX（August 1840），第 191 页。注意：如果这些是一年以后的数据（也就是茶叶到达美国的时候），那么这组数据就会与财政部的数据更加接近。

⑨ Macgregor，John，*Commercial Statistics*（2d ed.，London，1850），818.

⑩ 1843－1844 贸易季度的数据来自 *Chinese Repository*（也就是来自广州）。1844－1845 贸易季度的数据来自 *Hunt's* 29（July 1853），第 105 页（也就是来自美国）。

表三　美国的土耳其鸦片贸易

贸易季度	Morse[1]（箱）		Morse（美元）	JRL[2] Phipps[3]（箱）	JRL& Phipps（美元）	Pitkin& *Hunt's*[4]（美元）	P. &Co. &Others（盒）	土麦那（盒）
1804－1805								
1805－1806	102[5]							
1806－1807	180							
1807－1808		150						
1808－1809								
1809－1810	32							
1810－1811								
1811－1812	200							
1812－1813	100							
1813－1814								
1814－1815								
1815－1816	80							
1816－1817	488			750	375000			
1817－1818	448	1900		1000	610000			
1818－1819	807		546339	700	437500	262400		
1819－1820	180	100	259291	200	195000	528500		
1820－1821				30	45750	70000		
1821－1822	383	437	415150	500	512500	340991[6]	427	
1822－1823		170	178600	226	287020	490081[6]		
1823－1824	140		133000			319231[6]		
1824－1825	411	146	287700			269449[6]	1250[8]	256[9]
1825－1826		464[7]				270665[6]	1250[8]	1651
1826－1827	56		29500			258235[6]	1300[10]	403
1827－1828		1000	800000	1600[2]		256800[6]	1600[10]	805

续表

贸易季度	Morse①（箱）		Morse（美元）	JRL② Phipps③（箱）	JRL& Phipps（美元）	Pitkin& *Hunt's*④（美元）	P. &Co. &Others（盒）	士麦那（盒）
1828—1829	1256.5		816725	1600②		195000⑪	1500⑩	
1829—1830	715	700	502900	950②			1300⑩	556
1830—1831		1428	806827	1428②		418345⑪	1000+	421
1831—1832	402		221100				1200	762
1832—1833	380		228000	800+②				217
1833—1834	963		500000	963				655
1834—1835				8—900				
1835—1836								
1836—1837	743			1000⑫				
1837—1838				446⑬			2000⑬	
1838—1839								
1839—1840								
1840—1841								
1841—1842								
1842—1843								
1843—1844								
1844—1845								

① H. B. Morse, *International Relations of the Chinese Empire*（London: Longmans Green, 1910), vol. I: 209-210. 这一列数据的第二栏来自 *The Chronicles of the East India Company Trading to China*, *1635-1834* 的年度报告。

② 拉惕默编辑的统计数据（LP）。

③ John Phipps, *A Practical Treatise on the China and Eastern Trade*（Calcutta, 1837)，第 236 和 240 页。第一组数据（1816－1822 贸易季度）来自 *Anglo-Chinese Kalendar for 1832*。拉惕默似乎使用了同样的资料。1833－1834 和 1834—1835 贸易季度的数据来自 Phipps 自己。

④ *Hunt's*, vol. 3（December 1840): 27. 这是 *Hunt's* 对年贸易量的估计。Pitkin 仅仅同意前三年的数据。

⑤ 1805 年 11 月 27 日和 1805 年（原文如此，Read 的错误）1 月 9 日 William

Read 写给费城 Willings 和 Francis 的信，Willings and Francis Collection；HS/P 认为这个数据太少了。

⑥ Pitkin 的数据从 1821 年开始就不一样了，具体如下：

1821 年　115000 美元
1822 年　383000 美元
1823 年
1824 年　133000 美元
1825 年　287700 美元
1826 年
1827 年　29400 美元

关于直接与美国的贸易，他的数据是：

1827 年　301804 美元
1828 年　135605 美元
1829 年　103247 美元
1830 年　69392 美元
1831 年　650 美元
1832 年　1558 美元
1833 年　11043 美元

⑦ 这个数据是最小值，进口量不清楚。从消费量上减去库存的数量得到了 464 这个数据。

⑧ Stelle 估计 1824－1825 和 1825－1826 贸易季度之间，大约进口了 1000～1500 箱。参看本书第 169 页注释①。

⑨ 这组数据包括驻士麦那领事馆的统计数据。数据记录了前一贸易季度被美国船运走的土耳其鸦片箱数。1829 年的报告称有额外 1320 箱在美国人对华贸易中的鸦片，被运去了英国。

⑩ R. B. Forbes，Notebook，＃2，FFP. 他说 1827－1828 贸易季度最少有 1600～1700 箱鸦片。

⑪ Joshua Bates 证实 1828 年他把价值 39000 英镑的鸦片运给了帕金斯洋行，1829 年有 83669 英镑。我以每英镑等于 1 美元把英镑换算成了美元，这样，数据就是最小的了。总数显示的只是帕金斯洋行的鸦片，以及在英国按成本价的价格。

⑫ Charles Toogood Downing，*The Fan Qui in China in 1836-1837*（London，1838），vol. 1，52. 唐宁估计一年的消费量是 1000 箱。

⑬ 这是大致的估计数据，见 *Chinese Repository*（October 1837）。*Hunt's* 坚持每年的消费量没有超过 1000 箱 [3（October 1837）：471]。

表四 美国从广州出口的货物的最终目的地，1818－1832①

	美国		欧洲②		其他地方	
贸易季度	Morse	Pitkin	Morse	Pitkin	Morse	Pitkin
1817－1818		5927519		849823		
1818－1819		7527804		1496442		32787
1819－1820	6172991	6793078	1746194	1348563	262830	31466
1820－1821		3462582		1109114		144000
1821－1822		6016218		772763		774663
1822－1823	6759582	6760582	386910	383910	379000	379000
1823－1824	2808633	5006243	409012	453706	217000	217000
1824－1825	7716444	7016444	485677	584675	200000	200000
1825－1826	7650938	7650938	884856	684856	416768	416768
1826－1827	3806706	3922194	144465	154468	412715	352715
1827－1828	5318966		533030		291364	
1828－1829	3337480		1144720		70000	
1829－1830	3620700		139874		339015	
1830－1831	3356551		650000		257000	
1831－1832	5577732		130000		150000	
1832－1833	6691412		922974		346173	

① Timothy Pitkin, *A Statistical View of the Commerce of the United States of America* (Hartford, Conn. , 1835), 306. 马士的数据，参看氏著 *The Chronicles of the East India Company Trading to China , 1635-1834* 里的年度报告。

② Pitkin 指出此处包括“巴达维亚、新荷兰、马尼拉、夏威夷群岛、南美洲、墨西哥（原文如此）”。马士认为每年地点不同，“南美洲和夏威夷群岛”、“南美洲和夏威夷群岛等地”以及“夏威夷群岛和加利福尼亚”，另外还单列了巴西。

附录三　白银贸易的注释

粗略考察这些并不精确的数据，可以看出至少从 1800 年到 1828 年，白银一直是美国运到广州的最重要货物。在美国人控制银钱贸易前，白银是由英国东印度公司和西班牙大帆船从西属美洲运来的。显然大帆船贸易直到 18 世纪末都非常重要。张荣洋估计大帆船和马尼拉贸易每年共运输 500 万元白银到亚洲，其中大多数运到广州，或者通过广州运到印度。尽管他有关大帆船贸易的图表（只有一次例外）显示出在 1784 年到 1800 年间，每年从马尼拉来的大帆船不超过一艘，并且根本不清楚所有这些是否都回航了。此外，在该时期内有三年，没有大帆船来，另外一年，一艘大帆船遇海难沉没了。此外，1802、1803、1805 年没有大帆船离开。[①] 最后一年，英国东印度公司做出了“不再送白银到广州的官方决策”，使得形势更为恶化。这就是美国人开始大量把白银运到中国的开端时期。

年复一年，美国运往广州的货物中最重要的就是白银。白银几乎占了美国所有进口货价值的一半到将近 3/4。西班牙人偶尔也进口白银，但总量下降了，尤其是 19 世纪 20 年代。由于世界白银供应的长时期消耗，世界白银产量下降，再加上拉丁美洲各地爆发的革命，使得白银的收集越来越难，

---

① Cheong Weng Eang，“Trade and Finance in China，1784-1834，” *Business History* 7 no. 1（January 1965）：34-56.

美国的白银贸易也因此变得更加值得注意了。

在19世纪20年代中期，市场衰退使一些最大的美国中国贸易商人（比如货币进口者）破产，如著名的费城商人爱德华·汤姆逊（Edward Thomson）和纽约商人托马斯·H. 史密斯（Thomas H. Smith）。整个对华贸易都受到了严重影响，但是没有什么比白银进口受到的冲击更大。其间从1807年开始到19世纪20年代中期，发展尤其显著的是新的英国从广州白银出口贸易。1825年以后，从广州运走的白银数量比美国运来的数量要大。对于一个现代读者来说，这些数据非常清楚地显示出整个白银贸易到此时已经不再必要了。

回想起来，1826年开始很明显理性的贸易逐渐取代了白银贸易。与没完没了地寻找日益枯竭的白银供应相比，美国人的伦敦汇票贸易更简单、便宜、快捷和有效。那些在回顾中很明显的东西在展望的时候也许显得比较模糊。由于这种汇票小规模地商兑了很多年，因此令人惊奇的不是大规模的白银贸易消失了，而是存在这样一种更简单方式的情况下，白银贸易居然还维持了这么长的时间。

带着这些问题，也许有几个互相影响的因素能够解释这种延迟。世界银行业还处于相对原始的阶段，这应该是当然因素之一。格林堡和更近一些时间张荣洋[①]的研究都已经描述了这个起催化作用的事件——在广州的英国私商的汇款危机——这种困境迫使他们寻找一种把财富运回家的新方法。

英国东印度公司在广州的财政部已经出售印度的汇票很多年了，有时也出售伦敦的汇票，以此获取茶叶贸易的资金。然而随着鸦片贸易的发展，西方人手上的白银日益增加，使

---

① Michael Greenberg, *British Trade and the Opening of China, 1800-1842* (1951; reprint, Cambridge: Cambridge University Press, 1969), 161-164，以及 Cheong Weng Eang, "China Houses and the Bank of England Crisis of 1825", *Business History* 15 no. 1 (January 1973): 56-73，把危机带入全球视角。

英国东印度公司不愿意接受所有广州提供的白银。通常可能的做法是白银装船运走。尤其是纹银便宜的时候，成为非常令人满意的出口货，因为纹银比各种在中国海岸通行的西方银币的纯度高。然而，出口白银是非法的，而且白银非常笨重、危险和不方便。此外，大量纹银出口使中国的物价上涨。

在这种复杂的形势下，出现了美国人持有的伦敦商人银行家的汇票。这种收息获利的方式，比运输白银更加安全、便捷和有利。尽管白银出口在其后的贸易年份内仍然继续，美国汇票的激增仍是时人承认的事实，而且统计学家也强调这是当时的显著特点。

对美国人来说，汇票交易是一种替代把货物运到广州的办法。当然，日益增长的鸦片贸易使得这种纸质的交易成为可能。即使那些最反对鸦片贸易的人，他们不仅仅从这种方式中获利，而且他们还把汇票带到广州，实质上鼓励了鸦片贸易。也许对于那些抨击鸦片贩子道德沦丧的交易的人，鸦片贩子们最好的论点是指出其反对者的伪善，他们也把汇票出售给那些从中国沿海榨取白银的人。

表一 广州的银钱贸易

贸易季度	美国人配套的银钱进口[①]	英国银钱进口	其他国家银钱进口	英国银钱出口
1802—1803	约 2584000		约 850000	
1803—1804	约 2932000	1997131	约 1162000	
1804—1805	2902000	1152147	1816000	
1805—1806	4176000		420000	
1806—1807	2895000			
1807—1808	3032000			3337070
1808—1809	70000		500000	1870000[②]
1809—1810	4723000		150000	1564518
1810—1811	2330000			1402461
1811—1812	1875000			1158685
1812—1813	616000	45000		
1813—1814				
1814—1815				
1815—1816	1922000	1520400	199700	
1817—1818	4545000	3557088	约 1500000[③]	3920000
1818—1819	5601000		约 1500000	3088679[④]
1819—1820	7369000		约 1500000	861470[⑤]
1820—1821	6297000		约 1500000	495000[⑥]
1821—1822	2569500	2754085	约 1500000	480560[⑦]
1822—1823	5125000	45000	约 1500000	234600
1823—1824	6292840		约 700000	1076386
1824—1825	4096000	1076386	约 700000	1743357
1825—1826	6524000	63356	约 700000	4341000
1826—1827	5725200		约 600000	4019000[⑧]

续表

贸易季度	美国人配套的银钱进口	英国银钱进口	其他国家银钱进口	英国银钱出口
1827—1828	1841168		约 670000	6094646
1828—1829	2640300		约 500000	4703202
1829—1830	731200		约 500000	6746372⑨
1830—1831	1123644	35000	约 500000	6595306
1831—1832	183655	55000	16700	4023003
1832—1833	667252	16000		4890925⑩
1831—1834	682519	7500	55300	6731615⑪
1833—1834	1029178	20500		
1834—1835	378830			3959453
1835—1836	1390832			4468411
1836—1837	463970			
1837—1838	678350			
1838—1839	728661			
1839—1840	987475			
1840—1841	477003			
1841—1842	426592			

① H. B. Morse, *The Chronicles of the East India Company Trading to China*, *1635-1834*（1926-1929；5 卷本，台北：成文出版社，1966—1969 年重印），vol. 4：385；Timothy Pitkin, *A Statistical View of the Commerce of the United States of America*（New Haven, 1835），303；以及 Michael Greenberg, *British Trade and the Opening of China*, *1800-1842*（1951；reprint, Cambridge：Cambridge University Press, 1969），219（引用赖特烈），都大致同意这些数据。Pitkin 有一个重要的区别：1831—1832 年，他给出的数据是 2480871 美元，但他承认他 1828 年到 1832 年的资料来源是广州的报纸。Pitkin 的统计年度以 6 月 30 日为结束，而东印度公司（马士）的统计年度通常会早一点——2 月到 4 月间。美国财政部的数据通常与其他的数据明显不同，具体如下：

1821	3391487	1823	3584182
1822	5075012	1824	4463852

1825	4523075	1833	290456
1826	1651595	1834	378830
1827	2513318	1835	1390832
1828	454500	1836	413661
1829	601593	1837	155000
1830	79984	1838	728661
1831	367024	1839	987473
1832	452119		

然而也许财政部是从美国的出发港获得的数据，看起来财政部使用的是历年，从数据与1834—1839年的其他原始资料的接近可以判断（H. R. Doc. 248，26：1：14，1834—1835至1839—1840年的协调的名单里。）

尽管马士的 *The Chronicles of the East India Company Trading to China, 1635-1834* 是白银贸易的重要数据来源，但他在誊抄的时候出现了一些严重的错误。第4卷结尾处（第345页）他给出的总结性数据有时与年度记录不一致。很多年里，他的总结性数据比那些年度记录晚一年。有时，我们所能希望的也只能是大致的数据。

② H. B. Morse, *The Chronicles of the East India Company Trading to China, 1635-1834*, vol. 3：80，有第二只装载有140万美元货物的船只航行。并不清楚第一个数据是否包括了这个装载数据。

③ 1815—1828年的估计是西班牙的进口，是由澳门西班牙商馆的首席大班回答特选委员会的询问时提供的。特选委员会报告，1830年3月31日，EICoA。

④ 另外一个300万美元（估计的）从澳门去了印度（H. B. Morse, *The Chronicles of the East India Company Trading to China, 1635-1834*, vol. 3：345），比较 Greenberg, *British Trade*, 218。

⑤ 其他国家装载来160万美元（H. B. Morse, *The Chronicles of the East India Company Trading to China, 1635-1834*, vol. 3：366）。

⑥ 其他国家运送90万美元。

⑦ 其他国家运送130万美元。

⑧ 比较 Greenberg, *British Trade*, 218。

⑨ H. B. Morse, *The Chronicles of the East India Company Trading to China, 1635-1834*. 美国船只带来9000美元（vol. 4：196）。

⑩ 美国人带来264816美元（H. B. Morse, *The Chronicles of the East India Company Trading to China, 1635-1834*, vol. 4：340）。

⑪ 包括价值513795美元的黄金（H. B. Morse, *The Chronicles of the East India Company Trading to China, 1635-1834*, vol. 4：370）。

表二　美国船只进口的银钱和汇票

贸易年度	银钱—广州		美国	汇票—广州
	Pitkin，Morse& Macgregor	Morse（年度报告）	财政部	Pitkin，Morse & Macgregor
1801—1802		1383000		
1802—1803		2584000		
1803—1804		2932000		
1804—1805	2902000	2207400		
1805—1806	4176000	3979000		
1806—1807	2895000	2650000		
1807—1808	3032000	6128000		
1808—1809	70000			
1809—1810	4723000	2896500		
1810—1811	2330000	2679126		
1811—1812	1875000	1433500		
1812—1813	616000	321000		
1813—1814				
1814—1815				
1815—1816	1922000	1214220		
1816—1817	4545000	1922000⑤		
1817—1818	5601000	4545000		
1818—1819	7369000	7369000		200000
1819—1820	6259300	6297000		
1820—1821	2569500	2569500	2995000⑧	
1821—1822	5125000	4612000	3391487	
1822—1823	6292840	6292840	5075012	

续表

贸易年度	银钱—广州 Pitkin，Morse& Macgregor	Morse（年度报告）	美国 财政部	汇票—广州 Pitkin，Morse & Macgregor
1823—1824	4096000	4096000	3584182	
1824—1825	6524000	6524000	4463852	
1825—1826	5725200	5705200	4523075	
1826—1827	1841168	1841168	1651595	400000
1827—1828	2640300	2450000	2513318	500000①
1828—1829	731200①	731200	454500	657300①
1829—1830	1123644	1123644	610593	393650①
1830—1831	183655	183655	79984	1168500
1831—1832	667252②	667252	367024	2480871①
1832—1833	682519	682519	452119	4772516⑥
1833—1834	1029178③		290456	3656290⑦
1834—1835			378830	
1835—1836			1390832	
1836—1837	463970④		413661	
1837—1838	678350③		155100	
1838—1839			728661	
1839—1840			987473	
1840—1841			477003	
1841—1842			426592	
1842—1843			588714	
1843—1844			571660	
1844—1845			565955	

① Pitkin 和 *Hunt's* 的数据不同。Pitkin 错误地把 1831－1832 年度的汇票数据当成了 1832 年的所有银钱交易数据。

② Pitkin 错误地使用了本年度的汇票数据。*Hunt's* 的记载高了近 10 万美元。

③ 只有 Macgregor 的数据。*Hunt's* 提供的也是这个数据［XII（January 1845）：51］。

④ *Chinese Repository*，VI：284.

⑤ 英国东印度公司档案中没有这一年的数据。这是美国财政部的记录。

⑥ Macgregor 的数据不同。

⑦ 只有 Macgregor 的数据。

⑧ H. B. Morse，*The Chronicles of the East India Company Trading to China，1635-1834*，vol. 3，367. 数据所依据的日期在广州和美国是不同的。

附录四　1803—1844 年广州美国公司合伙人名录

这个名录不完整。还有一些小的公司、英国公司的美国雇员，以及一些个体经营者不在其列。

帕金斯洋行（Perkins & Co.）[前身是俄普雷姆·本姆斯特德洋行（Ephraim Bumstead & Co.）]：

詹姆斯和托马斯·H. 帕金斯（James and Thomas H. Perkins）（Boston Partners，1803— ）

俄普雷姆·本姆斯特德（Ephraim Bumstead）（1803—1805 年去世）

约翰·帕金斯·顾盛（John P. Cushing）（1803—1830）

托马斯·T. 福士（Thomas T. Forbes）（1827—1829 年去世）

[1830 年合并到旗昌洋行]

J. P. 斯特基斯洋行（James P. Sturgis & Co.）：

詹姆斯·P. 斯特基斯（James P. Sturgis）（1818—约 1830 年）

乔治·W. 斯特基斯（George W. Sturgis）（1818—1826 年去世）

亨利·斯特基斯（Henry Sturgis）（1818—1819 年去世）

皮特曼和法兰奇洋行（Pitman & French）：

提默斐·G. 皮特曼（Timothy G. Pitman）（约 1821—

1832 年去世）

威廉·法兰奇（William French）（约 1821—1832 年）

丹尼尔·T. 亚博（Daniel T. Aborn）（1826—1831 年）

塞缪尔·罗素公司（Samuel Russell & Co.）：

塞缪尔·罗素（Samuel Russell）（1819—1823 年）

菲利普·阿米顿（Philip Ammidon）（1819—1823 年）

［后来合并到旗昌洋行］

旗昌洋行（Russell & Co.）：①

塞缪尔·罗素（Samuel Russell）（1823—1826 年）

菲利普·阿米顿（Philip Ammidon）（1824—1830 年）

威廉·H. 洛（William H. Low）（1830—1833 年去世）

奥古斯丁·赫德（Augustine Heard）（1831—1836 年）

约翰·C. 记连（John C. Green）（1834—1839 年）

约翰·莫瑞·福士（John M. Forbes）（1834—1838 年）

约瑟夫·柯立芝（Joseph Coolidge）（1834—1839 年）

A·A. 洛（A. A. Low）（1837—1839 年）

威廉·C. 亨特（William C. Hunter）（1837—1842 年）

爱德华·金（Edward King）（1837—1842 年）

罗伯特·本涅特·福士（Robert B. Forbes）（1830—1832 年担任“伶仃号”船长），（1839—1844 年）以及（1849—1854 年）

小华伦·德兰诺（Warren Delano，Jr.）（1840—1846 年）和（1861—1866 年）

小罗素·斯特基斯（Russell Sturgis，Jr.）（1842—1844

---

① 旗昌洋行完整的合伙人名录，参看 Robert Bennet Forbes，*Personal Reminiscences*（Boston，1892），附录。该公司 1891 年破产。

年）

威廉·H. 金（William H. King）（1843—1849 年）

丹尼尔·N. 斯本纳（Daniel N. Spooner）（1843—1845 年）和（1852—1857 年）

约瑟夫·T. 吉尔曼（Joseph T. Gilman）（1843—1845 年）

爱德华·德兰诺（Edward Delano）（1844—1846 年）

保罗·S. 福士（Paul S. Forbes）（1844—1873 年）

乔治·帕金斯（George Perkins）（1846—1849 年）

罗素·斯特基斯商行（Russell，Sturgis & Co.）：

约翰·W. 裴瑞特（John W. Perit）（1834—1839 年）

乔治·R. 斯特基斯（George R. Russell）（1834—1839 年）

小罗素·斯特基斯（Russell Sturgis，Jr.）（1834—1839 年）

亨利·P. 斯特基斯（Henry P. Sturgis）（1834—1839 年）[马尼拉的合伙人]

小华伦·德兰诺（Warren Delano，Jr.）（1835—1840 年）

[1840 年合并到旗昌洋行]

纳森·邓恩商行（Nathan Dunn & Co.）：

纳森·邓恩（Nathan Dunn）（1830—1833 年）

雅贝兹·詹金斯（Jabez Jenkins）（1830—1834 年）

约瑟夫·亚彻（Joseph Archer）（1830—1834 年）

[被哗地玛洋行 Wetmore & Co. 所取代]

哗地玛洋行（Wetmore & Co.）：

威廉·S. 滑摩（William S. Wetmore）（1834—1847 年）

约瑟夫·亚彻（Joseph Archer）（1834—1838 年）

小塞缪尔·滑摩（Samuel Wetmore，Jr.）（1837—1853 年）

威廉·库柏（William Couper）（1839—1844 年）

威廉·R. 利治（William R. Lejee）（1839—1844 年）

威廉·摩尔（William Moore）（1844—1847 年 3 月仍在广州）

威廉·A. 劳伦斯（William A. Lawrence）（1844 年至本年去世）

纳撒尼尔·金斯曼（Nathaniel Kinsman）（1844—1847 年去世）

塞缪尔·B. 罗尔（Samuel B. Rawle）（1844 年，短时期参加）

托马斯·H. 史密斯父子商行（Thomas H. Smith & Sons）：①

雇员：

雅各布·科弗（Jacob Couvert）

D. W. C. 奥立芬（D. W. C. Olyphant）

查尔斯·N. 塔博特（Charles N. Talbot）

奥立弗·H. 戈登（Oliver H. Gordon）

威廉·C. 亨特（William C. Hunter）

[1827 年左右史密斯（Smith）破产。Olyphant & Talbot 成立了同孚洋行（Olyphant & Co.）]

① 跟其他公司不同的是，Thomas H. Smith & Sons 在贸易的两端都没有设立公司。它是一家往广州派遣雇员的纽约公司。

同孚洋行（Olyphant & Co.）：

大卫·W.C. 奥立芬（David W. C. Olyphant）（约1827—1839年）

查尔斯·N. 塔博特（Charles N. Talbot）（1827—1832年）

查尔斯·W. 金（Charles W. King）（1832—1845年去世）

威廉·H. 莫斯（William H. Morss）（1842? —1845年）

戈登和塔博特商行（Gordon & Talbot）：[1]

奥立弗·H. 戈登（Oliver H. Gordon）（1836—1840年）

威廉·R. 塔博特（William R. Talbot）（1836—1840年）

[1840年在广州解散；在纽约继续开展生意]

本杰明·威尔考克斯（Benjamin C. Wilcocks）：[2]（约1804—1808年；1812—1827年）

约翰·R. 拉惕默（John R. Latimer）（1824—1834年）

[随着拉惕默的离开而结束]

琼记洋行（Augustine Heard & Co.）：

奥古斯丁·赫德（Augustine Heard）（1840—1862年）

约瑟芬·柯立芝（Joseph Coolidge）（1840—1844年）

乔治·B. 迪克斯威尔（George B. Dixwell）（1841—1853年）

约翰·赫德三世（John Heard III）（1844—1862年仍在）

---

① 隶属于同孚洋行。

② 他是所有者，而不是合伙人。

约瑟夫·罗伯茨（Joseph Roberts）（1844—1850 年）

奥古斯丁·赫德二世（Augustine Heard，II）（1862 年仍在）

阿尔伯特·法雷·赫德（Albert Farley Heard）（1862 年仍在）

乔治·W. 赫德（George W. Heard）（1862 年仍在）

[1875 年合并到怡和洋行（Jardine，Matheson & Co.）]

布莱特家族（The Blight Family）：①

詹姆斯·奥立弗（James Oliver）（约 1799—1804 年）

乔治·布莱特（George Blight）（约 1805—1814 年）

查尔斯·布莱特（Charles Blight）（英国宝顺洋行，约 1811—1827 年）

詹姆斯·H. 布莱特（James H. Blight）（约 1821—1835 年?）

威廉·P. 布莱特（William P. Blight）（1828—1832 年）

奈·帕金商行（Nye，Parkin & Co.）（"Nipperkin"）：

吉顿·奈（Gideon Nye，Jr.）（1843— ）

威廉·W. 帕金（William W. Parkin）（1843— ）

托马斯·S. H. 奈（Thomas S. H. Nye）（1843? —1848 年撤离台湾）

克里门·德鲁·奈（Clement Drew Nye）（1843? — ）

① 虽然有布莱特家族的成员在广州进进出出，但直到 1832 年才提到"布莱特商行"（"Blight & Co."）。1835 年詹姆斯·H. 布莱特离开广州的时候，他把相关的业务交给了英国宝顺洋行，显然布莱特家族与英国宝顺洋行保持着密切的联系。

附录五　商业家族联盟

波士顿利益团体的复杂家族联系

当某位早期的美国商人要为远离自己账房的地方物色一位代理商时，他自然首先会考虑自己的亲属，其次是朋友。如果亲属和朋友中都没有如意的人选，他才会倾向于选择有声望的人。由兄弟、侄子外甥、堂表兄弟和姻亲等重要家庭联合体组成的帕金斯洋行和后来的旗昌洋行，就是展示血缘纽带是如何渗透进中国贸易中的商业关系的突出例子。在旧中国贸易的 60 年间，有不少于 9 位斯特基斯在中国。[①] 波士顿布赖恩·斯特基斯商行的威廉·斯特基斯船长在 1804 年到 1844 年间先后送走或带着姓斯特基斯的三个侄子和五个侄孙到东方。他们分别属于一个或多到五个不同的在东亚的公司：帕金斯洋行，旗昌洋行，马尼拉的罗素与斯特基斯商行 (Russell & Sturgis)，广州的罗素·斯特基斯商行，或者詹姆斯·P. 斯特基斯商行。

帕金斯家族的两姐妹嫁给了斯特基斯家族的两兄弟老罗素和约书亚，用双重的婚姻关系来加强家族联盟。罗素的儿子中有三个去了中国，分别是亨利（1819 年在澳门去世），詹姆斯·帕金斯和乔治·W.（1826 年去世）。第四个儿子，

① 这个数字包括约翰·斯特基斯，否则并不明确，他的名字出现在 1837 年的广州人口统计中。

也就是老罗素的长子，纳撒尼尔·罗素有五个儿子：小罗素（开始为罗素·斯特基斯商行服务，后来为旗昌洋行工作，最后为伦敦的巴林洋行工作）、亨利·帕柯曼（Henry Parkman）（他是罗素与斯特基斯商行和罗素·斯特基斯商行的创始人之一）、塞缪尔、乔治和罗伯特·肖，他们都去了中国。

这种与帕金斯家族的关系非常重要。托马斯·汉达西德·帕金斯上校是威廉·斯特基斯的妹夫和第一个雇主。他们两个都很早就通过中国和西北海岸的贸易创造了财富。斯特基斯船长后来在波士顿定居下来，在这里建立了布莱恩·斯特基斯商行——这是两个主要的美国本土家族公司之一。同时，帕金斯上校派遣了四个外甥：约翰·帕金斯·顾盛和福士家族三兄弟：托马斯·图诺、罗伯特·本涅特和约翰·莫瑞到广州。他们在广州都加入了某个家族公司，即帕金斯洋行或者旗昌洋行。此外福士家族的另一支，在三兄弟的叔叔詹姆斯·格兰特·福士带领下，以纽约为基地创业。詹姆斯·格兰特·福士的儿子保罗·斯曼 1844 年加入了旗昌洋行，纽约分支的下一代中至少有三位成员后来进入了这个公司。

帕金斯上校及其弟弟詹姆斯，与伍斯特的潘恩家族（Paines of Worcester）有着更复杂的关系，潘恩家族也是出产中国贸易商人的家族。詹姆斯·帕金斯的妻子是莎拉·潘恩（Sarah Paine），她的堂兄弗里德里克·威廉（Frederick William）和威廉·菲茨·潘恩（William Fitz Paine）都在波士顿的詹姆斯和托马斯·H. 帕金斯商行当学徒，后来都被公司派去中国。此外，上校的外甥女安（Ann）（是上校的姐姐伊丽莎白和老罗素·斯特基斯的女儿）与弗里德里克·威廉·潘恩结婚。他们的女儿后来成为她的堂兄亨利·帕柯曼·斯特基斯（Henry Parkman Sturgis）的第二任妻子。这样，帕金斯兄弟就是亨利·帕柯曼和他妻子的舅公。

如果这种血缘和生意的混合还不够令人迷惑的话，这种混合体还延伸到了一些其他家族。家族集团在19世纪的新英格兰非常大而且错综复杂。约翰·帕金斯·顾盛的姐妹安(Ann)和帕金斯上校的弟弟塞缪尔都与希金逊家族(Higginsons)的人结婚，这些人是著名商人史蒂芬·希金逊(Stephen Higginson)的后代。每桩婚姻都人丁兴旺，好几个希金逊都在早期中国贸易时期的不同时间来过中国［比如老亨利(Henry Sr.)、史蒂芬·帕金斯(Stephen Perkins)和约翰·巴布科克(John Babcock)］。此外，山茂召船长的侄儿罗伯特·古尔德·召(Robert Gould Shaw)也是一位自己经营贸易的杰出商人和先驱，他与纳撒尼尔·罗素·斯特基斯的妻子［苏珊·帕柯曼(Susan Parkman)］的妹妹结婚，并通过这种利益团体在东方的公司进行贸易。他还把他最具争议的合伙人，以前在他那里当学徒约瑟夫·柯立芝(Joseph Coolidge)介绍给了旗昌洋行。当柯立芝被排挤出去时，就把召的生意带到琼记洋行去了。

这样，这些家族联盟三代中至少有20位成员（以及一些朋友）到过东亚，直接参加了不同家族的公司。当然，这个统计并没有包括那些在美国及在其他没有越过好望角的地方为这些家族事务工作的人。帕金斯上校的几个女儿也嫁给了几位最后参与中国贸易的人。其中之一，有胃病的塞缪尔·卡伯特在上校的兴趣开始转向其他地方时，于19世纪20年代成为帕金斯洋行的灵魂人物，他的儿子们对此要么不感兴趣，要么不令人满意。这份名单还没有涉及家族中较晚的世代。比如威廉的长外甥孙亨利·斯特基斯·格鲁(Henry

Sturgis Grew）于19世纪50年代加入了旗昌洋行。[①] 福士家族年轻一代的成员中后来逐渐成为中国公司的合伙人的包括詹姆斯·莫瑞（James Murray）、爱德华·坎宁安（Edward Cunningham，罗伯特·本涅特的孙女婿）以及小约翰·莫瑞。

这群商人在广州或波士顿之外从事贸易的人中最重要的也许是约书亚·贝特斯，他跟斯特基斯船长的小弟弟塞缪尔的女儿结婚。贝特斯在巴林洋行工作，巴林兄弟是伦敦伟大的商业银行家，他们为大多数利益团体的中国贸易提供资金。贝特斯[②]的继任是斯特基斯船长的侄孙小罗素·斯特基斯。家族的影响就这样从波士顿延伸到广州，再延伸到伦敦，使得这些公司联盟在三个大陆都有着贷款、贸易和船舶设备等方面的特别优势。也许并不奇怪的是旗昌洋行是巴林洋行喜欢的在广州的联络者，旗昌洋行在最需要的时候就能够获得贷款——比如1837年恐慌和1843年老浩官去世的时候。[③]

同孚洋行家族利益团体

大卫·奥立芬家族在美国不算十分庞大。他父亲是克洛登（Culloden）战役之后流亡的詹姆斯二世党人，晚年定居在纽波特。不过，他与这个城市里人丁兴旺而颇具影响的弗

---

① 威廉的第六代侄孙约瑟夫·克拉克·格鲁（Joseph Clark Grew）曾经在珍珠港事件之前担任过7年美国驻日大使。福士家族的后代W. 卡梅隆·福士（W. Cameron Forbes）也有类似的经历，他1909—1913年担任菲律宾群岛的总督。

② 贝特斯的曾孙女1911年在婆罗洲西北海岸嫁给了英属沙捞越的酋长。

③ 家族的联系也互相增强。尽管琼记洋行的形成把巴林洋行在广州的附属机构分开了（贝特斯很喜欢柯立芝），本涅特·福士记载浩官给巴林洋行的商业委托确保了后者对旗昌洋行的友谊（1839年8月7日本涅特·福士给妻子的信，RBFP）。他还说威廉·斯德基斯的影响会使这个英国洋行对旗昌洋行十分忠诚（1840年3月2日本涅特·福士给妻子的信，RBFP）。

农（Vernon）家族通婚，通过这种关系与金（King）家族联系在一起了，金家至少有两个成为他的姻亲。曾经搬走的大表哥小塞缪尔·金首先在纽约的公司金·塔博特商行（King & Talbot）里雇佣了大卫·奥立芬（1805年）。后来这个公司的另一位老板乔治·W. 塔博特（George W. Talbot）与大卫·奥立芬关系很好，尤其在1809年金很明显的精神错乱后，他们的关系更加密切。因此，来到中国的金家和塔博特家的人，不管他们是同孚洋行或戈登与塔博特洋行（Gordon & Talbot）的成员还是雇员几乎都是亲戚。此外，其中有一些姓氏不同的人虽然关系疏远一些，但也是亲戚，如威廉·H. 莫斯（William H. Morss）和詹姆斯·班克（James Bancker）。

在纽约的贸易中，这些家族通过塔博特，同孚洋行和戈登与塔博特洋行创建并保持了类似的联合。这个团体里唯一不是家族成员的人物，很明显是奥立弗·H. 戈登（Oliver H. Gordon）（他也许有间接的关系——我还没有调查他的关系）。

这种联盟在第一代商人从中国回来后持续了很多年。像波士顿利益团体一样，家族财富是成员联合的黏合剂。查尔斯·N. 塔博特（Charles N. Talbot）看起来已经成为团体其他成员（包括戈登在内）的私人投资经纪人。他把各位成员的资本投资到美国经济发展最有活力的部门，最重要的可能是特拉华与赫德逊公司（Delaware & Hudson）（运河公司，后来成为铁路公司），家族的一些后代在19世纪末成为这个公司的主管人员。

卡灵顿—霍平—滑摩（Carrington—Hoppin—Wetmore）家族利益团体

罗素家族来自美国康涅狄格峡谷，他们定居在米德尔顿（Middletown）。塞缪尔·罗素的祖母来自滑摩家族，罗素跟着亲戚塞缪尔·滑摩当学徒。滑摩家的人也与惠特尔西家族（Whittleseys）通婚，爱德华·卡灵顿的母亲来自这个家族。这样，三个米德尔顿家族或多或少地联系起来了。从卡灵顿和滑摩家族公司的历史看来，这个纽带被非常合理地联系在了一起。

两个滑摩兄弟，塞缪尔和威拉德（Willard），成为了普罗维登斯的爱德华·卡灵顿商行（Edward Carrington& Co.）的老板，下一代的两位成员，塞缪尔的儿子小塞缪尔和外甥威廉·谢巴德（William Shepard），与卡灵顿姐姐伊丽莎白的儿子艾萨克·迈尔斯·布尔（Isaac Miles Bull）一起在普罗维登斯的公司里当学徒。当威廉·谢巴德在广州成立自己的公司时，他把表弟小塞缪尔带来，但是拒绝了艾萨克·布尔，因为后者有精神病史，但艾萨克·布尔仍对这种拒绝表示了强烈不满。只有认识到家族和婚姻纽带在19世纪的商业关系中的力量，才能够理解他的怨恨。

同样来自康涅狄格峡谷的卡灵顿，通过与本杰明·霍平（Benjamin Hoppin）的女儿结婚使关系更加复杂，本杰明·霍平是普罗维登斯的霍平商行（B. & T. C. Hoppin）的老板，卡灵顿一生中大部分时间都与这个公司（以及塞勒斯·巴特勒商行 Cyrus Butler）建立着商业联盟。本杰明·霍平的妻子来自米德尔顿的华纳（Warner）家族，塞缪尔·罗素的母亲和塞缪尔·滑摩的妻子都是来自这个家族。因此，把罗素兄弟送到普罗维登斯一点也不意外。在那里塞缪尔加入了霍平的公司，奥古斯塔斯（Augustus）在爱德华·卡灵顿商行做学徒，小本杰明·霍平在卡灵顿的公司当伙计。他与奥古斯塔斯于19世纪20年代来到广州，他们在罗素的公司里工作了一段时间。当年轻的霍平回国时，在爱德华·卡灵顿商行资助下，他和老塞缪尔·滑摩在纽约建立了“滑摩与霍平商行”（Wetmore & Hoppin）。

这样家族利益团体的两代人中至少有八位到过中国：一个卡灵顿，一个布尔，一个霍平，两个罗素和三个滑摩（威廉·谢巴德，小塞缪尔和威廉的堂弟约书亚）。威廉的第一任妻子是他叔叔塞缪尔的女儿以斯帖（Esther），这样普罗维登斯和中国贸易公司通过婚姻进一步地联合在一起。婚姻同样使得威廉·滑摩的南美公司更加紧密地联合，他的合作者已经与亲属们通婚：约瑟夫·奥尔索普（Joseph Alsop）的妻子是露西·惠特尔西（Lucy Whittlesey），而约翰·克莱德（John Cryder，他后来是伦敦马礼逊与克莱德商行 Morrison & Cryde 的成员，再后来是纽约滑摩与克莱德商行 Wetmore & Cryder 的成员）与塞缪尔·滑摩的长女玛丽·赖特（Mary Wright）结婚，玛丽·赖特也是威廉·滑摩的表姐和嫂子。尽管称呼这些婚姻是“世袭的”比较武断，但不做出这样的结论也很难，可以说19世纪初利益和感情并不像今天这样分得这么清楚。当然在干巴巴的谱系记载中，这些线索看起来很模糊。

附录六　1879年罗伯特·本涅特·福士与华伦·德兰诺的通信

19世纪70年代末，罗伯特·本涅特·福士准备写一本他称为《旗昌洋行史》的书，此书内容最后收进其著作《私人琐忆》的修订版中。在写作过程中，福士通过面谈或者写信的方式访问了原来的合伙人。下面是从他写给华伦·德兰诺的信中摘录出来的，现在这些信收藏在海德帕克（Hyde Park，弗里德里克·A. 德兰诺档案）。

1879年2月26日

姑且让我用一个温和的词来说，柯立芝退休了，必须很谨慎地对待你和保罗·斯曼·福士（PSF）之间的一些谈话，无论如何都不会引用我曾经写给约翰·克利夫·格林（JCG）的信中那些用酸酸的话语描绘此人的一些事情。所有的内容必须尽量正面地论述，同时应做到尽可能真实。爱德华·坎宁安（1850—1857年的合伙人），保罗·斯曼·福士和尼尔森·贝克维斯（Nelson Marvin Beckwith，1857—1860年的合伙人）在回复我18日的信时已经拒绝了被他们称为历史的“出版物”。他们似乎认定我将生动地描绘所有成员，从亨特、洛和金等人的记载中摘引材料，对约翰·克利夫·格林和你在品尝和闻过广州出产的茶叶之后的情况进行批评！沃登（Henry H. Warden，1870—1872年的合伙人）和山姆·罗素先生、莫瑞（James Murray Forbes，1869—1872年的合伙人)、克拉克（David Oakes Clark，1861－1869 年的合伙人）看起来与洛先生（A. A. Low）一样很高兴，他们给我提供了非常有价值的资料，威廉·亨利·洛也提供了很有价值的材料。

约翰还没有说什么，我想他现在正在调查一些资料；如果他也拒绝我，他应该在此前就告诉我了。我唯一担心的是如何描述鸦片贸易的理由和影响，关于我们被圈禁的事情我也会说很多，这样，当有人接触历史时，他知道的可能比我想要出版的更加广阔，因为我必须等待中国方面的反应，应该会有足够的时间来写一个有意思的东西，而不是像亨特所写［比如，像亨特的书］的小册子。

1879 年 2 月 28 日

在看了保罗·斯曼·福士、N. M. B.、爱德华·卡灵顿、莫瑞等人的反对意见后，他们建议我们得到所有国内和在中国的还活着的人回复后再写，一般来说，我们可以决定出版某种东西是否可取。如果不可取，那么我们会打算把这段历史写成手稿的形式给自己看，如果有人关注的话，可以复制它。

1879 年 3 月 9 日

约翰很严肃地反对我出版和发行任何类似《旗昌洋行史》的东西。他误会了我的意图（跟保罗·斯曼·福士和 N. M. B. 一样），态度非常坚决，我必须服从他的意见，放弃出版任何东西的念头；但是我仍然会继续收集资料，整理事实，把我所希望讲出来的东西写成一本书——然后，任何有兴趣的人可以阅读它，或做一些摘录。

1879年3月12日

Hubbel（也许是Henry W. Hubbell，19世纪30年代和40年代偶尔会在广州任大班，1840年以后也作Howland & Aspinwall的代理商）说，第一次鸦片危机发生时黄埔正好处决了一名水手，当时在黄埔走私土耳其鸦片并不少见……在我访问黄埔的初期，我从未听说过那里鸦片走私的事情，我推测应该规模很小，也没有正规公司的同意。

1879年3月31日

上次写信给你后，我收到了约翰的来信，他很后悔曾经非常粗暴地指责我出版《旗昌洋行史》的想法。现在他提供500美元给我以购买我个人回忆录的版权，希望我准备我的《旗昌洋行史》，作为回忆录的附录发表，此外，他还提供所有销售的版税——条件是他能够根据需要删除他不喜欢的部分。我接受了他的条件。

1879年4月22日

我昨天收到亨特从巴黎福瑞兰德（Friedland）大街60号地址寄来的信，日期是2日。他在信中提供了一些信息。看起来前些时候，他也曾经有过写旗昌洋行简史的念头，但被保罗·斯曼·福士泼了冷水。现在他正准备把它写成《中国40年回忆录》之类的东西，希望能够成功……我建议他必须紧紧根据事实来写，并尽可能地将之润色。

1879 年 5 月 4 日

我发现 1824 年 5 月 28 日的《纽约晚报》上刊登了 1823 年 11 月 23 日发出的旗昌洋行将于 1824 年 1 月 1 日成立的告示……我最近在写作上毫无进展，因为约翰身体还没有恢复过来，还不能读我已经写好的东西。我想我已经告诉了你我和他之间的协议——我不想要浪费笔墨和脑子，除非他同意了我已经写过的那些内容。

1879 年 7 月 13 日

我相信我已经告诉你莫瑞已经购买了我回忆录的版权；他不是像那些知道他坚决反对出版任何《旗昌洋行史》的人所想的要摧毁印版，而是为了给这个有声望的公司再加一章内容。唯一条件是他有权删除他认为不相关的关于私人问题的内容。我不知道他什么时候会把这些交给其他老伙计。

附录七　关于材料的说明

这本书引用的大部分资料，主要依靠的是一些家庭保存下来的日志、日记、商业记录和商业信件，这些材料有的已经出版，有的则仍未刊。这些家庭的先祖曾经参与过对华贸易。我并不清楚为什么人们要保存好这些旧文件，尤其是一些商业记录。不过很明显，这些家庭认为他们的先祖在东方贸易中曾经起到某种重要作用，之所以这样认为，也许与中国的新奇有关，或者也许对华贸易的确是他们家族财富的真实基础。当然，历史学家非常欣赏这样保存文件的行为，他们非常愿意梳理原始材料，使新收藏（和迟来的出版）不断地出现。

这样的发现经常令人兴奋。我在最不可能的地方已经发现了相当多的收藏——在一个阁楼被封闭的角落里摆放着的水手用的储物箱里面；在地下室的搁板上，跟被遗忘的一些广州产的青花外销瓷放在一起；在楼梯下面壁橱的假门后面；在纽波特一间村舍拍卖完所有东西之后留下的垃圾中；在偶尔读了我的文章的某些人的壁橱背后。但是大多数档案珍藏都存放在国家和地方历史学会的图书馆里，以及大学图书馆的手稿部和公共图书馆里，这些材料很少有人关注，或多或少地被遗忘了。最后，还有一些收藏埋没于某公司或者家庭的文书里面，他们往往并不清楚这些东西的重要性。据传闻，一个老波士顿公司和一个重要的城市商会图书馆最近销毁了一些收藏，天啊，那也许是非常重要的东西。

一些家族和家族公司现在仍然对祖先的声望非常谨慎，但是他们往往对此非常感兴趣，因而很慷慨地允许学者们研究他们的文件。也许由于一些机构过分地意识到他们对这些已经交付给他们的非常有价值的家族文件的责任，他们也不那么情愿让学者使用这些并没有暗示着丑闻的材料。有时，他们禁止复制，要求事先看到学者品质、意图或者已经获得同意出版的证明。一个极端的例子是，当我在顶楼使用这些文件时，某档案收藏单位要求一位员工一直监视着我。最近一段时间以来，档案收藏单位和出版者都普遍坚持作者在引用所研究的收藏文件时必须获得同意书。这个问题变得非常重要，威胁着历史学家的首次修改权（First Amendment rights）。尽管这种谨慎能够帮助到研究人员，使他或她的著作能够流传很多年（档案收藏单位和收藏中发生了重组的变化，或者其他什么事情），我们只希望一些对错误引用（或相应责任）的没有根据的担心会减少，或者那些完美而受人尊敬的组织某天会说服监察人员允许把所有收藏制作成缩微胶卷。

我已经提供过一份经过挑选的已出版材料的目录，尽管并不完备。刘广京的《美国人和中国人》（*Americans and Chinese*）（Cambridge，Mass.：Harvard University Press，1963）仍然是美国收藏的数量巨大而种类多样的材料状况的最好总结，尽管也需要更新。

我找到的最有价值的手稿，毫无疑问是在剑桥大学图书馆里的怡和洋行（Jardine Matheson）档案，数量最多，尽管事实上在广州的美国人并不是留下记录的那些人主要兴趣所在。几位学者已经对这些档案进行了研究：麦克尔·格林堡（Michael Greenberg）的《鸦片战争前中英通商史》（*British Trade and the Opening of China，1800-1842*）（Cambridge：Cambridge University Press，1951），第 226－227 页；爱德华·勒费窝（Edward LeFevour）的《怡和洋行——1842—1895年在华活动概述》（*Western Enterprise in Late Ch'ing China*）（Cambridge, Mass.: Harvard University Press, 1968），第200—201页；以及张荣洋最近出版的《清朝官员和商人》（*Mandarins and Merchants*）（London and Malmö: Curzon Press, 1979），第276—277页。

伦敦印度事务部的英国东印度公司图书馆收藏着数量同样巨大而且覆盖面非常广的档案，让人留下深刻的印象，不过这些档案很少直接关系到美国人。马士已经对这些档案做出了非常完整的工作（《英国东印度公司对华贸易编年史》），因此我无须经常去参考这些记录。张荣洋的著作《清朝官员和商人》中有一个关于这些档案的简要指南，参看此书第273—274页。

国会图书馆、波士顿地区各机构，普罗维登斯、撒冷、纽约以及费城等地档案馆的收藏都是数量非常庞大、信息量大，而且这些档案更加集中在美国人对华事务的内容上。

对19世纪20年代和30年代来说，现位于国会山新的詹姆斯·麦迪逊（James Madison）大厦里的国会图书馆手稿部收藏的旗昌洋行档案是最有用的手稿。“旗昌洋行”是一个用词不当的称呼，我在注释按照刘广京的方式，使用“Russell Papers”这个说法。它包括了大量塞缪尔·罗素（Samuel Russell）的文件（包括他早年的公司Samuel Russell & Co.的文件，这就解释了错误之所在）。

同样收藏在国会图书馆手稿部的拉惕默档案，19世纪20—30年代的部分也保存得很好，但是它们是按照收藏日期排列的。该种档案不是给那些很容易气馁的人准备的。一封信可能分散在几个不同的地方，但只要坚持不懈，这些文件中会出现一些也许在其他地方找不到的数据。我说“也许”是因为特拉华大学也有一个类似的拉惕默档案收藏，大学已经把这些东西复印了放在华盛顿，很明显这是纽沃克(Newark) 所缺少的东西。

埃德蒙德·罗伯茨（Edmund Roberts）日记，比他已经出版的出使记录信息更多，也收藏在国会图书馆。对这本书来说 Low-Mills 家族的收藏是更丰富的资料来源，这个收藏中包含着一些家族成员比如 Abiel Abbott、Edward Allen 和 Harriet 等人的资料。尤其值得一提的是夏绿蒂那很有吸引力的九卷本日记，在第 13、14 箱发现（有一卷已经遗失）。日记也有打印本（也收藏在撒冷的迪美博物馆）。日记有用的姊妹篇是恒慕义（Arthur Hummel）冗长的补遗。

最后，国会图书馆还收藏着顾盛（Caleb Cushing）档案。顾盛留下了他第一次作为官方代表出使中国的非常详细的个人记录，以及书信、出版物和一系列由乔治·韦斯特(George R. West) 绘制的精美水彩画（有一些是顾盛自己画的）。顾盛文件的完整性使它成为 1843 年和 1844 年广州政治、外交和社会事件的最好的记录之一。有关此图书馆相关档案的更详细说明，参看笔者发表在 Jonathan Goldstein 主编的《亚洲研究协会东亚图书馆委员会公报》(*Association for Asian Studies Committee on East Asian Libraries Bulletin*) 第 86 期（1989 年 2 月）第 1—7 页的《国会图书馆的顾盛档案及其他中国贸易资料》(“The Caleb Cushing Papers and Other China Trade Materials at the Library of Congress”)。

几个街区之外的美国国家档案馆收藏着大量的官方材料：广州领事书信（现在有缩微胶卷）、与国务院来往的不同信件、这一区域海军官员的书信，以及其他类似材料。与已经编辑好的顾盛档案一样，有些档案可以看到缩微胶卷。

可以从华盛顿开车到达的巴尔的摩，有马里兰历史学会，这是个很小但很有价值的档案信息收藏地。Dallam 档案、Buckler 档案和（Brantz）Meyer 档案，以及 Mayer 和 Roszel

档案中都包含有这一时期的很多还没有发掘的材料。①

大都会费城以若干非常充实的收藏而自豪，这些收藏已经被 Jonathan Goldstein 仔细研究过［参看他的著作《费城和中国贸易，1682 — 1846》（*Philadelphia and the China Trade，1682-1846*），University Park：Pennsylvania State University，1978)，以及近年他的《费城的史蒂芬·杰拉德收藏和宾州历史学会的早期中美关系资料》（“Resources on Early Sino-American Relations in Philadelphia's Stephen Girard Collection and the Historical Society of Pennsylvania”)，《清史问题》（*Ch'ing-shih wen-t'i*）第四卷第三期（1980 年 6 月)：第 114－129 页②］。对本书来说，最重要的费城收藏是美国哲学学会收藏的 Talbot 档案、Girard 档案（缩微胶卷——原始文件在 Girard 大学图书馆里，非常难使用）和 James Bancker 档案，以及宾州历史学会收藏的 Joseph Archer 书信集、John Dorsey Sword 档案、Cadwalader 收藏、Etting 档案，以及一些包括遗嘱在内的 Nathan Dunn 档案。Waln 家族档案收藏在费城图书馆公司，还有一些文件收藏在费城海事博物馆。在附近特拉华州的 Greenville，米尔斯（Eleutherian Mills）历史图书馆也有一些小规模的收藏，这里的工作人员非常能够提供帮助，他们清楚 Chesapeake 地区几乎所有的资料。

---

① 相关的更详细说明，参见 Karen A. Stuart，“The Golden Chain：Manuscripts on East Asia at the Maryland Historical Society”，*Association for Asian Studies Committee on East Asian Libraries Bulletin* 73（February 1984)：17-25。

② 又见“Resources on Early Sino-American Relations in Philadelphia's Stephen Girard Collection and the Historical Society of Pennsylvania”，*Association for Asian Studies Committee on East Asian Libraries Bulletin* 60（October 1979)：16-23。有关费城传教士的记载，参见 Kay L. Dove，“Resources on China，Japan and Korea Within the Presbyterian Historical Society Archives in Philadelphia”，*Association for Asian Studies Committee on East Asian Libraries Bulletin* 54（November 1977)：27-30，以及 *Ch'ing-shih wen-t'i* IV：3（June 1980)：130-134。

令人奇怪的是，纽约则需要更进一步的发掘。Murray A. Rubinstein 已经写了关于一些纽约图书馆的非常有用的说明，即《Olyphant 的岛：曼哈顿图书馆收藏中的中国贸易资料：纽约历史学会，纽约公共图书馆的联合神学院和研究部》（“Olyphant’s Island：China Trade Materials in Manhattan Library Collections：the New York Historical Society，the Union Theological Seminary and the Research Division of the New York Public Library”），发表在 Jonathan Goldstein 主编的《亚洲研究协会东亚图书馆委员会公报》第 86 期（1989 年 2 月）第 8－16 页。纽约公共图书馆里有 Constable-Pierpont 收藏，一些航海日志和一份塞缪尔·希尔（Samuel Hill）自传，一些阿斯托（Astor）档案，William Edgar 和 William Law 档案，一些早期的 William H. Low 的档案（同样参看 Josiah O. Low 档案），BV Gouverneur and Kemble 的一个书信集，Edward Goold & Co. 的一个书信集，BV Oliver Wolcott 的商业记录，以及其他一些资料。纽约历史学会收藏有美国毛皮公司档案，一些 BV Constable and Rucker 文件，Edward Goold & Co. 档案，BV Oliver Wolcott 的一些商业记录，John Marsden Pintard、BV Solomon Townsend 等档案，一些船舶航海日志，Catherine Hyde Butler（1836－1837）的日记，以及其他一些混杂的资料，包括 Thomas H. Smith 1823 年的一本账本。纽约社会图书馆里藏有 Benjamin Goodhue 档案，摩根（Pierpont Morgan）图书馆有 Henry Knox 收藏。纽约肯定还有地方有其他收藏。很遗憾我没有去位于联合神学院的 Burke 图书馆里的传教研究图书馆（Missionary Research Library）进行调查。我知道那里面收藏有 D. W. C. Olyphant 的一些书信的打印稿，里面应该还有其他珍藏。

1812 年战争之前，作为一个贸易中心，纽约无论如何都已经远远超过了费城。到1820年，很明显，纽约已成为美国最重要的对华贸易港口。即使是以其他城市为基地的公司都会在纽约设立代理或者附属公司。我们希望南街海港（South Street Seaport）博物馆和其他档案馆在收集和保存这个最大、最重要的港口城市的商业记录上，像这个城市的声望一样突出。

在哈德逊河上游的海德帕克，富兰克林·罗斯福图书馆里收藏了几个不同的Delano的记录，包括Edward Delano的日记，我发现这个日记对19世纪40年代来说尤其有价值，还有Warren Delano、Franklin H. 和Frederic A. Delano的档案，以及Delano家族的资料。

在东部沿海的一些小城市里，普罗维登斯和撒冷也收藏一些珍贵的手稿，没有人真正知道这些手稿到底有多丰富。在普罗维登斯，罗德岛历史学会很自豪他们藏有极具价值而十分容易使用的Carrington档案、Nightingale-Jenkes档案和一些Sullivan Dorr档案，Carter-Danforth收藏，以及其他中国贸易商比如William F. Megee、Samuel Snow以及其他人的一些零碎混杂的材料。从罗德岛历史学会步行就可以到布朗大学的John Carter Brown图书馆，内藏有Brown & Ives档案。也许对未来的工作更重要的是，普罗维登斯很自豪他们有着一群非常有才智而见多识广的市民，是他们拯救和保存了大量的手稿、航海日志、绘画和纪念品。这样，一些Talbot档案、Wetmore档案和Sullivan Dorr档案在可信赖的私人手里，我得到消息说大量Dexter家族的档案最近公布了，我非常相信普罗维登斯的档案能够很好地保存下来，以便未来的研究者使用。

从普罗维登斯很容易到达的地方是Mystic Seaport，这里有Nathan Dunn的书信集。开车也很容易到达。纽贝福德（New Bedford）捕鲸博物馆的老达特茅斯（Old Dartmouth）

历史学会这里收藏有 Francis Hathaway 的书信集和 Gideon Nye 的一些档案，包括他老年留存的一个非常有价值的死者名册。值得期待的，尤其与早期历史关系密切的档案收藏地是纽波特历史学会，尽管我没有彻底对这里的资料进行调查。历史研究的另一个选择是纽黑文，耶鲁大学神学院图书馆和施特灵纪念图书馆（Sterling Memorial Library）里收藏有卫三畏家族的档案，这里一定能够提供更多传教士和 Olyphant 的资料。最后，耶鲁大学医学院图书馆里有丰富的伯驾档案。

撒冷是学者们的至爱，这里有两个非常好的机构，收藏都非常丰富（最近两个机构合二为一——即迪美博物馆），这里很容易到达，周围环境非常好。博物馆的埃塞克斯学会分部主要是档案文件，包括 Derby 档案、Kinsman 档案［20 世纪 40 年代末和 50 年代，这里面很多书信已经发表在《埃塞克斯学会历史收藏》（*Essex Institute Historical Collections*）里，参看 Munro 的书目］、Low 家族的书信（一些书信也在上述杂志上发表）、Benjamin Shreve 档案，以及也许是美国最大的船舶日志收藏。值得特别提到的是图书馆里收藏的无价之宝 Bryant P. Tilden 日记《父亲的游记》（"Father's Journals"），包括手写草稿和打印稿两种形式，这个材料值得完整地出版。在图书馆对面的迪美博物馆分部有一个非常宏伟的中国贸易部，这里收藏着肯定是美国最广泛的中国贸易艺术品。

与撒冷和普罗维登斯一起，波士顿地区很容易地就成为美国研究早期中美交往唯一的最重要地点。马萨诸塞州历史学会有着大量而有价值的托马斯·汉达西德·帕金斯（Thomas Handasyd Perkins）档案，Samuel Cabot 档案，以及 William Sturgis 的一些档案、航海日志和演讲记录，Forbes 家族档案（以前在美国中国贸易博物馆里），Appleton 家族档案，J. & T. H. Perkins & Company 的商业记录，

Robert Haswell 的“哥伦比亚号”航海日志，以及 John Hoskins 的同一艘船的航海日志，Hooper-Sturgis 档案以及其他一些手稿。这个目录绝对没有穷尽这里伟大古老机构的相关收藏。

波士顿文艺俱乐部（Boston Athenaeum）里有 W. C. Hunter 描写林则徐圈禁商馆区的 1839 年的日志。尽管该日志已经发表，但我认为应该以更有用的形式重印。波士顿文艺俱乐部里还有一些 John Perkins Cushing 档案，包括 John Cushing 1834 年以后的大多数日记，以及他前往中国的前夜写给祖母的信。最近获得的资料是 1834 年到 1836 年间在广州的 Russell Sturgis 和他在澳门的妻子 Mary 之间的书信。

Milton（米尔顿）的罗伯特·本涅特·福士故居博物馆，以前曾是美国中国贸易博物馆。此博物馆原有的手稿收藏都已经去了另外的地方，但是如果不去这个博物馆的话，仍然会是个错误。此建筑物本身就是历史材料。这里的很多收藏都去了马萨诸塞州历史学会。其中就有福士家族档案（在几个地方都可以看到缩微胶卷）、Samuel Shaw 档案以及浩官的一本书信集。Benjamin Hoppin 日记现在为私人收藏。

在哈佛大学的 Houghton 图书馆里有美国公理宗海外传道部的通信，以及最大量的威廉·伍德（William W. Wood）档案。19 世纪 30 年代，伍德是一位编辑、出版商，也曾做过旗昌洋行的雇员。位于查尔斯河对面商学院大楼的贝克图书馆里收藏有大量给人深刻印象的重要材料。在 Robert W. Lovett 机智的领导下，贝克图书馆收藏着美国最好的商业史手稿。多卷本 Forbes 档案，包括各种形式的商业记录、书信和不少家族成员包括罗伯特·本涅特·福士、约翰·莫瑞·福士（John Murray Forbes）、Thomas T. Forbes、

Paul Sieman Forbes 及其他人的档案。[1] 除了公司通信外，Bryant & Sturgis 收藏中有一本顾盛书信集，那里也有一个约翰·帕金斯·顾盛（John Perkins Cushing）收藏。Howland & Aspinwall 收藏包括 Comstock 兄弟的档案。一本浩官书信集（1841—1843），Perkins & Co. /Russell & Co. 收藏，和 J. & T. H. Perkins 的 32 年时间的账本，都极具价值。庞大的赫德家族档案由两部分组成：第一部分，或可称为赫德家族档案，我已经在此书中很好地利用了，包括日记、书信、账本、回忆录和各种形式的其他零碎的文件；第二部分，与后一时段相联系的文件，是通过剑桥大学从伦敦的 Matheson 档案中得来的。贝克图书馆其他收藏中也有相当的信息。其中比较值得一提的是 Hunnewell 档案和巨大的 Nathan Trotter & Co. 档案。

小规模的收藏、个人档案和其他珍藏的线索不时地引诱着人去寻求更大的发现。"Olyphant 档案"（一位后代手里的少数档案）就是这种例子。重要的资料仍然被收藏起来。L. Vernon Briggs《Cabot 家族的历史和谱系，1475－1927》（*History and Genealogy of the Cabot Family*，*1475-1927*）（Privately Printed，1927）和 James Eliot Cabot《J. & T. H. Perkins 商行书信摘录》（"Extracts from the Letterbooks of J. & T. H. Perkins"）（贝克图书馆，打印稿），这两个材料里面提到的档案，在我所知道的任何收藏中都找不到。尽管如赖特烈（Kenneth Scott Latourette）1917 年提到的，故事的轮廓已经非常清楚地描述出来了，新的档案看起来也不会改变很多，这些新材料当然会极大地充实这些故事，从而在一定程度上改变故事的轮廓。

中国沿海的报纸和《中国丛报》（*Chinese Repository*）非

---

① 不要把贝克图书馆里的福士家族收藏与现藏于马萨诸塞州历史学会的福士家族档案混淆了。

常有用，但尤其是前者非常分散，有时很难找到。Frank H. H. King 和 Prescott Clarke 写的《中国沿海报纸研究指南，1822－1911》（*Research Guide to China Coast Newspapers, 1822-1911*）（Cambridge, Mass.：Harvard University Press, 1965）非常有用。也许将来有一天迪美博物馆会得到一笔捐助把所有现存的 *Canton Register*（《广州纪事报》），*Canton Press*（《广州周报》或《澳门新闻录》），*Chinese Courier*（《中国信使报》），*Canton Miscellany*（《广州杂志》），*Anglo Chinese Kalendar*（《英华通历》），以及其他报纸都拍成照片。

最后，一些已经出版的著作被看成是第一手或者至少是非常高质量的第二手资料。其中有一些已经被发现了其中的错误，著名的由 Philip de Vargas 撰写的《威廉·亨特关于旧广州商馆的书》（"William C. Hunter's Books on the Old Canton Factories"）（*Yenching Journal of Social Studies* 2 no. 1，1939 年 7 月：第 91－117 页）对亨特作品的批评，少数对 Nye 著作的批评，以及大量对 Scoville《纽约城的旧商人》（*Old Merchants of New York City*）（5 卷本，New York，1870）的批评。但是尽管旧的回忆录存在一些偏见，偶尔会出现瑕疵，但是这些著作都有它们的价值。在接受这些批评者观点的基础上，我已经发现这三本书对发展研究线索和以不同的方法核对事实上很有帮助。最谨慎编辑出版的书都会有瑕疵，即使在马士的书里我都发现了错漏。

有很多曾经访问过旧广州的旅行者，他们留下了关于他们在旧广州的经历的丰富多彩的记述，其中包括埃德蒙德·罗伯茨（Edmund Roberts）的《出使东方宫廷的使团》[*Embassy to the Eastern Courts* …（New York，1837）]，奥斯蒙·泰凡尼（Osmond Tiffany）的《广州的中国人》[*The Canton Chinese*（Boston，1849）] 以及图古德·唐宁（C. Toogood Downing）的《番鬼在中国》[*The Fan-Qui in China* …（3 卷本，London，

1838)]。在很多对广州有或多或少直接印象的已经出版的著作，包括 Peter Dobell 的 *Travels … with a Narrative of a Residence in China*（London，1830）；William Dean 的《中国使团》(*China Mission*)(New York，1859)；David Abeel 的《在中国侨居者的日志》(*Journal of a Residence in China*)(London，1836)；卫三畏的著作；Elma Loines 的《Seth Low 家族的中国贸易邮包》(*China Trade Post-Bag of the Seth Low Family*)(Manchester，Me.：Falmouth Publishing Co.，1953)；匿名的《英国人在中国》(*Englishman in China*)(London，1860)；罗伯特·本涅特·福士的《私人琐忆》(*Personal Reminiscences*)(Boston，1882 and 1892)；以及《中国和中国贸易评论》(*Remarks on China and the China Trade*)(Boston，1844)和大量文章。有很多文章发表在《埃塞克斯学会历史收藏》(*Essex Institute Historical Collections*)上，里面摘录了日记或者书信的部分内容，尤其是该学会收藏的金斯曼(Kinsman)和洛(Low)家族的档案。不过这个简单的书目只涉及了表面。还有很多水手、海军军官、商人、传教士及其他旅行者的记述，他们都被广州所吸引，花时间写下了他们的经历。已经出版的档案包括由 Sarah Forbes Hughes 编辑的《约翰·莫瑞·福士的书信和回忆》(*The Letters and Recollections of John Murray Forbes*)(2 卷本，Boston，1899)和前文曾经提及的马士的著作《英国东印度公司对华贸易编年史》(5 卷本，Cambridge，Mass.：Harvard University Press，1926-1929)形成了另外一个非常明显的原始资料来源，许多传教士的记载和传记也是如此。

还有一些更加专业的参考书目，能够引导读者找到更原始的资料。我已经提到最好的和最常见的是——刘广京的《美国人和中国人》，尽管这本书把自己局限于美国的资料，而且需要更新。我所知道的最好的传教士研究是《新教美国和异教的世界》(*Protestant America and the Pagan World*)(Cambridge, Mass.: Harvard University Press, 1968)。

同时代美国本土的杂志，尤其是 *Hunt's Merchant's Magazine* 和传教会的定期刊物里，也刊登着书信、报告和从广州日记中摘录出来的内容，颂词、《生命和工作》("Life and Labors")等传记，以及其他类似的著作也是如此。只要引用正确无误，显然这些是原始资料。同样应注意的是，英国国会关于东印度公司事件的调查（尤其是1830和1831年）和几个国会陈情书、书信的出版物，以及其他出版物都是真实的原始资料，里面总体上包括很多美国人在广州、美国贸易和中美关系的第一手资料。当然，政府出版物，如广州领事书信、海军将领书信，尤其是东印度舰队将领的书信，也同样有用。

中国的记载如果没有被翻译的话，很难被西方读者使用，比如韦利（Arthur Waley）的《中国人眼中的鸦片战争》(*The Opium War Through Chinese Eyes*)　(New York: MacMillan, 1958)，就是这类书中特别可读的一本。关于中国的视角，我很依赖汉学家和中国历史学家，比如魏斐德（Frederic Wakeman, Jr.）和费正清分别在《剑桥中国史》第10卷第一部分的第4、第5章的论述；张馨保（H. P. Chang）的《林钦差与鸦片战争》(*Commissioner Lin and the Opium War*)　(Cambridge, Mass.: Harvard University Press, 1963)；恒慕义（Arthur Hummel）编辑的《清代名人传略》(*Eminent Chinese of the Ch'ing Dynasty*)(Washington, D. C.: U. S. Government Printing Office, 1943-1944)；施维许（Earl Swisher）《中国对美国蛮夷的管理》(*China's Management of the American Barbarians*)

(New Haven, Conn.: Far Eastern Publications, Yale University, 1953);魏斐德的著作,尤其是他的《大门口的陌生人》(*Strangers at the Gate*)(Berkeley: University of California Press, 1966);费正清的许多著作,尤其是他的《中国沿海的贸易和外交,1842—1854》(*Trade and Diplomacy on the China Coast, 1842-1854*)(Cambridge, Mass.: Harvard University Press, 1953);以及一些出版的中国政府档案。同样非常有价值的是Sung An-yung部分翻译的梁嘉彬的著作《广东十三行考》(硕士论文,芝加哥大学,1958年);陈国栋《中国行商的破产,1760—1843》(*The Insolvency of the Chinese Hong Merchants, 1760-1843*)(台北:"中研院"经济所,1990年);以及陈锦江(Wellington K. K. Chan)、谭中(Tan Chung)、张仲礼、郝延平、墨子刻(Thomas Metzger)、何炳棣、艾伯华(Wolfram Eberhard)、弗雷德里克·格兰特(Frederic Grant)、兰德尔·爱德华兹(Randle Edwards)、白威淑珍(Suzanne Barnett)、卜德(Derk Bodde)和其他学者的著作。

尽管我已经开始开列相关的西方第二手资料,数量实在太多,无法全部列出。我们很难竭泽而渔而不漏掉其中一些优秀著作。我已经发现价值特别大的格林堡的《鸦片战争前中英通商史》,这是主要依靠怡和洋行档案做得最全面的研究著作。同样有价值的是勒费窝的《怡和洋行——1842—1895年在华活动概述》,书的副标题已经指出了书的主要内容,副标题是"对怡和洋行运作的几点考察,1842—1895"(*A Selective Survey of Jardine, Matheson & Company's Operations, 1842-1895*)。张荣洋的著作《清朝官员和商人》是一本更近期的著作,论述的内容比勒费窝研究的内容在时间上要早很多。书里同样也加进了很多关于一般贸易情形的信息，同一个作者发表在《商业史》（*Business History*）杂志上的文章也同样是这样，但是这些都没有取代格林堡的研究。

今天，许多更年轻的研究者正在美国和英国等地方研究不同的档案，尽管有许多编辑提供帮助，这一领域我也有很多的朋友，但仍然很难追踪他们的工作。最后，我希望迪美博物馆、某大学或者其他一些相关机构能够提供集中的咨询服务，这样，研究者能够互相发现、分享信息，以避免重复劳动。

参考文献

Works of General Reference
[Secondary sources of particular value for this study.]

Barrett, Walter [pseud. for Joseph A. Scoville]. *The Old Merchants of New York City.* 5 vols. 1870. Reprint. New York: Greenwood Press, 1968. (To some extent also a primary source.)

Chang, Hsin-pao. *Commissioner Lin and the Opium War.* Cambridge: Harvard University Press, 1964.

Danton, George H. *The Culture Contacts of the United States and China: The Earliest Sino-American Culture Contacts, 1784–1844.* 1931. Reprint. New York: Barnes & Noble, 1963.

Dennett, Tyler. *Americans in Eastern Asia.* 1922. Reprint. New York: Barnes & Noble, 1963.

Dermigny, Louis. *La Chine et l'Occident: le commerce a Canton au XVIIIe siecle, 1719–1833.* Paris: S.E.V.P.E.N., 1964.

Downs, Jacques M. "American Merchants and the China Opium Trade, 1800–1840." *Business History Review* 42; no. 4 (Winter 1968): 418–42.

———. "Fair Game: Exploitive Role-Myths and the American Opium Trade." *Pacific Historical Review* 41, no. 2 (May 1972): 133–49.

Dulles, Foster Rhea. *The Old China Trade.* Boston: Houghton Mifflin, 1930.

Fairbank, John King. *Trade and Diplomacy on the China Coast, 1842–1854.* Cambridge: Harvard University Press, 1953. one vol. Reprint. 1963.

———, and Denis Twichett, eds. *Cambridge History of China,* vol. X, *Late Ch'ing, 1800–1912,* Part I. Cambridge: Cambridge University Press, 1978, esp. chap. 4, "The Canton Trade and the Opium War" by Frederic Wakeman, Jr., 163–212, and chap. 5, "The Creation of the Treaty System" by John King Fairbank, 213–63.

Fay, Peter Ward. *The Opium War.* Chapel Hill: University of North Carolina Press, 1975.

Greenberg, Michael. *British Trade and the Opening of China, 1800–42.* Cambridge: Cambridge University Press, 1951.

Gulick, Edward V. *Peter Parker and the Opening of China.* Cambridge: Harvard University Press, 1973.

Hummell, Arthur W. *Eminent Chinese of the Ch'ing Period.* 1943. Reprint. Taipei: Ch'eng-Wen Publishing Co., 1972.

Latourette, Kenneth Scott. *The History of Early Relations between the United States and China, 1784–1844.* New Haven: Yale University Press, 1917. Also, in *Transactions of the Connecticut Academy of Arts and Sciences* 12 (August 1917).

Liu, Kwang-Ching. *Americans and Chinese.* Cambridge: Harvard University Press, 1963.

Morison, Samuel Eliot. *Maritime History of Massachusetts, 1783–1860*. Boston: Houghton Mifflin, 1921.

Morse, Hosea Ballou. *The Chronicles of the East India Company Trading to China, 1636–1834*. 5 vols. 1926–1929. Reprint. Taipei: Ch'eng-wen Publishing Co., 1966–69. (To a large extent a primary source.)

Stelle, Charles C[larkson]. "The American Opium Trade to China Prior to 1820." *Pacific Historical Review* 9 no. 4 (December 1940): 425–44.

———. "The American Trade in Opium to China, 1821–1839." *Pacific Historical Review* 10 no. 1 (March 1941): 57–74.

Wakeman, Frederic, Jr. *Strangers at the Gate: Social Disorder in South China, 1839–1861*. Berkeley: University of California Press, 1966.

Williams, S[amuel] Wells. *The Middle Kingdom*. 3 vols. New York, 1883. (To some extent a primary source.)

Manuscripts

Documents	Code	Location
American Board of Commissioners for Foreign Missions, Correspondence, South China Mission	ABCFM SCM	Houghton. Harvard
American Fur Company Papers		NYHS
Appleton, Nathan, Collection		MHS
Archer, Joseph, Letterbook	ALB	HSP
Augustine Heard & Co. Papers	AH	BL
Bancker, Joseph, Papers		APS
Bell, William, Papers (in Constable-Pierrepont Papers)		NYPL
Blight, George, Estate Papers (in Cadwalader Collection)	HSP	
British East India Company, Records & Correspondence		India Office Library. London
Brown & Ives Papers		John Carter Brown Library
Bryant & Sturgis Papers	B&S	BL
Butler, Caroline Hyde, "Journal of a Voyage to China in the Year 1836–7 on the Ship Roman," Captain Benson		NYHS
C[abot], J.[ames] E.[liot], "Extracts from the Letterbooks of J & T.H. Perkins" (typescript))		BL
Cabot, Samuel, Papers	SCP	MHS
Cadwalader Collection		HSP
Carrington Papers	CP	RIHS
Carter-Danforth Papers		RIHS
Columbia,[1] U.S. Frigate, "Abstract Journal of a Cruise Around the World . . ."		Mystic Seaport
Comstock, Samuel J., Letterbook		BL

Constable & Rucker, "Journal No. 1" (Spring 1787) and Letterbook late 1793–94		NYHS
Cushing, Caleb, Papers		L/C
Cushing, John Perkins, Diaries (after 1834)		Boston Athenaeum
Cushing, John Perkins, Letterbook (in Bryant & Sturgis Papers)		BL
Dallam Papers		Maryland Historical Society, Baltimore
Delano Family Papers	DP	FD Roosevelt Library, Hyde Park
Delano, Edward, Diary (in Delano Papers)	ED's diary	FD Roosevelt Library, Hyde Park
Derby Family Papers		P&E
"Diary of a Tea Merchant . . " [George Dent?]		Guildhall Library, London
Dorr, Sullivan. Letterbook (2 vols.) "Account book"		Private possession
Dunn, Nathan, Letterbooks		Mystic Seaport
Dunn, Nathan, Legal Papers.		HSP
Edgar, William, Papers (esp. V)		NYPL
Etting Papers		HSP
Forbes Papers	FP	BL
Forbes Family Papers[2]	FFP/BL	BL
Forbes Family Papers	FFP	MHS
Forbes, John Murray, Letters (typescript)		BL
Girard, Stephen Papers (on microfilm, APS)		Girard College
Goodhue, Benjamin, Papers		New York Society Library
Goold, Edward & Co. Letterbook, 29 May 1797–3 September 1798		NYHS
Gouverneur & Kemble, Letterbooks, 3 July 1796–12 May 1798 and Receipt Book, 19 October 1787–24 December 1790		NYHS
Hawaii, *In Chancery, Proceedings of the Court of Oahu* on the Removal of the Funds of William French and J. Greenway . . . Honolulu, 1844		Boston Athenaeum
Haswell, Robert, Logs of the first and second voyages of the *Columbia* (Now in Frederic Howay, ed. *Voyages of the Columbia* [New York: Da Capo Press, 1961])		MHS
Hathaway, Francis, Letterbook		Whaling Museum Library Old Dartmouth Historica Society

Heard Papers	HP	BL
Hill, Samuel, "Autobiography," Journals and Log of the *Packet;* and Miscellaneous Letters		NYPL
Hoppin, Benjamin, Diary		Private possession
Hoskins, John, "Narrative of the *Columbia*'s Second Voyage" (see Howay.)		MHS
Hooper-Sturgis Papers		MHS
Howqua, "Houqua's Letterbook, June 1, 1840–April 5, 1843" (photostatic copy at BL)		MHS
Hunter, William C., "Journal of Occurrences at Canton during the Cessation of Trade at Canton, 1839"		Boston Athenaeum
Kinsman, Nathaniel, Letters to his wife, Rebecca, 1834–January 1836		P&E
Kinsman, Rebecca Chase, "Journal of Rebecca Chase Kinsman on Her Voyage to China in 1843" (typescript)		BL
Knox, Henry, Papers		Pierpont Morgan Library
Jardine Matheson Archive	JMA	Cambridge University Library
Latimer, John R[ichardson], Papers	JRL	L/C and University of Delaware
Law, William, Papers		NYPL
Low Family Papers	LMFP	L/C
Low, Harriet, Diary 9 vols. (one mission). In LMFP.	HL's diary	L/C
Low, William H., Letters		P&E
Nightingale-Jenkes Papers		RIHS
Nye, Gideon, Papers		Whaling Museum Library Old Dartmouth Historical Society
Perkins & Company Papers	P&Co	BL
James & T. H. Perkins & Company, Collection	P&Co	BL
Olyphant Papers[3]	OP	Private possession
Perkins & Co./Russell & Co. Papers		BL
Perkins, Thomas Handasyd, Papers	THP	MHS
Pingree Papers		P&E
Pintard, John M[arsden], Papers & Account Books		NYHS
Samuel Russell Papers[4]	RP	L/C
Shaw, Samuel, Miscellaneous papers		MHS
Shreve, Banjamin, Papers.		P&E
Smith, Thomas H. Miscellaneous Papers (including Account Book, 1823)		NYHS
Sturgis, James Perkins, Account Book & Sales Book of J.P.S. (in James Hunnewell Collection)		BL

Sturgis, Russell, Letters to his wife (1834–36)		Boston Athenaeum
Sturgis, William, Logbook and Lecture Notes on Voyages of the *Eliza* 1798–99, the *Pearl*, 1805–6, and the *Atahualpa*, 1811–14		MHS
Sword, John D[orsey], Papers		HSP
Talbot, Charles N[coll], Papers	TP	RIHS, APS
Thorndike, Israel, Papers		BL
Tilden, Benjamin Parrott, *Father's Journals* (typewritten copy also)		P&E
Townsend, Solomon, Miscellaneous Papers		NYHS
Waln Family Papers		Library Co. of Philadelphia
Waln Letterbook		HSP
Wetmore Papers	WP	Private possession
Wolcott, Oliver. Account Book, 1804–10 Account Book, 1808–15, and Miscellaneous Papers		NYHS
Wood, William, Papers		Houghton

Notes to Manuscripts

1. Ship logs vary widely in utility for a work of this nature. Some are merely notations of wind and water conditions, while others are marvelously discursive. They have been preserved in such frighteningly large quantities that it hardly pays to list most of them. Latourette, "Early Relations," contains a serviceable list, though vast numbers have surfaced since 1917. Probably the largest single source of ship logs is the Peabody and Essex Museum in Salem, which conveniently lists them both by the name of the vessel and by the ports visited.

Other repositories with many logs are the Manuscripts Division of the Library of Congress, the Marine Historical Association, Mystic Seaport, state and local historical societies, universities and the larger public libraries. Finally many logs still remain in private hands.

2. This is a sizeable collection and is not to be confused with the Forbes Family Papers (FFP) at the MHS.

3. This group of papers is very small. It consists of only a few letters and business documents. A number of years ago, the owner intended to donate them to the South Street Seaport Museum, New York, but I have lost track of the owner, and I do not know the fate of the papers.

4. This collection is mislabeled. Its title is the "Russell & Co. Papers," but it consists of the records of Samuel Russell & Co., 1819–24, and of some of Samuel Russell's later incoming commercial correspondence.

Public Documents

British East India Company Records:[1]

China and Japan Factory Records, Series I: Canton Consultations, Letters and Diaries

China and Japan Factory Records, Series II.

British Parliamentary Papers:[2]

House of Lords, Session of 1821: Minutes of Evidence Relative to the Trade with the East Indies and China, Volume VII

House of Commons, Session of 1830: First Report of the Select Committee on the Affairs of the East India Company, Volume V

Second Report of the Select Committee on the Affairs of the East India Company, Volume V

House of Commons, Session of 1831: Select Committee on the Affairs of the East India Company, Volume V

U.S. Congress:

U.S. Congress, 26th Congress, First Session: *Congressional Globe* VIII: 275 (16 March 1840) (C. Cushing's speech on relations with China.)

IX: 24 (15 December 1840) (J. Q. Adams requests documents from State Department concerning China).

IX: 28–29 (C. Cushing adds Navy documents to request.)

XII: 195 (28 January 1843) (J. Q. Adams introduces bill for forty thousand dollars to pay for China mission.)

House of Representatives:

20th Congress, First Session

Document No. 77 "Memorial from citizens of Philadelphia principally engaged in the China trade" (calling for a reduction in tea duties.)

26th Congress, First Session

Executive Document #137 "Letter from the Secretary of the Treasury transmitting the information . . . in relation to Fraud . . . upon the Revenue Laws of the United States" (tea smuggling—Edward Thomson's failure) (24 March 1926.)

Document No. 40 (9 January 1840.) "Memorial of R. B. Forbes and Others."

Document No. 119 (25 February 1840) (Canton Consular Letters.)

Document No. 170 (9 April 1840) "Communication from Thomas H. Perkins and a Great Number of Other Merchants of Boston and Salem, Mass."

Document No. 248 (1 July 1840) Secretary of the Treasury: "China trade . . respecting the commerce and navigation between the United States and China, from 1821 to 1839."

26th Congress, Second Session

Executive Document No. 34. (31 December 1840) Letter from the Secretary of the Treasury: ". . . transmitting the information . . . in relation to the Commerce of the United States with China &c" (correspondence of Minister Stevenson with Lord Palmerston.)

Executive Document No. 71 (25 February 1841) "Message of President Van Buren Transmitting a Report of the Secretary of State." (Canton Consular Letters.)

27th Congress, Third Session

Document No. 35. (31 December 1842) Secretary of the Treasury (trade statistics, China and Sandwich Islands, 1831–41.)

Report No. 93 (24 January 1843). John Quincy Adams's Report on the Appropriation for the China Mission

U. S. Congress: Senate

19th Congress, First Session: Document No. 31 (6 February 1926) "Extract of a letter—dated New York, January 18, 1926" (Report on the China trade).

28th Congress, Second Session Document No. 58. (22 January 1945) (transmitting the Treaty of Wang Hiya and correspondence of Caleb Cushing).

Document No. 67 (10 December 1845) (Correspondence of Caleb Cushing).

Document No. 138 (21 February 1845) (Daniel Webster's Instructions to Cushing).

29th Congress, First Session: Document #17 (22 December 1845) (cost of mission).

Document #139 (16 February 1846) "Correspondence between the Commander of the East India Squadron and Foreign Powers &c" (Commodore Kearny's correspondence).

American State Papers

Class III (Finance) Vol. IV:

Document No. 738 Report of the Secretary of the Treasury (Extract of a letter from T.H. Perkins dated Boston 29 December 1825. Also trade with China, 1801–1824).

U.S. *Statutes at Large*, 24–28. Cong., XV: 624.

U.S. Department of the Navy	
Captains' Letters	NA RG–45
Master Commandants' Letters	NA RG–45
East India Squadron Letters	NA RG–45
U.S. Department of State	
Canton Consular Letters	NA RG–59
Vol. I and II (1790–1849)	M101
	Rolls 1–3
Smyrna Consular Letters	NA RG–59
Vol. I (1802–38)	T238
Despatches to Consuls (var. Instructions to Consuls) I-V and X: 191–92.	NA RG–59
	M78
Diplomatic Despatches, China, 1843–1906	NA RG–59
	M92
	Roll 2–3
List of U.S. Consular Officers by Post	NA
Miscellaneous Letters, 1789–1906 (esp. spring 1843)	NA RG–59
	M139
Personal Instructions to Diplomatic Agents of the United States in China	NA RG–59
	M77
	Roll 1

Notes to Public Documents

1. H. B. Morse *(Chronicles) of the East India Company Trading to China, 1636–1834* 5 vols. (1926–1929. Reprint Taipei: Ch'en-wen Publishing Co., 1966–69) has

done so complete a job that I have not found it necessary to consult these records very often. They are voluminous and complex. A good short introduction to them is in Cheong W[eng] E[ang], *Mandarins and Merchants* (London and Malmö: Curzon Press, 1978), 273–74.

2. A more precise guide to the relevant British Parliamentary Papers may be found in Cheong, W[eng] E[ang], *Mandarins and Merchants* (London & Malmö: Curzon Press, 1979), 275–76.

Publications

Published Primary Sources

Abeel, David. *Journal of a Residence in China*. London, 1836.

Adams, John Quincy. *Memoirs of John Quincy Adams*. Edited by Charles Francis Adams. 12 vols. Philadelphia, 1876.

American Museum. Philadelphia, 1787–92.

Analectic Magazine. Philadelphia, 1813–19.

Anglo-Chinese Kalendar . . . for 1832. Canton, 1832.

Anglo-Chinese Kalendar . . . for 1838. Canton, 1838.

Anglo-Chinese Kalendar . . . for 1844. Macao, 1844.

Baptist Advocate.

Barrett, Walter [Joseph A. Scoville]. *The Old Merchants of New York City*. 5 vols. 1870. Reprint. New York: Greenwood Press, 1968. (Technically perhaps a secondary source, but Scoville knew many of the people he covered.)

Bridgman, Elijah. "A Peep at China." *Chinese Repository* 8 no. 11 (March 1840): 581–87.

Bridgman, Eliza J. G[illet]. *The Life and Labours of Elijah Coleman Bridgman*. New York, 1864.

Briggs, L. Vernon. *The History and Genealogy of the Cabot Family, 1495–1927*. 2 vols. Boston: Privately printed, 1927.

Canton Miscellany. Canton, 1831.

Canton Press. Canton, 1836–44.

Canton Register. Canton, 1827–43. (Later the *Hongkong (Late Canton) Register*, thereafter the *Hongkong Register*.)

Canton Weekly Price Current. Canton, 1834——. (Sometimes printed by itself; sometimes with other periodicals.)

Cary, Thomas G. *Memoir of Thomas Handasyd Perkins: Containing Extracts from His Diaries and Letters*. Boston, 1856.

Chinese Courier and Canton Gazette. Canton, 1831–33.

Chinese Repository. Canton, 1832–51.

Cleveland, Richard Jeffry. *A Narrative of Voyages and Commercial Enterprises*. 2 vols. Cambridge, Mass., 1842.

A Correspondent. [Charles King?] "Outline of a Consular Establishment." *Chinese Repository* 6 (May 1837): 69–82.

Corwin, Edward R. *Manual of the Reformed Church in America*. 3d ed. New York, 1879.

Dean, William. *The China Mission* . . . New York, 1859.

Delano, Amasa. *Narrative of Voyages and Travels in the Northern and Southern Hemispheres*. Boston, 1817.

Dobell, Peter. *Travels in Kamchatka and Siberia with a Narrative of a Residence in China*. London, 1830.

Downing, C[harles] Toogood. *The Stranger in China*. 2 vols. Philadelphia, 1838.

———. *The Fan-qui in China in 1836–37*. 3 vols. 1838. Reprint. New York: Barnes & Noble, 1972.

Dyce, Charles M. *Personal Reminiscences of Thirty Years' Residence in the Model Settlement, Shanghai, 1870–1900*. London: Chapman & Hall, 1906.

Edward, Robert. *A Signal Book for the Use of the Lintin Fleet*. Canton, undated.

The Englishman in China. London, 1860.

Fairbank, John King. *Ch'ing Documents*. 2d ed. Cambridge, Mass.: Harvard University Press, 1958.

———. *Ch'ing Documents: An Introductory Syllabus*. 3d ed. Cambridge: Harvard University Press, 1965.

Fanning, Edmund. *Voyages Round the World: With selected sketches of voyages to the South Seas, North and South Pacific Oceans, etc. performed under the command and agency of the author*. New York, 1833.

Forbes, Robert Bennet. *Remarks on China and the China Trade*. Boston. 1844.

———. *Personal Reminiscences*. 3d ed. Boston, 1882.

Forbes, John Murray. *Letters and Recollections of John Murray Forbes*. 2 vols. Edited by Sarah Forbes Hughes. Boston, 1899.

———. *Letters (Supplementary) of John Murray Forbes*. 3 vols. Boston: G. H. Ellis, 1905.

———. *Reminiscences of John Murray Forbes*. 3 vols. Boston: George H. Ellis, 1902.

Friend of China and Hongkong Gazette. Hong Kong, 1842–59.

Fu Lo-shu. *A Documentary Chronicle of Sino-Western Relations*. Tucson: University of Arizona, 1966.

Gützlaff, Karl F. A. *Journal of Three Voyages Along the Coast of China in 1831, 1832 and 1833. . . .* New York, 1833.

Henshaw, J[oshua]. Stanley. *Around the World: A Narrative of a Voyage in the East India Squadron, under Commodore George C. Read*. 2 vols. New York, 1840.

Hickey, William. *The Memoirs of William Hickey*. 4 vols. Edited by Albert Spencer. New York: Alfred A. Knopf, 1913–25.

Hongkong Gazette. Hong Kong, 1841 (merged with *Friend of China*).

Howay, Frederic W., ed. *Voyages of the "Columbia."* New York: Da Capo Press, 1961.

Hunter, William C. *The "Fan Kwae" at Canton*. 1882. Reprint. Taiwan: Ch'eng-Wen Publishing Co., 1970.

———. *Bits of Old China*. 1855. Reprint. Taipei, Ch'eng-wen Publishing Co., 1976.

Hunt's Merchants' Magazine. New York, 1839–70.

King, Charles W., and G. T. Lay. *The Claims of China and Japan upon Christendom*. 2 vols. New York, 1839.

Kinsman, Rebecca Chase. "Journal of Rebecca Chase Kinsman Kept on Her Voyage to China in 1843." *EIHC* 90 no. 3 (July 1954): 289–308; and *EIHC* 90 no. 4 (October 1954:) 389–409.

Kuo, Ping-chia. *A Critical Study of the First Anglo-Chinese War with Documents*. Shanghai: Commercial Press Ltd., 1935.

[Latimer, John]. Letter. *National Gazette* 27 October 1828.

Ledyard, John. *A Journal of Captain Cook's Last Voyage to the Pacific Ocean*. New Haven, Conn., 1783.

Loines, Elma, ed. *The China Trade Post-Bag of the Seth Low Family*. Manchester, Me.: Falmouth Publishing House, 1953.

———. "Francis Low, a Salem Youth, Dies on Board Ship in the China Sea." *EIHC* 87 no. 3 (July 1951): 261–68.

———. "Houqua, Sometime Chief of the Co-Hong at Canton (1769–1843)." *EIHC* 89 no. 2 (April 1953): 99–108.

———. "More Canton Letters of Abiel Abbot Low, William Henry Low and Edward Allen Low (1837–1844)." *EIHC* 85 no. 3 (July 1949): 215–44.

[Low, Harriet]. *My Mother's Journal: A Young Lady's Diary of Five Years Spent in Manila, Macao, and the Cape of Good Hope from 1829–1834*. Edited by Katherine Hilliard. Boston, G. H. Ellis, 1900.

Low, William Henry. "The Canton Letters of William Henry Low." *EIHC*. 84 no. 3 (July 1948): 197–228; and *EIHC* 84 no. 4 (October 1948): 304–30.

"Memo for Mr. Forbes Respecting Canton Affairs." *Business History Review* 40 no. 1 (1966): 98–107.

Missionary Herald (organ of the ABC/FM).

Morrison, John Robert. *A Chinese Commercial Guide*. Canton, 1834. (Later editions revised by S. Wells Williams. The 1844 and 1848 editions retained Morrison's name on the title page, but thereafter only Williams's name appears.)

Morse, Hosea Ballou. *Chronicles of the East India Company Trading to China, 1636–1834*. 5 vols. 1926–1929. Reprint. Taipei, Ch'eng-wen Publishing Co., (While technically, perhaps, a secondary source, this work reproduces much primary material, making it often more useful and accessible than the original.)

Mountain. A. S. H. *Memoirs and Letters*. London, 1857.

Munro, Rebecca Kinsman (also known as Mrs. Frederic L. Munro). "The American Mission to China." *EIHC* 85 no. 2 (April 1950): 108–43.

———. "The Daily Life of Mrs. Nathaniel Kinsman at Macao, China." *EIHC* 86 no. 1 (January 1950): 15–40; *EIHC* 86 no. 2 (April 1950): 106–107; *EIHC* 86 no. 3 (July 1950): 257–84; *EIHC* 86 no. 4 (October 1950): 311–30; and *EIHC* 87 no. 2 (April 1951): 114–49.

———. "The Daily Life of Mrs. Nathaniel Kinsman in China, 1846." *EIHC* 87 no. 4 (October 1951): 388–409; and *EIHC* 88 no. 1 (January 1952): 48–99.

———. "The Daily Life of Mrs. Nathaniel Kinsman on a Trip to Manila." *EIHC* 87 no. 3 (July 1951): 269–305.

———. "Excerpts from the Diary and the Letters of Abbot Kinsman from San Francisco, the Pacific, Hong Kong and the Philippines." *EIHC* 89 no. 1 (January 1953): 72–93; and *EIHC* 89 no. 2 (April 1953): 141–62.

Murrell, William Meacham. *Cruise of the Frigate Columbia Around the World*. Boston, 1840.

"Nathaniel Kinsman, Merchant of Salem in the China Trade." *EIHC* 85 no. 1 (January 1949): 9–40; and *EIHC* 85 no. 2 (April 1949): 101–42.

National Gazette. Philadelphia.

Niles' Weekly Register. (Title changes slightly.) Baltimore, 1811–49.

North American Review. Boston, 1815–1900 (Volume and issue numbers are very confusing.)

Nye, Gideon. "American Commerce with China." *The Far East* (Shanghai) new series IV (January 1878): 14–21.

———. *British Opium Policy and Its Results to India and China* Printed at Macao, 1874.

———. *The Gage of Two Civilizations: Shall Christendom Waver?* Printed at Macao, 1860.

———. *The Morning of My Life in China*. Canton, 1873 and 1877.

———. *Peking the Goal—The Sole Hope of Peace*. Canton, 1873.

———. *The Rationale of the China Question*. Macao, 1857 and 1873.

———. *Tea and the Tea Trade*. Canton, 1850. (First published in *Hunt's*, January and February 1850.)

Panoplist and Missionary Herald. Boston, 1805–1900.

Parker, Peter. *Statements Respecting Hospitals in China*. Glasgow, 1842.

———. Letter dated 1 August 1944. *Missionary Herald* 41 no. 2 (February 1845): 53.

Porter, David. *Journal of a Cruise Made to the Pacific Ocean by Captain David Porter, in the United States Frigate Essex, in the years 1812, 1813 and 1814*. 2 vols. New York, 1822.

Preble, George. *The First Cruise of the United States Frigate Essex*. Salem, Mass., 1870.

Reynolds, Jeremiah N. *Voyage of the United States Frigate Potomac, under the Command of Commodore John Downes, During the Circumnavigation of the Globe in the Years 1831, 1832, 1833, and 1834*. New York, 1835.

Roberts, Edmund. *Embassy to the Eastern Courts of Cochin-China, Siam and Muscat in the U.S. Sloop-of-War Peacock during the years 1832–3–4*. New York, 1837.

Ruschenberger, W[illiam] S[amuel] W[aithman]. *A Voyage Round the World: Including an Embassy to Muscat and Siam in 1835, 1836 and 1837*. Philadelphia, 1838.

Shaw, Samuel. *The Journals of Major Samuel Shaw, the First American Consul at Canton with a Life of the Author*. Edited by Josiah Quincy. 1847. Reprint. Taipei: Ch'eng-wen Publishing Co., 1968.

———. Letter to John Jay. 19 May 1785 in *American Museum* I (March 1787): 194–97.

———. "Remarks on the Commerce of America with China." *American Museum* 7 (March 1790): 126–28.

———. "Statement of the Ships Employed in the Trade to Canton." *American Museum* 7 (March 1790): 128.

Staunton, Sir George Thomas. *Miscellaneous Notices Relating to China* . . . 2d ed., enlarged. London, 1822.

Stevens, George B[arker], and W. Fisher Markwick. *The Life, Letters and Journals of the Rev. and Hon. Peter Parker, M.D.* Boston, 1896.

Strong, George Templeton. *The Diary of George Templeton Strong*. 4 vols. Edited by Allen Nevins and Milton H. Thomas. New York: Macmillan, 1952.

Sturgis, Julian. *From Books and Papers of Russell Sturgis*. Oxford, 1893.

Sung An-yung. "A Translation of Parts of the 'Kuangtung Shih-San-Hang-Kao' of Liang Cia-pin." Master's thesis, University of Chicago, December 1958.

Swisher, Earl. *China's Management of the American Barbarians: A Study of Sino-American Relations, 1841–1861, with Documents*. New Haven, Conn.: Far Eastern Publications, Yale University Press, 1951, 1953.

Taylor, Fitch W[aterman]. *The Flag Ship or a voyage around the world in the United States Frigate Columbia.* 2 vols. New York, 1840.

Teng Ssu-yu and John K. Fairbank, eds., *China's Response to the West: A Documentary Survey, 1839–1923.* 1954. Reprint. New York: Atheneum, 1963 and 1965.

Tiffany, Osmond, Jr. *The Canton Chinese: Or the American's Sojourn in the Celestial Empire.* Boston, 1849.

Townsend, Ebenzer. "The Diary of Mr. Ebenezer Townsend Jr. the Voyage of the 'Neptune' . . ." *Papers of the New Haven Colony Society* 4 no. 85. 1–115.

van Braam-Houckgeest, Andreas Everardus. *An Authentic Account of the Embassy of the Dutch East India Company to the Court of the Emperor of China in the Years 1794 and 1795.* London, 1798.

Waley, Arthur. *The Opium War Through Chinese Eyes* 1958. Reprint Stanford, California: Stanford University Press, 1968.

Waln, Robert, Jr. *China.* Philadelphia, 1823.

———. "Embassy from the United States to China." *National Gazette* (Philadelphia): 5, 7, 20, and 21 February 1821.

Waters, Lawrence. "An Old Mandarin Home." *EIHC* 71 no. 2 (April 1935): 103–19.

Webster, Daniel. *Works of Daniel Webster.* 6 vols. 9th ed. Boston, 1856.

Whitehill, Walter Muir, ed. "'Remarks on the Canton Trade and the Method of Transacting Business.' From a Manuscript in the Peabody Museum of Salem." *EIHC* 73 no. 4 (October 1937): 303–10.

Williams, Frederick W. *Life and Letters of Samuel Wells Williams.* New York, 1889.

Williams, S[amuel] Wells. *The Middle Kingdom.* 3 vols. New York: 1883. (Certainly a primary source on some subjects, though technically, perhaps, a secondary source.)

———. "Recollections of China Prior to 1840." *Journal of the North China Branch of the Royal Asiatic Society.* new series 8 no. 8 (1874): 1–21.

Wood, W[illiam] W. *Sketches of China.* Philadelphia, 1830.

Woodhouse, Samuel. ed. "Log and Journal of the Ship 'United States' on a Voyage to China in 1784." *Pennsylvania Magazine of History and Biography* 55 no. 3 (July 1931): 231–78.

Yung Wing. *My Life in China and America.* New York: Henry Holt, 1909.

International Relations

Alcock, Rutherford. *The Capital of the Tycoon.* London, 1863.

Alden, Carroll Storrs. *Lawrence Kearny, Sailor-Diplomat.* Princeton, N.J.: Princeton University Press, 1936.

Bailey, Frank Edgar. *British Policy and the Turkish Reform Movement 1826–1853.* Cambridge: Harvard University Press, 1942.

Beeching, Jack. *The Chinese Opium Wars.* New York: Harcourt Brace Jovanovich, 1975.

Benton, Thomas Hart. *Thirty Years' View.* 2 vols. New York, 1863.

Callaghan, James Morton. *American Relations in the Pacific and the Far East, 1784–1900.* Baltimore: Johns Hopkins University Studies in History and Political Science, Series 19, Nos. 1 and 2, 1901.

Chang Hsin-pao. *Commissioner Lin and the Opium War.* Cambridge: Harvard University Press, 1964.

Ch'en, Kenneth. "The Cushing Mission: Was It Necessary?" *Chinese Social and Political Science Review* 23 (April 1938): 3–14.

Cohen, Warren I. *America's Response to China: A History of Sino-American Relations.* 3d ed. New York: Columbia University Press, 1990.

Collis, Maurice. *Foreign Mud.* Reprint. New York: W. W. Norton, 1968.

Costin, W. C. *Great Britain and China, 1833–1860.* Oxford: Clarendon Press, 1939.

Danton, George H. *The Culture Contacts of the United States and China: The Earliest Sino-American Culture Contacts, 1784–1844.* 1931, Reprint. New York: Barnes & Noble, 1941 & 1963.

Davis, John Francis. *The Chinese.* London, 1835.

Dennett, Tyler. *Americans in Eastern Asia.* 1922. Reprint. New York: Barnes & Noble, 1941 & 1963.

de Vargas, P[hilip]. "William C. Hunter's Books on the Old Canton Factories." *Yenching Journal of Social Studies* 2 no. 1 (July 1939), 91–117.

Downs, Jacques M. "The Commerical Origins of American China Policy, 1784–1844." In *America Views China,* edited by Jonathan Goldstein, Jerry Isarel and Hilary Conroy. Bethlehem, Pa.: Lehigh University Press, 1991, 55–61.

"Execution of an Italian at Canton." *North American Review* 40 (January 1835): 58–68 (taken, in part, from the *London Quarterly Review* of January 1834).

Fairbank, John King. "The American Approach to China, ca. 1840–1860." Draft paper for the January, 1970 Cuernavaca Conference on American East Asian Relations. (This paper appears almost word for word in Ernest R. May & James C. Thomson, Jr., *American-East Asian Relations: A Survey.* Cambridge: Harvard University Press, 1972: 19–33.)

———. "'American China Policy' to 1898: A Misconception." *Pacific Historical Review* 39 no. 4 (November 1970): 409–20.

———. *Chinese-American Interactions: A Historical Summary.* New Brunswick, N.J.: Rutgers University Press, 1975.

———, ed. *The Chinese World Order: Traditional China's Foreign Relations.* Cambridge: Harvard University Press, 1968.

———. "The Legalization of the Opium Trade before the Treaties of 1858." *Chinese Political and Social Science Review* 17 (July 1933): 215–263.

———. *Trade and Diplomacy on the China Coast.* 1953. one volume reprint. Cambridge: Harvard UniversityPress, 1963.

Farmer, Edward. "James Flint versus the Canton Interest," *Papers on China.* Cambridge: East Asian Research Center, Harvard University, XVII (1963).

Fay, Peter Ward. "The Irrepressible Drug: Opium and the Opium War." *Bengal Past and Present.* XC: Part II, Serial No. 170 (July-December, 1971): 149–64.

———. *The Opium War.* Chapel Hill, N.C.: University of North Carolina Press, 1975.

Forbes, H[enry], A. Crosby, and Henry Lee. *Massachusetts' Help to Ireland during the Great Famine.* Milton, Mass.: Capt. Robert Bennet Forbes House, 1967.

Foster, John W. *American Diplomacy in the Orient.* Boston: Houghton Mifflin, 1926.

Franke, Wolfgang. *China and the West.* Translated by R. A. Wilson. Columbia: University of South Carolina Press, 1967.

"Free Trade to China." *Chinese Repository* (January 1834).

Fuess, Claude M[oore]. *The Life of Caleb Cushing*. 2 vols. New York: Harcourt Brace, 1923.

Goldstein, Jonathan. "Comment on Papers Prepared for the Panel 'The Celestial Empire and the Early American Republic, 1748–1844: Old China Trade Documents in the Mid-Atlantic States Region.'" *Association for Asian Studies Committee on East Asian Libraries Bulletin* 86 (February 1989): 21–28.

Graham, Edward D. *American Ideas of a Special Relationship with China, 1784–1900*. New York: Garland Publishing, Inc., 1988.

———. "The Period 1784–1839 in Studies of American-East Asian Relations." Draft paper for the January 1970 Cuernavaca Conference on American East Asian Relations. (This study appears in somewhat revised form in Ernest R. May and James C. Thomson, Jr., *American-East Asian Relations: A Survey*. Cambridge: Harvard University Press, 1972: 4–18.)

Greenberg, Michael. *British Trade and the Opening of China*. 1951, Reprint. Cambridge: Cambridge University Press, 1969.

Gulick, Edward. *Peter Parker and the Opening of China*. Cambridge: Harvard University Press, 1973.

Hinckley, Frank Erastus. *American Consular Jurisdiction in the Orient*. Washington, D.C.: W. H. Lowdermilk, 1906.

Holt, Edgar, *The Opium Wars in China*. Chester Springs, Pa.: Dufour Editions, 1964.

Hunt, Michael. *The Making of a Special Relationship: The United States and China to 1914*. New York: Columbia University Press, 1983.

Inglis, Brian. *The Opium War*. London: Hodder & Staughton, 1976.

Jones, Chester Lloyd. *The Consular Service of the United States*. Philadelphia: University of Pennsylvania Series in Political Economy and Public Law No. 18, 1906.

Kearny, Thomas. "Commodore Kearny and the Open Door." *New Jersey Historical Society Proceedings* 100 (1932): 162–90.

———. "Commodore Kearny and the Opening of China to Foreign Trade." *T'ien Hsia Monthly*. 3 (November, 1936): 323–29.

———. "The Tsiang Documents." *Chinese Social and Political Science Review*. 16 (April 1932): 75–104.

Keeton, G. W. *The Development of Extraterritoriality in China*. 2 vols. 1922. repr. New York: Howard Fertig, 1969.

King, Charles W., and G. T. Lay. *The Claims of China and Japan upon Christendom*. 2 vols. New York, 1839.

Kincaid, Dennis. *British Social Life in India*. 2d ed. 1938. Reprint. Port Washington, N.Y.: Kennikat Press, 1973.

Koo, Y[i] K[ynin] Wellington. *The Status of Aliens in China*. New York: Columbia University Studies in History, L: 2 (1912).

Kuo, Ping-chia. "Caleb Cushing and the Treaty of Wanghia." *Journal of Modern History*. 5 (1933): 34–54.

Lambert, Roland. "The Treaty of Wanghia: An Attempt to Abolish the Traffic in Opium." Master's thesis, American University, June 1960.

Masland, John W. "Missionary Influence upon American Far Eastern Policy." *Pacific Historical Review* X (September, 1941): 279–96.

May, Ernest R., and James C. Thomson Jr., eds. *American-East Asian Relations: A Survey*. Cambridge: Harvard University Press, 1972.

Miller, Stuart Creighton. *The Unwelcome Immigrant*. Berkeley: University of California Press, 1969.

Morison, Samuel Eliot. "Forcing the Dardanelles in 1810." *New England Quarterly* 1 no. 2 (April 1928): 208–25.

Morse, Hosea Ballou. *Chronicles of the East India Company Trading to China*. 5 vols. 1926–29. Reprint. Ch'eng-wen Publishing Co, Taipei, 1966–69.

———. *International Relations of the Chinese Empire*. 3 vols. London: Longmans Green, 1910.

Mountain, A. S. H. *Memoirs and Letters*. London, 1857.

Murphey, Rhoads. *The Outsiders: The Western Experience in China and India*. Ann Arbor: University of Michigan Press, 1977.

———. "Traditionalism and Colonialism: Changing Urban Roles in Asia." *Journal of Asian Studies* 29 no. 1 (November 1969): 67–84.

———. "The Treaty Ports and China's Modernization: What Went Wrong?" *Michigan Papers in Chinese Studies* 7 (1970), 1–68. (Published, with revisions, in Mark Elvin and G. William Skinner, *The Chinese City Between Two Worlds*. Stanford: Stanford University Press, 1974.)

Myers, W[illiam] F[rederick], N. B. Dennys, and Charles King. *The Treaty Ports of China and Japan*. . . . London, 1867.

Owen, David. *British Opium Policy in China and India*. New Haven: Yale University Press, 1934.

Pan, Stephen Chia Ying [*sic*]. "The First Treaty between the United States and China." *Chinese Social and Political Science Review*. 21 (July 1937): 155–89.

Parkinson, C. Northcote. *Trade in the Eastern Seas, 1783–1813*. Cambridge: University Press, 1937.

Paullin, Charles Oscar. *American Voyages to the Orient, 1690–1865*. Annapolis, Md.: U.S. Naval Institute, 1971. (This is a reprint of several articles originally appearing in the U.S. Naval Institute *Proceedings* in 1910–1911.)

Pelcovitz, Nathan A. *Old China Hands and the Foreign Office*. New York: King's Crown Press, 1948.

Ping Chia-kuo. "Caleb Cushing and the Treaty of Wanghia, 1844." *Journal of Modern History* 5 no. 1 (March 1933): 34–54.

Pritchard, Earl H. "The Origins of the Most-Favored Nation and the Open Door Policies." *Far Eastern Quarterly* 1 (February 1942), 161–72.

Rees, Kenneth W. *Early Sino-American Relations, 1841–1912: The Collected Articles of Earl Swisher*. Boulder, Colo.: Westview Press, 1977.

Roberts, Edmund. *Embassy to the Eastern Courts of Cochin-China, Siam and Muscat*. . . . New York, 1837.

Sargent, A[rthur] J[ohn]. *Anglo-Chinese Commerce and Diplomacy* . . . Oxford: Clarendon Press, 1907.

Spear, Thomas George Percival. *The Nabobs*. Gloucester, Mass.: Peter Smith, 1971.

Staunton, Sir George Thomas. *Miscellaneous Notices Relating to China*. . . . 2d ed., enl. London, 1822.

Swan, James. *The Northwest Coast*. New York, 1857.

Swisher, Earl. *China's Management of the American Barbarians*. New Haven: Yale University Press, 1951, 1953.

Tan Chung. "The Britain-China-India Trade Triangle (1771–1840)." *Indian Economic and Social History Review* 11 no. 4 (December 1974): 411–31.

———. "Foreign Mud on Good Earth: British Opium Enterprise Vis-a-vis China." *China Report* 17 no. 2 (March-April 1981): 9–41.

———. "Interpretations of the Opium War (1840–42): A Critical Appraisal." *Ch'ing-shih wen-t'i* III: supp. 1 (December 1977).

———. "The Opium War (1840–42) and Sino-British Contradictions." *China Report* 14 no. 22 (March-April 1978): 25–47.

Teng, S.Y. "The Predisposition of Westerners in Treating Chinese History and Civilization." *The Historian* 79 (1953): 307–27.

Tsiang Tung-fu [Fuller]. "The Extension of Equal Commercial Privileges to Other Nations Than the British After the Treaty of Nanking." *Chinese Social and Political Science Review* 15 (October 1931): 422–44; and 16 (January 1932): 105–9.

———. "A Note in Reply." *Chinese Social and Political Science Review* 23 (April 1938): 105–9.

Tong, Te-kong. *United States Diplomacy in China, 1844–60*. Seattle: University of Washington Press, 1964.

van Braam-Houckgeest, Andreas Everardus. *An Authentic Account of the Embassy of the Dutch East India Company to the Court of the Emperor of China in the Years 1794 and 1795*. London, 1798.

Wakeman, Frederic, Jr., and Carolyn Grant, eds. *Conflict and Control in Late Imperial China*. Berkeley and Los Angeles: University of California Press, 1975.

———. *The Fall of Imperial China*. New York: Free Press, 1975.

———. *Strangers at the Gate: Social Disorder in South China, 1839–1861*. Berkeley: University of California Press, 1966.

Waln, Robert, Jr. "Embassy from the United States to China." *National Gazette* (Philadelphia). 5, 7, 20 and 21 February 1821.

Webster, Daniel. *Works of Daniel Webster.*

Welch, Richard E., Jr. "Caleb Cushing's Chinese Mission and the Treaty of Wanghia: A Review." *Oregon Historical Quarterly* 58 (December 1957): 328–55.

Williams S[amuel] Wells. *The Middle Kingdom*. 3 vols. New York, 1883.

Willoughby, Westel W. *Foreign Rights and Interests in China*. Baltimore: Johns Hopkins Press, 1920.

Wills, John E., Jr. "Early Sino-American Relations: Problems, Opportunities and Archives." *Ch'ing-shih wen-t'i* 3 no. 2 (December 1974): 50–76.

———. "Tribute, Defensiveness, and Dependency: Uses and Limits of Some Basic Ideas about Mid-Qing Dynasty Foreign Relations," *The American Neptune* 48 no. 4 (Fall 1988): 225–29.

Wirth, Louis. *The Ghetto*. Chicago: University of Chicago Press, 1928.

Woodcock, George. *The British in the Far East*. New York: Atheneum, 1969.

Wright, Stanley F[owler]. *The Origin and Development of the Chinese Customs Service, 1843–1911*. Shanghai: Privately printed, 1936.

Wu Chao-kwang. *The International Aspects of the Missionary Movement in China*. Baltimore: Johns Hopkins University Press, 1930.

Trade and Traders

Albion, Robert Greenhalgh, and Jennie Barnes Pope. *The Rise of New York Port, 1815–1860*. New York: Charles Scribner's Sons, 1939.

Altree, Wayne. "Some China Traders in Antebellum Brookline." *Brookline Historical Society Newsletter*. Annual Papers Issue, 1990.

Arey, Henry. "Girard College and Its Founder." *North American Review* 100 no. 85 (January 1865): 70–101.

Bancroft, Hubert Howe. *History of California*. 7 vols. San Francisco, 1884–90.

Barrett, Walter [Joseph A. Scoville]. *The Old Merchants of New York City.* 5 vols. 1870. Reprint. New York: Greenwood Press, 1968.

Basu, Dilip Kumar. "Asian Merchants and Western Trade: A Comparative Study of Calcutta and Canton, 1800–1840." Ph.D. dissertation, University of California, Berkeley, 1966.

Briggs, L. Vernon. *History and Genealogy of the Cabot Family, 1475–1927*. 2 vols. Boston: Privately printed, 1927.

Brown, John C. *A Hundred Years of Merchant Banking . . . Brown Brothers and Company.* Baltimore: Privately printed, 1909.

Brown, Margaret L. "Asa Whitney and His Pacific Railroad Publicity Campaign." *Mississippi Valley Historical Review* 20 no. 2 (September 1933): 209–24.

Buck, N. S. *The Development of the Organisation of Anglo-American Trade*. New Haven, Conn.: Yale University Press, 1925.

Cary, Thomas G. *Memoir of Thomas Handasyd Perkins. . . .* Boston, 1856.

Chan, Wellington K. K. *Merchants, Mandarins and Commercial Enterprise in Late Ch'ing China*. Cambridge: Harvard University Press, 1977.

Change and the Entrepreneur. Cambridge: Harvard University Press, 1949.

Checkland, S. G. "An English Merchant House in China after 1842." *Bulletin of the Business Historical Society* 27: (1953): 158–89.

Ch'eng Kuo-tung [also known as Anthony Ch'eng]. *The Insolvency of the Chinese Hong Merchants.* Nankang, Taiwan: Institute of Economics, Monograph Series #45. Academica Sinica, June 1990.

———. "Transaction Practices in China's Export Tea Trade, 1760–1833." Paper delivered at 2nd Conference on Modern Chinese Economic History, Academica Sinica, January 1989. Nankang, Taiwan.

Cheong W[eng] E[ang]. "The Beginnings of Credit Finance on the China Coast. . . ." *Business History* 11 no. 2 (July 1971): 87–103.

———. "China Houses and the Bank of England Crisis of 1825." 15 no. 1 (January 1973): 56–73.

———. *Mandarins and Merchants: Jardine Matheson & Co., a China agency of the Early Nineteenth Century.* London and Malmö: Curzon Press, 1979.

———. "Trade and Finance in China, 1784–1834." *Business History* 7 no. 1 (January 1965): 34–56.

Clarke, William Bell, ed. "Journal of the Ship 'Empress of China.'" *American Neptune* 2 no. 2 (April 1951): 134–44.

Clauder, Anna Cornelia. *American Commerce as Affected by the Wars of the French Revolution and the Napoleonic Wars, 1793–1812*. Philadelphia: University of Pennsylvania Press, 1932.

Collis, Maurice. *Wayfoong: The Hongkong and Shanghai Banking Corporation.* London: Faber and Faber, 1965.

Couling, Samuel. *Encyclopaedia Sinica*. Shanghai: Kelly & Walsh, Ltd., 1917.

Cochran, Thomas C. *Railroad Leaders, 1845–1890*. 1953. Reprint. New York: Russell & Russell, 1965.

Cordier, Henri. "Les marchands hanistes de Canton." *T'oung Pao* 3 (1902): 282–313.

Corning, Howard. "Augustine Heard and the China Trade in the 1830's." *EIHC* 80 no. 3 (July 1944): 270–82.

———. "Sullivan Dorr, an Early China Merchant." *EIHC* 78 no. 2 (April 1942): 158–75.

"A Correspondent." [Charles King?] "Outline of a Consular Establishment." *CR* 6 (May 1837): 69–82.

[Delano, Frederic A.] *Algonac, 1851–1931*. [Newburgh, NY]: Privately printed, n.d.

Dermigny, Louis. *La Chine et l'Occident: le Commerce a Canton au XVIIe siecle*. Paris: S.E.V.P.E.N., 1964.

Diamond, Sigmund. *The Reputation of the American Businessman*. Cambridge: Harvard University Press, 1955.

Downs, Jacques M. "American Merchants and the China Opium Trade, 1800–1840." *Business History Review* 42 no. 4 (Winter 1968): 418–42.

———. "Bad Luck in the China Trade." *Rhode Island History* 25 no. 3 (July 1966): 73–80.

———. "The Edward Carrington Collection." *Rhode Island History* 21 no. 3 (January 1963): 16–21.

———. "Fair Game: Exploitive Role-Myths and the American Opium Trade." *Pacific Historical Review* 41 no. 2 (May 1972): 133–49.

———. "The Merchant as Gambler: Major William Fairchild Megee." *Rhode Island History* 28 no. 4 (Fall 1969): 99–110.

———. "A Study in Failure: Hon. Samuel Snow." *Rhode Island History* 25 no. 1 (January 1966): 1–8.

Downing, C[harles] Toogood. *The Fan-qui in China*. 3 vols, 1838. Reprint New York: Barnes & Noble, 1972.

———. *The Stranger in China*. 2 vols. Philadelphia 1838.

Dulles, Foster Rhea. *The Old China Trade*. Boston: Houghton Mifflin, 1930.

East, Robert A. *Business Enterprise in the American Revolutionary Era*. 1938. Reprint. Gloucester, Mass.: Peter Smith, 1964.

Edwards, R. Randle. "The Old Canton System of Foreign Trade." In Victor H. Li, ed., 360–78. *Law and Politics in China's Foreign Trade*. Seattle, Wash.: University of Washington Press, 1977.

Fairbank, *Trade and Diplomacy on the China Coast, 1842–1854* 1953, one-volume reprint. Cambridge: Harvard University Press, 1963.

Finnie, David. *Pioneers East*. Cambridge: Harvard University Press, 1967.

Forbes, H[enry], A. Crosby, and Henry Lee. *Massachusetts' Help to Ireland during the Great Famine*. Milton, Mass.: Captain Robert Bennet Forbes House Museum, 1967.

Forbes, Robert Bennet. *Personal Reminiscences*. 1876, 3d rev. ed, Boston, 1882.

———. *Remarks on China and the China Trade*. Boston, 1844.

"Free Trade to China." *Chinese Repository* (January 1834).

Gardella, Robert. "The Antebellum Canton Tea Trade: Recent Perspectives." *The American Neptune* 48 no. 4 (Fall 1988): 261–70.

———. *Harvesting Mountains: Fujian and the China Tea Trade, 1757–1937*. Berkeley: University of California Press, 1994.

Goldstein, Jonathan. *Philadelphia and the China Trade, 1682–1846*. University Park, Pa.: Pennsylvania State University Press, 1978.

Grant, Frederic D., Jr. "The Failure of the Li-ch'uan Hong: Litigation as a Hazard of Nineteenth Century Foreign Trade." *The American Neptune*. XLVIII: 4 (Fall, 1984): 243–260.

———. "Hong Merchant Litigation in the American Courts." *Proceedings of the Massachusetts Historical Society*." 90 (1987), 44–62.

———. "Merchants, Lawyers and the China Trade of Boston." *Boston Bar Journal* 23 no. 8 (September 1979): 5–16.

———, and Geoffrey C. Ward. "A Fair, Honorable, and Legitimate Trade." *American Heritage* 37 no. 5 (August-September 1986): 49–64.

Gras, Norman S.B. *Business and Capitalism*. 1939. Reprint. New York: A. M. Kelly, 1971.

———, and Henrietta Larson. *Casebook in American Business History*. New York: Appleton-Century Crofts & Co., 1939.

Greenberg, Michael. *British Trade and the Opening of China, 1800–1842*. 1951. Reprint. Cambridge: Harvard University Press, 1969.

Greenbie, Sidney, and Margaret Greenbie. *The Gold of Ophir*. Garden City, N.Y.: Doubleday Page & Co., 1935.

H.E.L. "On the Trade of the U.S. with China." *Analectic Magazine* (November 1819): 359–66.

Hao Yen-ping. *The Comprador in Nineteenth Century China*. Cambridge: Harvard University Press, 1970.

Heaton, Herbert. "Benjamin Gott and the Anglo-American Cloth Trade." *Journal of Economic and Business History* 2 (November 1929): 146–62.

Hedges, James. *The Browns of Providence Plantation*. 2 vols. Providence, R.I.: Brown University Press, 1968.

Hidy, Muriel E. *George Peabody: Merchant and Financier, 1829–1854*. Salem, N.H.: Ayer, 1978.

Hidy, Ralph. "Cushioning a Crisis in the London Money Market." *Bulletin of the Business Historical Society* 20 no. 4 (October 1944): 131–45.

———. *The House of Baring in American Trade and Finance*. Cambridge: Harvard University Press. 1949.

———. "The Organization and Function of Anglo-American Bankers, 1850–1860." *Journal of Economic History* 1 (Supplement, 1941).

Hirth, F. "The Hoppo-Book of 1753." *Journal of the North China Branch of the Royal Asiatic Society*. (new series) 17 (1882): 221–35.

Hofstadter, Richard. *Anti-Intellectualism in American Life*. 1962. Reprint. New York: Vintage, 1963.

Hummell, Arthur W. "Nathan Dunn." *Quaker History* 59 no. 1 (Spring 1970): 34–39.

Hummel, Charles. "John Richardson Latimer Comments on the American Scene." *Delaware History* 6 (September 1955): 267–87.

Hunt, Freeman. *Lives of American Merchants*. 2 vols. New York, 1858.

Hunter, William C. *Bits of Old China*. 1855. Reprint. Taipei: Ch'eng-wen Publishing Co., 1976.

———. *The Fan Kwae at Canton*. 1882. Reprint. Taipei: Ch'eng-wen Publishing Co., 1970.

Jenks, Leland. *The Migration of British Capital to 1875*. New York: A. A. Knopf, 1927.

Jesus, Montalto de C[arlos] A[ugusto]. *Historic Shanghai*. Shanghai: The Shanghai Mercury, Ltd., 1909.

Johnson, Arthur M., and Barry E. Supple. *Boston Capitalists and Western Railroads*. Cambridge: Harvard University Press, 1967.

Jones, Susan Mann. "Finance in Ningpo: the Ch'ien Chuang, 1780–1880." in *Economic Organization in Chinese Society*, ed. W. E. Wilmott. Stanford, Calif.: Stanford University Press, 1972.

Keer, J.G. "Description of the Great Examination Hall at Canton." *Journal of the North China Branch of the Royal Asiatic Society*, new series III (December 1963): 63–71.

Kent, Frank R. *The Story of Alexander Brown and Sons*. Baltimore: Privately printed, 1925.

Kimball, Gertrude [Selwyn]. *The East-India Trade of Providence from 1787 to 1807*. Providence, 1896 (also in *Brown University Historical Papers*, 1–10, 1894–99).

King, Frank H. H., and Prescott Clarke. *A Research Guide to China Coast Newspapers*. Cambridge: Harvard University Press. 1965.

Kirker, James. *Adventures to China*. New York: Oxford University Press, 1970.

Kirkland, Edward C. *Dream and Thought in the Business Community, 1860–1900*. 1956. Reprint. New York, Quadrangle Paperbacks, 1964.

Larson, Henrietta M. "A China Trader Turns Investor—A Biographical Chapter in American Business History." *Harvard Business Review* 12 no. 3 (April 1934): 345–58. (Included in Gras & Larson, *Casebook in American Business History*, q.v. above.)

Laslett, Peter. *The World We Have Lost*. 1965, 2d ed. New York: Charles Scribner's Sons, 1971.

Latourette, Kenneth Scott. "The History of Early Relations Between the United States and China, 1784–1844." *Transactions of the Connecticut Academy of Arts and Sciences* 12 (August 1917): 1–209.

———. "Voyages of American Ships to China, 1784–1844." *Transactions of the Connecticut Academy of Arts and Sciences* 28 (April 1927): 237–71.

Leder, Lawrence H. "American Trade to China, 1800–1802." *American Neptune* 23 no. 3 (July 1963): 212–18.

Lee, Henry. "The Megee Family and the Origins of the China Trade." *Proceedings of the Massachusetts Historical Society* 81 (1969): 104–19.

LeFevour. Edward. *Western Enterprise in Late Ch'ing China: A Selective Survey of Jardine, Matheson & Company's Operations, 1842–1895*. Cambridge: Harvard University Press, 1968.

Livermore, Seward W. "Early Commercial and Consular Relations with the East Indies." *Pacific Historical Review* 15 no. 1 (February 1946): 31–58.

Lockwood, Stephen C. *Augustine Heard & Company, 1858–1862*. Cambridge: Harvard University Press, 1971.

Loines, Elma. "Houqua, Sometime Chief of the Co-Hong at Canton (1769–1843)." *EIHC* 89 no. 2 (April 1953): 99–108.

Lubbock, Basil. *The Opium Clippers*. Boston: Charles E. Lauriat Co., 1933.

Macgregor, John. *Commercial Statistics*. 5 vols. London, 1850.

May, Ernest R., and John King Fairbank, eds. *America's China Trade in Historical Perspective: The Chinese and American Performance*. Cambridge: Harvard University Press, 1986.

Mayers, William F[rederick], N[icholas] B. Dennys, and Charles King. *The Treaty Ports of China and Japan. . . .* London, 1867.

McCulloch, J. R. *A Dictionary, Practical, Theoretical and Historical of Commerce and Commercial Navigation.* London, 1854.

McMaster, John Bach. *The Life and Times of Stephen Girard.* Philadelphia: Lippincott, 1918.

"Memo for Mr. Forbes Respecting Canton Affairs." *Business History Review* 40 no. 1 (1966): 98–107.

Metzger, Thomas. "Ch'ing Commercial Policy." *Ch'ing Shih-wen-t'i* 1 no. 3 (February 1966): 4–10.

Milburn, William. *Oriental Commerce.* 2 vols. London, 1813.

Miller, William. *Men in Business* 1951. Reprint. New York: Harper & Row, 1962.

Moravia, Alberto. *The Red Book and the Great Wall* (*Rivoluzione culturale in cina*). Translated by Ronald Strom. New York: Farrar, Straus & Giroux, 1968.

Morison, Samuel Eliot. "Forcing the Dardanelles in 1810." *New England Quarterly* 1 no. 2 (April 1928): 208–25.

———. *Harrison Grey Otis.* Boston: Houghton Mifflin Co., 1913.

———. *The Maritime History of Massachusetts, 1783–1860.* Boston: Houghton Mifflin, 1921.

Morse, Hosea Ballou. *Chronicles of the East India Company Trading to China, 1636–1684* 5 vols. 1926–29. Reprint. Ch'eng-wen Publishing Co., Taipei, 1966–69.

———. *The Guilds of China.* London: Longmans Green & Co., 1909.

———. *The Trade and Administration of China.* 3d rev. ed. London and NY: Longmans Green & Co., 1921.

Necrological Reports . . . of the Alumni Association of Princeton Theological Seminary. Princeton, N.J. 1891.

"Necrology." *Proceedings of the Rhode Island Historical Society* 1885–86: 75–80.

Nye, Gideon. "American Commerce with China." *The Far East* (Shanghai), new series 4 (January 1878): 14–21.

———. *Tea and the Tea Trade.* Canton, 1850.

Ogden, Adele. *The California Sea Otter Trade, 1784–1848.* Berkeley: University of California, 1941.

Our First Men: A Calendar of Wealth, Fashion and Gentility. . . . Boston, 1846.

Owen, David. *British Opium Policy in China and India.* New Haven, Conn.: Yale University Press, 1934.

Paine, H. D. *Paine Family Records.* New York, 1880.

Parkinson, C. Northcote. *Trade in the Eastern Seas, 1783–1813.* Cambridge: University Press, 1937.

Parsons, Talcott. *The Social System.* Glencoe, Ill.: Free Press, 1951.

Peabody, Robert. *Log of the Grand Turks.* Boston: Houghton Mifflin, 1926.

Pearson, Henry Greenleaf. *An American Railroad Builder.* Boston: Houghton Mifflin, 1911.

Phillips, James Duncan. "East India Voyages of Salem Vessels before 1800." *EIHC* 79 no. 2 (April 1943): 117–32; *EIHC* 79 no. 3 (July 1943): 222–45; and *EIHC* 79 no. 4 (October 1943): 331–65.

Phipps, John. *A Practical Treatise on the Chinese and Eastern Trade.* Calcutta, 1835.

Pickowicz, Paul. "William Wood in Canton: A Critique of the China Trade before the Opium War." *EIHC* 107 no. 1 (January 1971): 3–34.

Pitkin, Timothy. *A Statistical View of the Commerce of the United States of America*. Hartford Conn., 1816, 1828, and 1835.

Polanyi, Karl. "The Economy as Instituted Process." in *Trade and Market in the Early Empires*, ed. Karl Polanyi, Conrad M. Arensberg and Harry W. Pearson. Glencoe, Ill., Free Press, 1957.

Porter, Kenneth Wiggins. *The Jacksons and the Lees: Two Generations of Massachusetts Merchants, 1765–1844*. 2 vols. Cambridge: Harvard University Press, 1937.

———. *John Jacob Astor, Business Man*. 2 vols. Cambridge: Harvard University Press, 1931.

Preble, George. *The First Cruise of the United States Frigate Essex*. Salem, Mass., 1870.

Pritchard, Earl H. "The Struggle for the Control of the China Trade in the Eighteenth Century." *Pacific Historical Review* 3 no. 3 (September 1934): 280–95.

Ranshaw, Carol. "Calendar of the University of Delaware Collection of the John Latimer China Trade Papers." Masters thesis, Drexel Institute of Technology, 1953.

Redford, Arthur. *Manchester Merchants and Foreign Trade, 1794–1858*. 1934–56. Reprint. New York: Kelly, 1967.

Redlich, Fritz. *The Molding of American Banking: Men and Ideas*. 1951. Reprint. New York: Johnson Reprint Corp., 1968.

Ritter, Abraham. *Philadelphia and Her Merchants*. Philadelphia, 1860.

Sargent, A[rthur] J[ohn]. *Anglo-Chinese Commerce and Diplomacy (Mainly in the Nineteenth Century)*. Oxford: Clarendon Press, 1907.

Schramm, Percy. *Neun Generationen*. Gottingen: Vandenhoeck & Ruprecht, 1963–64.

Seaburg, Carl, and Stanley Paterson. *Merchant Prince of Boston: Colonel T. H. Perkins, 1764–1854*. Cambridge: Harvard University Press, 1971.

Seybert, Adam. *Statistical Annals Embracing Views . . . of the United States of America*. Philadelphia, 1818.

Shaw, Samuel. *The Journals of Major Samuel Shaw, the First American Consul at Canton*. Edited by Josiah Quincy. 1847. Reprint. Taipei: Ch'eng-wen Publishing Co., 1968.

———. Letter to John Jay. 19 May 1785. *American Museum* 1 (March 1787): 194–97.

———. "Remarks on the Commerce of America with China." *American Museum* 7 (March 1790): 126–28.

———. "Statement of the Ships Employed in the Trade to Canton." *American Museum* 7 (March 1790): 128.

Schurz, W. L. *The Manila Galleon*. New York: E. P. Dutton, 1939.

Shineberg, Dorothy. *They Came for Sandalwood*. Melbourne: Melbourne University Press, 1967.

Simpson, Henry. *Lives of Eminent Philadelphians, Now Deceased*. Philadelphia, 1859.

Smith, Henry Nash. *Virgin Land*. Cambridge: Harvard University Press, 1950.

Snyder, James. "Papers Relating to the Building of the Ship Massachusetts at Braintree, 1797," *EIHC* 74 no. 1 (July 1938), 239–50.

———. "Spices, Silks and Teas—Cargoes of the Old China Trade." *Americana* 36 (1942): 7–26.

Souder, Casper. *The History of Chestnut Street*. Philadelphia, 1858.

Spaulding, Robert. "The Boston Mercantile Community and the Promotion of the Textile Industry in New England, 1810–1845," Ph.D. dissertation, Yale University, 1963.

Speer, Thomas George Percival. *The Nabobs*. London: H. Milford, Oxford University Press, 1932, rev. ed. 1963.

Staunton, Sir George Thomas. *Miscellaneous Notices Relating to China* . . . 2d ed. London, 1822.

Stearns, Worthy. "The Foreign Trade of the United States from 1820 to 1840." *Journal of Political Economy* 8 no. 4 (December 1899): 34–57.

Stelle, Charles C[larkson]. "The American Opium Trade to China Prior to 1820." *Pacific Historical Review* 9 no. 2 (December, 1940): 425–44.

———. "The American Trade in Opium to China, 1821–1839." *Pacific Historical Review* 10 no 1 (March 1941): 57–74.

"Stephen Girard." *Hunt's Merchants' Magazine* 4 no. 4 (April 1841): 364–65.

Strong, George Templeton. *The Diary of George Templeton Strong*. edited by Allen Nevens and Milton H. Thomas. 4 vols. New York: Macmillan, 1952.

Sturgis, Julian. *From Books and Papers of Russell Sturgis*. Oxford, 1893.

Sung An-yung. "A Translation of Parts of the 'Kuangtung Shih-San-Hang-Kao.' of Liang Cia-pin." Master's Thesis, University of Chicago, December, 1958.

Symonds, Van Jay. "The Ch'ing Ginseng Monopoly," Ph.D. dissertation, Brown University, 1975.

Tan Chung. "The Britain-China-India Trade Triangle (1771–1840)." *Indian Economic and Social History Review* 11 no. 4 (December 1974): 411–31.

Tanner, Earl C. "The Early Trade of Providence with Latin America." Ph.D. dissertation, Harvard University, 1950.

Temin, Peter. "The Economic Consequences of the Bank War." *Journal of Political Economy* 76 (1968): 257–74.

Thayer, Thatcher. *Sketch of the Life of D. W. C. Olyphant*. New York, 1852.

Thill, Joan K. F. "A Delawarean in the Celestial Empire." M.A. thesis, University of Delaware, June 1973.

Tibawi, A[bdul] L[atif]. *American Interests in Syria, 1800–1901*. Oxford: Clarendon Press, 1966.

Tripathi, Amales. *Trade and Finance in the Bengal Presidency*. Bombay: Orient Longmans, 1956.

Tsiang T'ing-fu. "The Government and the Co-Hong of Canton, 1839." *Chinese Social and Political Science Review* 16 (1932): 105–9.

Ver Steeg, Clarence. "Financing and Outfitting the First United States Ship to China." *Pacific Historical Review* 22 no. 1 (February 1953): 1–12.

Waln, Robert Jr. *China*. Philadelphia, 1823.

———. "Embassy from the United States to China." *National Gazette*. 5, 7, 20, and 21 February, 1821.

Ware, Carolyn. *The Early New England Cotton Manufacture A Study in Industrial Beginnings*. Boston: Houghton Mifflin, 1931.

Warner, W. Lloyd, and James Abegglen. *Big Business Leaders in America*. 1955. Reprint. New York: Atheneum, 1963.

Weber, Max. *The Protestant Ethic and the Spirit of Capitalism*. Translated by Talcott Parsons. New York: Charles Scirbner's Sons, 1958.

Weeden, William. *Early Oriental Commerce in Providence*. 1908. Reprint. Stanford,

Calif.: Stanford University Press, 1968. (This is reprinted from MHS *Proceedings* Third series, I [December 1907]: 235–87.

Wetmore, J[ames] C. *The Wetmore Family of America. . . .* Albany, N.Y., 1861.

White, Ann. "The China Trade from Philadelphia, 1785–1820." M.A. research paper, University of Pennsylvania, 1962.

———. "The Hong Merchants of Canton." Ph.D. dissertation, University of Pennsylvania, 1967.

Whitehill, Walter Muir. [Thomas W. Ward] "'Remarks on the Canton Trade and the Manner of Transacting Business.' From a Manuscript of 1809 in the Peabody Museum of Salem" *EIHC* 73 no. 4 (October 1937): 303–10.

Wilmott, W.E., ed. *Economic Organization in Chinese Society.* Stanford, Calif.: Stanford University Press, 1972.

Winsor, Justin. *The Memorial History of Boston.* 4 vols. Boston, 1881.

Wirth, Louis. *The Ghetto.* Chicago: University of Chicago Press, 1928.

Wood, W[illiam] W. *Sketches of China.* Philadelphia, 1830.

Woodhouse, Samuel W. "The Voyage of the Empress of China." *Pennsylvania Magazine of History and Biography.* 63 no. 1 (January 1939): 24–36.

Wyatt-Brown, Bertram. "God and Dunn and Bradstreet." *Business History Review* 40 no. 4 (Winter 1966): 432–66.

Yaggy, Duncan. "John Forbes, Entrepreneur." Ph.D. dissertation, Brandeis University, June 1974.

Yang, Lien-sheng. *Money and Credit in China.* Cambridge: Harvard University Press, 1952 and 1971.

Ch'ing Dynasty Institutions

Bodde, Derk. "Basic Concepts of Chinese Law: The Genesis and Evolution of Legal Thought in Traditional China." *Proceedings of the American Philosophical Society* 107 no. 5 (October 1963): 375–398.

———, and Clarence Morris. *Law in Imperial China.* Philadelphia: University of Pennsylvania, 1969.

Chan, Wellington K. K. *Merchants, Mandarins and Commercial Enterprise in Late Ch'ing China.* Cambridge: Harvard University Press, 1977.

Chang Chung-li. *The Income of the Chinese Gentry.* Seattle: University of Washington, Press, 1962.

Chang Hsin-pao. *Commissioner Lin and the Opium War.* Cambridge: Harvard University Press, 1964.

Ch'eng Kuo-tung (also known as Anthony Ch'eng). *The Insolvency of the Chinese Hong Merchants.* Institute of Economics, Monograph Series no. 45. *Academica Sinica,* Nankang, Taiwan, June, 1990.

———. "Transaction Practices in China's Export Tea Trade, 1760–1833".

Ch'u T'ung-tsu. *Local Government in China under the Ch'ing.* Cambridge: Harvard University Press, 1962.

Eberhard, Wolfram. *Chinese Festivals.* Taipei: Oriental Cultural Service, 1972.

———. *Social Mobility in Traditional China.* Leiden: E. J. Brill, 1962.

Edwards, R. Randle. "Ch'ing Legal Jurisdiction over Foreigners." In *Essays on*

China's Legal Tradition, eds. Jerome Alan Cohen, R. Randle Edwards, and Fu-mei Chang Chen, 222–69. Princeton: Princeton University Press, 1980.

———. "Early Ch'ing Criminal Jurisdiction over European Merchants and Sailors." Draft paper for the conference on "The History of Chinese Law, Villa Servelloni, Bellagio, Lake Como, Italy, 7–14 August 1969.

———. "The Old Canton System of Foreign Trade." in *Law and Politics in China's Foreign Trade,* edited by Victor H. Li. Seattle: University of Washington Press, 1977, 360–78.

Fairbank, John King, ed. *The Chinese World Order: Traditional China's Foreign Relations.* Cambridge: Harvard University Press, 1968.

Farmer, Edward. "James Flint versus the Canton Interest," *Papers on China.* Cambridge. East Asian Research Center. Harvard University 17 (1963).

Goldstein, Jonathan, ed. and intro. "Fresh Perspectives on Qing Dynasty Maritime Relations." Special issue (Fall 1988) of *The American Neptune.* Salem, Mass: The Peabody Museum of Salem, 1988.

Hao Yen-ping. *The Comprador in Nineteenth Century China.* Cambridge: Harvard University Press, 1970.

Hirth, F. "The Hoppo-Book of 1753." *Journal of the North China Branch of the Royal Asiatic Society* (New series) 17 (1882): 221–35.

Ho Ping-ti. *The Ladder of Success Imperial China.* New York: Columbia University Press, 1962.

Hummell, Arthur, ed. *Eminent Chinese of the Ch'ing Period.* 1943. Reprint. Taipei: Ch'eng-wen Publishing Co., 1972.

Jones, Susan Mann. "Finance in Ningpo: The Ch'ien Chuang, 1700–1880." *Economic Organization in Chinese Society,* edited by W. E. Wilmott. Stanford, California: Stanford University Press, 1972.

Keer, J. G. "Description of the Great Examination Hall at Canton." *Journal of the North China Branch of the Royal Asiatic Society* new series III (December 1863): 63–71.

Metzger, Thomas. "Ch'ing Commercial Policy." *Ch'ing shih wen-ti* I: 3 (February 1966): 4–10.

———. *The Internal Organization of Ch'ing Bureaucracy: Legal, Normative and Communication Aspects.* Cambridge: Harvard University Press, 1973.

Morse, Hosea Ballou. *The Guilds of China.* London: Longmans Green & Co., 1909.

———. *The Trade and Administration of China.* 3d rev. ed. London and NY: Longmans Green & Co., 1921.

Skinner, G. William. *Modern Chinese Society: An Analytical Bibliography.* 2 vols. Stanford: Stanford University Press, 1973.

Spence, Jonathan. "Opium Smoking in Ch'ing China," in Frederic Wakeman Jr. and Carolyn Grant, eds. *Conflict and Control in Late Imperial China* (Berkeley and Los Angeles: University of California Press, 1975: 143–73.

Sung An-yung. "A Translation of Parts of the "Kuangtung Shih-San-Hang-Kao" of Liang Cia-pin." Master's thesis, University of Chicago, December 1958.

Symonds, Van Jay. "The Ch'ing Ginseng Monopoly." Ph.D. dissertation, Brown University, 1975.

Tsiang, T'ing-fu [Fuller]. "The Government and the Co-Hong of Canton, 1839." *Chinese Social and Political Science Review* 16 (January 1932): 602–7.

Wakeman, Frederic, Jr., and Carolyn Grant, eds. *Conflict and Control in Late Imperial China.* Berkeley: University of California Press, 1975.

Wakeman, Frederic W. Jr. "China's New Historical Archives." *American Neptune* 47 no. 4 (Fall 1988): 283–85.

———. *Strangers at the Gate: Social Disorder in South China, 1839–1861*. Berkeley: University of California, 1966.

Waley, Arthur. *The Opium War Through Chinese Eyes*. 1958. Reprint. Stanford, Calif.: Stanford University Press, 1968.

White, Ann B. "The Hong Merchants of Canton," Ph.D. dissertation, University of Pennsylvania, 1967.

Wills, John E., Jr. "Tribute, Defensiveness, and Dependency: Uses and Limits of Some Basic Ideas about Mid-Qing Dynasty Foreign Relations." *American Neptune* 48 no. 4 (Fall 1988): 225–29.

Wilmott, W. E., ed. *Economic Organization in Chinese Society*. Stanford, Calif.: Stanford University Press, 1972.

Yang Lien-sheng. *Money and Credit in China*. Cambridge: Harvard University Press, 1952 and 1973.

Missionaries

Abeel, David. *Journal of a Residence in China*. London, 1836.

Barnett, Suzanne Wilson. "Missions and National Image: The Early Nineteenth-Century Creation of American Models for the Chinese." Paper given at the Western Conference of the Association for Asian Studies, 10–11 October 1975, University of Colorado, Boulder, Colorado.

———. "Protestant Expansion and Chinese Views of the West." *Modern Asian Studies* 6 no. 2 (1972): 129–49.

———. "Silent Evangelism: Presbyterians and the Mission Press in China, 1807–1850." *Journal of Presbyterian History* 49 no. 4 (Winter 1971): 287–302.

Bridgman, Eliza J. G[illet] *The Life and Labours of Elijah Coleman Bridgman*. New York, 1864.

Dean, William, *The China Mission*. . . . New York, 1859.

Fay, Peter Ward. "The French Catholic Mission in China during the Opium War." *Modern Asian Studies* 4 no. 2 (1970): 115–28.

———. "The Protestant Missionaries and the Opium War." *Pacific Historical Review* 40 no. 2 (May 1971): 145–61.

Fairbank, John King. *The Missionary Enterprise in China and America*. Cambridge: Harvard University Press, 1974.

Gammell, William. *A History of American Baptist Missions*. Boston, 1849.

Griffis, William Elliot. *A Maker of the New Orient*. New York: Fleming H. Revell, 1902.

Gulick, Edward V. *Peter Parker and the Opening of China*. Cambridge: Harvard University Press, 1973.

King, Charles W., and G. T. Lay. *The Claims of China and Japan upon Christendom*. 2 vols. New York, 1839.

Latourette, Kenneth Scott. *The Great Century*. New York: Harper, 1944.

———. *A History of Christian Missions in China*. 1929. Reprint. Taipei: Ch'eng-wen Publishing Co., 1966.

Lowrie, Walter. *Memoirs of the Rev. Walter M. Lowrie, Missionary to China*. New York, 1849.

Morrison, Eliza. *The Life and Labours of Robert Morrison, DD.* 2 vols. London, 1839.

Parker, Peter. *Statements Respecting Hospitals in China.* Glasgow, 1842.

Phillips, Clifford Jackson. *Protestant America and the Pagan World.* Cambridge: Harvard University Press, 1969.

Rubenstein, Murray. "American Board Missionaries and the Formation of American Opinion toward China, 1830–1860." In *America Views China: American Images of China Then and Now,* eds. Jonathan Goldstein, Jerry Israel and Hilary Conroy, Bethlehem, Pa: Lehigh University Press, 1991. 67–83.

———. "The American Protestant Missionary Movement, 1827–1839." *American Studies* (Taipei) 9 no. 4 (December 1979: 45–79.

———. "Christianity in China: One Scholar's Perspective on the State of Research in China Mission and China Christian History, 1964–1986." *Chin tai Chung-kuo Shih yen Chin t'ung hsih* (Newsletter for Modern Chinese History) 4 (September 1987): 111–43.

———. "Go Ye into the World: The Defining of the Missionary's Task in America and China, 1830–1850." *Bulletin of the Institute of Modern History,* Academica Sinica 10 (July 1981): 377–400.

———. "The Missionary as Observer and Image Maker: Samuel Wells Williams and the Chinese." *American Studies* (Taipei) 10 no. 3 (September 1980): 31–45.

———. "The Northeastern Connection: American Board Missionaries and the Formation of American Opinion toward China, 1830–1850." *Bulletin of the Institute of Modern History,* Academica Sinica, 9 (July 1980): 433–53.

———. *The Origins of the Anglo-American Missionary Enterprise in China, 1807–1840.* Metuchen, N.J.: Scarecrow Press, ATLA Monograph Series #33, 1994.

———. "The Wars They Wanted: American Missionaries' Use of *The Chinese Repository* before the Opium War." *American Neptune* 47 no. 4 (Fall 1988), 271–82.

———. "Zion's Corner." Ph.D. dissertation, New York University, 1976.

Stevens, George B[arker], and W. Fisher Markwick. *The Life, Letters and Journals of . . . Peter Parker, M.D.* Boston, 1896.

Speer, Robert E., ed. *A Missionary Pioneer in the Far East.* New York: Fleming H. Revell, 1922.

Williams, S[amuel] Wells. *The Middle Kingdom.* 3 vols. New York, 1883.

Wu Chao-kwang. *The International Aspects of the Missionary Movement in China.* 1930. Reprint. New York: AMS Press, 1977.

Yung Wing. *My Life in China and America.* New York: Henry Holt, 1909.

The Decorative Arts of the Old China Trade[1]

I have indicated which of the titles in this list are exposition catalogs. They are often scholarly, sourced, and very informative.

Bonsall, Geoffrey. "George Chinnery's Views of Macao." *Arts of Asia* 16 no. 1 (January-February 1986): 78–92.

Brinker, William J. "Commerce, Culture, and Horticulture: The Beginnings of Sino-American Cultural Relations." In *Aspects of Sino-American Relations since 1784,* ed. Thomas H. Etzold, 1–24. New York: New Viewpoints, 1978.

The China Trade and Its Influences. New York: Metropolitan Museum of Art, 1941. (Catalog)

The China Trade: Romance and Reality. Lincoln, Mass.: DeCordova Museum, 1979. (Catalog)

Chinnery and the China Coast: Paintings from the Collection of the Hongkong and Shanghai Bank. Hong Kong: Hongkong and Shanghai Bank, 1990. (Catalog)

Cristman, Magaret C. S. *Adventurous Pursuits: Americans and the China Trade, 1784–1844*. Washington, D.C.: Smithsonian Institution Press, 1984. (Catalog)

Crossman, Carl. *The China Trade: Export Paintings, Furniture, Silver & Other Objects.* Princeton, N.J.: Pyne Press, 1972.

———. *The Decorative Arts of the Old China Trade.* Woodbridge, Suffolk: Antique Collectors' Club, 1991.

Davis, Nancy Ellen. "The American China Trade, 1784–1844: Products for the Middle Class." Ph.D. dissertation, George Washington University, 1987.

———. "Cargo Manifests and Customs Records from American China Trade Vessels Bound for the Port of Philadelphia, 1790–1840." *Association for Asian Studies Committee on East Asian Libraries Bulletin* 85 (February 1989): 17–20.

Denker, Ellen Paul. *After the Chinese Taste: China's Influence in America, 1730–1930.* Salem, Mass.: Peabody Museum, 1985. (Catalog)

Downing, Andrew Jackson. *A Treatise on the Theory and Practise of Landscape Gardening*. New York, 1853.

Eberlein, H. D., and C. Van Dyke Hubbard. "China Hall." In *Portrait of a Colonial City, Philadelphia, 1670–1838*. Philadelphia: J. B. Lippincott Co., 1939.

Goldstein, Jonathan. "Canton Artifacts, Chinoiserie, and Early American Idealization of China." In *America Views China: American Images of China Then and Now,* eds. Jonathan Goldstein, Jerry Israel, and Hilary Conroy, Bethlehem, Penn.: Lehigh University Press, 1991. 43–55.

———. "The Continuing Romance of Old Cathay and Early America." *New China,* 4 no. 3 (Winter 1979): 20–24.

———. "The Empress of China Bicentennial, American Decorative Arts and Early American Idealization of China." *American Asian Review* 6 no. 7 (Summer 1988): 56–71.

———. "A Romantic Vision of Cathay: The Decorative Arts in the Old China Trade and Their Influence in America Up to 1850." *American Studies* (Taipei) 10 no. 3 (September 1980): 1–11.

Honour, Hugh, *Chinoiserie: The Vision of Cathay.* London: John Murray, 1961.

Howard, David Sanctuary. *New York and the China Trade.* New York: New-York Historical Society, 1984. (Catalog)

Hutcheon, Robin. *Chinnery: The Man and the Legend.* Hong Kong: South China Morning Post, Ltd., 1975.

Jourdain, M[argaret]. "The China Trade and Its Influence on Works of Art." *Apollo* 34 (November 1941), 111.

———, and R. Soame Jeyns. *Chinese Export Art in the Eighteenth Century.* London: Spring Books, 1967.

Lancaster, Clay. "Oriental Forms in American Architecture, 1800–1870." *Art Bulletin* 29 no. 3 (September 1947): 183–93.

Lee, Jean Gordon. *Philadelphia and the China Trade, 1784–1844*. Philadelphia: Philadelphia Museum of Art, 1984. (Catalog)

Lloyd Hyde, J. A. *Oriental Lowestoft, Chinese Export Porcelain, Porcelaine de la Cie Des Indes.* 2d ed. Newport, Monmouthshire: Ceramic Book Company, 1954.

Mudge, Jean McClure. *Chinese Export Porcelain for the American Trade, 1785–1835.* Newark: University of Delaware Press, 1962.

Orange, James. *The Chater Collection: Pictures Relating to China, Hongkong Macao, 1655–1860. . . .* London: Thornton Butterworth, Ltd., 1924.

Ping Chia-kuo. "Canton and Salem: The Impact of Chinese Culture on New England Life during the Post-Revolutionary Era." *New England Quarterly* 3 no. 3 (1930): 420–42.

Thorpe, Janet. "Chinoiserie in America with Emphasis on the Van Braam Houckgeest Collection" Term Paper, Institute of Fine Arts, New York University, May 1964.

Tillotson, G. H. R. *Fan Kwae in Pictures.* London: Hongkong and Shanghai Banking Corp., 1987.

Tingqua: Paintings from His Studio. Hong Kong: Hong Kong Urban Council, 1976.

Trubner, Henry, and William Jay Rathbun. *China's Influence on American Culture in the Eighteenth and Nineteenth Centuries.* New York: China Institute in America, 1976.

国家清史编纂委员会·编译丛刊
已出书目

1.《中国近事报道》
[法] 李明著，郭强等译，大象出版社，2004
2.《中国新史》
[葡] 安文思著，何高济、李申译，大象出版社，2004
3.《清初扬州文化》
[美] 梅尔清著，朱修春译，复旦大学出版社，2004
4.《八国联军占领实录：天津临时政府会议纪要》（上下册）
倪瑞英等译，刘海岩校，天津社会科学院出版社，2004
5.《州县官的银两——18 世纪中国的合理化财政改革》
[美] 曾小萍著，董建中译，中国人民大学出版社 ，2005
6.《在“模范殖民地”胶州湾的统治与抵抗 —— 1897—1914 年中国与德国的相互作用》
[德] 余凯思著，孙立新译，刘新利校，山东大学出版社，2005
7.《这些从秦国来——中国问题论集》
[英] 赫德著，叶凤美译，天津古籍出版社，2005
8.《亲历晚清四十五年——李提摩太在华回忆录》
[英] 李提摩太著 李宪堂、侯林莉译，天津人民出版社，2005
9.《汉口：一个中国城市的商业和社会（1796—1889)》
[美] 罗威廉著，江溶、鲁西奇译，彭雨新、鲁西奇校，中国人民大学出版社，2005
10.《耶稣会士傅圣泽神甫传：索隐派思想在中国及欧洲》
[美] 魏若望著，吴莉苇译，大象出版社，2006

11. 《奉天三十年（1883—1913）——杜格尔德·克里斯蒂的经历与回忆》
[英] 杜格尔德·克里斯蒂著，[英] 伊泽·英格利斯编，张士尊、信丹娜译，湖北人民出版社，2007
12. 《清初耶稣会士鲁日满常熟账本及灵修笔记研究》
[比] 高华士著，赵殿红译，刘益民审校，大象出版社，2007
13. 《明治前期日中关系史研究》
[日] 安冈昭男著，胡连成译，王晓秋审校，福建人民出版社，2007
14. 《义和团的起源及其运动》
[日] 佐藤公彦著，宋军、彭曦、何慈毅译，中国社会科学出版社，2007
15. 《东正教在华两百年史》
[俄] 尼古拉·阿多拉茨基著，阎国栋、肖玉秋译，陈开科审校，广东人民出版，2007
16. 《美国政府解密档案：美国驻中国广州领事馆领事报告(1870—1906)》（影印全25册）
广西师范大学出版社组织整理，程焕文审订，广西师范大学出版社，2007
17. 《英国的课业：19世纪中国的帝国主义教程》
[美] 何伟亚著，刘天路、邓红风译，刘海岩审校，社会科学文献出版社，2007
18. 《压力下的生活：1700～1900年欧洲与亚洲的死亡率和生活水平》
[瑞典] 托米·本特森、[美] 康文林、李中清等著，李霞、李恭忠译，史建云审校，社会科学文献出版社，2007
19. 《扬子江上的美国人——从上海经华中到缅甸的旅行记录

(1903)》

[美] 威廉·埃德加·盖洛著，晏奎、孟凡君、孙继成译，沈弘、吴乃华审校，山东画报出版社，2008

20.《中国十八省府》

[美] 威廉·埃德加·盖洛著，沈弘、郝田虎、姜文涛译，沈弘、李宪堂审校，山东画报出版社，2008

21.《汉口：一个中国城市的冲突和社区（1796—1895）》

[美] 罗威廉著，鲁西奇、罗杜芳译，马钊、萧致治审校，中国人民大学出版社，2008

22.《俄国各民族与中国贸易经济关系史（1917 年以前）》

[苏] 米·约·斯拉德科夫斯基著，宿丰林译，徐昌翰审校，社会科学文献出版社，2008

23.《过失杀人、市场与道德经济：18 世纪中国财产权的暴力纠纷》

[美] 步德茂著，张世明、刘亚丛、陈兆肆译，[美] 步德茂审校，社会科学文献出版社，2008

24.《清代水利与区域社会》

[美] 森田明著，雷国山译，叶琳审校，山东画报出版社，2008

25.《中国丛报》（影印全 21 册）

张西平主编，顾钧、杨慧玲整理，广西师范大学出版社，2008

26.《清代田赋刍论（1750—1911）》

[美] 王业健著，高风等译，高王凌、黄莹珏审校，人民出版社，2008

27.《清代来华传教士马若瑟研究》

[丹麦] 龙伯格著，李真、骆洁译，张西平审校，大象出版社，2009

28.《耶稣会士白晋的生平与著作》

[德] 柯兰霓著，李岩译，张西平、雷立柏审校，大象出版社，2009

29.《耶稣会士张诚——路易十四派往中国的五位数学家之一》

[法] 伊夫斯 · 德 · 托玛斯 · 德 · 博西耶尔夫人著，辛岩译，陈志雄、郭强、古伟瀛、刘益民审校，大象出版社，2009

30.《清代宫廷社会史》

[美] 罗友枝著，周卫平译，雷颐审校，中国人民大学出版社，2009

31.《清代森林与土地管理》

[美] 孟泽思著，赵珍译，曹荣湘审校，中国人民大学出版社，2009

32.《中国：糖与社会——农民、技术和世界市场》

[美] 穆素洁著，叶篱译，林燊禄校，广东人民出版社，2009

33.《世界时间与东亚时间中的明清变迁》（上下卷）

[美] 司徒琳主编，赵世玲译，赵世瑜、杜正贞审校，三联书店，2009

34.《奉天国际鼠疫会议报告（1911）》

国际会议编辑委员会编辑，张士尊译，苑洁审校，中央编译出版社，2010

35.《清代中国的物价与经济波动》

[日] 岸本美绪著，刘迪瑞译，胡连成审校，社会科学文献出版社，2010

36.《清末中琉日关系史研究》（上下册）

[日] 西里喜行著，胡连成等译，王晓秋审校，社会科学文献出版社，2010

37.《圣经与枪炮——基督教与潮州社会（1860—1900）》

[美] 李榭熙著，雷春芳译，[美] 周翠珊审校，社会科学文献出版社，2010

38.《俄中商贸关系史述》

[俄] 阿·科尔萨克著，米镇波译，阎国栋审校，社会科学文献出版社，2010

39.《在华俄国外交使者（1618—1658)》

[俄] 娜·费·杰米多娃、弗·斯·米亚斯尼科夫著，黄枚译，米镇波审校，社会科学文献出版社，2010

40.《满与汉：清末民初的族群关系与政治权力（1861—1928)》

[美] 路康乐著，王琴、刘润堂译，李恭忠审校，中国人民大学出版社，2010

41.《儒学与近代中国》

[英] 庄士敦著，潘崇、崔萌译，李宪堂审校，天津人民出版社，2010

42.《十九世纪前的俄中外交及贸易关系》

[俄] 特鲁谢维奇著，徐东辉、谭萍译，陈开科审校，岳麓书社，2010

43.《帝王之都——热河》

[瑞典] 斯文·赫定（S·Hedin）著，赵清译，杨迟审校，中央编译出版社，2011

44.《移民的秩序——清代四川地域社会史研究》

[日] 山田贤著，曲建文译，卿学民、刘景文审校，中央编译出版社，2011

45.《清代鸦片政策史研究》

[日] 井上裕正著，钱杭译，常建华审校，西藏人民出版社，2011

46.《清代中国的若干问题》

[日] 古桥秀雄编，杨宁一、陈涛译，张永江审校，山东

画报出版社，2011

47. 《清代在华的英国博物学家：科学、帝国与文化遭遇》

[美] 范发迪著，袁剑译，中国人民大学出版社，2011

48. 《俄罗斯汉学史》

[俄] П. Е. 斯卡奇科夫著，[俄] В. С. 米亚斯尼科夫编，柳若梅译，白春仁外文校订，汤开建中文校订，社会科学文献出版社，2011

49. 《中国近代财政史研究》

[日] 岩井茂树著，付勇译，范金民审校，社会科学文献出版社，2011

50. 《清代社会经济史》

[日] 山本进著，李继锋、李天逸译，雷国山审校，山东画报出版社，2012

51. 《宝卷——十六至十七世纪中国宗教经卷导论》

[美] 欧大年著，马睿译，郑须弥审校，中央编译出版社，2012

52. 《新词语新概念：西学译介与晚清汉语词汇之变迁》

[德] 郎宓榭、阿梅龙、顾有信著，赵兴胜等译，郭大松审校，山东画报出版社，2012

53. 《嘉定忠臣——十七世纪中国士大夫之统治与社会变迁》

[美] 邓尔麟（Jerry Dennerline）著，宋华丽译，卜永坚审校，中央编译出版社，2012

54. 《中国旅行记（1816－1817年）——阿美士德使团医官笔下的清代中国》

[英] 克拉克·阿裨尔著，刘海岩译，刘天路校，上海古籍出版社，2012

55. 《19世纪俄中关系：资料与文献 第1卷（1803－1807）》

[俄] В. С. 米亚斯尼科夫主编，徐昌翰等译，徐昌翰、薛衔天审校，广东人民出版社，2012

56. 《中华帝国晚期的权力与政治：袁世凯在北京与天津1901—1908》
[美] 斯蒂芬·R. 麦金农著，牛秋实、于英红译，张学继审校，天津人民出版社，2013
57. 《基督教新教传教士在华名录》
[英] 伟烈亚力著，赵康英译，顾钧审校，天津人民出版社，2013
58. 《阿美士德使团出使中国日志》
[英] 亨利·埃利斯著，刘天路、刘甜甜译，刘海岩审校，商务印书馆，2013
59. 《救世——陈宏谋与十八世纪中国的精英意识》
[美] 罗威廉著，陈乃宣、李兴华、胡玲等译，赵刚、孔祥文审校，中国人民大学出版社，2013
60. 《马戛尔尼使团使华观感》
[英] 乔治·马戛尔尼、约翰·巴罗著，何高济、何毓宁译，商务印书馆，2013
61. 《呈现意义：晚清中国新学领域》
[德] 朗宓榭、费南山主编，李永胜、李增田译，王宪明审校，天津人民出版社，2014
62. 《十九世纪中国的鼠疫》
[美] 班凯乐著，余新忠校，中国人民大学出版社，2015

图书在版编目（CIP）数据

黄金圈住地——广州的美国商人群体与美国对华政策的形成，1784～1844 / [美] 雅克·当斯著；周湘，江滢河译. —广州：广东人民出版社，2015.8

（国家清史编纂委员会·编译丛刊）

ISBN 978-7-218-06730-8

Ⅰ. ①黄…　Ⅱ. ①雅…②周…③江…　Ⅲ. ①商业史-研究-美国 ②美国对外政策：对华政策-研究-1784～1844　Ⅳ. ①F737.129 ②D822.371.2

中国版本图书馆CIP数据核字（2010）第070270号

Huangjin Quanzhudi—Guangzhou de Meiguo Shangren Qunti yu Meiguo Duihua Zhengce de Xingcheng，1784～1844

黄金圈住地——广州的美国商人群体与美国对华政策的形成，1784～1844

[美] 雅克·当斯 著　周　湘　江滢河 译

出 版 人：曾　莹

责任编辑：柏　峰　周惊涛

装帧设计：陆智昌

责任技编：周　杰　易志华

出版发行：广东人民出版社

地　　址：广州市大沙头四马路10号（邮政编码：510102）

电　　话：（020）83798714（总编室）

传　　真：（020）83780199

网　　址：http://www.gdpph.com

印　　刷：韶关市典经社彩印有限公司

开　　本：890mm×1240mm　1/32

印　　张：20　**插　　页**：2　**字　数**：600千

版　　次：2015年8月第1版　2015年8月第1次印刷

定　　价：120.00元

如发现印装质量问题，影响阅读，请与出版社（020—83795749）**联系调换。**

售书热线：（020）83793157　83795240　**邮 购**：（020）83795240